KB245208

역사가 이들을 무죄로 하리라

한 국 인 권 변 론 사

가시밭길을 선택한 변호사들

박원순

두레

머리말

너희는 세상의 소금이다. 만일 소금이 짠맛을 잃으면 무엇으로 다시 짜게 만들겠느냐? 그런 소금은 아무 데도 쓸 데가 없어 밖에 내버려져 사람들에게 짓밟힐 따름이다. 너희는 세상의 빛이다. 등불을 켜서 됫박으로 덮어 두는 사람은 없다. 누구나 등경 위에 얹어 둔다. 그래야 집 안에 있는 사람들을 다 밝게 비출 수 있지 않겠느냐?

마태복음 속에 나오는 이 구절은 세상의 모든 사람들이 빛과 소금이라고 격려하고 있다. 그 가운데에서도 진정한 빛과 소금은 이 어둡고 고난에 처한 세상과 사람들을 위해 구원자로 온 예수와 부처, 그리고 부조리한 세상과 억압에 저항하며 그것을 개혁하려 한 저항자와 개혁자 들일 것이다. 이런 사람들일수록 언제나 그 당대에는 핍박을 당하고 고난을 겪게 마련이다. 그러나 이들 주변에는 이들을 변호하고 지원하려 한 사람들도 있었다. 바로 '인권변호사' 들이다. 이들 역시 핍박과 고난을 견디며 그 시대를 살아온, 가시밭길을 선택한 변호사들이다.

우리는 1970년대 유신정권, 그리고 1980년대 군사독재정권에서 활동했던 이들 변호사들을 그렇게 '인권변호사' 라고 부른다. 그러나 이들은 이미 일제시대 때 독립운동의 일환으로 독립운동가들을 변론했던 변호사들에게까지 인권변론의 역사를 확장하는 데 아무도 반대하지 않는다. 한국 현대사의 고난에 찬 투쟁 가운데 인권변호사 역시 한 페이지를 할애해도 아깝지 않을 것이다.

약속은 지켜져야 한다(Pacta sund servanda). 민법을 배우는 법학도는 이 라틴어 법언(法諺)부터 배운다. 모든 계약법의 기초를 이루기 때문이다. 나는 언젠가 '한국인권변론사'를 정리해 보겠다고 스스로 마음먹은 적이 있다. 지난 1980년대, 침묵과 굴종, 불의와 어둠의 시대를 밝히는 양심을 지키는 의로운 사람들 속에서 선배 변호사들의 모습을 발견한 것은 개인적으로도 커다란 행복이었다. 이들의 삶과 활동을 지켜보고 따라 배우면서 그것을 정리해 보겠다는 결심을 한 것이다. 그러나 마음속으로 내린 결심이나 자신과 한 약속은 지키기 어려운 법이다.

도서출판 두레의 신홍범 선생은 개인적으로는 보도지침사건에서 피고인과 변호인으로 만나 인연을 맺었다. 그러다가 언제 어떤 계기였는지 기억은 나지 않지만 이분과 바로 그 인권변론사를 쓰기로 약속하게 되었다. 신 선생만 뵈면 나는 그 채무불이행 사실을 떠올리곤 했다. 그런데 신 선생이 외국여행을 함께 나간 참여연대 간사에게도 내가 그 책을 쓸 시간이 나는지 물어보더라는 것이다. 그러니 신 선생을 뵙지 않아도 그 채무의 중압감은 떨칠 수가 없었다. 참여연대 사무처장을 그만두면서 나는 제일 먼저 그 채무를 이행하기로 했다.

그러나 그 약속을 지키는 일은 쉬운 게 아니었다. 일제시대부터 최근의 시민운동시대에 이르기까지 우리 근·현대사를 한번 훑지 않으면 안 되었다. 인권 사건과 그 변론은 결국 당시의 정치·경제·사회 문제와 직결되어 있기 때문이다. 내가 다양한 사회운동과 단호하게 결별하지 못하고 있었기에 이 집필작업은 중단과 재개가 끝없이 반복될 수밖에 없었다. 거기에다가 자료의 빈곤과 기억의 한계라는 문제와도 맞닥뜨려야 했다. 지난 군사정권 시절에는 누구도 제대로 기록할 수가 없었다. 기록을 잘못하거나 보관하고 있다가는 언제나 화근이 될 수 있었기 때문이다. 또한 공식적인 재판기록은 접근이 제한되어 있다. 국가보안법에 관한 3권의 책을 쓸 때와 마찬가지로 수많은 책이나 자료들에서 조각조각을 꿰맞추지 않으면 안 되었다. 우리의 현대사는 그렇게 헝클어진 창고나 마찬가지이다. 더구나 최근의 1970년대, 1980년대 일마저 살아계신 변호사님들의 기억에서는 이미 흐릿한 일이 되어 있었다. 아무런 메모도 기록도 되어 있지 않은 기억이란 저 먼 산의 아지랑이 같은 것이다. 세월과 함께 저 언덕 너머로 사라져 버리기 때문이다. 내 자신이 직접 참여하고 경험한 정법회 이후의 사건이나 변론, 변호사들에 대한 기억조차 많이 사라져 버렸다. 기억이란 믿을 게 못 된다. 다행히 전부터 관심을 가지고 써놓은 몇 편의 글과 오래 전부터 자료나 정보를 모아 둔 것이 큰 도움이 되었다.

이 작업을 진행하는 동안 나는 내내 즐거웠다. 이 작업은 빚을 갚는다는 생각도 있었지만 같은 길을 걸었던 선배들의 생각과 고민, 그 활동과 업적을 탐색하는 일이었기 때문이다. 무엇보다도 한 시대를 온몸으로 끌어안고 고민하고 행동하며, 그 시대의 고난 받는 사람들과 함께하는 그들의 용기와 양심을 볼 수 있었기 때문이다. 나는 지난 몇 달 동안 밤마다 아무도 모르게 이 책의 집필작업을 즐겼다. 새로이 시작한 '아름다운재단'과 '아름다운가게'의 업무 때문에 자주 중단할 수밖에 없었지만 그래도 나는 많은 밤을 과거의 서적과 논문들을 뒤적이며 글을 쓰는 데 열중했다.

인권변론에 나섰던 이른바 인권변호사들의 삶과 활동을 연구하면서 나는 여러 가지 보편성을 발견할 수 있었다. 무엇보다도 변호사라는 신분이 그 사회의 일정한 특권과 특혜를 보장해 주는 것이었음에도 이들은 그 이익을 뿌리치는 용기를 가졌다. 오히려 그들은 권력자의 편에 서기보다는 그들에게 핍박받고 억압받는 사람들에게 다가가 그들의 편이 되었다. 그럼으로써 그들 스스로 기꺼이 박해와 수난의 희생자들이 되었다. 우리 현대사에서 감동적인 장면의 하나는 바로 여기에 있었다.

이 책에 포함된 인권변호사들이 하나같이 같은 생각과 실천을 했다고 할 수는 없다. 인권변론에 부분적으로만 결합한 변호사도 있고 활동을 하다가 중단한 사람도 있다. 인권변론의 최전선에 섰던 사람도 있고 후방에 섰던 사람도 있다. 어떤 분은 정치권으로 이동해 실망을 낳기도 했고, 또 어떤 이는 심지어 변절까지 하여 사람들의 쓴 입맛을 다시게 하기도 했다. 그러나 이 땅에서 주류의 인권변호사들은 분명 재야법조계의 중요한 흐름을 형성했고, 지식인 사회의 소금과 빛과 같은 역할을 보여주었다.

유신체재시대 이후 인권변론의 상징이 된 이돈명, 조준희, 홍성우, 황인철 등 이른바 '4인방 인권변호사' 가운데 조준희, 홍성우 두 변호사님과, 이들과 비슷한 연배이면서 그들과 함께 변론을 맡기도 하고, 지원하기도 하면서, 또 그후에는 민변회장 또는 참여연대 공동대표로서 인권변론 대열을 이끄신 고영구, 최영도, 김창국 변호사님이 이미 회갑을 지나는 것을 알면서도 후배로서 아무런 행사 한번 변변히 마련하지 못한 죄책감을 이제 이 작은 책으로 갚아도 되는지 잘 모르겠다. 그리고 1980년대 질풍노도의 시대 속에서 인권변호사의 '사령탑'을 맡으며 법정을 호령했지만 이제 세월과 함께 속절없이 우리 사회의 원로로서 노인이 되어 버린 이돈명 변호사님, 아직 우리가 지향하는 진정한 인권과 민주사회는 요원한데도 무심하고 야속하게도 우리 곁을 떠나버린 고 황인철, 조영래 변호사님에게 이 작은 책이 어떤 위로와 추모의 징표가 될 수 있을지 모르겠다. 오랜 세월, 고난 속에서도 인권변론의 길을 포기하지 않았던 한승헌 변호사님, 기꺼이 인권변호사들의 울타리가 되어 주셨던 고 김은호, 박승서, 김선, 이세중, 함정호 전 변협회장님들도 이 나라 인권변론의 역사에서 잊을 수 없는 분들이다.

이 책은 여러 가지 점에서 나 스스로 보아도 충분하고 만족스럽지 못하다. 그럼에도 나는 그 시대시대마다 고난받는 사람들과 함께한 이 용기 있는 변호사님들과 그들의 활동과 모임, 그 생각들을 탐색한 최초의 시도라는 점에서 스스로 자위를 한다. 그리고 언젠가 학자들의 좀더 깊은 연구가 이들의 고결한 뜻과 인간의 존엄성을 향한 열정을 더욱 잘 드러낼 수 있기를 기대한다.

2003년 7월

가회동 아름다운재단 사무실에서

저자

머리말   3

인권변호사, 그 험난한 길   15

1. '인권변호사'의 시대__15
2. 인권변호사의 역사적 계보__23
3. 인권변호사의 역할__32
1) 개인(양심수)의 인권 옹호와 지원자로서_32
2) 민주주의와 인권의 수호자로서_37
3) 사회변화와 진보의 주창자로서_38
4) 양심적인 법조인 그리고 지식인으로서_39

4. 인권변호사들의 수난과 영광__40
1) '불량한 변호사들' : 인권변호사들의 수난_40
2) 인권변호사의 숙명, 핍박과 수난: 외국의 사례들_46
3) 인권변호사의 정치 · 사회적 진출_51
4) 진정한 영광은 국민들의 가슴 속에서_54

일제시대의 인권변론: 독립운동 변론사   57

1. 일제 법제와 변호사__57
1) 식민지 법제와 변호사 제도_57
2) 조선인변호사회_59
3) 일제시대 변호사로서의 길_60
4) 식민지하에서의 변론의 한계_63

2. 일제시대의 인권변호사들: '3인 변호사'와 그 지원세력들__67
1) '3인 변호사'_67
2) 항일변론의 조직적 틀: 형사변호공동연구회와 자유법조단_70
3) 조선독립운동가를 변론한 일본인 변호사들_72

3. 김병로 변호사 __ 76

1) 대쪽 변호사의 탄생 _ 76
2) 김병로의 법률공부 _ 77
3) 김병로의 일제하 활동 _ 78
4) 김병로와 시대역할 _ 87

4. 이인 변호사 __ 91

1) 이인의 법률공부, 그리고 변호사가 되기까지 _ 91
2) 이인의 민족변론 _ 92
3) 민족운동과 영어의 몸이 되기까지 _ 106
4) 독립된 조국의 초대 법무부장관, 그리고 다시 야인으로 _ 107

5. 허헌 변호사 __ 109

1) 허헌의 청년시절 그리고 법학도로서 _ 109
2) 변호사가 되다 _ 111
3) 허헌 변호사의 시련: '패설모매' 사건과 '하미전' 사건 _ 112
4) 허헌의 주요 변론활동 _ 114
5) 법정을 넘어서 _ 123
6) 한 위대한 변호사의 생애, 그 평가 _ 130

6. 안병찬 변호사 __ 131

1) 열혈강골 변호사 안병찬 _ 131
2) 안중근 의사 변론 _ 133
3) 이재명 의사 변론 _ 135
4) 삭풍의 만주로: 무력투쟁에 나선 안병찬 _ 136

암흑기의 인권변론: 이승만정권하의 인권변론 씨앗들　139

1. 이승만정권하에서 인권변론이 불모지였던 이유 __ 139

2. 김춘봉 변호사 __ 142

1) 인권의 암흑기 _ 142
2) 김춘봉 변호사의 주요 변론 사건 _ 143
3) 그후의 김춘봉 변호사 _ 148

3. 정구영 변호사 __ 149

1) 인권변호사로서의 정구영 변호사 _ 149
2) 정구영 변호사의 인권변론 및 인권옹호 사건 사례 _ 151

인권변론의 비조, 이병린 변호사   155

1. '의인' 이병린 변호사 __155

2. 이병린 변호사의 삶과 활동 __158
   1) 그의 활동의 네 가지 단계_ 158
   2) 개인 변호사로서_ 162
   3) 변호사 단체를 주도하면서 벌인 조직적 법치주의 수호활동_ 165
   4) 법정의 문턱을 넘어 민주화운동의 바다로_ 173
   5) 인권변호사로서 법정의 문을 넘나들며_ 180
   6) 유배 아닌 유배, 그리고 대단원_ 183

3. 이병린 변호사의 삶과 생각 __188
   1) 이병린 변호사의 우국 시조 몇 편_ 188
   2) 이병린의 연구활동과 저작들_ 190
   3) 이병린 변호사의 법사상_ 193

4. 이병린, 인권변호사들의 정신적 지주로 남다__206

문학과 법의 친선사절, 한승헌 변호사   209

1. 언제나 지면서 이기는 인권변호사 __209

2. 대표적 변론 사례 __214
   1) 한승헌 변호사의 인권변론 목록_ 214
   2) 한승헌 변호사의 주요 변론 사건_ 217

3. 한승헌 변호사의 수난 __236
   1) '어떤 조사(弔辭)' 사건_ 236
   2) 김대중 내란음모사건_ 239

4. 한승헌 변호사의 삶과 생각 __241
   1) 한승헌 변호사의 삶_ 241
   2) 한승헌 변호사의 생각_ 251

'유신체제시대'의 인권변호사들: '4인방 변호사'를 중심으로   253

1. 유신체제시대와 본격적인 인권변호사 시대의 개막 __253
   1) '유신'이라는 이름의 억압체제_ 253
   2) '유신사법(維新司法)'과 인권문제_ 258

2. 인권변호사 4인방 __263

  1) 4인방 변호사의 성립_263
  2) 4인방 변호사의 변론활동_266
  3) 4인방 변호사, 그 시련과 면모_303

3. 강신옥 · 이세중 · 박세경 · 태윤기 · 이태영 변호사 __322

  1) 강신옥 변호사_322
  2) 이세중 변호사_328
  3) 박세경 변호사_329
  4) 태윤기 변호사_333
  5) 이태영 변호사_334

4. 인권변론의 '후방전선' __335

  1) 양심적인 후방 변호사들_335
  2) 지방의 인권변호사들_337
  3) 인혁당사건과 김종길 · 함정호 변호사_344

전두환정권 후반의 인권변호사들: 349
정법회와 청년변호사회의 시종(始終)

1. "변호사인 나의 일은?" __349

2. 정법회의 결성과 운영 __353

  1) 정법회 결성의 계기_353
  2) 정법회의 결성과 그 멤버들_356
  3) 정법회의 운영_361
  4) 정법회 결성의 의미_365

3. 정법회 활동 __368

  1) 변론활동_368
  2) 대한변협 인권활동_376
  3) 민주단체 연대활동_386
  4) 연구활동과 친목활동_392

4. 청년변호사회: 부화되지 못한 용, 민변의 호수로 __393

  1) 청년변호사회 창립으로의 길_393
  2) 청변과 정법회의 통합_399

5. 그 시대에 정법회와 청변이 있었다 __402

'인권변호사의 전설', 조영래 변호사　405

1. 보석처럼 빛났던 이름, 조영래__405

2. 조영래의 삶과 생각__407
1) 남다른 학생시절_407
2) 전태일 분신사건과 조영래_409
3) 사법연수원과 서울대 내란음모사건_410
4) 기나긴 수배: 동면 중의 활동_413
5) 인권변호사로서_422
6) 문필가로서_429
7) 대통령후보 단일화운동_430
8) 절망, 그리고 요절_431

3. 조영래의 주요 변론사건: 호랑이는 죽어 가죽을 남기고 명변호사는 명변론을 남긴다__433
1) 집단소송의 효시: 망원동 수재사건_434
2) 주요 노동사건의 변론_436
3) 주요 인권변론 사건_439

4. 조영래의 전설__445
1) 조영래 신화_445
2) 지적 탁월성, 명쾌한 판단력_447
3) 집요함, 철저함, 집중력_448
4) 포용력: 그의 인간관계_449

5. 사람들의 그리움__450

우리들의 깃발, 민변　453

1. 물, 공기와 같은 민변__453

2. 민변의 탄생과 발전__456
1) 탄생과 그 의미: 젊은 엘리트 변호사들과 법률운동_456
2) 노태우정권하의 민변: 조준희 대표간사 체제하의 민변_459
3) 문민정부하의 민변_463
4) 국민의 정부하의 민변_476

3. 민변의 시대적 역할의 변화__488
1) 변론과 그 외연의 확대: 형사피고인의 변론에서 법정 안팎의 법률지원으로_488

2) 기획변론과 생활변론: 앉아 기다리는 변론에서 스스로 찾아 나서는 변론으로_491

3) 새로운 전문 영역의 개발과 확장_493

4) 정치 진출 회원을 둘러싼 고민_494

5) 몇 가지 논쟁_495

6) 사회적 연대: 민변의 국내외적 연대활동_499

4. 민변의 미래__502

새 시대의 인권변론, 공익변호사　505

1. 새로운 시대의 새로운 변론 물결__505

2. 변호사의 사회적 책임__509

1) 변호사 개인의 책임과 성격_509

2) 변호사 단체와 로펌의 윤리와 책임_512

3) 외국의 변호사 윤리와 책임_514

3. 근·현대사 속의 변호사 역할__516

1) 압제와 축재의 도구가 된 변호사_516

2) 국민의 적이 된 법조인: 땅에 떨어진 국민 신뢰_520

3) 한 줄기 양심의 불빛: 인권변호사의 역할과 그 계승_522

4. 변호사의 공익활동 법제화__523

1) 변호사의 공익활동 법제화의 배경_523

2) 변호사의 공익활동 법제화의 의미_523

3) 변호사의 공익활동에 관한 법제의 내용_524

5. 시민운동과 변호사의 역할__528

1) 시민사회와 변호사 역할 증대의 배경_528

2) 시민운동에 대한 변호사들의 지원: 파트타임 자원봉사 시대_532

3) 변호사의 시민·사회단체 풀타임 활동의 시대_534

4) 시민운동과 변호사의 역할_535

5) 민변과 시민운동_541

6) 공익변호사의 탄생과 여건의 성숙_542

6. 낮은 곳으로 임하는 변호사들__543

참고문헌　545

찾아보기　561

인권변호사, 그 험난한 길

1. '인권변호사'의 시대

"법률가의 전통은 고상하고 명예로운 역사로 빛나고 있습니다. 변호사로서 고귀한 사명을 다하기 위하여 훌륭하게 싸웠던 존경할 만한 법조인을 우리 변호사들은 언제나 추억하고 있으며, 우리 자신들이나 법조 후배들에게까지 이와 같은 전통을 상기하여 그 규범에 따를 것을 강조하고 가르치고 있는 것입니다."[1]

"변호사는 기본적 인권을 옹호하고 사회정의를 실현함을 사명으로 한다." 우리나라 변호사법 제1조 제1항이 선언하고 있는 변호사의 사명이다.[2] 모든 변호사는 당연히 인권 옹호와 사회정의 실현에

---

1) 강신옥 변호사의 항소이유서 가운데에서. 강 변호사는 뒤에서 보는 바와 같이 민청학련 관련 학생들의 변호인으로서 변론하던 내용이 문제되어 구속되었다.

2) 이것은 다른 나라에서도 받아들여지고 있는 변호사의 사명이다. 여러 나라의 법제에서 변호사는 '공익적 소송'을 수행할 윤리적 의무를 지니고 있다고 선언하고 있다(Nadine Strossen, "Pro Bono Legal Work: For the Not Only the Public, But Also the Lawyer and the Legal Profession", *Michigan Law Review*, Vol.91,

최선을 다할 임무가 있다. 이렇게 본다면 모든 변호사가 '인권변호사' 여야 함은 두말할 필요가 없다. 그럼에도 불구하고 언제부터인가 이 땅에는 '인권변호사' 라는 별도의 명칭[3]이 생겨나 양심수를 변론하고 공공적 소송을 수행하는 일부 변호사들을 가리켜 왔다. 그만큼 대부분의 변호사들이 변호사법이 정하는 당연한 사명을 다하지 않았음을 증명하고 있는 것이다.[4] 변호사들이 스스로 인정하는 자신의 자화상은 어떤 모습일까?

변호사의 본분이 국가사회에의 봉사라는 면보다는 경제적 치부가 변호사의 가치를 판단하는 척도로서 인식되어 가는 세태는 참으로 한심스러운 것이다.…… 변호사에 대한 일반 국민의 신뢰는 땅에 떨어지고 그 지위는 형편없이 저하되고 말았다. '변호사를 산다' 는 말이 이제는 국민 일반의 관용어가 되다시피 되었으니 대중의 눈으로 볼 때에 변호사란 다른 기능공과 마찬가지로 한낱 법원이나 검찰 사이의 통로에 밝은 사건 주선 기술인으로 여겨지고 노임만 지급하면 마음대로 쓸 수 있는 존재로 전락하고 만 것이다.[5]

이와 같이 법이 지향하는 정의와 정반대의 일그러진 변호사들의

August 1993; Carl Sandburg, "Calming the Hearse Horse： A Philosophical Research Program for Legal Ethics", *Maryland Law Review*, Vol.40, 1981 등을 참조).
3) '인권변호사' 라는 명칭 대신에 '민권변호사' 라는 용어가 쓰일 때도 있었다. 이 두 명칭은 차이가 별로 없으며, 다만 쓰는 사람에 따라 달리 표현해 왔다.
4) 이에 관한 적절한 여론조사가 있다. 1986년 서울지방변호사회가 소속 변호사 513명을 상대로 변호사가 기본적 인권과 사회정의 실현이라는 사명을 다하고 있느냐는 질문에 대해 사명을 다하고 있다 16%, 약간 하고 있다 63%, 전혀 못하고 있다 21%로 나타났다. 또 같은 조사에서 일반 국민들이 변호사를 돈만 아는 직업인이라고 생각하는 데 대해서는 15%가 그렇다, 79%가 부분적으로 그렇다, 3%가 전혀 그렇지 않다고 답변하였다(《민주일보》, 1990년 3월 28일자).
5) 서울지방변호사회, 『변호사 핸드북』, 1984, 23~27쪽.

모습에 국민의 따가운 눈총이 쏟아지는 상황에서 '인권변호사' 의 존재는 상대적으로 드러나게 마련이었다. 실제로 자기를 희생하는 '인권변호사' 는 소수일 수밖에 없었다. 그러나 이 소수가 다수의 부정적인 변호사의 이미지를 극복하고 변호사 전체의 이미지를 좋게 만들고 있었다.[6] 비록 그 변론의 성과는 미미했지만 이 변호사들의 존재는 민주주의를 갈구하는 사람들에게 강력한 후원자이며 희망으로 비쳐졌다. 그런 의미에서 변호사들과 변호사회는 이들 소수의 '인권변호사' 에게 큰 빚을 지고 있다고 할 수 있다.

이른바 '인권변호사' 노릇을 하기가 어려운 이유는 대부분의 변호사들이 하기 어려운 역할을 수행하고 있기 때문이다. 그것은 시간과 노력, 그리고 열정을 필요로 한다. 즉 자기희생이 필요하다.

"말로는 가정파괴범이나 살인범도 인권이 있고, 변호사인 이상 마땅히 이들을 변호해야 한다고 하지만 현실과는 거리가 멉니다. 실제로 변호사의 90% 이상은 노동관계 사건이나 국가보안법 위반 사건 같은 일은 수임조차 하지 않으려 합니다. 그 이유가 과연 무엇이겠습니까. 시국사건들은 일반 사건에 비해 몇 배나 일의 양과 시간이 소요되기 때문이기도 하지만 무엇보다도 경제적인 얄팍한 계산과 혹시 닥칠지도 모르는 정치적 불안이나 신체적 위협에 대한 두려움 때문이지요. 시국사범들이 누구보다 악

---

6) 김재원 교수는 미국의 어느 학술지에 이렇게 썼다. "In most countries, lawyers constitute a unique profession, subject to two quite opposite public images: one good and the other evil. This contrast seems especially servere in contemporary Korea. In the eyes of the Korean people, lawyers are champions of human rights and the incarnation of self-sacrifice, but, at the same time, are seen as a class of lawfully licensed thieves. Many people, of course, well aware that lawyers of the former kind are rare, but this image in Korean society has been so strong that if frequently compensated for the negative image of the majority of lawyers"(Jae Won Kim, "The Ideal and the Reality of the Korean Legal Profession", *2 Asian-Pacific Law & Policy Journal* 45, 2001).

법으로 꼽히는 법률들에 의해 희생되고 있고 연행·구금·수사 과정에서
인권침해를 당하고 있는 현실을 외면하면서 변호사의 사명을 거론한다면
앞뒤를 모르는 발언이거나 본질을 호도하는 이야기지요."[7]

그뿐만 아니라 주변에서 눈총을 받거나 심지어 '빨갱이 변호사'
또는 '정치변호사'라는 험담까지 듣는다.

'인권변호사'가 되면서 어느새 나는 법조인들 사이에 껄끄러운 존재가
되었다. 서로 얼굴을 붉힐 일도 자주 생기고, 그러다 보니 '빨갱이 변호
사'라는 어이없는 험담이나 구설수에 오르기도 했다.…… 언젠가 내가
해고 노동자 변론을 맡았을 때, 그 사건의 담당검사가 마침 대학동기생이
었다. 만날 때마다 그는 나에게 충고랍시고 이렇게 말했다. "왜, 그런 불
순세력들하고 어울리는 거야. 이제는 제발 자네 앞길도 좀 챙기게."……
대학에서 함께 법률 공부도 하며 청춘의 한 시절을 같이 보낸 우리 둘 사
이에는 어느새 건널 수 없는 깊은 강이 가로놓여 있었던 것이다.[8]

자술서를 제출한 며칠 후, 박 검사가 다시 검찰청으로 부르기에 나는
법학도인 그가 나의 심혈을 기울인 자술서에 감동하여 다소간 문제를 이
해하게 되었나 보다 하고 생각하며 굴비처럼 묶여 닭장차에 오르면서도
상쾌한 기분이었다.…… 그러나 나의 기대와는 달리 그날 나는 박 검사로
부터 협박과 회유를 당했다. "변호사에게 선동당했느냐, 그 변호사들은
'정치변호사'다. 그들은 피고인들의 변호에는 관심도 없고 피고인을 이
용하면서 자기들의 정치적 목적만을 위해 법정에서 정치연설이나 하는
사람들이다. 그 사람들 때문에 무거운 형을 받게 될 터이니 이용되어 희
생되지 말라. 만일 그 변호인단만 거부하면 너는 나간다."[9]

---

7) 조용환 변호사의 발언(이희용, 「민변 변호사들과 그 꿈」, 《세계와 나》, 1990년 12
월호, 183쪽).
8) 천정배, 『꽁지머리를 묶은 인권변호사』, 한마당, 1996, 151쪽.

사실 이들 인권변호사들은 현실 정치와는 거리가 멀었다. 오히려 지나칠 정도로 이들은 정치로부터의 초월을 강조하며 이것을 원칙으로 지키고 있었다.[10] 그럼에도 이런 '딱지'들이 이 의로운 변호사들을 흠집 내려 하고 있었다. 그러나 실제로 이들은 정치로부터 초연했기에 그런 비난이 통할 리 없었다. 진실로 이 나라 법률가의 전통을 '고상하고 명예로운 역사로 빛나게' 만든 소수의 변호사들을 우리가 가진 것은 다행스런 일이 아닐 수 없다. 그런데 이 '인권변호사'들은 일반 국민의 거울에 어떤 모습으로 비쳤을까?

"민권변호사. 언제부터인가 우리 사회에선 주로 '반체제사건'을 맡아 뛰어다니는 변호사를 일컬어 이렇게 불러왔다. 각종 학생사건·노사분규사건·재야인사 구속사건 등 최근 많이 쓰이고 있는 단어인 소위 시국관련 사범에 대한 공판정에 가볼라치면 으레 맞닥뜨리는 낯익은 이들이 바로 그들이다. 대개 이들이 단골로 드나드는 법정 주변엔 전경이 둘러서 삼엄한 경비를 펴고 있고 극도의 방청제한조치가 따른다. 여느 법정보다도 많은 교도관들이 배치되어 있게 마련이고 법정 가득히 긴장된 분위기가 서려 있기도 하다. 물론 검찰석엔 공판부 검사가 아닌 공안부 검사가 자리잡고 있다.…… 돈벌이 잘 안 되고 골치아플 뿐더러 별 성과도 없고 간혹 유형 무형의 압력까지 받는 사건을 마다하지 않고 쫓아다니는 '삐딱한 사람들'은 누구일까."[11]

---

9) 크리스챤 아카데미 사건 피고인이었던 신인령 이대 법대 교수(현재는 이대 총장)의 증언(이석태 외, 『'무죄다'라고 말할 수 있는 용기』, 문학과지성사, 1998, 253쪽).
10) 황인철 변호사는 "우리 직업의 논리, 즉 법률의 논리에 충실할 때에만 우리는 힘이 있는 것이지 거기서 한 발자국만 나가면 힘이 없다. 법률가가 하는 민주화 노력은 법률적인 테두리 안에서 할 적에만 힘이 있으며, 그래야 오래 할 수 있는 것"이라고 주장했다(이석태 외, 앞의 책, 254쪽).
11) 김창수, 「민권변호사들」, 《월간조선》, 1985년 9월호, 440~441쪽.

이 기자의 묘사처럼 '삐딱' 하고 '골치아픈' 이 변호사들이 생겨난 것은 바로 정상적인 법치주의와 민주사회를 일탈한 우리 역사 때문이다. '인권변호사' 는 군사독재정권이 낳았던 역사적 산물인 것이다. 헌법이 보장하고 있는 국민의 인권이 사정없이 유린되면서 그 희생자들에 대한 법률적 지원이 필요한 사람들이 생기게 마련이었다. 일반적으로 우리 사회에서 지닌 법조인의 위상에 비추어 볼 때, 경제적 이득을 포기하고 정치적 보복을 무릅쓴 채 인권의 희생자들의 곁에 선다는 것 자체가 하나의 용기가 필요했던 일임은 틀림이 없었다. 때로는 구속과 감시와 위협에 처하기도 했다. 법치주의가 유린된 상태에서 이를 부둥켜 안고 지키려던 변호사들이 고난을 당해야 했던 것이다.[12]

이러한 까닭으로 '인권변호사' 는 용기 있는 지식인의 한 전형이 되었고 국민의 신뢰와 존경을 받게 되었다. 이들은 전통사회에서 귀감으로 여겨지던 '선비정신' 을 구현했고, '변호사에게 인간의 얼굴'을 채색해 주었다.[13] 앞에서 본 대로 이들의 활동으로 전체 변호사의 이미지가 개선된 것도 사실이다. 변호사의 변론은 형사소송법상 피의자 또는 피고인의 권리를 지켜주는 무색하고도 불편부당한 고유 업무이다. 그럼에도 불구하고 어떤 피고인의 변호인이 되어 그를 변하는 것이 그 피고인이 가진 입장을 지지하는 것으로 이해되어 온 것이 사회현실이었음을 부인할 수 없다.[14] 이러한 점에서 당국에서는

---

12) 이와 같은 한국 인권변호사의 수난은 외국에서도 널리 알려지게 되었다. International Commission of Jurists, *Persecution of Defense Lawyers in South Korea: Report of a Mission to South Korea in May 1979* by Adrian .W. Dewind and John Woodhouse(이 보고서에는 한승헌, 강신옥, 이태영, 김인기, 이병린, 임광규, 김광일, 홍성우, 박세경 변호사 등에 대한 사례가 실려 있다)와 川勝勝則, "韓國の人權彈壓法體制と 人權擁護のために 戰った 辯護士たち", 『自由と正義』 등이 있다.

13) Jae Won Kim, 앞의 글.

14) 유신체제 시기에 변론활동 자체를 반정부활동이라고 인식한 다음과 같은 사례가

‘인권변호사’들을 ‘반정부활동’을 하는 사람들로, 민주화운동의 입장에서는 자신들의 지원세력으로 생각했던 것이다.

억압의 세월이 지나고 사회가 어느 정도 민주화되면서 ‘인권변호사’는 인기 있는 ‘정치적 상품’이 되기도 했다. 너도나도 ‘인권변호사’를 자칭하거나, 각종 선거에 출마하는 정치지향적인 변호사들은 인권변론과 무관함에도 불구하고 자신의 경력 또는 선거용 ‘캐치 프레이즈’에 ‘인권변호사’를 사칭하는 경향까지 생겨났다. 이 때문에 정치권에서는 인권변호사의 진위 여부를 두고 논쟁을 벌이기도 했다.[15] 그것은 그만큼 ‘인권변호사’라는 명칭이 국민의 신뢰를 받을 수 있어 득표로 연결될 수 있다는 생각이 바탕에 깔려 있었기 때문일 것이다.[16]

그러나 막상 인권변론을 위해 진력해 온 진짜 인권변호사들은 정작 스스로는 인권변호사라는 말조차 쓰지 않았다. 스스로 쑥스러웠기 때문이다. 그 노고와 헌신은 어차피 대가를 바라고 한 것이 아니었기 때문일 것이다.

있다. “제1 피고인 홍남순은…… 반정부인사들의 무료변론을 하는 등 반정부활동을 해 오다가……”(이른바 ‘광주사태’ 관련자로 기소된 홍남순 변호사 공소장 모두사실, 취영고희기념논총간행위원회, 『취영홍남순선생 고희기념논총』, 형성사, 1983, 25쪽 참조).

15) 안동수 변호사가 법무장관으로 임명되자 일부 언론에서는 “그의 인권변호사 활동이 허울뿐이며 이는 지역구 관리 차원의 활동”이라고 비판하자, 안 변호사는 나중에 이에 대해 명예훼손으로 손해배상을 청구하기도 했다(《뉴스메이커》, 2001년 8월 13일자, www.khan.co.kr/newsmaker/politics−north-korea/n438a02.htm).

16) ‘인권변호사’라는 용어에 관해 홍성우 변호사는 다음과 같이 설명하고 있다. “이 참 좋은 말이 어떤 때 들으면 조금 낯간지러운 느낌을 받을 때가 있습니다. 일부 정치에 뜻을 둔 분들이 정치 입신의 한 수단으로 인권사건을 변론함으로 해서 인권변호사라는 말에 어떤 과시적 요소가 끼어들지 않았나 싶어요. 사실 ‘변호사’라는 말 자체 속에는 이미 인권옹호라는 뜻이 당연히 들어 있는 것인데 말이죠”(이돈명·조준희·홍성우·김형태, 「인권변론 한 시대: 좌담, 인권운동과 법의 정신」, 《문학과 지성》, 1993년 여름호, 680쪽).

　　언제부터인가 내 이름 앞에는 ‘인권변호사’ 라는 말이 따라다니기 시작했다. 이 호칭은 불의에 굽히지 않고 양심에 따라 일했다는 믿음과 존경의 표현이다. 하지만 나는 이 말이 달갑지 않다. 온갖 고초를 겪으면서도 양심에 따라 행동해온 선배 인권변호사들과 동렬에 선다는 게 멋적고 거북살스러워서이기도 하지만, 아직도 ‘인권’ 이 강조되어야 할 만큼 우울한 세상에 살고 있다는 자괴감 때문이기도 하다. 인권변호사란 결코 듣기 아름다운 말은 아니다. 여기저기 내세울 만한 무슨 벼슬 이름은 더더군다나 아니다.…… 속으로는 멋적고 뜨악해지지만 겉으로야 달리 어쩌지 못하고 만다.[17]

　　그런데도 왜 이들에게 인권변호사라는 명칭이 따라붙는 것일까.

　　시국사건의 변론을 주로 맡고 있는 변호사들은 스스로 인권변호사라는 용어를 절대로 쓰지 않습니다. 그것은 언론에서 편의적으로 붙인 용어일 뿐입니다. 굳이 그 용어를 사용하는 변호사들이 있다면 그들은 시국사건의 변론을 맡았다는 사실을 정치 경력으로 내세우고자 하는 일부 정치 변호사들일 것입니다. 사실 저희들은 인권변호사라는 세간의 통칭을 자랑스럽게 여길 까닭도 없으며 시국사건의 변론을 독점하겠다는 생각도 전혀 없습니다. 오히려 더 많은 변호사들이 시국사건에 더 큰 관심을 기울여 주기를 기대할 따름입니다.[18]

　　‘민변’ 으로 의뢰가 들어와 소속 변호사들에게 배당되는 사건의 경우에는 복사비와 인지대 등을 포함한 수수료 30만 원을 받는다. 그러나 이것마저 내기 어려운 처지의 의뢰인이 많아 다 받지 못하는 경우가 태반이다. 민변을 통해서가 아니라 직접 변호사에게 의뢰가 들어오는 사건도 적

---

17) 천정배, 앞의 책, 161쪽.
18) 이양원 변호사의 발언(이희용, 앞의 글, 184쪽).

지 않지만 노동관계 사건이나 시국사건의 경우 사정은 별반 다르지 않다. 물론 다른 분야의 사건을 맡는 예가 없는 것은 아니지만 시국사건이 폭주하는 요즘에는 다른 사건에 매달릴 틈이 없어 사무실조차 꾸려나가기 힘든 변호사들마저 있다는 것이 주변 사람들의 이야기이다. 장래가 안정된 판·검사 직위를 마다하고 혹은 매월 수백만 원의 보수가 보장되는 몇몇 고용 변호사 자리의 유혹을 떨치고 시국사건의 변론을 떠맡는 길로 들어선 일부 소장 변호사들과, 암울했던 시절부터 누구도 거들떠보지 않던 공안사건들의 변론을 도맡다시피하며 가시밭길을 걸어온 민변의 변호사들은 황금만능과 이기주의가 횡행하는 요즘 세태에서 더욱 돋보일 수밖에 없다. 그래서 많은 사람들은 이들에게 자랑스런(?) '인권변호사'의 칭호를 붙여주는 것이다.[19]

이와 같은 가시밭길로 이들을 몰아낸 것은 바로 그 시대의 상황이다. 일제치하, 분단과 독재, 권위주의— 이런 시대가 당시의 독립운동가·양심수·정치범·반대자를 양산했고, 이들을 지원하는 변호사들을 만들어냈다. 인권변호사— 그것은 바로 시대의 소산이다. 이제 인권변호사의 역사적 궤적을 더듬어 보자.

2. 인권변호사의 역사적 계보

지난 시절 한국 현대사의 흐름 속에서 국가가 주도하거나 또는 묵인한 폭력은 극단적이고 전면적인 형태로 등장해 왔다.…… 한국의 국가폭력은 조선총독부로 상징되는 파시즘적 식민지 지배체제에 그 기원을 두고 있다고 할 수 있다. 대체로 식민지적 근대를 경험한 나라에서의 공적 폭력은 근대국가를 수립하기 이전인 식민지 상황에서부터 시작되기 때문이

---

19) 이희용, 앞의 글, 185쪽.

다. 특히 일본의 식민지 조선에 대한 통치는 '일본=문명, 조선=야만' 이라는 논리로 인간의 이성과 민족의 정기를 완전히 말살해 버리는 극단적인 파시즘체제였다.…… 이러한 역사적 기원을 가진 한국의 국가폭력은 국가 형성의 시기에 일종의 내전으로까지 비화된 극단적인 대립과 갈등을 통해 본격화되었다.…… 냉전의 최전선에 위치한 한국의 경우, 전쟁공포의 항상적인 동원을 통해 비상체제를 구축하는 가운데 안보가 최상의 이념이 되어 사회는 더욱 노골적으로 군사화, 병영화 되었으며 정권에 대한 내부의 반대자는 적과 동일시 되었다.…… 이 폭력적 군사문화의 지배는 계엄령과 위수령, 긴급조치 등을 남발했으며, 그 과정에서 인간의 윤리와 민주주의를 함몰시키면서 감옥의 전성시대를 열었다.[20]

불행하게도 우리의 근·현대사는 이렇게 국가적 압제와 억압으로부터 시작되었다. 당연히 이 압제와 억압에 대한 비판과 저항이 일어났고, 이것은 곧바로 탄압받았다. 그 과정에서 국가권력의 남용과 인권의 침해가 일어났다. 인권변호사는 바로 이 상황에서 탄생했고 그 시대적 역할을 다했다. 역사적 도전에 대한 자연스럽고도 당연한 응전이었다. 그러므로 인권변호사의 존재로 말미암아 한국현대사는 바로 우리 민족의 시련사이고 민주주의의 성장사이며 인권의 발전사일 수 있었다.

이렇게 인권변호사는 변호사 제도의 성립과 함께 인권변론의 수요가 생기면서부터 탄생했다. 한국에는 1905년 11월 8일 법률 제5호 변호사법이 제정되면서 서구식의 변호사 제도가 최초로 도입되었다.[21] 이 법은 전문 35조로 구성되어 있으며, 변호사의 자격과 임무,

---

20) 조연현, 『한국 현대정치의 악몽 ─ 국가폭력』, 책세상, 2000, 19~21쪽.
21) 이 변호사법 이전에도 1895년 4월의 민형소송에관한규정에 의한 대인(代人)제도, 1897년 법부훈령에 의한 대서소(代書所)세칙 등이 존재했고 이것이 변호사제도에 이르는 전신이라고 할 수 있다. 자세한 것은 김효전, 「변호사제도의 기원」, 대한변호사협회, 《인권과 정의》, 2002년 8월호, 103쪽 이하 참조.

변호사회 등을 규정하고 있다. 이 법은 일본에서 1893년에 공포된 변호사법을 모델로 해서 약간의 수정을 가한 것이다.[22] 이 법에 따라서 1907년 6월 24일 최초의 변호사시험이 실시되어 이항종, 장택환, 허헌, 옥동규 등 6명이 합격했다. 제2회 변호사시험은 1908년 11월 16일에 실시되어 황철수, 윤세영, 정구창, 이정 등 4명이 합격했다. 이들은 변호사 개업도 하고 실제 변론업무에도 나섰다. 변호사회가 구성되었고, 안중근 의사 변론에 나서기도 했으며, 법을 통한 국권회복과 국민의 권리의식의 향상에 앞장섰다. 그러나 곧이어 일제에게 사법권이 위임됨에 따라 사실상 활동을 중단당하고 만다. 우리의 자율적인 법치주의가 싹트기도 전에 짓밟히고 만 것이다.

이 과정에서 역대 법부대신과 평리원 재판장 조민희 등 상당수의 법조인들이 일본정부로부터 작위를 받기도 했으나, 일부 변호사들은 독립을 지키기 위한 갖은 노력을 다하기도 했다. 뒤에서 보는 안병찬은 안중근 변론과 을사보호조약 폐기를 위한 지부(持斧)상소를 벌이기도 했다. 평리원 검사, 중추원 의관을 지내고 을사조약 당시 법관양성소 교관으로 있던 정명섭은 을사조약의 부당성을 지적한 다음과 같은 상소문을 고종황제에게 올리기도 했다.

"나라가 나라로 되는 까닭은 명의(名義)뿐입니다. 따라서 명의를 한번 잃으면 폐하의 일은 사라져 버릴 것입니다. 삼가 들으니 이 달 십칠 일 밤에 정부의 여러 신하라고 하는 이들이 바깥 사람들의 위협을 핑계로 임금님의 귀를 막고 가리워 마침내 조약의 성립에까지 이르렀다고 합니다. 조약이란 황제의 권위를 높이고 나라의 위세를 떨쳐서 세워지는 것입니다. 따라서 조금이라도 권위가 손상되는 일이 있더라도 나라를 그르친 죄를 벗어날 수 없을 것인데, 하물며 권위를 완전히 넘겨준다면 어찌 그 죄에서 벗어날 수 있겠습니까? 천하에 외교권을 다른 사람에게 넘겨주고서도

---

22) 자세한 것은 김효전, 앞의 글, 116쪽.

능히 독립할 수 있는 나라가 있겠습니까?…… 이 조약을 가하다고 논의하는 신하는 다만 폐하의 적신일 뿐만 아니라 조종의 적신입니다. 그리고 이천만 백성의 원수인 것입니다.”[23]

일제는 1910년 12월 15일 제령 12호로 변호사규칙을 공포했다. 변호사 명부에 등록하고자 하는 자는 조선총독의 인가서를 첨부하여 신청해야 하고, 조선인 변호사는 회에 가입여부가 자유이며 또 따로 변호사회를 조직할 수 있고, 변호사회는 회의 일시와 장소의 계출의무가 있고 회의사항이 제한되었다.[24] 이러한 제한과 규제에도 불구하고 조선인 변호사의 수는 지속적으로 늘어났고,[25] 이들 가운데 적

---

23) 김효전, 「근대한국의 법제와 법학―개별변호사들의 활동(4)」, 대한변호사협회, 《인권과 정의》, 2002년 1월호, 157쪽.
24) 대한변호사협회, 『한국변호사사』, 1979, 54쪽.
25) 당시의 조선인과 일본인의 변호사 수를 살펴보면 다음과 같다(대한변호사협회, 앞의 책, 56쪽 참조).

연도	조선인 변호사	일본인 변호사	합계
1906년	3	불명	–
1907년	17	불명	–
1908년	20	불명	–
1909년	41	29	70
1910년	51	30	81
1911년	59	37	89
1912년	73	50	123
1913년	불명	불명	–
1914년	불명	불명	–
1915년	94	69	163
1916년	94	73	167
1917년	94	72	166
1918년	97	72	169
1920년	105	97	202
1921년	101	102	203
1924년	154	135	289
1925년	166	143	309
1930년	209	154	363

지 않은 사람들이 독립운동가들과 고통받는 민중들의 민권보호에 앞장섰다. 특히 한일합병에 따른 일제시대의 개막은 새로운 인권변론의 수요를 증폭시켰다. 일제의 수탈과 탄압으로 일반 민중들이 핍박과 수난을 당하고, 이는 조국의 독립을 위한 지식인의 끝없는 저항을 초래했다. 날이면 날마다 체포와 기소, 재판이 이루어졌고, 감옥은 무고한 민중과 독립운동가들로 가득 찼다. 김병로(金炳魯), 이인(李仁), 허헌(許憲) 등 이른바 '3인 변호사'가 이들 시국사건의 변론에 앞장섰고, 많은 변호사들이 간헐적으로 이들을 지원하는 대열에 섰다. 이민족의 지배라는 극악한 상황 속에서 이들은 법치주의의 기초를 닦았고 인권변론의 효시를 이루었다.

해방 후 들어선 미군정은 다수의 법조인을 군정 요직에 기용했을 뿐만 아니라 새로운 변호사 조직을 만들었다. 구한국 당시의 광무변호사법과 마찬가지로 서울에 단일회를 두고 지방에 분회를 설치하는 방법이었다.[26)]

허헌은 북으로 갔고, 남한에 남은 김병로는 초대 대법원장이 되었으며, 이인은 초대 법무부장관이 되었다. 함께 독립운동가를 변론했던 변호사들도 대부분 판사 또는 검사 등의 현직으로 복귀했다. 주요한 독립운동 변호사들 가운데 재야에 변호사로 그대로 남은 사람이 없었다. 이러다 보니 식민지 시대에 그나마 형성되었던 인권변론의 전통은 사라지고 말았다. 이승만정권의 장기독재와 인권유린, 정치탄압에 따라 인권변론의 수요는 늘었으나 이를 위한 인권변호사들은 별로 볼 수 없었다. 간헐적으로 변호인들의 인권변론 활동은 있었으나 더 전문적이고 지속적인 인권변론은 보이지 않았다.

본격적으로 '인권변호사'가 탄생한 것은 1972년 유신체제가 성립된 후라고 할 수 있다. 극도의 폭압체제이자 군사독재였던 유신체제

---

26) 미군정은 1945년 11월 19일 법무국령 제4호 '변호사회에 관한 명령'을 공포함으로써 새로운 변호사 조직을 만들었다. 자세한 과정과 내용에 대해서는 이만희, 「미군정기 사법개혁에 관한 연구」, 미출간 원고, 1989, 61쪽 이하 참조.

는 그만큼 심각한 대량의 인권유린을 초래했고, 그것은 절실한 인권보호 요청을 불러왔다. 이 시대만큼 다수의 헌신적인 인권변호사를 요구한 시대는 없었다.

유신 선포 이후 박정희정권은 강압통치로써 집권의 터전을 유지해 나갔다. 그 수단으로 동원된 것이 체포·연행·구금·고문·검색·연금·감시·미행 등등이었다. 이 같은 강압통치의 수법은 정권 말기에 이르러 더욱 가중되어 1979년에는 절정에 이르렀다.…… 줄잡아 수천 명에 달하는 사람들이 정당한 법적 절차 없이 연행되고 연금되고 감시받은 것으로 알려졌다. 연례적으로 되풀이된 연행·연금·감시는 3·1절이나 4·19 기념일 혹은 종교계의 기도회 같은 행사를 전후해 더욱 극심했다.……[27]

이러한 인권보호 요청은 당연히 인권변호사들의 출현을 예고하고 있었다. 물론 그 이전에도 인권변론을 했던 변호사들이 없었다고는 할 수 없다. 앞에서 본 대로 근대적 법제가 이식된 이후 독립을 잃은 조국에서 독립운동가들을 변론하던 우국지사로서의 변호사 그룹이 있었다. 또한 해방 후 개별적 인권침해 사건을 맡았던 변호사가 없는 것은 아니었다. 그러나 이들은 혹독한 독재정권 아래서 계속적으로 또는 집단적으로 그런 사건을 맡기가 어려웠다. 해방 후에도 개별적으로 인권활동을 했던 변호사들이 눈에 띄긴 하지만 그 가운데 이병린 변호사는 단연 인권변호사의 비조(鼻祖)라고 부를 만한 활동을 벌였다. 우리는 이병린 변호사 역시 일제 때 독립운동을 변론하던 3인 변호사들의 정신적 영향을 받고 있었음을 알 수 있다. 그는 김병로 1주기에 쓴 「회상의 가인(街人)」에서 이렇게 적고 있다.

---

27) 이상우, 『권력의 몰락—유신권력에 저항한 반체제 민권운동사』, 동아일보사, 1987, 51쪽.

"그분의 쇳소리 같은 정력적인 음성이 귓전을 울리는 것 같다. 삼가 선생의 명복을 비는 바이다. 필자는 선생을 공적으로만 대했을 뿐이요, 사적으로 가까이 모신 일은 없다. 그러나 선생이 일정시대의 독립투사로서 최후까지 지조를 굽히시지 않으신 그 점에서나 해방 이후 애족애민 하시느라고 애쓰시는 모습에 대해서는 멀리서나마 항상 머리 숙이고 숭앙해 마지 않던 터이다.…… 선생은 이인 선생과 더불어 한국인 변호사의 정신적 단합을 이룩하신 분이다.…… 사실 우리 변호사회가 불편부당하게 대의를 위하여 어떠한 압력이나 유혹에도 굴하지 않는 정신이 조그만치라도 살아 있다면 그것은 선생이 세워 놓으신 한국인변호사회의 전통의 음덕이라고 할 것이다."[28]

이렇게 본다면 비록 이병린이 가인 김병로 등 3인 변호사와 함께 동시대 변호사로서 활동하지 않았다고 하더라도 3인 변호사의 정신은 승계되고 있음을 알 수 있다. 이병린은 선배 변호사들이 고난의 일제시기에 보여주었던 저항과 투쟁의 역사를 잘 알고 있었으며 마음속으로 존경하고 있었다. 인권변론의 전통은 이렇게 끈끈히 이어져가고 있었던 것이다.

이제 이병린이 새로운 한 알의 밀알이 되어 그를 사표로 하는 변호사들이 생겨나고, '인권변호사'의 숲이 우거졌다. 이병린 변호사는 흔히 변호사들이 의인(義人)이라 부를 정도로 바르고 곧았다. 그는 대한변호사협회장을 두 번이나 지낼 정도로 변호사 단체의 역할에 대해서도 신념이 깊었다. 그를 따르고 흠모하던 사람들이 1974년 유신체제와 긴급조치, 대량의 인권침해를 계기로 조직적인 형태를 띠고 변론에 나서게 된다. 이때 이돈명(李敦明)·조준희(趙準熙)·홍성우(洪性宇)·황인철(潢仁喆) 등 이른바 '4인방' 인권변호사가 전국을 다니면서 유신시대 인권변론의 전선을 지킨다. '4인방 인권변호

---

28) 이병린, 『법 속에서 인간 속에서』, 문장각, 1976, 131~132쪽.

사' 는 인권변론의 비조라고 하는 이병린을 계승하여 암울한 유신정권과 전두환정권 시대에 인권옹호의 깃발을 지켰으며, 이후 정법회(正法會), '민변(民辯)' 이라는 조직 아래 수많은 젊은 후배 인권변호사들의 향도 역할을 함으로써 인권변론의 역사에서 교량 역할을 훌륭히 수행했다.

이들(조준희·홍성우·황인철 트로이카)은 유신체제 당시부터 활동해온 제1세대 변호사라고 할 이돈명·유현석·한승헌·강신옥·고영구·최영도·하경철·이돈희 등과 함께 그룹의 중핵으로서 앞장서 활동했으며, 1980년대부터 이들을 뒤따라 참여한 인권변호사의 제2세대라고 할 조영래·김상철·박용일·서예교·박성민·박원순·안영도·박인제·김동현·김충진 등을 지도하며 오늘의 민변을 만들었고, 지금은 민변의 이름하에 인권변론 활동에 맹위를 떨치고 있는 3·4세대의 인권변호사들의 정신적 리더로 자리잡고 있다.[29]

전두환정권 후반에 출현한 정법회는 해방 후 최초로 만들어진 인권변호사들의 상설적 조직이었다. 사무실과 상근자를 둔 '정법회' 는 독재의 그늘 아래에서 피어난 한 떨기 야생화와도 같은 것이었다. '4인방' 변호사와 이들을 지지하는 변호사들과 젊은 소장변호사들의 결합이 이루어진 것이다.

전두환 군사독재정권의 후반기만큼 인권유린이 심했던 시기도 드물다. 군부쿠데타와 광주학살을 기반으로 성립한 전두환정권은 그 부도덕성에 저항하는 수많은 학생·노동자·지식인들을 모조리 구속했다. 구속이 이처럼 빈번해지고 다반사가 된 적은 없었을 것이다. 그러나 공권력의 남용은 오히려 그 권위를 떨어뜨리는 결과를 낳았다. 아무도 구속을 두려워하지 않는 시대가 된 것이다. 정법회는

---

29) 이상수, 『나는 충무경찰서 유치장 초대가수였습니다』, 청동거울, 1997, 75쪽.

바로 이러한 시대적 상황에 직면하여 국민의 기본적 인권을 옹호하고 민주주의를 성취하고자 하는 변호사들의 여망을 대변한 조직이었다. 그러나 시대가 시대니 만큼 정법회는 일종의 비밀결사처럼 대외적으로 공개된 조직은 아니었다.

독재정권에 대한 온 국민의 분노와 항의가 밀물처럼 쏟아진 이른바 6월항쟁으로 전두환정권은 무너지고 노태우정권이 등장하자 정법회는 자연스럽게 더욱 본격적이고 공개적인 변호사 단체로 거듭난다. 바로 '민주사회를 위한 변호사모임'(민변)이 탄생한다. 정법회의 확대 재편인 셈이다. 민변의 탄생과 더불어 더 젊은 엘리트 변호사들이 대거 충원되고 인권활동은 훨씬 활성화된다. 회원이 30여 명에 불과하던 정법회에 비해 민변은 출범 당시 50여 명으로 늘어났고, 지금은 300명을 넘어섰다. 이렇게 무참한 인권의 유린을 그 본질적 속성으로 하던 군부독재정권이 무너지고 문민지배가 확립된 새로운 정부의 출범 이후 이들 인권변호사들의 역할 또한 새로이 조명될 수밖에 없게 되었다. 여전히 남아 있는 정치권력의 남용에 대응하면서도 변화된 정세 속에서 새롭게 자기 역할을 규정하지 않으면 안되는 시점에 와 있는 것이다.

상대적으로 확대된 법치주의 영역은 법률적 쟁송(爭訟)에 의한 사회분쟁의 해결과 사회 공동선의 추구 가능성을 높여주었다. 또한 정치적 인권으로부터 경제·사회적 인권으로 확대된 인권의 개념 아래에서 과거의 양심수 변론에서부터 더욱 다양한 법률적 수요에 대응해야 한다는 몸부림과 논의도 활발하게 진행되고 있다. 민변 내부에서는 공익소송, 기획소송의 필요성에 대한 논쟁이 활발하게 진행되고, 민변 바깥에서는 다양한 시민·사회단체에서 사회변화의 중요 수단으로 법률적 무기를 채택하면서 공익소송은 일상화된 형태의 운동수단이 되었다. 그에 따라 이른바 인권변호사의 새로운 시대의 변형체로서 공익변호사가 등장하게 되었다. 새 술은 새 부대에 담아야 하듯 인권변론도 새로운 형태로 발전해가고 있는 것이다.

3. 인권변호사의 역할

1) 개인(양심수)의 인권 옹호와 지원자로서

인권변호사들의 역할은 일단 개별적 사건의 변론을 중심으로 펼쳐진다. 즉 기본적 인권을 침해당한 개인이나 특정 단체, 또는 집단에 대한 법률적 지원이 그 일차적 사명이다. 사회운동가나 학자들은 특정 이념이나 세력을 위해 지지 또는 반대 캠페인을 벌이거나 저작활동을 벌인다. 그러나 변호사는 구체적 사건을 계기로 해서 그 사건과 그 사건의 피고인 또는 피의자를 위해 변론하는 것이다.

민주주의의 핵심적 내용인 기본적 인권의 보호는 결국 국민 개개인의 인권 보호로부터 출발한다. 개개인의 인권 보호 없이 민주주의는 존립할 수 없다. 따라서 인권변호사들의 역할과 사명은 바로 권력에 의해 침해된 개인의 권리를 보호·회복시켜 주는 일에서 출발한다.

우리 현대사에서 이러한 인권침해의 내용은 다양한 형태로 나타났다. 그러나 그 과정에서 일어난 가장 대량의 인권침해는 양심수(정치범)의 양산이었다. 인권변호사들의 주요 역할 역시 이러한 양심수를 변론하는 일이었다. 이들이 변론한 양심수란 누구일까?

① 정치범이란 자신의 신념과 양심에 비추어 비인간적, 반민주적인 체제와 제도에 항거한 사람들…….[30]
② 법이 추구하는 법내재적(실정법적) 정의가 법의 평가기준으로서의 법초월적(자연법칙) 정의와 상충될 때에는 법초월적 정의를 실현하기 위한 인간의 노력이 필연적으로 기울여져야 하고, 그 과정에서 단지 오늘의 실정법에 찬성할 수 없다는 이유로 범죄인이 되는 양심수.[31]

---

30) 한국기독교교회협의회 인권위원회, 『1970년대 민주화운동(IV)』, 1987d, 1342쪽.

③ 폭력을 주창하거나 직접 사용하지 않았는데도 자신의 신념이나 인종, 언어, 국적, 사회 경제적 지위 때문에 감금된 사람들.[32]

양심수의 개념이 이렇게 다양하지만 결국은 억압적 정치체제하에서 자유와 인권을 유린당한 사람들이라고 말할 수 있다. 이러한 양심

---

31) 최종고, 「한승헌의 삶과 생각」, 한승헌선생 화갑기념문집간행위원회, 『분단시대의 피고들』, 범우사, 1994, 87쪽

32) Considering that every person has the right freely to hold and to express his or her convictions and the obligation to extend a like freedom to others, the object of Amnesty International shall be to secure throughout the world the observance of the provisions of the Universal Declaration of Human Rights, by:

a) irrespective of political considerations working towards the release of and providing assistance to person who in violation of the aforesaid provisions are imprisoned, detained or otherwise physically restricted by reason of their political, religious or other conscientiously held beliefs or by reason of their ethnic origin, sex, colour or language, provided that they have not used or advocated violence (hereinafter referred to as 'Prisoners of Conscience');

b) opposing by all appropriate means the detention of any Prisoners of Conscience or any political prisoners without trial within a reasonable time or any trial procedures relating to such prisoners that do not confirm to internationally recognized norms;

이것은 1979년 9월 6일에서 9일 사이 벨기에 루뱅(Louvain) 회의에서 제12차 앰네스티 국제위원회(12th International Council)에서 채택한 규약(Statute of Amnesty International)에서 규정하고 있는 양심수 조항이다. 이 규정에서 양심수의 조건은 두 가지이다. 첫째, 폭력을 주창하거나 직접 사용하지 않아야 한다는 점이다. advocate는 단순히 지지하는 것과는 달리 폭력을 선동하거나 폭력에 호소함을 뜻한다. 둘째, 신념·언어·국적·인종·경제적 지위 등으로 인하여 감금되어야 한다는 점이다. 여기서 신념이란 어떠한 내용이든 상관이 없다. 특히 정치적·종교적 신념으로 인한 경우가 대부분의 양심수를 구성한다. 그러나 주목할 것은 앰네스티가 석방운동을 벌이는 대상은 단순히 양심수만이 아니라는 사실이다. 기타의 정치범이라 할지라도 앰네스티는 그가 국제적인 인권기준이 정하는 적법절차를 유린당한 경우에는 석방을 요구한다는 것이다. 국제적으로 확립된 기준이라 함은 세계인권선언, 국제인권규약, 유럽인권협약 등에서 명문으로 규정하고

수의 수난이 어떠했는지는 다음과 같은 설명이 증명해주고 있다.

> 그들에 대한 투옥은 정당한 법의 집행이라기보다는 한 정권에 의한 감정적 보복이었다. 따라서 이들의 '구속'이란 법절차에 따른 일정 기간의 격리수용만을 의미하지 않았다. 재판에서 유죄가 확정되기 전까지는 무죄라는 원칙은 간데없이 학생들은 구속과 동시에 학교에서 제적되었고, 긴급조치와 관련하여 수사기관에 연행되기만 해도 직장에서 사퇴를 강요받고 결국은 쫓겨나야만 했다. 또한 구속자 본인뿐만 아니라 부모·친척에 대한 정치적 보복과 사회적 제약이 뒤따랐으며, 석방 후에도 설사 법적으로 권리가 회복되었다 해도 정치적 제재는 여전히 계속되었다. 유신체제하에서 정치적 사건의 피의자들은 우선 수사―구속 과정에서부터 그나마의 법률적 보호조차 받지 못했다. 수사기간의 자의적 연장과 그 과정에서의 고문과 인권유린, 당연시된 구속기간의 연장, 피의자에게 가장 중요한 권리인 변호사 면담의 제한, 가족접견에 이르기까지 정치범들에게만 차별적으로 적용되는 인권침해와 부당한 처우는 하나 둘이 아니었다.[33]

이와 같이 탄압받고 유린되는 양심수들의 인권을 옹호하는 인권변호사들의 역할은 당연히 중요하지 않을 수 없었다. "권력의 시녀로 전락했던 검찰, 부도덕한 공권력에 합법적인 외투를 제공했던 사법부, 침묵을 강요당한 관제언론하에서 독재정권에 맞서 싸우다 고립무원의 철창 속에 갇힌 양심수들에게 이들 변호사들의 존재는 절망 속의 구원의 빛이자 새로운 용기의 촉발제"였다.[34] 그러나 실제 이들의 변론이 실질적인 효과를 거두는 것은 아니었다. 무죄를 주장

있거나 명문에 없다고 하더라도 이미 국제적인 관습법이 된 여러 규범들을 포함한다.

33) 한국기독교교회협의회 인권위원회, 앞의 책, 1340쪽.
34) 이상수, 앞의 책, 71쪽.

하지만 유죄선고를 받기가 일쑤였고, 석방을 주장하지만 실형을 선고받기가 일쑤였다.

긴급조치사건의 변론은 결과적으로 하나마나한 것이 통례이다. 형사소송법에 보면 증거에 의해서 재판하라고 했는데, 긴급조치사건은 증거에 의해 판단되는 일이 없다. 그래서 변론도 하나마나다. 얼마 전 세계법률가대회에서 긴급조치사건을 변론하는 변호사들을 만나서 조사해간 일이 있다. 그때 이렇게 말했다. "긴급조치사건은 지금까지 무죄나 집행유예 판결이 난 적이 없다. 그래서 피고인들의 고독을 덜어주기 위해서, 방청객들을 위안해 주기 위해서 변론을 한다"고.[35]

당시의 인권변호사들이 판에 박힌 기소와 재판을 놓고 얼마나 무력감과 절망감 속에 있었는지 황인철 변호사는 강신옥 변호사의 최종 무죄판결 이후 변협회지에 기고한 글에서 이렇게 말하고 있다.[36]

사실 우리는 그동안 재판이라는 이름 아래 너무도 자주 배반을 경험하며 한 세월을 살아 왔다. 긴조(긴급조치)시대, 집시(집회와 신위에 관한 법률)시대, 국보(국가보안법)시대를 거쳐 살아 오면서 우리 변호사들은 재판이란 한낱 요식 절차로 전락해 버렸다는 비판 앞에 변명을 잃어버린 지 오래였고, 심지어 대법원에서 파기 환송한 사건이 환송 판결 취지대로 귀결되는 시국사건을 단 한 건도 본 적이 없었다. 그러니 강 변호사 사건도 비록 대법원에서 환송되었다는 이유 하나만으로 확신과 안도를 아울러 가질 수 있었겠는가.……

그랬었다. 이 한심한 상황 속에서도 "양심수들은 한결같이 이들

---

35) 1979년 7월의 '제2차 민권일지 사건'에서의 박세경 변호사의 변론(한국기독교교회협의회 인권위원회, 앞의 책, 1741쪽).
36) 이석태 외, 앞의 책, 89쪽.

(인권변호사들)이 자신들의 변론을 맡아줄 것을 원했는데, 이것은 무죄판결을 기대해서가 아니라 자신들의 편에 서서 자신들의 활동이 법정변론을 통해 외부에 알려지기를 바랐기 때문"[37]이었다. "당시 이들이 변론을 맡으면 오히려 찍혀 무죄가 될 사건도 유죄가 되고 만다는 우스갯소리도 있었다.[38] 그럼에도 양심수들이 이들에게 도움받기를 그토록 원했던 것은 그들에 대한 무한한 신뢰, 함께 가고 있다는 동지적 일체감 때문이었다. 실로 이들은 양심수들을 위해 법정에서 한풀이 굿을 해 주는 무당과도 같은 존재였다."[39]

긴급조치사건만 그런 것은 아니었다. 대부분의 시국사건, 양심수 사건에서 변호인들의 변론은 피고인의 석방이나 무죄를 반드시 목표로 한 것이 아니었다. 이 시대의 인권변호사는 양심수의 고난에 동참하고 이들을 법정에서 보호하고자 하는 시대의 파수꾼이었다.

물론 개별적 사건의 피고인이나 특정 사건의 원·피고를 변론하는 것이 결코 한 개인에게만 그 변론의 의미나 효과가 미치는 것은 아니다. 어떤 시대적 모순과 문제도 그 시대를 살아가는 사람들의 구체적 사건으로 나타나게 마련이다. 다시 말하면 한 사건 한 사건이 그 시대의 문제점을 내포하고 있는 것이다. 따라서 인권사건 하나를 변론하면 결국 그 시대의 정치·사회적 문제점을 지적하고 그 해결을 위해 노력하는 과정이 된다.

---

37) 실제로 대부분의 양심수들은 자신들이 유죄가 되거나 중형 또는 실형을 선고받는 것을 두려워하기보다는 기꺼이 원했다.

38) 이돈명 변호사는 이렇게 회고한다. "리 선생(리영희)이 잡혀들어가면 그때마다 내가 그 변론을 맡았는데, 한 번도 변론의 덕으로 나온 일이 없어 늘 나보고 '실형만 받게 하는 변호사'라고 놓하더니 아닌게 아니라 지난번에 내가 변론을 맡지 않아 리 선생이 감옥문을 나왔다. 내가 맡지 않아 리 선생이 나왔으니 리 선생이 나온 것 또한 내 덕이라 얘기할 수 있지 않을까"(이돈명, 「이성으로 우상을 부순 지식인의 표상」, 리영희선생 화갑기념문집편집위원회 편, 『리영희선생 화갑기념문집』, 두레, 1989, 16쪽).

39) 이상수, 앞의 책, 72~73쪽.

2) 민주주의와 인권의 수호자로서

인권변호사들이 일차적으로 피고인과 그 가족의 인권과 지원을 목적으로 활동한 것은 사실이지만 그것은 결국 이 나라의 민주주의와 인권을 수호하고자 하는 목적이 기반이 되어 있는 것이다. 원래 한 개인사건을 변론하다 보면 그것이 사회적 쟁점이 되고, 나아가 국민의 의식과 제도의 변화까지 초래하게 된다. 인권변호사들이 변론한 많은 사건들이 사회적 관심과 여론을 형성하게 되고 이것이 민주주의 발전과 인권수호의 역사에서 커다란 역할을 해 왔다.

유신정권시대의 민청학련사건, 민주구국선언사건, 전두환정권시대의 부천서 성고문사건, 박종철군 고문치사사건, 김근태씨 고문사건, 보도지침사건 등이 하나같이 사회적 민주화와 인권의식을 일깨우고 촉진하는 데 기폭제로 작용한 것이다. 전두환정권시대 때 일어났던 앞의 세 사건은 고문의 폭로를 통하여 고문의 끔찍함과 금지의 필요성을 부각시켰다. 보도지침사건은 언론 유린의 현실을 적나라하게 드러냄으로써 언론자유와 표현의 자유를 보장하는 기념비적 사건이 되었다. 인간은 언제나 부정적 사건을 통하여 반면교사로서 역사적 교훈을 얻게 마련이다. 그러므로 인권사건의 변론은 곧바로 민주주의와 인권을 수호하고 신장하는 행동이 아닐 수 없었다.

정치적 사건이나 고문사건을 다룰 때 단지 그 피해자나 희생자를 변론하는 내용은 일반 형사사건 변호나 인권변호나 다를 것이 없다. 그러나 일반 변호사와는 달리 인권변호사는 그 사건의 정치적 의미에 대해 충분히 이해한 뒤에 그 개인을 변론한다. 따라서 인권변호사는 대체로 그 당사자와 생각과 이념을 함께하는 경우가 많으며, 전체 사회정의와 변화의 흐름에 의식적으로 기여하려는 목적과 동기를 가지고 그 변론에 나서게 된다.

3) 사회변화와 진보의 주창자로서

법정에서 개별적 사건과 피고인들을 변론하는 것이 변호사의 1차적 목적이지만 그 변론을 통하여 일정한 사회적 역할도 수행하게 된다. 특히 정치적 성격을 갖는 인권사건은 변호사들이 그 피고인들의 생각과 행동을 지지하고 그 입장을 옹호하게 된다. 이런 점에서 피고인과 변호인은 동일한 사상과 입장으로 묶여지게 마련이다. 실제로 과거 인권변론 과정에서 변호인과 피고인은 민주화와 인권의 옹호라고 하는 동일한 목적과 사상을 가지고 있었다고 말할 수 있다.

그러나 담당변호사가 피고인의 사상과 행동을 암묵적으로 지지하고 있다고 해도 법정에서 공식적으로 하는 역할은 어디까지나 그 피고인이 법정에서 누릴 권리를 지켜주는 것에 불과하다. 변론 그 자체는 헌법과 형사소송법이 변호사에게 주고 있는 특별한 권리이며 보장장치이다. 특정 피고인을 변론한다고 해서 그 사람과 그 사상을 지지하는 것으로 직결되는 것은 아니다. 권위주의 정권에서 변호사들이 정권의 탄압 대상이 되는 것은 바로 이 점에 혼동이 오기 때문이다.[40]

인권변호사가 변론하는 사건 자체는 순전히 개인적인 권리와 이익을 보호하는 것을 넘어 사회적 보편성과 확산 이익을 가져오게 마련이다. 조영래 변호사가 변론한 망원동 수재사건은 공공기관의 책임의식을 제고시켰고, 여성의 결혼에 의한 조기정년사건은 여성인권의 신장에 전기를 마련했다. 이러한 사건들의 구체적 결론은 사회 전반적 변화와 발전으로 직결되었다. 이 때문에 인권변호사들은 사

---

40) 1933년 9월 13일 일본의 경시청은 일본 노농변호사단(勞農辯護士団) 본부 소속 변호사를 일제히 검거했다. 이 변호사 단체가 일본 공산당의 외곽조직으로 의심된다는 것이 그 검거의 이유였다(森正, 『治安維持法と辯護士』, 日本評論社, 1985, 6쪽). 흔히 특정 피고인과 단체를 변론하다 보면 그 피고인과 단체를 지원하는 것으로 의심받을 수밖에 없고, 실제로도 우정과 지원의 관계가 성립하게 마련이다.

회변화와 진보의 주창자가 되는 것이다.

더 나아가 인권변호사들은 사회변화와 사회운동의 지도자로 등장하기도 했다. 이러한 변론의 과정을 통해 인권변호사들 역시 사회변화와 민주화운동의 주요한 세력이 되어 갔고, 점차 법정을 넘어 사회운동에 합류하게 된다. 이러한 현상은 전 시대를 통해 관찰할 수 있는 일이다. 허헌과 김병로가 독립운동가들의 변론을 넘어 신간회의 주요 간부가 되어 민족독립운동의 전선에 서게 된 것이나, 이병린이 민주화운동가들의 박정희정권에 대한 저항을 변론하다가 그 스스로 민주화의 지도자로 우뚝 선 것 등은 그 대표적인 예라 할 수 있다.

4) 양심적인 법조인 그리고 지식인으로서

인권변호사는 대량으로 인권이 침해당한 독재와 권위주의 정권 아래에서 생겨났고 배양되었다. 독재는 독재자 한 사람에 의해 유지될 수는 없는 법이다. 독재체제를 유지하기 위해서는 이에 협조하는 관료와 지식인이 필요하다. 독재를 법률의 이름으로 합법화·정당화시켜 주었던 것이다. 이와 같이 법조인은 독재의 폭압을 유지하는 데 필수적인 '자양분'이다. 주한 미국대사관의 초대문정관으로서 한국의 독재정치를 지켜보았던 그레고리 핸더슨은 다음과 같이 술회하고 있다.

……이런 증상은 항상 독재의 자양분이 되었다. 독재자들은 탄압을 위해 사법제도를 조직적으로 활용하며 독재를 강화했다. 판사는 경찰이나 검찰이 타당한 이유를 제시할 때만이 체포영장을 발부하게 되어 있다. 그런데 몇천 건이라고 하는 영장신청 가운데는 확실한 증거가 없는 것도 많았지만 신청이 기각되는 일은 드물었다. 여기에는 진짜 반공감정과 일제시대에 기원을 둔 판사, 검사, 경찰들 간에 일종의 공동체적 단체정신이 한몫을 했다. 그러나 물론 사법부의 독립정신이라고 하는 전통이 전혀 없

었다는 점도 똑같은 역할을 했다.[41]

'독재의 자양분'으로서 검찰과 사법부의 기능은 시간이 지날수록 더욱 심해졌다. 이른바 '사법살인'으로 불리는 인혁당사건은 '정찰제 판결'로 시작된 긴급조치시대와 유신시대의 극점에 있었다. 전두환정권을 거치면서 우리 사법과 검찰은 어느샌가 '권력의 시녀'로 전락해 있었다.

이렇게 더러운 권력의 '하수인'이 된 법조인들에 대비되어 인권변호사의 존재는 양심적인 법조인과 지식인의 상징으로 비쳐졌다. 같이 법률을 공부했으면서도 이들의 역할은 이렇게 달랐다. 인권변호사의 존재야말로 우리 시대의 양심과 정의가 그나마 존재하고 있었음을 보여주는 단서였다.

4. 인권변호사들의 수난과 영광

1) '불량한 변호사들' : 인권변호사들의 수난

5, 6년 전의 일로 기억한다. 늦가을 밤 인사동 골목의 한 식당에서는 끝없는 정담이 무르익어 갔다. 이른바 '말'지 사건으로 알려진 보도지침 폭로사건의 피고인이었던 김태홍, 신홍범, 김주언 3인이 항소심에서 무죄선고를 받은 후, 그들을 변론해주었던 변호사들을 초대하는 모임을 마련한 것이다. 유명을 달리한 황인철, 조영래 변호사와 외국에 나간 박원순 변호사를 제외하고 나와 한승헌, 조준희, 홍성우, 이상수 변호사가 참석했다. 우리는 서로가 변호사와 피고인의 관계를 떠나 선배로서, 동지로

---

41) 그레고리 핸더슨 지음, 박행웅·이종삼 옮김, 『소용돌이의 한국정치(The Politics of the Vortex)』, 한울, 2000, 254쪽.

서 어울려 지나간 날들을 되새기며 추억의 정담 속으로 몰입해 들었다. 이날 주흥이 무르익자 조준희 변호사가 '나를 빼고 여기에 참석한 변호사들은 모두 감옥살이를 한 불량한 변호사들' 이라고 농담을 던졌다. 이상수 변호사도 민주쟁취국민운동본부 상임집행위원으로 활동하면서 대우조선소 노동자 이석규 사망사건을 조사하러 갔다가 구속된 바 있다. 한마디로 이날 참석한 변호사들이 겪은 고통은 인권변호사들이 얼마나 어렵게, 그리고 뜨거운 가슴으로 사건에 부딪혀 나갔는가를 잘 나타내 주고 있다.[42]

"감옥살이를 한 불량한 변호사". 농담 속의 이야기이지만 독재정권은 이들을 이렇게 낙인찍었고, 실제로 적지 않은 국민들이 가진 인권변호사에 대한 솔직한 생각이기도 하다. 독재정권에 대든 사람들을 변론하고 옹호하는 이들이 정치권력의 입장에서 보면 밉지 않을 리 없다. 결국 이들 역시 구속되거나 업무정지를 당하는 등 불이익을 받았다.

인권변호사들에 대한 관계 당국의 대우가 좋을 리 없었다. 심지어 변호인들에게 주어진 헌법·형사소송법상의 기본권리조차 무시하고 유린하기가 다반사였다. 1989년 한 해에만 이루어진 변호인 접견·교통권의 방해 사례를 요약해 보자.

1989년 4월 19일 국보법 위반으로 구속된 평화문제연구소장 조성우 씨는 안기부에서 조사받던 중, 부인 홍연실 씨가 24일에 이어 26일에도 안기부로 찾아가 면회를 신청했으나 조사중이라는 이유로 거부를 당했고…… 국가보안법 위반으로 치안본부 홍제동 대공분실에 구속된 인천·부천지역 민주노동자회(인노회) 사건의 피의자 최동 등을 그의 변호인인 정미화 변호사가 1989년 5월 15일 접견·교통을 위해 치안본부에 변호인

---

42) 이상수 후원회, 「이상수와 서울 이야기」 (www.sslee.or.kr/zine2225/sub3.htm).

접견을 하려 했으나 경비실에서 변호인이 들어오는 것조차 방해했고……
국가보안법 위반 혐의로 구속된 서경원 의원의 변호인단인 강철선·이상
수·조승형 변호사 등이 1989년 7월 19일 서 의원의 구치장소인 서울구
치소에 변호인 접견신청을 했으나 변호인선임계가 검찰에 제출되지 않았
고 검찰의 구류심문이 끝나지 않았다는 점을 들어 접견을 거부했다.……
국가보안법 위반 혐의로 구속된 전민련 국제협력국장과 간사인 문부식,
고현주의 변호인 김동현, 안영도 변호사는 1989년 8월 3일 10시 30분경
안기부에 위 피고인들에 대한 변호인 접견신청을 했으나 아무런 이유 없
이 거부했다. 국바보안법 위반혐의로 안기부에 의해 구속된 민미련 공동
대표 홍성담 씨를 그 변호인인 김선수 변호사 등이 1989년 8월 12일 변호
인 접견을 위해 안기부에 신청을 냈으나 거부당했다.[43)]

따지고 보면 인권변론은 정치체제에 대한 저항과 비판자들에 대
한 변론이 많기 때문에 그 변호사 역시 탄압받을 가능성이 존재한다.
역사적으로 보면 일제시대에는 말할 것도 없고 권위주의 정권하에
서 인권사건을 변론한 변호사들의 탄압은 지속적으로 이루어졌다.
일제시대에는 독립운동을 벌인 변호사들이 수차례 변호사 활동의
중단을 강요당했고, 이인 변호사는 구속까지 당했다. 특히 정권의
폭압이 극에 달했던 유신치하에서 변호사들의 수난은 더욱 거세져.
구속·징계·감시 등 온갖 종류의 수난이 이어졌다. 다음은 그 대표
적인 사례들이다.

▶강신옥 변호사 구속사건
강신옥 변호사가 민청학련사건의 피고인들을 위하여 1974년 7월
9일 군법회의 법정에서 한 변론내용이 문제가 되어 동년 8월 22일
대통령긴급조치 1호 및 4호 위반과 법정모욕혐의로 군법회의에 기

---

43) 평화민주당 인권위원회, 『인권백서 1988~1989』, 1990, 195~197쪽.

소되었다. 육군본부 비상보통군법회의는 그해 9월 4일 강 변호사에게 징역 10년 및 자격정지 10년을 선고했고, 항소심인 비상고등군법회의에서 항소기각판결을 선고했다.[44] 강 변호사는 그후 구속집행정지로 석방되었고, 대법원에서 재판시효만료로 면소판결을 받았다.

▶임광규 변호사 징계사건

임광규 변호사가 대통령긴급조치 위반사건으로 구속되어 있는 지학순 주교와 접견할 때 피고인으로부터 받은 문서를 번역·배포한 것이 말썽이 되어 검찰총장이 징계신청을 하게 되었다. 그 신청 이유는 다음과 같다.[45]

"1974년 7월 21일 성모병원에서 지학순 주교로부터 「양심선언」이라는 문서를 영역해 달라는 부탁을 받고 이를 번역해 주었으며, 같은 해 9월 3일 서울구치소에서 위 지학순 주교를 접견할 때 자기에게 적용한 내란선동의 죄목은 사실무근이며 대통령긴급조치는 부당한 조치라는 취지의 메시지를 작성·송부해 줄 것을 의뢰받고, 천주교 원주교구 양모라는 사람으로 하여금 그런 취지의 메시지를 작성, 로마교황청 등 6개처에 발송, 발표하게 함으로써 서울제일변호사 회칙 42조와 변호사법 제20조를 위반하였다."

이에 대해 재경 양 변호사회는 특별변호사단을 구성하고 징계개시에 대처했는데 그후 이 징계사건은 불문 처리되었다.

▶한승헌 변호사 구속사건

서울제일변호사회 소속 한승헌 변호사가 1975년 4월 반공법위반

---

44) 대한변호사협회, 앞의 책, 129쪽.
45) 대한변호사협회, 앞의 책, 129쪽.

사건으로 구속기소되었다. 혐의내용은 1974년 12월에 간행된 한 변호사의 책 『위장시대의 증언』에 수록된 「어떤 조사(弔辭)」라는 글이 반국가단체 구성원의 활동을 찬양했다는 것이었다. 129명의 변호사들이 집단변론에 나섰으나 1심에서는 징역 1년 6월의 실형이 선고되고, 항소심에서는 집행유예 판결, 대법원에서는 1966년 12월 13일 상고기각의 판결이 선고되고 말았다.[46] 이로써 한 변호사는 오랫동안 변호사 휴직을 강요당했다.

전두환 · 노태우 정권에서도 이러한 상황은 별로 달라지지 않아 변호사들의 구속은 이어졌다.

▶이돈명 변호사 구속사건

1986년의 이른바 5 · 3 인천사태와 관련하여 수배중이던 이부영 씨를 숨겨주었다는 혐의로 이돈명 변호사가 구속되었다. 이돈명 변호사는 천주교 정의평화위원회 회장이자, 원로 변호사로서 널리 알려진 사람이었기 때문에 그 구속은 의외의 사건으로 받아들여졌다. 그동안 그가 '인권변호사의 사령탑'으로 활동해 온 것에 대한 보복이었다.

▶이상수 · 노무현 변호사 구속사건

1987년 민주쟁취국민운동본부 민권위원장이었던 이상수 변호사와 부산지역에서 활발한 인권변론을 벌이고 있던 노무현 변호사[47]는 최류탄에 맞아 숨진 대우조선 노동자 이석규 씨 장례식에 참석했다가 격려연설을 한 것이 제3자 개입이 되어 구속된다. 이상수 변호사

---

46) 대한변호사협회, 앞의 책, 130쪽.
47) 부산지역에서 부림사건을 비롯한 학생 · 노동 · 인권사건을 변론하였고, 1987년 노동법률상담소장, 6 · 10시민대행진 집행위원장, 민주쟁취국민운동 공정선거감시 부산본부장 등을 맡았다.

는 당시 "이씨의 장례 행렬을 경찰 뜻과는 달리 광주 쪽으로 틀려는데 경찰이 막습디다. 주위에 재야인사들이 많아 저는 가만 있어도 되었는데 누군가는 경찰에 항의를 해야겠기에 제가 나섰습니다. 그러다 나만 구속됐습니다"라고 회고했다.[48]

앞에서 말한 대로 변호사의 자격과 업무권한은 변호사들에게 생명과도 같은 존재이다. 변호사의 업무를 더 이상 볼 수 없도록 그 업무를 정지시키는 것은 변호사에게 가장 위협적인 탄압장치가 아닐 수 없다. 1949년 변호사법 제정 당시에는 이런 규제 장치가 없었으나 유신체제 시절인 1973년 법이 개정되면서 "법무부장관이 기소당한 변호사의 업무정지를 명할 수 있다"는 조항을 도입했다가 1982년 재개정되면서 "판결이 확정될 때까지"라는 조건을 붙인 채 존속되고 있었다.[49] 그런데 바로 이 제도가 군사독재정권하에서 남용되었다. 전두환정권 때 구속된 이돈명, 이상수, 노무현 변호사가 모두 업무정지를 당했고, 정치인으로서 1985년의 이른바 '고대앞 사건'으로 박찬종 전의원도 업무정지를 당했다. 유신시대 한승헌 변호사가 '어떤 조사' 사건으로 구속된 이후 8년 동안 변호사 업무를 정지당한 것이 최장기간이었다.[50]

노태우정권 이후 인권변호사들에 대한 노골적인 탄압은 사라졌으

---

48) 문철, 「뚝심 돋보이는 튀는 3선」, 《주간동아》, 2001년 2월 22일자.

49) 《한겨레》, 1990년 11월 20일자.

50) 형사사건으로 기소된 변호사에게 법무장관이 일방적으로 업무정지 조처를 취할 수 있도록 한 변호사법 제15조가 위헌이라는 헌법재판소의 판결이 1990년 11월 19일 비로소 선고되었다. 이 판결은 그 변호사법 제15조가 "문제조항이 기소된 형사사건이 고의범이든 과실범이든 가리지 않고 판결 확정 때까지 무기한 업무정지 명령을 할 수 있도록 규정하고 있을 뿐 아니라 징계위원회가 아닌 법무장관의 일방적인 명령에 의해 변호사가 진술할 수 있는 절차도 없이 업무를 정지시킬 수 있도록 한 것은 헌법 제15조의 직업선택의 자유와 제27조 4항 무죄추정의 원칙 규정에 위반된다"고 적시하고 있다(1990. 11. 19 선고 90헌가48호사건 판결문 참조).

나 관계 당국의 편향된 시각이 노출되기도 했다. 1992년 9월 8일 안기부 정형근 수사차장보는 '김낙중간첩사건'을 발표하면서 "김씨 같은 간첩들을 민변 소속 변호사들이 접견할 수 있도록 하는 것은 어린아이에게 칼을 쥐어주는 격"이라거나 "김씨를 접견하려는 민변 소속 변호사들은 진정한 변호인들이 아니라 '딴일 하는 사람들'"이라고 말해 민변으로부터 고소를 당하기도 했다.[51]

2) 인권변호사의 숙명, 핍박과 수난: 외국의 사례들

(1) 법률가의 보호에 관한 국제적 규범

"기본적 인권과 자유는 법조인과 사법부가 간섭과 압력으로부터 자유로운 사회에서 가장 잘 향유될 수 있다. 정의는 모든 사람이 세계인권선언(제10조), 시민적·정치적 권리에 관한 국제협약(제14조) 및 기타 유엔 관련 규약에 선언된 원칙에 따라 독립되고 공정한 재판부에 의해 공정하고 공개적인 재판절차를 거칠 권리를 갖는다."[52]

법률가가 억압받고 간섭받는 상황에서 인권이 제대로 지켜질 리만무하다. 특히 인권사건을 변론할 권리와 책무가 있는 변호사가 위협받거나 탄압받는다면 국민의 인권도 보호받기 어렵다. 공정한 재판을 받을 권리는 바로 인권변호사들의 존재와 자유로운 활동을 보장할 때만 가능한 법이다.

변호사 보호의 중요성이 더해지고 국제적으로 변호사의 지위가 위협받으면서 국제법률가단체로서 유명한 국제법률가협회(International Commission of Jurists)가 1978년 그 산하에 판사와 변

---

51) 《한겨레》, 1992년 9월 10일자.
52) '사법부의 독립과 변호사의 보호에 관한 유엔 특별보고관' 루이스 조이넷(Mr. Louis Joinet)의 표현(UN Document E/CN.4/Sub.2/1990/15. para.1).

호사의 독립을 위한 센터(Center for the Independence of Judges and Lawyers, CIJL)를 설치했다. 이 기구의 로비와 노력에 의해 1990년 8월 27일부터 9월 7일까지 쿠바 하바나에서 개최된 유엔의 범죄예방 및 범죄자 처우에 관한 유엔총회(The 8th UN Congress on the Prevention of Crime and the Treatment of Offenders)는 만장일치로 변호사의 역할에 관한 기본적 원칙(Basic Principles on the Role of Lawyers)을 채택했다.[53] 이 원칙 제20조는 다음과 같이 특별히 규정하고 있다.

"변호사는 법정, 재판소, 기타 법적·행정적 당국 앞에서 자신이 선의로 제출한 서면, 자신이 행한 구두변론, 또는 자신의 직업적 출석에서 이루어진 변론에 대해 형사 및 민사적으로 면책된다."

다음에서 보듯 인권변호사에 대한 탄압과 억압은 전세계적이라고 할 수 있다. 인권이 비교적 잘 보장되고 있다는 미국에서도 인권변호사의 길이 험난하고 힘들기는 마찬가지였다.[54] 더구나 변호사들의 수난은 전지구적 규모의 차원에서 보면 과거의 지나간 역사가 아니라 현재에도 이루어지는 일이다. 2000년 한 해 튀니지에서는 전례없는 수준으로 인권변호사와 인권단체들이 비밀경찰에 의한 고발 위협, 구타, 가혹 행위 등의 탄압과 통신단절, 여권압수 등의 위협에 직

---

53) 전문은 Centre for the Independence of Judges and Lawyers, "The Independence of Judges and Lawyers: A Compilation of International Standards", *CIJL Bulletin*, N° 25~26, April−October 1990에 수록되어 있다.
54) 워터게이트사건, 로젠베르크사건, 몽고메리 버스 보이코트 사건, 시카고 세븐 사건 등등 수많은 사건에서 민중의 변호사로서 이름을 날린 키노이 변호사의 회고록 Arthur Kinoy, *Rights on Trial−The Odyssey of a People's Lawyer*, Harvard University Press, Cambridge, Massachusetts, 1983 그리고 미국과 여러 나라에서 인권변론을 맡았던 마틴 가버스 변호사의 회고록 Martin Garbus, *Traitors & Heroes−A Lawyer's Memoir*, Atheneum, New York, 1987 등을 참조.

면해 있다고 앰네스티 인터내셔널은 보고하고 있다.[55]

(2) 미국의 경우

1972년 창립된 미국시민자유연맹(American Civil Liberties Union, ACLU)은 200개 이상의 지부에 1만 명 이상의 변호사를 거느린 거대 변호사 단체가 되었다. ACLU는 미국 국민들의 시민권 보호와 국가 권력 남용에 대한 가장 영향력 있는 견제단체라고 할 수 있다.

그러나 ACLU는 정부당국으로부터 온갖 종류의 탄압과 억압에 직면했다. ACLU는 피의자·피고인의 인권보호와 정부비판을 주목적으로 활동하고 있던 단체로서 당연히 미국 정부의 눈엣가시가 되었다. 특히 매카시즘 시대 때에는 가장 심각한 탄압의 대상이 되었다. 그 간부들이 미국의 여러 주에서 공개적으로 의회의 소환과 심문을 받았으며 기소되고 투옥되었다.[56] 1977년 ACLU가 연방정부를 상대로 제기한 소송[57]을 통하여 ACLU에 관한 FBI의 문서 40만 장이 공개될 수 있었다. 이 문서는 FBI가 얼마나 오랜 세월 동안 집요하게 ACLU의 활동을 감시하고 견제해 왔는지를 역사상 처음으로 보여주었다. 다음은 바로 그 재판과정에서 나온 문서를 통해서 본 FBI의 불법감시와 억압의 사례들이다.[58]

① ACLU 사무실의 절도: 1940년부터 1951년까지 FBI요원들은 ACLU 사무실을 적어도 13번 침입해 회원명단, 서신왕래, 회의록, 활동기획서 등을 복사했다. 1951년 이후에는 이 수법이 수시로 되었지만 1962년까

---

55) www.amnesty.or.kr/journal/2001/010304_10.html.

56) 자세한 것은 William H. McIlhany II, *The ACLU on Trial*, Arlington House Publishers, New York, 1976 참조.

57) National Lawyers Guild v. Attorney General, 77 Civ.999, U.S.D.C., S.D.N.Y.

58) Michael Krinsky, "FBI Harassment of the National Lawyers Guild", *CIJL Bulletin*, N° 21, April 1998, p.26 이하.

지는 지방 경찰의 협조하에 지속되었다.

② ACLU 회원 변호사 사무실의 절도: 이 방법을 통하여 FBI는 ACLU 회원 변호사들의 중요사건 변론 전략과 ACLU에 관한 정보를 획득했다.

③ ACLU와 그 회원변호사들의 쓰레기 뒤지기: FBI에 의해 발전된 이 수법은 불필요한 문서로 쓰레기함에 버려진 각종 편지, 회의록 등을 수집하는 감시방법이다.

④ 정보원의 활용: 1951년 이후 FBI는 절도할 필요 없이 더 편리한 정보수집방법을 개발했다. 바로 정보원의 활용이다. 1950년대와 1960년대를 통하여 정보원들은 ACLU의 주소록 등을 수집하여 FBI에 제공했다.

⑤ ACLU와 그 회원 변호사들의 도청: FBI는 영장 없이 ACLU 사무소와 사무총장, 소속 회원 변호사들을 지속적으로 도청했다

⑥ 제3의 정보원: 1940년부터 1972년까지 FBI는 정기적으로 ACLU가 이용하는 은행을 방문하여 거래내역을 복사하고 계좌 입출금현황과 그 인물들에 대한 정보를 입수했다.

⑦ 내부 정보원의 활용: 심지어 FBI는 ACLU 조직 내부에 정보원을 심어 정보를 캐내기도 했다. 심지어 FBI를 상대로 하는 소송의 전략이나 내용을 토론한 자료를 받기도 했다. ACLU 회원 변호사들의 사무소에도 정보원이 활동하였다.

이 기기묘묘한 감시와 정보수집의 방안들을 보면서 FBI가 얼마나 한 인권단체와 그 변호사들에게 신경을 쓰고 있었는지 알 수 있다. 그러나 이러한 수법이 우리나라에서 인권변호사들을 향해서 전혀 사용되지 않았다고 장담할 수 있을까?

(3) 필리핀 인권변호사들의 경우

독재정권하에서 인권사건을 변론하는 변호사들을 탄압하는 것은 어느 나라에서나 보편적인 일이다. 다음은 1985년 당시 필리핀의 인권변호사들에 대한 수난을 조사한 뒤 낸 보고서의 일부이다.[59] 이 보

고서의 내용을 통해 다른 나라의 인권변호사들이 함께 겪었던 고난의 흔적, 그 편린들을 확인할 수 있다.

① 아브라(Abra) 지역의 두 변호사의 경우: 로메오 아스투디요(Romeo Astudillo) 변호사와 알베르토 베네사(Alberto Benesa) 변호사 두 사람은 1985년 3월 25일 아브라 지역의 빌라모 뱅구드(Villamor Bangued) 캠프에 구속되었다. 이들은 신인민군(New Peoples Army)을 지원했다는 혐의였지만 제대로 된 증거는 없고 재판 기일은 끝없이 연기되었다. 이 두 변호사는 이 지역에서 거의 유일하게 정치적 사건과 국가안보사건들을 담당하고 있었고, 이들의 변론 성과는 대단히 성공적이었기 때문에 당국의 보복 가능성이 높았다.

② 다바오(Davao) 지역의 세 변호사의 경우: 라우렌테 일라간(Laurente Ilagan), 안토니오 아레야노(Antonio Arellano), 마르코스 리소나르(Marcos Risonar)는 다바오 시의 군부에 의해 1985년 5월 구속되었다. 군사작전에 필요한 특별명령만으로 이들은 구속되었다. 마닐라 대법원에서의 석방명령도 군부는 듣지 않았다. 필리핀 변호사협회의 항의에 따라 석방될 수 있었다. 필리핀 변협회장은 "변호사들은 반역범죄 피고인을 변론하는 경우 이들 역시 반역범으로 간주될 가능성이 높다"고 말했다.

③ 살해된 변호사들: 이 조사단의 활동기간 중에 세 명의 변호사가 사망하고 한 명이 실종되었다. 이들 역시 모두 해당 활동지역에서 인권변호사였고, 변협 인권위원이거나 인권단체 소속 변호사들이었다.

④ 모독과 위협: 필리핀의 대표적 인권단체 FLAG [60] 소속 변호사들 대부분은 군부로부터 살해 협박이나 감시를 받았다.

---

59) The International Commission of Jurists — New Zealand Section and Australian Section, *Human Rights Advocacy in the Phillipines*, August 1985, Geneva.
60) FLAG는 Free Legal Assistance Group의 약자이다.

1986년 마르코스 정권의 몰락과 동시에 일부 인권변호사들은 새 정부의 주요 직책에 임명되었다. FLAG의 의장이며 창립자인 요세 디오크노(Jose Diokno)는 인권에 관한 대통령위원회(Presidential Committee on Human Rightsm, PCHR) 위원장으로 임명되어 인권개선정책을 만들어 대통령에게 건의했다. 그러나 이 와중에도 필리핀 북부지역 일로코스 노르테(Ilocos Norte)의 유일한 인권변호사인 데이비드 부에노(David Bueno)가 1987년 10월 22일 백주대낮에 자신의 사무실 입구에서 살해되는 사건이 발생했다. 1988년 6월 18일 앤젤레스 시티(Angeles City)에서는 유명한 공산주의자 죄수를 변론한 라모스 쿠라(Ramos Cura) 변호사가 사망하기도 했다. 그로부터 이틀 뒤 세부(Cebu) 시에서 대표적인 인권변호사 수리가오(Surigao)가 자신의 집에서 살해당했다. 그해 7월 2일에는 마닐라 거리에서 빈민과 청년활동가들을 변론해 오던 인권변호사 멘도사(Mendoza)가 총격으로 사망했다.[61] 필리핀에서의 인권변호사들이 안전해지기에는 시간이 조금 더 필요했다.

3) 인권변호사의 정치 · 사회적 진출

판사가 판결로 말하듯 변호사가 법정을 지켜야 한다는 것은 오랜 전통이며 관행이었다. 그러나 검찰과 법원이 제 역할을 다 못할 때 변호사가 그 틀 안에서만 법정활동을 하라는 요구는 지켜질 수 없다. 이런 점에서 부천서 성고문사건에서 변호사들이 검찰 수사결과 발표에 항의하는 기자회견을 연 것은 특별한 의미가 있었다.

이날 회견은 특정 사건의 변호인단이 수사기관이나 법정의 테두리를

___

61) 이상의 사례들에 대한 자세한 이야기는 Amnesty International, "Phillipines: The Killing and Intimidation of Human Rights Lawyers", *CIJL Bulletin*, N° 22, October 1988, p.40 이하 참조.

벗어나 자신들의 집단적 의사를 밝혔다는 점과, 그 목소리가 검찰이나 사법부가 아니라 매스컴을 통한 여론에 행해졌다는 점에서 우리 법조사에 새 지평을 연 것으로 평가되고 있다. 변협 차원에서 시국상황이나 인권상황에 대한 성명을 발표하거나 개인적으로 자신의 견해를 밝히는 일이 이전에도 없었던 것은 아니지만 이 사건은 여러 가지 점에서 다른 것들과 구별되는 것이었고, 앞으로의 활동방향에 대해 시사하는 바가 큰 것이었다. 너무나 잘 알려진 사건에 대한 일이기에 변호인단이 '법정외 변론'의 이유로 밝힌 대목만 간추리기로 한다. "변호사의 활동은 법정을 중심으로 이루어져야 합니다. 그러나 요즘의 법정, 그리고 그 이전에 수사기관이 제 모습을 갖지 못할 때 우리는 법정이나 검사실에서 뛰쳐나올 수밖에 없습니다. 피고인이나 피의자에게 유리한 판결을 얻어내려고 변론을 펴는 것인데 검사가 공정한 수사를 펴지 않고 판사가 변론에 귀를 기울이지 않으면 우리는 누구를 향해 말해야 합니까."[62]

이 사건 이후 변호사들은 법정을 뛰쳐나가 적극적으로 '장외투쟁'을 벌인다. 이미 독재정권의 하수인이 된 검찰과 법원을 상대로 인권과 정의를 말할 단계는 지나 있었던 것이다. 이들은 6월항쟁에 적극 참여하고 시위까지 하기에 이른다. 6월항쟁을 이끌었던 민주헌법쟁취국민운동본부의 상임집행위원으로 이상수·박용일 변호사 등이 참여하기도 했다. 운동의 한가운데로 점점 이전하기 시작한 것이다.

그뿐만 아니라 인권변호사들은 그후 아예 정치인이나 사회운동가로 변신하기도 했다. 특히 민변 시대에 들어와서는 적지 않은 인권변호사들이 정치권으로 진출했으며,[63] 일부는 변협회장 또는 변협의 지도부로 사회운동권의 지도자로, 심지어 대법원 판사로 진출하기

---

62) 이희용, 앞의 글, 187쪽.

63) 변호사를 비롯한 법조인은 정치권에서 가장 호의적인 영입 대상이다. 지난 16대 총선에서도 법조계 인사는 "새 얼굴을 내세우는 예비 후보군 중 단연 다수를 점하는 그룹"이었다(《주간한국》, 1999년 11월 11일자).

도 했다. 민주주의의 진전과 더불어 인권변호사는 그 활동이 역사적 평가를 받기도 하고 자신의 신념을 더 효율적으로 펴기 위해 선택하기도 했다. 다양화되는 민주주의 시대에 어쩔 수 없는 변화이고 진전이었다.

> 정치권 진출—강신옥(과거 민주당), 이상수, 노무현, 천정배, 유선호[64](구 평민당·국민회의·민주당), 심규철, 오세훈(한나라당), 김광일(청와대 비서실장)
> 관계 진출—한승헌(감사원장)
> 학계 진출—이돈명(조선대 총장)
> 변협회장—김창국
> 대법관—이돈희

이 가운데 정치권으로 진출한 사람들 가운데에는 비난받을 만한 발언이나 행동을 하는 사람도 생겨났다. 이를 둘러싸고 정치권으로 진출한 회원들의 자격을 제한해야 한다는 논쟁이 벌어지기도 했다. 그만큼 초기 인권변호사들의 이미지에 대한 정체성이 약화되고 있었다.

더구나 이들의 인권옹호적이고, 공정하고 중립적인 이미지는 이들이 인권관련 국가기구나 특별검사제와 같은 독립기관의 직무를 담당하도록 요구하게 되었다. 김창국 변호사는 국가인권위원회 위원장이 되는가 하면, 조준희 변호사는 민주화운동관련자명예회복및보상위원회 위원장이 되었다. 의문사진상규명위원회도 김형태, 김준곤, 이원영, 백승헌 변호사 등이 위원으로 참여한 바 있다. 특히 한국에도 특별검사제가 본격적으로 도입되면서 최병모 변호사가 옷로

---

[64] 유선호 변호사는 15대 국회의원에 당선되었으나 16대 때는 낙선, 그후 2000년 9월 개각 때 청와대 정무수석으로 임명되었다.

비사건 특검을 맡았고, 그 밑에서 문병호·김도형·조광희 변호사 등
이 특별수사관으로, 조폐공사파업유도의혹사건의 특별검사보로 김
형태, 특별수사관으로 김동균, 고태관 변호사 등이 참여한 바 있다.
독립적이고 중립적인 기관에 그동안 인권변호사로서의 신뢰를 쌓았
던 민변 소속 변호사들이 대거 참여하게 된 것은 당연한 일이기도 하
다.

시대가 바뀌면서 정부의 탄압을 받았던 인권변호사들이 훈장을
받는 사례까지 생겨났다. 이돈명 변호사가 1998년 12월 10일 세계인
권선언 50돌 기념식장에서 인권신장에 기여한 공로로 국민훈장 무
궁화장을 수여받은 것이다.[65] 상전벽해라 할 만했다. 상과는 거리가
먼 인권변호사가 받는 이 상은 당연한 일이면서도 낯선 일이었다.[66]

4) 진정한 영광은 국민들의 가슴 속에서

오! 잔 다르크여! 그대를 기억할 무덤도 초상화도 없지만 영웅의 진정
한 기념비는 살아 있는 사람들의 마음 속에 있음을 알았던 이여![67]

진정한 보상은 그 어디에도 있지 않았다. 그것은 스스로의 보람과
만족에 있었을 뿐이다. 그리고 정의와 법이 지배하는 세상을 위한 당
연한 길일 뿐이다. 다만 세상이 어지럽고 혼탁하니 그 당연한 길이

---

65) 《대한매일》, 1998년 12월 11일자.
66) 이돈명 변호사는 이 상을 받으며 "한평생 나라가 주는 상과는 담을 쌓고 살아온
사람이라 처음에는 정중하게 사양할까 생각했는데 어쨌든 정부가 뒤늦게나마 인
권에 관심을 시작했다는 징표가 아닐까 해서 마음을 바꿔 먹었다"고 술회하고 있
다(신석호, 「인물초대석—세계인권선언 50주년기념 국민훈장 수상한 인권변호사
이돈명」, 《신동아》, 1999년 1월호).
67) 프랑스의 구국의 영웅으로 추앙받는 잔 다르크에 대해 프랑스의 작가이자 정치
가였던 앙드레 말로의 찬사(박원순, 『내 목은 매우 짧으니 조심해서 자르게 —박원
순·세기의 재판이야기』, 한겨레신문사, 2001, 106쪽).

특별하게 비쳤을 뿐이다. 그리고 험한 길이 되었을 뿐이다. 그 어떤 보상을 바라고 이들이 그 험한 길을 걷지는 않았다. 세속의 모든 것을 가질 수 있는 사람들이었기 때문이다. 스스로 가시밭길을 선택한 것은 그것이 옳고 바른 길임을 알고 있었기 때문이다. 심지어 이들은 잊혀지고 망각되어 후배들의 탄식까지 자아낸다.

우리나라에는 일제시대 이래 의로운 일을 해 왔던 법률가가 적지 않건만 어쩐 일인지 그들의 삶에 대한 기록은 거의 전무한 형편이다. 기념관은 고사하고 유명 대학 도서관이나 법과대학 복도 어디에도 외국의 경우에는 흔히 볼 수 있는 법조 선배들의 사진이나 초상화 한 점 걸려 있는 곳이 드물다. 내놓고 치하할 만한 사람이 희소해서라기보다는 오늘의 안녕에 기초가 된 과거의 희생을 쉽게 잊어버리고 남이 한 좋은 일을 드러내 기리는 일에 인색한 때문일 것이다. 안타까운 일이 아닐 수 없다.[68]

대부분의 인권변호사들은 대체로 조용히 변호사 활동에 만족하면서 살고 있다. 오히려 인권변론의 주변부에 있었거나 정치권에 기웃거린 변호사들이 인권변호사를 자칭하면서 정치권으로 진출하기도 했다. 일부 변호사들은 인권변론에 잠시 몸담았다가 자신들이 변호했던 재야인사나 재야단체를 비난하며 정치권으로 이동하기도 했다.

우리는 물론 전민련 사람들이 해 온 독재에 대한 헌신적 투쟁과 민중에 대한 열정을 잘 알고 있다.…… (그러나) 지금 적지 않은 사람들이 전민련의 노선에 대해 혹시 자유민주주의체제 전복세력이 아닌지, 북한의 대남전략에 동조하는 것이나 아닌지 경계와 의심을 하고 있다.…… 스스로 밝히지 않는다면 굳이 해명을 요구할 생각은 없다. 그러나 당연한 의문이 풀리지 않는 한 믿어주기 어렵다.[69]

---

68) 이석태 변호사의 머리말(이석태 외, 앞의 책).
69) 《중앙일보》 칼럼(김상철, 『7일간의 시장』, 고시계, 1993, 324쪽에서 재인용).

스스로 변론을 통해 재야인사들의 생각과 노선을 잘 알고 있었을 텐데 새삼 공안기관들이 주장해 왔던 의문을 갖게 되었다니 이해하기 어렵다. 그렇다면 자신도 그런 의문을 가진 상태에서 그들을 변론했다는 것인지. 시대가 바뀌고 상황이 바뀌었는데도 재야단체가 고지식하게 과거의 생각을 유지하는 것은 비판받을 만하다. 그러나 바로 어제 이들을 위해 변론하다가, 오늘 이들을 비난하는 데 나선다면 그건 아무래도 납득할 수가 없다. 세상은 변하고 생각도 변한다. 그러나 하루아침에 어떻게 그렇게 사람들의 모습이 바뀌는지 이해가 잘 안 되는 시대다.

그러나 인권변호사들이 처음부터 명예에 관심을 가지고 인권변론에 나선 것이 아니기 때문에 이들은 그것을 이용하여 다른 일을 꾸미지 않았다. 처음부터 정치권 진출을 염두에 두었거나, 변호사 자격으로 인권변론을 펼쳤으나 정치인 신분이던 사람들은 양심과 정의감 때문에 인권변론에 나섰던 인권변호사들과는 그 차원과 품격을 달리했다. 이러한 순수한 인권변호사들은 언제나 그렇듯이 그 자리에 남아 고상한 품격을 유지했다. 가방 하나 들고 법정을 오가는 생활을 계속하거나 인권이라는 화두를 그대로 간직한 채 봉사와 헌신의 자세를 유지하고 있는 것이다. 이들은 과거를 팔아 현재의 권세를 탐하지 않았다. 그럼으로써 그들의 과거 용기 있는 변론행위가 결코 현실의 권력이나 명예를 탐내서 했던 것이 아니라는 점을 삶을 통해 증명하려는 것처럼 보인다. 아름다운 일이 아닐 수 없다.

일제시대의 인권변론
독립운동 변론사

1. 일제 법제와 변호사

1) 식민지 법제와 변호사 제도

일본에 의하여 이식된 근대적 법제는 크게 보면 일제의 식민통치를 위한 것이었다. 일제가 정한 자격시험과 절차에 따라 법조인의 자격을 취득한 자들 역시 식민통치 구조의 한 기능을 담당하게 되어 있었다. 법조인 자격을 취득하는 데는 고등문관시험 사법과와 한국에서도 변호사로서 활동할 자격을 주는 일본변호사시험, 그리고 한국에서만 변호사 자격을 주는 조선변호사령에 따른 자격시험이 있었다.

변호사법은 통감정치의 산물로서 1905년 11월 8일 법률 제5호로 공포되었다. 이 법은 후의 다른 변호사법과 구별하기 위해 광무변호사법이라고 불렀다. 일본에서 1893년 공포되어 시행되고 있던 일본변호사법을 모델로 하여 만들어진 전문 35조의 법률이었다. 이 법률을 보면 변호사 자격은 다음과 같은 경우에 인정된다.[1]

① 변호사시험에 합격한 자.

② 변호사 시험위원을 지낸 자.

③ 평리원 및 한성재판소 법관직무를 행한 자.

④ 법관양성소에서 1년 이상 교관의 직무를 행한 자 중에서 법부대신의
  허가를 얻은 자.

1906년에는 변호사시험규칙이 만들어지고, 1907년에는 최초의 변
호사시험이 실시된다. 우리나라 변호사 등록 제1호는 정3품인 홍재
기(洪在祺)로서 일본 및 미국 유학을 거쳐 귀국 후 법관양성소 교관,
변호사 시험위원, 한성재판소 판사, 평리원 검사 등을 역임한 사람
이었다.[2] 변호사로는 등록만 했을 뿐 실제 변호사 활동은 하지 않았
다. 변호사 제2호는 이면우(李冕宇)로서 1895년의 관비 일본 유학생
으로 풍부한 법률지식을 갖추고 재야 법조활동을 주도하고 있었으
며, 특히 명동성당 앞에서 이완용을 칼로 찌른 이재명 의사 재판의
변호를 맡았다. 이면우의 뒤로 정명섭, 심종대, 계명기, 이종성, 이
건호, 윤방현, 태명식, 김택, 허헌 등이 있었다. 허헌의 뒤를 이어 광
무변호사법에 의해 변호사가 된 사람은 두 번 시험을 거쳐 모두 27
명이었다. 1910년 4월 망국과 더불어 광무변호사법은 폐지되고 법률

---

1) 법원행정처, 『법원사』, 1995, 61쪽.

2) 홍재기는 변호사로서 공성조합(共盛組合) 상담역이라든지 평양지방법원 관내 파
   산관재인으로 활동했다. 이러는 사이 국운은 기울어지고 일제치하로 들어가는데
   홍재기는 변호사로서 꾸준히 활동했다고 전해진다. 1913년에는 변호사회 부회장
   을 거쳐 10월 12일에는 회장으로 피선되었다. 그는 일제하에서 중국어강습소장,
   평양음악강습소장, 해외유학생친목회장 등을 역임했고, 1925년부터는 강계로 내
   려가 변호사 활동을 하면서 강계청원조합장, 면협의회원, 체육협회 고문, 강계군
   학교 평의원 등 사소한 직책을 맡았다. "이것은 별로 윤택한 생활은 못 되었고 오
   히려 서럽고 가난한 한국민중의 현장에서 함께 아파하는 생활이었다." 1933년에
   는 전주로 옮겨와 변호사 생활을 했고, 1945년 해방 후에는 전주지방법원 정읍지
   원장으로 판사생활을 하다가 6·25 당시 인민군에 의해 피살된 것으로 알려졌다
   (최종고, 「한국의 법률가상—홍재기」, 《사법행정》, 1984년 6월호, 75쪽 이하 참조).

제18호로 융희변호사법이 제정되었다.

2) 조선인변호사회

조선에 근대적 법제가 도입되고 변호사제도가 성립된 이래 구한말부터 한국변호사회가 있었다. 일제가 조선을 합병한 후에는 당연히 이 한국변호사회를 폐지하고 그 대신 일본인변호사회와 합쳐 일선(日鮮)변호사회를 창립하도록 했다. 그러나 변호사 수로 보면 조선인 출신이 일본인보다는 더 많았기 때문에 박승빈이 회장으로 선출되었다. 일본인 변호사들은 조선인 회장을 반대했고, 회장의 취임인가권을 가진 일본인 검사장은 일본인 변호사를 회장으로 지명했다. 조선인 회장 취임을 반대한 조치에 분개한 조선인 변호사들은 참석을 거부하여 결국 일선변호사회는 성립되지 못했다.[3]

그 이후 조선에는 일본인 변호사들로 구성된 제1변호사회와 조선인 변호사들로 구성된 제2변호사회로 나뉘게 되었다. 다시 이 변호사회는 경성(京城)내지인(內地人)변호사회와 경성조선인변호사회로 개명되었다. 허헌이 경성조선인변호사회 회장을 할 무렵 새로 부임한 경성지방법원 검사장이 이를 통합하려 했으나 실패했다. 상대적으로 자율성이 높은 변호사계에서는 일제도 어쩔 수 없었던 것이다.

조선변호사회의 역사상 특기할 만한 사건은 1920년 10월 북경에서 열린 국제변호사대회 참가였다. 당연히 조선인 변호사들은 조선인변호사회를 구성하여 독자적으로 행동하려 했고, 일본측은 이를 제지했다. 당시 조선인 변호사들은 조선이 일본에 합병되어 있기는 하나 일본의 법역(法域)이 달라 특수한 법률에 의해 질서가 유지되는 지방이므로 별도의 변호사회로서 독자적인 참가와 표결권을 가져야 한다고 주장했다.[4] 결국 당시 주최측이던 중국변호사측에서 조선 변

---

3) 심지연, 『허헌연구』, 역사비평사, 1994.

호사들의 주장에 손을 들어주었다. 이에 반발한 일본측이 판정에 불복하고 회의 참석을 거부하는 바람에 북경 국제변호사대회는 유회되고 말았다.

3) 일제시대 변호사로서의 길

정도의 차이는 있었겠지만[5] 일제하에서 자격을 인정받은 대부분의 법률가들이 식민지통치에 관료로 참여하거나 일신의 안일을 추구하며 일생을 보냈다.[6] 민족의 수난은 아랑곳하지 않고 특권층으로서 부와 명예를 누렸던 이들 변호사들은 해방 후에도 아무런 불이익을 받지 않은 채 법조인으로서의 삶을 이어갈 수 있었다. 정의감각과 윤리감각이 결핍된 식민지 시대의 지식인의 유산에 대해 다음과 같이 걱정하는 견해도 있다.

"친일파 등 기득권 지배층의 사회처세의 요령과 비결은 시험 잘 치는 우등생 비결 같은 논리에 매달려 있다. 사회봉사나 자기희생이란 정의감 각과 윤리감각은 바보가 교과서에 속아서 인생 망치기 딱 좋은 사이비교

---

4) 이 대회에는 당시 필리핀이 미국의 영토이지만 필리핀변호사회를 조직하여 회의에 참석하고 있었다는 것이 유력한 주장의 근거였다(심지연, 앞의 책, 41쪽).
5) 고등문관시험 사법과에 합격했던 사람들은 사법관시보를 거쳐 직접 판·검사로 임용되어 식민통치의 관리로 일했기 때문에 이들의 반민족성은 더 현저하다고 할 수 있다. 그럼에도 해방 후 이들은 처벌받거나 도태되기는커녕 사법부와 행정부의 요직을 차지하여 독재권력의 하수인으로 변모함으로써 민족사에 또 다른 죄악을 저질렀다. 자세한 것은 장세윤, 「일제하 고문시험 출신자와 해방후 권력 엘리트」, 《역사비평》, 1993년 겨울호 참조.
6) 최종고 교수는 일제하의 법률가들을 좌절 또는 변절파, 은둔파 혹은 회피파, 그리고 저항파로 분류하고 있다. 첫째의 유형에는 총독부 참여관, 중추원 참의, 지사 등을 지낸 장헌식, 석진형, 유성준, 고원훈, 원응상, 최린 등을, 둘째 유형에는 유치형, 홍재기, 유문환 등을, 셋째의 유형으로 김병로, 이인, 안병찬 등을 들고 있다(최종고, 『한국법사상사』, 서울대학교출판부, 1989, 255~257쪽).

훈 따위로 안다. 식민지 시대의 밀정이나 헌병보조원으로부터 고등문관
시험을 통해 고등관으로 출세한 친일파에 이르기까지 그들의 윤리감각은
마비되어 있다."[7]

그러나 일부 변호사, 특히 이 자리에서 주로 다루는 김병로, 이인,
허헌 등 3인 변호사들은 전혀 이와 다르다. 이들도 같은 변호사라는
특권적 지위를 누렸지만 그것을 개인의 일신과 안일을 위해 이용하
기보다는 독립운동가들의 변론과 공공의 이익을 위해 헌신하는 데
이용했다. 오히려 변호사라는 지위를 이용하여 동포를 위해 일한 것
이다. 이들이 변호사가 되기 위한 동기를 다음과 같이 밝히고 있는
사실에서도 그러한 점을 확인할 수 있다.

"원래 내가 변호사 자격을 얻기에 유의했던 것은 생활 직업에 치중한
것도 아니요, 재산을 축적한다는 생각은 추호도 없었으며, 다만 일정(日
政)의 박해를 받아 비참한 질곡에 신음하는 동포를 위하여 도움이 될 수
있는 행동을 하려 함에 있었다."(김병로)[8]

"내가 법률을 공부하기로 마음먹기는 한마디로 억울한 국민을 구해보
자는 의분이 뭉쳐서였다. 그때만 해도 일부 식자층을 제외하고는 일반이
모두 몽매하여 일본 이사청(理事廳)에 망국의 한을 풀어달라고 탄원서를
넣을 정도였다. 이사청이란 것은 일본 거류민의 권익을 옹호하기 위하여
서울·부산 등 큰 도시에 설치한 일본기관인데, 우리나라를 먹어치우겠
다는 기관에 그런 탄원서를 냈으니 우리 국민들이 비분강개하고 나라 잃
은 설움을 안타까워할 줄만 알았지 반항할 절차를 전혀 몰랐던 것이다.
나는 어려서부터 어떻게 하면 일제의 압박을 벗어볼까 생각하는 가운데

---

7) 한상범, 『우리사회의 일제 잔재를 본다』, 푸른세상, 2001, 99~100쪽.
8) 김학준, 『가인 김병로 평전: 민족주의적 법률가·정치가의 생애』, 민음사, 1986,
   50쪽.

법률을 공부함이 그 한 가지 길이라고 생각했던 것이다.”(이인)[9]

특히 김병로는 변호사가 되면 유리한 조건을 다음과 같이 들고 있다.

“첫째, 우리에게 가장 잔혹하던 경찰도 변호사라면 용이하게 폭행이나 구금을 하기 어려웠다는 점, 둘째로 그 수입으로써 사회운동의 자금을 충당할 수 있다는 것, 셋째로 공개 법정을 통하여 정치투쟁을 전개할 수 있는 것 등이 약자인 우리에게는 한 무기가 될 수 있다는 것이었다. 그뿐만 아니라 나는 생각하기를 변호사라는 직무가 자기의 생활 직업으로만 하지 아니한다면 인권옹호와 사회방위에 실로 위대한 사업이 될 수 있다고 믿었던 것이다.”

실제로 김병로와 허헌 등은 그 주장대로 변호사라는 직책을 최대한 이용하여 독립운동을 돕고 변론했으며, 자금을 지원하고 법정을 통해 독립운동의 대의와 실상을 널리 홍보했다. 이인은 이 점에 대하여 다음과 같이 증언하고 있다.

“그러나 (의열단사건의 피고인) 김시현의 12년을 필두로 황옥이 10년 중형을 받았고 가장 가벼운 형을 받은 이가 조동근의 1년 6월이니, 우리의 변론은 아무런 효과가 없었다고 할 수가 있다. 사실 우리의 변론내용은 피고들과 공명해서 우리가 독립을 하자는 한 방편으로 한 것이니 순수한 법이론으로는 어떨지 모르나 변론내용을 도하신문이 대서특필해서 모든 사람에게 알리니 개개사건을 제쳐놓고라도 우리가 소기했던 목적은 달성이 되었다고 볼 수가 있는 것이다. 그러하기에 우리는 유죄가 뻔히 떨어질 줄을 알면서도 법정에 나가 힘써 말을 하고 그럴 때는 피고석에

---

9) 이인, 『반세기의 증언』, 명지대학 출판부, 1974, 2쪽.

앉은 애국지사와 우리들은 동지처럼 느껴졌던 것이다."[10]

그뿐만 아니라 이들은 단지 독립운동가들을 법정에서 변론하는
데 그치지 않고 신간회에 참여하는 등 독립운동에 앞장서다가 구속
되기도 한다. 이는 유신체제나 군사독재 시절에 몇몇 변호사들이 법
정에서 구속되거나 민주화운동의 주역으로 나서는 일을 연상하게
한다.

4) 식민지하에서의 변론의 한계

변호사라는 신분이 무제한적 특권을 보장해 준 것은 아니다. 일본
국내에서도 노동사건과 반체제사건을 변론하던 변호사들은 지속적
으로 탄압받았다.[11] 아직 변호사들의 위상에 대한 인식이 충분하지
않았다. 더 나아가 식민지 조선에서야 더 말해 무엇하랴. 여러 변호
사들이 지속적으로 위협받거나[12] 정직처분,[13] 구속 등의 핍박을 받았

---

10) 이인, 앞의 책, 1974, 26쪽.
11) 일본에서 공산당 등 좌익들의 치안유지법 변론을 하던 변호사들이 구금을 비롯
   한 온갖 탄압을 받았다. 일례로 1932년 12월 9일 카네자와지방재판소에서 한 공
   산당사건을 변론하던 변호사들이 구속된 것을 비롯하여 17명이 검거되었다. '좌
   익변호사단 괴멸'이라는 기치 아래 수많은 변호사들이 고초를 겪었다(森正, 『治安
   維持法裁判と辯護士』, 日本評論社, 1985, 2쪽 이하 참조).
12) 이인의 증언이다. "이(수원고농사건 변론)로 인해 저도 6개월간 정직처분을 받은
   바 있습니다. 이때도 입회(서기)가 三浦藤郎이란 자로서 변론요지를 조서에 올리
   라 해서 저를 자꾸 별러서 보안법을 적용한다고 했습니다. 그런데 그때 변호사회
   의 덕을 봤습니다. 일인 변호사들도 이것은 부당하다고 나섰으며 법정에서 피고
   인에 대한 변론을 제제하면 변호인의 정당한 변론권을 유린하는 것이라고 했으
   며, 일인 변호사들도 이 처사에는 못마땅하게 생각하고 들썩들썩했고 조선인 변
   호사들이 간담회를 여는 등 여론이 좋지 않고 하니 공판에는 회부되지 않고 그냥
   넘어가버리고 말았습니다"(이인, 『애산여적 제3집』, 영학사, 1970, 107쪽).
13) 역시 이인의 증언이다. "신의주에서 일어난 고려혁명당사건이 있었는데, 이 사건

다. 특히 1930년대 후반에 들어가면서 전시체제가 확립되고 사상통제가 강화되면서 일본 국내와 함께 식민지였던 조선에서의 인권유린과 통제가 훨씬 강화되었다. 1936년 12월 12일 공포된 조선사상범보호관찰령, 1938년 4월 1일 공포된 국가총동원법, 1941년 1월 10일 공포된 신문지 등 게재제한령, 1941년 3월 6일 공포된 국방보안법, 1941년 3월 8일 개정된 개정치안유지법, 1941년 12월 18일 공포된 언론·출판·집회·결사 등 임시취체법, 1941년 12월 19일 공포된 전시범죄처벌의특례에관한법률이 바로 그것이다.[14] 이런 상황에서 변호사들의 독립운동, 인권사건 변론조차 자리할 여지가 없어졌다. 허헌이 구속당하고 김병로가 활동을 정지당한 것은 바로 독립을 열망하던 변호사들조차 안전하지 못했음을 증명한다.[15] 일제하의 사법절차나 사법기구라는 것이 식민지인들에게 인권을 보장하기보다는 결국 식민정책을 시행하는 편의적 절차나 기구에 불과한 것임이 분명했다.[16]

은 관공서를 파괴하고 관리를 말살한다는 것이었습니다. 이 사건의 변론이 시작되어 '동양평화' 운운 몇 마디 하였더니 즉각 변론중지명령을 하더군요. 그래서 저는 변론을 중단하고 다음 변호사를 변론을 시키고 나더니 나를 불러 다시 변론을 하라 그러더군요"(이인, 앞의 책, 1970, 108쪽)

14) 당시의 사상탄압과 그 도구로서의 법제에 대해서는 임종국, 『일제하의 사상탄압』, 평화출판사, 1989, 164쪽 이하 및 리처드 H. 미첼, 김윤식 옮김, 『일제의 사상통제』, 일지사, 1982 등 참조.

15) 일제하의 법정 변론조차 자유롭지 못했던 점은 다음과 같은 민복기의 증언으로도 증명된다. "왜정 때 변론하기도 상당히 힘들었을 것 같아요. 제가 형사단독판사를 할 때 어떤 사건의 변호인이 서광설(徐光卨) 씨였습니다. 정치적인 사건도 아니고 일반적인 형사사건으로서 약간 좀 민족에 관한 이야기를 했는데요. 그때 검사로 입회한 사람이 일인 '나가사기'였는데, 지금 변호인이 이야기한 것을 조서에 올려달라고 했습니다. 서광설 씨는 담박 얼굴이 달라지더군요. 그리고 끝난 서 변호인은 검사를 보고 사정을 하는 광경을 봤습니다. 그것을 보고 변호사가 정당한 변론을 하는 것도 전전긍긍하는 상태에 있었던 것 같았어요"(「이인과 민복기의 대담」, 이인, 앞의 책, 1970, 106쪽)

"식민지 한국에서는 입헌주의나 법치주의, 삼권분립주의, 대의제도의 원칙은 통하지 아니했다. 조선총독이 일본천황을 대신하는 최고의 권력자로서 제령에 의한 입법권과 집행권을 장악했다. 특히 1910년 이후 3·1운동으로 식민지정책을 개정하기 전까지는 무단통치시대로서 헌병이 경찰사무를 집행하는 계엄군사지배였다. 심지어 관리나 국민학교 교원도 칼을 차고 식민지 백성 앞에 군림했다. 사법권은 지방법원과 고등법원이 총독 감독하에 있었고, 특히 당시의 형사법제도의 탄압성은 악랄하기로 세계에 유례가 없었다. 형사관계법의 악법성은 물론이고 법령에서 원칙으로 인정하지 않고 있는 고문이나 가혹행위는 공공연히 자행되고 있었다. 그리고 형사소송절차는 예심제도에 따라 본안 심리에 들어가기 전에 몇 개월 또는 몇 년이 걸리기도 했다. 피의자는 예심과정에서 고문 등 가혹행위로 몸이 상하고 잘못되어 죽어갔다. 형사법에서 죄형법정주의와 적법한 형사절차의 원칙은 통용되지 않았다. 근대법의 인권제도는 일본 본국에서도 그렇지만 식민지에선 더욱 그림자조차도 볼 수 없었다. 따라서 식민지에서 근대법은 탄압과 수탈이라고 하는 탄압법제도로서 그 모습을 드러냈다고 하겠다."[17]

---

16) 일본의 식민정책과 사법정책의 기조가 시대에 따라 조금씩 변화되어 왔다고 할 수 있다. 처음 일제가 식민 초기 병합하는 과정에서 무자비한 학살과 탄압과정에서도 일선 행정과 재판과정에서 공정하도록 지시하고 있음을 알 수 있다. 예컨대 "(법이 무섭다고 생각하는) 이런 국민들에게 불완전한 법률을 가지고 사법사무에 종사하고자 하는 제군은 보통 재판관보다 더 열성을 가지고 재판이란 어떠한 것인가를 한인에게 주시케 하고 공평무사한 판결로 한인의 마음을 감복시킴으로써 백반 개혁의 기초를 만드는 마음가짐이 없으면 안 된다"(이토 히로부미의 통감부 파견 사법관리에 대한 유시, 남기정 옮김, 『일제의 한국사법부 침략실화』, 육법사, 1978, 91쪽). 105인사건이 일제 사법부에 의해 거의 무죄로 판결난 것도 일본이 전세계에 법치주의에 기초한 식민통치가 이루어지고 있음을 선전하려는 의도였다. 그러나 1930년대의 전시체제가 강화되면서 이런 체면이나 명분을 모두 벗고 노골적인 탄압정책을 강화해 나갔던 것이다.
17) 한상범, 『한국의 법문화와 일본제국주의의 잔재』, 교육과학사, 1994, 93~94쪽.

일제의 사법정책은 기본적으로 일제의 식민정책과 통치정책에서 유래한다. 따라서 일제의 통치권을 배제하고 독립을 기도하는 것은 용납될 수가 없었다. 독립운동에 참여하는 것은 바로 가벌적 행위였던 것이다. 이것을 가능하게 하는 것은 바로 일제의 사상탄압법제였고 사법기관이었다.

"조선의 독립을 달성하려고 하는 것은 (일본)제국 영토의 일부를 참절(僭竊)하여 그 통치권의 내용을 실질적으로 축소·침해하는 것이므로 치안유지법의 소위 국체를 변혁하는 것을 목적하는 것으로 해석하는 것이 타당하다."[18]

변호사도 바로 이러한 사법기관의 한 형태로서 지배체제의 한 고리를 이루고 있었다. 독립운동가들 가운데에서도 엄격한 강경노선을 취했던 사람들은 변호사의 지원을 거부했다. 심산 김창숙 선생이 그 대표적 인물 중의 한 분이다. 그는 가족과 변호사의 거듭된 요청에도 불구하고 끝까지 변호사의 도움을 거부하며 다음과 같이 말했다.[19]

"내가 변호를 거부하는 것은 엄중한 대의이다. 나는 대한사람으로 일본 법률을 부인하는 사람이다. 일본 법률을 부인하면서 일본 법률론자에게 변호를 위탁한다면 얼마나 대의에 모순되는 일인가? 군이나 손과 김은 마찬가지로 일본 법률론자이다. 일본 법률로 대한인 김창숙을 변호하려면 자격이 갖추어지지 않은 것이다. 갖추어지지 않았으면서 억지로 변호하려는 것은 법률이 이론으로 또한 성립될 수 없을 것이다. 군은 무슨 말로 나를 변호하겠는가? 나는 포로다. 포로로서 구차하게 살려고 하는

---

18) 1931년 6월 25일자 조선고등법원 판례(김명한, 「일제의 사상통제와 그 법체계」, 서울대학교 대학원 법학과 석사학위논문, 1986, 96쪽에서 재인용).
19) 심산사상연구회, 『김창숙 문존』, 성균관대학교 출판부, 2002, 356쪽.

것은 치욕이다. 정말 내 지조를 바꾸어 남에게 변호를 위탁하여 살기를 구하고 싶지 않다."[20]

대단한 기상이며 호탕함이 아닐 수 없다. 일제하 변론과 변호사의 지위가 이와 같이 한계가 있었지만 그렇다고 해서 독립운동가의 변론과 그와 같은 일에 나섰던 변호사들의 고상한 뜻과 희생의 정신이 저상되는 것은 아니다.

2. 일제시대의 인권변호사들 : '3인 변호사'와 그 지원세력들

1) '3인 변호사'

이와 같은 상황에도 불구하고 일본 제국주의 통치하에서 변호사 자격을 취득한 사람들 가운데도 구금된 독립운동가들을 변론하는 데 열을 올린 변호사들이 있었다. 일제하의 '인권변호사'들이라고 할 만했다. 가끔 독립투사들이나 항일운동가들에 대한 변론을 한 변호사들이 적지는 않았다. 이들 가운데 안병찬, 변영만, 이면우,[21] 허

---

20) 이때 변호사로서 지원을 하고자 했던 사람은 김용무, 손지은, 김완섭 등이다. 심산 김창숙은 결국 12년 구형에 14년을 선고받고 항소조차 포기해 형이 확정되었다.

21) 이면우는 1895년 관비유학생으로 일본에 유학하여 경응의숙, 동경법학원에서 수학했다. 그는 한성재판소검사시보, 평리원검사, 법무 참서관, 변호사시험위원 등을 역임하고, 1905년 12월부터 그 이듬해 7월까지 법관양성소 소장으로 재직하였다. 1906년 8월 2일 우리나라에서 2호로 변호사등록을 마쳤다. 그리고 1907년 9월 23일 우리나라 최초의 변호사회인 한성변호사회가 발족할 당시 초대회장으로 선출되어 변호사회의 기초를 닦는 데 지대한 공로를 세웠다. 그는 1910년 5월 경성지방재판소에서 애국지사 이재명의 이완용 살인미수사건을 안병찬 변호사와 함께 열렬히 변론하였다(서울지방변호사회, 『서울지방변호사회 80년사』, 1989, 30~31쪽).

헌, 김병로, 이인 등이 강골 변호사로 통했다.[22] 그러나 조직적이고 장기적인 변론을 펼친 이로는 우선 김병로, 이인, 허헌을 들 수 있다. 이들을 흔히 3인 변호사라고 불렀다.[23] 이들은 당시 '무료변호사', '항일변호사', '사상변호사'로도 불리며, '사상사건'으로 기소된 독립투사의 무료변론을 자청해 전국을 순회했다. 비록 일제가 허용한 변호사 법복을 입고 있었지만 이들의 변론은 독립운동의 한 형태를 띠고 있었음이 분명하다.

이와 같이 이들 '3인 변호사'의 변론활동은 무엇보다도 민족의 독립을 지원하는 목적의식적인 것이었다. 그 변론의 내용이 그러했을 뿐만 아니라 무료변론과 함께 이들에 대한 사식의 차입 등 피의자 또는 피고인 신분이었던 독립투사들과의 정신적인 연대 의지를 분명히 갖고 있었던 것이다.[24]

한 덩어리가 된 피고인석의 독립운동가와 변호사 사이의 상황을 다음의 글이 잘 묘사하고 있다.

"때로는 피고에게 불리할 줄 번연히 알면서 재판장에 대들기도 하고 민족의식을 강조함으로써 재판장의 비위를 거슬리기도 하니, 이는 변론의 뜻이 개개인을 구제하자는 것만이 아니요 작게는 방청객에게, 크게는 우리 국민의 독립정신을 일깨우자는 데 그 목적이 있기 때문이다. 이런 변론취지는 법정에서는 독립지사들이 가장 깊이 이해하는 터였다. 그래서 이들은 재판장의 인정신문에 직업을 물으면 서슴없이 '독립운동'이라고 답변하여 피고와 변호사가 한뜻으로 투쟁을 하니 전국민이 감화를 받기 한두 번이 아니었다. 따라서 법정에서 만나는 독립지사들과는 그 전에

---

22) 허근욱, 『민족변호사 허헌』, 지혜네, 2001, 192쪽.
23) 街人 金炳魯, 競人 許憲, 그리고 愛山 李仁 세 사람의 호와 본명 가운데 '인' 자가 공통으로 들어 있어 '3인'으로 불렸다고 한다(이영근, 「이인」, 이영근 외, 『법에 사는 사람들』, 삼민사, 1984 233쪽).
24) 이영근 외, 앞의 책, 189쪽.

일면식이 없을지라도 곧 동지애를 느끼게 마련이고 변론은 당연히 무료로 했다."[25]

이들 '3인 변호사'는 결국 각각 개별 사건의 변론을 넘어서서 독립운동의 일선에 나선다. 즉 김병로와 허헌은 신간회 활동에, 이인은 물산장려운동에 적극 참여한다. 이들이 이와 같이 법정의 변론활동을 넘어서서 직접 독립운동에 나선 경위는 다음과 같이 설명할 수 있을 것이다.

"지금 생각해도 변호사를 시작한 뒤의 생활은 그야말로 눈코뜰사이 없이 바빴다. 자고 나면 사건이요, 또 자고 나면 사건이 생겼다. 나라를 도로 찾겠다고 법정에서 아무리 열변을 토해도 끝이 없는 것이다. 결국 나라를 빼앗긴 근본 문제가 해결이 되지 않고서는 아니 되겠다는 생각이 드는 것이다."[26]

조국의 독립을 위해 고군분투하던 이 '3인'도 해방 직후 민족의 갈등과 분열의 과정에 휩쓸리면서 서로 다른 길을 가고 만다. 허헌은 월북했고,[27] 김병로와 이인은 남한에 남아 사법부와 행정부의 중요한 역할을 수행하게 된다. 김병로는 초대 대법원장이 되고, 이인은 초대 법무장관이 된다. 이들 두 사람은 일제 당시의 기득권 지주세력이 중심이 된 한민당의 울타리 안에서 활동했다. 그러나 이들은 그후 이승만 독재정권과 박정희 독재정권에 저항하면서 그들의 독립운동

---

25) 이인, 앞의 책, 1974, 74쪽.

26) 이인, 앞의 책, 1974, 45쪽.

27) 이인은 허헌과의 이별과정을 이렇게 술회하고 있다. "兢人〔허헌〕은 성품이 호탕하고 금도가 있었다.…… 내가 그를 찾아가 민족진영과 함께 일을 하자 하니 '내가 愛山 말을 안 듣고 누구 말을 듣겠나' 하였다. 그러나 다음날 다시 그의 거처를 찾으니 이미 그는 월북한 뒤였다. 그때의 섭섭함은 말할 것도 없거니와 그를 더 붙들지 못한 것이 지금도 유감이다"(이인, 앞의 책, 1974, 76쪽).

변론의 연장선상에서 민주화운동을 벌여 일생을 통해 그들의 명예를 지켰다.

2) 항일변론의 조직적 틀: 형사변호공동연구회와 자유법조단

그러나 앞의 '3인 변호사' 외에도 이들과 함께 독립운동을 변론한 변호사가 적지 않았다. 여러 사건에서 나타나는 변호사들의 활동이 적지 않은 것이다. '3인 변호사'와 더불어 이들은 독립운동의 변론을 위해 형사변호공동연구회와 자유법조단을 만들어 활동하기 시작했다. 즉 1923년 김병로, 허헌은 김태영, 이승우,[28] 김용무 등과 더불어 형사변호공동연구회를 만들어 독립운동 변론을 조직적으로 수행하는 틀을 만들었던 것이다. 이 연구회의 취지는 "한 사람에 대한 보수로 5명이 공동연구하여 변호한다"라는 것이었지만, 실제로는 '법조인들의 공동전선'이었으며 '독립운동의 후원단체'인 셈이었다.[29] 원래 일본인 변호사들의 조직과는 별도로 조선변호사협회가 생겨 앞의 '3인'이 번갈아가며 회장을 맡았다. 형사변호공동연구회의 성격은 다음과 같은 설명으로 분명해진다.

"1923년 허헌, 김병로, 이인 등은 변론 비용 문제로 곤란을 느끼게 되자 권승렬, 김태영, 김용무 등과 함께 형사공동연구회를 발족했다. 이들은 무료변론을 하는 한편 일반 형사사건에서 수임료를 받아 그 전액을 연구회의 수입으로 삼아 활동자금으로 이용했다."[30]

"이같이 공동연구를 하여 변론을 한다는 것이 이들이 내세운 형사공동

---

28) 그러나 이승우는 1928년 이후부터 노골적인 친일행각을 벌이면서 매국의 길을 걸었다. 자세한 것은 한상범, 앞의 책, 1994, 337쪽 이하 참조.
29) 최종고, 『위대한 법사상가들 II』, 학연사, 1985, 223쪽.
30) 「한국현대사인물 76-김병로」, 《한겨레》, 1991년 8월 9일자.

연구회의 표면상 취지였으나 실제로는 항일 변호사의 공동전선 형성을 위해 법정에서 독립운동이 무죄임을 법리로 맞서서 싸우며 애국투사들의 무료변론은 물론 그들에게 사식까지 넣어주고는 그들의 가족을 돌보는 일까지 하는 독립운동 후원단체였던 것이다."[31]

또한 이와는 별도로 자유법조단을 만들어 '폭압경찰'의 대표로 지목한 미와(三輪)경부를 독직죄로 고발하며 투쟁을 벌였다. 자유법조단은 1925년 '3인'과 김태영, 이창휘 등 10여 명이 창립했다.[32]

많은 사건에서 다수의 조선인 변호사들은 3인 변호사를 돕거나 아니면 독자적으로 독립운동변론을 벌여나갔다. 몇 가지 예를 들어보면 다음과 같다(3인 변호사 제외).

① 3 · 1운동사건(1919): 정구창, 최진,[33] 김우영, 신석정, 홍성연, 이기찬, 박승빈, 김형숙.

② 대동단사건(1920): 김정목, 최진, 이조원, 김우영, 김중혁, 김태영.

② 신천지 · 신생활 필화사건(1922): 최진, 이승우, 허헌, 변영만, 이한길, 박승빈, 김찬영.

③ 제1차 조선공산당사건: 최창조, 이희적, 탁창하, 한근조, 이승남, 이창휘, 김용무, 이종하, 권승렬, 한상억, 김찬영, 정구영, 한국종, 조주영, 김태영.

---

31) 고려대학교, 『고려대학교 교우회 80년사』, 1991, 226~227쪽.

32) 뒤에서 설명하는 일본의 자유법조단과의 관계나 교류에 대해서는 알려진 것이 없다.

33) 최진(崔鎭) 변호사는 1875년생이며, 1905년 일본 관서대학 법률학과를 졸업했다. 1906년 탁지부 주사, 그해 8월에 법관양성소 교관이 되었다. 1907년 한성재판소 판사가 되었으며, 1908년 변호사로 등록하고 1931년에 경성제2변호사회 회장을 역임했다. 식민지 시대, 조선인의 권리 신장을 위해 많은 활약을 했고 6 · 25 당시 납북되었다(김효전, 「근대 한국의 법제와 법학—개별 변호사들의 활동(4)」, 《인권과 정의》, 2002년 1월, 162쪽).

④ 경성시내여학생 만세소요사건(1930년): 한국종, 강세형, 양윤식, 이창
휘.[34]

⑤ 근우회사건(1930): 한종국, 강세형, 양윤식, 이창휘.

그러나 어떤 특정 사건에 이름을 한번 걸었다고 하여 곧바로 그가
독립운동가를 변론한 인권변호사라고 단정할 수는 없다. 예컨대 이
승우는 앞에서 보듯 신천지·신생활 필화사건에서 변호인으로 나섰
고 형사공동연구회에도 참여했으며 보성전문의 상임이사를 지냈다.
그러나 일제 말기에 변절하여 중추원 참의와 보호관찰심사위원으로
활약하고, 심지어 창씨개명에 앞장서는 등 대표적 친일인사가 되었
다.[35]

한편 이인은 독립투사를 많이 변론한 변호사로서 '3인' 외에 최창
조, 윤태영 변호사 등을 들고 있다.[36]

3) 조선독립운동가를 변론한 일본인 변호사들

여기서 특별히 기억하지 않으면 안 될 변호사들이 있다. 바로 독
립운동가들을 변론하는 조선인 변호사들을 도와 함께 변론한 일본
인 변호사들이다. 일본인 변호사들 중에도 후세(布施), 가토(加藤),
후루야(古屋) 등은 자유법조단을 도와 많은 무료변론을 맡았다고 한
다.[37]

일제의 시정 초기라고 할 수 있는 1910년 검거되기 시작하여 1912
년 6월 28일 1심공판이 시작된 이른바 105인사건[38]에서의 일본인 변

---

34) 고등법원검사국사상부, 「경성시내여학생 만세소요사건」, 36쪽 이하의 공판상황
심리조서 참조.

35) 이승우에 대한 자세한 친일행적은 한상범, 앞의 책, 1994, 227쪽 이하.

36) 이인, 앞의 책, 1970, 137쪽.

37) 이인, 앞의 책, 1974, 76쪽.

호사들의 활약은 대단했다. 당시 일본 본국에서 민권변호사로 이름을 떨치고 있던 우자와(鵜澤總明), 오쿠보 마사히코(大久保 雅彦), 하나이(花井卓藏), 오가와(小川平吉), 다카하시(高橋章之助), 미야케(三宅長策), 나카무라(中村時章), 나카노(中野俊明) 등이 이 사건의 변호인으로 활약했다. 이 사건 변호인단에 가담한 조선인 변호사로서는 장도, 권혁채, 김정목, 박용태, 윤방현, 태명식, 박승빈, 이기환 등이었다.

이와 같은 쟁쟁한 변호인단이 구성될 수 있었던 것은 미국 선교사들의 적극적인 후원과 재정적 지원이 있었기 때문이라고 한다.[39] 이들의 도움으로 제2심공판에서 105인사건의 주모자로 지목된 윤치호, 양기탁, 이승훈, 안태국, 임치정, 옥관빈 등 6인을 제외한 99인이 모두 무죄로 풀려남으로써 사실상 재판에서 이겼다.[40]

이밖에도 일본인 변호사들은 여러 사건에서 도움을 주었는데, 예를 들면 다음과 같다.

① 3·1운동사건: 오쿠보 마사히코, 가지 도라노스케(梶 虎之助), 후세 다츠지(布施 辰治).
② 대동단사건: 가지 도라노스케(梶虎之助), 마츠모토(松本正寬).
③ 제1차 조선공산당사건: 모리이 요이치로(森井與一郞), 사토 기요시(佐

---

38) 105인사건의 전말은 다음과 같다. 1910년 음력 8월 중 테라우치 총독이 압록강 철교 개통식 축하를 위해 서북지방 시찰에 나선다는 이른바 총독 서순(西巡)의 풍설이 나돌았다. 이 소문을 접한 서울 신민회 중앙 간부 윤치호, 양기탁, 안태국, 이승훈, 옥관빈 등이 사전에 모의하여 총독 암살계획을 세웠다는 것이다. 일제는 이 사건에 외국인 선교사들까지 대거 관련시켜 결과적으로 일제의 폭압적 무단통치의 실상을 세계적으로 폭로한 꼴이 되었다. 그러나 이 사건은 고문에 의해 조작된 것으로 밝혀지고, 결국 나중에 대부분 무죄로 풀려났다(Japan Chronicle 특파원, 윤경로 옮김, 『105인사건 공판 참관기』, 한국기독역사연구소, 2001, 12쪽).
39) Japan Chronicle 특파원, 앞의 책, 17쪽.
40) Japan Chronicle 특파원, 앞의 책, 18쪽.

藤 潔), 다케지 히로가다(武智 弘方), 후세 다
츠지, 고가 사다오(古賀 貞雄)

　이 가운데 후세 다츠지 변호사(1880~1953)[41]는 3·1운동이 나자
조선의 독립운동에 경의를 표한다는 양심선언을 발표하여 일본 검
사국에서 취조를 받고 풀려나오기도 했다. 그는 평생토록 일본인임
을 부끄러워하는 자세로 조선인의 인권을 지키는 데 최선을 다하겠
다는 다짐을 하기도 했다. 1923년에는 경성지방법원에 계류중인 항
일테러조직 '의열단사건'의 변론을 맡아 피고인 중 한 명으로부터
상부의 명령을 받아 음모에 가담해 왔다는 진술을 받아냄으로써 함
정수사임을 밝혀냈다. 그는 또한 전남지역 농민들의 토지반환 투쟁
에 가담했고, 관동대지진 당시 조선인학살사건과 관련하여 "계엄사
령부와 경찰기관이 조직적으로 조선인을 습격하고 있다"는 유언비
어를 유포시켰다고 주장했다. 박열(朴烈) 열사 부부가 일본천황 암살
혐의로 체포되었을 때에도 변호인이 되었다. 이러한 변론활동으로
그는 1933년과 1939년 두 차례나 변호사 자격을 박탈당하고 심지어
수년간 감옥생활의 고초를 겪었다.[42]

　일부는 일본에서 직접 조선으로 와서 변론을 했던 극성파도 있었
다. 하나이 다쿠조(花井卓藏) 변호사가 대표적인 사람이다. 그는 이
미 2·8독립선언과 관련하여 "내란죄를 주장하는 검사에 반박하여

---

41) 후세(布施) 변호사는 일본 민권변호사의 상징적 존재이다. 자유법조단(自由法曹
　團)의 창립자로서, 구원회 소속 변호사단의 사실상 단장으로서, 해방운동희생자
　구원변호사단의 사실상 간사장으로서, 그는 "일본민주주의운동사에 있어서 투쟁
　하는 변호사의 전형"이었다(森正, 앞의 책, 116쪽). 한편 그는 피압박민족지원에
　대한 확고한 신념을 가진 변호사였다. 김일면은 "피압박민족에 있어서도 그 마음
　에 강하게 각인된 존재"였으며 "그의 이름이야말로 조선인이 잊을 수 없는 은인"
　이었고 "조선민중의 해방운동자"였다고 쓰고 있다(金一勉, 「在日朝鮮人と 自由法
　曹団(上)」, 《コリア評論》 第93号, 1968, 20~23쪽).
42) 허근욱, 앞의 책, 213쪽.

학생의 신분으로 독립을 부르짖는 것은 정당하다"고 변론한 적이 있었다.[43] 하나이 변호사는 3·1운동관련 피고인들을 다음과 같이 변론했다.

"본건 기록을 일관하고 흐르는 그 무엇을 나는 말하겠다. 제1피고들은 모두 종교적 신앙과 신념을 가진 사람들이다. 제1피고들은 종파, 교파에서 상당한 지위와 지능을 가진 사람들로 연령도 40세 이상이다. 제3 본건은 민족적 심리의 자연스러운 발로이다. 제4 본건의 행위는 모두 자기의 행위를 자백한 책임관념이 강한 사람들이다. 이와 같이 사생활로나, 그 지능으로나, 연령으로나 조선의 대표적 인사들이 왜 이러한 거사를 하게 되었는가? 그 원을 살피어 동정을 갖지 않고 단지 국권만을 남용하여 처벌로 처한다면 도리어 장래에 중대문제를 야기할 것이다. 이제 무단정치의 폭풍은 지나가고 덕치시대가 왔음을 알아야 한다."[44]

오늘날의 입장에서 보면 하나이 변호사의 이 같은 변론은 한계가 명백하다. 단지 정상론만 펴고 있는 것이다. 그러나 그 당시 상황에서 더구나 일본인 변호사로서 독립운동변론의 대열에 참여하여 이런 변론을 펴준다는 것 자체가 커다란 용기를 전제로 하지 않을 수 없을 것이다.

일본인 변호사들의 조선 독립운동에 대한 변론과 지원은 개인적 양심과 신념에서 비롯된 것일 뿐만 아니라 민권운동 또는 사회주의 운동의 이념을 가진 일본 변호사 단체의 임무 수행 중 하나였기 때문이기도 했다. 예컨대, 1921년 야마자키(山崎今朝), 후세(布施辰治) 변호사 등이 창립한 자유법조단은 일본 국내의 인권유린사건, 부락차별사건, 노동쟁의, 정치탄압사건, 입법운동뿐만 아니라 타민족억압

---

43) 허근욱, 앞의 책, 175쪽(주21 참조).
44) 허근욱, 앞의 책, 163쪽에서 재인용.

사건도 변론하고 지원하는 것을 그 역할로 규정하고 있었다. 이에 근거하여 의열단사건, 박열사건, 조선공산당사건 등을 변론했던 것이다.[45]

3. 김병로 변호사

1) 대쪽 변호사의 탄생

해방 후 대쪽 같은 신념으로 이승만정권 시기의 사법부 독립을 수호했던 가인 김병로는 흔히 한국 '법조인의 사표', 또는 '한국 사법부의 초석'으로 불린다. 이같이 해방 후의 대법원장으로 더욱 잘 알려져 있는 그의 모습은 실상 일제하의 꼿꼿한 변론활동에서부터 비롯된다.

더구나 그의 이러한 꼿꼿한 모습은 이미 일찍부터 예견되었다. 나이 19세에 직접 최익현부대에 들어가 의병활동을 하는가 하면 의병투쟁을 측면에서 지원하기도 했다.[46] 열혈남아의 기개가 이미 청년시절부터 보였던 것이다.

그러나 가인 김병로는 점차 실력배양 – 자강론으로 노선을 선회한다. 이미 국권은 기울어 의병투쟁만으로 민족을 살리기 어렵다고 판단한 것이다. 그리고 자신의 고향인 전남 창평에 돌아와 사립학교 창립운동을 벌인다. 그 스스로 만 21세의 청년으로 이 학교 고등과의 6개월 속성과정을 마쳤다. 여기서 만난 사람들이 인촌 김성수, 고하 송진우, 근촌 백관수 등으로, 이들과의 교우관계가 동경유학, 항일운동, 해방 후의 정치활동에 그대로 이어진다.[47]

---

45) 森正, 앞의 책, 89쪽.
46) 자세한 것은 김학준, 앞의 책, 28~38쪽.

2) 김병로의 법률공부

1910년 3월 22세에 김병로는 동경 유학을 떠난다. 만 46세의 홀어머니와 만 27세의 젊은 아내, 그리고 3살난 아들을 남겨놓고 아무런 학비준비도 없이 떠난 유학이었다. 그러나 이윽고 대한제국이 일제에 합병되자 울분과 가난에 못이겨 일단 귀국한다. 이어 다시 1911년 가을에 김병로는 동경으로 떠나 명치대학 법학과에 편입하기 위해 공부를 시작한다. 오로지 법률공부에만 매달린 그는 1913년 명치대학을 졸업할 수 있었다.

귀국한 그에게 철도회사에서 전무 자리를 제안했으나 그는 거절했다. 그 대신 집안의 땅을 팔아 학자금을 마련해 세 번째의 동경유학길에 올랐다. 명치대학과 중앙대학이 공동으로 설치한 법률고등연구과(오늘날의 대학원 과정)를 다니면서 변호사시험을 준비했다. 그가 얼마나 열심히 공부에 매달렸는지 들어보자.

"하루에 열다섯 시간 이상을 공부에 바쳤다. 특별한 참고를 요하는 경우가 아니면 도서관에도 가지 아니하고 자취하는 방에서 우선 아침 일찍부터 낮 12시까지 적어도 다섯 시간을 공부했다. 점심을 들고 나서 낮 1시부터 4시까지 세 시간을 공부하고 저녁을 든 다음 야학에 갔다. 야학에서 네 시간 정도 공부하고 돌아와서는 다시 세 시간을 공부했다."[48]

그러나 그가 공부만 한 것은 아니었다. 공부에 몰두하면서도 그는 호남다화회(湖南茶話會)의 간사, 재동경조선인유학생학우회의 간사부장, 그리고 학우회의 기관지인 《학지광(學之光)》의 편집책임을 맡았다. 편집위원은 장덕수, 신익희, 최두선, 현상윤 등이 맡고 있었

---

47) 김학준, 앞의 책, 42쪽.
48) 김학준, 앞의 책, 68쪽.

다. 김병로는 스스로 힘든 생활 가운데서도 고학생을 돕기도 하고 학생회 활동도 하면서, 조선인으로서 참아야 했던 울분을 달래고 독립의식을 고취시켜 나갔다.

하지만 김병로가 당초 일본으로 유학을 떠나면서 꿈꾸었던 변호사시험은 응시가 불가능해졌다. 외국인에게 수험을 허용하지 아니함은 물론이고, 조선과 대만은 법역이 달라 조선인과 대만인에게도 수험을 허락할 수 없음은 외국인과 같다는 취지로 시험이 거부된 것이다. 1918년이 되어서야 이 제한은 철폐된다. 1915년 7월 그는 동경을 떠나 귀국한다.

3) 김병로의 일제하 활동

(1) 일제하 김병로 활동의 시기 구분

김병로가 귀국한 때부터 해방이 되기까지 만 30년 동안 보인 김병로의 일제하 활동은 다음과 같이 3기로 나누어 볼 수 있다.[49]

제1기: 1915년 9월 경성전수학교 조교수로 발령받은 때부터 1919년 판사를 거치고 1920년 변호사로 개업한 뒤, 1925년 제1차 조선공산당사건 변론을 맡을 때까지의 첫 10년. 변호사가 된 뒤 독립투사들의 변론에 앞장섬으로써 민족변호사 또는 사상변호사의 칭호를 얻게 된다. 동시에 물산장려운동이나 민립대학 설립운동 등의 사회적 운동에 참여하였다.

제2기: 1926년부터 1934년까지의 시기. 그는 1926년 6·10만세운동을 계기로 1927년 신간회가 구성되면서 신간회에 참여했고, 나중에는 허헌의 뒤를 이어 중앙집행위원장의 책임을 수행했다. 변호사 활동보다 직접 독립운동에 나서는 시기이다.

---

49) 김학준, 앞의 책, 80쪽.

제3기: 1931년의 만주사변, 1932년 만주국 창설 등의 시기를 거쳐 1934년 이후 변호사 활동이 위축되고 그에 따라 김병로가 아예 일제 패망시까지 경기도 양주군으로 퇴거하여 독립을 기다리는 시기이다.

(2) 경성전수학교 및 보성법률상업학교 교수

1915년 7월 귀국한 김병로는 경성전수학교 교수가 된다. 과거 법관양성소에서 발전한 경성전수학교는 나중에 다시 경성법률전문학교로 발전해 간다. 한편 김병로는 또 하나의 전문학교인 보성법률상업학교에도 출강했다. 김병로는 경성전수학교에서 친족상속법, 국제법, 형법, 형사실무 등 4과목, 보성법률상업학교에서 민법총칙과 친족상속법, 어음수표법, 형사실무 등 4과목을 강의했다. 이 두 전문학교의 교수로서 김병로는 강의와 더불어 조선인 법조인들로만 구성되어 있는 사법협회 기관지의 편집책임을 맡았다. 때로는 자신이 부족한 글들을 채워넣어야 했다. 강의와 잡지편집을 통해 김병로는 일제 초기 조선의 법학계를 이끌어가는 역할을 담당했다.

(3) 짧은 판사생활 그리고 변호사

김병로는 법학자로서의 활동을 인정받아 일제로부터 1919년 4월 16일 판사로 임명받는다. 부산지법 밀양지원 판사로서 1년간 활동하던 그는 곧바로 1920년 4월 17일 사임하고 변호사가 된다. 어떤 근거로 그가 판사로 임명되었다가 변호사가 되었는지는 자세하게 알려져 있지 않다.[50]

32세의 젊은이로서 변호사가 된 그는 처음 마음에 결의한 대로 검소하게 살았다. 그는 "일상적인 안일에 빠지는 일이 없었고 사생활이 깨끗했다", "가정에 돌아오면 대부분의 시간을 독서로 보냈다",

---

50) 김병로의 판사임용과 변호사 개업에 관한 여러 기록들에 대해서는 김학준, 앞의 책, 93~95쪽 참조.

가족들에게도 "사치하지 않고 절약하는 생활을 하자"고 타이르고
"집안에 혼사나 큰일이 있을 때도 요리집에서 피로연이나 잔치를 하
지 않았다"고 한다.[51] 이러한 마음자세가 김병로의 지속적인 독립운
동변론의 기초가 된 것임은 두말할 나위가 없다.

(4) 김병로의 주요 변론 사건

① 대동단사건과 보합단사건

김병로가 대동단사건과 보합단사건을 과연 변론했는지는 명확하
지 않다. 대동단사건은 김병로 스스로 변론한 사건으로 지적하고 있
으나, 실제 대동단사건의 변호인으로 그가 공식적으로 기록되어 있
지 않다고 한다. 따라서 김병로가 스스로 착각했거나 아니면 "김병
로가 그 사건의 변호인으로 선임된 김우영, 김태영과 가까웠던 사실
을 고려할 때 갓 출발한 변호사로서 선배 변호사들의 일을 도왔던 것
으로 짐작된다."[52]

보합단(普合團)사건의 경우에는 김병로의 전기를 쓴 김진배가 연
보 속에 1921년 변론한 것으로 되어 있으나 김병로의 회고록이나 다
른 기록에 비추어보아도 김병로가 이 사건을 변론했다는 근거가 나
타나지 않는다.

② 김상옥 의사 사건과 제2차 의열단사건

1923년 1월 독립투사들의 원부(怨府)인 종로경찰서에 폭탄을 터뜨
려 일제 경찰 및 기자 10여 명을 부상시킨 김상옥 의사 사건은 김병
로가 변론한 대표적 사건 중의 하나이다. 물론 김상옥은 도피중 스스
로 자결하고 말았지만 일제는 관련자 8명을 기소했다. 이혜수, 전우

---

51) 「가인의 여성관 : 자부가 말하는 고 김병로 씨」, 《경향신문》, 1964년 1월 15일자
　　(김학준, 앞의 책, 97쪽에서 재인용).
52) 김학준, 앞의 책, 98쪽.

진 피고인은 고문으로 말미암아 생긴 병세로 공판정에 나오지도 못했다. 김병로는 이 사건을 김태영, 허헌, 이승우 변호사와 함께 맡았다. 김병로가 한 다음의 변론이 언론에 보도되었다.

"변호사 김병로 씨가 일어나서 피고인 중의 윤익중과 신화수 두 사람의 변론이 시작되었는데, 그는 목청을 돋우어 가지고 법정이 떠나갈 만치 소리를 질러 말하되, 조선독립을 희망하는 사상은 조선인 전체가 가진 것이라, 피고인 등이 한 일을 보면, 김상옥으로 말하면 삼판통에서 다무라 순사를 죽였고 계속하여 몇 사람의 경관을 상하게 했으므로 사실이 표현된 죄상이라 할지나, 그 외에 현재 법정에서 나타난 피고인 등은 자기의 사상으로는 그 주의에 공명되고 계획삼아 한 일을 혹 가담했다고 할지나, 사실은 2천만의 조선 민족이 독립사상을 가진 것과 같은 그들의 사상에 지나지 못하는 바임은 경찰서와 검사국의 기록을 보아도 명백한 사실이라."[53]

그후 윤익중이 징역 3년을 선고받은 것을 위시하여 징역 1년에서 2년까지 받았다. 당시 만 27세였던 이혜수 피고인은 형집행정지를 받을 정도로 고문피해를 입었는데, 해방 후 빈곤으로 허덕이던 그녀가 김병로를 찾아와 도와준 일화가 김병로의 회고 속에 나온다.[54]

같은 해 이어서 제2차 의열단사건이 터진다. 김시현, 유석현, 유시태를 비롯한 의열단원들이 국내에서 대규모 항일폭동을 일으키려고 폭탄을 지닌 채 잠입했다가 밀고로 그해 3월에 잡힌다. 이 사건은 형사공동연구회 소속의 변호사들이 공동으로 맡은 사건으로서 특히 이인이 주심으로 변론한 것이다. 변호인들은 "이들의 거사계획은 사전에 발각됐으니 미수나 다름없는 것이요, 이런 사건에 징벌만으로

임해서는 더 큰 사건을 유발할 것"이라고 주장했으나 결국 김시현이 12년의 징역을 선고받는 등 중형을 선고받고 말았다.[55]

③ 제1차 공산당사건

허헌 변호사 부분에서 자세히 설명하듯이 박헌영을 중심으로 하는 제1차 공산당사건이 1925년에 터진다. 김병로는 허헌 등과 더불어 이 사건 변론에 나선다. 이때 김병로의 역할을 당시의 언론들은 이렇게 전하고 있다. "가인(김병로)은 김태영 변호사와 함께 박헌영을 비롯한 간부들을 일일이 면회하고 우선 피고인들이 수사과정에서 고문당했음을 폭로하는 한편 고문 경관을 고소했다."[56] 이밖에도 다른 변호사들과 함께 박헌영에 대한 보석신청을 받아내는 한편 법정변론에 나섰으나 결과적으로는 모두 유죄판결을 받는다.

김병로는 제1차 공산당사건에 연루된 김약수 등이 포함된 북풍회에 가입한 적이 있다. 이 북풍회의 성격에 대해 논란이 있으나 "원래 조선공산당의 강령의 첫 단계가 조선독립의 투쟁에 있으므로 북풍회에서도 정책상으로 김약수 개인을 참가하게 한 것에 불과한 것이요, 김약수 자체가 진정한 공산주의자가 아니었다."[57] 김병로의 과거 행적이나 자신의 사상에 비추어 그를 공산주의자로 이해하는 사람은 거의 없었다.

④ 장진군 주민들의 변론

김병로는 일제 치하에서 고통받는 조선 민중이 있는 곳이라면 어디든지 달려가 변론을 자청했다. 한번은 미츠비시 회사가 함경남도 장진군 발전소 부지를 마련하기 위해 주민들을 경찰 주재소로 불러 땅을 팔도록 강요하는 일이 벌어진 적이 있었다. 주민들은 '토지불

---

55) 김학준, 앞의 책, 107쪽.
56) 《조선일보》, 1927년 10월 14일자.
57) 김병로 자신의 회고(김학준, 앞의 책, 108쪽에서 재인용).

매동맹'을 결성해 외롭게 투쟁하고 있었으나 역부족이었다. 이때 가인은 신문사 기자들과 현지를 방문하는 등 격려와 지원을 아끼지 않았다.

⑤ 옥구군 소작쟁의 변호

소작권의 불안과 지주들의 수탈에 저항하여 일어난 농민들의 쟁의는 1920년대에 들어 점점 증대되었다. 그중에서도 전북 옥구군 서수에서 발생한 소작쟁의는 "조선 소작쟁의의 역사에서 일찍이 보지 못한 큰 사건"[58]이었다. 1928년 2월 1일 김병로는 한상억 변호사와 함께 기소된 34명의 변론을 맡아 첫 공판에 출석하는 등 열렬한 변론활동을 벌였다.

⑥ 정의부사건과 오동진, 통의부 관련자들의 변론

정의부(正義府)는 3·1운동 이후 출현한 통의부, 길림주민회, 의성단, 광정단 등 여러 단체들이 통합해 1925년 1월 만주에서 만들어진 단체이다. 오동진, 지청천 등이 주도하여, 대일 무장투쟁을 영구적이고 전면적으로 실시한다는 목적에서 설립되었다. 병력 7개 중대로 군사훈련과 소학교와 중학교의 설립, 기관지 간행, 황무지 개척 등 다양한 독립운동을 벌였다. 1927년 오동진이 체포되자 김병로는 이인 변호사 등과 함께 그의 변론에 나섰다.

한편 1922년 광한단(光韓團)을 모체로 삼아 1922년 만주에서 조직된 단체가 바로 통의부(統義府)이다. 이 단체의 지도자 이응서가 체포되자 가인은 이인과 더불어 변론에 나선다. 이 부분은 이인 변호사 부분에서 자세히 다룬다.

---

58) 《조선일보》, 1928년 1월 9일자.

⑦ 광주학생사건의 변론

광주항일학생운동은 꺼져가던 항일운동과 항일의식에 불을 지른 사건이었다. 김병로, 허헌 등은 신간회의 간부로서 진상조사단을 꾸리는가 하면 구속된 조선인 학생들을 변론하는 데도 앞장섰다. 북치고 장구치는 격이었다. 당시의 면담과정에 대해 공동변호인 중의 한 사람이었던 이인은 다음과 같이 회고한다.

"광주학생사건 공판일을 앞두고 광주형무소에 가서 우리 학생들을 면회했다. 피고들은 영어의 몸임에도 불구하고 마치 운동선수처럼 의기가 넘쳐 왜적을 집어삼키려는 기세였다. 150여 명이나 되는 학생 피고를 일일이 면회하자면 상당 시간을 요할 것임에 전례없는 집단 면회를 청구했더니 멋모르는 형무관은 이것을 허용했다. 피고의 범죄사실은 거진 마찬가지라 일괄해서 사실내용을 알아본 뒤에는 피고들에게 이 정신의 기백, 길이길이 잊지 맙시다라고 변호보다 선동과 격려를 했던 모양, 면회를 마치고 형무소 사무실을 들어갈려니 면회 담당 왜인 형무관이 아까 당신이 정신을 잊지 말자고 한 것은 무슨 의미요 하기에 나는 아차하였다."[59]

법정에서는 다양한 공방이 오갔고 그때마다 언론에 보도됨으로써 국민들의 항일의식 확산에 기여했다. 본디 노리는 효과를 달성한 것이었다.

⑧ 여운형사건 변론

여운형은 상해로 망명해 임시정부와 연락을 유지하면서 항일운동을 벌여왔다. 1929년 동남아시아를 순방하며 미국과 영국의 식민정책을 성토하고 다시 상해로 돌아왔다가 그해 3월 일제 경찰에 체포되어 본국으로 압송된다. 1930년 1월 예심이 종결되어 치안유지법

---

59) 이인, 『애산여적 제1집』, 세문사, 1961, 272쪽.

위반 혐의로 공판에 회부되었다. 김병로는 여운형의 변론에 나섰으나 결국 여운형은 3년 징역형을 선고받았고, 1932년 7월 대전형무소에서 복역하다가 출소했다.

⑨ 단천 농민학살사건 조사

함남 단천군 농민들이 소유 임야에 대한 간벌 허가를 군수에게 신청했으나 삼림조합의 반대로 거부하는 일이 일어났다. 평소 일본인 중심의 삼림조합의 횡포에 대한 불만을 갖고 있던 농민들이 격분하여 면사무소를 급습하자, 이번에는 경찰에서 발포하여 4명의 농민이 사망하고 26명이 부상당하는 사태가 일어났다. 이로 인해 47명의 농민이 소요죄로 구속되자 김병로는 현장에 직접 내려가 이를 수습하기 위해 노력했다. 그 결과 실제로 대부분의 농민이 석방되었다.[60]

⑩ 안창호사건 변론

김병로는 이인, 김용무 등과 함께 공동변호인단을 구성하여 중국에서 체포되어 온 안창호 선생의 변론에 나선다. 이인은 안창호사건과 관련하여 다음과 같이 회고한다.

"흥사단은 선생이 미국에서 창설하였고 그 궁극의 목적이 조선의 독립임을 알게 된 일제는 이를 탄압코자 선생을 중국에서 체포하여 경검예심을 거쳐 오래간만에 서울지방법원 공판에 넘겨왔다. 여러 변호사들이 곤욕을 받고 있는 도산을 면회하고 변호하겠다고 했으나 선생은 숙원의 민족과업을 성취 못하고 적, 일제에 사로잡힌 몸이라 우리 민족을 대할 면목이 없을 뿐 구구한 변론이 필요치 않다고 일언지하에 거절했다. 그러하므로 나 역시 변호인이 되겠다고 하는 염의가 없어 면회만 했을 뿐 변호

---

60) 그러나 이 사건은 다음해인 1931년 이른바 단천농민조합사건이 일어나 단천에서 다시 한번 검거선풍이 불었다. 그러나 이때는 김병로가 활동을 중단한 상태여서 개입하지 못한다(김학준, 앞의 책, 204쪽).

인 됨을 단념한 지 수개월 후에 의외에도 선생이 나에게 잠깐 상의할 것
이 있으니 면회 오라는 전보를 쳐왔다.…… 결국 나와 김병로, 허헌, 김용
무 등이 공동변호인이 되었다. 공판날 법정에 나타난 선생의 태도는 의연
하였고 구구한 辨解가 없었다. 일인 재판관들도 역시 듣던 말대로 안창
호다, 國士적 風度다 하며 감탄하였다.”[61]

안창호는 이 공판에서 징역 4년을 선고받고 복역 중 지병이 악화
되어 1934년에 가출옥했다. 그러나 병중에도 그는 전국을 다니며 흥
사단 활동을 계속하다 1937년 6월 수양동우회사건[62]으로 다시 검거
되었다. 병보석이 되었으나 결국 사망하고 말았다. 한편 수양동우회
사건은 이광수, 조병옥 등의 명사들이 대거 피고인으로 기소되었으
나 상고심에서 무죄가 선고되었다.[63]

---

61) 이인, 앞의 책, 1970, 154쪽.

62) 이 사건으로 150여 명이 검거되어 그 가운데 42명이 기소되었고 1심에서는 무
　죄, 2심에서는 최고 5년까지의 중형을 선고받았다. 이들 중에 최윤호, 이기윤 등
　은 고문으로 옥사하고 김성업은 불구가 되었다. 그러나 결국 1941년 1월 17일 열
　린 상고심에서 전원 무죄를 선고받았다. 피고인들 가운데는 이광수, 조병옥, 주요
　한, 이용설, 장이욱 등이 포함되어 있었다(이인, 앞의 책, 1974, 113∼114쪽).

63) 이 사건의 상고심 판결(1940 형상 제102 내지 10호)의 이유는 다음과 같다. “피
　고인의 독립운동의 범의를 인정하여 이것에 치안유지법을 적용한 원판결은 중대
　한 사실의 오인이므로 파기해야 할 것으로 믿음. 앞에서 말한 바와 같이 피고인의
　의사 목적은 조선동포의 문화적 향상에 있고 타의 없음이 명백하며 가사 백보를
　양보하여 원심판결의 인정과 같이 궁극에 있어서 조선독립의 처지에 도움되기 위
　한 인식 밑에 문화향상운동을 조성한다 할지라도 조금도 치안유지법 제1조의 범
　죄를 구성함에 있지 않다.…… 조선인이 자기 사회를 위해 고도의 자치를 구하는
　것 같은 경우에는 천황제와 상관없음은 물론 주권의 부정이 되지도 않는다. 그리
　하여 먼 장래에 있어서 조선의 문화 향상에 광범한 자치가 허용될 소지를 만들기
　위한 문화향상운동을 한 자가 있다면 이는 법치국가에 있어 허용됨과 함께 조금
　도 위법시할 수 없다”(김윤식, 『이광수와 그의 시대 3』, 한길사, 1986, 979쪽).

4) 김병로와 시대역할

(1) 신간회와 민족운동

그후 가인은 직접 항일민족독립운동에 뛰어들었다. 항일변호사로서 활약하던 가인이 1929년 이후 신간회에서 중요한 간부로 등장한다. 그해 6월 28일 이른바 전체복대표(複代表)대회에서 그는 중앙집행위원으로 선출되어 회계와 조사부장의 역할을 맡는다. 특히 이때 허헌이 중앙집행위원장으로 선출되었다. 이른바 민족진영과 사회주의자들 간의 갈등이 심해지고 있는 상황에서 김병로와 허헌 역시 양 이념에 조금씩 기울어져 있었지만, 이들은 그런 차이보다 민족해방이라는 더 큰 목표에 합치, 협력하고 있었다.

> "가인 김병로와 허헌은 당시에 있어서 거의 신간회의 최고 양 거두라고 할 수 있었다. 전라도 순창의 중농 출신인 김병로와 함경도 명천의 대지주였던 허헌은 남－북의 지역적인 거리와 관계없이 현단계에서 민족의 조직 역량을 집결시키자는 데는 완전히 뜻이 맞았다. 허헌은 김병로보다 한 살 위였지만, 그는 김병로가 전남 담양에서 초등과정의 신학문을 익히고 있을 때 보성전문학교의 학생이었으며, 도쿄 유학시대에도 메이지 대학의 직계 선배이기도 했다. 더구나 이들은 다 같이 보성전문학교의 재단이사이고 교수였으며, 형사공동연구회라는 간판을 걸고 독립운동자를 변호하는 데 공동보조를 취하고 있는 처지였다."[64]

광주학생사건 이후 신간회 간부들은 이 사건을 국민들에게 알리기 위해 민중대회 개최를 준비한다. 하지만 일제는 이를 봉쇄하기 위하여 신간회 간부들을 검속해 허헌, 권동진, 한용운, 김병로, 이종린 등 신간회 간부는 물론 근우회와 노총을 비롯한 주요 사회단체 인사

---

64) 김진배, 『가인 김병로』, 가인기념회, 1983, 64～65쪽.

100여 명을 검거해갔다. 그러나 김병로는 "그 전날 밤 회의에서 학생사건으로 피검·기소된 다수 학생에 대한 원호와 중앙본부의 직무에 관한 사건 후 처리를 나에게 담당케 해야 한다는 논의가 일치되어, 결국 나는 직접 가두 연설의 강행에 관한 사항에는 분담한 바 없고, 전반 사후 처리에 관한 직무를 담당하게 되었으므로"[65] 석방되었다. 그는 변론활동과 더불어 사전 약속대로 좌우세력의 합작인 신간회의 집행위원장이 되어 신간회를 이끌어가는 데 혼신의 힘을 다했다.

1930년 10월 25일 김병로는 중앙집행위원장에 선출되었다. 새로운 집행부는 우파경향이 완연해졌다. 좌파들이 장악하고 있는 지회와 충돌이 잦아지고 점차 해소론이 제기되었다. 김병로는 당연히 이러한 해소론에 대한 반대입장에 서서 진지한 노력을 벌였으나 해소를 바라는 일제에 의해 6개월간의 변호사 정직처분을 받는다. 1931년 5월 16일 김병로의 반대에도 불구하고 절대다수의 지지로 해소안이 통과되어 신간회는 막을 내렸다.

1931년 9월 일제는 만주사변을 일으켜 괴뢰국인 만주국을 세운 데이어 중국침략의 길로 나아가면서 조선에 대한 식민정책을 훨씬 강화했다. 이른바 내선일체를 앞세워 민족을 말살하려고 했던 일제의 강경정책으로 많은 독립운동가들이 변절하거나 아니면 은둔해 버렸다. 김병로는 후자의 길을 택했다. 그는 자신의 가족을 이끌고 양주군으로 내려가 전쟁이 끝날 때까지 은거하게 된다. 양주로 내려갈 때 그의 남은 재산을 보면 그가 돈벌이에 아무런 관심도 없이 얼마나 독립운동에 매진했는지 잘 알 수 있다.[66]

---

65) 김병로의 회고(김학준, 앞의 책, 169쪽).

66) 그 대신 김병로는 불우한 사람들이나 독립운동가를 위해 돈과 자금을 아끼지 않은 것으로 생각된다. "한때 돈 잘 번다고 소문이 나기도 했지만, 그 돈이 남은 흔적이 없는 것을 보면 상해 임시정부나 독립운동요인에게 상당한 자금지원을 했기 때문이 아닌가 짐작된다고 그 측근들은 전한다. 독립운동자에게 자금지원 했다는

"가인은 우선 집을 팔았다. 은행 저당을 빼고 나니 3천 원이 남았다. 3천원이면 서울 변두리에 3천 평에서 4천 평 사이의 전답을 마련할 만한 돈이었다. 그러나 그에게는 2천4백 원의 빚이 있었다. 이 빚을 갚고 나니 가인의 총재산은 6백 원밖에 남지 않았다. 쌀 1백 가마 정도의 돈이었다."[67]

(2) 해방 후의 정치활동

결국 해방의 날은 왔다. 끝까지 변절하지 않고 오히려 은거의 길을 택했던 김병로는 새로운 조국에서 자신이 할 수 있는 역할에 대해 기대하고 있었다. 신간회 중앙집행위원장, 조선변호사협회장 등 그의 일제하 활동의 화려한 경력과 변론을 통한 항일투쟁의 공적이 빛나고 있었다. 그때 나이가 만 57세였다.

그러나 해방정국은 처음부터 큰 혼란과 대립을 예고하고 있었다. 좌파를 대표하는 여운형은 건국준비위원회를 조직했다. 김병로는 우파인 민족진영에 서서 한민당 창당에 참여했다. 허헌은 좌파에 자리를 잡고 김병로는 우파에 발을 들여놓음으로써 정치적 입장을 서로 달리하게 되었다. 그러나 일제하에서 지주 또는 자본가였던 사람들이 중심이 된 한민당과도 당을 함께하기 어려웠다. 특히 다음에서 보는 바와 같이 토지문제에 관한 그의 입장은 완연히 다를 수밖에 없었다.

"김병로는…… 좌우익이 날카롭게 대결하고 있는 상황에서 국민 대다수가 납득할 수 있는 토지문제의 처리방안은 좌우합작 7원칙에서 밝힌 대로 체감매상…… 무상분배 이 길밖에 없다고 판단했다.…… 즉 지주로부터 땅을 사서 소작인에게 거저 주어야 한다는 입장이었다.…… 그의 이

것을 공공연하게 밝힐 수 없는 상황에서 그 액수가 얼마나 됐든지 간에 이러한 극비의 지원은 아는 사람밖에는 알기 어려운 것이다"(김진배, 앞의 책, 92~93쪽).
67) 김학준, 앞의 책, 237쪽.

러한 입장은 자신들의 토지 축적 과정이 정당하므로 자본주의 체제하에
서 토지를 거저 빼앗거나 준다는 것은 결과적으로 공산주의와 다르지 않
다는 한민당 간부들의 입장과는 날카롭게 대립할 수밖에 없었다.”[68]

일제하에서 소작쟁의를 벌인 소작농들을 변론하면서 그 비참한
실상을 목격한 김병로로서는 당연한 선택이었다. 한민당에서 탈당
한 김병로는 미군정하의 사법책임자로서 사법부장의 책임을 맡는
다. 오늘날의 법무부장관인 셈이다. 그는 이 시기에 조선정판사 위
조지폐사건의 처리, 법전기초위원회의 조직, 법원의 3심제부활, 헌
법기초분과위원회의 주재를 담당한다. 대한민국 법조계의 초석을
쌓았던 것이다.

(3) 추상 같은 대법원장으로서

가인 김병로의 꼿꼿한 인격은 오히려 대법원장 재임시절에 더욱
빛났다. 정부수립과 더불어 대법원장이 된 그의 청렴과 강직 때문에
독재자 이승만과의 갈등과 충돌은 불가피했다. 정치적 사건과 관련
하여 정부의 입장과 반대되는 판결이 나올 때마다 정권 담당자들은
불만을 터뜨렸고, 심지어 법원에 난입하는 일이 종종 벌어졌다. 이
때마다 김병로 대법원장은 대통령과 정치권력의 만행을 규탄했다.
1949년 국회 국정감사 보고서에서 그는 “검찰이나 경찰에서는 자기
들의 소망대로 판결을 내리지 못할 때에는 흑막이 있느니 빨갱이 판
사니 운운하여 법관의 입장을 대단히 곤란하게 하는 경우가 허다하
다”며 그 시정을 요구하기도 했다.
사법독립의 초석을 세우며 분투하던 그는 1957년 12월 16일 “즐
겨입는 한복 두루마기에 운동화를 신고 지팡이를 짚은 채 사법부의
수뇌들이 모인 자리에서 이임사를 하고” 정년퇴임을 했다. 한국의

---

68) 김학준, 앞의 책, 288쪽.

모든 법조인이 존경하는 영원한 사표, 가인의 마지막 공적 모습이었다.[69]

"그동안 내가 가장 가슴 아프게 생각하는 것은 전국 법원 직원에게 지나치게 무리한 요구를 한 것이다. 인권옹호를 위하여 사건 처리의 신속을 강조했던 것이 그렇고 또 살아갈 수 없을 정도의 보수를 가지고도 그대로 살아가라고 한 결과가 된 것이 그러했다. 나도 전 사법종사자에게 굶어 죽는 것을 영광이라고 그랬다. 그것은 부정을 범하는 것보다는 명예롭기 때문이다."[70]

4. 이인 변호사

1) 이인의 법률공부, 그리고 변호사가 되기까지

이인은 1896년 대구에서 태어났다. 그의 부친이 당시의 독립운동 단체인 자강회(自彊會)와 대한협회의 중심인물로 활약했고, 보성소학·보성사·보성관 등 보성전문 관련 기관의 교주대리(校主代理)로 근무했기 때문에 이인은 반일의식이 높은 집안에서 자랐다.[71]

---

69) 가인은 그후 정치권에 진출하여 무소속으로 출마하기도 했으나 실패하고 말았다. 그러나 그것은 권력에 대한 집착보다는 노령의 가인이 보여준 애국애족의 또 다른 행동이자 표현이었다. "만약 정치에 관여하지 아니하셨다면 몇 해는 더 사셨을 것이라는 뒷공론이 있었을 정도로 선생의 나라 위한 심려가 컸던 것"이다(이병린, 『법 속에서 인간 속에서』, 문장각, 1976, 133쪽).

70) 김진배, 앞의 책, 424쪽.

71) 이인은 숙부인 우제(又齊) 이시영 선생(부통령을 지낸 이시영 선생과는 다르다)을 도와 항일운동을 도왔다. 우제 선생은 (3·1운동 당시) 지금의 묘동(廟洞) 79번지에 하숙집을 얻어 놓고 삼남에 있는 유림 2백여 명(김창숙, 김동삼) 등과 함께 독립선언문을 인쇄 불능 때문에 밤을 세워가며 수필(手筆)로 써서 각 지방으로 배

" '이탈리아 삼걸사(三傑士)를 본받고 연작(燕雀) 같이 한몸의 편안만을 꾀하지 말라' 이런 가훈이 적혀 있었다. 나는 이 글 밑에서 '이태리삼걸사전'을 읽으며 나도 나라를 중흥하는 일에 힘쓰겠다는 결심을 했다. 이태리 3걸은 바로 비운의 이태리를 통일시킨 갈발디·마치니·카부르 등 세 위인인데, 이들의 종횡무진한 활약상은 당시 우리나라의 젊은이를 감분케 했던 것이다."[72]

이런 큰 뜻을 펴기 위해 그는 몰래 가출하여 일본으로 유학의 길을 떠난다. 다른 유학생들과 같이 그도 판화공 등 온갖 고초를 겪으며, 일본대학과 명치대학을 졸업한다. 7년 만에 귀국한 그는 잠시 은행원 생활을 하다가 다시 법률공부를 하기 위해 일본으로 건너가 1922년 일본 변호사시험에 합격한다. 그 역시 민족의 수난 속에서 법률을 통한 지원과 구원을 생각했기 때문에 민족변호사로 나선 것은 너무 당연한 일이었다.[73]

2) 이인의 민족변론

이인 역시 김병로와 함께 많은 독립운동사건을 변론했다. 그 가운데 중요한 사건으로 '처녀변론'[74]한 의열단사건을 비롯하여, 신의주

포하였다. 이때 이인은 조선상업은행의 서기로 있으면서 "숙부의 독립운동을 돕기 위해 5만 분의 1 지도를 가지고 다니며 유림들과의 연락을 취하다 나는 일경에 잡혀 매를 무수히 맞아 이때 다친 왼발은 지금까지의 여독을 지니고 있다"고 한다 (이인, 앞의 책, 1970, 172쪽).

72) 이인, 앞의 책, 1974, 3~4쪽.

73) 이인이 변호사 개업을 하고 사무실을 차린 것이 1923년 5월의 일이었다(이인, 앞의 책, 1974, 24쪽).

74) 이인은 '의열단 공판'이 "처음 변론을 담당한 큰 사건"이라고 밝히고 있다. 1923년 5월에 변호사 개업을 하고 7월에 의열단 사건을 맡았다고 한다(이인, 앞의 책, 1974, 24쪽).

민족투쟁사건, 간도폭동 제1·2사건, 수양동우회사건, 서울민중대회사건, 경성전기대쟁의사건, 원산노동대쟁의사건, 송계월 외 7명의 근우회사건, 형평사사건, 수원농학생사건, M·L당사건, 적포단사건, 왜관학생 중대음모사건, 광주학생사건, 고려혁명단사건, 안창호사건, 6·10만세사건, 제등(齋藤)총독암살미수사건, 이완용 암살미수사건, 통영민중소요사건, 대전신간회사건, 중앙중학학생사건, 만보산사건, 안재홍·여운형·신일용 선생 등의 필화사건 등이 손꼽힌다. 당시의 변론활동 기간 중에 무료변론한 독립운동 관련사건이 매년 80~90건 합계 1천5백여 건, 1만여 명의 피고인에 이른다고 한다.[75] 이 가운데 몇 가지 대표적 변론사건을 정리해 본다.[76]

(1) 의열단사건

의열단은 원래 1919년 만주 길림성에서 김원봉이 중심이 되어 조직된 항일단체였다. 이들은 노골적으로 폭력투쟁을 앞세우며 밀양경찰서 습격사건, 총독부 습격사건, 황옥(黃鈺) 경부 사건, 종로경찰서 습격사건, 이중교 폭파사건, 동척(東拓) 폭파사건 등을 일으켰다. 그중에 이인이 변론한 사건은 제2차 의열단사건으로 불리는 황옥 경부사건이다.

이 사건은 상해의 의열단원들이 국내에서 폭동을 일으키기 위하여 폭탄을 반입했다가 내부자의 밀고로 사전에 발각되어 폭동에는 실패함으로써 김시현, 유석현, 홍종우, 유시태, 황옥 등 12명이 재판받은 사건이다. 특히 경기도 경찰부의 황옥 경부가 관련됨으로써 세간의 화제가 되었다. 이인은 허헌, 김병로 등과 더불어 이 사건을 변론했는데, 각자 담당 피고인들을 정해서 분담 변론했다고 한다. 그는 "당시 국내외의 이목을 집중시켰던 것은 물론 내가 맡은 첫 사상

---

75) 이인, 앞의 책, 1961, 22쪽.

76) 다행스럽게도 이인은 『반세기의 증언』에서 이러한 사건들에 대한 자세한 변론의 경위와 사건의 내용을 기록하고 있다.

사건인 만큼 나는 심혈을 기울여 변론을 했다"[77]고 하나 결과는 유죄였다.

(2) 백윤화 판사 사건

이것은 의열단사건과 연관된 사건으로서 의열단원 김정현이 경성지방법원 백윤화 판사의 집을 습격하여 군자금을 탈취하려 한 것이다. 모진 고문을 받고 공판에 회부된 이 사건에서 "피해당사자인 백윤화 판사가 재판장 뒷자리에 서서 방청을 하고 당시 일경의 고문경관으로 악명이 높던 종로경찰서 고등계 미와(三輪和三郎) 경부는 피고석 앞자리에 버티고 앉아 방청을 하고 있어" 이인은 "즉각 이들을 퇴정시키라고 요구"했다. 백윤화는 스스로 퇴장했고 미와는 몇 차례의 요구 끝에 퇴장함으로써 이인 변호사의 판정승으로 끝났다.[78]

(3) 문시환사건

의열단사건이 있은 지 3년 뒤에 있었던 연관사건이다. 역시 의열단 단원인 문시환, 구여선 두 사람이 폭탄을 국내에 반입하여 유지들을 만나다가 사전에 발각되어 체포된 사건이다. "구체적인 범행에 착수하기 전의 일"이었는데다가 이인이 "자진해서 경찰에 출두한 사실을 증명"함으로써 두 사람은 형을 면했다. 이 사건을 통해 이인은 "저들의 법률로 저들을 골탕먹였으니 법률을 배운 뜻의 일단을 이룬 셈이 되었다"고 회고하고 있다.[79]

(4) 경북 중대 음모사건: '나체공판' 사건

이 사건은 상해 임시정부의 독립자금을 확보하기 위해 대구조선은행의 금고를 깨트리려 했다는 것인데, 주모자는 최윤동과 이수영,

---

77) 이인, 앞의 책, 1974, 24쪽.
78) 이인, 앞의 책, 1974, 26쪽.
79) 이인, 앞의 책, 1974, 28쪽.

송두환 등이고 관련자는 30여 명에 이르렀다. 거사 직전에 발각되어, 공판이 열리자 대구지역 변호사 4명과 이인 변호사가 변론에 나섰다. 공판석이 부족해 변호사들도 피고인들과 가까이 앉게 되었는데 이인은 피고인들 손가락 사이가 이상함을 발견했다. 자세히 보니 피고인들의 목덜미까지 이상했다. 여름이라 얇은 옷으로 가린 목덜미에 "구렁이 지나간 자리 같은 반점이 보이는 것"이었다. 변호인들의 끈질긴 요청 끝에 피고인들은 "예심검사가 손가락 사이에 붓대롱을 끼워 넣고 조여서 흉터가 생겼다"고 실토했다. 경찰에서도 "밧줄로 묶어 놓고 매질을 하고 물바케쓰를 들씌우는"고문을 당했고, "목덜미의 구렁이 자국이 밧줄에 매달리고 매맞은 자리"라는 것이었다. 이인은 이때의 공판광경을 이렇게 묘사한다.

"나는 공판 도중에 불쑥 일어나 심문의 중지를 재판부에 요구했다. 나는 '여기서 방대한 예심조서가 나와 있으니 그 기록이 얼마나 진실한 것인지를 알고 싶다'고 했다. 그러나 재판장은 기록이 진실한지, 아니한지는 심문을 계속하면 자연히 밝혀질 것인즉, 심문을 계속한다는 게 아닌가. 나는 물러서지를 않고 계속해서 주장했다. '피고들의 신변에 어떤 이상이 있었나를 먼저 알아보아야 한다. 피고들이 형언 못할 고문을 당한 것이 분명한즉 검진해 주기를 바란다. 피고들의 옷을 벗겨 보면 당장에 알 수 있는 일 아니겠오.' 내 말이 떨어지기가 무섭게 피고들 중의 용기 있는 이 한 사람이 웃옷을 훌렁훌렁 벗어버리는 게 아닌가. 그러자 너도 나도 앞을 다투어 피고 모두가 옷을 벗어제치는데 순식간에 공판정은 나체로 가득 차 버렸다. 그 광경은 장하다고 할지 그 비장한 용기에 벅찬 감동이 가슴을 메우는데 피고들의 몸은 차마 눈을 뜨고 볼 수가 없다. 온몸이 상처자리 흉터와 얼룩투성이요, 어떤 이는 채 아물지도 않은 상처에서 진물을 그냥 흘리고 있다. 저들이 예심을 끌어서 상처를 아물린 다음에야 공판을 열었는데도 이 지경이니 처음 당했을 때의 참상은 어떠했으랴. 일이 이렇게 되자 검사는 얼굴이 창백해가지고 나를 좀 보자고 한다. 휴정

시간에 만나 검사는 대뜸 '잘 부탁한다. 너그럽게 해 주면 알아서 처리하겠다. 구형 때 보면 그 뜻을 알 것이오' 했다. 얼마 뒤 검사는 2~7년의 형을 구형했다. 하긴 죄에 비하면 경한 구형량이었다."[80]

(5) 창원 소작쟁의사건

이 사건은 원래 동척(동양척식회사)의 일본인 마름이 소작인 두 사람을 걸어 소작료청구소송을 제기한 사건이다. 이 소송의 청구액수는 두 건 합쳐 겨우 14원에 불과했지만 창원을 비롯해 진해, 마산, 삼량진 일대에 동척 소작인이 5만 명이나 되어, 이 사건의 귀추에 따라 5만 명의 생사가 달려 있는 사건이었다. 동척에서는 논에 심는 봄보리까지 생산량의 6할을 내라 했는데, 여기에 저항하는 소작인 중 가장 강경한 사람을 골라 본보기로 제소한 것이었다. 사태가 이렇게 되자 소작쟁의로 번져갔다.

이인은 이러한 소식에 무료변론을 자청하고 마산으로 내려갔다. 그는 당시를 이렇게 회고한다. "구마산에서 부산지방법원의 마산지원이 있는 신마산까지 10여 리를 걷는데, 공판의 귀추를 보겠다며 내 뒤를 따르는 농군들이 수백이요, 길가로는 이들을 단속하기 위해 총부리를 겨눈 일경이 따른다. 내 곁에 바짝 붙어서 호위하는 청년회원들은 '여차직 하면 불을 지르고 한판 벌이기로 결의가 돼서 석유를 2통이나 준비했다'고 귓속말을 한다. 법원에 당도했을 때는 군중이 더욱 몰려들어 법원건물 주변을 완전히 포위한 형세였다. 이 기세에 놀랐는지 일본인 마름은 벌벌 떨면서 소취하를 하는 게 아닌가. 단 한마디 변론도 없이 민사사건은 싱겁게 끝이 난 것이다."[81] 이것을 보면 당시의 변호사들이 얼마나 억압받고 수탈받는 민중들의 희망이었던가를 잘 알 수 있다.

---

80) 이인, 앞의 책, 1974, 32쪽.
81) 이인, 앞의 책, 1974, 33쪽.

(6) 이동수 의사 사건

이동수 의사는 이완용 암살미수사건에 연계된 사람으로서 15년 동안 도피하는 데 성공했다. 그런데 공소시효 만료 2일 전에 검거되어 사람들의 애석함을 자아냈다. 이완용의 벨기에 황제 추도식 참석을 계기로 암살을 시도하다가 이재명은 붙들려 사형을 선고받았고, 이동수는 후일을 기약하기 위해 도망쳤다. 그러나 이동수 의사는 포기하지 않고 용감무쌍하게도 이완용 집안의 고용인으로 들어가 3년 동안 살해할 기회를 엿보다가 결국 발각된 것이다. 1924년 12월 20일 밤의 일이었다.

1925년 2월 12일 첫 공판날이 되자 방청객이 법원 골목을 가득 메울 정도로 몰려들었다. 이동수 의사는 의연하기만 했다. 이인은 "시효를 2일 앞두고 붙들렸으니 그동안의 노심초사는 형을 사는 것보다는 몇 배 더한 고통을 겪은 사람에게 이제 새삼 실형을 과한들 무슨 뜻이 있겠느냐"는 점과 이어서 "이완용은 (을사)5조약에 자진 서명한 사람인데 그를 죽이려는 것은 한국사람으로서 분함을 느낀 데서 나온 것으로서 사사로운 감정이 아니다"고 변론했다. 3년 징역에 5년 집행유예형을 받고 이동수 의사는 풀려났다.[82]

(7) 송학선사건

송학선은 사이토 총독을 암살하려다가 실패한 의사였다. 그는 편모슬하에서 고무공장 직공, 밀감과 얼음행상 등을 전전하며 늘 안중근 의사를 흠모해오던 청년이었다. 순종이 승하하자 사이토 총독이 창덕궁으로 조문을 오리라고 기대하고 기다리던 송학선이 사이토가 탄 차를 덮쳐 찔렀으나 찔린 사람은 사이토가 아니라 다른 경성부의원 사토였다. 비밀리에 진행되던 공판이 이인 변호사의 사무실에서 《동아일보》 기자가 가져간 서류로 《동아일보》에 대서특필되면서 널

---

82) 이인, 앞의 책, 1974, 36쪽.

리 알려졌다. 송학선은 이인의 변론에도 불구하고 결국 1심과 복심에서 사형선고를 받고 말았다.[83]

(8) 6·10만세사건 변론

"'주권을 잃은 백성은 옛 주인마저 잃었다. 어찌 한 방울 눈물이 없겠는가. 일본은 비분한 눈물마저 벌할 작정인가.' 나는 이 법정 저 법정으로 쉴틈없이 쫓아다니면서 이렇게 변론했다. 6·10만세사건이 일어난 뒤 일경에 붙들린 학생 중 2백여 명의 변론을 맡은 나는 공판을 쫓아다니느라 영일(寧日)이 없었던 것이다."[84]

"나는 학생들을 소요죄로 기소한 일본 검찰에 맞서 이렇게 변론했다. '학생들이 기물을 파괴한 일이 있는가. 방화한 일이 있는가. 질서를 어지럽힘 없이 만세를 불렀을 따름이다. 오히려 사태를 이렇게 만든 것은 경찰, 헌병들 아닌가. 그들을 먼저 처벌해야 마땅하다'. 그러나 내가 변론을 맡았던 학생들 중에 집행유예로 풀려나온 학생은 극소수이고, 대부분은 단기나마 실형을 선고받고 말았다. 일제는 만세 자체보다도 법정에서까지 저들의 식민정책을 나무라는 꿋꿋한 태도에 큰 충격을 받은 것이다."[85]

1926년 6월 10일 순종의 인산(因山)날 장안에는 30만이 넘는 애도 인파가 몰려들었다. 당연히 일부 시민과 학생들이 독립만세를 외쳤고 유인물들이 뿌려졌다. 이 사건으로 검거된 학생들이 2만 명이고, 공판에 넘겨진 학생만도 3천 명을 넘었다. 대량 검거이고 대규모 사건이었다. 이인은 그 재판의 한가운데 서서 앞에서 보는 바와 같이 열성적으로 변론을 해내고 있었던 것이다.

---

83) 이인, 앞의 책, 1974, 37쪽.
84) 이인, 앞의 책, 1974, 53쪽.
85) 이인, 앞의 책, 1974, 54쪽.

(9) 통영민중대회사건

이 사건의 발단은 통영의 경남도 평의원이던 김기정의 망언이었다. 그는 "한국인의 보통교육은 필요없다"면서 "배운 것이 많으면 단장이나 짚고 다니며, 사회운동에나 앞장서고 불량배가 될 뿐이니 보통교육예산을 삭감하자"고 했다. 통영군민들은 이 발언에 통분하여 그 망언을 조사하여 군민자격을 박탈하자고 나섰다. 김기정과 일본경찰은 선수를 쳐서 오히려 유지들을 포함하여 이들 군민들을 소요죄로 몰아 23명을 공판에 회부했다.

1927년 5월 14일에 첫 공판이 열렸다. 이인은 사전에 "한국인의 교육을 부정함은 민족을 멸망시키자 함과 무엇이 다른가. 군민들의 의사에 반한 의원의 발언은 징토받아 마땅하고 따라서 군민들의 의분은 당연하다"는 변론을 준비했으나 막상 첫 공판에서 담당 판사는 예심결정서 낭독 후 곧바로 결심하고 말았다. 이인의 거친 항의 때문에 다시 열리기는 했으나 결국 1년 6월부터 8월의 실형을 선고받는다. 그후 대구복심법원에 항소함으로써 무죄 또는 집행유예형을 받게 된다.[86]

(10) 고려혁명당사건

1927년 연말에는 이른바 신의주에서 고려혁명당사건 변론에 나선다. 그야말로 한반도의 남쪽 끝에서 북쪽 끝으로 이인의 동분서주가 이어졌다. 김병로와 함께 변론에 나선 이 사건은 만주에서 활동하던 정의부(正義府)와 국내에 다수 회원을 갖고 있던 천도교청년연합회, 당시 사회의 특수 세력을 형성하고 있던 형평사가 합쳐서 독립운동 단체를 형성했다가 적발된 사건이다. 만주와 국내에서 검거된 사람이 15명이었다.

이 사건은 인정신문부터 파란을 겪었다. 공소장의 이름이 틀리다

---

86) 이인, 앞의 책, 1974, 57~58쪽.

고 피고인들이 이의를 제기하고 나선 것이다. 당시 만주의 독립운동가들은 변성명을 쓰거나 이명(異名)이 열 개도 넘는 경우가 많았던 것이다. 재판장이 왜 피고인에게 "해라"라고 하느냐고 야단치는 피고인도 있었다. 이 고비를 넘겨 변론이 시작되었는데, 이인이 "일본은 동양평화를 위한다는 미명하에 한국을 병합했으나 한국에 대한 식민정책은 양두구육(羊頭狗肉)에 흡사……" 하는 순간 검사가 벌떡 일어나 이의를 제기했다. 불온하다는 것이었다. 실제로는 당연히 그런 "……식민정책은 양두구육에 흡사하다"고 말하려는 것이었다. 그러나 이인은 "미명이니 구육이나라고 평하는 자가 혹 있을지 모르나……" 이렇게 말하려는 차에 검사가 제지한 것이라고 둘러댔다고 주장했다.[87] 간신히 파행을 면하고 재판을 마칠 수 있었다.

(11) 정의부의 오동진 사건

"1928년 이른 봄 나는 한 통의 엽서를 받았다. 사무실로 배달된 엽서는 분명히 내 앞으로 온 것인데, 발신인의 이름도 없고 깨알처럼 적은 사연은 종잡을 수가 없었다. '하느님이 불러 내려가 보라 하더라'. 엽서에는 이런 구절도 보인다. 앞뒤 없이 성경구절을 빼앗긴 뒤 끝에 '국민이 앉아 먹어야 하겠느냐. 내가 여기 와 있는 줄을 모르느냐' 고 했다. 그냥 읽어 넘기자면 미친 사람의 낙서 같은 글이었다. 나는 엽서를 자세히 살펴보았다. 소인을 보니 신의주 우체국이다. 얼핏 떠오르는 일이 하나 있었다. 그것은 구랍에 있은 고려혁명당사건이다. 변론을 위해 신의주에 갔을 때 나는 만주에서 활약하던 정의부 군사위원장 오동진이 일경에 붙들려 압송됐다는 소식을 들었다. 그러나 이 일은 아직껏 비밀에 붙여져 있었다. '내가 여기에 와 있는 줄을 모르느냐' 는 말은 바로 변론을 부탁한다는 암호통신이 아니고 무엇이랴. 나는 이 일을 가인에게 전하고 함께 신의주로

<hr>

87) 이인, 앞의 책, 1974, 59쪽.

갔다. 엽서의 주인은 과연 오동진이었다."[88]

일제하에서는 이렇게 변론위임의 자유마저 없었다. 오동진은 만주에서 "닥치는 대로 주재소를 습격하고 일경을 사살하는 등 독립군으로 크게 활동을 하다가 붙잡힌 것"이다. 법정에서 오동진은 "원수인 일본의 재판을 받을 수 없다고 한치도 굽히지 않았다." 재판장이 인정신문을 하려고 이름을 부르자 그는 "눈을 부릅뜨고 '이놈, 감히 어른의 함자를 함부로 부르느냐'고 불호령을 한다". 그는 또 "이놈들, 심판을 받아야 할 놈들이 나를 심판해. 이놈들 이리 내려와서 내 심판을 받아 봐라"며 호통쳤다. 오동진은 "재판장에게 돌진하여 멱살을 잡는 순간 간수가 달려들어 비호처럼 몸을 솟구쳐 재판장석으로 뛰어올랐다." 묵비권을 행사하던 그가 변호인들의 설득 끝에 겨우 심문에 응했다. 결국 오동진은 무기징역을 받았다. 그러나 2년 뒤 옥중에서 사망하고 말았다.

(12) 통의부의 이응서 사건

이응서는 15년간 통의부의 독립군을 지휘하여 만주 일대의 일본 영사관과 경찰관 파견소를 습격·파괴한 것이 150회, 살해한 일본관헌이 100여 명에 이르렀다. 이인은 이응서가 이미 신의주지방법원과 평양복심법원에서 사형을 선고받은 뒤 변론하게 되었다. 이인이 평양형무소로 이응서를 면회하러 갔을 때 이응서는 숙연한 태도로 "내가 한 일은 우리 국민이 일제에 대해 쌓고 쌓은 원한의 만분지 1도 못되오. 그러나 내가 한 이 일로 과연 일제 법률에 의해 사형을 받아야 하는 것인지를 돌봐주오"라고 말했다고 한다. 이인은 "어느 날 어디서 일본관헌을 죽였다 하는 기록 중에 일자만 표시하고 시간이 없는 것, 죽은 사람을 성명불상자로 표시한 것, 불타버렸다는 일본 관

---

88) 이인, 앞의 책, 1974, 60쪽.

서의 장소조차 표시 않은 것이 수두룩하다"는 이유를 들어 경성고등
법원에 상고해 결국 원심을 파기, 무기징역을 선고받을 수 있었다.[89]

(13) 원산파업사건

원산파업의 발단은 1928년 9월 영국 '라이징 선' 석유회사의 부대
시설인 문평유조소에서 일어난 노사분쟁이었다. 일본인 지배인과
감독의 폭행을 견딜 수 없었던 노동자들의 파업으로 일본인 감독의
파면과 최저임금제의 요구조건이 일단 받아들여졌다. 그러나 약속
이 지켜지지 않은 데다가 단체교섭권조차 인정하지 않자 '라이징
선' 회사로 가는 모든 화물 취급을 거부하고, 더 나아가 원산노련 산
하의 1천8백여 부두노동자들이 동정파업을 일으켜 원산부두는 마비
상태에 빠지게 되었다. 노동자들은 82일간이나 버티며 싸웠다. 결국
1929년 4월 6일 파업이 끝나고 노조위원장 김경식 등 간부 7명이 기
소되었다.

이인은 파업 단계에서 방문하여 지지연설을 벌이고, 법정에 선 노
동자들을 변론했다. 모두 2년에서 6월까지의 실형을 선고받고 말았
으나, 이 사건은 노동자들의 민족의식을 일깨우고 우리나라 노동운
동사상 단체교섭권 획득을 위한 첫 번째의 대규모 투쟁이라는 점에
서 커다란 의미를 갖고 있다.

(14) 경전(京電)파업사건

이 사건은 1925년 3월 서울에서 일어난 노동자들의 첫 번째 파업
이었다. 경전의 전차종업원 5백여 명이 8시간 노동제와 임금인상을
요구하며 작업을 거부하면서 전차의 운행이 끊겨 대혼란이 일어난
것이었다. 일단 노동자들의 요구를 들어주었으나 곧바로 보복을 시
작했다. 전구 등 기자재가 없어졌는데, 이것을 노동자들이 절도한

---

89) 이인, 앞의 책, 1974, 62쪽.

것으로 몰아 일제검거를 시작한 것이다. 2백여 명의 종업원을 검거해 그 가운데 18명을 공판에 넘겼다. 이것은 파업에 대한 보복임이 명백했고, 동시에 절도의 증거가 명확하지 않은 상태에서 피고인들은 모두 풀려났다. 문제는 그 뒤였다. "이 일이 있은 지 얼마 지난 어느 날 아침 내(이인) 관수동 사무실 앞으로 밀려드는 400~500명의 행렬을 보고 놀랐다. 이들은 경전 종업원들인데 무료변론에 대한 감사데모를 한다는 것이다. 도시락을 싸든 출근길에 줄지어 오는 이들을 보고 일경들이 놀라 출동했으나 질서 정연한 행진에는 할 말이 없었다. 나는 문 앞에 나가 대표들과 악수를 나누었다"고 한다.[90]

(15) 형평사사건

형평사(衡平社)는 백정이라는 특정 직업을 천시하는 계급사상을 타파하기 위해 만든 결사체였다. 일제는 장지필이 주도한 이 단체를 유독 지독히 탄압하여 한때 관련자가 630명을 넘어설 정도였다. 이들은 신분차별의 철폐 투쟁뿐만 아니라 민족해방운동을 벌여 각종 사회운동에 가담했고, 고려혁명당사건과도 관련이 있었다. 이 사건에 관한 이인의 증언은 다음과 같다.

"전남 광주 지방에선 형평사 민족운동사건이라는 게 있었지. 이 사건 때 서울과 전국 각지와 광주 인근에서 체포된 사람만 근 300명에 달했고, 연루자가 530여 명이었는데 예심을 거쳐서 약 50명이 공판에 회부되었지. 나와 가인(김병로), 서광설 등 변호인단이 이 사건을 담당하였는데, 첫날 사실심리 도중에 형사기록에서 사법경찰관의 조서가 하루에 850매씩이나 작성된 것이 있어 캐어 보았더니 모두가 그 모양이어서(아무리 유능한 형사도 하루에 70~80매도 작성하기 어려움) 낱낱이 조사했더니 방대한 기록 중에서 부전지 몇 장이 묻혀 나왔는데 상사들이 여기는 이렇게

---

90) 이인, 앞의 책, 1974, 66쪽.

작성하라, 이 대목은 이렇게 고치라는 지령이 적혀 있지 않겠어. 그래서 다시 뒤졌더니 이런 부전지가 붙었던 흔적이 무려 20여 군데가 나오잖아. 또 피의자 소행조차도 5백여 명 조서가 한날 한시에 그것도 동일인 필적으로 작성됐음을 밝혀냈지 않았어. 그래서 공판을 중지시키고 감정과 검진신청을 해서 조서를 작성하는 법석을 했지. 그래서 피고들도 전부 부인을 하고 갖은 고문과 절식 등 인권유린으로 조작해낸 사실을 입증해서 전부 무죄가 되질 않았어. 정말 보람있는 일이었지.”[91]

(16) 수원고농(高農)사건

서울대학교 농과대학의 전신인 수원고농사건의 변론은 이인의 가장 유명한 변론 중의 하나이다. 이 사건은 학생이 농촌개발과 계몽을 위하여 전람회를 개최하던 중 전람회장에 ‘독립’, ‘자유’ 등의 구호가 적혀 있던 것이 문제 되어 일본인 학생을 포함하여 280여 명이 기소된 사건이다.[92]

특히 그는 이 사건에서 “양부모(일본)의 학대에 친부모(한국)를 그리워함은 양자(高農生)의 필리(必理)”라는 이른바 양자론[93]을 내세워 일본 식민정책의 가혹성을 공격했다. 기소된 피고인 가운데 28명이 무죄를 선고받는 성과를 거두었다.

(17) 좌익사건들

이인은 수원고농사건의 변론 때문에 정직처분을 받아 당시 자신이 맡고 있던 ML당사건 변론을 마치지 못하고 말았다. ML당이란 마르크스와 레닌의 이름자를 따서 지은 이름인데 이 사건과 관련하여 모두 36명이 검거되었다. 낭산 김준연도 그들 중의 한 사람이었다.

---

91) 이인, 앞의 책, 1970, 146쪽.
92) 자세한 것은 이인, 앞의 책, 1970, 107쪽 참조.
93) 서울대학교 농과대학 60주년 기념 특집호, 《상록수》(이인, 앞의 책, 1970, 38쪽에서 재인용).

그밖에도 이 무렵 이인이 회고하고 있는 좌익사건 변론 내역은 다음
과 같다.[94]

〈정(鄭)이꾸라이사건〉

정이꾸라이는 모스크바 대학을 졸업한 사람으로, 공산주의자가
되어 우리나라에 돌아왔다. 그러나 학구적·이론적으로 공부한 것일
뿐 실행은 없었던 것인데, 일제는 제령7호로 묶어 징역 2년을 선고
했다. 치안유지법이란 것이 생기기 전이라 이 정도에 그쳤지, 그후
라면 상당한 중형이 선고되었을 것이다.

〈상춘원사건〉

또 이 무렵에 상춘원(常春園)사건이 일어나니 조선공산당 창당과
때를 같이했다. 이때 천도교회관에서 연이틀 동안 전국기자대회가
열리고 상춘원에서 간담회가 있었는데, 일부에서 공산당과 내통이
있었던 모양이다. 이 역시 대량검거로 숱한 사람이 잡혀갔는데 공판
에 넘어간 사람은 105명이다.

〈반제동맹사건〉

ML당사건이 채 끝나기도 전인 1931년 11월에는 경성제대를 중심
으로 한 반제동맹사건이 일어났다. 이때는 나의 정직처분의 기한이
끝난 직후인데, 반제동맹은 이름 그래도 제국주의 침략정책을 반대
한다고 해서 조직한 것이었으나 실제 행동은 없었다. 일제가 관련자
1백여 명을 검거하니 그중에는 일본 유력지 기자 1명도 끼어 있었
다. 이 기자는 일본에서 압송돼 와서 학생들과 함께 공판을 받았으나
집행유예로 석방되었다. 학생들은 최고 5년의 실형을 선고받았다.
더러는 집행유예로 풀려났다.

---

94) 이인, 앞의 책, 1974, 105~106쪽.

<학생독서회사건>

　뒤따라 학생독서회사건이 일어나니 역시 반제동맹사건이 진행중인 무렵이었다. 이때는 독서회라는 것이 무슨 유행처럼 번졌는데, 전국 각지에서 일어나지 않은 데가 드물고 주동은 대부분 고보 학생이었다. 학생들이 표방하기는 민족운동인데 더러는 좌익사상에 물들어 있었다. 내가 변론을 맡은 것은 서울과 대구, 함흥 등지 학생들인데 각 지역의 관련 학생이 각각 1백 명에 가깝다. 이들 중 서울학생들은 자하문 밖 숲속에서 회동하고, 함흥학생들은 만세교 다리 옆에서 졸업기념으로 모인 것을 검거한 것이다. 나는 이들을 변론하면서 다음과 같은 취지로 말했다. "자유를 억압하고 착취만을 일삼는 식민정책에 대해서 학생들이 반발하는 것은 자연발생적인 현상이다. 그러므로 학생들만을 나무랄 것이 아니라 위정자와 사회가 책임을 분담해야 할 것이다. 더욱이 이 사건은 극심한 고문으로 날조한 것이 아닌가."

3) 민족운동과 영어의 몸이 되기까지

　이인 역시 김병로, 허헌과 함께 직접 여러 형태의 독립운동에 뛰어들게 된다. 1930년에 조선물산장려회를 조직했고, 《신흥조선》이라는 잡지를 발간하는 등 다양한 사회활동, 독립운동에 관여했다. 1926년에는 인력거꾼들의 자제들이 교육을 받을 수 있도록 글방을 차려주는가 하면, 백성욱 등과 함께 전국 30본산 주지회의를 열고 종단을 만들어 불교중흥을 도모하기도 했다. 또한 1938년에는 차미리사 등과 함께 근화여학교를 인수하여 재단법인을 만들고, 임영신과 더불어 중앙보육학교를 인수하여 공동 설립자가 되기도 하는 등 다방면에서 활동했다.[95]

---

95) 이인, 앞의 책, 1974, 116~117쪽.

허헌·김병로 변호사와 마찬가지로 독립운동의 변론은 독립운동의 한 형태였으며, 그 간격은 종이 한 장 차이였다. 1925년 7월의 언론탄압규탄대회사건은 그 한 예이다. 이 대회의 준비과정에 참여했던 이인은 다른 사람들과 함께 종로경찰서에 연행되었다. 그때 연행된 일행들은 사후처리를 위해 이인 변호사는 아무런 관계도 없다고 일치 주장하여 그를 석방하게 만들었다.[96]

결국 1942년 조선어학회사건과 관련해서 감옥에 갇히고 만다. 민족말살정책을 펴던 일제는 한글대사전을 편찬하는 등 한글의 보존과 보급에 힘썼던 조선어학회를 가만두지 않았던 것이다. 그가 벨기에의 브뤼셀에서 열린 약소민족대표자회의에 참석한 김법린에게 자금과 신임장을 만들어 보내고, 이 학회에 재정지원을 한 것이 이 사건에 연루된 계기였다.[97] 1945년 1월 함흥지방법원에서 유죄판결을 받고 감옥에서 4년간 복역한 뒤 출소했다. 그 사건과 관련되어 이인은 구타를 당해 팔뚝 등에 고문의 흔적이 남았다.

4) 독립된 조국의 초대 법무부장관, 그리고 다시 야인으로

이인은 독립 후 자연히 독립 조국의 법조 업무에 주요한 역할을 담당하게 되었다. 미군정하에서 대법관, 대법원장 서리, 검찰총장, 특범심사위원장[98]을 역임했고, 이어 1948년 8월 4일 정부 수립 후 최초의 법무장관에 임명되었다. 그는 심지어 검찰총장을 겸임하고 나아가 이범석 국무총리 대신 국무회의 의장까지 대행해 가면서 대한민국의 초기 법치주의 확립에 기여했다.[99] 그는 그밖에도 3대 민의

---

96) 이인, 앞의 책, 1974, 49쪽.

97) 이인, 앞의 책, 1970, 187쪽.

98) 일본 전범처리를 위한 기구이다. 자세한 임명 경위에 대해서는 이인, 앞의 책, 1970, 275~276쪽 참조.

99) 당시의 자세한 정황에 대해서는 이인, 앞의 책, 1970, 61쪽 이하 참조.

원, 참의원을 지냈다.

이인은 비록 초대 법무장관으로서 이승만정권에 협조했음에도 불구하고 이승만정권과의 갈등으로 사임하고[100] 재야로 돌아와 갈수록 독재로 기울어가는 이승만정권의 비판운동에 나섰다.[101] 그뿐만 아니라 쿠데타로 집권한 공화당정권하에서도 그 비민주성을 규탄하고 권력의 남용을 비판함으로써 일제하 독립운동 변호사로서의 자긍심을 지켰다. 한일협정비준안의 단독통과에 대해서는 다음과 같이 비판하고 동시에 학생들의 반대 데모를 옹호했다.

> "한일협정비준안이 비민주주의적 방법인 일당국회에서 통과된 것은 국민여론을 무시한 것이다.…… 학생들의 데모는 민족적 양심의 발로이다.…… 군인이 학원에 난입한다는 것은 헌정사상 일찍이 볼 수 없었던 증고미증유의 폭거이다.…… 대통령은 학생들에게 데모를 하지 말라고 하기에 앞서 학생들이 왜 데모를 하게 되었는지를 먼저 살펴야 할 것이다."[102]

그는 이어 야당의 단합을 호소하는 야당단합운동을 전개하기도 했다. 이인은 백남훈, 신숙, 박기출 등 재야인사들과 함께 당시 지리

---

100) 이인은 법무장관으로 취임한 지 2개월도 안 되어 이승만과의 의견충돌로 사표를 제출했으나 수리되지 않았고, 그 다음해인 1949년 6월 장면 박사가 주미대사로 가게 되어 그 선거구였던 종로을구 보선에 입후보 당선되었고, 그 얼마 후 기소하지 말라는 이승만 박사의 지시에도 불구하고 당시의 임영신 상공부장관을 기소처분하고 재차 사표를 제출하고 자진사퇴하였다고 한다(이인, 앞의 책, 1961, 28쪽).
101) 이인은 이승만정권에 대해 다음과 같은 비판을 하고 있다. "당시의 이 대통령은 정부수립에 있어서 전연 백지였던 주먹구구식이었고 특히 인사에 있어서는 등신이란 혹평을 들을 만큼 편협하였다. 그래서 국회와의 조화가 이룩되지 못한 것은 당연하려니와 행정면에 있어서도 지대한 차질을 거듭해서 급기야는 뜻하지 아니한 북괴의 남침을 초래하였다"(이인, 앞의 책, 1970, 181쪽).
102) 《대한일보》, 1965년 8월 16일자(이인, 앞의 책, 1970, 23~24쪽에서 재인용).

멸렬하고 있던 민중·신한 두 야당 지도자들을 만나 야당 대통령후보 단일화를 촉구했던 것이다.[103]

이인은 이렇게 국가의 원로로서 정치권력의 부당한 법집행에 대한 항변을 계속했다. 삼성재벌 밀수사건에 대해서는 '법치주의의 장송(葬送)'이라고까지 단언하고 있다.

"국민은 삼성밀수사건의 전모를 알고 있으며 수사도 이미 다해 놓았다. 왜 검찰만이 사건의 내용을 모르는가. 수사기관의 수사결과는 수사기관이 탈세와 밀수를 엄호하고 있는 듯이 보임이 불쾌하다. 또 가장 공정해야 할 수사기관이 독립적이고 능동적인 행동을 하지 못하고 정권의 OO기관으로 전락했다는 사실을 확인해준 셈이다. 수사기관마저 자주적인 행동을 하지 못하고 특권층을 비호하는 데만 급급한다면 이 나라는 혼란의 와중에 들어갈 염려가 있다. 참으로 암담한 일이다."[104]

5. 허헌 변호사

1) 허헌의 청년시절 그리고 법학도로서

허헌은 1885년 함경북도 명천에서 태어났다. 아홉살에 고아가 된 그는 같은 고향 출신으로서 큰돈을 벌어 재력가가 된 이용익 대감의 집에 몸을 의탁하게 된다. 이용익은 반일의식이 깊어 무엇보다 신시대의 식견을 갖춘 지도적 인물을 양성하는 것이 필요하다고 생각한 끝에 보성전문학교를 설립한 인물이다. 허헌은 바로 이러한 사람의 집에서 재동학교와 한성외국어학교를 다녔다. 반일 인사인 이용익

---

103) 《동아일보》, 1966년 9월 28일자.
104) 《동아일보》, 1966년 10월 8일자.

의 영향을 받았던 허헌으로서도 당연히 민족주의자의 의식을 갖지 않을 수 없었다. 허헌은 도탄에 빠진 조선 민중의 생활을 목격하면서, 이들의 현실을 타개하고 고통을 덜어줄 수 있는 방안으로 변호사를 선택하게 되었다.[105]

그리하여 허헌은 1905년 2년 과정의 보성전문학교 법률학전문과에 입학했다. 당시 1학년의 교과과정으로는 법학통론, 민법총론, 형법총론, 민사소송법, 형사소송법, 물권법, 채권법, 국제공법대의 등 8개의 법률과목, 그리고 경제학, 경찰학, 산수과목 등이 개설되어 있었다. 2학년 과정에는 외교관영사관제도, 상법총론, 국제사법, 행정법각론, 행정경찰론, 국제경찰론, 감옥학 등과 은행부기학, 관청부기학, 행정재판법론, 지방제도론, 소송연습, 산수가 개설되어 있었다.[106] 이 학교의 강사진은 석진형, 장도, 유문환, 신우선, 이면우, 홍재기, 유치형, 장헌식 등이었다. 이들은 대부분 일본의 경응의숙(慶應義塾)을 졸업한 사람들로서 정부의 관원으로 국장 또는 법관양성소, 육군군관학교, 농공상학교 등의 교관으로 근무하고 있었다.[107] 이들의 경력에 비추어 볼 때 단순히 이론적인 학문 외에도 법률실무를 함께 교육했을 것으로 보인다. 허헌 자신은 당시 이미 법부의 주사로 근무하면서 낮에는 궁궐로 출사하면서 밤에는 보성전문에서 법이론을 공부해 그야말로 주경야독의 생활을 했다.

1907년 2월 보성전문학교를 졸업한 허헌은 법률공부를 계속하기 위해 일본의 명치대학(明治大學) 법학부에 편입한다. 허헌의 동경유학은 당시 법부대신이던 장박(張博)이라는 사람이 권유했는데, 장박은 그 당시 허헌에게 다음과 같이 말했다고 한다.

"애야, 크게 뜻을 가져라. 벌써 仕官에 熱熱해야 쓰겠느냐. 지금 동양

---

105) 심지연, 앞의 책, 22쪽.
106) 『고려대학교 70년지』, 26쪽.
107) 『고려대학교 70년지』, 29쪽.

에 있어 신문명은 동경에서 흘러나다시피 하니 東京 들어가 공부하고 오
너라."[108]

동경에서 그가 법률공부에 정진함과 동시에 좋은 교우관계를 만
든 것은 허헌에게 소중한 자산이 되었다. 그때 알게 된 사람 중의 한
사람이 바로 이갑(李甲)이었다. 이갑은 허헌보다 8살이나 위였고 동
경유학 시절에 학비를 대준 인물이었다. 그는 또한 서북학교를 설립
하고 교육에 큰뜻을 가지고 있었기 때문에 허헌에게 당시로서는 큰
돈인 4백 원을 부쳐주었던 것이다. 소년 그리고 청년 시절의 허헌에
게 이용익, 장박, 이갑 등과 같은 당시 지사들의 지원과 사귐은 일제
하의 인권변호사로서, 사회운동가로서의 자양분을 키워낸 근원이 되
었다.

2) 변호사가 되다

명치대 법학부를 수료한 허헌은 귀국하여 1908년 7월에 시행된 제
1회 변호사시험에 합격한다. 등록하자마자 곧바로 변호사 활동을 하
지는 않았다. 서북학회[109]의 총무로 활동하고 있던 추정 이갑이 서북
학회를 도와달라고 부탁했기 때문이다. 허헌은 서북학회에서 부총
무로 일하면서 동시에 서북협성학교의 법제경제과에서 교편을 잡았
다. 이 학교의 교장이 저 유명한 박은식 선생이었다.
　이미 변호사 자격을 획득하고 등록까지 했는데도 그가 곧바로 변

---

108) 허헌, 『교우록』; 홍병철 편, 『學海』, 학해사, 1937, 15쪽(심지연, 앞의 책, 27쪽
　　에서 재인용).
109) "서북학회는 당시 가장 유력한 애국계몽단체로서 친일단체인 일진회와 맞서 치
　　열한 공방전을 벌였다. 일진회가 기관지인 《국민신보》를 갖고 있던 것에 비해 서
　　북학회는 기관지인 《서북학회월보》 이외에 《대한매일신보》를 기관지처럼 활용했
　　다. 대한매일신보사에는 신민회의 동지인 양기탁, 박은식, 안태국, 신채호 등이
　　크게 활약하고 있었다(허근욱, 앞의 책, 101쪽).

호사 활동을 하지 않고 반일운동에 매진한 것은 상징적인 의미가 있다. 근본적으로 그는 변론활동 그 자체보다 민족의 안위를 더 중요하게 생각했던 것이다. 이것은 또한 그가 나중에 변호사 활동보다 독립운동 그 자체에 나서게 되는 이유이기도 하다.

그러나 1909년에 들어서면서 일본은 '한국사법 및 감옥사무위탁에 관한 각서'를 체결함으로써 경찰권에 이어 사법권까지 장악했다. 반일적인 한국인을 마구 체포하여 정당하게 심리하지 않고 무더기로 교수형에 처하는 등 상황이 악화되었다.[110] 이러한 상황의 변화로 인해 이미 변호사 자격을 가지고 있는 허헌은 변호사 활동을 시작하게 되었다.

3) 허헌 변호사의 시련: '패설모매' 사건과 '하미전' 사건

변호사가 된 허헌의 앞날이 순탄하지 못한 것은 당연한 일이었다. 개업 5개월 만인 1909년 2월 1일 법정에서 판사에게 심한 욕설을 한 일로 징계에 회부되어 변호사등록이 취소되고 말았다. "재판과정에서 판사가 판결문을 읽어내려 가는데, 그가 갑자기 일어나서 책상을 치며 판결이 부당하니 판결을 시정하라고 크게 소리쳐 판사가 신성한 법정을 모독했다고 호령하자, 허헌이 다시 판사에게 대들고 심한 욕설을 퍼부어 징계를 당한 것이다."[111] 당시 관보에는 허헌이 패설모매(悖說侮罵)해서 징계당했다는 기록밖에 없지만, 실제로 그는 판

---

110) 당시 서울 주재 아사히신문 특파원 시부가와 겐지는 자신이 본 서울의 재판 광경을 "무서운 조선"이라고 표현하면서 그 실상을 전하고 있었다. 심리도 제대로 하지 않고 일본인 재판장이 매우 간단하게 일본어 판결문을 낭독한다. 이를 한국인 통역이 한국어로 전달함으로써 재판이 끝난다. 더구나 그 소송비용까지 한국인 피고에게 부담시켰다. 이 재판 광경을 본 시부가와 특파원은 너무나 놀랐다고 실토하고 있다(자세한 것은 허근욱, 앞의 책, 102쪽).

111) 심지연, 앞의 책, 26쪽.

사석에까지 뛰어올라가 기물을 파괴하다가 경비원에 끌려 퇴장당했다고 전해진다.

그와 관련하여 전해오는 또 하나의 이야기는 바로 하미전(下米廛) 사건이다. 이 사건은 "허헌의 변호사 생활 중에서 제일 유명한 사건"이며 동시에 "당시 한성의 아동주졸(兒童走卒)도 알 만한 일"이라는 것이다.[112] 그 이야기는 다음과 같다.

"당시 경성에는 미전으로 종로 네거리 부근에 상미전이 있었고 이현(梨峴) 근처에 하미전이 있어 시민의 식량을 판매했는데, 하미전에 있는 창고 하나가 어느 개인의 소유였다. 그 사용료를 미전에서 여러 해 지불하지 아니했다는 무실한 구실로 미전을 기소한 파락호를 당시 법부대신이던 조중응이 비호하여 정식의 판결도 아닌 법부의 일편지령(一片指令)으로 하미전 미상의 판매비 전부를 차압하여 산적해 두니 전시민이 물끓듯하고 미상(米商)과 수백의 시민이 법부에 쇄도하는 등 공기가 험악하였다. 이때 허헌은 시민 전체의 공분을 대표하여 이 사건을 들고 격렬한 가두연설로써 법부에 공격의 거탄을 던지고 분투하다가 필경은 법부대신 조중응을 면회하고 '그대는 신문명을 시찰하고 그만한 식견이 있으면서 이런 비루한 일을 감행하느냐'고 통매(痛罵)한 결과 변호사로서 법부대신을 구욕하였다는 죄명으로 변호사 활동에서 제명되었다. 그러나 이 때문에 수백 석 미(米)에 대한 무리한 차압은 풀리고 말았다."

그는 앞에서 재판장에 항의한 사건으로 3개월간 변호사직을 정지당했으며, 그후 징계가 해제되어 다시 변호사등록을 했다고 한다. 그러나 뒤의 하미전사건으로 다시 제명되었다고도 한다. 정확히 어느 것 때문에 징계를 받았는지는 분명하지 않지만 아무튼 법조의 역

---

112) 한국일보 논설위원이었던 유광열 씨의 글(허근욱, 앞의 책, 103~104쪽에서 재인용).

사에서 허헌은 최초로 징계당한 변호사로 기록된 것이다. 그의 수난에 가득찬 미래는 이미 이때부터 예고되고 있었다.

그는 변호사 자격을 취득한 직후부터 이미 법률적 전문지식으로 독립을 지키는 일에 자신을 바치기로 결심했다. 허헌은 "일본의 간섭과 지배계급의 착취로 일반 민중이 이중삼중으로 고통을 받고 있는 현실을 직시하고 이들의 고통을 덜어주기 위한 방안을 나름대로 모색, 법률로써 이들을 돕기로 작정"했던 것이다. 특히 일신의 영달을 위해 법률을 공부한 당시의 다른 젊은이들과는 달리 그는 무능한 조선의 통치계급이 자초한 굴욕적인 조약으로 나라가 기우는 것을 보고, 이를 극복하는 수단으로 법률을 선택하여 공부하게 되었기 때문에 독립운동의 변론에 나선 것은 당연한 일이었다.

4) 허헌의 주요 변론활동

1910년 8월 29일. 합방이 공포되었다. 나라를 잃은 것이다. 이갑을 포함하여 동지들은 이미 나라를 떴고, 26세의 허헌 역시 조용히 변호사업을 계속할 수는 없었다. 9월 중순 그 역시 변호사 사무실 문을 닫았다. 그리고는 집을 맡기고 가족을 이끌고 부산행 열차에 몸을 실었다. 고향 명천으로 가기 위해서였다.[113] 그러나 운명은 그를 고향에 머물 수도 외국으로 나갈 수도 없게 만들고 말았다. 고향에서 어머니를 여의고 3년 동안 집상(執喪)을 하면서도 그는 결국 변호사업으로 돌아올 수밖에 없었다. 그 계기가 된 두 가지는 다음과 같다.

① 허헌은 함흥에 변호사 사무실을 열고 억울하게 경작권, 도지권을 박탈당한 농민들의 소유권분쟁을 무료변론하는 한편 투옥된 항일운동가들

---

113) 당시 허헌의 고향 명천을 가기 위해서는 경원선 철도가 완공되지 않았기 때문에 일단 부산으로 가서 그곳에서 원산행 배를 타고 원산을 거쳐 명천으로 가야 했다(허근욱, 앞의 책, 115쪽).

의 무료변론과 뒷바라지를 하면서 우수한 준재를 발탁하여 해외유학의 길을 터 주었다.[114]

② ……동지들이 105인사건에 연루되어 투옥되자 다시 함흥에 변호사 문패를 걸었다. 그는 동지들의 변론을 비롯하여 그 뒷바라지를 해야 하고, 당시 일제가 농업사회였던 조선의 사회구조를 식민지형으로 개편하기 위해 본격화하고 있는 토지조사사업으로 인해 곳곳에서 일어나게 될 토지소유권분쟁에서 억울하게 피해를 입는 농민들의 변론을 해야겠다는 생각을 한 것이었다.[115]

결국 105인사건 변론과 억울한 농민의 변론, 두 가지를 위해 그는 변호사 사무실을 다시 열었다. 그리고 변호사 사무실도 결국 다시 서울로 옮겼다. 그가 일생을 통하여 벌였던 변론은 많았으나 그 가운데 중요한 몇 가지만 예를 들어본다.

(1) 3·1운동사건과 공소불수리 변론

일제하의 억압과 수탈에 대항하여 전국에 요원의 불길처럼 번져간 3·1독립운동이 결국 실패함에 따라 수많은 사람들이 피살·고문·구속 당했으며, 많은 재산상의 피해까지 입었다. 특히 독립선언서 서명자 33명을 비롯하여 48명의 주요 인사들이 구금되고 재판을 받았는데, 이것이 이른바 3·1운동사건이다. 독립선언 서명자 33명은 물론이고, 그 선언서에 이름이 들어 있지 않았지만 독립선언 실무를 담당했거나 기회를 보아 제2차 시위운동을 일으킬 것을 약속했던 15명[116]이 3~4월에 걸쳐 모두 경찰에 연행되었다. 이로써 48명의 피고인들이 함께 재판을 받게 된 것이다.[117]

---

114) 허근욱, 앞의 책, 125쪽.

115) 허근욱, 앞의 책, 134쪽.

116) 송진우, 현상윤, 정노식, 최남선, 임규, 안세항, 김지환, 김원벽, 강기덕, 김홍규, 박인호, 노헌용, 한병익, 김세환, 김도태 등이 바로 그들이다.

허헌은 당시 변호인단의 일원으로 3·1운동사건의 변론에 나서게
된다.[118] 이때 허헌이 내세운 공소불수리론은 조선독립운동을 변론한
사건 가운데 법률상의 최대 성과라고 할 수 있다. 그는 법정에서 다
음과 같이 변론했다.

"본건은 고등법원에서 특별사건으로 결정하여 지방법원으로 송치한
것인데, 이 사건을 고등법원에서 지방법원으로 송치한 것은 이 사건을 이
재판소에서 심리한다는 기초조건이다. 그런즉 본 사건이 고등법원에 계
속한 사건인가 아니면 지방법원에 계속한 사건인가에 대해 고등법원에서
는 이 사건을 고등법원으로 처리할 것이 아니라 하여 지방법원으로 보냈
다. 그러나 주문에 송치한다는 말이 없기 때문에 기록으로는 이 재판소에
왔으나 사건으로는 오지 아니하였다. 그런즉 수속법상 즉 형식상으로는
이 재판소에 온 것이 아니며 그렇다고 해서 이 사건이 고등법원에 있느냐
하면 그렇지도 아니하다.…… 그러면 이 사건을 어떻게 처리할 것인가.
고등법원에서는 이 사건을 그대로 보지(保持)할 수가 있다고 할는지 모르
나 고등법원에서는 이미 보낸 사건이니까 고등법원으로 다시 송치할 수
가 없는 일이요, 또 고등법원에서 다시 보내달라고 청구할 권리도 없는
것이다. 그런즉 고등법원이나 지방법원에서 처리할 수가 없는 사건이라
하면 당연히 공소를 수리치 말고 피고를 방면해야 한다."[119]

치밀한 법이론에 근거한 주장이었다. 일반 방청객들과 기자들은
자세한 법률이론도 모른 채 피고인들의 석방을 요구하는 허헌 변호
사의 주장에 열광했다. 법률가가 독립운동에 쓸모가 있다는 사실을
증명하고 있었다. 그러나 더 중요한 것은 법률적 이론에 대한 천착과

---

117) 이 가운데 양한묵은 옥사했고, 손병희는 병 때문에 출석을 못하고 있었다.
118) 허헌은 당시 자신도 일정하게 3·1독립운동에 관여하였다. 함흥, 북청 등 지역에
　　서의 거사계획에 참여한 것이다(자세한 것은 허근욱, 앞의 책, 149~151쪽 참조).
119) 이병헌, 『3·1운동비사』, 시사시보사 출판국, 1959, 781~782쪽.

이것에 의한 승리였다. 마침내 일본인 재판장은 허헌의 주장을 받아들여 공소불수리, 즉 오늘날의 공소기각 판결을 내렸다.[120]

이 재판의 결과는 당시의 언론에 대서특필되었고, 조선의 법조계뿐만 아니라 일본의 조야에도 큰 충격과 영향을 미쳤다.[121] 1년 전의 3·1독립운동 나아가 상해임시정부에 대한 관심을 고조시켰고, 일본의 조선통치에 대해 관심을 가지고 있던 아시아 식민지들과 구미 제국주의국가들에게도 큰 영향을 주었다.[122] 이 판결은 나중에 항소심인 경성복심법원에 의해 번복되고 공소불수리 신청은 기각되고 말았다. 하지만 이것은 독립운동에 대한 변론이 단순히 관련 피고인의 인권을 옹호하고 그 대의를 지지하는 것일 뿐만 아니라 그 자체가 하나의 독립운동의 방식이라는 점을 분명히 하는 하나의 사건이었다. 이로써 허헌도 민족변호사로서 위치를 확고히 하는 계기가 되었다. 다음과 같은 두 가지 논평이 바로 이 점을 분명히 하고 있다.

"3·1운동의 지도자들 33인의 공판정에서 불기소 수리를 제출하여 일대 센세이션을 일으킨 변호사 허헌 씨는 한낱 법조계뿐 아니라 조선민족의 대변인으로서 경이적이고 혜성적인 존재였다. 조선민족의 의사를 대표해서 자주독립의 의사를 중외에 표시한 것은 결코 중한 범죄가 아니라고, 그는 온갖 법리적 근거와 민족적 정열을 가지고 민족지도자들을 변호하여, 그 자신의 열화와 같은 민족정신, 민족감정의 소유자임을 나타냈던 것이다."[123]

---

120) 이 공소불수리 결정은 관련 피고인들의 석방을 의미하는 것이었다. 그러나 일본 검사들은 공소를 보완하여 새로운 공소를 제기했고, 재판은 다시 시작되어 유죄판결을 받았다.

121) 이 사건은 허헌 자신의 인생에서도 가장 인상깊은 변론으로 기억되고 있다. "내가 죽어서 흙 속에 묻히는 날까지 나의 머릿속에서 영원히 사라지지 아니할 기억은 저 만세 이듬해에 일어난 공소불수리 사건의 그 역사적인 광경이었습니다"(《동아일보》, 1928년 12월 22일자 참조).

122) 심지연, 앞의 책, 39쪽.

"허헌이 항일 독립운동가로서 사회적 명성을 얻게 되는 결정적 계기는 3 · 1운동 후 공판과정에서 33인의 변호인으로 나서서 '공소불수리 신립'을 제기한 일이었다. 허헌은 33인에 대한 지방법원의 공판에서 독립운동은 무죄라는 논리로서 33인 공판에 대한 이의를 제기했는데, 이 사건을 맡은 형사1부의 다치가와 사부로 재판장에 의해 이 신청이 있는 것으로 받아들여짐으로써 법조계는 물론 전 일본의 신문들이 대서특필하게 되어 허헌은 일약 주목받는 인물이 되었다.[124]

(2) 언론필화사건 변론

3 · 1운동 이후 시행된 문화통치정책에 따라 신문과 잡지들이 창간되었다. 그 가운데 일부 잡지들도 일제통치에 저항하여 독립사상을 고취하는 바람에 탄압의 대상이 되었다. 그 대표적인 사례가 잡지 《개벽》과 《신천지》, 《신생활》 등이었다. 일제는 《신생활》의 논조가 항일적이고 불온하다 하여 1923년 1월 폐간시켰고, 《개벽》은 1926년 8월호에 독립운동가들의 기사를 특집으로 편집하여 발행되었다가 폐간되었다.

1922년 《신천지》와 《신생활》의 필화사건이 터졌는데, 허헌은 두 가지 방향으로 이에 대응했다. 첫째는, 사회유지들과 더불어 이에 대한 결의문을 발표하는 일이었다. 법조계와 언론계의 유지들이 언론자유를 옹호하기 위하여 다 같이 노력하기로 결의문을 채택한 것이었다. 법조계에서 허헌, 박승빈, 최진, 김찬영, 변영만이, 언론계에서 염상섭, 이재현, 최국현, 남태희, 오상은, 김원벽, 송진우 등이 참여했다.[125] 둘째는, 이 두 잡지의 필화사건을 변론하는 일이었다. 이때 구속된 언론인을 위해 무료변론에 나섰던 변호사는 허헌을 비롯하여 최진, 이승우, 변영만, 이한길, 박승빈, 김찬영 등이었다.

---

123) 김오성, 『지도자군상』, 대성출판사, 1946.
124) 이호재, 『한국인의 국제정치관』, 법문사, 1994, 451~452쪽.

(3) 조선공산당사건 변론

〈제1차 조선공산당사건 변론〉

허헌은 한국 최초의 사회주의 선전지라고 할 수 있는 《신생활》 잡지의 변론을 맡은 것을 비롯하여 박헌영이 관련된 제1차 조선공산당사건의 변호를 맡았다. 제1차 조선공산당사건은 3년에 걸친 예심이 종결되면서 사건관련자 105인 가운데에서 99명이 기소되었다. 언론보도도 해금되었고, 1927년 9월 13일 제1회 공판이 열렸다. 그러나 공소사실에 대한 신문이 끝나자 사건 공판은 비밀리에 진행되었다. 극심한 고문과 질병으로 인해 피고인들 중 많은 사람이 출정하지도 못한 상태였다.

허헌을 비롯한 김병로, 이인 등 3인 변호사를 중심으로 한 변호인단으로서는 보석신청투쟁과 고문경관에 대한 고발운동이 그 핵심 변론운동이 되었다. 그 결과 이 사건의 중심 인물인 박헌영은 1927년 11월 22일 보석이 허가되었고, 권오설 피고인 등 100인이 제기한 종로경찰서 고문경관 고소사건은 모도하시 검사에 의해 불기소되었으나 불복과 동시에 증인신청 등 투쟁을 계속했다. 허헌의 변론 요지는 다음과 같다.

"그는 이들 피고인들이 공산주의자이거나 또는 공산주의사상에 공명하는 사람들로서 공산주의를 선전하려 했던 것은 사실로 받아들였다. 그러나 이들이 선전의 차원을 넘어 폭력적으로 또는 조직적으로 어떤 실천계획을 세운 것이라고는 보지 않았다. 사건기록에서도 이들이 어떤 구체적인 실천계획을 세운 행적을 발견할 수 없으며 피고인들도 이 점에 대해서는 부인하지 않고 있다고 지적했다. 단지 문제가 되는 것은 국제공산당과 연락한 흔적이 있다는 것과 공산당이라는 명칭으로 인해 선입견적인

---

125) 허근욱, 앞의 책, 180쪽.

혐의를 받게 되었다는 것밖에는 없다고 말한 허헌은 실제적으로 사실을 규명하면 하나의 사상단체로밖에는 볼 수 없다고 단언하고 이들에 대한 형량도 그에 지나지 않으리라고 예측했다."[126]

〈간도공산당사건〉

간도공산당사건은 1927년 간도에 있는 일본 총영사관에 의해 체포되어 서울에서 공판이 진행된 사건이다. 이 사건은 간도지방에서 최원택을 중심으로 한 조선공산당 만주총국, 김지종이 중심이 된 고려공산청년회의 조직사건이다. 이들은 당시 서울에서 진행중인 조선공산당사건의 공개적 공판 등을 주장하는 격문을 배포하고 시위운동을 계획했다. 이들의 활동 근거지가 간도지역인데다가 피고인의 수가 28명이나 되는 큰 사건이어서 세간의 주목을 받았다. 검찰에서는 이들이 체포된 후 개정된 신치안유지법을 적용하려 했고, 허헌은 이에 대해 법률불소급을 주장하며 구치안유지법을 적용해야한다고 주장했다. 판사는 허헌의 주장을 그대로 받아들여 구법을 적용하여 판결함으로써 허헌의 법률적 승리를 가져왔다.[127]

〈허헌은 공산주의자인가〉

허헌이 이렇게 많은 공산주의자 또는 공산당을 변론했을 뿐만 아니라 나중에 월북함으로써 그가 공산주의자가 아닌가 하는 논의가있다. 그러나 그는 적어도 일제하에서 공산주의자들을 변론했을지언정 공산주의자는 아니었다. 자신의 회고담을 들어보자.

"조선공산당은 1925년부터 8·15 해방의 날까지 우리의 조국과 우리 조선민족의 복리를 옹호하며 독립을 전취하기 위해 꾸준히 싸워왔다. 이

---

126) 심지연, 앞의 책, 44~45쪽.
127) 허근욱, 앞의 책, 217쪽.

임무를 수행할 때 국내외에서 조선공산주의자는 학살과 박해에 무수한 희생을 내면서도 일제의 통치에 반항하여 싸웠던 것을 나는 잘 안다. 나는 공산주의자가 아니다.…… 그때 나는 공산주의자들의 말을 실제로 듣고 보고 하여 그들의 투쟁과 운동의 전모를 알 수 있었던 것이다.…… 3·1운동 이후 조선의 독립운동을 하던 진실한 혁명가들의 대부분은 공산주의로 전향했다.…… 그들에 대한 당시의 신문과 출판물에 발표된 것은 무리하게 위조된 허위이다.…… 나는 그들의 정열과 투쟁에 넘치는 법정투쟁을 보고 그 뜨거운 동지애와 투지에 눈물이 났다. 그들의 진술과 법정투쟁에서 내가 본 것은 그들의 조선독립과 조선민족해방을 위한 열렬한 부르짖음과 싸움이었다.”[128]

허헌 자신은 공산주의자가 아니었지만 공산주의자들의 열렬한 민족해방투쟁에 감동을 받고 있었다. 더구나 허헌의 공산주의에 대한 이해는 ‘단순한 계급투쟁’이 아니라 ‘조선민족해방’과 ‘독립’을 위한 사상이자 운동이라는 측면에서 강조되고 있었다. “독립운동을 위해 형을 받는 사람이 어느 계열의 사람이든 간에 달려가서 무료변론을 했고 그들을 적극적으로 지원”했으며, “허헌의 집에는 수많은 항일운동가들이 자문을 얻거나 운동자금을 구하는 등 여러 도움을 얻기 위해 몰려들었으며” “진보적인 사회주의 지식인들과 밀접한 관계를 유지하고 있었다.”[129] 특히 제1차 조선공산당사건을 계기로 허헌은 공산주의자들과 평생에 걸친 인간적인 관계를 맺게 된다. 더 나아가 그의 딸 허정숙과 남편 임원근이 확실한 공산주의자로서 활동을 하면서 점차 이들에 대한 지지와 호의가 깊어졌다고 할 수 있다.[130]

---

128) 《해방일보》, 1946년 4월 21일자(허근욱, 앞의 책, 218~219쪽에서 재인용).

129) 허근욱, 앞의 책, 204쪽.

130) 허헌은 그의 딸 허정숙과 ‘사상대립’으로 이따금 집안에서 활극을 연출하기도 했다는 점으로 미루어 볼 때 처음부터 공산주의자는 아니었던 것으로 보인다. 다만 공산주의운동을 독립운동의 한 유형으로 이해한 것이다(허근욱, 앞의 책, 194쪽).

이것이 나중에 월북까지 감행하게 되는 계기가 된다.

아무도 공산주의자라고 의심하지 않는 이인조차 일제시대에는 많은 좌익사건들을 변론했다. 이인은 이 점에 관해 다음과 같이 설명하고 있다. 이른바 경부선 논리이다. 즉 변호사가 어떤 사건을 변론한다고 해서 그 피고인과 같은 생각을 하고 있다고는 할 수 없는 노릇이라는 것이다.

"결국 내가 변론하는 취지는 좌익사건이나, 민족운동사건이나 그 취지가 같다. 내가 적극 변론하고 나섬은 일제 탄압에 시달리는 같은 동포를 구하자 함이요, 민족독립운동을 옹호하자 함이지, 공산주의운동을 돕자는 것이 아니었던 것이다. 당시에 공산주의자라 하더라도 좌익운동을 표방하지 않았다. 앞에 내세우기는 민족해방이니, 그 뒷속에서 딴 생각을 품은 경우 아니면 자기도 모르는 사이에 약간씩 물이 들어 있었을 뿐이다. 더구나 코민테른의 지시가 있었던 탓으로 그들은 민족진영과 한때나마 보조를 함께했다. 이런 관계는 앞서 말한 간도폭동사건에서도 그러하다. 간도폭동사건에서는 그곳의 우리 동포들이 국내와 연락하는 데 일부 좌익과 선이 닿고 있었던 모양이나 본질적으로는 민족운동사건이었던 게 분명하다. 아무튼 민족운동이 앞서는 만큼 이들 사건을 맡긴 했는데 이런 관계는 당시에 흔히 들을 수 있던 경부선의 비유로 설명이 된다. 우리가 경부선을 타고 가는데 부산까지를 1천 리로 잡고, 대구까지가 7백 리라면 우리는 대구 가는 승객이요, 공산주의자들은 부산까지 가겠다는 승객과 같다. 기차를 같이 탔으니 그들과 동행임에는 틀림이 없으나 목적지를 같이할 수 없는 것이다."[131]

---

131) 이인, 앞의 책, 1974, 106쪽.

5) 법정을 넘어서

(1) 독립운동의 지도자

이미 독립운동을 변론하는 것과 독립운동을 하는 것의 경계는 처음부터 희미했다. 특히 허헌은 청년시절부터 민족의 독립을 지키고 되찾기 위해 노력하는 지사들과 생각이나 행동을 함께해 왔다. 독립을 잃은 나라의 한 백성으로서 그가 법정을 뛰쳐나가 독립운동의 지도자로 나설 수밖에 없는 상황이었다. 그가 이미 변호사로서 변론활동을 할 수 없었던 사실은 여러 가지 사건에서 확인될 수 있다. 예를 들어 보자.

"내가 일본 명치대학 법과를 다니다 나와서 변호사를 개업한 때였습니다. …… 하루 저녁은 이갑 씨와 이종호 씨가 나의 집을 찾았습니다. 무슨 말을 할 이야기가 있어 왔겠지요. 그러나 그들은 내 집을 보고 '집도 훌륭하게 잘 지었는데……' 하고는 그냥 선걸음으로 가려고 하였습니다. 굳이 만류하여 저녁은 같이 먹었지마는, 그때 사실은 나보고도 조선을 떠나서 일을 도모하자고 왔었지만은 내 집을 보니 변호사를 개업하고, 집도 짓고 편안히 지내고 있어 그런 생각이 나지 않을 것이라 추측하고 그냥 가버린 것이었습니다. 그때에 그들이 침묵을 지켰다는 교훈은 나의 일생을 통하여 잊히지 않습니다. 그리고 나는 그들이 나를 찾아왔던 것을 영영 잊을 수 없습니다."[132]

동지들이 독립운동을 위해 조국을 떠나고 수많은 독립운동가들이 감옥에서 지내는데 혼자 호의호식할 수는 없었던 것이다.

---

132) 허헌씨 개인 좌담회, 《東光》, 4권 11호, 1932. 11, 436~438쪽.

(2) 독립운동의 재정 토대: 전당포 신세의 긍인(兢人) 시계

당시나 지금이나 변호사는 상대적으로 수입이 높은 직업이다. 일제하에서는 산업자본이 제대로 형성되지 않아 더욱 그러했다. 허헌은 뒤에서 보듯 언론기관이나 교육계에 모금운동이 벌어질 때마다 거액을 투자하고 참여했다. 그뿐만 아니라 그는 음으로 양으로 다양한 항일독립운동과 관련하여 지원을 아끼지 않았다. 다음과 같은 김병로의 회고는 그가 개인적 치부보다는 이웃과 독립운동에 얼마나 돈을 아끼지 않았는지 잘 보여주고 있다.

"긍인(兢人)이 차고 있었던 시계가 아주 값비싼 시계였지. 그 시계가 전당포 신세를 많이 졌어. 긍인을 찾아와 용돈을 달라고 하는 동지들의 발길이 끊일 새가 없으니 주머니 돈이 남아날 새가 없었지. 그러나 돈이 없을 때 누가 찾아와 당장 돈이 필요하다고 하면 그 시계를 풀어주면서 시계를 전당포에 잡혀서 돈은 자네가 갖고 전당포 표는 나에게 가져오라고 하더구만. 내가 직접 눈으로 본 것만 해도 그 시계를 전당포에 잡히러 보내는 것을 아마 백 번도 더 봤을 걸……."[133]

(3) 교육계와 언론계 활동

3·1운동 이후 일제는 문화정치를 표방하여 언론과 교육의 활동공간을 열어주었다. 이에 따라 《동아일보》를 비롯한 신문이 창간되었다. 허헌은 《동아일보》 창립에 참여하여 7대 주주로서 7,935원을 납입했고 감사역이 되었다. 한때는 사장 직무대행을 맡기도 하고, 1924년에서 1930년까지 취체역을 맡기도 했다.

변호사로서 유명세를 타기 시작한 허헌에게는 시대적 요구에 따라 온갖 직책과 역할을 요구하고 있었다. 법정에서의 변론을 넘어서 다양한 사회적 역할을 하지 않을 수 없었던 것이다. 1920년 3월 한성

---

133) 허근욱, 앞의 책, 194쪽.

도서주식회사의 창립총회에서 감사역으로 선임되었고, 경성제지의 중역으로도 선임되었다.

3·1운동 후 조선교육회를 비롯하여 민족교육을 주창하는 운동이 일어났다. 그중의 한 흐름이 민립대학 설립운동이었다. 이로써 1921년 1월 민립대학기성회가 조직되었다. 여기에 이상재, 현상윤, 최규동, 한용운, 이상협, 유진태 등 50여 명과 더불어 허헌도 집행위원으로 참여했다.[134] 이 운동은 1924년 일제가 경성제국대학 예과를 설치함으로써 무산되었으나, 이로 인해 민족교육에 대한 국민들의 관심이 높아지고, 다양한 학교가 창립되는 등 큰 영향을 미쳤다.

한편 경영위기와 내분에 휩싸인 보성전문학교의 재건운동에도 큰 역할을 했다. 천도교의 대거 투옥에 따라 경영권이 공백에 이른 이 학교의 재단설립운동에 참여하여 거금 1만 원을 출연했을 뿐만 아니라 감사로 참여하여 재단법인 보성전문학교를 설립하는 데 큰 기여를 했다. 허헌은 또한 오성학교 재건을 위해 거금을 출연하여 재단법인 사립 협성학교의 설립에도 참여했다.

(4) 세계일주 여행과 약소민족대회 참가

허헌은 1926년 5월 31일, 그의 딸 허정숙과 더불어 세계일주 여행을 떠난다. 그 며칠 전 동아일보 사장 김성수와 편집국장 송진우가 주최한 송별연에서 허헌은 그 목적과 감회를 이렇게 밝힌다.

"유학의 예정은 약 3년으로 작정했으나 혹은 5년이 될는지 건너가 보아서 여의치 않으면 2년으로 축소될는지 알 수 없습니다. 우선 미국으로 건너가면 약 2년 간 어학을 배워 언어의 부자유함이 없이 된 후에는 다시 구라파로 건너가서 약 1년 동안 서양 각국의 배심 재판제라든가 여러 가지 진보된 법률과 정치의 연구는 물론이요, 제반 문물제도며 일반 사회상

---

134) 허근욱, 앞의 책, 183쪽.

태를 자세히 시찰할까 합니다. 한편 구미 각국의 유명한 신문사를 역방하여 신문에 관한 연구도 할 터이며 또한 위대한 인물들도 찾아보아 더욱 나의 지식을 수양할까 합니다.”[135]

허헌 부녀 일행은 일본—화와이—샌프란시스코—보스턴—뉴욕—워싱턴을 순행했다. 당초의 예정대로 미국의 도시와 농촌을 샅샅이 살피고 다녔다. 당시의 쿨리지 대통령도 면담했으며 선거를 참관하기도 했다. 각지의 동포들을 만나 실상도 파악하고 격려도 했다. 뉴욕에서 해로로 영국과 아일랜드도 방문했다. 특히 한때 영국의 식민지였던 아일랜드에 대한 궁금증과 호기심이 높았던 것이다.

영국 여행을 마친 허헌은 네덜란드를 거쳐 벨기에의 수도, 브뤼셀에 도착했다. 1927년 2월 10일부터 20일 사이에 열리는 국제약소민족대회에 참석하기 위해서였다. 그는 이 회의에서 “한국에 대한 일본의 제국주의적 정치”라는 제목의 보고연설을 하고 “한국으로부터 일본을 구축(驅逐)해야 한다”는 결의안을 제출했다. 그러나 실제 결의를 얻어내는 데는 실패하고 말았다.

허헌은 이어 제네바의 국제연맹본부를 시찰한 뒤 프랑스, 스위스, 오스트리아, 독일, 폴란드 등을 거쳐 러시아에서 시베리아 철도를 이용해 중국 장춘에 도착했다. 중국 여행 중 대련에서 갑자기 병이 나 남은 일정을 취소하고 귀국하게 된다. 1년여의 세계여행을 마친 이때가 1927년 5월 12일이었다.[136]

(5) 신간회와 민중대회, 그리고 수감생활

허헌은 1928년 말부터 “변호사업을 그만두고 민족적, 사회적인 큰 일에 진력하고 싶은 생각이 불붙는 듯하다”는 포부[137]를 피력해 왔

---

135) 《동아일보》, 1926년 5월 30일자(허근욱, 앞의 책, 229~230쪽 참조).
136) 자세한 것은 허근욱, 앞의 책, 229~276쪽 참조.

다. 그러던 중 1929년 이른바 '복대표대회'에서 신간회의 집행위원장으로 선출됨으로써 독립운동의 일선에 나서게 된다. 허헌 집행위원장 시기의 신간회는 광주학생운동에 적극적으로 관여하고 그것을 대중운동으로 연결시키기 위한 실천적 노력을 쏟아부었던 것으로 잘 알려져 있다.[138] 집행위원장으로 선출된 그해, 당시 언론 검열로 제대로 알려지지 않았던 광주학생사건을 널리 알리려던 민중대회사건과 관련하여 보안법 7조 위반으로 허헌은 구속되었으며, 그후 집행위원장의 바톤은 김병로에게로 넘어갔다.[139] 이 당시 허헌의 일화를 이인은 이렇게 전하고 있다.

"뒷날 만해 한용운을 안국동 선학원으로 찾아간 일이 있었다. 점심으로 상치쌈을 먹는데 만해가 '원 세상에 육법전서를 읽어가며 독립운동하는 꼴은 처음 보았네' 한다. 무슨 말이냐니까 만해는 '한번 들어보오' 하면서 이런 말을 했다. 동지들이 모두 (민중대회사건으로) 경기도 경찰부 유치장에 갇혀 있을 때인데 긍인 허헌은 육법전서를 차입시켜 열심히 읽더라는 것이다. 그러더니 같은 감방 동지들에게 '아무리 보아도 우리가 한 일은 위경죄(違輕罪, 지금의 경범죄)밖에 안 되네. 그러니 고작 구류 아니면 과료에 해당할 뿐이요' 했다는 것이다. 만해는 독립을 위해서 저들과 싸우는데 죄의 경중은 따져서 무엇하느냐는 생각을 하니 어떻게나 화가 나던지 목침을 들어 한 대 쳐주고 싶더라고 했다. 만해는 이때의 분이 덜 풀려서 같은 변호사인 나를 붙들고 말을 한 것인데 하긴 유치장에 잡혀온 사람이 육법전서를 따지는 긍인의 모습이나 그 옆에서 화가 치민 만해 모양을 생각하니 우습기 그지없다."[140]

---

137) 《조선일보》, 1928년 12월 23일자.

138) 자세한 것은 이균영, 『신간회 연구』, 역사비평사, 1993, 201쪽 이하 참조.

139) 당시 보안법 7조는 "정치에 관하여 불온한 언론동작, 또는 타인을 선동 · 교사 혹은 사용하고 또는 타인의 행위에 간섭하여 치안을 방해한 자는 50대 이상의 태형, 10개월 이하의 금옥, 또는 2개월 이하의 징역에 처한다"고 규정하고 있었다.

허헌의 이런 모습은 만해의 호탕한 성격과는 달리 꼼꼼히 따지는 법률가로서의 면모를 여실히 보여준다. 이러한 면모가 3·1운동사건의 공소불수리 이론을 만들어냈던 것이다. 아무튼 그 일로 징역 1년 6월의 실형을 선고받아 1929년 12월부터 변호사 자격을 박탈당하고 말았다. 변호사의 입장에서 마침내 피고인의 입장으로 전락한 것이다. 피압박식민지의 독립을 위한 변론활동을 벌이는 변호사로서 당연한 귀결이기도 했다. 옥중에서 그는 신경쇠약과 부종과 위병으로 고생하였다. 1932년 1월 22일 민중대회 관련자들은 모두 가출옥으로 석방되었고, 허헌 역시 구속된 지 2년여 만에 출감하여 자택으로 돌아왔다.

(6) 단파방송사건과 은둔생활

태평양전쟁의 전세가 불리해지자, 일제는 이 사실을 숨기기 위해 1942년 단파방송의 청취를 금지하고 단파수신기를 모두 등록하게 했다. 심지어 외국인이 가졌던 단파수신기까지 압수하고 1942년 말 선교사들을 본국으로 추방해 버렸다. 독립운동가들은 경성방송국의 양제현을 비롯한 한국인 기술자들이 단파로 해외방송을 청취하고 있다는 사실을 알게 되었다. 이렇게 청취된 '미국의 소리'와 '중경임시정부' 방송은 송남헌, 홍익범, 청진동 합동변호사 사무실로 전달되었다. 민족운동지사들은 이러한 정보를 가지고 정세보고토론회를 갖고 일본 패망이 가까우니 독립준비를 해야 한다는 결의를 다졌다. 그러나 결국 이러한 사실이 고등계 형사들에 의해 발각되어 1943년 3월 송남헌, 허헌 등이 모두 구속되고 말았다. 이른바 '경성방송국 단파도청사건'이었다. 1945년 4월 말 허헌은 건강이 악화되어 보석으로 풀려났다.[141] 결국 그는 해방이 될 때까지 변호사로 복권

---

140) 이인, 앞의 책, 1974, 80~81쪽.
141) 허근욱, 앞의 책, 330쪽.

이 되지 않았다.[142)

(7) 해방과 건국활동, 그리고 월북

해방되는 날 그는 정양을 위해 황해도 신천 달천온천의 처가로 내려가 있었다. 8월 30일 상경한 그에게 건국준비위원회 부위원장이라는 직책이 맡겨졌다. 이어 그는 인민공화국의 국무총리를 맡았으며 민주주의민족전선의 의장으로 활동했다. 해방 후 그는 분명 좌익의 얼굴로 활동했다. 이 시기 그의 활동에 대한 평가는 다음과 같았다.

"해방 후 애산 이인을 만난 자리에서 '내가 애산의 말을 안 듣고 누구 말을 듣겠나' 하고 말한 허헌은 이인의 기대와는 달리 해방 직후 민족진영과 결별하고 여운형의 건준 노선에 참여한다.[143) 건준이 미군 진주를 이틀 앞두고 9월 6일 민족총의의 집결단체임을 기정사실화하기 위해 인민공화국으로 개편되었을 때 허헌은 국무총리직을 담당한 것을 비롯, 그후 건준·인공·민전 등으로 이어지는 좌익진영의 정치노선에서 대표적 인물로 활동했다. 허헌은 인공이나 민전, 그리고 후의 남로당에서 간판적 역할을 했을 뿐이며 그 실질적 헤게모니는 박헌영이 주도하는 공산당계열이 장악하고 있었다고 하지만 인공이나 민전 등 당시 좌익계의 통일전선이 허헌의 정치적 신념과 상이했다고는 볼 수 없다."[144)

허헌은 황해도 해주에서 개최된 남북정치회담에 참석한 후, 그대

---

142) 이인, 앞의 책, 1974, 76쪽.

143) 이인은 허헌을 몇 차례 찾아가 한국민주당 창당에 참여하도록 요청했고, 그에 대해 허헌은 호의적으로 답변한다(자세한 것은 이인, 앞의 책, 1970, 272~273쪽 참조). 물론 이것은 실제 그의 행동에 비추어 보면 거짓 약속이었지만 아무튼 독립운동변론을 함께한 동지로서 이들이 해방 후에 공동 보조를 취하려 노력한 것은 사실이었다.

144) 이호재, 앞의 책, 463~465쪽.

로 북한에 체류하면서 북한정권 수립에 참여했다. 그는 1948년 9월 2일 평양에서 소집된 최고인민회의에서 의장으로 선출되었고, 헌법위원회 위원으로도 추대되었다. 그는 1949년 6월 발족한 조국통일민주주의전선의 의장, 그리고 김일성대학의 총장으로도 활약했다. 1951년 8월 16일 평북 정주에 있던 김일성대학 임시교사의 개교식에 참석하기 위해 큰 홍수로 범람한 대령강을 건너던 중 전복되어 비운을 맞았다.

6) 한 위대한 변호사의 생애, 그 평가

허헌의 해방 후 좌익활동 때문에 그는 남한의 현대사 기술에서 완전히 무시·망각당했다. 그의 이름은 '허O'라고만 표시되었다. 그럼에도 어느 연구자는 허헌의 생애를 다음과 같이 높이 평가하고 있다.

"일제시기 일체의 타협을 거부하며, 박해받고 탄압받던 민중과 고통 속에서 신음하던 계층을 대변했으며, 투옥된 독립운동가와 공산주의자들을 변호했던 허헌은 해방이 된 다음에도 이들 고난받고 핍박당하는 사람들의 이익을 위해 노력했다. 이와 같은 의미에서 그는 철저하게 민중의 편에 섰던 민족주의자였으며 기득권의 유지를 목표로 출범했던 한민당측과는 결합될 수 없는 인물이었다.…… 일제 말 암울한 시기에 많은 지식인들이 민족의 장래에 대한 희망을 잃고 친일활동에 나섰지만 그는 신념을 굽히지 않았다.…… 그렇다고 해서 그의 신념이 공산주의에 기인한 것도 아니었다. 그는 공산주의 이념을 신봉한 것도 아니었고, 자신이 공산주의자라고 선언한 일도 없었으며, 비밀리에 공산주의 운동을 한 것도 아니었다. 단지 민족의 저력과 장래를 믿고 이를 위해 노력을 아끼지 않은 결과였다. 일제시 허헌의 이러한 인간관계와 신념은 해방된 다음에도 그대로 이어져 그는 박해받고 억압당하는 계층, 고통으로 신음하는 계층의 편에 서서 정치활동을 하게 된다.…… 북한정부 수립과정에서 허헌은 최고회의인민회의 의장으로 추대되어 하나의 상징적인 존재로 자리잡게 된다. 이후 그는 자신의 의지에서라기보다는 북한 권력구조의 구심력에 따라 성명을 발표하고 기자회견을 하고 연설을 했으며 통일방안의 제의에 앞장섰다. 개인의 의지가 개입될 여지가 없는 북한체제의 속성상 나타나는 현상 중의 하나였다고 생각된다.…… 그가 끝까지 바랐던 것은 최고인민회의 의장도, 김일성대학 총장도 아닌, 인간에 의한 인간의 압박과 착취가 없는 통일된 조국에서 평범한 시민으로서의 삶이었으리라고 생각된다. 부당하게 억눌리고 고통받는 민중의 삶을 누구보다 동정하고 이들의 고통을 제거하려고 노력했던 그의 소박한 꿈이었다. 그러나 국토가 분단되어 미소 양군이 주둔하고 있는 현실은 일제시기부터 양심을 지켜온 민족주의자가 민주시민으로서 소박한 꿈을 실현할 수 있는 기회조차 박탈하고 말았다. 이는 허헌의 비극인 동시에 한민족 전체의 비극이 아닐 수 없다."[145]

6. 안병찬 변호사

1) 열혈강골 변호사 안병찬

이밖에도 자신이 직접 가장 치열한 독립운동의 최전선에 섰던 변호사도 있다. 바로 안병찬이다. 안병찬은 1881년 평안북도 의주 출생으로, 1904년에 법관양성소를 제3기로 졸업했고, 1905년 법부주사로 들어갔다.

그는 일생을 살면서 변호사로서보다는 독립운동에 훨씬 더 많은 비중을 두었다. 풍운의 구한말에 탄생한 안병찬은 단발령에 반대하고 법부주사(法部主事)로서 덕수궁 대한문 앞에서 을사보호조약 폐

---

145) 심지연, 앞의 책, 229~233쪽.

기를 주장하는 이른바 지부(持斧)상소를 올리기도 했다.[146] 그러나 그 자리에서 일본인 순사에게 체포되고 말았다. 그의 상소 내용은 다음과 같다.

"……법부의 구품 주사인 신이 감히 폐하의 앞에 나아가 가슴에 품은 뜻을 털어놓는 행동이 법을 어지럽히는 짓임을 어찌 모르겠습니까.……어서 오적(五賊)의 머리를 취하여 거리에 내걸어 나라에 널리 알려 일본이 속임수로 국권을 뺏은 것을 만백성이 모여 판별케 하십시오. 또 억지로 맺은 가짜 조약은 뜨거운 불 속에 집어던져 우리 한국의 독립자주권을 천하에 밝히면 내정과 외교의 실마리가 비로소 잡힐 것입니다.…… 신은 도끼를 들고 대궐문 앞에 엎드려 오직 어명만 기다리고 있사온즉 거짓조약을 폐기할 수 없으시다면 이 도끼로 신의 머리를 잘라 나라를 팔아먹은 오적들 앞에 내던지시옵소서."

'시일야방성대곡' 이상의 절절한 호소이며 항의이다. 이미 법정에서 변론하고 법조문이나 들여다보는 변호사와 맞지 않는 이미지를 그려내고 있었다. 그만큼 그는 열혈의 혁명가이며 강골의 자유혼을 가진 이였다. 그후 안병찬은 동경에서 유학하여 잠시 명치대학을 다녔다고 한다. 그 뒤 귀국하여 검사로 임관되어 평북 영변에서 약 1년간 재직했으나 한일합방 직전에 사임했다. 1907년 8월 31일 서울에서 이건호와 함께 변호사를 개업했다. 그후 다시 평양으로 옮겨 변호사 활동을 했다. 1910년 안중근 의사를 변론함으로써 그는 더욱 유명해졌다. 그가 만주로 망명하기 전까지는 일제에 항거하다 투옥된 애국지사를 법정에서 변론하는 것이 그의 변호사 활동의 주된 내용이었다. 그러나 이윽고 그는 새로운 독립운동의 길을 택한다.

---

146) 황호택, 「격랑시대의 법조계 원조」, 이영근 외, 앞의 책, 77쪽에서 재인용. 이 상소로 그는 잠시 구금생활을 한 뒤 제주도로 유배되었다.

2) 안중근 의사 변론

안병찬이 변호사로서 가장 유명한 것은 안중근 의사의 변론을 시도한 일이다. 1910년 2월 이등박문을 살해한 안중근 의사를 변론하러 여순으로 갔으나 재판부의 거부로 그 뜻을 이루지 못했던 것이다. 다음은 그가 안중근을 면회하고 와서 피를 토한 사연을 적은 당시의 신문보도 내용이다.[147]

"안씨 토열혈—안병찬 씨가 안중근 씨를 면회하고 여관에 돌아와 그 목적을 달성치 못함을 분개하여 눈물을 줄줄 흘리다가 거듭하여 뜨거운 피를 한 사발 가량이나 쏟고 약 30분 동안이나 혼절하여 인사불성이므로 같이 유숙하고 있던 사람들이 놀라 일인 나카시마(中島) 의사를 불러 진찰했는데, 의사의 말이 별다른 증상은 없고 잠시 기색(氣塞)했을 따름이라 현재 복약조치 중이라더라."

일제의 변론 거부가 얼마나 큰 상심을 가져왔는지 잘 알 수 있다. 그러나 일제는 안병찬뿐만 아니라 당시 여러 나라의 변호사들이 변론을 신청했으나 모두 거부했다. 거부의 이유는 당시 "피고의 행위를 변론할까 기탄하여 모든 외국인 변호사를 허가치 않았던 모양"[148]이라는 것이다.

정식으로 변론할 기회는 잃었으나 계속 여순감옥 부근에 머물면서 안병찬은 안중근 의사를 지원하고 뒷바라지한다. 그는 전옥(간수)을 통해 안중근 의사에게 일본어 육법전서 1부를 기증했다. 6회에 거듭된 공판에 참석하면서 안 의사를 격려하고 일본인 관선변호사들을 감독했다.[149] 1910년 2월 15일 면회시에는 처형을 앞두고 동포

---

147) 《대한매일신보》, 1910년 2월 9일자(안중근, 『안중근의사 자서전』, 범우사, 2000, 151~152쪽에서 재인용).
148) 《대한매일신보》, 1910년 1월 19일자.

에게 이별을 고하는 유언을 받아오기도 했다. 일제는 안병찬 변호사와 고병은, 안정근, 안공근 등 가족친지들이 같은 여관에 묵고 있었는데 순사 1명을 보내 보호했다고 한다.[150] 당시 관선변호인이 된 가마타(鎌田) 변호사의 변론에도 안병찬은 일정한 영향을 미쳤을 것으로 생각되는데, 가마타 변호사는 안중근 의사의 공판에서 다음과 같이 변론했다.[151]

"이번 사건은 세계의 이목을 경동할 중대사건인즉 세계에 대하여 모범적 공판이 되어야 할 줄로 아는고로 신중히 재판을 진행하기를 희망하노라 하고는, 재판 관할문제를 논하자면 본건의 범죄지역은 청국 영토요, 피고는 한국인이라 광무 3년 한·청조약 및 광무 9년 한·일보호조약 등에 의거하여 논해도 한국의 외교권이 소멸된 바는 아니요, 다만 일본이 대행함에 불과한즉 한국신민을 다스림에 있어서 일본의 형법을 적용함은 불가한지라 고로 한국형법을 적용함이 가하다고 주장한 다음에 사실론으로 말하자면 안과 우에 대해서는 그 자백 및 증거에 의하더라도 다른 의견이 없으나 조와 유에 대해서는 전연 반대의 의견이 있으니 유는 전혀 정치적 사상이 없으며 또한 법정에서 일찍 집에 돌아가겠다고 한 것을 보아도 그는 중대사건에 참여할 자는 못되고 조는 그 태도며 이토 공 피살

---

149) 안중근 의사 가족들의 부탁으로 자신의 사재를 털어 여행경비를 마련한 안병찬 변호사가 여순 고등법원에 변호인 선임계를 제출했으나 '조선변호사는 만주 법원에서 변론할 수 없다'는 이유로 그 접수를 거부하고 말았던 것이다. 안병찬 변호사는 이에 대해 '피고인에게 주어진 당연한 권리를 박탈함으로써 미리 사형을 선고한 것이나 다름없다'고 항의하며 거의 매일 안 의사를 접견하여 법적 지식을 고취시키는 한편 일본 관선변호사들에게 '안 의사가 먼저 당신들이 작성한 변론문을 읽고 마음에 들어야 한다'며 이들의 변론활동을 감시·감독했다(황호택, 앞의 글, 74~75쪽).

150) 《대한매일신보》, 1910년 1월 19일자.

151) 가마타 변호사와 미즈노(水野) 변호사의 변론 전문은 이기웅, 『안중근전쟁은 끝나지 않았다』, 열화당, 2000, 312쪽 이하.

이틀 전에 그의 처를 부르는 서신을 발송한 일 등의 사실에서 유와 조는
전혀 안 등과 통첩이 없었으므로 주범과 무관한즉 이를 종범으로 논함은
불가하다……."[152]

3) 이재명 의사 변론

그밖에도 안병찬 변호사는 1910년 5월에는 이완용을 살해하려다
실패한 이재명 의사의 변론을 맡았다. 이재명은 1890년 평양에서 태
어났으며 독실한 기독교 신자였다. 어려서 부모를 잃고 1904년 미국
에 노동이민으로 건너갔다가 을사보호조약과 정미7조약의 체결에
분개하여 독립운동에 투신하려고 1907년 귀국했다. 평양에서 우국
지사들과 더불어 이완용과 이용구를 살해할 결심을 했는데, 자신은
이완용을 살해하기로 했다. 그리하여 1909년 12월 22일 벨기에 황제
추도회에 참석하는 이완용을 밤장수로 변장하고 기다려 살해하려고
했으나 실패했다. 이완용은 중상을 입었으나 목숨은 건졌고 이재명
의사는 체포되었다.

경성지방재판소에서 진행된 이 재판에서 '치안에 관계되는 정치
적 발언을 중지하라'는 재판장의 제지와 견제에도 불구하고 그는 이
재명 의사의 행위 동기를 다음과 같이 변론했다.

"피고인은 나라를 건지기 위해 살신성인한 표본이다. 애국우세의 젊은
청년은 오늘날 동포들의 비참한 생활상을 보고 가슴에 끓어오르는 열혈
을 누를 수 없었다. 피고인을 일반 잡범처럼 다루지 말라. 문명국에서 정
치범을 사형시킨 전례가 없다. 정치범은 생명형을 받더라도 잘못을 뉘우
치지 않으므로 생명형이 노리는 위하의 효과를 거둘 수 없다. 피고인은
생명을 걸고 거사를 행한 것이므로 목숨이 끊기는 것을 오히려 쾌락으로

---

152) 《대한매일신보》, 1910년 2월 20일자(안중근, 앞의 책, 168쪽).

여길 것이니 생명형을 가함은 하등의 고통도 징계도 되지 않는다."[153]

호탕한 변론이다. 오늘날 양심수의 변론의 한 모범이 되기에 부족하지 않다. 그의 변론에도 불구하고 이재명 의사는 그해 9월에 처형되었다.

4) 삭풍의 만주로: 무력투쟁에 나선 안병찬

이때부터 3·1운동이 일어날 때까지 약 10여 년 간 안병찬은 주로 일제에 항거하다 투옥되는 수많은 애국지사들을 위해 열정적인 법정투쟁을 계속했다. 그 결과 일제 관헌들로부터는 당연히 반일인사로 낙인 찍혀 주시와 경계의 대상이 되었다.

3·1운동 당시 체포된 33인을 변론했으나, 1919년 9월 경찰에 체포되었다. 조재건, 함석은, 오학수 등 뜻을 같이하는 동지들을 규합하여 만주 안동현에서 대한독립청년단을 조직하여 스스로 총재직에 취임했다는 혐의였다. 평양의 동료 법조인 이동초, 홍면희 변호사의 도움으로 보석이 허가되어 출감하자 자택에서 신병치료를 받던 중 비밀리에 만주로 망명했다. 이 사건으로 그는 2년 징역형을 선고받음으로써 변호사 활동이 사실상 불가능해졌다.[154] 어차피 그는 변호사 업무에 별로 관심이 없었고 더 적극적으로 조국광복운동에 몸바칠 생각을 하고 있었다.[155]

독립된 투사의 변론에 열정을 쏟던 안병찬 변호사는 이렇게 하여 삭풍이 몰아치는 만주벌판에서의 무력항쟁을 향해 조국을 떠난다. 강골 변호사 안병찬다운 결단이었다. 대한청년연합회의 총재로서

---

153) 황호택, 앞의 글, 78쪽.
154) 김이조, 『한국법조인 秘傳 ― 법조를 움직인 대표적 인물 31인의 발자취』, 법률출판사, 1999, 85쪽.
155) 김이조, 앞의 책, 85쪽.

그는 무력에 의한 국토회복을 목표로 본국에서 망명해 오는 청년들을 규합하여 독립운동에 전념했다. 그러나 당시 만주지역에는 수많은 독립운동단체들이 난립하여 상호 갈등이 빚어지기도 하고, 조직적이고 체계적인 독립운동을 추진하지도 못했다. 이를 절감한 안병찬은 또 다른 독립운동단체 한족회 대표 이탁, 독립단 대표 김승학 등과 함께 통합회의를 열고 통합기관을 설치하기로 합의했다. 이들은 상해의 대한민국임시정부의 승인을 얻어 임시정부 군무부 직할의 광복군사령부로 승인을 얻었다.[156] 중요한 성과이며 결실이었다.

그 뒤 안병찬은 1920년 4월 상해임시정부로부터 평안북도 독판부 독판(督辦)으로 임명되었다. 광복군과 평북 독판부가 긴밀히 유대를 갖도록 힘썼으며, 1920년 9월 이후에는 상해로 건너가 임시정부의 법무부장 이시영 밑에서 법무차장, 임시헌법기초위원장 등을 지내기도 했다.[157]

1921년 7월에는 이르쿠츠크파 고려공산당을 조직하는 데 주도적인 역할을 했다. 즉 안병찬은 김만겸과 더불어 이른바 상해파 고려공산당을 이탈하여 이르쿠츠크파 전(全)러시아 한인공산당과 합작하여 별도의 이르쿠츠크파 고려공산당 창립에 참여한 것이다. 그는 사회주의연구소를 경영하면서 많은 가난한 학생들이 사회주의운동을 할 수 있도록 재정적인 지원을 한 것으로 알려졌다. 그러나 그는 공산주의자가 아니었으며 단순히 독립운동자금을 조달하기 위해 그 일을 했을 것이라고 추정한다.[158]

그는 1921년 모스크바로 가서 레닌을 만나 독립운동자금을 얻어 만주로 돌아오는 길에 중국인 마차에서 마적의 습격을 받아 그의 3남과 동지 독고(獨孤)종식과 더불어 비운의 생애를 마쳤다.[159] 그의

---

156) 김이조, 앞의 책, 86쪽.

157) 홍성우, 「한국법조열전①－안병찬 변호사」, 《대한변호사협회보》, 1974년 5월호, 38쪽.

158) 김이조, 앞의 책, 86쪽.

나이 40세 때였다. 아직 조국독립의 꿈을 펴보기에는 너무 젊은 나이였기 때문에 많은 사람들이 안타까워했다. 가장 열렬하고 웅혼한 변호사 안병찬은 그렇게 갔다.[160]

159) 그를 살해한 것은 "고려공산당 내의 반대파인 이동휘 휘하의 상해파였다"는 견해도 있으나 확인할 길은 없다.
160) 1963년 3월 1일 정부는 그에게 대한민국 건국공로훈장단장을 추서했다.

암흑기의 인권변론
이승만정권하의 인권변론 씨앗들

1. 이승만정권하에서 인권변론이 불모지였던 이유

해방 이후 한국사회는 당연히 혼란과 갈등으로 점철되었다. 사법기구, 사법 담당자, 사법절차 역시 극도의 혼란으로 제자리를 잡는 데까지는 많은 시간이 소요되었다. 더구나 좌우익의 갈등은 많은 구속자와 사법피해자를 낳을 가능성이 극히 높았다. 그러나 상대적으로 분단과 이데올로기가 강화되어 인권변론이 더욱 어려워졌다. 특히 철저한 반공주의의 땅으로 변한 남한에서 좌익사범의 변론은 변호사로서도 금기에 속하는 일이었다.[1]

더구나 이승만 대통령의 사법부에 대한 불만이 높아지면서 정치권력과 사법부 간의 갈등이 심각해졌다. 여러 시국사건에 대해 사법부가 계속 무죄를 선고하자[2] 이승만 대통령은 노골적으로 사법부를

---

1) 특히 "전쟁으로 남한의 진보세력은 초토화"되었고, "60년대 5·16군사쿠데타 이후 한일회담에 반대하는 사회운동이 일어나면서부터 남한의 진보운동은 새로운 자양분을 얻게 된다"(안철홍, 「고통과 낭만이 공존했던 순수의 시대―70·80년대 재야운동 야사」, 《월간 말》, 1996년 4월호, 158쪽).

2) 특히 1953년 정권의 눈에 난 서민호 국회의원이 살인죄로 기소된 사건에 대해서

비판하는 견해를 발표하기도 했다.[3]

　"3권분립한 중에서 사법부의 형편이 말이 아니니, 여러 해를 두고 본 결과를 치면 사법부에 재판관 되는 사람들은 세계에 없는 권리를 가지고 해이하고 있으니, 첫째는 경찰이나 검찰에서 소상히 조사해서 상당한 것을 가지고 재판소에 넘기면 재판소에서는 이것을 막론하고 그냥 백방해서 내놓고 또 밖에 나가 있게 하며, 판결은 범행과 상관이 없는 것을 만들어 놓는 것이 여러 번이니 이래 가지고는 해 나아갈 수 없는 것입니다.…… 다행히 대법원장이 그 판단을 깊이 양해해서 무슨 중대한 문제가 생길 적에는 행정부와 협의해서 정부의 위신과 법을 공평히 참고해서 판결을 하는 까닭으로 큰 위험은 없는 것이나, 법이 시행되도록 어떤 방면으로든지 재판장의 권한에 한정이 있어야 되겠습니다."

이로 인해 대법원은 말할 것도 없고 대한변협의 반발을 샀다. 대한변협은 이승만정권하에서 인권침해와 무소불위의 권력남용에 대해 몇 번의 성명서를 낸 것 외에는 제대로 견제의 기능을 행사하지 못했다.[4] 더구나 이러한 한 국가의 대통령과 그 정부의 사법부와 재판에 대한 인식이 이렇게 천박한 수준이니 올바른 사법의 집행이 얼마나 어려울지 상징적으로 보여주는 일이었다.
　실제로 이승만정권하의 사법은 독재를 견제하기는커녕 이미 독재의 손발로 전락하고 있었다. 중요한 정치적 사건에서 고문과 조작이

유죄판결이 선고되지 않은 것을 비롯하여 1955년 대구지법에서 대구매일신문사 최석채 주필에 대한 국가보안법사건의 무죄선고 등이 그런 불만의 원인이 되었다.

3) 이승만 대통령의 1956년 2월 20일자 제22회 국회에 보낸 치사(법원행정처, 『법원사』, 1995, 263~264쪽).

4) 대한변협은 이승만정권의 몰락이 가까워진 시점에서 3·15부정선거를 항의하다가 변사한 김주열군 사건과 관련하여 '마산사건 진상조사단'을 구성하고 조사활동을 벌였다(대한변호사협회, 『한국변호사사』, 1979, 91쪽).

잇따랐고, 검찰과 사법은 이를 은폐하고 유죄로 합법화했다. 당시 주한 미국대사관의 문정관으로 일했던 그레고리 핸더슨은 이렇게 쓰고 있다.

(국회 프락치사건에서) 재판장 사광욱은 검찰측 요구에 따라 변호인측의 증인신청 13건 및 기타 여러 신청을 기각한 반면, 검찰측 증인신청은 모두 인정하고 게다가 직권으로 경찰 스파이와 끄나풀까지 모두 증인으로 인정했다. 가장 노골적인 유도심문이 법정에서 재판장 자신에 의해 행해졌다. 실제 사실과 동떨어져 있다는 점, 그리고 판결을 내리는 데 결정적으로 중요한 증거를 주관적으로 해석했다는 점에서 이 재판은 조선시대의 재판을 거의 빼닮았다. 사건의 최종 논고와 판결은 독방에서 피고로부터 받아낸 자백에 근거해 작성한 검사의 기소장이 거의 예외없이 채택되었으며, 공판정에서 변론은 무시되었다. 재판은 판결에 정부관리의 도의적인 판단과 견식이 큰 역할을 하고, 재판진행과 행정부의 결정 사이에는 분명한 선이 그어질 수 없다는 점에서 조선왕조의 수준에 머물러 있었다.[5]

암흑사법의 현실이 이러했으니 인권은 유린될 수밖에 없었다. 그렇다고 이러한 인권침해에 조직적으로 대응할 분위기나 구조가 이루어져 있지도 않았다. 인권변론의 토양은 지극히 척박해졌고 인권변호사들의 활동조건도 악화되었다. 이승만정권하에서 활동한 인권변호사를 손꼽기가 대단히 어려운 게 바로 이러한 상황 때문이다.

---

5) 그레고리 핸더슨 지음, 박행웅·이종삼 옮김, 『소용돌이의 한국정치』, 한울, 2000, 256~257쪽.

2. 김춘봉 변호사

1) 인권의 암흑기

김춘봉 변호사는 인권의 암흑시기라고 할 수 있는 이승만정권 때 주요한 정치사건을 단골로 변론한 30대의 소장 변호사였다. 그가 이런 사건들을 변론하면서 탄압과 억압을 받지 않았을 리가 없다. 특히 이승만 대통령의 최대 정적이었던 진보당의 조봉암을 변론한 것은 당시 정치권력의 포악성에 비추어 보아 용서받기 어려웠다.[6] 1958년 6월 27일에는 경제사범으로 구속되어 적부심으로 하루 만에 석방되기도 했다. 또한 예비역 해군법무관에 소집영장이 나와 오제도 검사가 최세황 국방부차관에게 말하여 소집을 면제받는 일도 있었다고 한다.[7]

진보당사건의 대법원 재판장이었던 김세완 대법관이 그후 1960년 심계원장(오늘의 감사원장)이 되자 김춘봉 변호사에게 심계원(審計院) 차장으로 일해 줄 것을 요청했다. 그러나 그는 이 제안을 완강히 거부하고 변호사로 남았다고 한다.[8] 그러나 정치적 사건을 도맡아 변론하던 그 역시 이러한 핍박과 수난을 겪으면서 변론을 지속하는 데에는 한계가 있었다. 그 시대의 인권변호사로서 살아남는 게 불가능했던 것이다. 김춘봉 변호사는 1965년 어느 신문에서 이렇게 회고하고 있다.[9]

---

6) 김춘봉 변호사와 함께 진보당사건을 변론한 김봉환 변호사도 "김춘봉 변호사와 함께 서울시경 사찰분실이던 통일사로 연행돼 하루 종일 양명산의 변론을 맡게 된 경위를 조사받았다"(이영석, 『죽산 조봉암—그의 슬픈 삶과 죽음의 이야기』, 원음출판사, 1983, 258쪽).

7) 김이조, 『한국의 법조인(I)』, 고시연구사, 2002, 265쪽.

8) 김이조, 앞의 책, 205쪽.

9) 이영석, 앞의 책, 1983, 290쪽.

"나는 그 사건을 담당했던 변호사로 그때도 지금도 조봉암 씨가 간첩이 아니었다고 확신하고 있다. 역사적으로 보나 정적에 대한 보복이 철저했다는 것은 조선의 5백년사가 증명하고 있다. 진보당사건도 예외는 아니다. 과거 10여 년 간 정치범이라면 목숨을 걸고 변호해 온 나이지만 지금은 그 의욕이 시들고 말았다. 그 이유는 한국의 집권자들은 정치범의 성격을 이해 못할 뿐더러 변호사의 직무가 무엇인지도 모르고 있다."

결국 정치범의 변론이 불가능한 시대였음을 토로하고 있는 것이다. 그 이후 그는 정치범과 인권사건에 대한 변론을 사실상 중단한 것으로 보인다. 전두환정권 시기 변협의 인권 활동에 그의 이름이 보이기는 하지만 이승만정권하에서 보여준 그런 활발한 인권변론은 더 이상 보기 어려웠기 때문이다.

2) 김춘봉 변호사의 주요 변론 사건

(1) 진보당사건

1958년 1월 14일 초대 농림부장관이자 두 차례 국회부의장을 지냈으며, 진보당 위원장으로 있던 조봉암과 진보당의 주요 간부들이 북한의 지령을 받은 남파간첩과 밀회하고, 북한이 주장하는 평화통일에 동조하여 이를 추진해 왔다는 혐의로 구속되는, 이른바 진보당 사건이 벌어진다. 조봉암은 1956년 대통령 선거 당시 이승만에 이어 2위로 득표할 만큼 국민에게 인기가 있었고 바로 그 때문에 이승만과 당시 야당인 민주당으로부터 미움을 받고 있었다.

김춘봉 변호사는 같은 달 20일 조봉암 외 8명에 대해 구속적부심사를 신청했으나 29일 전원 기각되고 말았다. 이 사건의 정치적 비중이 컸던 만큼 변호인단도 대규모로 구성되었다. 김춘봉, 김봉환, 신태악, 전봉덕, 한격만, 조헌식, 이상규, 한근조 등 비교적 쟁쟁한 인물들이었다. 그러나 김춘봉 변호사가 중심적인 역할을 했다.

　검찰과 피고인측의 주장이 팽팽히 맞선 가운데 10회 공판까지 마치고 사건 발생 5개월 만인 1958년 6월 13일에 1심 구형공판이 있었다. 검찰은 조봉암과 양명산에게 간첩 및 국가보안법 위반죄를 적용하여 사형을 구형하고, 간사장 윤길중에게는 국가보안법 위반 및 간첩방조죄를 적용하여 무기징역을 구형했다. 나머지 진보당 간부 16명에게는 모두 국가보안법 위반죄를 적용하여 12년씩의 실형을 구형했다. 구형공판이 끝난 후 6월 17일부터 19일까지 3일 동안 변호인들의 변론이 계속되었다. 특히 한격만 변호사가 과거 농림부장관 재직시 공금유용혐의로 기소된 조봉암을 재판한 사실을 기억하면서 다음과 같이 변론하자 숙연해진 피고인석과 방청석에서 흐느끼는 소리가 들리기도 했다고 한다.[10]

　"그때 재판석에서 나는, 피고인석에 앉은 죽산 선생의 손가락들이 떨어져 없는 것을 보고 마음속으로 울었습니다. 독립운동을 하시다가 체포·투옥되어 모진 고문과 동상으로 손가락마디들이 썩어 떨어진 고생을 겪은 분을, 일제시에 그래도 편히 지낸 내가 감히 재판할 수 있을까 생각했습니다. 사실심리를 해 가는 도중 나는 이 사건은 정치적 모략이요, 중상이라고 판단하고 단연 무죄를 언도했습니다."

　당시 변호인들의 변론의 핵심내용은 다음과 같은 세 가지 점에 집중되었다.[11]

① 평화통일방안은 유엔의 안에 부합하는―특히 우리 대표가 제네바에서 제시한 14개 조항 내용에 포함되어 있는 것과 다름이 없는―것이다.

---

10) 박태균, 『조봉암 연구』, 창작과비평사, 1995, 338쪽.
11) 박태균, 앞의 책, 340~341쪽.

② 박정호 관계나 조복제 관계는 인정되지 않았고 증거 역시 없다.

③ 강평서(講評書)는 정태영의 개인 생각이지 조봉암의 생각이 아니었다.

④ 정우갑은 국가보안법 사범이지 간첩죄 사범이 아니었다.

⑤ 양명산 피고인의 말이 신빙성이 있는 것이라고 가정할지라도 양 피고인 자신의 진술과 같이 그것은 어디까지나 양 피고인 자신의 일방적인 행위였고, 조 피고인는 그 말대로 행동하여 대한민국의 법질서를 파괴한 사실이 없으며 조 피고인이 양 피고인에게 제공했다는 진보당에 관한 문건은 전부가 공표된 내용의 것임은 물론 가령 그것이 비밀에 속한다고 하더라도 일개 정당에 관한 문서가 간첩죄의 대상이 될 수 없는 것이다.

같은 해 7월 2일 선고 결과 피고측과 변호인들의 승리였다. 조봉암과 양명산은 5년을 선고받았으나 나머지 피고인들은 모두 무죄였다.[12] 당시 조봉암의 5년형도 양명산이 진실을 제대로 말한다면 2심에서 무죄를 선고받을 수 있을 것이라는 낙관이 지배적이었다. 이것은 검찰측의 엄청난 공세가 허구였음을 증명하는 것이었다. 실제 재판장 유병진 부장판사는 부역자 재판이나 여러 재판을 통해 지극히 공정하고 독립적인 판결을 한 판사로 유명하다. 김춘봉 변호사는 1심판결 후 어느 잡지에 기고한 글을 통해 이 사건의 본질을 다음과 같이 분석하고 있었다.

---

12) 1심재판의 재판장 유병진 부장판사는 선고에서 "조 피고인과 양 피고인이 괴뢰의 지령에 의해 접선한 사실을 알았든지 또는 몰랐든지 간에 조 피고인이 당원명단을 주었다는 사실은 국가보안법 제3조 위반 혐의로 인정할 수 있다", "설혹 조 피고인이 양 피고인으로부터 받은 돈이 설사 괴뢰가 제공하는 자금인 줄 알면서도 이용하기 위해 호응했다 할지라도 실행하지 않았기 때문에 죄가 될 수 없다"고 판결했다.

"이상의 제 논점으로 볼 때 소추당국은 정치적 목적으로 범죄처단의 형식에 무리를 강행한 까닭에 그 결점을 메우기 위해 2중, 3중의 무리를 감행한 것 같이 보여진다. 즉 구체적 혐의 입증도 없이, 간첩이란 간첩을 통틀어서 동 당간부와 관련을 시키려고 애를 쓴 흔적이 역력하니 즉 박정호사건, 정우갑사건, 성명미상자의 사건 등을 억지로 관련시켰으나 하등 입증할 길이 없었고, 때마침 나타난 것이 양이섭(양명산)사건이라 추단된다. 그러나 문제의 양이섭도 유일한 피의자인 동시에 자백뿐인바 하등의 방증이나 그 자백을 수긍할 수 있게 하는 다른 증거를 제시하지 못하고 오직 자백자만을 조심조심 깨어질까 두려워하는 달걀처럼 끌고 갔다.…… 요컨대, 진보당 자체를 국가보안법 제1조 제1항에 걸려고 한 것은 법적으로 무리인 것이며, 동 당간부 개인에 대한 범죄혐의도 그 출발점이 무리였던 만큼 수긍하기 도저히 어렵다."[13]

그러나 2심에서는 졸속적인 진행과 불공정한 재판으로 일관했다. 특히 잇따른 반공단체의 용공판사 규탄데모와 검찰의 공개적인 비판은 재판부를 억압하고 있었다. 더구나 유병진 부장판사 같은 이는 결코 다시 없었다.[14] 결국 2심에서 1심판결은 완전히 역전되어 조봉암·양명산은 사형, 나머지 피고인들도 모두 실형을 선고받았다. 검찰측과 피고인측이 공히 상고한 대법원에서 평화통일 부분은 무죄

---

13) 《인물계》, 1958년 9월호(권대복 엮음, 『진보당 — 당의 활동과 사건관계 자료집』, 지양사, 1985, 304~305쪽에서 재인용).

14) 김용진 2심의 재판장은 여러 가지 측면에서 공정한 재판을 하기 어려웠던 사람이었다. 변호인단에 의해 기피신청까지 당했다. 당시 변호인들은 "사실 재판도 눈에 띄게 무성의했지만 재판부도 문제였다. 당시 우리 변호인단은 몸조심을 하느라 1심재판이 끝난 뒤에도 담당 재판장이던 유병진 부장판사를 찾아가지 못했다.…… 그랬는데 2심의 K판사는 대검찰청 정보부 검사와 그 무렵에도 저녁에 자주 어울려 다녔다", "우리로선 김용진 부장판사가 1·4후퇴 때 남하해 왔고 오제도 검사 등 친지의 주선으로 법관으로 복직했다는 것이 마음에 걸렸다. 그래서 기피신청을 처음부터 고려하고 있었다"고 회고했다(이영석, 앞의 책, 1983, 247쪽).

로 선고하면서도 조봉암의 간첩혐의 부분은 유죄와 사형을 선고했
다. 동시에 그가 조직한 진보당을 불법화하면서 그 간부인 피고인들
에게 모두 유죄를 선고했다. 결국 조봉암은 형장의 이슬로 사라져갔
다. 국외의 언론은 당시 이 사건을 '사법살인'으로 규정하고 있었
다.[15]

(2) 김선태 의원 구속사건

1956년 7월 27일 김선태 의원 등 야당 소속 국회의원 72명은 지방
선거 등록방해에 대한 자유당의 횡포에 대하여 국민주권옹호투쟁
위원회를 결성하고 선전문을 낭독한 뒤 비폭력·무대항주의로 시가
행진을 벌이다가 경찰대의 제지와 방해로 소란이 벌어진 상황에서
공무집행방해 및 소요죄로 구속되었다.

김춘봉 변호사는 이들에 대해 서울지법에 구속적부심을 신청했
다. 엄상섭, 조재천, 김종근, 김윤근, 주도윤, 윤형남 변호사 등이 가
세했다. 당시 법원이 "국회의 석방요구가 있었으니만큼 형사소송법
의 규정에 의거하여 당연히 구속영장의 집행이 정지되어야 한다"고
결정함으로써 이들은 석방되었다.[16]

(3) 장면 부통령 저격사건

1956년 9월 28일 당시 시공관에서 열리고 있던 제2차 민주당전당
대회에서 장면 부통령이 총격을 입어 부상을 당하는 사건이 일어났
다. 현장에서 잡힌 김상봉과 그 배후로 최훈, 이덕신 등이 기소되었
다. 이 사건은 나중에 4·19혁명 이후 재수사를 통해 전 서울특별시
장 임흥순, 전 내무장관 이익흥, 전 치안국장 김종원 등이 모두 배후
로 관련되어 있음이 밝혀져 살인미수죄로 기소되었다. 김춘봉 변호

---

15) 박태균, 앞의 책, 399쪽.
16) 김이조, 앞의 책, 2001, 248쪽.

사가 이런 사건을 변론한 것은 의외라고 할 수 있지만 변호사로서 변론 못할 사건이 없다는 점에서 이해되어야 한다.

3) 그후의 김춘봉 변호사

김춘봉 변호사가 이승만정권하에서 보여준 치열한 인권변론의 모습은 그후 발견할 수가 없다. 그러나 인권변론의 현장 곳곳에서 그의 이름이 완전히 사라진 것은 아니었다. 예컨대, 그는 변협 활동을 통해 여전히 인권변론을 맡고 있었다.

재경 양 변호사회는 1975년 3월 24일을 전후하여 해직된 동아일보 기자들의 법정투쟁을 맡아서 도왔다. 당초 서울제일변호사회는 해직기자들로서 구성된 '동아자유언론수호투쟁위원회'가 소속사로부터 부당해임을 당했다는 진정에 접하고 조사위원회를 구성하여 진상조사에 나섰다. 재경 양 변호사회는 6월 3일 동 진상소위의 조사결과를 토대로 검토한 끝에 해직기자들의 사법적 구제를 위하여 공동의 조치를 취하기로 결의하고 양회에서 각 2명씩의 회원(김제형, 김춘봉, 이일재, 황인철)을 소송수행 변호사로 위촉하였다. 이들은 해직기자들의 소송대리인으로서 6월 21일 서울민사지방법원에 해직처분등무효확인의소를 제기하였다.[17]

김춘봉 변호사는 4·19 직후 정치에 몸담아 국회의원 선거에 입후보까지 했으나 실패하고 말았다. 이와 같이 그 이후에도 인권변론이나 인권옹호의 역할을 포기하지 않고 지속적인 관심과 활동을 보였으나 그것은 그리 활발하지 않았다. 이 때문에 그를 인권변호사로 기억하는 사람은 별로 없다.

---

17) 서울지방변호사회, 『서울지방변호사회 80년사』, 1989, 113쪽.

3. 정구영 변호사

1) 인권변호사로서의 정구영 변호사

정구영 변호사는 공직의 진퇴에 대한 분명하고도 아름다운 원칙을 가지고 있었다. 이승만정권하에서 법무부장관직을 거부하거나 박정희정권하에서 삼선개헌에 반대표를 던지고 공화당을 탈당한 일이 바로 그것이다.

> "그때 이승만 박사 이야기가 나와서 선생은 이 박사와는 옛날 YMCA 영어학원 다닐 때 가깝게 지내던 사이인데, 이 박사가 대통령이 되어 조각할 때 만나자고 연락이 와서 가서 뵈었더니 법무부장관을 맡아 달라고 하기에 몇 가지 조건을 제시하고 이것을 들어주시면 맡겠다고 했더니 소식이 없고 딴 사람을 기용하더라는 말씀을 하신 일이 기억이 납니다.…… 선생께서는 공화당에 몸담으시고 바로잡기 위하여 무진 애를 쓰신 것을 압니다. 그러는 동안 선생께서는 노령에 몸을 상하시어 큰 수술을 하시고 박 대통령의 3선개헌을 막지 못하고 혼자서 부표를 던지고 모든 공직에서 물러나고 공화당을 탈당하셨습니다. 선생께서는 그것이 물러날 때로 생각하셨습니다."[18]

물론 왜 그가 헌정을 무력으로 전복하고 쿠데타로 집권한 공화당 정권에 참여했는지 이해하기 어렵다. 그러나 적어도 그가 삼선개헌을 앞두고 이에 반대하면서 공화당을 탈당한 것은 용기 있고 아름다운 행동이라 하지 않을 수 없다. 일반적으로 정구영은 변호사보다는 정치인으로 더 알려져 있는 것이 사실이다.

---

18) 홍일원, 「돌아가신 분들의 명복을 빌면서—제1. 고 정구영 선생」, 대한변호사협회, 《인권과 정의》, 1992년 6월호, 126~127쪽.

　정구영 씨는 정치인으로보다는 변호사로 생애의 대부분을 보냈다. 그랬지만 우리가 기억하는 것은 짧은 그의 정치 생애이다. 그는 신념에 성실했다. 그는 이 나라의 정치가 부딪쳤던 중요한 길목에서 언제나 양심을 지켜냈다.…… 확실히 그가 걸었던 길은 고독했지만 높은 긍지를 간직했다.…… 그는 스스로의 사적 이익에 매달리지 않았다. 오히려 그런 것들을 팽개친 많은 기록을 갖고 있다. 단적인 예를 들어 권력의 주변엔 찬성과 지당(至當)만이 풍성했지만 그는 권력의 질주를 견제하는 일에 몸을 던졌다.[19]

　그는 스스로 실패한 정치인이라고 규정했지만 그 혼탁한 정치의 한가운데에서 그래도 법치와 양심을 지키려 노력했다. 이 점에서 그의 회한은 더욱 깊다.

　근대화라는 이름 아래 협잡하는 사람, 도둑질하는 사람이 사치와 허영을 부채질해서는 안 돼.[20] 그래서 오는 것은 절름발이 발전이고, 안에선 곪아 가는 일시적 겉치레, 겉면만의 화려함이야. 민주주의를 안하고 부패와 사치의 권력질주가 계속되면 그 길로 달음박질하게 돼. 내 나름으로 법과 정의로움이 지배하는 정치질서에 보탬이 되고자 했는데 아무 것도 못하고 무기력하게 물러나 이런 말이나 남기게 되다니…….[21]

　우리는 여기서 생애의 대부분을 보낸 변호사로서의 정구영을 살

---

19) 이영석, 『정구영 회고록—실패한 도전』, 중앙일보사, 1987, 7쪽.
20) 정구영은 "서울 북아현동 비탈길 골목 사이로 초라하게 서 있는 한옥"에서 가난하게 살았다. "낡고 빛바랜 손바닥만한 송판 위의 정구영이란 이름 석자가 잘 보이지 않는다. 초인종도 없는 대문을 주먹으로 두드린다. 좁디 좁은 마루에 올라 장지문을 열고 들어서니 방주인이 무거운 몸을 자리에서 일으킨다. 완연히 노쇠한—그러나 정갈한 모습을 잃지 않고 있는 팔순의 노인 정구영 선생"이라고 한 잡지는 묘사했다(《대화》, 1977년 3월호).
21) 이영석, 앞의 책, 1987, 370쪽.

퍼볼 필요가 있다. 그가 과연 인권변호사로서 얼마나 일했는가를 보면 인권변호사의 범주로 넣을 수 있을지 회의도 든다. 일제하에서도 뚜렷이 독립운동을 변론한 사례가 없고 해방 후에도 그가 인권변론이나 인권옹호에 지속적으로 관여한 것 같지는 않다. 그렇지만 그가 변호사협회장 재직 시의 몇 가지 사례나 중요한 몇 가지 사건에서 보인 행동과 태도는 인권옹호에 대한 그의 확고한 의지에 기초해 있음을 알 수 있다.

2) 정구영 변호사의 인권변론 및 인권옹호 사건 사례

(1) 경향신문 폐간사건 변론

당시로서는 가장 강력한 야당지로 알려졌던 경향신문 폐간사건은 이승만정권의 언론탄압이 노골화했음을 증명해 주는 사건이었다. 그 이전에도 이른바 '고바우 만화'와 '괴뢰 오식 사건'으로 동아일보가 정간조치를 받기는 했지만 특별한 사건도 없이 단도직입적으로 폐간조치를 취한 것은 유례없는 일이었다. 2·4파동과 이로 인한 반정부 활동이 확산되는 것을 막기 위한 예방조치이기도 했다. 정구영 변호사는 이 사건 변호인단의 리더였다.

> 그(한창우 사장)는 평소 친교가 두터운 몇 사람의 변호사들과 이마를 맞대었다. 대한변협회장인 정구영, 김동환(전 대법관), 이태희(전 서울지검 검사장), 김홍한(민주당 정권 때 장면 총리 비서실장) 등이 그들이다. 이들은 곧 경향신문 폐간의 적용법조로 내세운 군정법령 제88호가 위헌이라는 이유로 공보실장 전성천을 상대로 행정소송을 제기하는 한편 행정처분에 대한 집행정지 가처분신청을 냈다. 그들은 법이 허용하는 한 당당하게 법정투쟁을 벌였다. 1959년 4월 30일자로 폐간되어 1년째 되기 4일 전인 1960년 4월 26일 위대한 4·19혁명의 환호 속에서 복간되기까지 경향신문은 처절한 법정투쟁을 벌였고 그들의 언론인으로서의 기개도 굽

히지 않았다.…… 경향신문사측이 가처분을 낸 지 두 달 가까운 6월 26일 서울고등법원은 가처분결정을 받아들였다. 그것은 경향신문의 승리이자 사법부의 일각이 건재함을 증명하는 것이었다. 경향신문은 다시 신문을 발간하기 시작했다.[22]

(2) 자유당 부정선거 조사단 활동

자유당정권은 3·15부정선거를 저질러 국민들의 분노와 저항에 직면했다. 그러나 여전히 그 진실이 제대로 알려지지 않은 상태에서 대한변호사협회장이던 정구영은 그 소속 변호사들로 하여금 진상조사단을 꾸리게 하여 진상조사에 나서게 했다.[23]

(3) 4·19 관련 소급입법 반대

정구영은 "민주당 정부가 자유당 권력통치의 책임자들을 처단하기 위해 소급입법을 기도했을 때 고독한 반대의 입장"에 섰다. 그는 "소급입법은 민주주의 기본권리를 파괴하며 4·19혁명의 목적에도 위배되는 폭거라고 단정"했다. 이러한 그의 태도는 "소급입법을 요구하는 압도적 세론으로부터 혹독한 매질을 당하기도 했다."[24]

그때(4·19 직후) 민주당정권이 여론에 몰려서 부정선거 관련자 등 자유당정권의 중심 인물들에 대한 공민권 제한을 입법화하기 위해 개헌을 했지, 법이론상으로는 개헌을 하고 그런 뒤에 소급입법을 했으니 위헌이거나 위법은 아니야. 그래도 나는 소급입법 불가는 부동의 원칙이어야 한다고 믿었기 때문에 반대를 했어. 소급입법을 금지한 헌법은 어떤 경우에도 지켜야 해요. 정치인이 헌법을 가볍게 여기면 그 나라는 위태로워져.

---

22) 김진배, 「경향신문 폐간」, 『현대 한국을 뒤흔든 60대 사건』, 《신동아》, 1988년 1월호 별책부록, 107쪽.
23) 자세한 것은 이 책의 '인권변론의 비조, 이병린 변호사' 부분을 참조.
24) 이영석, 앞의 책, 1987, 8~9쪽.

국가의 기초가 흔들리는 일이야.[25]

(4) 한복(韓宓) 변호사 구속사건

5·16군사쿠데타 이후 군사정권은 민주당정부와 그 정부하에서 있었던 부패행위와 부정선거, 그리고 '용공행위'를 처벌하기 위해 혁명재판을 진행했다. 이를 위해 1961년 5월 27일에 국가재건최고회의령 제17호를 적용해 민주당정권하의 특별재판소와 특별검찰부의 기능을 정지시켰다. 그해 6월 22일에는 '특수범죄처벌에관한특별법'을 공포하는 한편 '혁명재판소 및 혁명검찰부 조직법'에 의한 혁명재판소와 혁명검찰부의 설치를 완료했다.[26] 그리고 혁명재판부를 구성하기 위해 기존의 법조인 가운데 차출하여 임명했는데, 이때 터진 사건이 바로 한복 변호사 구속사건이고 이 당시 정구영은 변호사협회장이었다.

그 즈음에 무슨 일이 있었느냐 하면 변호사 한복 씨의 구속사건이 있었어. 그때 군사정부가 한복 변호사를 혁명재판소 판사로 임명을 했는데 한 군이 수락하지 않았어. 취임을 거부한 거야. 그랬는데 구속했어. 그때 난 변호사협회 회장인데, 이거 안 될 일이다. 아무리 혁명재판소라지만 관직에 취임하고 안 하는 건 개인의 자유 의사지 이걸 어떻게 속박하느냐 그랬어.…… 그랬는데 혁명 검찰부에서 한복 씨의 변호사 등록을 취소하면 석방하겠다는 거야. 난 그건 안 된다고 했지. 일제 때 고등계 형사가 날더러 만주 가서 마적 노릇했다고 하면서 나를 입건하고 내 변호사 자격을 취소한 일이 있어. 나로선 꼭 그때와 비슷하다는 감상이었지. 그래 내가 반대를 했어. 이것도 본인 의사에 맡겨야지 주변에서 이러쿵저러쿵 교섭해서 타협할 수는 없다는 태도를 견지했어.[27]

---

25) 이영석, 앞의 책, 1987, 187쪽.
26) 한국군사혁명재판사편찬위원회, 『한국혁명재판사 제1집』, 1962, 972쪽.
27) 이영석, 앞의 책, 1987, 192쪽.

(5) 또 한번의 소급입법 반대: 선거부정조사특별위원회법에 반대

나의 소신은 법을 무시한 정치를 하면 안 된다는 것이야. 법치가 사라지면 법은 죽은 법이 되고 헌법도 위반하게 돼. 그러면 이 다음에 권력이 헌법을 위반할 때 우리는 무슨 논리로 헌법을 유지하고 보호할 것이냐, 나는 이 점을 일깨웠어. 나는 헌법에 위반되지 않는 선에서 합의의정서의 효과를 거둘 수 있는 차선책을 고려하자고 무던히 설득하고 다녔지만 야당이 듣지 않아.

1967년의 이른바 6·8선거는 부정선거로 얼룩진 선거였다. 여야 간에 공방이 치열했다. 마침내 국회는 선거부정조사특별위원회를 설치하고 정구영을 위원장으로 추대했다. 그러나 막상 그 특별위원회법의 입법과 운용을 둘러싸고 논쟁이 심각했다. 특히 소급입법의 내용이 포함되어 있어 이를 피하고자 정구영은 노력했다.

인권변론의 비조, 이병린 변호사

1. '의인' 이병린 변호사[1]

"이와 같이 선생은 평생을 불의와 부정을 배척하셨고 민주질서의 유지와 언론의 자유 등 인권옹호에, 나아가 사법권의 독립 수호에 우리 법조계의 선구자였습니다. 때문에 우리 법조계의 덕인, 지인, 의인, 학인 중 선생을 의인으로 추앙했습니다. 선생은 동가식서가숙 하시면서 불고가사(不顧家事)하신 정의의 길은 저 미국의 독립 무렵 미국 시민 속에 '정의에 사는 사람들이여 그대들의 거소는 형무소'라는 말이 있었음을 상기할 때 선생의 생애는 불의와의 투쟁의 연속이었습니다. 심당 선생! 의인 이병린 선생!…… 언제나 선생의 오매불망이던 민주질서의 유지, 인권옹호와 사회정의 실현에 있어서는 일만 법조인이 모두 의인이 되어 짊어진 사명을 완수할 작정입니다."(김은호 대한변협 회장)[2]

---

1) 흔히 이병린 변호사를 인권변론의 비조(鼻祖) 또는 인권변호사의 대부(代父)라고 부른다.

2) 김은호, 「이병린 전 협회장의 서거를 추도함」, 《대한변호사협회지》, 1986년 10월호, 92쪽.

"박재승 서울지방변호사회 회장은 취임 초기인 올 3월 변호사의 재야정신을 강조해 눈길을 끌었다. 그는 서울변호사회가 발행하는 월간 《시민과변호사》 3월호 권두시론에서 변호사는 재야정신의 속성을 가지고 살아가야 한다며 권력에의 항거정신이야말로 재야정신의 핵심이라고 말했다. 재야법조계의 역사를 보아도 재야정신이 가장 투철했을 때가 전성기였다고 볼 수 있다. 역대 대한변협회장 가운데 재야정신이 가장 투철했던 변호사로는 13대(1964년)와 17대(1968년) 회장을 지낸 고 이병린 변호사가 꼽힌다. 그는 4·19혁명 직후 서울지검장을 맡아달라는 제의도 받았으나 거절하고 40년 이상 재야변호사로 일관했다. 이 변호사는 역대 변협회장 가운데 최초로 구속되는 기록을 세웠다."[3)]

이같이 이병린(李丙璘) 변호사는 법조계 내부에서 '의인'으로 추앙받는다. 변호사의 최고 덕목은 정의이다. 처음 법률을 배우면서 법률가는 "하늘이 무너져도 정의를 세워라"라고 배운다. 이와 같이 법조인들이 모두 정의를 실현하는 사도여야 하는데 실상은 그렇지 않으니 의인을 따로 칭송하는 수밖에 없는 게 지금의 역사와 현실이다. 오랜 독재 아래서 대부분의 변호사들은 일신의 안일을 찾는 데 여념이 없었고, 그 불의한 권력에 감히 맞설 생각을 아무도 하지 않았던 것이다. 이런 시대상황 속에서 의인의 대표적 존재로서 이병린 변호사를 꼽는 데 변호사들은 이의가 없다. 그의 삶과 생각과 실천이 바로 '의인 이병린'을 증명해주는 증거가 되기 때문이다.

"심당(心堂) 이병린 변호사선생이야말로 참다운 변호사의 표상으로 우리 사회 속에, 그리고 우리들의 뇌리 속에 깊이 자리잡고 있다. 변호사는 많다. 그러나 선생처럼 당신의 전 생애를 바쳐 변호사는 누구이며, 변호

---

3) 이수형, 「변협과 역대정권과의 관계-권력의 횡포에 항거 앞장」, 《동아일보》, 2001년 7월 26일자.

사의 삶과 그 정신은 어떠해야 하는지를 온몸으로 드러내 보여주신 분은 일찍이 없었다."[4]

일반 국민들은 그를 '인권변호사의 대부',[5] '인권의 거목'[6] 등으로 불렀다. 이병린 변호사의 장례에 바친 함석헌 선생의 조사는 다음과 같이 시작하고 있다.

"인권변호사님, 당신께서는 나라 운수가 기울어진 때에 세상에 나셔서 법률을 전공하셨으니, 소위 법치국가라는 이 시대에 그 뜻이 있었음을 알 수 있고, 해방의 광명도 잠깐뿐 다시 암흑의 폭풍이 불기 시작할 때, 가면을 쓰고 동포를 속이는 박정희의 무리가 일어나 감히 민족중흥이란 속임수 구호를 외쳤을 때, 세상의 많은 지식인들이 폭풍 밑의 갈대 같이 머리를 숙이고 아첨했을 때 오직 버티고 싸웠으니, 그 정신이 가히 어떠했음을 알 수 있습니다."[7]

군사독재의 발톱 아래서 아무도 고개를 들지 못할 때 그는 감연히 일어나 그 부당함을 지적하고 통박했다. 개인 변호사로서, 변협의 수장으로서 그는 자신의 시대가 주는 엄중한 역할을 그대로 다했다. 물론 그것은 한 사람의 법조인으로서, 변호사로서 당연한 일이었지만 그 당연함이 귀한 것으로 칭송될 수밖에 없는 시대였음을 우리는 부인할 수 없다.[8]

---

4) 심당이병린변호사문집간행위원회 편, 『심당이병린변호사문집』, 두레, 1991, 머리말 중에서.
5) 이경남, 「결단의 한국인, 64년 변협회장 이병린」, 《중앙일보》, 1992년 5월 7일자.
6) 박승준, 「'인권의 거목' 재야 44년, '직언'을 서슴지 않았다」, 《주간조선》, 1986년 9월 7일자, 16쪽.
7) 함석헌, 「통곡 이병린 변호사」, 심당이병린변호사문집간행위원회편, 앞의 책, 7쪽.

이병린 변호사는 평생 야인으로서 꼿꼿한 일생을 살았다. 그는 고관현직을 지내거나 판검사로서 권력을 휘두른 적이 없을 뿐만 아니라 평생 인권옹호라는 변호사의 기본 임무와 역할을 실천하며 살았다. 그가 민주화운동의 지도자로서 우뚝 서게 된 것은 사실상 그러한 그의 기본적 삶의 원칙과 꾸준한 실천의 결과이자 그 연장선에 지나지 않았다.

해방 후 지속된 독재정권 아래에서 그는 의로운 변호사의 정신을 일깨운 사람이었다. 많은 후배 변호사들이 그를 인권변호사의 비조(鼻祖)로 추앙하는 것은 그가 일제하의 독립운동변론에 나섰던 변호사들의 정신을 이어받으며, 동시에 후배들에게 인권변론의 자랑스런 정신을 물려주었기 때문이다. 그는 바로 이 두 시대를 잇는 무너지지 않는 다리이며 기둥이다.

2. 이병린 변호사의 삶과 활동

1) 그의 활동의 네 가지 단계

이병린 변호사의 활동은 크게 네 가지로 분류하여 설명할 수 있다. 무엇보다 그는 평생을 야인으로 살면서 오직 변호사 활동에만 전념했다. 변호사가 된 뒤 청진에서 사무실을 개업하고 변호사로서 사건을 의뢰받고 변론하는 활동을 해 온 것은 물론이다. 이 부분에 대해서는 많이 알려진 것은 없지만 여러 군데서 그가 맡은 사건과 의뢰인, 변론활동에 대한 회고나 설명을 볼 수 있다.

둘째로, 변호사협회의 장(長) 또는 간부로서 법치주의 수호를 벌였

---

8) 이병린 변호사는 근대사법 100주년을 맞이한 1995년 4월 25일 정부로부터 사법제도 발전에 공로가 컸다고 하여 국민훈장 무궁화장을 수여받았다(《한국일보》, 1995년 4월 26일자).

던 활동과 반독재 민주화운동, 그리고 민주화운동의 일환으로서의 인권변론활동이 그것이다. 그는 먼저 개인 변호사로서가 아니라 변호사회가 지향해야 할 역할과 사명에 대한 일정한 인식을 지니고 있었음이 분명하다. 그가 쓴 글 속에 다음과 같은 부분이 나온다.

> "인권변호, 사법제도의 개선, 법치주의와 민주주의 창달, 사회정의 실현, 국제적 문화교류와 친선, 회원의 권익 보호, 이런 일들이 하나도 제 궤도에 오르지 못하고 있다. 할 일은 한없이 많은데 손을 대지 못하는 것이 마치 일망무제(一望無際)한 미개간지 앞에 서 있는 듯한 감이 든다. 젊은 분들이 좀더 분발해서 공공적인 일에 헌신하고 분투해 주어야 하겠다. 개인적으로도 힘을 써야 하지만 특히 변호사회를 육성 강화하는 것이 첩경일 것이다."[9]

이병린 변호사는 서울변호사회 및 대한변호사협회의 회장, 부회장, 총무 등을 오랫동안 맡으면서 어느 누구보다도 적극적으로 변호사회의 활동에 참여했다. 그러면서 "변호사들에게는 사명감을 심어주었고 변호사 단체의 활성화에 따라 압력단체로서의 자리를 굳히는 데 진력"했으며, "정치적 격동기에 재야법조의 수장으로서 불의를 배격"했다.[10] 이병린 변호사가 재직하고 활동한 변호사회 경력은 다음과 같다.

    1957년 4월　서울변호사회 부회장
    1957년 4월　대한변호사협회 총무
    1959년 4월　서울변호사회 부회장 재선
    1959년 4월　대한변호사협회 총무 재선

---

9) 이병린, 「노장으로부터 소장에게」, 심당이병린변호사문집간행위원회 편, 앞의 책, 302쪽.
10) 김은호 대한변협 회장의 추도사 중의 일부.

1960년 4월 서울변호사회 부회장 3선

1960년 4월 대한변호사협회 총무 3선

1963년 4월 서울변호사회 부회장 4선

1964년 4월 서울변호사회 회장

1964년 5월 대한변호사협회 회장

1968년 5월 대한변호사협회 회장 재선

이병린 변호사가 변협회장으로 선출된 1964년에는 6·3사태가 있었고, 재선된 1968년은 3선개헌을 앞둔 시점이었다. 이렇게 중대한 시기에 그가 변협회장으로 선임된 것은 정치적 격동기에 변협을 이끌어 갈 적임자라는 중평이 있었기 때문이다.[11]

그는 변호사회에 대한 사랑과 함께 변호사회가 "민주주의의 아성, 서민정신의 발기자, 인권옹호의 기수, 준법호헌의 시범자, 대동단결의 표본"[12]이라는 신념을 가지고 있었다. 이병린은 "변호사회가 변호사 개인으로서는 할 수 없는 일을 변호사회의 힘으로 할 수 있다"고 하면서, "사법제도를 개선한다든가 입법에 참여한다든가, 인권옹호사업과 법률구조사업을 추진한다든가, 국제문화교류와 친선을 도모한다든가, 부정불의를 규탄하는 등[13]"과 같은 사실들을

---

11) 이영근, 「이인」, 이영근 외, 『법에 사는 사람들』, 삼민사, 1984, 68쪽.

12) 이돈명, 「이병린-그의 인간과 삶」, 심당이병린변호사문집간행위원회 편, 앞의 책, 15쪽.

13) 실제로 대한변호사협회 규약 제5조에는 다음 사항을 그 목적으로 한다고 규정하고 있다.

  1. 헌법의 준수와 민주정체의 유지

  2. 법률제도의 개선과 사법운영의 합리화

  3. 변호사로서 품위향상과 협회 및 법률사무에 관한 부단의 연구

  4. 공공의 복지를 위한 법률지식활용의 보편화

  5. 변호사 상호간의 긴밀한 연락과 변호사회의 조직과 활동의 강화

  6. 국제적 친선과 문화교류

예로 들고 있다. 이 말은 곧 개인의 직무수행과 변호사회의 활동이 양전할 때 비로소 변호사가 변호사의 구실을 할 수 있다"는 것이다.[14] 이러한 사랑과 신념은 특히 자신이 변협회장으로 있을 때 그대로 실천되어 결국 자신이 구속되는 사태까지 벌어졌다. 당시 아무도 감히 대들지 못하던 박정희정권의 독재통치에 법치주의의 잣대를 들이댐으로써 변호사회를 가장 강력한 압력단체로 만들었던 것이다. 그 이전의 변호사협회는 권력의 남용에 대해 변변하게 발언 한번 못하는 이해단체이자 친목조직으로 전락해 있었다.[15]

셋째, 법정을 넘어선 민주화운동이며 사회운동이다. 그의 활동은 변호사회의 차원을 넘어서 부당한 권력 자체에 대한 저항으로 자연히 연결되었다. 날로 강화되어 가던 독재권력을 반대하고 국민의 기본권을 지켜내며 법치주의를 수호하는 데 변호사회의 울타리는 너무도 낮았던 것이다. 그가 각계에서 불타오르던 사회민주화의 전반적인 흐름과 만나게 된 계기가 바로 거기에 있었다. 이때 그는 '민주수호국민협의회' 의 공동대표로서 활동했다.

넷째, 변호사로서의 변론활동은 여전히 포기할 수 없는 본연의 임무였다. 그러나 동시에 사회민주화를 진전시키는 데 변호사로서의 역할은 적지 않은 것이었다. 민주주의를 향한 대중적 활동의 과정에서도 변호사로서의 인권변론은 유효한 수단이었다. 민주주의를 줄기차게 요구하던 학생, 시민들의 대량 구속과 이들을 위한 변론은 이미 또 다른 민주화운동의 방식이기도 했다. 1972년 유신 수립 이후 이 변호사가 조직적인 인권변론활동을 벌였던 것은 이러한 배경을

---

14) 그래서 이병린은 변호사들이 미납회비가 없는가, 각종 회의에는 성실히 출석하는가, 변호사회의 향상을 위해 자발적으로 노력하는가를 숙고해 볼 필요가 있다고 한다(이병린, 『법 속에서 인간 속에서』, 문장각, 1976, 94쪽).

15) 대한변협은 회장이 누구냐에 따라 그 성격이 결정되어 왔다. 제9대(1960년) 회장이었던 신태악 변호사도 회장 재임 당시 자유당정권의 독재에 저항하는 성명서를 여러 차례 발표했다. 그러나 대부분은 그렇지 못했던 것이 현실이다.

염두에 두고 파악해야 한다.

　이상의 네 가지 활동이 따로 분리되어 있는 것은 아니다. 변호사회의 수장으로서 법치주의를 수호하고, 사회민주화운동의 지도자로서 독재권력에 저항하며, 권력의 희생물이 된 시민들을 조직적으로 변론하는 일이 결코 별개의 것이 아니기 때문이다.[16] 민주주의와 인권의 실현이라는 하나의 일관된 이념이 이 네 가지 활동을 하나로 묶고 있었던 셈이다.[17] 그런 의미에서 그의 사회적 민주화운동 참여조차도 변호사 활동의 연장선에 서 있었다고 할 수 있다.[18]

2) 개인 변호사로서

(1) 변호사가 되기까지

　이병린 변호사는 1911년 경기도 양평 운문산 뒤 산골마을인 고가수 마을에서 태어났다. 그 마을은 "산악이 험준하여 낮에는 호랑이 우는 소리를 많이 들었다"고 할 정도였는데, 11세까지 그곳에서 살았다.[19] 부친이 한의사로서 유복했으나 가세는 의외로 빈곤하여, 그

---

16) 이 변호사는 어느 인터뷰에서 "왜 갑자기 그런 운동(민주수호국민협의회)에 뛰어들었는가?"라고 묻자 다음과 같이 소박하고 자연스러운 답변을 했다. "갑자기가 아닙니다. 정치가 너무 탈선하고 인권 유린이 너무 심하다 보니 그랬지요. 그것은 개인의 힘으로 막기보다는 단체의 힘으로 막아 보고, 짓밟히는 인권을 회복해 보자 하는 생각에서 나온 겁니다"[최일남, 「민권에 일생 건 변호인」, 《신동아》, 1982년 12월호(심당이병린변호사문집간행위원회 편, 앞의 책, 26쪽에서 재인용)].

17) 변호사는 인권옹호가 생명임을 다음과 같이 말하고 있다. "변호사는 본질적으로 약자의 편에 있는 자로서 억울한 일을 철저히 가려주도록 해야 합니다.…… 죽을 때까지, 아니 잠꼬대까지 인권옹호만을 명심해야 합니다. 그것 빼놓고 변호사가 무슨 소용이 있습니까"(최일남, 앞의 글, 41쪽).

18) 그는 추호도 변호사 활동을 떠나본 적이 없다고 생각한다. 또 더 나아가 "법정에서 쓰러지는 것이 소원"이라고까지 말한다(최일남, 앞의 글, 39쪽).

19) 이병린, 「한국인의 목소리—겨레 앞에 미리 쓰는 나의 유언장」, 《월간조선》, 1980년 7월호, 82쪽.

는 가족을 부양하기 위하여 사범학교를 졸업했다.[20] 그후 안성의 공도공립보통학교, 서울 매동공립보통학교, 그리고 경성상업실수학교(현 덕수상고) 등에서 교편을 잡는다. 그는 젊은 시절부터 성격이 올곧아 부정과 타협하지 않았다. 다음과 같은 일화는 그 사실을 잘 보여준다.

"1961년 초여름에 그가 귀속재산소청심의위원으로 있을 때, 귀속재산 관리권 문제로 다투던 한 목재회사에서 공정히 심의해 주었다는 뜻으로 송이버섯 한 상자를 보내 왔다. 그의 사무장이 별 생각 없이 받아두었는데, 이 변호사가 호통을 치는 바람에 주인을 찾아 돌려주느라고 5일 동안이나 고생했던 일도 있었다. 조금이라도 의심을 받을 만한 일을 남기지 않으려는 강직한 그의 성품이 엿보이는 일화다."[21]

그가 조선변호사시험에 합격한 것은 1940년 8월이었다. 그것이 일제 시대에 치러진 마지막 변호사시험이었으며, 이때 사도법관으로 잘 알려져 있는 김홍섭, 김섭 등과 함께 합격했다. 이병린이 왜 변호사가 되기로 작정했는지 스스로 이렇게 말한다.

"만주사변을 일으키고 창씨개명을 하고 우리말을 못 쓰게 하고 해서 일인들의 멸시와 박해가 점점 심해집디다. 그런 판국에서 그래도 한국인으로서 좀 해볼 만한 직업이 뭘까 하고 궁리하다가 변호사를 택했지요."[22]

---

20) 이병린은 자신의 외가에 대해 이렇게 말한 바 있다. "외가 하나는 잘 타고 났습니다. 어머니는 의암 오인석의 증손녀여서, 한국부인으로는 모범될 만한 분이었습니다. 할머니는 또 남궁억 씨의 당질이었습니다"(최일남, 앞의 글, 38쪽). 외가의 여러 어른들이 당대 최고의 독립운동가들이어서 이병린이 이들로부터 애국심과 민중에 대한 사랑을 이어받았으리라고 짐작된다.

21) 최종고, 「한국의 법률가상―심당 이병린(상)」, 《사법행정》, 1986년 11월호, 87쪽.

22) 최일남, 앞의 글, 24쪽.

　　그러나 변호사를 선택했다고 모두 시험에 합격하는 것은 아니다. 그는 독학으로 시험을 준비했다. 남대문로에 있던 총독부 도서관을 매일 아침 10시에 나가 밤 10시에 돌아오는 생활을 계속했다. 전차 삯을 마련하기 위해 한때는 마포에서 장작장사를 하기도 했다고 한다. "운 좋게도 자신이 점심시간에 읽은 부분이 나와 합격"했지만, 합격발표 몇 달을 앞두고 어머니를 잃었다.

(2) "당사자를 위해 고삿밥이라도": 성실한 변호사로서

　　시험에 합격하고 나서 2년 뒤인 1942년 8월에 아무런 연고도 없는 함경도 청진에서 변호사 사무실을 개업한다. 해방 후인 1946년에는 사무실을 다시 서울로 옮긴다. 그러나 일제 시기와 해방 직후 그의 행적을 알 수 있는 자료가 별로 없다.

　　다음과 같은 그의 회고를 보면 그의 변호사 직업에 대한 소신과 이념을 엿볼 수 있다.

> "내가 해방 전 청진서 변호사 개업을 한 지 얼마 안 돼서 한 노인의 아들이 장물고매죄로 형무소에 구속이 되어 그 사건을 나에게 맡겼는데 다행히 집행유예로 석방이 되었다. 뒤에 들으니 그 아버지는 매일 밤, 형무소에 가서 담 밑에다가 고삿밥을 차려놓고 아들이 하루빨리 석방되기를 빌었다고 하는 후일담에 눈시울을 적신 일이 있다. 변호사로서도 고삿밥은 지참하지 못할 망정 당사자를 위해 그 정도의 마음속으로 비는 마음은 필요하지 않을는지……."

　　변호사가 자신의 고객에 대해 동정심이나 연민의 정을 갖는 것은 당연한 일이기는 하다. 그러나 이병린 변호사가 갖는 정서는 단지 일반적인 동정심에 그치지 않고 그것이 법률의 한계요, 법치주의의 응답이라는 인식에서 비롯된다. 그는 공무원들의 부패와 법에 대한 무지의 소치로 손해를 본 한 촌로를 보면서 "자연의 응답은 필연적으로 생기지만 법의 응달은 인간이 만든다. 인간의 그릇된 마음씨, 바로 그것이 법의 응달을 형성한다. 그러나 법의 성질은 양이요 음이 아니다. 그러므로 우리 민족이 가장 먼저 퇴치해야 할 것이 법의 응달이라고 한다면 그 퇴치의 선봉에 나서야 할 것은 법조인 바로 우리 자신이 아닐까"라고 주장하고 있다. 그러면서 그 촌로를 위해 그는 다음과 같은 시조를 읊고 있다.[23]

> 응달에 쪼달려서
> 주름살이 잡혔건만
> 저 촌로 불평없이 태평만 하오
> 부럽기도 하려니와
> 불쌍도 하오

이병린 변호사는 한국전쟁 당시에도 감옥에 잠깐 갇힌 적이 있었다고 한다. 한국전쟁 당시 출생지인 양평으로 양식을 구하러 갔다가 "변호사는 인민을 착취하는 자이고 이승만이 돌아오기를 은근히 기다리고 있다"는 이유로 양평경찰서 유치장에 갇혀 있다가 20일 만에 풀려났다는 것이다. 미군 비행기가 쏜 포탄이 유치장 벽을 뚫었으나 부상자는 없었다고 한다.[24] 그는 대한변호사협회장에 선출될 때까지도 셋방살이를 하고 있었고 이것을 부끄럽게 여기지 않았다.[25]

3) 변호사 단체를 주도하면서 벌인 조직적 법치주의 수호활동

(1) 자유당 정권 시절의 이병린의 활동
자유당 정권 시절에도 이병린은 이미 서울지방변호사회 부회장과

---

23) 이병린, 앞의 책, 76쪽.
24) 이돈명, 앞의 글, 1991, 16쪽.
25) 이경남, 앞의 글.

대한변호사협회 총무로서 다양한 활동을 하고 있었다. 1958년 7월 2일 서울지방법원이 이른바 진보당사건의 제1심 판결에서 조봉암·양이섭 두 명에게만 징역 5년을 선고하고 나머지 피고인들에게 모두 무죄판결을 선고하자, 그 3일 뒤 정체불명의 청년 200여 명이 지프차를 앞세우고 대법원 구내로 진입하여 "친공판사 유병진을 타도하라"고 외치는 등 행패를 부리는 사건이 일어났다. 당시 이병린이 총무로 있던 대한변협에서는 "다수의 위력으로 법관을 협박하여 사안에 대한 자유판단을 해하고 나아가서 사법권 독립을 유린하려는 의도로서 감행된 것이 명백하며, 이는 일시적 흥분이나 군중심리에서 나온 조치가 아니고 배후세력이 있는 것이라고 보여지는 데도 당국이 이를 미연에 방지하지 못하고 현장해산 및 범인검거에 관하여 아무 조치가 없는 것은 직무태만이라고 할 수밖에 없다"는 취지의 주장을 했다.[26]

1960년의 3·15부정선거는 역사상 최대의 불법이 자행된 선거였다. 이를 규탄하는 마산 시민학생들의 시위대를 향해 경찰이 발포하여 다수의 사상자가 생겼다. 대한변협은 마산사건진상조사단을 구성하고, 신태악 인권위원장을 단장으로 하여 임석무·손성겸·이병린·염동호·서기홍·김용겸·조석조·오완수 변호사 등을 조사단원으로 임명했다. 이 조사단은 조사 후 마산시민의 시위는 정부의 주장처럼 용공분자의 책동에 의한 것이 아니고 오직 부정선거에 항거하는 뜻으로 일어난 것이며, 경찰의 제지방법이 졸렬하여 무차별 발포를 자행함으로써 인명을 살상한 것이라고 밝히면서 발포 경관을 색출하여 살인죄로 엄단하라고 요구했다.[27]

---

26) 서울지방변호사회, 『서울지방변호사회 80년사』, 1989, 66쪽.
27) 서울지방변호사회, 앞의 책, 68쪽.

(2) 비상계엄의 무효를 주장하다

1964년 6월 3일 한일회담반대를 둘러싼 데모사태로 서울특별시 일원에 비상계엄이 선포되었다. 이어 6월 22일, 이른바 '6·3사태'와 관련하여 내려진 비상사태에 관해 당시 대한변협 회장이었던 이 변호사는 '인권에 관한 건의서'를 발표했다. 그 내용은 다음과 같다.[28]

① 금번 선포된 비상계엄은 계엄법 제4조의 요건에 해당되지 아니한다고 사료되므로 이를 즉시 해제할 것.[29]

② 6·3사태는 애국적 동기에서 유래된 것이라고 사료되므로 이에 관련하여 구속된 학생·언론인·민중 등을 즉시 석방하여 융화의 분위기를 조성할 것.[30]

---

28) 서울지방변호사회, 앞의 책, 78쪽.

29) 이 점에 대한 이병린의 회고이다. "원래 계엄법은 국민의 기본권을 극도로 제한할 뿐 아니라 사법권과 행정권까지 군에서 행사 또는 지배하게 되는 중대하고도 위험한 법이기 때문에 이를 해석할 때는 지극히 엄격하게 할 필요가 있는바, 한편 계엄법 제4조는 비상계엄은 전쟁이나 사변에 있어서 적에게 포위된 때에만 선포할 수 있는 것으로 규정하고 있기 때문에 금번의 비상계엄선포는 전혀 위 요건에 해당하지 않으므로 위법이 명백한 것이다. 6·3사태는 전쟁도 사변도 아니며 적에게 포위된 것도 아니다. 때문에 위법한 계엄선포는 즉시 해제하라고 요구한 것이다.…… 대한변협의 그 해제를 요구한 것은 어디까지나 준법정신과 호헌정신을 강조하여 그 실천을 정부에 대하여 요구한 것뿐이지 그 외에 다른 정치적 의도란 하등 있을 수 없는 일이다. 정부에서 이러한 건의를 마땅치 않게 여겼다면 이는 그들에게 호헌준법하는 정신이 결여되어 있음을 의미한다"(이병린, 앞의 책, 150~151쪽).

30) 이 점에 대해서도 이병린은 다음과 같이 사후에 설명하고 있다. "정부에서도 3월경부터 일어난 학생데모에 대해서 애국적 충정을 높이 평가한다고 성명한 바 있다. 정부에서도 실정이 있었음을 자인하였다.…… 그러나 학생들을 공산주의자로 볼 수 없는 이상 6월 3일에 와서 어떻게 그들이 별안간 나라를 망치려고 목적했다고 볼 수 있겠는가? 그런데 6월 3일에 와서 대량검거를 하고 이것을 내란죄로 처리한다고 하는 것은 결국 데모에 가담한 적어도 수만은 되는 사람들이 모두 나라

③ 계엄이라 할지라도 이미 질서가 회복되었고, 계엄법 제13조에 규정된 '군사상의 필요'가 있다고 볼 수 없는바, 영장 없이 구속하고 재판도 군법회의에서 단심제로 행하게 된다는 것은 국민기본권에 대한 중대한 침해라고 하지 않을 수 없으므로 시급히 구속영장제도를 복구하고 재판관할권을 평시대로 일반법원으로 이관시킬 것.

④ 6·3사태와 관련하여 구속된 자들에 대하여 내란죄로 처리하는 것은 그 동기에 비추어 타당하지 않다고 인정됨.[31]

⑤ 6·3사태와 관련하여 구속된 자에 대한 수사와 심리에 관해서는 형사소송법에 규정된 접견 기타 모든 권리를 절대 보장할 것.

이것은 정부에 대한 정면도전이었다. 요구조건 하나 하나가 '인권에 관한 건의'이면서도 동시에 '정치적 건의'였다. '건의'라고 했지만 실제로는 '요구'이자 '항의'였고 '도전'이었다. 군사정부의 서슬 푸른 계엄 상황에서 이병린이 얼마나 담대했는지를 너무나도 잘 보여주는 대목이다. 그러나 이병린은 그 당시 이러한 건의는 너무 당연한 것이었다며 그 배경을 이렇게 설명하고 있다.

"6·3사태로 인하여 비상계엄이 선포되리라고는 당시 누구도 생각지

를 망치려고 했다고 인정하는 셈이니 이러한 관찰로써 과연 시국이 안정된다고 볼 수 있겠는가.…… 대한변협도 파괴행동을 애국적이라고 말하는 것은 아니고 다만 6·3사태의 동기만은 애국적이라고 볼 수 있으니 그로 인해 구속된 자들을 석방하여 줌으로써 굳어질 대로 굳어진 현정국에 융화의 분위기를 조성해 줄 것을 요청했던 것이다"(이병린, 앞의 책, 152쪽).

31) 이병린은 "3·1운동시에 만세를 부르고 구국투쟁을 한 우리 민족을 일본인이 처벌할 때도 내란죄로 처벌한 것은 한 건도 없었고 모두 소요죄 등으로 처벌했다. 하물며 데모군중들이 정부를 물러가라고 외쳤다고 해서 이것을 내란죄로 처리한다는 것은 법률상으로 불가한 것은 물론이요, 적어도 민주정치를 표방하는 집권자들의 체면으로 보아도 있을 수 없는 것이며, 더구나 사형까지 과할 수 있는 내란죄로써 젊은 우리 자제들의 전도를 타락의 구렁텅이에 떨어뜨릴 수는 없기 때문에 우리는 그 부당성을 지적했던 것"이라고 회고했다(이병린, 앞의 책, 153쪽).

못하였고, 또 계엄법 규정에 비상계엄의 선포요건이 엄격히 규정되어 있으므로 이번 이 계엄선포는 동 요건을 구비하지 못한 위법한 조치라는 데 본협회원들의 의견이 일치되었다. 더구나 비상계엄선포 후 포고령에 의해 구속영장 없이 사람을 체포할 수 있게 하고, 언론·출판·집회·결사 등 여러 가지 국민의 자유를 극도로 제한했을 뿐 아니라 데모에 가담한 자가 내란죄로 기소되는 것을 보고는 놀라지 않을 수 없었다. 국민은 공포에 떨게 되었고 억울하게 구속되었다고 호소하는 사람이 많아 그야말로 인권이 풍전등화와 같은 위기에 처해 있음을 절감하게 되었다. 이런 마당에 대한변협이 인권에 관하여 아무런 건의도 하지 않고 침묵만 지킨다는 것은 있을 수도 없는 일이었고 있어서도 아니 될 일이었다."[32]

비록 전국 상무위원회의 의결을 거쳤다고는 하나 회장이었던 이병린 변호사의 주도 없이는 불가능한 일이었다.[33] 이 일로 6월 27일 이병린 변호사와 김동주 사무장이 계엄포고령 제1호 1항(집회금지)[34] 및 2항(언론출판물사전검열) 위반혐의로 서대문서에 구속되었다. 사건이 곧 육군본부 보통군법회의 검찰부로 송치되자 130명의 변호인

---

32) 이병린, 앞의 책, 148쪽.

33) 더구나 당시 이병린 변호사는 서울지방변호사회 회장을 겸하고 있었다. 서울지방변호사회는 변협 회의 전에 상임위원회를 열어 건의서를 내주도록 변협에 요청까지 했었다. 변협 상무회의에서는 만장일치로 그 안건을 의결했다고 한다. 바로 "이병린 회장이 아니면 할 수 없었던 일"이라고 김은호 변호사는 회고한다(이영근, 앞의 글, 1984, 67쪽).

34) 이 점에 관해서 변협은 "건의서를 내기로 결의한 변협 상무회의는 6월에 열기로 예정되어 있었는 데다가 계엄령이 선포된 6월 9일에는 변협회의도 집회 허가를 얻어야 되느냐고 계엄당국에 질의했으나 회답이 없었지 않느냐"고 따졌다. 6월 10일에는 포고령으로 집회금지를 완화하는 조치를 내려 관공서, 회사, 조합 등의 집회는 무방하게 되었다면서 "대한변협은 일개 조합만도 못하다는 것이냐. 어떤 근거로 변협이 직무집행상의 집회조차 열 수 없다는 것이냐"고 항의했다고 한다. (이영근, 「법에 사는 사람-이병린」, 심당이병린변호사문집간행위원회 편, 앞의 책, 67쪽.

단이 구성되어 변론을 폈다. 당시 변호인단의 규모로는 최대였다. 이들은 서울형사지법에 구속적부심사를 냈으나 기각되었고, 서울고법에서도 마찬가지였다. 당시 변호인단이 낸 '피구속자 이병린에 대한 특별항고이유서'의 주요 내용을 소개하면 다음과 같다.

"……계엄선포로 인하여 국민의 기본권은 극도로 침해당하게 되므로 계엄법 제4조의 요건은 당연히 엄격하게 해석하여야 할 것이고 필요불가피한 경우에 한하여 계엄이 선포되어야 하는 까닭이다. 만약 계엄법 제42조의 요건에 해당되지 않는 경우에 계엄을 선포하였다면 그것은 헌법이 요구하는 요건을 구비하지 못하였다는 의미에서 위헌이라고 하지 않을 수 없으며 따라서 당연무효라고 하지 않을 수 없는 것이다. 그런데 금번 발생한 6·3데모 사태가 어느 정도 사회질서를 교란시킨 것은 사실이나 전쟁 또는 전쟁에 준한 사변이라고 단정할 수는 도저히 없는 것이며, 더욱이 적과의 교전중이거나 또는 적의 포위공격하에 있었다고도 할 수 없고, 또 병력으로써 공공의 안녕질서를 유지하지 않으면 안 될 사태라고는 도저히 볼 수 없다."[35]

그러나 그해 7월 28일 계엄이 해제되면서 공소취하와 함께 풀려났다.[36] 32일간의 옥고였다. 그러나 이는 이미 자신의 평소 신념이나 변협회장이 되면서 약속한 것에 비추어보면 이미 예견되어 있던 수

---

35) 1964년 6월 22일자 대한변호사협회 명의의 피구속자 이병린에 대한 특별항고이유서.
36) 구속 당시 이 변호사의 불굴의 투지와 용기를 보여주는 일화가 있다. "관계당국에서는 변협이 건의한 내용을 취소한다는 성명만 내주면 이 회장을 풀어주겠다는 뜻을 비쳐 왔습니다. 동료 변호사 몇 사람과 함께 구치소로 이 회장을 좇아가 이런 뜻을 전하면서 우선 구속이 풀려야 될 것 아니냐고 말했지요. 이 회장은 대뜸 '당신들이 변호사냐, 젊은 사람들이 그렇게 의지가 약하냐' 면서 화를 냈어요. 그는 대법원까지 올라가 판단을 받아보겠다며 소신을 굽히지 않았습니다"(강순원 변호사의 증언, 이영근 외, 앞의 책, 121쪽).

난이었다.[37] 그러면서 그는 바로 이 수감생활을 통하여 또 일반 죄수들에 대한 상황을 살펴보고 수형정책을 개선해야 함을 절감하게 되었다.

　"죄수는 원래 불행한 사람이라고 하겠지만 우리나라 죄수 같이 불쌍한 사람도 없을 것이다. 현재 서울교도소 미결 감방이 부족하여 한 방에 7～8명 내지 10여 명이 들어가 있는데 그 방의 넓이는 1칸 반 정도밖에 안 되고 그나마 한 구석에는 변소까지 놓여 있다. 그러니 누워서 잠을 잘래야 잘 수가 없는 형편이다.…… 병이 들어도 의약시설이라곤 보잘것이 없다. 이렇게 되고 보니 약하고 돈없는 사람이 교도소에 들어가면 병들어 끝에 가서는 생명을 잃을 염려가 있게 되어 실제에는 자유형 아닌 생명형을 받게 되는 결과가 되고 만다."[38]

(3) 사법권의 독립을 옹호하다

그는 사법권의 독립 수호에도 남다른 의지를 보였다. 1964년 5월 21일 한일회담 반대시위에 나섰던 학생들에 대한 구속영장이 법원에서 기각되자 이에 불만을 품은 육군 공수단 소속 무장군인 13명이 서울형사지법에 난입해 소동을 벌였다. 이어서 이들은 담당판사였던 양헌 판사의 집으로 몰려가 행패를 부리기도 했다. 그러자 이 변호사는 변협회장으로서 즉각 "무장군인의 법원난입사건은 사법권을 침해하고 민주주의의 기본질서를 파괴하는 중대한 문제"이며, "소동을 벌인 군인들을 군형법과 형법에 규정된 특수소요공무집행방해 및 특수주거침입죄 등의 경합범에 해당하므로 진상과 배후관계를

---

37) 이병린은 이미 변협 회장으로서 1965년 신년사에서 "변호사의 자세를 확립하자"는 제하에 "변호사는 정의의 투사여야 한다. 변호사는 자기 신념에 따라 사는 사람이기 때문이다. 남의 눈치 속에 사는 사람치고 생명 있는 일을 이룩한 사람은 없다"고 쓰고 있었다(이영근, 앞의 글, 1991, 70쪽).
38) 이병린, 앞의 책, 158～159쪽.

철저히 규명, 관련자를 엄중 처단하라"고 촉구하는 성명을 발표했다.[39]

1968년 7월에는 동백림간첩단사건에 대하여 유죄를 선고한 원심을 파기, 환송하는 대법원 판결이 있었다. 이에 대하여 서소문 법원 건물과 그 부근 담벼락에 '애국시민회'라는 이름으로 대법원 주심판사를 '용공판사'라고 규탄하고 협박하는 내용의 괴벽보가 붙고 주심판사에게 협박편지가 우송되기도 했다. 1968년에 대한변협회장에 다시 선출되어 있던 이병린 변호사가 이러한 사태에 또한 가만히 있을 리 없었다. "괴벽보사건은 사법권의 독립을 말살하고 민주적 기본질서를 파괴하는 가증한 행위다. 법관을 김일성의 앞잡이라 하고, 사법부를 북괴의 복마전이라고 했으니, 이보다 더 법관과 사법부를 모독하고 위협하는 언사가 어디 있는가. 만약 수사가 미온적이고 범인을 검거하지 못한다면 국민의 의혹과 불안감이 커질 것이므로 특히 이 점을 경고한다"는 내용의 성명을 발표하고 동시에 박 대통령에게 같은 취지의 건의서를 보냈다.[40]

(4) 3선개헌을 반대하다

변협회장을 그만둔 시점에도 이러한 그의 활동은 그치지 않았다. 임기가 끝난 1969년 9월 12일 특정인의 장기집권을 위한 3선개헌을 반대한다는 호헌선언문과 국회의원들에게 보내는 메시지를 동료 변호사 30여 명과 함께 서명, 발표했다. 그 개헌안이 국회에서 변칙 통과되자 그해 10월 6일 이 변호사는 또다시 개헌안 무효선언서를 작성하여 변호사 32명의[41] 서명을 받아 발표했다. 이들은 법원 구내에

---

39) 이 사건의 관련자들은 1964년 7월 10일 제6관구 계엄보통군법회의에서 5명이 유죄(징역5년~3년), 7명이 무죄를 선고받았다(서울지방변호사회, 앞의 책, 77쪽).
40) 그러나 이 사건의 범인은 끝내 잡히지 않았다(서울지방변호사회, 앞의 책, 82쪽).
41) 이때 참여한 변호사들은 신순언, 신태악, 주도윤, 성태경, 김명윤 등이었다(서울지방변호사회, 앞의 책, 83쪽).

있는 변호사 공실에서 회합을 갖고 개헌반대의 개헌안무효선언서를 발표한 다음 만세삼창을 불렀다.

당시 변협측은 이러한 이병린 변호사의 용기 있는 행동에 지지를 보내기는커녕 오히려 이를 방해하고 모략하는 불미스러운 행동을 보였다. 즉 9월 12일의 호헌선언문을 낭독하지 못하도록 현관문을 잠가버렸고, 그 선언문이 몇몇 회원들의 개인행동에 불과하다는 성명까지 냈던 것이다. 10월 6일자 개헌안 무효선언서에 대해서도 법원 당국이 항의하자 당시 변협회장이었던 전봉덕은 "변호사 공실에서 정치적 집회를 열어 다수의 변호사가 관여한 것 같은 인상을 준 것은 유감이며 앞으로 이런 일을 되풀이 말라"는 통고문까지 보내는 촌극을 연출했다.[42] 의로운 변호사들의 용기를 깔아뭉개는 대신 독재권력의 편을 노골적으로 들었다. 이럴수록 이 변호사의 하늘을 찌르는 용기를 돋보이게 할 뿐이었다.

4) 법정의 문턱을 넘어 민주화운동의 바다로

(1) 민주수호국민협의회의 공동대표가 되다

점차 독재권력의 포악성이 강화되어 가면서 그의 활동은 이제 법정과 변호사회의 문턱을 넘어선다. 1970년대의 민족적 비극 속에서 이 변호사가 결단해야 했던 당연한 길이기도 했다. 1971년 4월 19일 결성된 민주수호국민협의회(민수협)[43]의 공동대표[44]로 선출되면서 그는 본격적으로 사회민주화를 위한 국민운동의 최일선에 나서게 된다.[45] 그것은 가시밭길을 걷기 시작한 것을 의미했다. 이날 이루어

---

42) 서울지방변호사회, 앞의 책, 83쪽.

43) '민주수호국민협의회'는 그 이후 "그 줄기찬 저항의 맥을 이어나오고 있는 재야 민주화운동의 첫 출발"(이돈명, 앞의 글, 9쪽)이 되었다.

44) 이때 이 변호사와 함께 대표위원으로 선출된 사람은 김재준, 천관우 씨 등이었다.

45) 이 민수협의 결성과정도 그가 주도했다. 민수협은 1971년 3월 23일 예비모임을

진 결의문 4개항은 다음과 같다.

1. 민주적 기본질서가 파괴된 현실을 직시하고 그 회복을 위하여 국민의 총궐기를 촉구한다.
2. 이번 양대선거가 민주헌정사의 분수령임을 자각, 선거에서 반민주적 부정불법을 감행하는 자는 역사의 범죄자로 인정하고 이를 민족의 이름으로 규탄한다.

그리고 다가오는 대통령 선거와 국회의원 선거에서의 공명선거를 요구하는 '민주수호국민선언'을 채택하고 공명선거 범국민운동을 주도했다. 즉 그해 4월 27일 실시된 대통령 선거에 '민수협'은 6,139명의 투·개표 참관인단을 구성, 각지에 파견했으며 부정선거에 대한 항의와 규탄을 전국적으로 벌여 나갔다. 이 과정에서 구속된 학생과 시민을 변론하기 위한 변호인단이 민수협에 의해 조직되었다. 이병린 변호사가 중심이 된 이 변호인단은 그후 대량 구속 또는 중요한 인권침해 사건마다 구성되기 시작한 인권변호인단의 효시를 이룬다.[46] 이 모든 과정과 활동이 마치 일제시대의 신간회에 참여해 항일운동의 중심인물이 되고 광주학생운동의 구속자들을 위해 변호인단을 조직하고 수많은 인권침해사건의 조사단을 구성하는 데 앞장선 허헌, 김병로 변호사를 연상하게 한다. 이러한 활동의 과정에서도 그는 추호도 의심을 살 행동을 조심하면서 민주화운동을 이끌었다. 그가 민주화투쟁의 한가운데에서도 정치적으로 엄격한 자세를 취했

거쳐 4월 5일 이병린 변호사와 천관우, 양호민, 조향록, 이병용, 강기철, 남정현, 김정례 등 11명이 모여 발족을 결의하고 선언문 작성과 연락책임을 이 변호사와 천관우에게 일임한 데서 출발했다. 4월 8일 각계 인사 46명의 서명을 받아 민주수호선언을 채택하고 4월 19일 민수협 결성대회를 개최했던 것이다(이영근, 앞의 글, 1991, 71쪽).
46) 이돈명, 앞의 글, 1991, 10쪽.

다는 것을 다음과 같은 일화가 증명해 주고 있다.

"어떤 정당의 유력자 부인이 하루는 찾아와서 어려우실 텐데 경비에 보태쓰라고 하며 돈봉투를 내놓은 적이 있었다. 그때 그는 '이것을 받을 수 없습니다. 만일 받는다면 우리가 야당 편이라고 오해받을 수 있어요. 그리고 바깥양반이 이것 좀 해 달라고 하면 안 해줄 수 있습니까? 우리는 국민편에서 하는 국민운동이요, 어느 쪽을 펀드는 것이 아닙니다. 다만 여당이 잘못하는 게 많아 여당 비판을 많이 하게 되고 야당과 주장이 비슷해서 의견이 일치되는 경우가 많을 뿐입니다' 라고 하며 거절을 한 적도 있었다."[47]

1971년 12월 6일 박정희 대통령이 국가비상사태를 선언함으로써 새로운 국면에 돌입한다. 이제 민주주의는 그 형식마저도 송두리째 뽑히고 만 것이다. 1972년 4월 19일 정기총회에서 민수협은 공동대표위원으로 이병린, 김재준, 천관우 씨를 유임시키고 함석헌을 새로 선임했다. 이날 "비상사태선언은 자유와 민주주의를 저해하는 것임이 이제 분명히 드러났으므로 하루속히 철폐하고 특별조치법 등 관계법령을 속히 폐기하라"는 내용의 성명서를 채택했다.

그해 8월 15일 이병린은 장준하, 윤현, 계훈제 등과 함께 대통령과 국회에 보낼 청원서와 건의서를 우송하러 가다가 모두 경찰에 연행되었다. 다른 사람은 석방되고 이병린은 중앙정보부로 넘어갔다가 18일 밤 석방되었으나 이틀 뒤 사임원을 제출했다. 이 변호사가 피치못할 압력을 받았을 것이라는 판단 때문에 그의 사임원은 보류되었다. 그 청원서와 건의서 안에는 반공법 폐지와 국가보안법 수정, 중앙정보부의 임무를 대공사찰과 대외관계에 국한시킬 것, 중앙정보부의 월권행위를 시정할 것 등 7가지 항이 들어 있었으니 이병린

---

47) 최종고, 앞의 글, 1986, 89~90쪽.

변호사에 대한 탄압은 너무도 당연한 일이었다.[48]

(2) 민주회복국민회의의 대표위원이 되다

박정희 독재정권은 점점 돌아오기 어려운 길로 나아가고 있었다. 억압이 심해지면서 그 저항도 더욱 거세어지고 있었다. 학생시위가 그칠 줄을 모르자 박정희정권은 1971년 10월 15일 위수령을 발동하고 고려대학교에 군대를 진입시키는가 하면, 그해 12월 6일에는 국가비상사태를 선포했다. 1972년 10월 17일에는 이른바 유신이 선포되었다. 국회가 해산되고 비상계엄이 선포되었다. 유신헌법이 통과되어 이른바 '유신시대'가 시작된다. 민주화운동을 해 온 사람들에게는 더욱 험란한 시대가 시작된 것이다.

이병린 변호사는 1973년 12월 24일 다른 재야인사들과 더불어 헌법개정청원운동본부를 출범시킨다. 그러나 박정희 대통령은 그달 29일 "최근의 개헌운동은 유신체제를 전복하고 사회를 혼란시키려 하는 불순한 움직임"이라고 규정하고 일체의 불온한 행동과 개헌서명운동을 즉각적으로 중지하라는 강경한 담화를 발표한다. 이것은 그 다음해인 1974년 1월에 발표하는 긴급조치 1·2호로 연결된다. 긴급조치 1호는 유신헌법의 부정을 반대·비방하는 일체의 행위 금지, 헌법의 개폐에 대한 주장·발의·제안·청원의 금지, 유언비어 금지, 보도금지, 위반자의 영장 없는 구속 및 15년 이하의 징역, 비상군법회의에 의한 재판 등을 담고 있었다. 그 이후 이른바 민청학련사건을 겨냥한 긴급조치 4호의 발포 등 강경책이 잇따랐다. 그러나 강경책은 더 높고 강한 저항만 불러올 뿐이었다. 윤보선 전 대통령, 지학순 주교, 박형규 목사, 김동길 교수, 김지하 시인 등이 긴급조치 1·4호 등으로 구속되면서 종교계를 비롯 재야와 사회의 저항은 더욱 거세졌다. 언론사의 자유언론실천선언과 함께 민주화운동이 상

---

48) 이영근, 앞의 글, 1991, 74쪽.

승세를 타면서 1974년 8월 긴급조치 1·4호가 해제되었고 민주회복국민회의가 결성되었다.

중앙정보부에 연행되어 갔다 온 후 약 6개월 동안 재야인사들과 접촉을 끊었던 것으로 전해진다.[49] 이병린 변호사도 기관원들로부터 끝없이 시달렸다. 그는 이렇게 말한다.[50]

"이런 어려움 속에 활동하는 회원들이었지만 기관원들의 주시와 유형무형의 압박을 자주 받았다. 이 변호사의 사무실 주변에는 기관원 5~6명이 상주하다시피 했고 소송관계로 찾아오는 사람들까지 체크를 당해 수임수가 대폭 줄어들기도 했다는 것이었다."

"기관원들이 민수협 회의 내용을 일일이 챙기는 눈치여서 한번은 모두 들어오라고 했어요. 우리가 공산당도 아니고 민주주의를 잘하자는 것인데 왜 이렇게 간섭이 심하냐, 볼 테면 보라면서 회의를 공개해 버렸지요."

"기관원이 가는 곳마다 따라붙기에 한번은 화를 냈습니다. 내가 하는 일은 먹고, 자고, 화장실 가는 것밖에 없다. 지킬 테면 화장실 앞에나 가서 서 있으라고 소리쳤어요."

그러나 이병린 변호사는 1974년 12월 민주회복국민회(국민회의)

---

49) 당시 이병린 변호사의 동정에 대한 증언이다. "이 변호사는 민수협 회의에도 참석하지 않고 한동안 괴로워하는 모습이었습니다. 중앙정보부에 1주일 정도 있다 나온 뒤 심적 타격이 아주 컸던 것 같았어요. 민수협 간사로 있던 내가 회의 결과를 알려주려고 당주동 변호사 사무실로 자주 찾아갔는데, 처음에는 반겼으나 나중에는 오지 말라는 말만 하면서 손을 꼭 잡더군요. 당시 민수협 간사 정수일 씨의 말이다. 정씨는 그때가 74년 초여름이었을 것이라고 기억을 더듬으면서 결국 이 변호사 사무실에 보관해두고 있던 민수협 관계 서류뭉치들까지 다른 곳으로 옮기게 됐고 이 변호사는 6개월 가량 재야인사들과 공개적인 접촉을 끊게 됐다고 말한다. 이 변호사에게 가해진 온갖 압력과 협박을 짐작케 하는 일이었다"(이영근, 앞의 글, 1991, 75쪽).
50) 이영근, 앞의 글, 1991, 76쪽.

의 대표위원으로 다시 선출되면서 유신독재권력과 정면으로 맞서게
되었다.[51] 여기에는 한승헌, 임광규, 홍성우, 황인철 변호사 등 변호
사들도 대거 참여했다. 특히 홍성우 변호사는 국민회의의 사무총장
의 중임을 맡아 이병린 변호사를 가까이에서 보필했다.[52] 1975년 연
두기자회견에서 국민회의는 "유신체제는 독재체제이며 부정체제이
며 부패체제이며 특권층의 안보와 안일을 위한 특권체제이며 국민
의 기본권을 빼앗는 탈권체제"라면서 "비인간적인 권력집단의 퇴진
을 요구"하는 강경한 성명을 발표했다. 절대권력이었던 유신정권이
이 같은 저항을 용인할 리 없었다. 그는 정치권력의 가장 큰 타깃이
되어 다양한 탄압을 받게 된다.

(3) 앰네스티 한국지부의 지부장이 되다

한국앰네스티는 인권문제가 점점 심각해지는 1972년 창립되었다.
이병린은 바로 초대 이사장이 된다. 앰네스티는 자국의 인권문제를
터치할 수 없도록 되어 있다. 그러나 외국의 인권문제를 지원하면서
자동적으로 국내의 인권의식을 높이는 지름길이 된다. 더구나 국내
인권문제와 외국 인권문제는 그렇게 두부 자르는 것처럼 분리되지
않는다.[53] 이병린 이사장에게 어떤 인터뷰어가 "한국앰네스티가 금
년에 한 게 뭐냐"고 물었다.

"금년이 비교적 활발했다고 볼 수 있습니다만 우선 강연회를 네 번 개
최했습니다. 테마는 언제나 양심수 문제, 사형제도폐지 문제, 고문 문제
등을 중심으로 결정했습니다.…… 또 구호활동에 있어서는 주로 긴급조

---

51) 같은 해 11월 민주회복국민회의의 창립 계기가 된 민주회복국민선언문이 발표되
   었다.
52) 이돈명, 앞의 글, 1991, 12쪽.
53) 실제로 나중에 앰네스티 한국지부는 국내 인권문제에 직접 개입하다가 국제앰네
   스티로부터 해체를 명령받게 된다.

치 1호 위반사건과 고대의 검은 10월단 사건과 NH회사건, 그리고 문인사건, 긴급조치 4호 위반사건, 즉 민청학련사건에 관련된 사람들에 대해서 변호인을 선임해주는 일, 영치금이나 내의류의 차입, 치료비의 보조, 가족 보조를 하고 있습니다. 그런데 그것은 전부 한국인 정치범의 사면운동을 맡고 있는 외국 앰네스티에서 보내온 것입니다."[54]

앰네스티 한국지부의 회원이 200여 명, 회비가 500원이었다. 그것으로 양심수의 지원이 부족하여 사무실 운영비는 회비 등으로 해결하고 양심수 지원은 외국에서 지원한 돈으로 충당했다. 이병린 변호사가 이사장까지 맡고 나선 것은 바로 이러한 양심수 지원이 가능한 국제운동단체이기 때문이었을 것이다.

(4) 인권이슈에는 그 어디에나 이병린이 있다

한편 이 시기에 그는 민주화와 인권탄압의 이슈가 있는 곳이면 어디라도 달려가 자신의 이름을 걸고 돕는다. 이미 그는 당대의 가장 중요한 민주화의 지도자가 되어 있었다. 이른바 재야지도자 중의 한 사람이었던 것이다. 이병린 변호사가 이 시기에 참여했던 여러 활동들을 간략히 살펴보면 다음과 같다.

▶ 1975년 1월 조지 오글 목사의 추방에 대한 행정처분취소등 청구의 소제기: 증대하는 구속자들을 위한 목요기도회에서 인혁당사건에 대한 이의제기를 했던 조지 오글 목사(한국명 오명걸)에 대해 당시 박정희 정권은 출국명령을 내렸고 이에 대해 이병린 변호사를 포함하여 박세경, 이세준, 한승헌, 이태영 등 12명의 변호사가 행정처분취소청구를 냈으나 같은 해 7월 5일 기각됨.

---

54) 손세일, 「국제앰네스티 한국지부 이사장 이병린」, 심당이병린변호사문집간행위원회 편, 앞의 책, 52쪽.

▶1975년 2월 인혁당사건의 공개 요구: 김수환, 함석헌, 김관식, 한경직, 강신명, 이태영 등 15명과 함께 인혁당사건의 진상과 공개재판을 요구하는 성명서 발표.

▶1975년 3월 14일 동아일보 농성장에서의 재야인사 공동기자회견: "이제까지의 무더기 해임을 백지화하고 사원들은 제작을 정상화하는 일방, 경영주는 사원들의 젊은 혈기를 탓하기 전에 그들의 의기를 아량으로 포용함으로써 온 국민이 주시하고 안타까워하는 동아를 되살려야 한다고 본다"[55](윤보선 · 백낙준 · 김영삼 · 김대중 · 양일동 · 강원룡 · 이태영 · 천관우 · 함석헌 · 장준하 · 이병린 · 공덕귀 · 박형규 · 김동길 · 이우정 · 홍성우 · 백기완 · 백낙청).

5) 인권변호사로서 법정의 문을 넘나들며

이병린 변호사가 변호사로서 수많은 사건들을 변론한 것은 여기서 일일이 예거할 길이 없다. 평생 재야변호사로서 그가 맡은 변론은 헤아리기가 어려울 것이기 때문이다. 1960년대에는 주로 변호사회 활동을 통해 민주화와 권력남용에 대한 견제활동을 벌이던 그가 1970년대로 들어서면서 좀더 넓은 차원에서 재야인사들과 함께 민주화운동, 사회운동을 벌여나가게 된다.

이병린 변호사가 변호한 인권변론 몇 가지를 들어보면 다음과 같다.

1970년 9월 김지하 시인의 '오적(五賊)' 사건의 변론은 가장 중요한 사례 중의 하나이다. 1971년 5월 19일 구속된 서울대생 정계성 외 8인에 대한 집시법사건도 양준모, 계창업, 염창렬 변호사들과 함께했던 변론 중의 하나였다.[56]

---

55) http://my.netian.com/~junha77/data/c86.htm.

56) 이 사건은 이례적으로 무죄가 선고되었다. 즉 "피고인들의 행위는 불과 20여 명이 1개의 특정 정당에 불과한 신민당 당사에 이르러 그 2층 일부에서 국회의원 선

이 시기에는 이러한 변론활동도 민주화운동의 일환으로 간주할 수 있다. 특히 이때부터 혼자서 하는 단독변론보다는 동조하는 여러 변호사들이 변호인단을 꾸려 변론하기 시작한다. 공동변호인단을 꾸리는 것은 그만큼 사건에 대한 의미를 평가하는 것이기도 하고, 사건 자체가 개인의 인권 차원을 넘어 사회적 의미를 갖기 때문이기도 하다. 이와 같이 변호인단을 구성하여 구속된 학생과 시민을 변론한 것은 단순히 개개인에 대한 법률구조활동을 넘어서는 의미를 지니고 있다. 그들의 무죄와 그 행동의 정당성을 주장함으로써 민주주의를 위한 변론이 되어 갔던 것이다. 이러한 점에서 조직적으로 변호인단을 꾸려 당시 구속중인 민주화운동 인사들을 변론한 일은 이미 민주주의적 실천운동에 일익이 되었다.

1972년 10월 17일 마침내 국회가 해산되고 비상계엄이 선포되어 영구집권을 가능케 한 헌법이 제정되었다. 이른바 유신헌법이었다. 이 폭압적인 유신체제에 대한 국민의 저항이 터져나올 것은 너무도 자명한 이치였다. 그러나 박정희 유신권력은 이러한 저항을 비이성적으로 탄압하기 시작했다. 긴급조치 1호나 9호가 바로 그러했다. 이렇게 탄압하는 과정에서 수많은 학생과 시민들이 구속되거나 고초를 겪었다. 긴급조치 4호의 발동 이후 이른바 민청학련사건과 관련하여 1,204명이 관계기관에서 조사를 받았고, 이 가운데 745명이 훈방되었으며 253명이 비상군법회의에 송치되었다. 이들에 대한 변론이 이병린과 그를 따르는 후배 변호사들에 의하여 조직적으로 이루어졌다. 그의 뜻이 후배 변호사들에 의해 인권변론의 체계를 갖추어 나가기 시작했던 것이다.[57]

거 거부를 요구하면서 구호를 제창하는 등 다소의 소란을 피운 것으로서 피고인들의 행위에서는 공공의 질서에 대하여 위해를 가져올 악의나 과격성을 찾아볼 수 없고, 피고인들의 행위가 공공의 질서에 직접적이고 명백한 위험을 가져오는 것이라고는 도저히 볼 수 없으므로 가벌적 위법성이 없다"고 본 것이다(김이조, 『한국의 법조인(I)』, 고시연구사, 2001, 311쪽).

1974년 7월 15일 강신옥 변호사가 법정에서의 변론이 문제가 되어 구속되자 이 변호사는 "변호사가 서 있는 발판이 무너져내려 설 땅이 없어지게 된 사건"이라며 통탄했다.[58] 강신옥 변호사는 긴급조치 1 · 4호 위반으로 구속기소된 민청학련사건 관련 피고인들의 변호인으로서, 변론내용이 긴급조치를 비방하고 재판부를 모독했다는 혐의였다. 이병린을 포함하여 99명의 변호인이 변론에 나섰으나 강변호사는 결국 10년의 징역형에 처해지고 말았다.

이병린 변호사는 또한 1974년 7월 16일 민청학련사건의 배후지원 혐의로 윤보선 전(前)대통령, 박형규 목사, 김동길 · 김찬국 교수 등이 기소되자 이들의 변호인이 되었다. 당시 이 변호사는 윤 대통령에 대한 변론을 이렇게 회고했다.[59]

"윤 선생은 전직 국가원수인데도 관계자들이 불순한 언동으로 응대할 때가 적지 않았어요. 박정희정권을 비난했다고 정치범으로 법정에 세운 점도 꽤씸하게 생각됐습니다. 울분이 끓어올라 언성을 높였다가 여러 번 제지를 받은 끝에 결국 변론도 제대로 못하고 끝내야 했지요."

유신독재가 강화되면서 폭압적인 정권의 탄압도 더해갔다. 김지하 시인이 1970년 《사상계》 5월호에 발표한 담시 〈오적〉을 당시 신민당 기관지 《민주전선》 6월 1일자에 게재했다가 관련자들이 구속되었다. 이때 부완혁(《사상계》 발행인), 김승균(《사상계》 기자), 김용성(《민주전선》 기자) 등이 함께 구속되었다. 이 사건에 대해 이병린 변호사가 어떻게 대응했는지 보자.

---

57) 홍성우 변호사는 그 당시 이병린 변호사와 함께 긴급조치사건을 맡아 일하면서 변호사의 자세, 변론방식 등 많은 것을 '사사' 받았다고 회고했다(김창수, 「민권변호사들」, 《월간조선》, 1985년 9월호, 443쪽).
58) 심당이병린변호사문집간행위원회 편, 앞의 책, 78쪽.
59) 이영근, 앞의 글, 1991, 79쪽.

"그해 9월 8일 변론하려 했던 이 변호사의 변론안은 2백자 원고지 190 페이지에 달하는 분량이다. 이 변호사는 변론안에서 정다산, 맹자, 아리스토텔레스, 프로이드, 존 밀턴, 제퍼슨 등 동서고금의 사상가와 매슈 아놀드를 비롯한 문학인들, 프란다스를 비롯한 미연방 대법원 판사들의 이론을 인용하면서 풍자시의 성격, 언론과 사상의 자유에 관해 정연한 논리를 펴고 있다. 또 오적시를 일일이 분석하면서 피고인 전원이 무죄라고 주장한다."[60]

그러나 이 변론안은 낭독될 기회를 잃고 말았다. 재판을 맡았던 당시 서울형사지법 목요상 판사가 4명 모두를 보석으로 석방하고 공판을 연기해 버렸기 때문이었다.

6) 유배 아닌 유배, 그리고 대단원

(1) 간통죄의 죄목을 뒤집어쓰고

"1975년 1월 19일 시인이자 수필가인 한승헌 변호사는 색다른 사건으로 구속된 한 저명인사를 서울구치소에서 접견하고 있었다. 국가보안법이나 반공법 사건의 대부로 현대 한국 필화사의 증인인 한 변호사가 이날 접견한 인사의 죄명은 간통죄였고, 그 피의자는 당시 반유신독재운동의 집결체였던 민주회복국민회의 대표위원이자 법조계의 원로인 이병린 변호사였다. 언론매체를 통해 이 변호사의 간통사건은 이미 기정사실로 유포되어 버린 터여서 한 변호사로서는 선배 법조인의 명예를 지키기 위해 그 진상을 듣기 위해 찾아간 자리였다. 아니나 다를까. 운동권의 추리대로 이병린 변호사는 반독재의 속죄양으로 필생의 명예를 더럽히게 되었음을 한 변호사는 알게 되었다. 사연인즉 중앙정보부로부터 민주회복국

---

60) 이영근, 앞의 글, 1991, 80쪽.

민회의 대표위원직을 사퇴하라는 종용을 즉각 거절하자 일식점에 근무하는 이 아무개 여인의 남편이 간통죄로 고소하겠다는데 대표위원직만 그만두면 그 사건을 해결해 주겠다고 제안했다는 것이다. 분노와 호통으로 맞선 이 변호사는 바로 그 이튿날 구속되고 말았는데……."[61]

유신정부에게는 '눈엣가시'[62]였던 이병린 변호사를 제거하기 위해 혈안이 되었던 정보기관은 이병린 변호사의 사생활을 면밀히 뒷조사하고 있었던 것이다. 이병린 변호사 자신이 나중에 스스로 이 부분에 대해 설명하고 있다.

"일식집에서 친해진 친구였습니다. 사람이나 인물이 괜찮았어요. 남편도 없이 아들 하나가 있는데, 학비를 댈 수가 없다고 그러더군요. 그래서 생활비와 학비를 좀 보태줬습니다. 그 사이 내 뒷조사를 했던 모양입니다.…… 나중에 잡혀갔을 때 그 사람들이 당신 그 민주수호국민협의회 대표를 그만둔다는 사퇴서를 써 주면 이 사건을 무마해 주겠다 그러더군요. 내가 말했지요. 일개 단체의 대표로 앉아 사퇴서를 쓰더라도 우리 회에 내야지 왜 당신네들한테 내느냐, 내가 반국가단체 구성원이냐, 공산당이냐 하구요."[63]

이병린 변호사의 구속이 정치적 보복의 일환으로 자행되었다는 것은 명백했다. "정부의 눈밖에 난 사람에 대해서 염문을 악용해 사회적으로 매장하려는 수법이 권력측에 의해 자행된 케이스가 몇 가지 있었기 때문"이었다.[64] 무엇보다도 정보기관원이 사퇴와 무마를

---

61) 임헌영, 「변혁으로서의 문학과 역사—한승헌의 어떤 조사」, 《대한매일》, 1999년 6월 30일자.
62) 이상우, 『박정권 18년, 그 권력의 내막』, 동아일보사, 1987, 295쪽.
63) 최일남, 앞의 글, 28쪽.
64) 김이조, 앞의 책, 2001, 335쪽.

교환하려는 시도가 있었던 것도 바로 정치적 보복임을 알게 해 주는 상징적인 일이 아닐 수 없다. 그후 그는 남편이 이혼심판을 포기해 석방되었다. 이 석방과정에 관해서는 재미있는 일화가 숨어 있다.

"이 변호사의 변호인으로 동분서주하던 이돈명 변호사 등이 간통 피소자인 이 모 여인의 아버지를 찾아냈다. 그는 전에 이병린 변호사가 그의 아들을 취직시켜 주었을 때, 그 당시 접촉과정에서 이 변호사에게 깊은 감명을 받았던 사람이었다. 이돈명 변호사한테서 실정을 전해들은 그는 (정부당국이) 따돌리고 못 만나게 하던 사위를 만나 호통을 쳤다. 그는 사위에게 고소장과 함께 냈던 이혼심판청구서의 취하서를 쓰게 했다. 완전히 직통으로 허를 찌른 것이다.[65] 이 취하서를 가지고 이돈명 변호사는 가정법원으로 달려갔으나 간단히 접수되지가 않았다. 하루 종일 왔다 갔다 승강이를 치르고 나서야 간신히 접수시킬 수 있었다. 이병린 변호사는 구속된 지 23일 만에 석방되었다."[66]

그러나 이병린은 스스로 이 부분에 대해 솔직한 평가를 하고 있다. "(간통의 상대가 된 여성의) 친정 아버지는 나와 아는 사이로서 내가 석방된 후에도 수차 우리 사무소에 와서 서로 위로한 일이 있다. 요는 나는 세 번 다 억울한 구속을 당했다고 생각한다. 그러나 간통죄에 대해서는 법적 책임은 여하간에 나의 수치임은 틀림없다"거나 "이번 간통죄 사건이 세상에 널리 알려진 것은 그러한 허명을 불식하여 홀가분하게 되었다. 나는 사실 간통죄가 알려져서 내 명예가 떨어졌다고 걱정한 일은 없다"고 말하고 있다.[67]

---

65) 이혼심판청구를 취하하면 곧바로 간통죄의 고소취하와 동일시되므로 간통죄의 고소취하가 되지 않더라도 이혼심판청구의 취하만으로 간통죄 고소는 취하되고 석방할 수밖에 없는 것이다.

66) 최종고, 앞의 글, 1986, 92쪽.

67) 이병린, 「나의 자화상」, 김이조, 『한국법조인 비전(秘傳)』, 법률출판사, 1999, 153

　　실제로 홍성우 변호사가 말한 것처럼 "염문을 악용해 굴복시키려 했지만 이 변호사는 망신을 각오하면서까지 끝내 타협하지 않았고 그분에 대한 우리들의 신뢰감이나 존경심은 털끝만큼도 훼손되지 않았다."[68] 더구나 이러한 구속을 통한 탄압도 그를 굴복시키지 못했다. 그는 석방되어 나오면서 곧바로 가진 기자회견에서 "유신헌법 찬반 국민투표는 국가민족의 운명을 좌우하는 전환점이라고 생각해 국민들께서는 용기 있는 판단을 내려 주기 바란다"고 호소했기 때문이다.

(2) 안동, 상주, 그리고 김천

　　이병린은 1970년대에 들어 고혈압 증세를 보였고, 구치소에서 혈압 수치가 220이나 되자 병동으로 옮겨져 계속 주사를 맞고 있었다. "여러 번 갇히면서 건강이 악화되어 서울의 법원 계단에서 넘어지기도 했다."[69] 건강을 회복할 필요가 있었다. 특히 감옥에서 나온 뒤에는 건강이 극도로 악화되어 있었다.

　　그러나 그의 낙향은 사실상 자의에 의한 것이라고 보기는 어렵다. "유배나 추방에 다름 아니었고", "이 시대의 거목 한 사람을 비겁한 권력이 모질게 몰아낸 결과"였다.[70] 아무도 '간통'이라는 파렴치한 범죄를 저지른 사람으로 비난하거나 욕하지 않았음에도 그는 스스로 커다란 모욕감을 느꼈을 것이다. 권력의 영구화와 절대화를 추구하던 유신독재의 수단과 방법을 가리지 않는 비열한 작태에 환멸을 느꼈을 것이다. 더구나 정보기관들의 지나친 압력과 감시로 더 이상 변호사 활동도 불가능한 상태였다.[71]

　　~155쪽.

68) 〈법에 사는 사람들〉 22회, 《동아일보》, 1984년 4월 4일자.

69) 김이조, 『한국법조인 비전(秘傳)』, 법률출판사, 1999, 146쪽.

70) 이돈명, 앞의 글, 1991, 7쪽.

71) 그의 말에 따르면 당시 6~7군데 기관에서 찾아와서 사무실을 지키다시피 하고

이렇게 하여 1975년 12월 그는 낙향을 결심하고 만다. 처음 상주로 갔다가 1년 만에 다시 안동으로 옮기고 1년 후 다시 김천으로 개업지를 옮겼다. 그는 나중에 스스로 이러한 잦은 이동이 특별한 이유가 없고 단지 "건강이 극도로 쇠약해서 공기 좋고 물 좋은 곳을 찾다 보니 그렇게 되었다"고 한다.[72]

그러나 불의한 권력은 여전히 변함이 없었고, 시골로 낙향한 과거의 인권투사에 대해서는 어느 누구도 배려하지 않았다. 그는 가끔 글을 쓰기도 했으나 공식석상에는 거의 모습을 드러내지 않았다. 수임 사건도 별로 없었고 직지사를 거닐면서 소일하기도 했다. 지병이 악화되면 서울에 와서 치료를 해야 하는데 그것마저 힘들 정도였다. 이 시기에 이병린을 만났던 이돈명 변호사는 그때 일을 다음과 같이 회고하고 있다.

"병환이 우심하여 서울에 오셔서 편안히 쉬실 한 평의 따뜻한 방이 없으셨지만, 그 가운데에서도 일하고 싶어하셨다. 위를 3분의 2나 잘라낸 위암수술을 하시고 잠 속을 오락가락하는 어느 날 아침 나는 선생을 찾아뵈었다. 그때 하시던 말씀, 내 손을 꼭 잡고 '어려운 일 고마워, 꼭 해야 돼' 하시던 말씀과 그 모습은 나는 결코 잊지 못한다."[73]

그는 그렇게 쓸쓸하고 외롭게 지내다가 76세를 일기로 파란만장한 일생을 마쳤다.

있었다고 한다(최일남, 앞의 글, 28쪽).

72) 최일남, 앞의 글, 23쪽.

73) 이돈명, 「이병린 그의 인간과 삶」, 《신동아》, 1986년 10월호, 254쪽.

3. 이병린 변호사의 삶과 생각

1) 이병린 변호사의 우국 시조 몇 편

흔히 말을 잘하면 변호사라고 한다. 그러나 글을 잘 쓰는 변호사는 적다. 특히 실무적 법률논문 외에 수필이나 시를 쓰는 변호사는 대단히 드물다. 이병린 변호사는 그런 점에서 예외이다. 이병린 변호사는 법률논문 외에도 많은 에세이와 몇 편의 시조를 남겼다.[74] 그가 남긴 시조는 몇 편에 불과하지만 당시의 시대상과 이병린의 문학적 감수성, 그리고 그의 호방한 성격을 여지없이 드러내고 있다.

동해물 백두산아 말 물어보자
네 품의 아들딸의 기개가 어떻더냐
우리는 등불 들고 세계를 비추리라
—〈위대한 민족〉

삼백 년 경포대야 일배주 동해수야
산삼캐어 안주하고 선조님네 모셔놓고
순신(舜臣) 詩 추사(秋史) 筆을 청천에 부치리라
—〈경포대〉

두견새 울어울어 청산리 몇십 리냐
언덕에 홀로 앉아 낚시대 드리우고
어룡(魚龍)의 깊은 뜻을 낚아볼까 하노라
—〈태공망(太公望)〉

---

74) 심당이병린변호사문집간행위원회 편, 앞의 책, 369쪽 이하에 모두 13편의 시조가 정리되어 있다.

동해물, 백두산, 기개, 등불, 동해수, 이순신, 추사, 청천, 어룡, 태공 등의 단어와 이것들이 엮어내는 분위기는 자못 호방하고 의연하다. 그가 결코 개인의 안일과 부를 추구하는 데 뜻을 두지 않았음을 잘 알 수 있을 뿐만 아니라, 이 시조 몇 편으로 이병린이 조국과 민족의 현실과 장래에 깊은 애정과 고민을 하고 있었음을 단박에 눈치챌 수 있다. 특히 1975년 12월 찬겨울 서울을 떠나 경북 안동으로 내려가면서 그가 남긴 세 편의 시조는 문학적 가치를 넘어 여전히 독재와 질곡에 빠져 있는 조국과 동지와 이별하는 가슴을 도려내는 장면을 보여준다.

> 벽돌도 차거니와 인심도 어나보다
> 격정천리 소식이야 알 듯 말 듯 하다마는
> 밤마다 잠 못이루는 내 가슴이 아파라
> ―〈양심수〉

이 시조는 이병린 변호사가 스스로 '양심수'로서 경험한 것에 기초하고 있다. '차가운 벽돌, 얼어붙은 인심', 궁금한 바깥의 '격정천리 소식', '잠 못이루는 밤'이 모두 당시 자신의 생각을 그대로 나타내고 있다. "호방, 강직, 담대한 풍모"[75]로 상징되는 이병린 변호사의 속마음과 섬세함을 잘 알 수 있는 시조이다. 나머지 두 개의 시조를 살펴보자.

> 고우(故友)여 태안(泰安)하라 북악도 잘 있거라
> 남행천리 가는 길에 북풍한설 몰아치니
> 눈물도 얼을싸 하여 손수건에 담노라
> ―〈떠나면서〉

---

75) 정달영, 「더 큰 정치 보고 싶다」, 《한국일보》, 1999년 8월 5일자.

해가 가고 해가 오면 봄이야 또 오지만
백발 날리는 곳엔 우정이 새롭구나
누가 병든 사람에게 이별의 아픔을 안겨주나
매화나무 아래 친우들과 헤어짐을 나누네
―〈우음(偶吟)〉

이 두 시조는 이별의 슬픔을 노래하고 있다. 특히 앞의 시조 〈떠나면서〉는 낙향하다 수안보에 들렀을 때 홍성우 변호사에게 보낸 편지의 말미에 첨부된 시조였다. 수전증으로 펜을 들기조차 거북한 상태에서 쓴 것이었다. 이 편지는 "수일 전에는 제가 평소에 가장 경애하여 마지않던 변호사 제씨가 송별의 자리를 마련해 주시고 저로 하여금 별리의 쓰라린 정을 품게 해 주셔서 감사한 말씀 형용할 길이 없습니다"로 시작하는데, 이별의 애절한 심정이 잘 나타나 있다. "그것은 한 시대를 활약하던 원로 법조인이 문경새재를 넘으면서 혈기 왕성한 후배 세대에게 일을 다짐하고 넘겨주는 승계의 표시이기도 하였다."[76]

2) 이병린의 연구활동과 저작들

"그러나 선생은 그냥 의인만이 아니었다. 그분은 틈만 나면 책을 보시고 특히 연구에 몰두하셨다. 그뿐만 아니라 선생은 피구속자의 초상권이 인정되어야 한다는 것과 사형제도의 폐지를 주창하셨는데, 이는 단순한 주장이 아니라 선생의 깊은 철학과 학문적 깊이를 깨닫게 해 준다."[77]

이병린 변호사는 비교적 많은 글을 쓴 변호사이다. 특히 그의 독

---

76) 최종고, 앞의 글, 1986, 92쪽.
77) 이돈명, 앞의 글, 1991, 16쪽.

서와 사색은 독특한 철학과 어록을 남겼다. '나의 법격언'을 글의 서두마다 써 넣어 자신의 생각을 요약하고 정리했다. 다음은 대표적인 '나의 법격언'들이다.

- 법을 때리면 억울한 사람이 쓰러진다.
- 인(仁) 없는 의(義)는 오발탄이 되기 싶고 의 없는 인은 악의 온상지가 된다.
- 법은 태양이다. 그러나 그 빛을 골고루 비쳐주게 하는 것은 사람이다.
- 교도소의 명부와 지옥의 명부는 일치하지 않는다. 인간은 죄과를 다스리는 데 너무나 무능하고 너무 차별적이다.
- 법은 지조와 용기 있는 국민에게만 그 혜택을 준다.
- 법에도 눈물이 있다. 그러나 그것은 감성의 눈물이 아니라 이성의 눈물이다.
- 법 만능을 믿는 사람은 법을 무력하게 만드는 사람이다.
- 민주주의 건축의 기초공사는 사법권의 독립을 확보하는 길이다.
- 밥이 없으면 법이 없고, 법이 없으면 밥이 없다.

그는 건강이 악화되어 김천에서 지낼 때에도 여전히 왕성한 집필 계획을 가지고 있었다. 당시 그는 "불교관에 입각한 통속법철학, 글법학, 한국위인전(유인석, 남궁억 등), 법률상식" 등을 저술할 계획이었다고 한다.[78] 이를 위해 "신문이 배달되면 논설과 학자들의 칼럼은 꼭 읽고 주목할 만한 사건도 훑어본다.…… 그러나 신문 잡지만으로는 부족하고 책이나 종교를 통해서 이를 보충해야 한다"고 말한다.[79] 그로부터 몇 년 뒤 이병린 변호사가 사망한 것을 생각한다면 그가 마지막까지 얼마나 지식과 연구욕에 불타고 있었는지 알 수 있다.

---

78) 최일남, 앞의 글, 38쪽.
79) 최일남, 앞의 글, 39쪽.

그는 "학문은 독학하는 것이 원칙이며 생이지지(生而知之)하는 성질의 것"이어서 "학교에 다닌다는 것은 시간과 환경을 얻는 데 불과하다"고 보았다. "공자는 자기가 설정한 의문과 과제를 풀기 위해 자력으로 연구"했음을 강조했다. 특히 "법학도에게는 경제학, 사회학, 역사학, 철학 등의 지식도 필요"하며, "이런 지식을 자력으로 소화하여야 하고 거기서 자신을 얻으려면 남의 의견에 무조건 추종할 것이 아니라 참고 삼아서 자기를 건설해야 한다"고 했다.[80] 그는 또 "무조건 선현들의 사상을 받아들이기만 한다면 자기라는 사람은 사상의 집합소는 될지언정 자기 사상의 주인공이 되기는 어렵다"면서 "받아들인 여러 가지 영양소를 소화시키는 소화기 노릇을 하는 것이 사색"으로서 충분히 사색할 것을 강조하고 있다.[81] 그가 왜 평생 진지하게 독학으로 자신의 학문을 계속했는지 알고도 남는다.[82]

그의 저작 전체를 소개하는 것조차 쉽지 않다. 다양한 주제에 관해 다양한 지면과 매체에 글을 썼기 때문이다. 다행히 그의 글을 모아 놓은 두 권의 책이 남아 있어 소중한 자료가 되고 있다. 먼저 수상집 『법 속에서 인간 속에서』가 1967년에 출간되었고, 사후 심당이병린변호사문집간행위원회가 조직되어 『심당이병린변호사문집』이 간행되었다. 이 책 속에는 「입법학의 수립을 제창한다」, 「사형을 폐지하자」, 「경찰의 중립」, 「명백·현존한 위험의 기준」 등의 논문들도 수록되어 그의 학구열과 법적 연구의 수준을 이해할 수 있는 단서가 된다. 그뿐만 아니라 거기에 수록된 잡문들조차 오늘날 보아도 모두가 보편타당하고 핍진한 내용을 담고 있어 하나의 고전에 속한다. 그는 그밖에도 다양한 매체에 기고했는데, 예컨대 다음은 함석헌이 발

---

80) 이병린, 앞의 책, 67쪽.

81) 이병린, 앞의 책, 108쪽.

82) 이병린은 기회가 있을 때마다 변호사들의 연구하는 자세를 강조했다. 1965년도 신년사에서 그는 "변호사는 항상 법률을 연구함으로써 탁월한 식견을 갖도록 노력해야 한다"고 말했다(이병린, 앞의 책, 92쪽).

행한 《씨알의소리》에 기고한 글의 목록이다.

① 법철학의 구상(1)~(5)(1973년 4월호~동년 10월호)
② 치자의 법과 피치자의 법(1973년 11월호)
③ 사형제도를 어떻게 볼 것인가(1974년 10월호)
④ 국민적 전환점(1975년 1·2월호)

　그의 이러한 저작활동과 저작계획을 살펴보면 이병린은 방대하고도 체계적인 저술을 계획했던 것으로 보인다. 그러나 말년에 얻은 병과 생활고로 말미암아 그의 이러한 계획은 무산되고 말았다. 아쉽고 안타까운 일이다.

3) 이병린 변호사의 법사상

(1) 이병린의 법철학

① 법의 염도(染度)와 순도(純度)[83]
　이병린은 법의 순수도가 75%여야 한다고 주장한다. 순도가 100%가 되어야 한다고 주장하지는 않는다. "인간사회의 모든 사물이 100% 순수할 수는 없는 것"이고, 그것은 "우리가 맑은 샘물을 즐겨 마시지만 그 샘물에는 순수한 H_2O만 있는 것이 아니라 다소의 광물이나 기타 성분이 섞여 있는 것과 같은 것"이다.
　그는 실제의 법률을 예로 든다. "자유당정권 시절에 대통령의 삼선개헌금지조항이 헌법에 규정된 것은 초대 대통령인 이승만 박사에 한해서는 그 예외를 인정하도록 헌법을 개정한 바 있는데, 이 개정은 이 박사의 탐심(貪心)을 백 퍼센트(%) 살리고 국가와 민족의 요

---

83) 이병린, 앞의 책, 21쪽 이하.

구에 대해서는 백 퍼센트(%) 외면한 것이기 때문에 그 개정헌법은 염도가 백이요, 순수도가 영인 것이다. 또 자유당은 차기 선거의 포석으로 국가보안법과 지방자치법을 비민주적으로 개정하여 이른바 보안법파동을 일으킨 적이 있다. 이것은 국가의 백년대계적 이익보다 어느 일당파의 이익을 우선시킨 것이기 때문에 불순하기는 하되 어느 한 개인만의 이익을 도모한 것과는 다소간 다른 점이 있다고 하겠으므로 염도는 75%요, 순수도는 25%라고 할 수 있다. 특정범죄가 중처벌등에관한법률에서는 밀수범에 대해 최고 사형까지 처하도록 규정하고 있는데, 이는 죄와 벌의 균형을 생각하지 않고 사람의 생명을 마구 빼앗도록 한 점에서는 치심(痴心)의 발로로서 다분히 불순성을 내포하고 있다. 그러나 동법을 만든 목적은 어느 개인이나 당파의 이익에 있는 것이 아니라 국가 전체의 이익을 도모하는 데 있으므로 위 법은 염도 50, 순수도 50이라면 정당하겠다."

이병린이 법의 순도가 75%여야 한다고 주장하는 이유는 다음과 같다. 즉 순금은 24도이며 18금은 18도이니 순도는 75%가 된다. 그런데 18금은 순금과 동을 합금한 것으로서 순금보다 견고하면서 금의 특색을 잃어버리지 않으므로 실용가치가 큰바, 정치사회나 법률사회에서 이 정도의 순수도가 적당하다고 보는 것이다. 인간의 순수도는 100%까지 되어야 하나 이것은 성자의 길이고, 법의 순수도가 75%로 족한 것은 법이 평범한 만인을 다스리는 까닭이라는 것이다.

② 행정부와 사법부의 차이

이병린은 행정부와 사법부의 차이를 다음과 같이 재미있게 분류하고 있다.[84]

─행정부의 활동원리는 합목적성에 있고 사법부의 그것은 합헌성에 있

---

84) 이병린, 앞의 책, 25쪽 이하.

다.

—행정부의 생명은 선견적인 기획과 박력 있는 추진성에 있지만 사법부
의 그것은 냉철한 판단과 변치않는 지조에 있다.

—행정부는 건설하고 사법부는 그로부터 생기는 모순과 파탄을 정리한
다.

—행정부는 행동하고 사법부는 판단한다.

—행정부의 애국심이란 일시적 · 편파적이기 쉽지만 사법부의 그것은 영
구적 · 보편적이다.

—행정부에는 인기가 필요하지만 사법부에는 존엄성이 필요하다.

—행정부가 진취적이요 동적이라면 사법부는 전통적이요 정적이다.

—행정부가 법을 장애물로 생각하는 경우가 많지만 사법부는 법을 지상
의 존재로 생각한다.

—행정부가 계급사회라면 사법부는 평등사회이다.

—행정부의 고집은 해가 되는 경우가 많지만 사법부의 그것은 약이 되는
수가 많다.

—행정부가 횡포해지면 사법부는 비굴해진다.

—행정부는 눈앞의 일에만 집착하기 쉽지만 사법부는 먼 앞을 내다본
다.

—행정부는 질서를 권력에의 복종이라고 보지만 사법부는 그것을 준법
이라고 본다.

—행정부는 국민을 사찰하기를 즐기지만 사법부는 국민이 말 못한 원성
이 무엇인지를 살핀다.

—행정부로부터의 혜택은 널리 눈에 띄기 쉽지만 사법부의 그것은 주목
할 사건 외에는 눈에 띄기 어렵다.

—행정부는 이익추구자들 사이에 활동하나 사법부는 이해대립자 사이에
활동한다.

—행정부에는 가지가지의 일로 찾아가지만 사법부에는 답답한 일이 생
긴 경우에만 찾아간다.

— 행정부에는 상관의 감독이 있지만 사법부에는 주위의 실질적인 감시 기관이 있다.

— 행정부는 인권을 침해하기 쉽지만 사법부는 인권보장의 최후 보루가 된다.

— 행정부는 털털한 느낌이 들지만 사법부는 날카롭다.

— 행정부는 곧잘 변명하려 들지만 사법부는 불복하면 상소하라고 한다.

— 행정부의 일은 광범해서 두름성이 필요하지만 사법부의 일은 좁지만 정확성이 요구된다.

— 행정관은 국민에 대해 친구의 위치에서 일하지만 사법관은 부모같은 위치에서 일한다.

— 행정관은 여론을 존중하고 사법관은 깊은 객관적 진리를 탐구한다.

— 행정관은 권력 앞에 약하지만 사법관은 이에 강하다.

— 행정부는 단체주의적이고 사법부는 개인주의적이다.

— 행정관의 잠꼬대는 "어떻게 하면 잘할까"이고 사법관의 잠꼬대는 "어떻게 하면 공평히 하느냐"이다.

— 행정부에서는 일이 생기면 상관한테 달려가지만 사법부에서 일이 생기면 육법전서한테 뛰어간다.

— 행정관을 찾아가면 "오래간만일세" 하고 사법관을 찾아가면 "어째서 왔나"라고 한다.

— 행정관의 말버릇은 "어떻든 그렇게 해야 한다"라는 것이고 사법관의 그것은 "그래서는 안된다"라는 것이다.

— 행정부는 명령하기 좋아하고 사법부는 무간섭을 좋아한다.

— 행정부는 야당과 신문기자에게 부대끼며 커가고 사법부는 변호사와 학자에게 부대끼며 커간다.

— 행정부는 예산을 많이 타는 기술이 좋고 사법부는 그것이 졸렬하다.

— 행정부는 통계에 기만이 있고 사법부는 정치적 판결에 기만이 있다.

— 행정부는 엇갈리는 요구가 교차하는 곳이고 사법부는 애달픈 최후의

호소가 접수되는 곳이다.

― 행정부가 배신하면 욕할 뿐이고 사법부가 배신하면 앙천통곡한다.

그는 행정부와 사법부가 그 기능과 역할, 습성과 관행이 많이 다른 점을 잘 포착해 기가 막히게 대비시키고 있다. 그러나 지나치게 차이를 강조한 나머지 억지가 없지 않고 사법부를 너무 미화하고 있는 부분도 있다. 아무튼 이런 법언을 직접 만들어 정리하는 솜씨가 대단하다.

③ 헌법관

이병린은 이승만 독재정권 아래에서 유행했던 독재자에 대한 '과잉충성'이라는 시대 용어에서부터 '충성'의 문제를 제기한다. 그러나 민주주의 시대에서 충성이란 자연인에 대한 충성일 수 없고 결국 국민에 대한 것일 수밖에 없다고 결론내린다. 즉 주권의 발달과정에서 군주주의 아래에서는 왕이 주권자였지만 근대 국민주권이론에서는 당연히 국민이 주권자이므로 국민이 충성의 대상이 된다는 것이다.

그러나 실제에서는 국민이라는 개념도 너무 추상적이다. 이병린은 국민을 위한다고 할 때 그 기준은 결국 헌법이 되어야 한다고 믿는다. "헌법은 도덕규범과 법률규범을 아울러 갖는 전국민의 실천규범이며 인도(人道)와 정치의 방향을 구체적으로 제시한 것"이다. "모든 법학을 연구함에 있어서 헌법을 기초로 삼고 헌법과 법률을 직결시켜, 헌법정신을 법해석과 실생활에 살려달라"고 요구하면서 "헌법이 실생활의 지침이 될 때 비로소 민주주의가 성장한다"는 것이다.[85] 요컨대 "충은 국민을 위한 충이며 충을 실현하기 위한 방법은 헌법을 지키는 데 있는 것"이다.[86]

---

85) 이병린, 앞의 책, 180쪽.

④ 법의 응답

"플라타나스의 가을잎이 석양빛에 그림자를 던지고 있다. 그 그림자
는 여러 가지 모양의 응달을 만들어 우리에게 다정하면서도 가슴아픈 가
을의 애수를 안겨준다. 그러나 오랜 응달은 우리에게 음울하고도 무거운
분위기를 만들어준다.…… 그러나 사바세계를 더욱 시끄럽고 괴롭게 만
드는 것은 이러한 자연적 응달보다도 인위적 응달이라고 하겠다. 또 그
인위적 응달 중에도 가장 사람들을 괴롭히고 못살게 구는 것은 법의 응
달이다."[87]

이 문학적인 글 속에서 이병린은 법의 남용을 가장 강력히 경계하
고 있다. 그는 "법의 응달, 즉 사회악이 날개를 펼치고 있는 이상은
경제발전이 소기한 대로 이루어질 리도 만무하거니와 다소의 성과
를 올린다 하더라도 몇 사람의 배를 불리는 데 그칠 뿐이고 대중은
여전히 굶주림에서 벗어날 수 없다"고 단언한다.[88] 법의 응답이 한
개인의 인권침해를 야기할 뿐만 아니라 심지어 사회발전까지 가로
막는 사회악이 된다는 것이다.

⑤ 법과 질서[89]

질서란 "관민강약의 차별 없는 준법"이라고 한 마디로 규정한다.
표를 구하려고 열을 지어 서 있는데 새치기를 하면 공간적 질서를 파
괴한 것이고, 집회시간에 지각을 하면 시간적 질서를 파괴한 것이
다. 법적으로 말하면 위법 부당한 행위를 하여 타인의 권리나 이익을
침해하는 것을 의미한다. 그 타인은 사인일 수도 있고 공공일 수도

---

86) 이병린, 앞의 책, 33쪽.
87) 이병린, 앞의 책, 73쪽.
88) 이병린, 앞의 책, 75쪽.
89) 이병린, 앞의 책, 97쪽 이하에서 '질서의 주변'이라는 제목으로 논하고 있다.

있다고 한다.

그러나 그 질서는 정적 질서가 아니라 동적 질서이다. 현상유지적 이념과 개혁진보적 이념이 부단히 각축 저항하고 있는 투쟁 속에서 탄력성 있는 자기성장적 질서를 건설해야 한다고 그는 보고 있다. 이병린은 치자의 입장에 있는 사람들이 "평온무사한 것을 질서라고 보는 사람들"이라며, 그것은 "질식적이고 공포적인 심리에서 잠정적으로 위축되고 있는 것에 지나지 않는다면 질서라는 가면을 쓴 시한폭탄"이고 "평화의 위장을 입은 전투병에 지나지 않는 것"이라고 단언한다. "인간의 행동력과 진보성은 역리(逆理)의 장애물을 돌파하지 않고서는 견딜 수 없는 본질을 가지고 있기 때문에 언젠가는 무서운 충돌이나 폭발이 일어나고야 만다"고 하면서 "권력에 복종하라"거나 "평온해야 한다"는 것은 치자의 탄압적 질서관에 불과하며 따라서 합법적 저항이 필요하다고 주장한다.

그는 역사 자체를 "치자와 피치자의 투쟁과정이요, 지배자와 피지배자의 저항순응의 모습"이라고 본다. 그리고 "순리로 지배할 때는 순응이 있고 역리로 지배할 때에 반항이 있다"고 하면서 치자와 지배자의 준법을 오히려 강조한다. 그러나 약자가 위법을 하더라도 당장 법적 제재를 받거나 적어도 받을 가능성이 있기 때문에 질서의 회복이 가능하지만 치자가 위법을 한 경우에는 그렇지 아니하다. 이를 방지하기 위해서는 치자와 피치자의 자동성(自同性)이 인정되는 민주주의 사회에서는 "언론계, 재야법조계, 학계, 기타 사회단체 등에서 연계하여 정당한 압력활동을 하는 것이 불가결한 권리인 동시에 의무"라고 결론 내린다. 이병린이 왜 변호사단체의 장으로서, 재야 민주화단체의 지도자로서 독재정권에 대한 저항에 나섰는지 법철학적 근거를 보여주는 글이다.

⑥ 용기, 정의, 자비 그리고 지혜
공자는 "의를 보고 행하지 않는 것은 용기가 없는 탓"이라고 말했

다. 여기에서 이병린은 "용기는 정의와 인연이 깊은 덕이라는 사실과 용기는 실천에 의해서 발휘된다는 두 가지 사실"을 발견한다. 따라서 용기란 정의감에 불타서 그 정의가 명하는 바에 따라 행동하는 것이라고 정의내린다.

그러나 이 세상에 정의만 가지고 서로 잘 살 수 있는 것은 아니다. "혹자는 인(仁)을 원(圓)에 비유하고 정의는 사각에 비유한다. 결국 인이 춘풍화기(春風和氣)와 같은 것이라면 의는 춘추열일(春秋烈日)과도 같은 것이다." 호랑이 앞에 선 아이를 구하기 위해 호랑이에 대항하려 한 어머니와 같은 불교의 일화를 들며 그는 의가 인과 밀접한 관계를 갖는다고 믿는다. 석가가 모든 영화를 버리고 궁전을 뛰쳐나간 것을 용기라 한다면 그것은 오로지 자비심 때문이며, 예수가 십자가에 못박힌 것도 인류를 너무도 사랑했기 때문이라는 것이다.

동시에 옳은 일이라도 옳은 방법으로 실천해야 한다. 이 세상에서 무엇이 정의이고, 무엇이 인인지 판단하는 것 자체가 쉽지 않다. 용기를 위해서는 지혜가 필요한 것이다. "그는 지혜 없는 용기는 맹목이기 때문에 위험하고 용기 없는 지혜는 가공이기 때문에 무익하다"고 보았다.

⑦ 법과 정치

"법이 정치의 시녀로 전락할 때 그 나라의 민주주의는 장송가를 부르게 될 것이다. 일본 명치시대에 일본 시찰을 간 러시아 황태자가 일인에게 습격을 받은 사건이 있었다. 그때 그를 살해하려다 미수로 그친 자가 재판을 받게 되었는데…… 당시 수상인 이등박문은 이 범인을 사형에 처하여 러시아의 비위를 맞추려고 당시의 대심원장 兒玉 씨와 그 사건을 직접 담당한 법관들에 대해 범인을 사형에 처하라고 직접·간접으로 형언할 수 없는 압력을 가한 것이다. 그러나 당시의 일본 형법에 의하면 자국의 천황이나 황태자를 살해미수한 자에 대해서는 사형을 할 수 있었지만 외국의 황태자를 살해미수한 자에 대해서는 사형할 법이 없었던 것이다. 그렇기 때문에 兒玉 대심원장도 법을 위반할 수 없다며 끝까지 행정부의 압력을 물리치고 법관들도 법에 없는 처형을 할 수 없다고 그 소신을 관철하여 범인에 대하여 유기징역형을 선고한 후에 신변이 위태하여 피신까지 했던 것이다. 그러나 그후 러시아에서도 그 재판을 별로 문제시하지 않고 해서 일본에도 아무런 불리가 없었던 것이다. 그리하여 명(名) 대심원장과 명 재판관의 이름은 높아진 것이다. 이와 같이 첨예한 법과 정치의 대결은 일찍이 없었다 해도 과언이 아니며 또 법이 이처럼 정치를 지배한 것도 희귀한 일이라 아니할 수 없다."[90]

그는 용기로 법을 지켜 나가야겠다는 각오를 갖고 이를 실천하지 못하는 이상 민주주의와 법치주의는 시들어버리고 말 것이고 독재주의로 전락할 수밖에 없다고 단정한다. 그리고 그것은 법률가만의 문제가 아니고 치자와 피치자를 막론하고 전체 국민의 문제라고 강조한다. 법이 정치의 시녀가 아니라 법이 정치의 준거가 되어야 한다는 것이다. 바로 그날 진정한 법치주의의 완성이 있게 될 것이다.

(2) 이병린의 변호사관

이병린 변호사는 40년 이상을 오직 변호사로만 일관했다. 그는 심지어 "병이 들어도 법정에서 쓰러지는 것이 소원"이라고 말했다.[91] 검사장직을 제의받기도 했으나 그는 한번도 판사나 검사로 임관된 적이 없다. 오직 한 길을 간 것이다.

여기서 이병린의 재야정신이 잉태된다. 그는 변호사란 '중립적 야인'이어야 한다고 믿는다. 여기서 "중립이란 정치적 의도가 없음을 말하고, 야인이란 대중과 더불어 살아가는 것을 의미"한다.[92] "변호

---

90) 이병린, 앞의 책, 153~155쪽.
91) 최일남, 앞의 글, 39쪽.
92) 이병린, 앞의 책, 58쪽.

사는 정의의 투사여야 한다"면서 심지어 "변호사 중에는 공무원으로 나 국회의원 등으로 다수 진출하는 예가 많은데 그런 분들에게 부탁하고자 하는 것은 변호사업이 그분들의 단순한 휴식처가 아니다"라고 하면서 그들에게조차 변호사로서의 사명과 정의감을 가질 것을 요구했다.[93] 그는 사법대학원을 수료하는 예비 판검사들에게도 이렇게 주문했다.

"진리는 항상 태양과 같이 밝은 것이며 힘찬 것입니다. 탄압이나 유혹이 계속하여 적은 물결 혹은 큰 파도의 형태로 여러분에게 닥쳐오더라도 태산과 같은 그 정의의 자세를 굽히지 않고 오로지 법의 정신을 살려서 최후까지 감투하시는 곳에 국가의 번영과 여러분의 진정한 성공이 있을 것이요, 여러분이 법조인이 된 참다운 보람이 있을 것입니다."[94]

그는 "변호사는 사회개선을 기하되 점진적으로 문화적, 합법적 수단으로 노력한다는 점에서 반역아[95]와 다르고, 생생한 야인으로 비판정신과 저항정신을 지니고 나아간다는 점에서 일맥상통하는 점이 있다"고 본다. 그는 다음과 같은 글에서 변호사와 변호사 단체의 역할과 사명을 잘 정리하고 있다.

"변호사는 사회정의를 실현하는 자이며 자유와 정의를 사랑하는 자이

---

93) 이병린, 앞의 책, 95쪽.

94) 이병린, 앞의 책, 140쪽.

95) 그는 문일평의 호암문집(湖岩文集)을 인용하여 반역아(叛逆兒)로서 "고금을 통하여 묘청으로서 제1인을 삼을 것이요, 일검으로 문신을 도살하고 무사의 천하를 만들어 문귀무천하던 당시의 제도를 근본적으로 깨뜨린 통쾌한 반역아는 정중부로서, 민족적 여분을 포함할 듯한 배중손의 반역과 지방분권과 여흔을 머물은 듯한 이시애의 반역은 덮어놓자, 계급적 의미에서 상전에게 반역한 노예와 양반에게 반역한 상민을 들진대 여조(麗朝)의 만적과 이통은 전자에 속하고 이조의 홍경래와 전봉준은 후자에 속한다"고 들고 있다(이병린, 앞의 책, 58쪽).

며 사회개선을 위해 노력하는 자이다. 이러한 구실을 다하려면 개인으로서의 직무나 기타 활동을 통하여 성실하게 노력해야 하며 변호사회라는 단체를 통하여 국정과 세계평화를 위해 그 거대한 사명을 다해야 할 것이다. 따라서 남보다 일층 높은 식견과 인격이 요청된다. 권세에 굴하지 않고 돈에 팔리지 아니하고 어디까지나 정의를 위해 불의에 대립하여 투쟁하는 기혼과 용기가 있어야 한다.”[96]

이병린은 오직 변호사로 활동하면서 변호사의 길에 대한 자기 신념이 확고했다. 그는 “법의 목적은 평화이지만 그것을 달성하는 방법은 투쟁이다”라는 예링의 말을 인용하면서 “변호사가 투쟁의 이념으로 해야 할 목적가치는 자기측의 부당한 이익을 도모한다거나 어떤 타인이나 단체를 두둔하거나 해치는 야심이 아니라 대의명분에 입각한 기치를 높이 들고 순수성을 잃지 말아야 한다”고 주장한다. 또한 “변호사는 어디까지나 합법적인 사회개선주의자이며 권력만을 위한 투쟁을 일삼아서도 안 된다”고 경계하고 있다.[97]

이병린이 보는 변호사관은 청렴과 인권 그 자체이다. “변호사는 인권에 죽고 인권에 살아야 한다”는 것이다.[98] 돈과 축재와는 멀어야 한다는 것이다. 즉 “째째하게 돈이나 벌려고 덤빈다면 차라리 당장 때려치우고 장사하는 게 낫다”는 것이다. 그는 “신문지상에 변호사가 사건을 수임하는 데 있어서 여러 가지 비루한 수단을 농한다거나 보수를 무리하게 받아서 당사자에게는 소송한 실익이 없는 결과가 된다는 등의 기사가 자주 눈에 띄는 것”을 통탄하면서 “어찌 변호사로서 얼굴을 붉히지 아니할 수 있겠는가”라며 한숨을 쉰다. 심지어 그는 “재야법조가 건재할 때 법관이나 검사 등 재조법조가 건재할 수 있는 법”이며 또한 “법원이나 검찰을 신뢰하는 도가 저하되어감

---

96) 이병린, 앞의 책, 60쪽.
97) 이병린, 앞의 책, 51쪽.
98) 최일남, 앞의 글, 44쪽.

을 느낄 수 있는데 그 책임의 일부를 우리 재야법조도 통감해야 한다"고 했다.[99] 법조 전체에 대한 책임감을 느끼고 있었던 것이다.

그러나 그의 글들을 살펴보면 따뜻한 인간미가 그를 감싸고 있음을 알 수 있다. 논리적인 변호사보다 마음이 따뜻한 변호사가 되어야 한다고 믿고 있었기 때문이다. 스스로 그는 선배·동료 변호사들과 따뜻한 우정을 가꾸기도 했다. 그가 존경하면서 모신 양대경 전 대법관[100]에 대한 추도사를 보면 그가 얼마나 선배와의 관계를 소중히 했는지를 알 수 있다.

> "월남하실 때 제가 배종하고…… 선생이 인의동 대법관 관사에 계시고 당시에 미령(未寧)하시다 하기로 위문차 배진(拜進)하였더니 선생은 반기시면서…… 제가 선생 앞에서 막걸리를 앞에 놓고 응석도 부렸고 선생은 세상일을 개탄하시며 그 시정책을 논하시더이다."[101]

이런 관점에서 변호사들의 불친절한 태도를 그는 비판한다. "상담에 대해서도 안 되면 안 된다, 되면 된다 식으로 판단해주고 마는 것이 보통이다. 그것만 해도 좋은데 상담자의 입장에서 보면 자신의 일가흥망이 달려 있는 중차대한 문제임에도 불구하고 그것을 논하는 변호사의 표정을 보면 너무나 냉엄하고, 상담자가 얼마나 고민하고 있느냐에 대하여는 일언의 위로도 없는 것이 보통"이라는 것이다. 그는 변호사가 어떤 의미에서 "시집을 내지 않는 시인, 연주하지 않

---

99) 이병린, 앞의 책, 118~119쪽.

100) 양대경(梁大卿) 전 대법관은 1885년생으로서 일본 명치대학교를 졸업하였고 법관양성소에서 강사로 근무하였다. 1914년에는 광주지방법원 판사로 임명되어 일하다가 1919년 사임하고 변호사를 개업한다. 1946년에는 대법관으로 임명되어 1950년 정년퇴임하였다. 그는 평생 검소하고 청렴하게 산 법조인으로 유명하다(자세한 것은 최종고, 「한국의 법률가상 ─ 양대경」, 《사법행정》, 1985년 4월호, 82쪽 이하 참조).

101) 이병린, 앞의 책, 127~130쪽.

는 악사, 그림을 전람회에 출품하지 않는 화가쯤 되어야 하지 않을까"라고 생각한다. 그리고 그러기 위해서는 "착수금과 사금(謝金)으로부터 해탈"해야 한다는 것이다.[102]

(3) 이병린 변호사의 인생관

'의인' 이병린이 스스로 '의(義)'에 대해 어떻게 생각하고 있는지를 보여 주는 좋은 법격언이 있다. 그가 스스로 만든 법언(法諺)이다.

> "인(仁)을 원으로, 의(義)를 사각으로 비유하는 것은 일리가 있다. 그러나 인 없는 의는 오발탄이 되기 쉽고, 의 없는 인은 악의 온상지대가 된다."[103]

이병린은 인과 의 어느 한쪽으로 기우는 것을 스스로 경계하고 있다. 그가 의로운 삶을 일관되게 살면서도 그 속에 따뜻한 인간미를 간직할 수 있었던 것은 바로 이러한 그의 인생관으로부터 비롯된다고 할 수 있다.

이병린이 정의를 위한 불굴의 투쟁을 벌인 의인임에도 불구하고 언제나 자신을 성찰하고 반성하는 겸손한 인간성을 보여 주었다. 「나의 자화상」이라는 글을 통해 이병린은 스스로를 이렇게 평가하고 있다.

> "거울을 놓고 나의 신상(身像)을 보니 속기(俗氣)와 악기(惡氣)가 드레드레하다. 원래 신상과 심상(心像)은 일여(一如)이므로 나의 심상 역시 그러함을 뜻한다.…… 나의 변호사 생활이 36년에 접어들고 있는데 내가 과연 인권옹호와 사회정의 실현을 위해서 얼마나 노력했던가. 하기야 그동

---

102) 이병린, 앞의 책, 37쪽.
103) 이병린, 앞의 책, 28쪽.

안 많은 민사사건과 형사사건 등을 취급했으니 겉으로 보면 어느 정도는 일한 것이 된다. 그러나 순수한 마음으로 그를 위하여 전력투구해 왔느냐 자문하면 고개가 가로저어진다. 게으르고 연구가 부족하고 당사자에 대해서 불친절했던 점이 한두 가지가 아니다.…… 사실은 성질이 급해서 남과 다투기도 하고 성묘도 자주 못 다니고, 해야 할 친구 심방도 못하고 주정이나 하고 하는 범인 이하 격의 사람임이 틀림없다. 그런 것을 수단 격상하여 수년간 평가받아 온 것이다. 이것은 소극적 기만인 것이다.”

이병린의 사상에는 서양철학·유교·불교 등 다양한 요소가 녹아 있다. 그 가운데 특히 불교 이야기가 많이 인용되고 있다. 그가 단순히 실정법에 머무르지 않고 그 너머 초월적 법과 법의 이상에 대해 관심을 가졌던 것은 이 때문이다. “기독교와 신법(神法)과 인법(人法)의 관계를 법철학적으로 고찰한 사람은 있어도 불법(佛法)과 인법에 대해서는 아무도 생각지 않고 있다”고 한탄하기도 했다.[104]

4. 이병린, 인권변호사들의 정신적 지주로 남다

이병린 변호사의 영결식이 1986년 8월 23일 서울 광화문 변호사 회관 앞뜰에서 열렸다. 이재인 변협 사무총장의 사회로 진행된 이날 영결식은 박승서 서울지방회장의 고인의 약력보고, 장례위원장인 김은호 협회장과 당시 신한민주당의 김영삼 고문, 계훈제 당시 민통련 부의장이 대독한 함석헌 선생의 조사 등의 순서로 진행되었다. 이날의 장례식은 대한변호사협회가 생기고 나서 처음으로 치러진 협회장이었다. 그동안 수많은 협회의 장들이 사망했지만 그의 죽음이 처음으로 대한변호사협회장으로 치러진 것은 그가 변호사들 가운데

---

104) 이병린, 앞의 책, 126쪽.

에서도 얼마나 존경을 받았던가를 말해주고도 남음이 있다. 역대 변협회장들은 자신의 강직함과 인권보장에의 결의를 보여주기 위해서도 이병린 변호사의 정신을 계승하겠다는 다짐을 하곤 했다. 다음은 1995년 제38대 변협회장으로 당선된 김선 변호사가 회원들에게 보낸 편지의 일부이다.

"지난 (1995년) 2월 27일 새로운 집행부의 제1차 상임이사회를 개최하였으며, 모임을 마친 후 상임이사들과 함께 용인 공원묘지에 안거하신 고 이병린 회장님의 묘소를 참배하였습니다. 우리들에게 변호사로서의 귀감을 보여주신 이병린 선배님의 투철하신 정신을 되새기려 함이었습니다."

그러나 장례식 당일에 치러진 행사의 진정한 의미는 다른 곳에서 발견할 수 있었다.

"1986년 8월 23일 서울 종로구 당주동 대한변호사협회 회관 앞에서는 대한변협 최초로 변협회장 영결식이 거행되었다.…… 장지는 경기도 용인군에 있는 공원묘지. 묘소까지 운구하는 데는 2~3백 미터의 가파른 산길을 올라가야 했다. 조준희, 홍성우, 황인철 변호사 등 50세 내외의 중견 변호사들과 조영래, 김상철, 이상수 변호사 등 40세 내외의 변호사들이 직접 관을 멨다. 세칭 인권변호사들이었다. 인부들이 험한 산길이라 안 된다고 자기들이 메겠다고 했으나 아무리 힘들고 궂은 일이라도 이 일만은 우리가 꼭 해야 한다고 고집을 피워 운구는 끝까지 인권변호사들이 맡았다."[105]

이날의 행사에 눈여겨 보아야 할 점은 시신을 운구한 젊은 변호사들의 그룹이었다. 이들이 '인권변호사 4인방'[106]을 지주로 하여 이른

---

105) 서중석, 「인권투쟁의 보루, 대한변협」, 《신동아》, 1987년 3월호, 444쪽.

바 곧 '정법회' 창립을 주도할 '제2세대 인권변호사'들이었던 것이다. 당시 이들은 '제1세대 인권변호사'들을 도와 활발한 인권변론 활동에 참가하고 있었을 뿐만 아니라 대부분 대한변협 인권위원의 신분으로도 활동하고 있었다. '운구(運柩)'의 상징적인 행위를 통하여 이들은 '인권변호사의 대부'였던 이병린 변호사와 정신적 교감, 유업의 계승을 다짐하고 있었던 것이다.[107]

이들 젊은 변호사들은 사실상 이병린 변호사를 모시고 함께 활동할 수 있는 기회는 없었지만 정신적 지주로서 모실 수 있는 유일한 실체로서 이병린 변호사를 생각할 수밖에 없었다. 과거 일제하의 독립운동 변론 변호사들은 직접 만나거나 그 활동상을 전해들을 기회가 없었다. 물론 이병린 변호사의 경우에도 이들 제2세대 인권변호사들이 조우할 때는 이미 망인이 되었지만, 바로 그 사망의 순간에 운구행위라는 상징적 만남을 통해 정신적 계승이 이루어지고 있었던 것이다. 이병린 변호사가 인권변론, 그리고 인권변호사들의 비조인 이유가 바로 여기에 있다.[108]

---

106) 세상 사람들이 부르는 '인권변호사 4인방'은 이돈명 · 조준희 · 홍성우 · 황인철 4명의 변호사이다(김정남, 「무죄라는 말 한 마디」, 《문학과 지성》, 1993년 여름호, 719쪽).

107) 이미 그 젊은 나이에 스스로 망인이 되어 버린 조영래 변호사는 필자에게 "조만간 생활에 고통을 겪고 있는 이병린 변호사님을 우리 사무실로 모셔야 할 텐데……" 하면서 자괴하는 것을 몇 차례 들은 적이 있다.

108) 필자 역시 이병린 변호사 장례식과 운구에 참여했다. 그 당시 장지에 다녀오면서 참여한 인권변호사들이 용인 에버랜드 호숫가에 모여 향후의 인권활동에 관한 방담을 나누기도 했다.

문학과 법의 친선사절, 한승헌 변호사

1. 언제나 지면서 이기는 인권변호사

우리 山民[1] 율사는
웃음 말고는
웃음 속의 슬기 말고는
통 다른 것을 지니지 않으셨네
지난 60년대 이래
온갖 큼지막한 사건만 일어나면
언제고 어느 곳이고
그의 부지런한 모습 달려와
이모저모 빠뜨리지 않는 말씀으로
법정의 감격을 일으키셨네
그 살벌한 가운데
그 거짓에 대한 분노 가운데

---

1) 한승헌 변호사의 아호.

그러나 우리 山民 율사는 이제까지
100여 건에 이르는 사건 가운데
단 한번도 무죄로
그 피고를 풀어낸 적 없으시네
스스로도 말하기를
나는 지는 재판만 해 왔다 하시네
아닌게아니라
늘 웃음만 머금고 지는 변호사이셨네

그러나 세월이 흘러
돌이켜보는 역사 가운데
우리 山民 율사는
단 한번도 진적 없는
이기는 변호사이셨네
이 뜻 모르고는
우리 山民 율사의 삶을 모르시네[2]

한승헌 변호사의 회갑을 기념하여 헌정된 이 시에 나와 있는 것
처럼 그는 언제나 지면서 이기는 변호사였다. 거의 모든 사건마다 무
죄를 변론했지만 무죄보다는 유죄를 받기 일쑤였다. 어떤 이는 이것
을 "법의 극치가 불법의 극치로 전락하는 시대"였으며 "무죄가 확실
하지만 유죄가 선고되리라는 것 또한 확실했던 사법부의 곡법부화
(曲法府化) 현상으로 거듭 깊어간다"고 지적했다.[3] 그러나 긴 세월이
지나면 언제나 법정에 섰던 피고인은 무죄로 판명이 나곤 했다. 긴

---

2) 고은, 「山民謠」, 한승헌선생화갑기념문집간행위원회 편, 『한 변호사의 초상』, 범
　우사, 1994, 31~32쪽.
3) 김중배, 「내릴 수 없는 재야정신의 깃발」, 한승헌선생화갑기념문집간행위원회 편,
　앞의 책, 1994, 26쪽.

어둠의 시대가 지나고 그와 그의 피고인들을 법정에 세웠던 사람들이 다시 법정에 서는 새벽의 시대가 온 것이다. 한승헌 변호사와 그가 변론했던 피고인들이 모두 진실과 정의의 편에 서 있었기 때문이었다. 역사의 인과였고 응보였다.

한승헌 변호사가 인권변론을 시작한 1960년대 말과 1970년대 초는 아직 인권의 암흑시대가 지속되고 있었다. 인권변론을 조직적으로 수행할 변호사들이 조직화되어 있지 않았고, 법조인 단체나 인권단체들도 아직 결성되어 있지 않았다. 비록 인권사건이 적지 않았고 그 사건들을 변론하는 변호사들이 없지는 않았으나, 그것이 지속적이고 조직적으로 이루어지지는 않았다는 것이다. 아궁이에 불을 때면 처음에는 물이 더워지고 그것이 뜨거워져 마침내 수증기가 모여 압력이 되고 마침내 솥뚜껑까지 날려버리는 힘을 가지게 된다. 그러나 이 과정은 오랜 시간과 노력을 필요로 한다. 조직적인 변론이 시작된 것은 1970년대의 민주화운동이 본격화된 뒤였다. 이런 점에서 그는 오랫동안 외로운 단기(單騎)의 인권변호사였다.

그는 인권변호사가 된 연유를 이렇게 이야기한다.

1972년 10월 17일 박정희 대통령은 국회를 해산하고 비상계엄을 선포했다.…… 2월에는 이른바 '문인간첩단사건'으로 작가·평론가 등 5명이 구속되었는가 하면, 4월에는 대통령긴급조치 제4호가 선포됨과 동시에 세칭 민청학련사건 관련자들이 대량으로 구속되었다. 박정권 치하는 정치 아닌 전투의 연속이었고, 그러기에 승패 아닌 사활이 걸린 극한 대결이 반복되었다. 그런 상황 속에서 공교롭게도 나는 앞서 나온 10·2서울 문리대 반유신 데모사건, 긴급조치 1호사건, 4호사건, 문인간첩단사건 그리고 납치당한 김대중 씨의 대통령선거법 위반사건 등 일련의 정치적 사건의 변호를 모두 맡게 되었다. 나의 용기나 능력과는 무관하게, 다만 정권 차원의 시국사건을 맡고 나서는 변호사가 드물었던 탓으로 나마저 변호를 외면하거나 거절할 수 없었던, 말하자면 '부득이' 때문에 변호인이 되었던 것이다. 그러다 보니 법정에서도 압제자인 집권자를 비판하지 않을 수 없게 되었는가 하면 나 자신이 피고인석의 인사들로부터 감화, 감염되는 일면도 있었다.[4)]

겸손한 그의 말과는 달리 이미 그는 가장 용감한 인권변호사가 되어 있었다. 그 살벌한 1974년에 그는 "시국사건 재판으로 눈코 뜰 새 없이 바쁘게 보내는" 신세가 되어 있었다.[5)] 따라서 그는 '4인방 변호사'가 출현하기 이전부터 이미 많은 인권사건을 담당하고 있었다. "'다리'지 필화사건, 중앙일보 박영수 기자 필화사건, 김준희 교수 필화사건 등 1970년대 초부터 필화사건을 많이 담당했다. 이밖에 1971년에 서승·서준식 형제의 국가보안법위반 사건, 1973년 김상현 의원 사건, 박형규 목사 부활절 예배사건 등 주요 시국사건을 변론했다. …… 유신을 전후해서 이 같은 선배 법조인(이병린·한승헌 변호사)의 용기 있는 인권변론 활동과 그에 대한 당국의 탄압은 젊은 변호사인 황인철(과 그 외의 변호사들)에게도 상당한 영향을 미쳤음에 틀림없었다."[6)]

앞의 시에서 묘사한 대로 그는 인권사건이 있는 곳에 "언제고 어느 곳이건" 달려간 사람이다. 그의 말로는 "나의 용기나 능력과는 무관하게, 다만 정권 차원의 시국사건을 맡고 나서는 변호사가 드물었던 탓으로 나마저 변호를 외면하거나 거절할 수 없었던, 말하자면 '부득이' 때문에 변호인이 되었다."[7)] 1966년의 남정현의 '분지' 사건[8)]을 시

---

4) 한승헌, 『정치재판의 현장』, 일요신문사, 1997, 56쪽.

5) 한승헌, 앞의 책, 1997, 56쪽.

6) 이석태 외, 『'무죄다'라고 말할 수 있는 용기』, 문학과지성사, 1988, 74쪽.

7) 한승헌, 「시국사건 변호에 대한 보복」, 한승헌선생화갑기념문집간행위원회 편, 『분단시대의 피고들—한승헌변호사 변론사건 실록』, 범우사, 1996, 359쪽.

8) 이 사건은 이항녕 변호사, 김두현 변호사도 참여했으며, 특히 소설가 안수길 씨도 당시의 형사소송법에 따라 특별변호인으로 선임되어 활동했다.

작으로 동백림간첩단사건, 김상현 등 신민당의원 구속사건, 김준희 교수의 반공법위반사건, 동아일보 고준환 기자 국회의원선거법 위반사건, 김지하의 '오적' 사건, '다리' 지 필화사건, 서승형제사건, 고대 '검은 10월단 사건', 문인간첩단사건, 남산 부활절예배 사건 등이 한 변호사를 거쳐간 중요 사건의 목록이다.[9]

이 같은 변론으로 권력의 미움을 사고 마침내 그도 피고인석에 오르게 된다. 그것도 두 차례에 걸쳐 그는 감옥살이를 한다. 그리고 8년 동안의 긴 변호사 자격 박탈과 함께. 그에게는 한동안 '전(前) 변호사' 라는 호칭이 붙기도 했다.[10] 그것은 불의의 시대에 의로운 사람이 거쳐야 할 불가피한 선택이기도 했다.

"비단 '어떤 조사' 와 '내란음모' 의 덫에 감긴 옥고뿐이겠는가. '인간의 구원' 을 '인간의 마취' 로 조작하는 학기(學妓)들이 판치는 '양심의 흉년' 에, 그는 마땅히 해야 할 일을 하지 않는 '부작위의 죄' 에 떨었던 사람이다. 외면할 수 없는 인간과 시대의 아픔을 끝내 외면하지 않은 채 더불어 아파했던 사람이다. 그 외면할 수 없는 아픔을 달래고자 '전 변호사' 와 '후 변호사' 의 험난한 길을 마다하지 않은 채 버릴 수 없는 자리를 지켜냈던 사람이다. 그리하여 내릴 수 없는 깃발을 끝내 내리지 않았던 사람이다. 가릴 수 없는 하늘이, 언제나 그의 밝은 눈 안에 자리했기 때문이리라."[11]

---

9) 한 변호사가 변론한 인권사건의 목록은 한승헌, 『갈망의 노래』, 범우사, 1990, 말미에 붙어 있는 연보를 참조할 것.
10) 그는 이 고난의 시기를 다음과 같이 재미있게 정리하고 있다. "그동안 나는 심판관석(군법무관 때)을 거쳐 변호인석으로 옮겨 앉았다가 마침내는 피고인석과 방청인석까지 두루 거친 다음 1983년 복권조치로 다시 변호사 자리로 돌아왔다. 어려운 변호사를 두 번이나 되는 행운을 누렸는가 하면, 감옥만 해도 서울구치소 재수를 마치고 육군교도소를 거쳐 50대 나이에 소년교도소까지 두루 거쳤다. 여자교도소만 못 가봤다."
11) 김중배, 앞의 글, 27쪽.

2. 대표적 변론 사례

1) 한승헌 변호사의 인권변론 목록

한승헌 변호사가 변론한 인권사건은 수를 헤아리기 어려울 정도이다. 그가 평생을 통해 변론한 주요 사건의 목록을 여기 정리해 본다.[12]

〈제3공화국 시대〉
① 소설 '분지(糞地)' 필화사건: 민족자주의 문학적 열망(남정현)[13]
② 동백림 간첩단사건: 부정(父情)을 처벌한 반공재판(이응로, 박인경)
③ 통일혁명당사건: 한 진보주의자의 시련과 열망(박성준)
④ 담시 '오적' 필화사건 외: 같이 수갑을 찬 피고인과 변호인(김지하)
⑤ 월간 '다리' 지 필화사건: 야당지도자 겨냥한 정치적 복선(임중빈)
　　　　　　　　　　　언론 · 출판탄압에 대한 최초의 무죄사건
　　　　　　　　　　　(윤형두)
⑥ 서승형제사건: 겨레를 찾아 나라를 찾아(서승)

〈유신통치시대〉
① 반유신 야당의원 구속사건 외: 4년 3개월의 '국비장학생' (김상현)
② 동아방송 보도필화사건: 8년 걸린 진실보도의 승리(고준환)
③ 남산 부활절예배 사건: 15년 만에 무죄 난 내란음모(박형규)
　　　　　　　　　　　대한민국 첫 인권변호사의 등장(권호경)
④ 긴급조치 1호 성직자 구속사건: 각본대로 나오는 정찰제 판결(이해학)

---

12) 한승헌선생화갑기념문집간행위원회 편, 앞의 책, 1996, 목차 참조.
13) 앞에서부터 사건의 명칭, 그 사건의 성격을 요약한 제목, 피고인(괄호 안)을 가리킨다. 한승헌 변호사의 회갑에 즈음하여 한 변호사가 변론한 사건의 피고인들이 그러한 제목으로 글을 써 헌정한 것이다.

내란음모에 이은 유신헌법 반대투쟁
(김동완)
⑤ 울릉도 간첩단사건: 무기징역으로 막은 분단극복의 길(이성희)
⑥ '한양' 지 사건: 허황된 문인간첩단 사건의 누명(임헌영)
⑦ 민청학련사건: 유신정권의 극약처방(정상복)
⑧ 긴급조치 4호 연대교수 구속사건: 15년 징역에 항소포기(김동길)
자유와 인권을 위한 만남(김찬국)
⑨ 거액금융부정배후 보도사건: 알권리 봉쇄한 검찰권 남용(이원달)
⑩ 야당 대통령후보 선거법 위반사건: 재판시효 넘긴 15년 재판
(김대중)
⑪ 이병린 변호사 구속사건: 재야지도자에 대한 비열한 올가미(이영근)

〈광주민중항쟁 이후〉
① 기독교사회문제연구원 사건: 통일문제에 관한 교과서 연구 수난사
(조승혁)
② '노동과 노래' 책 사건: 저작권법까지 동원된 '노가바' 탄압(허병섭)
③ '민중교육' 지 사건: 교육민주화의 햇불(윤재철)
이 땅의 교육현실에 대한 고발 (송기원)
④ 부천서 성고문규탄대회 사건: 검사에게 구형한 피고인(오대영)
⑤ 광주희생자 추모식 사건 외: 감옥생활 8년의 의미(장영달)
⑥ 이부영 은닉 위장사건: '한 일이 없는 이 사람' 의 참뜻(이돈명)
⑦ 목요기도회 설교사건 외: 세 번의 재판, 세 번의 변론(고영근)
⑧ 전북대 총학생회 사건: 80년대, 내 청춘의 용광로(정도상)
⑨ 고려대 신문방송연구소 사건: 교수들과 교수 아닌 사람에 대한 이
야기(윤용)
⑩ 보도지침 폭로사건: 5공의 언론통제에 대한 일격(김주언, 김태홍,
신홍범)
⑪ 백범 시해범 안두희 응징사건: 민족혼을 살리고자(권중희)

⑫ 6월민중항쟁사건: 민주헌법쟁취 국민운동본부와 6월항쟁(김병오)

짧았던 승리의 한가운데에서(유시춘)

⑬ 진달래 걸개그림 사건: 민중미술에 대한 용공탄압(이상호, 전정호)

⑭ 국회공무원 집단면직사건: 국보위법 위헌결정 끌어낸 법정투쟁

(임정호)

〈6월민주항쟁 이후〉

① 안동미사 인권강연사건 외: 재오라는 이름대로 다섯 번이나(이재오)

② 남북작가회담 추진사건: 통일을 향한 문학인의 발걸음(고은)

③ 한겨레신문 방북취재기획사건: 독재자의 눈엣가시가 되어(리영희)

④ 문익환 목사 방북사건: 가슴으로 만난 평양(문익환)

통일염원과 국가보안법 사이(유원호)

⑤ 임수경양 방북사건: 민족의 분단을 넘어(임수경)

분단통과인가 밀입북사건인가(문규현)

⑥ '한국근현대민족해방운동사' 사건: 독립운동사의 재정립을 위하여

(이승환)

⑦ 전민련 창립선언문 사건: 아직도 벗지 못한 공안의 굴레(김근태)

⑧ '기독교와 민족통일' 강연 사건: 피고인석에서 본 재판의 신학적 의

의(박순경)

⑨ 김낙중씨 사건: 통일을 위한 나의 선택(김낙중)

⑩ 작가 황석영씨 방북사건: 분단시대의 작가로서(황석영)

이 목록이 한 변호사의 인권변론사건을 모두 포함하고 있는 것은
아니다. 1969년 9월 국회 제3별관에서의 3선개헌 변칙처리 직후 발
생한 동아일보·조선일보의 사진기자 피습사건의 민사제소, 1971년
7월 덕성여대 메이퀸 변사사건,[14] 같은 해 9월 중앙일보 박영수 기자

———————————

14) 이 사건은 덕성여자대학 메이퀸에 대해 연정을 품어오다가 호텔에 강제투숙 후

의 보도필화사건, 1973년 2월 남북한유엔동시가입을 주장한 김준희 교수의 반공법위반 필화사건, 1974년 1월 고려대 검은 10월단 사건, 같은 해 2월에는 중앙일보 이원달 기자의 명예훼손사건 등이 앞에서 빠진 사건들이다. 특히 한 변호사는 인권에 대한 관심을 재일동포에 까지 확대했다. 1967년 4월에는 이득현사건 후원회의 이사로서 일본 의 감옥에 있는 이득현과 김희로를 만났다.[15] 가히 이 시대에 인권사 건이 있는 곳에 한변(韓辯)이 있다고 할 만했다.

2) 한승헌 변호사의 주요 변론 사건

(1) 표현의 자유를 위하여: 1965~1973

① '분지(糞地)' 사건

한승헌 변호사는 '분지(憤志)를 곡해한 분지(焚紙)의 위험'이라는 자작문의 변론서를 제출했다. 다음은 그 결론 부분이다.[16]

"본건 공소사실에서 문제된 피고인의 작품 '분지(糞地)'는 결코 반미 반정부적인 소설이 아니며 거기에 부각된 현실과 인간의 미추, 명암은 창 작과정에서 설정된 허구요, 현실적인 당위문제에 그대로 결부시킬 성질 의 것이 아니다. 이 작품의 스토리에 한 사회의 어두운 면이 강조되었다 고 하더라도 그러한 외형상의 이유만으로 곧 반국가단체의 주장에 동조

피해자가 추락사한 사건으로 피고인이 1심에서 무기징역, 항소심에서 무죄, 대법 원에서 파기환송, 다시 무죄, 대법원 또 파기환송, 고등법원에서 무기징역 확정이 라는 기나긴 '핑퐁재판'을 연출했다(법원행정처, 『법원사(法院史)』, 1995, 804~ 805쪽).

15) 최종고, 「한승헌의 삶과 생각―정의와 양심을 지켜온 의인」, 한승헌선생화갑기 념문집간행위원회 편, 앞의 책, 1996, 75쪽.

16) 한승헌, 『법과 인간의 항변』, 한얼문고, 1972, 199쪽.

한 것이라 볼 수 없는 것이며, 모호하기 짝이 없는 반공법 제4조의 규정을 그렇게 확대해석한다면 국민의 기본적 자유를 본질적으로 침해함은 물론 죄형법정주의에도 어긋나는 일이 아닐 수 없다. 더구나 피고인으로서는 반국가단체의 주장에 동조하여 적을 이롭게 한다는 인식이 전혀 없었으니 결국 범의 없음에 귀착되며 북괴의 출판물에 전재되었다는 일사를 들어 피고인의 작품을 용공으로 보거나 적을 이롭게 하려는 범의가 있었다고 추정할 수는 없다. 그렇다면 피고인의 소위는 한국의 헌법과 법률이 허용하는 범위 안에서 작가로서의 창작활동 및 그 발표의 자유를 행사하였을 뿐이고 달리 공소장 기재와 같은 범죄사실을 인정할 증거가 없으므로 피고인은 무죄라고 확신하는 바이다. 한 작가의 분지(憤志)를 곡해함은 분지(焚紙)의 위험을 초래할 뿐이다."

한 변호사 특유의 언어 구사력과 위트가 돋보인다. 작가의 진정한 뜻을 곡해한다면 결국 분서갱유와 같은 표현과 출판의 자유를 유린할 수 있음을 경고하고 있는 것이다. 원래 이 사건은 작가 남정현이 《현대문학》지에 발표한 소설 「분지」를 문제삼은 것인데 "문학작품의 내용을 문제삼은 최초의 사건"인데다가 "하필이면 반미·용공이라는 혐의였기에 더욱 주목을 끌었던 사건"이었다.[17] 이 소설은 활빈당 수령 홍길동의 10대손인 홍만수가 그의 어머니와 누이동생이 미군으로부터 능욕 또는 학대를 당한 데 분개한 나머지 미군 상사의 아내를 겁탈하는 보복을 감행하고, 이에 격노한 미 국방성이 미사일부대까지 동원해 만수가 숨어 있는 향미산을 포위하여 폭파시킨다는 내용이다. 1심판결에서 "작가가 민족주체성 확립의 염원을 소설화했고 반국가단체의 활동에 호응 가세할 적극적인 의사가 없었음을 인정한다"면서도 '형의 선고유예'를 내렸다. 유죄였음은 유감이었으나 그래도 그때까지는 좋은 시절이었다.

---

17) 한승헌, 앞의 책, 1997, 100쪽.

② 동백림사건과 이응로 화백

1967년 7월 중앙정보부는 이른바 '동백림 거점 북괴대남적화공작단 사건'을 발표한다. 유럽에 거주하는 많은 교민들을 간첩으로 몬 이 사건에는 유명한 예술가들인 윤이상, 이응로 등이 포함되어 있었다. 한승헌은 이응로 화백의 변론을 맡았다.

나는 파리에서 끌려온 동양화가 이응로 씨 부부의 변론을 맡았다. 이 화백은 6·25때 행방불명된 아들이 북한에 살고 있다는 소식을 듣고 그 혈육을 만나게 해 준다는 북한측 공관원의 말에 따라 동백림에 갔다가 헛걸음만 하고 돌아왔는데 뜻밖에도 국가보안법 위반으로 묶인 몸이 되었다. 그는 구치소에서의 첫 번째 변호인 접견 때 "내가 평양이 아닌 서울에 와서 이런 수모를 겪을 수 있느냐"며 몹시 분개했다. 박정희 대통령 중임 경축식에 해외에서 국위선양을 한 유공자로 초청한다기에 따라왔는데, 그처럼 대통령의 이름까지 판 속임수가 더욱 괘씸하다며 분을 삭이지 못했다.…… 이응로 씨에겐 징역 5년을 선고했다. 항소심 법정에서 나는 "65세 노인더러 5년 징역을 살라니 우리의 평균 수명에 비추어 무기징역과 무엇이 다르냐. 1심판결은 사실상 검사의 구형량과 똑같은 것이어서 부당하다"고 따졌다.[18]

그후 이응로 화백은 징역 3년을 선고받았고 구속 2년 반 만에 형 집행정지로 석방되어 파리로 돌아갔다. 그 사건이 있은 뒤 국내의 화랑들은 세계적인 예술가로 명성이 드높은 이응로 화백의 작품을 취급하지 않겠다는 결의까지 했지만 한 위대한 예술가의 예술성까지 깎아내릴 수는 없었다.

---

18) 한승헌, 앞의 책, 1997, 106~107쪽.

③ 통일혁명당사건과 김종태

1964년 3월 김종태를 수괴로 김질락·이문규 등을 지도위원으로 한 통일혁명당이 베트콩식 연합전선조직인 민족해방통일전선을 목표로 조직되어 무장봉기, 주요시설 파괴, 정부요인 암살 등의 방법으로 대한민국 정부 전복과 공산정권 수립을 꾀했으며 북으로부터 자금도 받았다.

이것이 그 유명한 통혁당사건의 공소사실의 요지이다. 이 사건에는 김질락·임중빈·박성준·이문규 등 당시 젊은 엘리트들이 포함되어 있었다. 구속기소된 피고인만 39명에 이르렀다. 당시 김종태가 북으로부터 받은 돈으로 운영했다는 『청맥』지나 학사주점은 젊은 세대나 지식인층에 상당히 알려져 있었기 때문에 이 사건은 큰 충격을 주었다. 이 사건에 '조연급' 피고인의 변호인으로 참여했다는 한승헌은 이 사건을 다음과 같이 회고하고 있다.[19]

주범인 김종태의 공소장에 적혀 있는 혐의사실은 무려 1백 80개 항목에 이르렀으며, 피고인들의 범죄사실을 요약한 도표만도 갱지 전지 절반 크기로 16장이 되었는가 하면 변호인석에는 19명의 변호사가 줄지어 앉아 있었다.

④ 담시 '오적' 사건과 김지하

1970년은 3선개헌 반대투쟁의 열기 속에서 집권층의 부패와 스캔들이 계속 터져 나왔다. 3월 17일의 정인숙 여인 피살사건, 4월 8일의 와우아파트 붕괴사건 등이 바로 그것이었다. 국회에서는 동빙고동의 이른바 '도둑촌' 이 화제가 되었다. 야당과 재야의 비판은 거세지고 있었다. 이러한 가운데 저항세력의 탄압에 나선 당국의 첫 번째 먹이가 바로 〈오적〉이었다. 이 담시는 재벌·국회의원·고급공무

---

19) 한승헌, 앞의 책, 1997, 109쪽.

원·장성·장차관을 5적으로 묘사하면서 짐승이름을 뜻하는 희한한 한자로 음을 맞춰 표기하고 있었다. 이 때문에 이 시를 쓴 김지하, 《사상계》 발행인 부완혁, 편집장 김승균, 《민주전선》 주간 김용성, 편집위원 손주항 등이 구속되었다.

이 재판은 이병린, 한승헌 두 변호인이 맡았다. 검찰은 이 작품의 용공성을 주장하기 위해 국제문제연구소 연구원이라는 염희춘을 내세웠으나, 변호인측에서는 이를 반박하기 위해 이항녕 고려대 교수, 작가 김승옥 등을 증인으로 내세웠다. 그밖에도 시인 박두진, 선우휘 조선일보 편집국장 등이 감정서를 작성해 주었다.[20]

> 박두진: 〈오적〉 시 정도의 풍자와 고발은 조금도 부당하거나 공공질서를 해치거나 국민의 기본권 행사의 범위를 벗어난 것이 아니다. 작가적 책임과 사명을 자각하는 문학자라면 이 정도의 표현은 당연한 것으로 보아야 한다.
>
> 선우휘: 일부 특수층의 부정부패는 작가가 발성하기 전에 이미 신문과 국회의 원내발언을 통해 밝혀진 것이며, 사회의 부정부패에 대한 공분을 표현한 것으로 본다

재판 중 피고인들은 모두 보석으로 석방되었고, 김지하 시인은 1974년의 민청학련사건과 병합되어 유죄판결을 받았고, 나머지 피고인들은 징역 1년에 선고유예의 비교적 가벼운 형벌이 선고되었다. 〈오적〉을 게재했던 《사상계》는 그 뒤 신문통신등의등록에관한법률 위반으로 등록이 말소되었으나 등록취소무효확인소송에서 승소하였다. 김지하 시인은 1975년 2월 형집행정지로 풀려났다가 다시 '인혁당사건 날조' 혐의로 재구속되었을 때 한 변호사가 다시 그의 변호인이 되었다. 그런데 한 변호사마저 반공법위반으로 구속되어 피고

---

20) 한승헌, 앞의 책, 1997, 113쪽.

인과 변호인이 구치소 안에서 극적으로 만나게 되는 진풍경이 벌어졌다.[21]

⑤ 월간 '다리'지(誌) 사건

내가 변호한 사건은 거개가 '좌우간 유죄'로 판결이 났다. 그래서 어떤 험구(險口)는 "한 변호사가 변호만 하면 모두 징역갔다"고 말한다. 그러나 나도 이렇게 응수한다. "무슨 말씀을……, '다리'지 사건을 보더라도 죄없는 사람은 무죄가 납디다."[22]

이렇게 '다리'지 사건에서 한승헌 변호사는 보기 드물게 무죄에 성공한다. 그 당시 문제된 것은 월간 《다리》지 1970년 11월호에 실린 임중빈의 「사회참여를 통한 학생운동」이었다. 이 때문에 임중빈은 물론이고 《다리》지에 관여하던 윤재식, 윤형두도 함께 구속되었다. 그 잡지는 김대중계 국회의원이던 김상현 의원이 운영하던 월간지였다. 한승헌 변호사가 제출한 변론서의 서론 부분이다.[23]

"정치권력의 입장에 치우친 안목에서 현실에 대한 고발이나 비판 또는 개혁에의 의지를 모두 반정부적인 것 내지는 이단적인 것으로 보고 이들에 대한 규제사유로써 질서유지나 공공의 복리를 내세우기 쉽다. 특히 우리 한국에서는 반공관계법률이 위정자의 자기방어적 편법으로 남용되어 국민의 비판적 언론을 봉쇄하는 데 작용하는 악례가 있다. 그러한 법의 오용은 현실비판→반정부→반국가→용공이라는 색맹적 독단의 소치가 아니면 전제교조주의적 사고의 해독이라고 지탄되어 마땅한 것이다. ……우리나라의 특이한 긴박상황을 이유 삼아 그만한 내용의 글마저도

---

21) 한승헌, 앞의 책, 1997, 115쪽.
22) 한승헌, 앞의 책, 1997, 115쪽.
23) 한승헌, 앞의 책, 1972, 333쪽.

용공시한다는 것은 언론자유 그 자체의 부정인 동시에 자유와 권리의 본
질적인 내용을 침해할 수 없다는 헌법상의 기본적 데드라인을 파괴하는
위험스런 애국이라고 보지 않을 수 없다."

단순한 필화사건인 것처럼 보이지만 이 사건은 정치적 배경이 깃
들어 있었다. 당시 임중빈은 『김대중회고록』을 집필중이었고, 윤형
두가 운영하는 범우사는 김대중 씨의 선거용 책자를 간행하고 있었
으며, 《다리》지의 발행인이었던 윤재식은 김대중 씨의 공보비서였기
때문이다.
한승헌 변호사의 이런 주장은 재판부를 설득시켜 1971년 7월 16
일 서울 형사지방법원에서 무죄를 선고받았다. 담당 판사였던 목요
상은 이례적으로 일부 피고인을 보석으로 석방시켰을 뿐만 아니라
명쾌한 무죄이유를 밝혀 사법부에도 정의로운 법관이 있음을 보여
주었다.

⑥ 서형제 사건
서승·서준식 형제 사건은 국내에서보다 외국에서 더 유명했다.
재일동포였던 이 두 사람이 일본 지식인 사회에서 집요한 구명운동
의 대상이 되었다. 그뿐만 아니라 특히 서승 씨가 고문을 이기지 못
해 분신자살을 시도하다가 큰 화상을 입음으로써 국제적 구원운동
은 더욱 활발히 일어나게 되었다. 이 사건도 대통령선거일 1주일 전
인 1971년 4월 발표됨으로써 정치적 의도가 있었음을 암시해 주었
다. 변호인으로서 한 변호사가 접견하려 했으나 여러 차례 거부당한
끝에 겨우 접견이 허락되었다. 당시의 상황을 한 변호사는 이렇게 술
회한다.[24]

---

24) 한승헌, 앞의 책, 1997, 121쪽.

서승 씨가 구속된 후 석 달 만에 처음 이루어진 외부인과의 만남이었다. 그것도 서울구치소의 변호인 접견실이 아닌 의무실에서였다. 그는 붕대로 얼굴과 몸을 감은 채 들것에 실려 나왔다. 나는 맨 먼저, 어떻게 해서 상처를 입었느냐고 물었다. 고문에 의한 화상이라는 예감을 갖고 있었기에 "사실대로 말해 달라"고 했다. 그는 고문은 심하게 당했지만, 얼굴과 손, 팔의 화상은 자해라고 했다. 여러 학우들에게 불리한 허위자백을 하기 싫어서 수사관이 자리를 뜬 사이를 틈타 난로 연료탱크의 기름을 머리에 붓고 불을 붙였다고 했다. 그는 조사받는 과정에서 어찌나 혹독한 고문을 당했는지 차라리 죽여달라고 몇 번이나 애원했다. 훗날 그는 고문의 아픔은 죽음보다 더했다고 했다. 날조된 혐의사실을 강력히 부인했음에도 불구하고 서승 씨는 사형판결을 받았고, 서준식 씨는 징역 7년을 선고받았다.

⑦ 반유신 야당의원 구속사건

유신이 선포된 후 박정권은 민주화세력과 야당탄압에 열을 올린다. 바로 첫 케이스가 야당의원 구속사건이다. 신민당의 김상현, 조연하, 조윤형 세 의원이 구속된 것이다. 이 가운데 한승헌은 김상현 의원을 맡았다. 김 의원은 당시 내무위 야당 간사로서 "돈을 얼마간 마련하여 내무위 소속 의원들에게 추석 떡값 명목으로 나누어준 일이 있었는데, 검찰은 이를 뇌물알선으로 몰아 그를 구속기소"[25] 했던 것이다. 한 변호사의 변론에도 불구하고 김상현은 징역 3년을 받았으나 2년도 채 되기 전인 1974년 12월 9일 형집행정지로 석방되었다.

⑧ 김준희 교수 통일방안 필화사건

프랑스 소르본 대학에서 정치학을 전공하고 돌아와 건국대에서

---

25) 한승헌, 앞의 책, 1997, 123쪽.

교편을 잡고 있던 김준희 교수가 자신이 행한 강연과 집필한 원고 때문에 구속되었다. 그의 박사학위 논문도 '한반도에 있어서의 재통일의 문제와 그 기원'이란 주제였다. 그의 반공법위반 혐의의 요지는 다음과 같다.

— 통일문제연구협회가 발행하는 《통일연구》 창간호에 「삼중쇄국성과 우리 조국의 재통일문제」라는 논문을 발표하여 북한공산집단을 대한민국과 동등한 합법정부로 보고 남북한이 유엔에 동시 가입해야 한다는 주장을 폈다.
— 월간 《다리》사 주최 강연회에서 '연방제 통일방안의 문제점'이라는 제목으로 강연을 하는 가운데 한반도 안에 두 개의 정부가 있다는 현실을 인정하고 긴장완화와 재통일을 위해서는 남북한이 유엔에 동시 가입해야 한다는 발언을 했다.

1심에서 실형을 선고받은 김 교수에 대해 항소심부터 한 변호사가 변론을 폈다. 이 사건에 대한 한 변호사의 회고이다.[26]

2심판결 역시 유죄였고 다만 집행유예로 몸은 풀렸다. 그의 논문을 보면 이승만 전 대통령 이름 밑에는 아무런 호칭이 없이 그냥 '이승만'인데, 김일성 밑에는 '주석'이라는 직명을 꼬박 꼬박 붙여 놓아 이것이 마치 친북처럼 비쳤는지 모른다. 1973년 6월 23일 아침, 나는 전주의 한 다방에서 박 대통령의 6·23 외교선언 특별방송을 듣고 있었다. 그는 남북한의 유엔동시가입을 반대하지 않는다고 힘주어 말했다. 마침 나는 김 교수 사건의 상고이유서를 쓰고 있던 참이라 김 교수는 박 대통령이 천명한 유엔동시가입론의 선구자인데 상은 못 줄 망정 형벌이 웬말인가라는 식으로 무죄 주장의 논리를 폈다. 그러나 몇 달 뒤에 나온 대법원 판결은 나

---

26) 한승헌, 앞의 책, 1997, 127~128쪽.

의 장문의 상고이유서에 대해 "논지는 독단적 견해에 불과하다"는 단 한 마디만 던지고 상고를 기각한다. 똑같이 남북 유엔 동시가입을 주장했는 데 한 사람은 죄인이 되고 다른 한 사람은 '영단'을 내린 것으로 상반된 평가가 나왔다.

⑨ 박형규 목사의 남산 부활절예배 사건

1973년 4월 22일 아침 5시, 남산의 야외음악당에서는 부활절 연합 예배가 열렸다. 그 행사의 말미에 "주여, 어리석은 왕을 불쌍히 여기 소서" 등의 문구가 적힌 전단이 배포되었다. 그로부터 70여 일이 지 난 후 그 전단과 관련하여 박형규 목사, 권호경 전도사 등이 내란 예 비음모로 구속되었다. 박형규 목사와 한승헌 변호사 사이에 오간 법 정 신문내용이다.[27]

한: 기독교에서는 폭력을 쓰거나 옹호하는가.
박: 그렇지 않다.
한: 부활절 연합 예배에는 주로 어떤 연령층의 사람들이 모이는가.
박: 중년 이상의 신자들, 특히 부녀자들이 많이 모인다.
한: 신자들은 무엇을 가지고 오는가.
박: 찬송가와 성경이다.
한: 예배에 참석할 때 혹시 흉기나 돌을 가지고 오지는 않는가.
박: 그런 일은 없다.

"결국 찬송가와 성경을 들고 모이는 부녀자 중심의 신자들이 폭력 으로 방송국과 정부 청사를 점령하고 정부 전복을 하려 했다는 것이 니 '각본' 치고는 수준 이하였다. 그런데도 1심재판부는 두 사람에게 징역 2년의 실형을 선고해서 놀라게 했고, 이틀 후에 피고인들을 보

---

27) 한승헌, 앞의 책, 1997, 129~130쪽.

석으로 풀어주어서 다시 한번 어리둥절하게 했다."[28] 박정권은 물론 전두환정권 때인 지난 1987년 5월 26~27일 열린 선고공판에서 무죄를 선고 받았다.

(2) 반독재 저항의 대열: 1974~1975

① 대통령긴급조치 1호 사건들

〈장준하 · 백기완 사건〉 1974년 1월 8일 선포된 대통령긴급조치 1호는 그 철폐운동과 대량구속의 악순환으로 뜨거운 열기를 자아냈다. 구속자 1호는 《사상계》 주간을 지낸 장준하와 백범연구소장 백기완이었다. 한 변호사가 변론을 맡은 이 사건의 정황이다.[29]

긴급조치사건을 다룬 비상군법회의가 삼각지 언덕받이에 있는 군용 콘셋 건물 안에서 열려 그 해 봄, 여름, 가을을 달아오르게 했다. 피고인으로 끌려나온 두 사람은 유신헌법 철폐운동의 정당성에 관하여 의연하게 진술했다. 나는 백기완 씨에게 물었다.

—이번에 중앙정보부에 끌려가 조사를 받았지요.

—네.

—그때 주머니에서 나온 돈이라고는 단돈 5천 원뿐이었다는데 그게 사실입니까.

—네. 딱 5천 원밖에 없었습니다.

—잡혀오기 직전까지 개헌운동을 주도하면서 상당한 자금이 필요하였을 터인데.

—네. 민주주의와 통일을 바라는 엄청난 민심이 바로 우리들의 자금이

---

28) 한승헌, 앞의 책, 1997, 130쪽.
29) 한승헌, 앞의 책, 1997, 133쪽.

요, 힘이니까요.

나는 개헌운동에 대한 국민적 공감과 참여도를 부각시키기 위해 백씨 호주머니에서 나온 푼돈을 거론했던 것이다.…… 비상군법회의 제1심 심판부에는 별 셋짜리 재판장을 비롯한 현역 장교 몇 사람에 구색 양념처럼 차출되어 온 판사·검사 각 한 명씩 들러리를 서고 있었다. 1월 31일 결심공판에서 징역 15년 구형, 다음날인 2월 1일에 떨어진 판결이라는 것도 징역 15년. 단 하룻밤 사이의 일이었다. 구형량에서 한푼도 깎아주지 않은 정찰제 판결이었다.

〈김진홍·김경락·이해학·이규상 목사 사건〉 이어서 2차로 김진홍·김경락·이해학·이규상 전도사 등 젊은 성직자들이 구속되었다. 이들 역시 검찰관 구형대로 징역 15년 내지 10년씩의 중형이 선고되었다. 심판관들과 성직자들 사이에 이런 문답이 오고 간 것으로 한 변호사는 증언하고 있다.[30]

문 : 이 비상사태에 어찌하여 목사들이 전도는 하지 않고 정치활동을 하였는가?

답 : 이 비상사태에 어찌하여 당신들이야말로 국방의무를 저버리고 여기 와서 민간인을 재판한다고 앉아 있는가?

단상의 심판관을 향한 단하의 피고인들의 통쾌하고 준엄한 논고였다.

〈김동완·권호경 구속사건〉 기독교 인사들의 긴급조치에 대한 저항과 탄압은 계속 이어졌다. 이번에는 김동완, 권호경, 박상희, 이미경 씨 등이 구속되었다. 한 변호사는 "기독교인도 아니어서 그들을 신

---

30) 한승헌, 앞의 책, 1997, 134쪽.

문하고 변론하기 위해 그들의 신념과 행동의 근거인 성서적 진리에 대한 소나기식 공부를 해야" 했고, 결국 "'예수쟁이' 피고인들을 변호하다가 거꾸로 세뇌·감동되어 마침내는 교회에 나가게 되었다"고 한다.[31]

② 《한양》지 관련 문인간첩단 사건

긴급조치 1호가 선포되기 하루 전인 1974년 1월 7일 문학인 61명의 이름으로 개헌지지 성명이 나왔다. 그로부터 20일이 지난 1월 26일 이호철, 임헌영, 김우종, 정을병, 장병희 등 5명의 문인들이 구속되었다. 일본에서 발행하는 한국어 잡지 《한양》지에 한국사회를 비방하는 글을 기고했고, 북의 지도원인 그 잡지사 간부들과 회합하고 금품도 받았다는 혐의였다. 한 변호사는 두 명의 피고인 변론을 맡았다.

이 잡지에는 피고인들뿐만 아니라 한국의 유명한 문인들 대부분이 기고하고 만나고 접대 받았음에도 불구하고 피고인들만 구속된 것은 이들이 반유신 문학인선언을 지지했기 때문임이 분명했다. 당시 유명한 문인들인 백철, 조연현, 손소희, 양명문, 구상 등이 증언대에 나서 《한양》지가 용공적이 아니며, 그 발행인 등이 결코 공산주의자가 아님을 증언했다. 그러나 정을병 씨를 제외한 나머지 사람들은 유죄선고를 받았다.

③ 대통령긴급조치 4호 사건들

대통령긴급조치 1호만 가지고는 국민들의 저항을 다 막아낼 수가 없게 되자 박정희정권은 학생세력을 주 타깃으로 한 긴급조치 4호를 선포했다. 이렇게 하여 이른바 민청학련사건이 탄생했다. 한승헌 변호사는 다른 변호사들과 함께 이 사건을 변론했다. 다음은 이 사건에

---

31) 한승헌, 앞의 책, 1997, 134쪽.

대한 그의 회고이다.[32]

    …… 심판부는 (재판거부에) 당황한 나머지 피고인 전원을 퇴정시키고 변호인석을 향해 변론을 하라고 요청했다. 그때 나는 법정 안의 텅빈 의자를 바라보며 자리에서 일어섰다. 그리고 이렇게 말했다. "본 변호인은 피고인을 변호하기 위해 이 자리에 나온 것이지 저 텅빈 의자를 변호하러 나온 것이 아니다. 애국 청년 학생들을 다시 입정시키기 전에는 결코 변론을 할 생각이 없다."…… 학원 및 종교계 젊은이들 34명 중 29명이 구형량과 똑같은 중형을 선고받았다. 사형과 무기징역형을 제외한 18명의 형기만을 합쳐도 240년이나 되었는가 하면 긴급조치 1호와 4호 위반자 중 사형, 무기징역이 아닌 징역형을 받은 2백4명의 형량을 합치면 2천 년이 넘는다는 계산도 나왔다."

민청학련사건 피고인 중 경북대학생 여정남 군은 인혁당사건과의 '연결고리'로 함께 기소되어 있었다. 다른 변호인의 요청으로 한승헌 변호사는 뒤늦게 그의 변론에도 나섰다. 여정남은 인혁당과의 관련을 부정했으나 대법원에서 결국 사형이 확정되었고 그 이튿날 처형된다. 그러나 이때 한 변호사 자신도 서울구치소에 갇혀 있는 신세였다.

④ 김동길 · 김찬국 교수 사건

이번에는 민청학련사건과 관련하여 연세대학교 김동길, 김찬국 두 교수가 구속되었다. 그들은 1973년 말부터 유신헌법 철폐 개정운동을 주도하면서 긴급조치를 비방하고 학생데모를 사주하여 내란을 선동했다는 혐의를 받았다. 이들은 비상보통군법회의에서 각각 징역 15년과 10년을 선고받았다. 그 당시 두 교수의 대응을 한 변호사

---

32) 한승헌, 앞의 책, 1997, 140쪽.

는 이렇게 말한다.[33]

　　나는 1심에서는 김동길 교수의 변호인이었다. 김 교수는 최후진술에서 "나는 석방을 원치 않는다. 풀어주더라도 나는 계속 유신을 반대할 것이며 옳다고 믿는 일을 할 것이다. 그러면 또 잡아들일 것이 분명하니, 풀어주고 잡아넣고 하는 일을 반복하는 것은 피차 번거롭기 때문에 아예 감옥에 가만히 있게 해달라"고 말했다. 군사재판 피고인석에서 그처럼 담대한 말을 퍼붓기란 쉬운 일이 아니었다. 그뿐만 아니라 김 교수는 1심에서 15년 징역을 선고받고도 두말없이 그날로 항소를 포기해 버렸다. 그것은 불복항소 이상의 저항이자 냉소였다. 김찬국 교수는 1심 변호인이 "피고인은 외국 유학을 했기 때문에 서양식 민주주의만 알고 우리의 민족적 민주주의를 잘 모른 소치로 본건과 같은 행위를 한 것이니 관대한 처분을 바란다"고 변호한 것에 대하여 대단히 불만을 갖고 항소했다. 말하자면 판결보다 변론에 불복한 희한한 경우였다. 사실 '관대한 처분' 운운하는 것은 그 무렵의 긴급조치사건 법정에서 들어보기 어려운 '항복선언'이었다.

⑤ 김대중씨 선거법위반사건

일본에서 납치당한 김대중 씨가 선거법위반으로 재판을 받게 되어 한 변호사가 변론을 맡았다. 기소된 내용은 두 가지였다. 첫 번째는 1967년 4월 제6대 대통령선거 당시 신민당 윤보선 후보를 위한 찬조연설의 내용을 문제삼은 것이고, 두 번째는 1970년 6월 7대 국회의원 선거 당시 목포에서 선거유세를 하면서 여당 후보의 명예를 훼손했다는 것이었다. 이 사건의 변론을 맡았던 한 변호사는 그 당시의 우스운 정치재판의 현장을 이렇게 묘사하고 있다.[34]

---

33) 한승헌, 앞의 책, 1997, 141~142쪽.
34) 한승헌, 앞의 책, 1997, 145쪽.

재판은 여러 면에서 국내외의 관심을 끌었다. 나중엔 재판부에 대한 기피신청까지 겹쳐서 얽히고 설켰다. 피고인측에서 기피신청을 한 까닭은 재판 진행부터 비정상적인 데다가 김대중 씨의 연설녹음을 검증하는 자리에서 재판장이 유죄판결의 속셈을 드러냈는가 하면, 녹음검증을 하고 있는 판사실에 중앙정보부원이 들어와 있는데도 내보내지 않는 등 재판이 이미 공정성을 상실했다고 보았기 때문이었다.…… 마침내 서울고등법원의 이경호 부장판사가 피고인측의 기피신청을 받아들이는 결정을 함으로써 1심재판부가 바뀌기도 하였다. 서울고등법원은 그 기피신청사건이 환송된 후 판사실에서 심리를 했는데 그 광경을 찍은 사진에 1심 녹음 검증 때 판사실에 들어와 있다가 문제가 된 정보부원이 이번에도 판사실 칸막이 위로 얼굴을 내밀고 있는 장면이 포착돼 있어서 쓴웃음을 자아내게 했다. 나는 그 사건 변호에 열중하던 중 반공법위반으로 구속돼 버렸기 때문에 재판의 후반전에는 참여하지 못했다.

⑥ 이병린 변호사 구속사건

한 변호사는 1975년 1월 17일 이루어진 이병린 변호사의 간통 구속사건에 여러 가지로 연루된다. 변호인으로서 한 변호사가 서울구치소로 접견을 하러 가서 중앙정보부 직원들이 찾아와 당시 이 변호사가 맡고 있던 국민회의 대표위원직 사퇴서를 써 주면 사건을 무마해 주겠지만 그렇지 않으면 구속하겠다고 협박했다는 사실을 듣고 한 변호사가 기자들에게 말해 그것이 기사화되면서 한 변호사도 '2박3일 코스'로 '남산'에 갔다 왔다고 한다. 그후 대규모 변호인단이 구성되었고, 한 변호사도 물론 그 일원이 되었다.

(3) '민주화운동의 격랑' : 1982~1987

① 허병섭 목사의 저작권법 위반 사건

못견디게 잠이 와도 자지 못하고
오는 잠을 깨워가며 일하는 신세
사장님이 알아주랴, 사모님이 알아주랴
돌아라 미싱아, 밤이 새도록

이미자의 '울어라 열풍아'라는 노래를 노동가요로 개작하는 등 당시 노동현장에 널리 불리고 있던 이른바 '노가바(노래 가사 바꿔부르기)'의 가사와 곡을 모아 『노동과 노래』라는 책으로 만들어 30부 가량을 노래연구모임에 배포한 혐의로 허병섭 목사가 저작권법 위반으로 기소되었다. 단순한 저작권법 위반이 아니라는 사실은 이 사건이 안기부에 연행되어 조사됐으며 서울지검 공안부에 의해 기소되었다는 사실에 의해서 증명된다. 한 변호사의 변론에 의해 항소심에서는 무죄를 선고받았으나 대법원에서 파기환송, 결국 유죄로 귀결되고 말았다.

② '민중교육'지 필화사건

1985년 8월 실천문학사가 발행한 《민중교육》지에 김진경, 윤재철 두 사람이 쓴 글과 그 잡지의 주간인 송기원이 국가보안법 위반으로 구속된 사건을 변론했다. 다음은 한 변호사가 이 사건을 회고한 글이다.[35]

재판이 열리자 검사는 한 피고인에게 이런 질문을 던졌다. "피고인은

___

35) 한승헌, 앞의 책, 1997, 154쪽.

북한 공산집단이 대남적화통일을 목표로 하는 반국가단체라는 사실을 알고 있지요?” 이런 질문에 대해서는 공소사실을 강력히 부인하는 피고인들도 거의 “예”라고 답변하는데, 이 피고인은 뜻밖에도 “모릅니다”라고 잘라버리는 것이 아닌가. 검사는 좀 당혹스런 표정으로 “아아니, 북괴의 대남적화전략도 모른단 말이오?” 하면서 언성을 높였다. 피고인도 물러서지 않았다. “북한의 신문을 볼 수도 없고, 방송도 못 듣게 하는데 어떻게 북한의 대남전략을 안단 말입니까” “구체적인 것은 모른다 하더라도 대략적인 것은 알고 있을 것 아니오?” 검사의 집요한 반복 질문에 귀찮아졌는지 피고인은 “대략적인 것은 좀 압니다”라고 응수했다. 어떻게 알게 되었느냐고 물었더니…… 피고인은 머뭇거리다가 입을 열었다. “예비군 훈련 가서 들었습니다.”

③ 성고문 규탄 집회사건

사후에 밝혀진 사실이지만, 명백한 진실을 왜곡하여 문귀동을 기소유예처분하는 조치를 취하면서 전국에서 이에 항의하는 집회·시위가 잇따랐다. 그 가운데 한 변호사는 민통련에서 개최한 고문·성고문·용공조작 범국민규탄대회의 주도자 오대영 씨의 집시법 위반 사건을 변론했다.

그 당시 평온하게 끝난 이 집회의 책임을 물어 검사가 4년을 구형하자 이에 화가 난 오대영 피고인은 “검사는 나에게 징역 4년을 구형했는데, 아무래도 검사의 정신 상태가 정상이 아닌 것 같습니다. 따라서 본 피고인은 검사에게 정신병원 4개월을 구형하는 바입니다”라고 말해 화제가 되기도 했다.[36]

---

36) 한승헌, 앞의 책, 1997, 158쪽.

④ '보도지침' 폭로사건

　　이 사건에 대한 재판은 시작도 하기 전에 이미 결론이 나 있었다고 본다. 오늘의 '보도지침' 사건 심판의 대상은 '보도지침'을 폭로한 세 분의 행동이 아니라 '보도지침' 그 자체며, 그것을 고안·활용해 온 압제자들이기 때문이다. 아직도 남은 일이 있다면 집권세력이 국민 앞에 사죄하고 당장 그런 괴물을 없애는 결단을 내림으로써 '개전의 정'을 보여야 한다는 것이다. 그러나 사리는 뒤집혀서 이 사건 재판의 보도 자체가 여전히 '보도지침'에 걸려서 1단으로 깔리는 상황 속에서 이 공판이 진행되어 왔다.[37]

　　한승헌 변호사가 대표 집필한 이 변론문에서 '보도지침'을 통하여 언론을 통제해 왔던 정치권력은 시작부터 난타당하고 있다. 진정한 피고인이 누구인지 반문하면서 시작하고 있는 이 변론은 전도된 정의가 이 땅을 지배하고 있음을 극명하게 보여주고 있다.

⑤ 고영근 목사 반정부투쟁사건
　　고영근 목사는 유신독재와 싸운 광야의 선지자 같은 사람이었다. 한 변호사는 이런 고 목사를 세 번 변론했다고 한다.[38]

　　한국목민선교회장 고영근 목사만큼 유신독재에 정면으로 맞서 싸운 성직자도 드물다. 연행 투옥 26회, 공판 횟수 50회, 옥중생활 4년 2개월, 실로 놀라운 투쟁이자 수난이다. 나는 그 중 세 건을 변론했다. 첫 번째는 1985년 9월 한국기독교교회협의회 주최 '고난받는 이와 함께 하는 예배' 설교사건. 고 목사는 유신정권에 아부하는 목사를 비판했다고 명예훼손

---

37) 한승헌, 「'보도지침' 사건 변론문」, 『그날을 기다리는 마음』, 범우사, 1991, 136쪽.
38) 한승헌, 앞의 책, 1997, 163~165쪽.

죄로 유죄판결을 받았다. 두 번째는 1986년 10월 목요기도회 설교사건. 전두환정권을 신랄하게 비난했다 하여 유언비어날조유포죄로 기소되었다. 세 번째 사건은 1992년 11월에 있었던 유인물사건. 민자당 김영삼 대통령 후보의 무능과 부도덕을 지탄하는 유인물을 배포했다 해서 구속기소되었다. 죄명은 대통령선거법위반.…… 1심에서 징역10월의 실형이 떨어졌고 2심에 가서야 겨우 집행유예가 되었다.

3. 한승헌 변호사의 수난

1) '어떤 조사(弔辭)' 사건

유신시기 가장 왕성한 변론활동을 꾸준하게 벌여 왔던 한 변호사는 1975년 3월에 '어떤 조사(弔辭)' 사건 때문에 반공법 위반으로 구속된다. 그는 "1974년 한 해 시국사건 재판으로 눈코 뜰 새 없이 바쁘게 보내고" 있었던 상황이었다.[39] 10·2 서울문리대 반유신데모사건, 긴급조치 1호사건, 4호사건, 문인간첩단사건, 납치당한 김대중 씨의 대통령선거법위반사건 등 일련의 정치적 사건을 한 변호사가 변론하고 있었다. 하나같이 정치권력의 탄압사건이었고, 그것을 변론하는 것은 피고인들 못지않게 밉게 보이지 않을 수 없었다. 때리는 시어머니보다 말리는 시누이가 더 미운 것과 마찬가지 이치이다. '어떤 조사' 사건의 전말을 알면 인권변론사건의 수임에 대한 보복임이 분명해진다.

"……한승헌은 이병린의 변호를 위해 구치소에 면회 갔다가 '중정요원이 대표위원 사임을 종용하고 돌아간 뒤 구속되었다'는 진상을 듣고

---

39) 한승헌, 앞의 글, 1996, 359쪽.

신년 1월 20일 법조출입 기자들에게 알렸다. 즉각 남산요원이 찾아와 경위를 파악하고 가더니 다음날 밤 10시 집으로 들이닥쳐 남산 5국으로 끌고 갔다. 사흘 밤낮 동안 반공법위반혐의의 조사가 계속되었는데, 혐의는 2년 전 1972년 '여성동아' 9월호에 쓴 수필 '어떤 조사(弔辭)'라는 글이 간첩 김규남의 사형집행을 애절하게 추모했으니 빨갱이 아니냐는 것이었다.…… 간신히 풀려났으나 끝이 아니었다. 2·15 석방으로 풀려난 김지하가 동아일보에 '고행'이란 글을 써 '인혁당 고문조작'을 폭로하여 다시 구속되었다. 한 변호사는 검찰에 선임계를 내고 변호활동에 나섰다. 3월 20일 남산요원이 찾아와 '김지하 변호를 그만두라. 1월에도 남산에서 혼나지 않았는가. 아직 그건 미결상태로 있다'라고 위협했다. 이에 굴하지 않자 다시 남산 5국으로 끌려갔다. 반공법위반사건 '전문' 변호사가 마침내 용공착색의 반공법위반으로 서울구치소에 갇히게 되었다."[40]

한 변호사가 구속된 후 129명의 변호인단이 구성되었다. 공판은 전후 11회에 걸쳐 진행되었다. 검찰측은 복역 중인 간첩, 월남 전향자, 대공 심리전 요원, 공안기관 관련자 등을 증인으로 내세워 그 글의 용공성을 입증하고자 했다. 그 증인 중의 한 사람이 '어떤 조사' 마지막 줄에 "……당신의 소망이 명부의 하늘 밑에서나마 이루어지기를 빕니다"라는 대목이 "저승에 가서라도 적화통일의 꿈이 이루어지기를 빕니다"라는 뜻이라고 증언했다. 이에 대해 변호인측은 "저승에도 남북이 분단되어 북쪽에는 공산당이 정권을 잡고 있나요"라고 물었다. 어이없는 추단과 억지였다. 문학작품의 표현과 해석을 둘러싼 논쟁도 벌어졌다. 이 재판의 속보를 전하고 있는 당시 한 언론기사의 보도내용을 보자.

22일 오후 속개된 한승헌 변호사의 반공법위반사건 공판에서 한 피고

---

40) 최종고, 앞의 글, 75쪽.

인은 문인구 변호사의 반대심문에 대답, "수필도 하나의 문학작품이므로 부분 부분을 잘라내어 이해해서는 안 된다"면서 성서도 아버지와 그 딸이 혼거하고 있는 창세기의 어느 부분만 떼내어 본다면 음란한 문서가 되는 모순에 빠지게 된다고 주장했다. 한 피고인은 또 사형폐지론은 인간의 존엄과 가치를 기본이념으로 하는 자유민주주의사회에서 주장되는 것이며 인간을 담의 벽돌처럼 기구의 한 조직으로 파악하는 공산주의 사회에서는 주장될 수 없는 것이라 말했다."[41]

'어떤 조사'의 진정한 생각에 대해서 한 변호사는 이렇게 말하고 있다.

"그 글이 간첩으로 처형된 김규남의 죽음을 애도했으니 용공이 아니냐는 투였다. 나는 그 글 어디에도 김규남의 '김'자라도 있느냐고 반문하고 그 글은 어느 특정인을 놓고 쓴 것이 아니라고 답변했다. 쉽사리 혐의를 시인하지 않자 잠을 안 재운 채 철야조사를 하고 나서 다음날 아침에는 조서작성자 외에 3명이나 되는 건장한 요원이 옆에서 위세를 보였고 그중 한 사람은 야구방망이만한 몽둥이를 들고 서 있었다. 그들은 김규남의 사형집행기사가 실린 신문까지 찾아 놓고 있었다. 내가 '어떤 조사'를 쓴 시기와 맞아떨어진다는 것이었다. 그러나 김 아무개라는 특정인을 염두에 두고 쓴 것이 아니라 평소 내가 지녀오던 사형제도에 대한 의문과 국제앰네스티의 사형폐지운동 등이 머리에 떠올라 수필체로 사형비판을 시도해본 것뿐이었다."[42]

그러나 이러한 진의와는 관계없이 그는 1975년 9월 11일 1심에서 징역 1년 6월의 유죄판결을 받았다. 2심에서도 유죄판결을 받았으나

---

41) 《동아일보》, 1975년 5월 23일자.
42) 한승헌, 앞의 글, 1996, 362쪽.

집행유예가 선고되어 9개월 만에 서울구치소에서 석방되었다. 이듬해 11월 대법원은 한 변호사의 상고를 기각했다. 유죄로 확정되었기 때문에 신병은 석방되었으나 변론업무는 볼 수가 없었다. 이런 상황이 거의 8년간이나 계속되었다.[43] 이 기간 동안 한 변호사는 저작권법을 연구했고 저술활동을 벌였다. 《사법행정》 및 《법정》이라는 법률잡지의 주간으로 일하기도 했다. 1977년에는 삼민사라는 출판사를 내 출판업을 시작했다. 1979년에는 국제앰네스티 한국위원회의 전무이사로 선임되어 양심수 지원 운동을 했다. 그러나 변호사가 자신의 활동으로 입에 재갈이 물리고 손발을 묶여야 하는 것은 비극적일이 아닐 수 없다. 변호사로서는 최고의 중벌이라고 할 변호사직 박탈은 1983년 복권과 더불어 해제되고 재개업을 하게 된다.

2) 김대중 내란음모사건

"피고인 한승헌은 1976년 11월 23일 대법원에서 반공법 위반으로 유죄판결선고를 받고 변호사법에 의하여 변호사 자격이 정지되자 대정부 불만이 가중되어 국민연합 중앙위원과 국제앰네스티 한국위원회 전무이사로 취임한 이래 반정부투쟁을 전개하는 과정에서 김대중을 알게 되어, 동 김대중을 존경하고 있던 중 10월 26일 사건이 발생하자 위 김대중을 대통령으로 옹립하면 자신도 입신 출세할 수 있을 것이라고 확신하고 동 김대중의 법률 및 홍보담당 참모로 활약하던 중,…… 3·1절을 기해 국민연합 명의의 성명을 발표하기로 결의하는 등 허가 없이 정치적 집회를 하고,…… '민족혼과 더불어'라는 제하의 내용을 수록한 책자 3만 부를 배포하여 사전검열 없이 이를 배포하고,……"[44]

---

43) 한승헌 변호사는 변호사 자격마저 박탈당하자 "재조(검사시절)에서 재야(변호사)로 나왔다가 드디어 황야로 쫓겨난 셈이었지요"라고 비유하고 있다(《한겨레》, 1992년 12월 16일자).
44) 김대중 내란음모사건의 공소장 일부.

1980년 5월 17일 전두환 장군이 주도하는 이른바 신군부는 민주화의 봄을 짓밟고 전국에 비상계엄을 확대하고 전국의 주요 도시에 군을 투입했다. 동시에 1980년 봄의 시위와 5월 18일부터 일기 시작한 광주민주화항쟁의 배후세력으로 김대중 등 24명을 내란음모, 계엄법위반, 국가보안법위반, 반공법위반, 외국환관리법위반 등의 혐의로 육군본부 계엄보통군법회의에 구속 기소하게 된다. 이미 국가보위비상대책위원회를 설치하고 국회의 기능을 마비시켰으며, 정국의 군부통치의 강경분위기로 몰아넣은 상황에서 김대중을 포함한 24명을 내란음모 등의 혐의를 뒤집어 씌워 정치적 활동불능으로 몰아넣은 것이다. 한승헌 변호사는 바로 이 피고인 중의 한 명이었다. 그는 이때를 이렇게 회고했다. "사태는 짐작했던 것보다 훨씬 고약했고 우리는 사흘 모자라는 두 달 동안 햇볕 한 번 못 본 채로 지하실에서 온갖 고문과 수모를 겪었다.[45] 이른바 '김대중 내란음모사건'으로 꾸며진 일대 조작극은 비상계엄군법회의라는 가설무대에서 코미디 같은 당국의 연출로 통과의식을 마쳤다."[46]

재판 중 한승헌 피고인의 변론을 맡은 권종근 변호사는 다음과 같이 변론했다.

"피고인이…… 유죄판결을 받고 변호사 자격이 정지되자 대정부 불만

---

45) 그는 이때의 상황을 이렇게 회고하기도 한다. "하늘이 그렇게 아름다울 수 없었습니다.…… 그때 나는 하늘이 보고 싶었다. 미치게 하늘이 보고 싶었다. 잠깐만이라도 지하실을 빠져나가 하늘을 좀 보았으면 하는 충동에 사로잡혔다.…… 할 수 없이 나는 머릿속으로나마 푸른 하늘을 그려보기 시작했다.…… 하늘을 쳐다볼 수 있다는 것이 굉장한 축복이라는 사실을 그때 비로소 나는 깨달았다.…… 그런 중에 나는 14년 이상을 루마니아에서 감옥살이를 한 범브란트 목사의 자서전을 읽었다. 그리고 우리들이 겪은 고통은 별것이 아니라는 것을 깨달았다. 동시에 내가 좀 더 강인한 사람이 되지 못한 것이 부끄러웠다(한승헌, 앞의 책, 1997, 73~77쪽).
46) 한승헌, 앞의 글, 1996, 369쪽.

을 가진 것은 아닙니다. 모든 국민은 정치, 경제, 문화에 대해 각자 다른 견해를 가질 수 있습니다. 모든 국민의 얼굴 모습이 조금씩이나마 틀린 것과 같은 이치인 것입니다. 피고인의 정치적 견해가 반국가적이 아닌 이상 마땅히 존중되어야 합니다."[47]

그러나 한 변호사는 결국 1심에서 징역 4년,[48] 2심에서 징역 3년을 선고받는다. 그후 1981년 5월 11일 형집행정지로 석방되었고 그후 다시 1983년 8월 복권될 때까지 무려 8년간 변호사 업무를 정지당해야 했다. 그는 오랫동안 언론에서 '전(前) 변호사'라는 호칭을 감수해야 했다. 변호사로서는 가장 혹독한 시련을 당한 것이다.

김대중 내란음모사건은 기본적으로 신군부의 정권장악 과정에서 벌어진 일종의 정치재판이었다. 더구나 사법부는 이미 10 · 26사건의 결과 일부 대법원 판사들이 고초와 강제사직을 당하고 제5공화국 출범으로 대법원 판사들의 재임용을 앞두고 있는 상황에서 신군부의 정치적 의지를 재확인시켜 주는 절차에 불과했던 것이다.[49]

4. 한승헌 변호사의 삶과 생각

1) 한승헌 변호사의 삶

(1) 한 변호사의 꿈: 그의 젊은 시절

무주구천동 언저리인 전북 진안 출신인 한승헌 변호사의 꿈이 처음부터 법조인은 아니었다. 그의 한 회고에 따르면 아나운서 채용시험에 떨어지기도 했고, 시골 초등학교 시절에는 선생님이 꿈이어서

---

47) 김이조, 앞의 책, 390쪽.
48) 구형량이 4년 6월이었으니 선고형량이 거의 구형량을 받아들인 결과이다.
49) 김이조, 앞의 책, 397쪽.

사범학교에 응시했으나 여기서도 낙방하고 말았다고 한다. 그의 겸손한 표현인지는 몰라도 "대학생활 후반을 맞을 때까지 딴 생각을 하다가 현실 대응책의 일환으로 엄두도 나지 않는 고등고시를 쳐본 것이 하나의 전환점"이 되었다. "첫 번째 뺨을 맞고, 두 번째 겨우 손목을 잡은 것이 오늘에 이르는 행로의 갈림길이 되었다"[50]고 했으니 고등고시도 한 차례 낙방을 경험한 끝에 합격했다.

(2) 검사 아닌 검사로서

"속칭 끗발 좋은 현직 검사로 있으면서도 한승헌은 그 직업에 만족하지만은 않았다. 그의 많은 글 가운데 검사로서 보람을 느낀 일에 대하여 쓴 것은 보기 어렵다. 오히려 충무에 있는 야간 직업소년학교에 나가 백묵을 쥐고 가르쳤다. 그는 5·16쿠데타 소식을 이발소에서 라디오 뉴스로 들었다. 검찰지청의 검사로서 역사와 현실의 급변화를 멀리서 듣고 있었다. 그는 그동안 써 온 시들을 정리하여 9월 충무 시내의 미림다방에서 시화전을 열었다.…… 1962년에는 법무부 검찰국으로 발령이 나 서울로 올라왔다. 검찰행정의 기획과 운영에 종사하다 이듬해 7월 서울지방검찰청 검사로 전보되었다. 1965년 9월 검사직을 사임하였다. 시집을 내고 백묵을 들고 가르치는 검사가 오래갈 리 없다."[51]

1960년 11월 부산지검 통영지청 검사로 임명되었다가 1965년 9월 검사직을 사임했으니 그의 검사생활은 만 5년이 되지 않는다. 한 변호사의 인생행로를 보거나 그의 성격으로 보건대 검사라는 직업이 별로 어울리지 않은 것처럼 보인다. 짧은 검사생활은 변호사로서의 재야생활을 풍성하게 하는 의미를 지닌다고 할 수 있다.

---

50) 한승헌, 앞의 책, 1972, 384쪽.
51) 최종고, 앞의 글, 74쪽.

(3) 문인과 변호사, 그 가교로서

한승헌 변호사가 변론한 사건은 다양하기 짝이 없다. 변호사가 변론할 수 있는 영역이 제한되어 있지도 않으려니와 변호사를 찾는 사람 역시 다양할 수밖에 없기 때문이다. 그럼에도 한 변호사의 변론사건 목록에 유난히 필화사건이 많다는 사실을 금방 알 수 있다.

원래 문인과 예술가들은 특히 그 시대의 아픔과 억압에 가장 예민하게 반응해 왔고, 우리 현대사에서도 역시 예외는 아니다. 이들은 자신의 작품을 통해 그러한 시대적 고뇌와 모순을 담아내게 마련이다. 그러다 보니 정치권력의 눈 밖에 나기 일쑤이고 그것은 필화사건으로 연결되었다.[52]

필화사건을 많이 맡게 된 것은 한승헌 변호사 개인의 문학적 관심을 반영한다. 그는 자신이 문인협회, 펜클럽, 민족문학작가회의 회원으로서 문필가이기도 했다. 그뿐만 아니라 그는 시인으로서 시를 쓰고 수필과 평론을 내기도 했다. 그는 『인간귀향』(1961년) , 『노숙』(1967년) 두 권의 시집을 냈다. 그의 저작목록만 보아도 그가 대단한 문필가임을 알 수 있다.

    『법과 인간의 항변』, 한얼문고, 1972. 5

    『위장시대의 증언』, 범우사, 1974. 12

    『어느 누가 묻거든』, 범우사, 1977. 8

    『내릴 수 없는 깃발을 위하여』, 삼민사, 1983. 7

    『유신체제와 민주화운동』(공저), 돌베개, 1984. 2

    『허상과 진실』, 삼민사, 1985. 8

    『법창에 부는 바람』, 삼민사, 1986. 6

    『내 인생에 새 노래가 있다면』, 자유시대사, 1986. 2

---

52) 한승헌 스스로 "필화사건은 이 땅의 분단과 이를 빌미삼은 집권자의 독재에서 연유하는 압제의 산물"이었다고 말하고 있다(《한겨레》, 1992년 12월 16일자).

『갈망의 노래』, 범우사, 1990. 5

『그날을 기다리는 마음』, 범우사, 1991. 1

『알기쉬운 생활민법』, 중앙일보사, 1978. 9

『저작권의 국제적 보호와 한국』, 한국출판연구소, 1987. 9

『저작권의 법제와 실무』, 삼민사, 1988. 3

『정보화시대의 저작권』, 나남, 1992. 6

『정치재판의 현장』, 일요신문사, 1997. 6

『한국의 정치재판』(日), 사이마루출판사(日), 1978. 9

『법이 있는 풍경』, 일요신문사, 2000. 9

『내 마음속의 그들』, 범우사, 2002. 5

『역사의 길목에서』, 나남, 2003. 5

그의 글은 "유려한 필체와 폐부를 찌르는 날카로움으로 인해 문단에서 일찍이 정평이 나 있을 정도"였다. 소설가 최일남은 한승헌의 문학세계를 이렇게 평했다. "한승헌의 수필이나 수상은 상식의 허구와 배운 자의 위선을 예리하게 헤쳐 보이되 그걸 패러디로 요리하는 묘미를 지닌다. 인권이라든가 잘못된 권력의 횡포를 도마 위에 올려놓고 속시원하게 비판한다. 거기에는 그가 체질적으로 가다듬은 서정이 깃들어 있어 내용이 건조하거나 삭막하지 않고 감칠맛을 더한다. 딱딱한 법의 정신과 유연한 문학의 심성을 스스로의 몸 안에서 녹여 큰 테두리 속에서 인간을 파악하고 관조하는 체험을 통해 이 세상을 바라본다."[53]

이렇게 문학에 천착한 변호사로서 그는 문학과 법의 문제에 대해 끝없는 천착을 계속했다. 문학과 법은 그의 '생애의 두 축' 이었다.[54]

53) 《한겨레》, 1992년 12월 16일자.
54) 《한겨레》, 1992년 12월 16일자.

"문학이나 법률이나 인간의 존재와 질서와 선을 추구하는 발돋움이라는 의미에서 그 종착점은 같다 하겠습니다. 문학이 다루고 있는 규범의 문제, 선악의 세계, 인간심리의 갈등…… 이런 것은 바로 우리 법학도들의 탐구대상이기도 합니다. 그러니만큼 이 두 개의 영역은 서로 폐쇄적 입장에 있는 게 아니라 친선사절이 내왕할 만한 우방이라고 할 수 있겠습니다. 그런 소통의 역할을 다하기 위해 문학작품을 그것도 법창이라는 유별난 앵글에서 운위한다는 건 어려운 일의 하나입니다.……"[55]

이런 관점에서 빅토르 위고의 『사형수 최후의 날』, 고골리의 『검찰관』, 도스토예프스키의 『죄와 벌』, D. H 로렌스의 『채털리 부인의 사랑』, 스탕달의 『적과 흑』, 오스카 와일드의 『옥중기』, 나타니엘 호손의 『주홍글씨』, 입센의 『인형의 집』, 빅토르 위고의 『레 미제라블』, 카프카의 『심판』, 토마스 만의 『선택된 인간』, 카뮈의 『이방인』, 구스타브 플로베르의 『보바리부인』의 재판 이야기를 정리해서 법률잡지에 『법창으로 보는 세계명작』으로 연재하기도 했다.[56]

변호사로서 문인들과 친하게 지내던 그가 나중에 저작권 전문가가 된 것은 어쩌면 필연적인 일이기도 했다. 더구나 변호사를 강제휴직당하면서 그가 생업으로 선택한 출판사 경영은 저작의 실무를 알게 해준 계기였다. 이것 때문에 그는 몇 권의 저작권 관련 책을 냈다.[57]

스스로 문인이었기 때문에 한 변호사는 자신이 맡은 사건에 대해 직접 변론서를 작성해 제출했다. 구두상으로 하고 만 변론은 제대로 기록으로 남지 않았기 때문에 변호인들의 변론내용을 역사에 남기지 못한다. 그러나 한승헌 변호사는 이러한 변론서를 남겼기 때문에

---

55) 한승헌, 앞의 책, 1972, 104쪽.
56) 자세한 것은 한승헌, 앞의 책, 1972, 104쪽 이하 참조.
57) 『저작권의 국제적 보호와 출판』, 『저작권의 법제와 실무』, 『정보화시대의 저작권』, 『현대사회와 출판』 등이 바로 그것이다.

그 사건에 대한 변호사의 변론내용은 물론 그 사건에 대한 실체적 이해를 쉽게 만들고 있다.[58]

(4) 앰네스티 인터내셔널 한국지부 책임자로서

1972년 3월 한승헌 변호사는 국제인권단체인 국제앰네스티 한국위원회 창립에 참여하여 이사로 선임된다. 그리고 1979년 유신정권 말기에는 전무로 피선된다. 여기에 참여한 많은 지식인들은 당연히 앰네스티 활동을 통해 한국의 인권현실이 개선될 수 있기를 바랐다. 그러나 자국의 인권문제를 제기할 수 없도록 되어 있는 앰네스티의 규정 때문에 갈등이 없지 않았다.[59] 그렇지만 앰네스티는 인권의식의 신장과 인권운동의 확산에 큰 도움을 주었다.

"'오직 정치범을 사면하는 것만이 조국의 얼굴에 묻어 있는 잔인·무법의 오점을 씻어낼 수 있는 길이 될 것이다.' 소련의 핵물리학자이며 반체제 지식인인 안드레이 사하로프는 지난 10월 말경 브레즈네프 서기장에게 보낸 청원서에 이렇게 말하고 있다. 반대자에게 자유를 허용할 만큼 자신과 관용을 못 갖춘 정치권력이 지구상에 남아 있는 한, 민주주의와 현실개조를 부르짖는 인간의 저항과 그에 대한 박해는 부당한 악순환을 되풀이해 갈 것이다. 그러나 우리 인간의 역사는 해가 저문 뒤에야 날개를 펴는 미네르바의 부엉이처럼, 좀 늦게 아니면 먼 훗날에, 오늘의 비극을 정의 안목으로 평가, 기록해 줄 것이다."[60]

---

58) 한승헌 변호사가 남긴 변론서의 사례는 다음과 같다.
　　① 「남정현의 '분지' 필화사건 변론문」, 동서춘추, 1967. 5
　　② 「동아일보 김준환기자 사건 변론서」, 한국기자협회보, 1973. 5. 11
　　③ 「보도지침 폭로사건」 변론문, 민중언론운동협의회, 보도지침, 1987. 5. 27
　　④ 「민중교육지 사건 변론문」, 그날을 기다리는 마음(범우사), 1991. 1
59) 한 변호사는 "앰네스티 원칙(자국문제 불개입의 원칙)과 유신반대투쟁을 조화시키는 데 적잖은 어려움을 겪었다"고 실토하고 있다(한승헌, 앞의 책, 1997, 68쪽).
60) 한승헌, 『울밑에 선 봉선화야』, 범우사, 1978, 238쪽.

이 시기에 한 변호사의 생각은 국제적으로 넓어지고, 국제화된 그의 시각은 지금껏 자신이 변론해 온 인권에 대한 좀더 깊은 확신으로 승화된다. 인권을 향한 인류의 투쟁은 결코 한 국가나 지방의 차원을 넘어서는 보편성을 획득하고 있기 때문이다. 국제앰네스티 운동은 바로 이러한 신념 아래 양심수 석방운동을 펼쳐왔다. 한국 책임자가 되면서 그는 이러한 국제운동에 훨씬 더 깊은 지식과 정보를 얻게 되고, 그것은 바로 한국에서의 인권운동과 변론이 결코 외로운 투쟁이 아니라 온 인류와 함께하고 있음을 인식시켜 주었기 때문이다.[61]

(5) '실업자'로서: 잡지 주간 및 출판업자로서

사람을 기소하는 검사, 그 사람을 변론하는 변호사, 그리고 그 검사에 의해 기소되고 그 변호사에 의해 변론받는 피고인, 그 모든 지위를 다 거쳐 본 사람은 대단히 적다. 한승헌 변호사는 바로 그 자리들을 다 거쳐 보았다. 그는 이 기회조차도 감사하고 있었다.

사실 나에게는 바로 그 사법부 내지 법조계를 각도와 원근을 달리하면서 관찰하고 생각할 기회가 참으로 많았다. 같은 위치, 같은 시각에서만 묶여 있으면 아무래도 사물의 파악에 있어서 한쪽으로만 편향되기 쉽다. 그렇다면 법조계에 들어온 이후 오늘에 이르기까지 법정 안팎의 여러 자리를 두루 겪어본바, 나는 그 점에서만은 차라리 다행스럽다고 자부해 본다. 심판관(군재), 검사, 변호인 등의 자리를 순차로 거치고 나서 피고인석과 방청석까지 한 바퀴 순환 근무를 한 셈인데, 그 중에서도 특히 나중의 두 자리에 앉았던 경험은 나로선 매우 소중하지 않을 수가 없다.[62]

---

61) 한승헌 변호사는 바로 앞의 글에서 "한 나라에서의 정치범 문제는 언뜻 보아 국가 단위의 국내법적인 형사사건에 그치는 것으로 생각되기 쉽다. 그러나 인간의 자유와 존엄에 도전하는 압제의 산물이란 점에서, 그것은 종족이나 국경을 넘어선 범인류적인 관심사가 아닐 수 없다"고 말하고 있다(한승헌, 앞의 책, 1978, 236쪽).
62) 한승헌, 앞의 책, 1997, 84쪽.

그가 '어떤 조사' 사건으로 출감하자 변호사의 자격은 박탈당하고 생업을 위해 다양한 활동을 벌이지 않을 수 없었다. 그는 우선 저작권연구소를 만들어 저작권 사상을 고취하고 저작권의 새로운 상황에 대해 대처하고자 했다. 대한출판문화협회의 의뢰를 받아 저작권법 개정안을 성안했고, 저작권 관련 세미나와 공청회를 열었다. 1977년 이후에는 한국사법행정학회의 요청에 따라 여기서 출간하는 《사법행정》과 《법정》이라는 두 월간 법률잡지의 주간으로 일했다. 그러다가 1978년에는 직접 출판사를 차렸다. 그 비화를 들어보자.

1978년에는 출판사를 아내 명의로 등록하고, 출판업을 시작했다. 자본이 없으니 직원 한두 명을 두고 나 혼자 뛰다시피 한 영세업체였다. 출판되는 신간 서적에 대한 문공부와 경찰의 견제 때문에 적지 않은 고충을 겪었다. 출판사 설립 후 첫 번째로 나온 신간이 문공부에 의해 '판금' 조치를 당했을 정도였다. 법에는 판금조치가 없지만 당국은 납본필증을 내주지 않은 채 배포 중지를 요구하고 경찰이 서점에서 책을 수거하는 등 단속을 하면 결국 판매를 못하게 되는 판이었다.[63]

(6) 한국 최고의 유머리스트로서

"근엄한 표정으로 위엄을 갖춘 지도자, 다시 말해 '체' 하는 독재자와 위인들만이 설쳐댄다면 우리 사회는 비인간적인 '동물농장' 처럼 얼마나 황량할 것인가. 우리는 화려한 위장과 수사적 달변이 아니라 자신의 삶과 시대적 진실을 담고 있는 해학과 예지의 목소리를 더욱 목말라 했다.……한승헌 변호사는 예지가 번득이는 비유를 들어 독재정권을 이렇게 비판하기도 했다. 유신 이후 정부와 여당은 툭하면 해외의 '反韓단체' '反韓인사' 를 들먹이고 있다면서 도대체 우리 한씨(韓氏) 가문과 감정이 나쁜

---

63) 한승헌, 앞의 책, 1997, 68쪽.

사람이 그토록 많을 리가 없는데, 반한은 웬일인가. 훗날 외국 나가는 기회에 그 진상을 알아봤더니 내 짐작대로 그들은 반한(反韓)이 아니라 반박(反朴), 반전(反全) 인사들이었다. 정부시책을 비판·반대하는 것을 반국가로 매도하는 수법은 정권 스스로를 위해서라도 이젠 버려야 한다는 것이 한승헌 변호사의 주장이다."[64]

한승헌 변호사는 어두운 시대에 어려운 사건을 겪으며 살아왔지만 언제나 웃음을 잃지 않았다. 그는 해학과 유머에 능한 사람이다. 아마도 한국 최고의 위트가(家)라고 해도 과언이 아닐 것이다. 그가 남긴 수많은 사례를 발견하는 것은 별로 어렵지 않다.

① "70년대 어느 날 미국의 인권관계 변호사들이 해위 윤보선 선생 댁을 방문했을 때의 일이다. 필자와 김대중 선생과 한승헌 변호사 등이 자리를 같이했다. 나는 이 자리에서 '여기 계신 한승헌 변호사가 변호를 맡으면 감옥 안 갈 사람도 감옥 간다. 더욱 아이러니하게도 다른 사람 변호를 서주려다가 자신이 구속될 정도로 엉터리 변호사다'라고 소개했다. 그러자 한 변호사께서는 말씀하시기를 '혹시 미국 내에 반정부 운동을 하다가 구속될 사람이 있으면 그 변론을 나에게 맡겨 달라. 아마 형량의 배는 더 살 것이다. 또 꼭 징역을 보내고 싶은 사람이 있으면 나에게 변론을 맡겨 달라. 그 사람도 틀림없이 감옥에 가게 될 것이다'. 미국 변호사들을 포함하여 우리 모두가 얼마나 웃었는지 모른다."[65]

---

64) 김상현, 「으악새 모임 이야기」, 한승헌선생화갑기념문집간행위원회 편, 앞의 책, 1994, 80쪽. 자신의 성을 예로 보여준 또 하나의 유머가 있다. 민변 소속 젊은 변호사로서, 나중에 사무국장으로 민변 발전에 큰 기여를 한 백승헌 변호사가 있다. 어느 날 백 변호사, 필자 등이 함께 모인 자리에서 그가 당시 총각인 것을 알고 한승헌 변호사는 "자네는 아무래도 내 사위로 삼을 수는 없겠네. 장인은 한승헌인데 사위는 백승헌이면 되겠나"라고 말하는 것이었다. 모두 함박웃음을 지을 수밖에 없었다.
65) 김상현, 앞의 글, 80쪽.

② “그는 독침도 재담의 손으로 감싸고 역설의 변증법으로 핵심을 찌르는 화술의 사람이다. 그의 ‘친체제론’도 그 일단이다. 권력이 그를 이른바 ‘반체제’로 지탄했을 때, 그는 말과 글로 이렇게 되물었다. ‘인권을 지키고 헌법을 지키는 쪽이 반체제인가, 인권과 헌법을 유린하는 쪽이 반체제인가.’ 그의 되물음에 따른다면 지난날의 권력이 반체제이며, 지난날의 반체제는 친체제로 뒤바뀌어야 한다.”[66]

③ “하버드 교문을 함께 걸어나오면서 ‘나도 한국에 가면 하버드 나왔다고 해도 되겠네’라며 농담하시던 일, 보스턴의 존 아담스 변호사의 용감한 변호 활동에 관한 해박하면서도 유머러스한 말씀을 들으며 한승헌은 이제 국제적 인물이구나 하는 생각을 하였다. 실제로 그에게는 어느 국제적 좌석에서나 독특한 위트와 실력으로 좌중을 주목시키고 설득시키는 힘이 있다. 그가 국제저작권관계 회의에서 동서양의 저작권에 관한 관념을 비교하면서, 영국대표가 한국에 해적판이 있다는 말을 마구하는 데 대해서 진짜 해적은 서양인 당신들의 조상이었다고 당당하게 이야기하여 좌중을 웃긴 것은 그런 배포유함을 보여주는 통쾌한 장면이었다.”[67]

그의 유머와 위트는 불신과 폐쇄된 독재와 권위의 시대에서 더욱 빛을 발했다. 군사독재하의 절망 속에서 그의 유머와 위트는 사람들에게 진실과 희망을 안겨주는 것이었다. “어떤 험상궂은 사천왕도 그를 만나면 대번에 배꼽을 쥐어 뜯으며 웃지 않을 수 없다. 그만큼 그의 기지로 넘쳐나는 화술은 상대방을 항상 즐겁게 해 주는 것이다. 1970년대 이래 시국의 강파른 비탈에서도 언제나 고난을 무릅써 왔다. 그러나 그는 감옥에서나 그 어디서나 웃음을 지켜왔고 그를 만나는 사람에게 웃음을 베풀어주고 있다.”[68] 1974년 12월 그가 희화적으

---

66) 김중배, 앞의 글, 26쪽.
67) 최종고, 앞의 글, 82쪽.
68) 《한겨레》, 1992년 12월 16일자.

로 글을 써 갖고 와 지인들 사이에 발표했다는 이른바 '으악새 선언'
의 첫머리를 보면 그의 유머와 위트 속에 담겨 있는 진실에 대한 갈
구를 이해할 수 있다.

　"오늘 우리는 '체'에서 벗어나려고 한다. 허울좋은 도덕의 멍에 때문
에, 처세와 '나'를 속박해 온 '체'를 벗어 던지기로 한다. 생각하면 우리
는 얼마나 거짓생활에 이끌려 다녔던가. 화려한 위장보다는 처참하더라
도 진실의 목소리를 우리는 그리워한다."[69]

2) 한승헌 변호사의 생각

　한 변호사는 고교시절 자신의 생각에 영향을 미친 책으로 『백범일
지』, 『부활』, 『죄와 벌』 등을 들고 있다. 또한 라스키의 『근대국가에
서의 자유』에서 "모든 자유를 온전케 하는 것은 용기이며 부정에 침
묵하는 사람은 자유의 상실을 감수해야 한다. 냉담이나 무기력이야
말로 가장 두려워해야 할 자유의 적이다"라는 부분을 감명 깊게 읽
었다고 한다. 고교시절부터 이미 연애소설보다는 사회과학이나 사
회문제에 깊은 관심을 가지고 있었음을 알 수 있다.[70]
　법조인이 된 후 김홍섭 판사의 수상집 『무상을 넘어서』, 독일의 법
철학자 구스타프 라드부르흐의 『법철학』에서 큰 영향을 받았다고 한
다. 또한 본회퍼의 최후를 기록한 고다드의 『죽음 앞에서』도 그의 신
념을 강화시켜 준 책이다. 이 모든 것이 인권변호사로서의 의식과 신
념을 더욱 공고히 해 주었을 것임에 틀림이 없다.

　"애환과 보람이 묻힌 직업이다. 인생의 아우성과 곡절을 피부로 실감

---

69) 김상현, 앞의 글, 74쪽.
70) 최종고, 앞의 글, 86~88쪽.

하는 직업이다. 평온하고 잘 되는 일로 찾아오는 사람은 없다. 무슨 변이 일어나야 찾아오는 직업이다. 남의 싸움, 남의 궂은 일을 가로맡아 처결하는 일이 얼마나 큰 고충을 수반하는가는 말로 다 할 수가 없다. 거짓말이나 술수가 황하처럼 항시 범람하는 지대에서 남을 부축해 주어야 한다."[71]

한 변호사의 변호사관을 잘 드러내는 대목이다. 변호사는 언제나 자신의 전문지식으로 사회적 약자를 부축해 주어야 한다는 것이다. 그야말로 '억강부약(抑强扶弱)'의 정신이 아닐 수 없다. 그러나 현실은 그렇지 않음을 그는 한탄한다. 한승헌 변호사는 한 글에서 일그러진 변호사들의 윤리의식을 다음과 같이 보고 있다.

"이렇게 만신창이가 된 변호사 윤리의 아픈 상처를 어루만져 가자면 끝이 없다. 깊은 통찰까지 빌릴 필요도 없이 주마간산격인 피사의 원경만으로도 우리 재야법조계에 어떤 경보를 연발해야 할 긴급성은 쉽사리 시인될 수 있으리라. 자칫하면 남의 처신만 왈가왈부하는 나머지 바리새의 여인을 향해 함부로 돌을 던지는 우를 범하지 말아야 할 것이다. 재야법조의 권외와 사명을 위해서 좀더 과감한 자기 수술과 질정이 요청되고 있다."[72]

---

71) 한승헌, 앞의 책, 1972, 385쪽.
72) 한승헌, 앞의 책, 1972, 63쪽.

'유신체제시대'의 인권변호사들
'4인방 변호사'를 중심으로

1. 유신체제시대와 본격적인 인권변호사 시대의 개막

1) '유신'이라는 이름의 억압체제

"1970년대는 기독교회의 입장에서뿐만 아니라 한국사회 전체로 볼 때에도 극심한 격동과 파란의 시기였다. 군사독재의 군화발 아래 인간의 존엄성은 여지없이 짓밟혔으며, 산업화의 격랑 가운데 민중은 허우적거리고, 노동자·농민은 오히려 배고픔과 서러움에 울었다. 획일과 배금주의가 우리를 황폐화시켜 가는 한편에서……."[1]

모순투성이로 가득찬 1970년대는 그렇게 격동과 파란으로 시작되었다. 박정희의 장기집권에 대한 야욕은 국민의 저항을 불러올 수밖에 없었고, 이 저항을 전면적으로 압살할 수 있는 체제로서 세워진 것이 바로 유신정권이었다. 박 대통령의 피살로 정권이 무너지던 1979년까지 정권유지를 위한 가장 중요한 법적 수단은 1972년 12월

---

1) 한국기독교교회협의회 인권위원회, 『1970년대 민주화운동(I)』, 1987a, 머리말.

27일 비상계엄령이 선포된 가운데, 사실상 반대의견을 봉쇄한 채 실시한 국민투표에서 채택된 유신헌법이었다. 조국의 통일을 앞당기고 국제정세에 대응한다는 명분으로 강요된 유신헌법은 대통령 권한의 무한 확장과 입법부와 사법부의 권력 약화, 국민의 기본권 제한을 주된 내용으로 하고 있었다.[2]

그러나 그중에서 특히 문제가 되는 것은 이 헌법 제53조에 규정한 대통령 긴급조치였다. 흔히 유신헌법상의 이 조항은 프랑스 제5공화국 헌법 16조를 모방한 것이라고 주장했으나 차원이 달랐다. 프랑스 헌법에서는 비상조치의 선포요건을 구체적으로 규정하고 있고, 사전 상의 대상을 확정해 놓고 있으며, 공권력에 대해 최소의 기간 내에 그 사명을 다하도록 규정해 두고 있었다. 그러나 유신헌법상의 긴급조치는 ① 사후, 진압적 비상조치뿐만 아니라 사전적, 예방적 조치까지 할 수 있고, ② 비상조치권의 내용·범위·효과가 지극히 광범하며, ③ 국회의 집회나 소집가능성 여부에 관계없이 발동될 수 있고, ④ 국회나 법원에 의한 통제가 거의 인정되지 않았다. 결론적으로 유신헌법의 긴급조치는 대통령 한 사람에게 아무런 제한 없이 모든 것을 백지위임하고 있었다.[3]

이에 근거하여 1974년 1월 8일 긴급조치 1호가 선포되었다. 어차피 국민을 탄압하기 위하여 만들어진 도구를 사용하지 않을 리 없었다. 긴급조치 1호의 내용은 다음과 같다.

1. 대한민국 헌법을 부정, 반대, 왜곡 또는 비방하는 일체의 행위를 금한다.

2. 대한민국 헌법의 개정 또는 폐지를 주장, 발의, 제안 또는 청원하는 일

---

2) 한승주, 「박정희정권 시기의 정치적 평가」, 『한국사회의 제문제 1』, 민음사, 1987, 15쪽.

3) 이상우, 「긴급조치―그 발동과 도전」, 천주교인권위원회 편, 『사법살인』, 학민사, 2001, 41~42쪽.

체의 행위를 금한다.

3. 유언비어를 날조, 유포하는 일체의 행위를 금한다.

4. 전 1, 2, 3호에 금한 행위를 권유, 선동, 선전하거나 방송, 보도, 출판,
   기타 방법으로 이를 타인에게 알리는 일체의 언동을 금한다.

5. 이 조치에 위반한 자와 이 조치를 비방한 자는 법관의 영장 없이 체포,
   구금, 압수, 수색하며 15년 이하의 징역에 처한다. 이 경우에는 15년
   이하의 자격정지를 병과할 수 있다.

6. 이 조치에 위반한 자와 이 조치를 비방한 자는 비상군법회의에서 심
   판, 처단한다.

이 조치는 1974년 1월 8일 17시부터 시행한다.

이와 같이 대통령이 발포한 일련의 긴급조치는 유신헌법에 대한
일체의 비난과 개정요구를 금지시켰다. 모든 국민의 입에 재갈이 물
리는 상황이었다.

"이 나라 사법권의 동면시대를 알리는 조종(弔鍾)과도 같은 유신헌법
은 5·16 후 있어 온 갖가지 사법권에 대한 제약을 제도적으로 집대성하
고 정당화시킨 것과 같은 내용이었다." [4]

"'대한민국의 헌법을 부정, 반대, 왜곡 또는 비방하는 일체의 행위를
금한다' 로 시작되는 대통령긴급조치 1호가 선포되던 1974년 1월 8일부
터 긴급조치 9호가 그 선포자의 뒤를 따라 운명할 때까지 이 나라는 긴급
조치라는 이름의 광풍에 휘말려 왔다." [5]

"70년대는 유신체제의 시대였고, 그것은 곧 긴급조치의 시절이었다.

---

4) 이상우, 『박정권 18년, 그 권력의 내막』, 동아일보사, 1987, 292쪽.
5) 한승헌, 「긴급조치와 긴급인권」, 천주교인권위원회 편, 앞의 책, 2001, 22쪽.

74년 1월 8일 대통령긴급조치 1호가 선포된 이래 79년 12월 8일 9호가 해제될 때까지 만 2천159일을 이 나라 국민들은 초헌법적인 긴급조치라는 괴물 아래 신음해야 했다. 그동안 체제에 반대하는 수많은 학생·종교인·근로자·재야정치인들이 긴급조치에 걸려 연행되고 투옥되었다.”[6]

긴급조치 1호를 발표하면서 박 대통령은 1971년 11월 21일 실시된 국민투표에서 유신헌법이 국민의 절대적 지지를 받았음을 내세우며, “불행하게도 국가적 현실을 이해하지 못하고 아직까지 과대망상증에 사로잡혀 있는 일부 인사들과 불순분자들은 부질없는 선동과 악의적인 유언비어를 유포시키면서 사회혼란을 조성하여 헌정질서인 유신체제를 부정하고 이를 전복하려 들고 있다”고 비난하고, 이를 방관할 경우 안보와 질서에 위협이 되기 때문에 긴급조치를 선포한다고 주장했다.[7] 여기서 ‘일부 인사’와 ‘불순분자’는 ‘안보’와 ‘질서’에 위협세력이 될 수밖에 없었고, 이들이야말로 탄압의 대상이 되었다.

약을 과용하면 약효가 떨어지게 마련이다. 긴급조치에 대해 국민들이 저항하자 긴급조치의 강도는 더 높아졌다. 특히 1974년 4월 3일 선포한 긴급조치 4호에는 데모 주동자를 최고 사형에 처하겠다고 공표했다. “긴급조치 1호로 구속된 장준하, 백기완 등이 너무나 당당한 태도를 보였을 뿐만 아니라 반유신 투쟁이 더 큰 규모로 일어나려 하자 자신의 일인권력을 수호하기 위해 더욱 엄중한 조치를 취했다.”[8] 이러한 강경정책으로 수많은 사람들이 구속되었고,[9] 인권은 더

---

6) 이상우, 앞의 글, 41쪽.
7) 한승헌, 앞의 글, 22~23쪽.
8) 서중석, 「유신체제의 수호와 민청학련 사건」, 천주교인권위원회 편, 앞의 책, 17쪽.
9) 유신체제 기간인 4년 6개월 동안 존속한 긴급조치 9호에 의해 구속된 사람에 대해서는 정확한 통계자료가 없다. 다만 800여 명으로 추산하는 견해가 있다(한국기독교교회협의회 인권위원회, 『1970년대 민주화운동(Ⅳ)』, 1987d, 1339쪽).

욱 악화되었다. 인혁당사건의 '사법살인'은 바로 이러한 배경에서 일어났다. 드디어 온 국민의 입에 재갈을 물리는 긴급조치 9호(국가 안전과 공공질서의 수호를 위한 대통령긴급조치)를 발표했다.[10]

1. 다음 각 호의 행위를 금한다.
  가. 유언비어를 날조, 유포하거나 사실을 왜곡하여 전파하는 행위.
  나. 집회·시위 또는 신문·방송·통신 등 공공전파수단이나 문서·도 서·음반 등 표현물에 의하여 대한민국 헌법을 부정·반대·왜곡 또 는 비방하거나 그 개정 또는 폐지를 주장·선동 또는 선전하는 행위.
  다. 학교 당국의 지도·감독하에 행하는 수업, 연구 또는 학교장의 사 전 허가를 받았거나 기타 의례적, 비정치적 활동을 제외한 학생의 집회, 시위 또는 정치관여행위.
  라. 이 조치를 공연히 비방하는 행위.
2. 제1에 위반한 내용을 방송·보도 기타의 방법으로 공연히 전파하거나 그 내용의 표현물을 제작·배포·판매·소지 또는 전시하는 행위를 금 한다.
3. 이 조치 또는 이에 의한 주무부장관의 조치에 위반하는 자는 법관의 영장 없이 체포, 구금, 압수 또는 수색할 수 있다.

이 조치는 헌법개정에 대한 청원 자체도 금지하고 있고, 헌법상 보장된 언론·집회·결사의 자유, 신체의 자유 등 기본권을 사실상 유린하고 있다. 심지어 법관의 영장 없이도 체포·구금할 수 있도록 함으로써 수사기관이 마음만 먹으면 누구든 연행하고 구금할 수 있 게 되었다. 헌법 위에 군림하는 조치가 아닐 수 없었다.[11] 이와 같이 세계 역사상 그 유례를 찾아보기 드문 이 독재체제에 잠시 국민의 저

---

10) 전체 14개 조항으로 되어 있다.
11) 한국기독교교회협의회 인권위원회, 『1970년대 민주화운동(II)』, 1987b, 665쪽.

항이 침묵 속에 잠겼던 것은 어쩌면 당연한 일이었다. 그러나 이 불의한 권력에 대한 침묵은 오래가지 않았다. 철통 같은 압제에 학생·노동자·종교인·일반시민이 대들기 시작했고, 이에 대한 탄압은 상승작용을 일으키며 그 수위를 높여갔다. 이 와중에서 수많은 국민들이 고문을 당하고 투옥됨으로써 변호사의 도움이 꼭 필요하게 되었다.

이러한 시대적 요구 속에서 이른바 '인권변호사 4인방'이 출현했다. 이 과정에서 이병린 변호사가 하나의 등대 노릇을 했다는 것에는 의문의 여지가 없다. 그 빛을 바라보면서 젊은 변호사들[12]은 고난을 겪는 이웃을 위해 또 하나의 작은 빛이 되기를 자원한 것이었다. 그 이전에도 몇 명의 변호사들이 개별적으로 용기 있는 변론활동을 벌이고 있기는 했다. 그러나 이것은 산발적이고 일회적이었다. '4인방'의 출현은 소수이기는 하지만 조직적이고 지속적인 인권변론의 시작을 알리고 있었다.

2) '유신사법(維新司法)'과 인권문제

"못내 섭섭한 것은 그날로 사법부에 대해 마지막으로 걸고 있던 희미한 기대마저 완전히 무너져버린 사실이었다. 그날은 법조인 스스로가 정부의 시녀로 전락해 안일하게 자리를 더럽힌 치욕의 날이 되었다."[13]

민주구국선언사건으로 1977년 3월 22일 징역 3년, 자격정지 3년의 대법원 확정판결을 받아 국회의원직을 상실한 정일형의 한탄이다. 이미 사법부는 권력의 시녀가 되어 유신정권을 지지하고 옹호하

----

12) 당시 황인철 변호사는 35세, 홍성우 변호사가 37세였으니 지금과 달리 연로한 변호사들이 주류를 이루고 있던 당시의 재야법조계에서 젊은 변호사 그룹이라고 할 만하다.
13) 김이조, 『한국의 법조인(I)』, 고시출판사, 2001, 332쪽.

는 '유신법조(維新法曹)'가 되어 있었던 것이다. 이를 두고 한승헌 변호사는 다음과 같이 표현했다. "책에서 배운 실체적 진실의 발견이니, 증거재판주의니, 임의성 없는 자백의 배제니 하는 재판상의 정의는 번번이 실종되었고 재판은 오직 처벌을 위한 의식으로 전락한 느낌마저 주었다."[14]

오늘날의 관점에서 보면 명백히 위헌적·반인권적인 긴급조치를 근거로 사법부는 아무런 헌법적 고민 없이 그 정당성을 인정했다. 그뿐만 아니라 이것을 근거로 민주주의와 인권의 회복을 주장하는 인사들을 마구 구속하고 처단했다. 심지어 검사의 구형량과 같은 선고형량을 선고함으로써 정찰제 판결을 하기가 일쑤였다.[15]

> "……헌법을 고쳐야 한다는 말 한 마디로 비상군법회의는 최고 15년의 징역형에 처한다고 되어 있어 개헌서명운동을 전개한 장준하, 백기완 등이 구속되어 검찰기소로부터 보통군법회의에서 판결선고에 이르기까지 1주일밖에 걸리지 않았다. 같은 달 31일에 첫 공판이 열렸고 바로 그 다음날에 15년씩의 징역형을 받는 즉결주의였다. 이 같은 선고형량은 검찰관의 구형량과 일치되는 것으로서 당시 법조계에서는 이를 '정찰제 판결'이라고 불렀다. 이런 형량의 '정찰제'는 그후 다른 긴급조치위반자의 군법회의 판결에서도 많이 활용되었다."[16]

물론 이 판결은 군법회의 판결이었다. 그러나 그 최종심은 대법원이었음을 환기하지 않을 수 없다. '유신사법'의 최악의 장면은 역시 인혁당사건 재판이었다. 엄청난 고문과 사건 조작에도 불구하고 군법회의에서 사형을 선고받은 서도원 등 8명의 피고인은 1975년 4월

---

14) 《한겨레》, 1992년 12월 16일자.
15) 한승헌 변호사는 이를 '정찰제 판결'이라는 말 외에도 '자판기 판결'이라고 불렀다(《한겨레》, 1992년 12월 16일자).
16) 김이조, 앞의 책, 329쪽.

8일 대법원 전원합의체 판결에서 상고기각됨으로써 사형판결이 확정되었고, 그 이튿날 전격적으로 교수형이 집행되었던 것이다. 당시 "민복기 대법원장이 판결문을 낭독하자 방청석의 피고인 가족 20여 명은 '이것도 재판이냐' 는 등 소리를 치다가 밖으로 끌려나와 계속 시위를 벌였다."[17] 훗날 이날은 '사법사상 최악의 날' 로, 이 판결은 '사법살인' 으로 기억되고 있다.

그러나 사실 유신정권의 성립과 동시에, 나아가 그 이전부터 이미 사법부는 정치의 시녀로 종속되어 있었다. 공정한 재판에 불만을 품은 군인들의 법원난입 행위,[18] 사법부를 비난하는 괴벽보사건[19] 등이 잇따랐으며, 1958년 10월에 공포된 법관연임법안 역시 사법부를 위축시키는 계기가 되었다. 1971년 7월 28일 발생한 사법파동은 커다란 사회적 파장을 일으켰으나 "순종하는 사법부를 만들려는 전초전"으로 귀결되었다.[20] 특히 서울지방검찰청 검사가 현직 서울형사지법 판사를 수뢰혐의로 구속하겠다고 구속영장을 청구함으로써 시작된 사법파동은 국가권력의 의도에 반하는 판결을 계속해 온 사법부를 견제하려는 불순한 의도가 분명했다. 이 사건에 관해 당시 대한변협의 결의문도 이러한 점을 지적하고 있었다.[21]

---

17) 김이조, 앞의 책, 330쪽.

18) 한일회담 반대시위에 나섰던 데모학생들에 대한 구속영장이 기각되자, 이에 불만을 품은 육군 공수단 소속 무장군인 13명이 1964년 5월 21일 새벽 서울형사지방법원에 난입하여 소동을 벌인 다음 숙직판사였던 양헌 판사 집으로 몰려가 영장의 발부를 강요하는 행패를 부린 사건이 일어났다(서울지방변호사회, 『서울지방변호사회 80년사』, 1989, 76쪽).

19) 동백림공작단사건의 대법원판결이 선고된 직후인 1978년 8월 2일 애국시민회라는 이름으로 된 괴벽보가 서울의 고등법원 건물과 그 부근에 나붙었다. 그 벽보에는 주심판사의 이름을 적시하여 '용공판사' 라고 규탄하는 협박조의 문구가 들어 있었으며 같은 내용의 삐라도 발견되었다. 이 벽보사건의 범인은 끝내 잡히지 않았다(서울지방변호사회, 앞의 책, 81쪽).

20) 이돈명, 「사법파동」, 『현대 한국을 뒤흔든 60대사건』, 《신동아》, 1988년 1월호 별책부록, 184쪽.

① 검찰의 이번 처사는 근자에 위헌판결을 자주 내는 사법부를 견제하려는 계획적인 처사로서 사법권을 위협하는 중대한 사태라고 규정하고,

② 법원당국은 재판의 신성을 의심케 하는 만성적인 관례를 합례적으로 시정할 것.

③ 전국의 법관들이 사법권의 독립을 고수하고자 일괄사표를 제출하는 사태가 왔음에도 불구하고 사법부의 최고책임자가 오히려 검찰을 비호하는 듯한 발언을 했음을 유감으로 생각하고,

④ 그간 국가가 피고로 된 사건의 상고심판결을 행정부의 요청에 따라 고의적으로 지연시켜 행정부에 추종한 대법원장은 이번 사태의 책임을 지고 사퇴할 것.

⑤ 담당 검사가 현직 법관에 대해 동일 사실로 구속영장을 두 번씩이나 청구하고 인신모욕적인 영장기재사실을 공표하여 보도하게 한 행위를 했으므로 담당검사를 피의사실공표죄로 고발하겠으며, 검찰총장과 법무부장관은 인책 사퇴할 것.

⑥ 재야법조도 크게 책임을 느끼고 폐습타파와 품위보전을 위해 최선을 다하겠다.

그러나 이런 요구에도 불구하고 법관들은 "사법부의 정상화를 위해 사표를 철회해 달라"는 대법원장의 호소에 따라 "충심에서 나온 주장이 하나도 받아들여지지 않은 데 대해 실망을 금할 길이 없다"면서도 사표를 철회하고 말았다. 결국 실질적인 소득 없이 사법파동은 잠잠해지고 만 것이다. 이러한 일련의 사태로 사법부는 이미 독립성을 상실하고 독재정권에 순치당해 있었다. 유신체제하의 사법부는 "제도상으로도 사법권의 독립이나 양심에 의한 재판이 사실상 불가능하고 또 용납될 수 없는 유신법조로 특징지어진다."[22]

---

21) 서울지방변호사회, 앞의 책, 90쪽.
22) 이상우, 앞의 글, 291쪽.

이러한 인권사건과 사법판결은 제대로 언론에 보도되지 않았다. 보도관제 때문이었다. 거의 대부분의 재판은 비공개재판이었고, 가족들조차 제대로 방청하기 어려웠다. 그뿐만 아니라 기자들마저 보도할 수 없었고 다만 관련당국의 성명이나 보도자료를 충실히 베끼기가 일쑤였다.[23] 이런 고립무원의 상황에서 인권변호사들의 역할은 더욱 소중하고 빛이 났다.

그러나 유신체제하의 사법부는 그 출발부터 이미 정치예속의 운명을 예고하고 있었다. 유신헌법은 사법부의 위치를 대통령의 통치권한에 종속되도록 제도적으로 규정해 놓았다. 제3공화국 헌법과 비교하여 유신헌법에서 달라진 사법부 관계의 조항은 다음과 같다.[24]

① 신체의 자유와 관련하여 구속적부심사제도를 폐지했으며, 고문 등에 의한 자백을 증거로 삼아 처벌할 수 없다는 조항을 삭제함으로써 국민의 기본권을 크게 제한했다.

② 법관추천회의제도를 폐지하고, 모든 법관의 임명권을 대통령에게 귀속시켰다.

③ 구헌법에서는 대법원장의 연임을 금지시켰으며, 법관의 정년을 65세로 한정시켰으나 유신헌법에서는 이를 삭제했다.

④ 대법원에 속해 있던 위헌판결권을 없애고 그 대신 헌법위원회를 신설, 여기에 그 권한을 넘겼다

⑤ 유신헌법에 신설된 헌법위원회는 9인으로 구성케 되었는데 위원 전원과 위원장의 임명권은 대통령에 속했다.

제도뿐만 아니라 사법의 현실에서도 권력은 사법지배의 의도를

---

23) "국방부 출입기자들이 보도석에 앉아 취재에 임했으나 자유로운 보도가 불가능했기 때문에 취재라기보다는 방청하는 정도였고 나중에 국방부 대변인의 발표문을 그대로 옮겨다 보도하는 꼴이었다"(김이조, 앞의 책, 332쪽).

24) 이상우, 앞의 글, 292~293쪽.

노골적으로 드러냈다. 법관재임명제도를 통해 대통령은 마음에 들지 않는 법관을 얼마든지 탈락시킬 수 있었던 것이다. 유신헌법에 의해 최초로 실시된 1973년 3월의 법관재임명에서 모두 48명의 법관이 무더기로 탈락되었는데, 이들은 대부분 정부측의 의도에 반대되는 판결을 내렸던 사람들이었다.[25]

2. 인권변호사 4인방

1) 4인방 변호사의 성립

'4인방 변호사'가 하루아침에 형성된 것은 아니다. 이들 가운데 제일 먼저 인권변호사로 나선 것은 황인철이었다. 그의 친구 김병익(문학과지성사 대표)은 1974년 당시 동아일보사 기자로서 언론민주화운동의 일환이었던 노동조합 결성과 관련하여 동아일보 기자들이 해직 등 징계처분을 받자 황인철 변호사에게 변론을 의뢰하게 된다. 황인철은 평소 친밀하게 지내던 홍성우, 강신옥, 김상훈 등과 함께 6명의 변호인단을 구성하게 되었다. 이어 그 유명한 동아일보 광고탄압사건이 일어나고, 급기야는 132명이 해직되는 사태가 벌어졌다. 이에 대한 해고무효소송 역시 황인철 변호사가 맡아 처리하게 되었다.[26]

---

25) 예컨대, 1971년 초 국가배상법 위헌판결에 찬성한 손동항·김치걸·사광욱·양회경·방순원·나항윤·홍남표·유재방·한봉세 등 9명의 대법원 판사, 서울대생 신민당 당사 농성사건에 무죄판결을 내린 양헌·장수길·김성기 판사, 월간 《다리》지 필화사건의 무죄판결을 내린 목요상 판사, 사법파동의 주동적인 반발을 보인 법관들이 탈락자들이었다(이상우, 앞의 글, 293~294쪽).

26) 이때의 상황과 사태에 대해서는 이석태 외, 『'무죄다'라고 말할 수 있는 용기』, 문학과지성사, 1998, 74~78쪽 참조.

유신헌법에 근거하여 선포되기 시작한 긴급조치로 학생과 시민의 구속행렬이 계속되었다. 특히 민청학련 1차 기소자 가운데 기독교 계통의 피고인들은 비교적 쉽게 변호인을 선임할 수 있었으나,[27] 일반 학생 등을 비롯한 다른 관련자들은 그렇지 못했다. 홍성우·황인철 변호사가 오갈 데 없는 이 피고인들을 맡아 변론을 하기 시작했다. 이들은 다시 대학동창, 연수원 동기생 또는 주변의 의기가 투합하는 변호사들을 모으게 되었다. 여기에 조준희 변호사가 합류하고, 나중에 이돈명 변호사가 참여함으로써 인권변론의 조직적 모태가 성립된 것이다. 그 과정에 대해서 홍성우 변호사는 다음과 같이 설명한다.

"저희가 본격적으로 시국사건에 뛰어들게 된 것은 1974년부터 잇달아 발표된 긴급조치 때부터입니다. 그중에서도 4월 3일에 나온 긴급조치 4호는 소위 민청학련을 겨냥한 조치였어요. 당시 구속된 사람이 100여 명에 이르렀어요. 그때 황인철 변호사 사무실에 지금 부장판사로 있는 이우근 씨가 사법연수생으로 변호사 실무를 배우러 와 있었는데, 이우근이 민청학련의 주모자인 이철과 고등학교 동창이었지요. 그 이우근이 황 변호사에게 민청학련 사건을 아무도 맡아주지 않고 있으니 황 변호사님이 좀 맡아주십사고 간청을 했어요. 그러니까 황 변호사가 저를 비롯한 대학동기 변호사들이 한 달에 한 번 모이는 모임 자리에 와서 지금 학생들 수십 명이 군법회의에서 엄청난 고통을 겪고 가족들도 변호사를 찾느라 애타하는데 우리가 좀 도와주자 하더군요. 그래서 제가 황 변호사 유혹에 넘어가서 저와 황 변호사 둘이 민청학련사건 중 학생들 33명의 변론을 맡았지요."[28]

---

27) 이때 박승서 변호사가 중앙일보 논설위원으로 있다가 구속된 유근일을, 이세중·한승헌·강신옥 변호사가 김지하와 KSCF 간부 및 기독교계 학생들을 담당하였다(서중석, 「70년대의 재야변호사 그룹」, 《신동아》, 1984년 6월호, 154쪽).
28) 이돈명·조준희·홍성우·김형태, 「인권변론 한 시대: 좌담, 인권운동과 법의

당시 변호사를 선임하는 것이 얼마나 어려운 시대상황이었는지 1970년대 한국천주교 정의평화위원회 중앙위원으로 민주화운동에 참여한 김정남은 다음과 같이 설명하고 있다.

그러나 그때는 아무도 잡혀간 사람들에게 한 줌 보탬이 될 수 없었다. 요즈음처럼 일단의 '인권변호사' 군(群)이 형성돼 있지도 않았을 뿐더러, 사회는 급격하게 냉각되고 있던 때라 호소할 데 없는 학생들의 딱한 처지를 맨 처음 듣게 된 것이 황 변호사였다. 그래서 자주 만나던 서울법대 동기동창 변호사들과 함께 이들을 위한 변론을 맡는 데는 당시로서는 상당한 용기를 필요로 했다. 심리적 위축을 줄 만큼의 외압은 물론 때로는 집에 무시무시한 협박 전화가 걸려오는 것을 감수해야 했다. 처음에 멋모르고 맡았거나, 친지의 부탁으로 수임했다가 슬그머니 뒤로 물러선 변호사들도 적지 않았다.[29]

이렇게 시작된 학생변론이 그후 지속적인 인권변론의 '주류'를 형성하는 계기가 되었다. 그때까지 인권변호사로서 활동하고 있던 사람은 이병린 변호사와 한승헌 변호사뿐이었다. 그러나 민청학련사건을 계기로 더 많은 변호사들이 시국사건의 변론에 가담했다.

김대중·서남동·함세웅 등 11명이 구속되고, 윤보선·정일형·함석헌 등 9명이 불구속 기소된 이른바 '3·1민주구국선언사건'에는 27명의 변호사가 공동변론을 담당했다.[30] 분야별로 나누어 변론

정신」, 《문학과지성》, 1993년 여름호, 683쪽.

29) 이석태 외, 앞의 책, 80쪽.

30) 이처럼 거대 변호인단이 꾸려지게 된 과정은 복잡했다. 가톨릭측에서 유현석·하경철·노병준·최광률·허규 변호사, 기독교 NCC측에서 이돈명·홍성우·황인철·조준희·이돈희 변호사, 정치인측에서 박세경·유택형·이택돈 변호사, 지방에서 홍남순·이기홍·김광일·이홍록 변호사 등이 각각 선임되었다(서중석, 앞의 글, 1984, 166쪽).

을 하기로 해 총론은 박세경, 노동자 희생 문제는 황인철, 언론자유
는 조준희, 사법권 독립은 이돈명, 김지하 시인 문제는 홍성우, 사실
왜곡부분은 하경철, 기타 누락된 사항은 지방 변호사들이 각각 맡았
다.[31]

　　그러나 이때 결집된 변호사들 가운데 대부분은 지속적으로 인권
변론에 참여하지는 못했다. 그밖에도 특별한 사건 또는 사안을 맡는
용기를 보였던 변호사들이 없지는 않았으나 지속적이고 집단적인
인권변론을 수행할 수는 없었던 것이다. 이러한 가운데 변호사 '4인
방'은 생업으로서 변호사업을 사실상 걷어치우고 오로지 '인권변호
사'로서의 길을 걸어가게 된다. 이제 이 '4인방'의 구성으로 '이제까
지의 고독하고도 개별적인 인권변론활동이 하나의 흐름으로 형성되
는 계기'[32]가 된 것이다.

2) 4인방 변호사의 변론활동

(1) 인권변론을 위해 전국 방방곡곡으로

　　이들 '4인방'은 전국 각지에서 폭주하는 인권사건을 변론하는 데
몰두했다. 이들이 활동을 시작한 1974년 이후부터 1985년 일군의 젊
은 변호사들이 이들을 도와 정법회를 조직할 때까지 10여 년 간은
10월유신, 긴급조치, 10 · 26, 80년 서울의 봄, 5 · 17 비상계엄확대,
광주사태 등 유신독재와 전두환정권의 폭압정치가 계속되던 시기였
다. 이 폭압이 만들어 낸 인권변론의 수요에 이들은 밤낮을 가리지
않고, 경향을 막론하고 동분서주하지 않을 수 없었다. 이런 상황을
문병란 시인이 이돈명 변호사를 두고 쓴 시에 다음과 같이 묘사하고
있다.[33]

---

31) 서중석, 앞의 글, 1984, 166쪽.

32) 김정남, 「무죄라는 말 한마디」, 《문학과지성》, 1993년 여름호, 719쪽.

33) 문병란, 「내일의 꽃다발」, 범하화갑기념문집 편찬위원회 편, 『범하이돈명선생 화

민주주의를 열망하거나
민주주의에 대해서 관심이 있는 사람이면
이돈명 변호사를 모르는 사람이 없다

민주의 열망이 고동치는
서울특별시 지방법원 대법정에서
광주나 부산
고난받는 형제들의 초췌한 얼굴이 있는 곳에서
진달래꽃 흐드러지게 핀
지리산 천황봉 세석평전에서
서울의 뒷골목 초라한 목로판 위에서
항상 가까이 볼 수 있었던 우리들의 변호사
고난을 당해본 사람이면 그 분을 안다

　이러한 상황에서 이들이 변호인으로서 관여하지 않은 사건이란 별로 없었다. 따라서 이들이 변론한 사건은 손으로 꼽기가 어려울 정도이다. 인권사건이 있으면 어디로나 달려가 기꺼이 사건을 맡았기 때문이다. 민청학련사건을 시작으로 1976년 3 · 1민주구국선언사건, 오원춘사건, 장기표사건, 리영희 · 백락청 사건, 크리스챤 아카데미사건, YH사건 등을 대표적으로 들 수 있다. 먼저 이돈명 변호사가 맡았다고 하는 사건 목록을 살펴보자.[34]

　1975년 : 민주회복국민회의 대표위원 이병린 변호사를 위한 변론, 김지하
　　의 반공법위반사건, 유신체제의 언론탄압에 맞서 싸우다 해직당한 조

갑기념문집」, 두레, 1982, 13쪽.
34) 이들 중에 조금 늦게 인권변론에 가담한 이돈명 변호사의 화갑기념문집을 통하
　여 담당한 사건의 목록(1975~1982)을 정리해 본 것이다(범하화갑기념문집 편집
　위원회 편, 『범하이돈명선생 화갑기념문집』, 두레, 1982).

선자유언론수호투쟁위원회의 부당해고무효확인소송.[35]

1976년 : 윤보선 · 김대중 · 함석헌 등의 세칭 3 · 1민주구국선언사건, 김
    윤수 · 이선근 등의 서울대방화미수사건.

1977년 : 청계천피복노조원들의 특수공무집행방해사건, 설훈 등 고려대
    학생들의 긴급조치위반사건, 이소선의 법정모욕사건, 리영희 · 백낙청
    반공법위반사건.

1978년 : 김옥두 · 한화갑의 특수공무집행방해사건, 부활절 예배방해사
    건, 송기숙 · 박형규 등의 긴급조치 9호위반사건, 안성열 · 장윤환 · 김
    종철 등 동아자유언론수호투위 긴급조치위반사건.

1979년 : 고은태 등 5인의 이른바 YH사건,[36] 박현채 반공법위반사건, 크
    리스챤 아카데미 사건, 오원춘사건, 5개단체민주화요구사건, 김재규
    사건.

1980년 : 변호사 강제휴업.

---

35) 1975년 3월 박정희 유신독재의 언론탄압에 맞서 동아일보와 조선일보에서 언론
    의 자유를 수호하기 위해 자유언론운동을 벌이던 기자와 방송인들이 집단적으로
    해직당하는 사태가 일어났다. 동아일보사에서 134명의 기자와 방송인들이, 조선
    일보사에서 32명의 기자가 해직되었는데, 이 사태를 분수령으로 하여 한국의 언
    론은 본격적인 '제도언론' 시대로 들어갔다. 조선일보에서 해직된 정태기, 이종
    구, 박범진, 백기범 등 32명의 기자들을 위해 1975년 7월 이돈명 변호사와 조준희
    변호사가 소송대리인으로 무료 변론을 맡아 대법원의 판결에 이르기까지 법정에
    서 싸웠다. 그러나 1심(재판장 황선당 부장판사), 2심(재판장 김달식 부장판사), 그
    리고 대법원 판결에 이르기까지 모든 재판부가 해직기자들에게 패소판결을 내렸
    다. 동아일보 해직기자들의 재판에서도 김제형, 황인철, 김춘봉, 이일재 변호사가
    변론을 맡아 싸웠으나 1심(재판장 김용준 부장판사), 2심(재판장 전상석 부장판
    사), 대법원 모두 해직 언론인들에게 패소판결을 내렸다.

36) YH무역노조 신민당사 농성사건 배후조종혐의로 한국교회사회선교협의회 총무
    였던 서경석, 동 부회장으로 근무하던 문동환, 기독자교수협의회 회장이던 이문
    영, 시인 고은태(고은) 등이 구속되었다. 이들은 "근로자들이 신민당사에 안전하
    게 들어갈 수 있도록 하기 위해 신민당측에 협조요청하는 등"의 배후조종을 했다
    는 것이다(자세한 공소사실은 한국기독교교회협의회 인권위원회, 『1970년대 민주
    화운동(V)』, 1987e, 1929~1930쪽 참조).

1981년 : 학림사건.
1982년 : 부산 미문화원 방화사건.

이 사건들은 대부분 '4인방 변호사'들이 공동변론했을 것이라 생각한다. 다만 이돈명 변호사가 다른 변호사보다 인권변론에 조금 늦게 참여했기 때문에 1974년의 민청학련사건 변론에는 참여하지 않았다. 1982년 이후에도 많은 변론에 참여했지만 이 목록에는 나와 있지 않다. 한편 이들이 맡은 사건 가운데 어느 정도 중복되는지 황인철 변호사 약력에서 볼 수 있는 변론사건과 비교해 봄으로써 살펴볼 수 있을 것이다.

1974년 : 민청학련사건.
1975년 : 지학순 주교 사건, 김지하 반공법위반사건, 동아투위 · 조선투위 사건.
1976년 : 3 · 1구국선언사건, 청계피복노조, 오원춘사건.
1977년 : 한승헌 필화사건.
1978년 : 크리스챤 아카데미 사건, 동일방직 · 원풍모방 노동사건, 리영희 · 백낙청사건.
1979년 : YH사건.
1982년 : 부산 미문화원 사건, 강원대 성조기 방화사건, 오송회 간첩사건.
1985년 : 대우어패럴사건 등 각종 노동사건 변론, 삼민투위사건 등 수많은 학생사건, 서울 미문화원사건, 건국대사건.
1987년 : 부천서 성고문사건, 박종철 손해배상사건.
1989년 : 임수경 · 문규현사건.

그러나 이러한 목록이 실제 담당한 변론사건을 모두 포괄하지는 못한 것 같다. 예를 들어 1978년 3월의 민청학련 석방자 김병곤 재구속사건, 1975년 2월 13일 이철용 국민투표법위반 혐의사건, 이돈명·황인철·홍성우·이세중·박세경 변호사 등이 수도권특수지역 선교위원회 선교자금사건을 변론한 것은 앞의 목록에 나오지 않는다. 그야말로 앞의 목록은 주요 변론사건을 정리한 것에 지나지 않는다. 세상의 이목을 덜 받았거나 지방에서 행한 변론사건 등은 많이 빠져 있는 것으로 보인다.

이들이 당시에 어느 정도로 전국을 누비면서 시국사건을 맡았는지는 다음과 같은 회고담이 잘 말해준다.[37]

이돈명 : 긴급조치 9호 위반사건을 위시해 청계피복노조사건, 크리스챤 아카데미 사건 등이 막 터졌어요. 지금은 젊고 양식 있는 변호사들이 참여해 짐을 나누고 있지만 그때는 정말 사건에 파묻혀 지낼 정도였습니다.

조준희 : 당시의 긴급조치하에선 인권문제에 관심 있는 변호사들이 별로 없었어요. '매달린다'는 말이 딱 어울릴 정도로 사건에 매달려 지낸 세월이었지요.

홍성우 : 어떤 사건을 맡았느냐 하는 질문은 어떤 정치적 사건이 있었느냐는 말과 같을 정도로 사건이 폭주했습니다.

실제로 이들은 전국을 무대로 변론을 펼치고 다녔다. 대구,[38] 광주,[39] 춘천[40] 등 안 간 곳이 없었던 것이다. 예나 지금이나 변호사들은 지방사건을 잘 맡으려 하지 않는다. 변론기일에 한번 참석하려면 하루가 걸리는데, 품값이 제대로 나오지 않는다는 생각 때문이다.

---

37) 김창수, 「민권변호사들」, 《월간조선》, 1985년 9월호, 445쪽.

38) 예를 들어 오원춘사건은 대구지방법원에서 재판이 진행되었다.

39) 홍성우 변호사는 '우리의 교육지표' 사건으로 구속된 송기숙 교수의 변론을 위해 광주까지 내려가 현지 변호사였던 홍남순·이기홍·지익표 등과 합류했다.

40) 1977년 12월 말 가톨릭농민회를 소개하는 유인물을 만들어 회원들에게 배부한 농민회 간부 2명이 긴급조치 9호 위반혐의로 구속된 사건을 홍성우 변호사가 변론하였다(한국기독교교회협의회 인권위원회, 앞의 책, 1987d, 1747쪽).

그런데 무료변론을 위해 전국을 뛰어다녔다니 보통의 사명감이 아니면 하기 어려운 일이었을 것이다.

그러나 변론의 성과는 별로 없었다. "부지런히 뛰었지만 법관이 용기 있는 판결을 내리지 않아 항상 졌다." '졌다' 는 것은 변호사들이 변론한 대로 무죄나 가벼운 형량을 끌어내는 데 실패했음을 의미한다. 그리하여 이들은 당시 "법관을 보고 변론하는 것이 아니라 방청객을 향해 변론하게 되더라"고 회고한다.[41] 결국 국민과 역사에 대한 변론을 했다는 것이다. 그것은 현실에서 억압받고 실패하고 있지만 조만간 해방되고 승리한다는 신념에 다름아닌 것이다.

뿐만 아니라 이러한 변론이 당장의 무죄를 이끌어내지 못한다고 하더라도 변론을 받는 양심수에게나 변론을 한 인권변호사에게나 그것은 고맙고 행복한 일이라는 생각이다. 이돈명 변호사는 어느 인터뷰에서 이렇게 털어놓고 있다.

"나는 그들의 변론을 맡으면서 내가 그 나이 그 위치에 있으면 그렇게 할 수 있는가를 회의하고 부끄러워했어요. 그들은 자기 출세나 국회의원, 돈벌이를 위해서 한 것이 아니었는데…… 마치 그들의 모습이 성자와도 같다는 생각이 들었어요. 그들은 부정에 대해서 그것은 허위요, 유신도 긴급조치도 불법이요, 그러니 없애시오 하는 그런 말 아니겠어요. 그것이야말로 진리와 정의를 추구하는 법조인의 전문영역입니다. 사법부에 종사하는 사람이 이것을 외면하면 자기가 하는 일에 대해서는 눈을 딱 감고 나는 밥만 먹고 살겠다는 소리가 아니겠어요. 그래서 나는 그 일을 했을 뿐이에요. 이러한 사태는 불행하나 내 인생사에 있어서 이러한 투쟁의 대열에 들어서서 맑은 삶의 의지를 지닌 젊은이들과 함께 일하는 것이 개인적으로는 매우 행복합니다."[42]

41) 「이돈명 변호사의 증언」(《대한매일》, 1999년 12월 11일자).
42) 편집위원회, 「이돈명 변호사님을 모시고」, 사법연수생 자치회, 《사법연수》 제5호, 1989년 여름호, 7쪽.

그 당시 변론요청은 대체로 세 가지 방향으로 이루어졌다. 개별적으로 이들 '인권변호사 4인방'에게 요청하거나 가족들 모임[43]의 소개로 이루어졌다. 그러나 유신시대 가장 조직적인 인권지원의 기지 역할을 하고 있던 기독교교회협의회 인권위원회에 의해 주로 이루어졌다. 다음은 당시의 상황을 기록한 자료이다.

긴급조치 등 정치적 재판에는 아예 변호사가 없거나, 있다면 위의 변호사(인권변호사)들처럼 위법사실 자체보다 법률적·정치적 제도에 근본적으로 문제점이 있음을 지적하는 NCC 등 종교기관에서 선임한 변호사들이다. 무엇보다 대부분의 변호사들이 긴급조치 등 정치적 재판을 맡아 정부에 '찍히기'를 지극히 꺼릴 뿐만 아니라 엄청난 변호사 선임비를 가족들이 부담할 능력이 없었기 때문이다. 유신체제하에서 긴급조치재판(또는 정치적 반공법·국가보안법사건, 노동운동사건 등) 등 정치적 사건을 맡아 과감히 변론한 변호사들은 NCC인권위원회 법률자문위원들로서 교통비 정도의 이름뿐인 선임비를 받으면서 헌신적·열정적으로 피고인들을 보호하고 피고인들을 대변해 주었다. 그 때문에 정부의 음성적 탄압을 받기도 했으며 때로는 '정치변호사'라고 노골적으로 수난을 겪어야 했다(유신 말기 긴급조치사건 등에 변론을 맡은 이들은 서울에서 이돈명·황인철·박세경·홍성우·조준희·하경철·유현석·이돈희·이세중·이병린·나석호 변호사 등이며, 광주·전주지역의 홍남순·이기홍·김기옥·지익표 변호사, 부산지역에서 김광일·이흥록 변호사 등이다).[44]

그러나 이들이 법정에서만 변론을 했던 것은 아니다. 즉 변호사로서의 기능적 변론만 했던 것이 아니라 이들 4인방 변호사들은 이미 그들이 변론하던 피고인들의 주의·주장에 깊숙이 동의하고 있었

---

43) 대량구속과 더불어 1973년 11월 9일에는 구속학생가족대책협의회, 1974년 9월에는 구속자가족협의회가 각각 만들어졌다.
44) 한국기독교교회협의회 인권위원회, 앞의 책, 1987d, 1376쪽.

다. 이들이 당시 보람있게 생각했던 것은 동아일보광고해약사태와
관련하여 광고를 지원한 사실이다.

> "그때 고정 광고란을 3만 원에 산 적이 있는데, 법정에서뿐만 아니라
> 일과가 끝나면 변호사들로부터 돈을 걷으러 다니는 것이 일이었는데 그
> 렇게 즐거울 수가 없었고 그것을 보는 국민들도 희망을 가졌어요.…… 지
> 금도 잊혀지지 않는 것은 광고문구인데, 예를 들면 "대한민국은 민주공
> 화국이다 헌법 제1조…… 재경변호사 2인"등 법률가답게 문구를 썼지요.
> 그때는 정말 살맛 났어요."[45]

이들의 이름은 지식인들의 성명서나 민주회복국민회의 등에서도
볼 수 있다. 특히 1974년 11월 창립된 민주회복국민회의에는 이병린
변호사가 10인 대표위원 중의 한 사람으로, 홍성우 변호사가 사무국
장으로 선출되었다. 창립 이틀 뒤 열린 민주회복국민선언대회에는
이병린 · 한승헌 · 황인철 · 홍성우 · 임광규 변호사가 참여했다. 그
러나 그 뒤 점차 이들 인권변호사들은 인권변론에만 몰두한다. 민주
화운동의 일환으로서 인권변론의 독자성이 이루어졌다. 인권변론
그 자체가 민주화운동의 주요한 부분이기도 하지만 인권변호사가
민주화운동에 직접 관련되어 구속이라도 된다면 인권변론은 불가능
해지기 때문이었다. 그만큼 인권변호의 수요는 팽창되고 있었다.

(2) '4인방 변호사'들이 남긴 몇 가지 법정변론

당시의 법정에서는 공식적으로 변론내용을 녹음하거나 기록할 수
없었다. 변호사들이 변론문을 직접 작성하여 기록에 첨부되지 않는
한 그 변론내용이 역사에 남을 리 만무하다. 그럼에도 당시 방청객들
이 기록한 몇 가지 사례들이 있다.[46]

---

45) 앞의 《사법연수》 제5호, 7쪽.

① 사실관계는 모두 인정한다. 그러나 첫째 왜 검찰이 이 학생들만 기소하고 재판했는가에 근본적인 의문을 제기한다. '민주구국헌장'을 만들거나 서명·발표한 사람들은 형사소추되거나 입건되지 않았는데, 헌장에 약간의 의견을 첨부하여 선언문을 만든 이들만 처벌한다는 것은 사법운영·소추권에 문제가 있다.…… 원은 불문에 붙이고 우리 기성세대의 책임을 왜 이 학생들에게 지우는가? 비감을 금치 못하겠다. 둘째…… 학생들의 사상은 한 시대의 시대적 양심을 대표하는 것이다. 왜 이들은 영광의 길을 버리고 차디찬 감방으로 가고자 했는가? 이들의 정상이 어떻고 형이 얼마나 과중한가에 대해서는 언급하지 않겠다. 바르게 통찰하여 현명한 판단을 내려주기 바란다(홍성우 변호사, 서울대 77. 4. 11 유인물사건 항소심 공판, 1978. 1. 26).

② 사실 긴급조치사건에 있어 변호인의 변론이 무의미하다는 것을 잘 안다. 그래서 이 사건에 관해 한 마디도 안 하려고 했는데 안 할 수 없어 한 마디만 하겠다.…… 피고인이 말한 내용은 증거로 채택된 월간지나 책에 다 나와 있는 진실인데 그것이 국가원수에 관한 것이라고 유언비어가 되느냐?…… 추가 기소사실을 보면…… 피고인은 공소사실대로 1973년 이래 이 정권의 헌법·정책, 이 정권 자체에 반대하는 것을 굽히지 않고 있다. 자기의 소신·양심 때문에 수의를 입는 것조차 마다하지 않았다. 그런 사람은 감옥에 갖다 두어도 양심을 버리지 않는다. 기회 있을 때마다 여럿에게 알려주는 것은 당연하다. 그런데 그때마다 처벌하는 것은 넌센스다(황인철 변호사, 서울대 김병곤 추가기소재판 변론, 1978. 7. 21).

③ 재판장이 심리 중 법을 지켜라, 법은 지키라고 있는 것이 아니냐고 했는데, 본 변호인의 생각은 착잡하다.…… 78년 3월 26일 새벽 여의도광장에서 개최된 신·구교 합동 부활절예배에서 소란을 일으키고 구호를

---

46) 한국기독교교회협의회 인권위원회, 앞의 책, 1987d, 1375쪽.

외치며 예배를 방해하였다고 하여 기소되었는데…… 피고인들이 그런 방법이 아니고서는 호소불가능했기 때문에 그런 사태가 났다는 것을 말씀드린다.…… 또 '소외되고 억눌린 자를 돌보라'는 것이 크리스챤의 사명인데 소외된 자를 안 돌봐줄 때, 같은 기독교인으로서 기독교인을 미워하게 되는 것은 사실이다. 이들의 행동에는 이 두 개의 동기가 있다.…… 노동자들이 피땀흘린 보람이 도대체 무엇이냐, 불만을 말아라, 가만 있어라 하고, 불만의 소리를 냈다고 공무집행방해다, 예배방해다 해서 집어 넣어야 속이 시원하냐? 정말 매정하다.…… 만약 내 딸이 하루 12시간 일하고 3만 원만 받는다면 얼마나 가슴 아프겠느냐…… 질서를 문란시켰다고 했으나 노동운동을 가로막는 법률이 질서를 문란케 한 것이다. 마지막으로 근본적인 해결이 필요하다. 제2의 이와 같은 노동자들이 나오지 않도록 처단에 앞서 공정히 판결하여 문제 해결하길 바란다(이돈명 변호사, 부활절 예배사건 항소심 변론, 1978. 8. 31).

④ 성호 긋는 행위로 그 사람의 신앙과 신학사상을 언급하는 것은 인격모욕이며 검사의 양심을 의심케 하는 행위이다.…… 증거 및 증언에 비추어 볼 때 처벌의 가치가 없는 내용이다. 긴급조치 9호의 성격이 국가안전과 공공질서를 해치는 행위를 수호하기 위한 것인데, 이들의 주장은 오직 농협의 비민주적 운영을 민주화하자는 것이다. 그것이 국가안전과 공공질서를 파괴한단 말인가?…… 있는 사실 그대로 보도하는 행위가 긴급조치에 위반된다는 것을 전혀 모르고 있었음이 진술과정에서 밝혀졌다. 법률전문가인 변호사들 중에서도 이런 사실을 잘 모르는 사람이 많다.…… 사실을 왜곡이라 한 이유를 모르겠다. 조금 과장해서 말했다고 긴급조치 9호를 적용한다면 안 걸릴 사람이 없을 것이다. 이런 사실에 비추어 검사의 논고는 다분히 감정적이고 죄가 있어서가 아니라 사람이 미워서 죄를 적용한 것 같다. 월맹이 월남을 침공하기 위해 1년 계획을 세웠는데 40일 만에 망했다. 월남 패망은 집권층이 부패하고, 국민들은 민주역량이 형성되지 않아 누구를 위해, 무엇 때문에 목숨을 바쳐야 될지

모르기 때문에 무기를 그냥 버렸다. 그때 집권층은 국민을 버리고 금괴를 가지고 외국으로 도망쳤다. 민주사회에서 정부를 건전하게 비판하고 개선을 주장하는 것이 국가안보에 저해된다고 몰아붙이는 논리는 위험하다 (홍성우 변호사, 1977년 12월말 춘천 가톨릭농민회 간부 구속사건).[47]

(3) '4인방 변호사'의 대표적 공동변론 사건

① 민청학련사건

대학생들을 중심으로 대학가에 데모가 계속 번져가자 1974년 4월 3일 대통령긴급조치 4호가 선포되었다. 전국민주청년학생총연맹(민청학련)과 관련단체의 조직·가입·찬양·고무·동조 등의 행위를 금지하고, 학생들의 정당한 이유 없는 출석, 수업 또는 시험의 거부와 교내에서의 집회·시위 등을 금지하는 내용이었다. 특정 단체의 행위 금지를 주된 내용으로 하는 조치라는 것도 우스우려니와 학생들의 출석거부조차 처벌하고 더 나아가 데모하는 학생과 이를 보도하는 기자까지 최고 사형까지 처벌할 수 있도록 하고 있었다. 이어 4월 25일에는 민청학련사건의 구체적인 내용이 신직수 중앙정보부장에 의해 발표되었다. 다음은 그 요지이다.[48]

민청학련은 공산계 불법단체인 인혁당 재건위 조직과 재일 조총련계 및 일본 공산당 국내좌파, 혁신계 인사가 복합적으로 작용, 74년 4월 3일을 기해 현정부를 전복하려 한 불순 반정부세력으로, 이들은 북괴의 통일전선 형성 공작과 동일한 4단계 혁명을 통해 노동자 농민에 의한 정권수립을 목표로 했으며, 과도적 정치기구로 민족지도부의 결성을 획책했다. 이들이 획책한 이른바 4단계 혁명은 ① 유신체제를 비민주 독재로 단정,

---

47) 한국기독교교회협의회 인권위원회, 앞의 책, 1987d, 1747~1748쪽.
48) 이상우, 앞의 글, 61쪽.

반정부세력을 규합하며, ② 4월 3일을 기해 전국 주요 대학이 일제히 봉기하여 중앙청, 청와대 등을 점거, 파괴하고, ③ 민주연합정부를 수립한 후, ④ 노동자 농민에 의한 정부를 수립하는 것을 내용으로 하고 있으며, 민청학련 배후 주동인물로는 ① 전 인혁당 당수 도예종과 여정남 등의 불순세력, ② 재일조총련 비밀조직의 일원인 곽동의와 곽의 조종을 받은 일본 공산당원 2명, ③ 기독학생총연맹 간부진, ④ 이철, 유인태 등 주모급 학생운동자와 유근일 등이다.

민청학련의 배후인물은 그후 재판과정에서 더욱 확대되어 윤보선 전 대통령, 김동길·김찬국 교수, 박형규 목사, 지학순 주교, 김지하 시인 등이 민청학련의 배후에서 정부 전복을 격려하거나 거사자금을 대주었다는 혐의로 군재에 회부되었다. 이미 광범한 국민의 저항에 직면한 유신정권의 행태는 단말마적으로 변해갔다. 군법회의에서의 재판이라는 것은 이미 하나의 형식에 지나지 않았다. 당시 이 재판에 참여한 한승헌 변호사의 회고담을 들어보자.

"6월 15일 오전 국방부에 인접한 비상보통군법회의의 법정에서 학생운동 지도자급 32명[49]에 대한 첫 공판이 열렸다. 넓지도 않은 법정은 초만원이었다. 피고인의 수만으로 의자 넉줄을 꽉 채우고 보니 방청석이라야 몇 줄 남지 않았다. 피고인 가족은 한 사람에 한하여 방청이 허용되었다고 하나 미처 재판기일을 몰랐거나 정문에서의 증명서 대조에 걸려 들어오지 못한 가족도 많았다. 그밖의 일반인의 방청이 봉쇄되었음은 물론이다. 국방부 출입기자들이 자리를 메우고 앉아 있었으나 그야말로 방청만 했지 메모를 하는 사람도 없었고(그들은 국방부 대변인의 발표문을 데

---

49) 32명의 명단은 다음과 같다. 이철, 유인태, 여정남, 정문화, 김병곤, 황인성, 나병식, 서중석, 안양로, 이근성, 정윤광, 강구철, 구중서, 이강철, 정화영, 임규영, 김정길, 이강, 윤한봉, 김영준, 송무호, 김수길, 김지하, 김효순, 유근일, 이현배, 정상복, 이직형, 안재웅, 나상기, 서경석, 이광일.

스크에 전달하는 일밖에는 없는 듯했다), 군재 관계자 및 기관원들이 더 많은 자리를 점하고 있었다. 이 때문에 공개재판의 원칙을 무시했다는 국내의 비난이 자자했다. 수갑도 풀지 않은 채로 인정심문이 시작되었다. 재판관 중에는 현직 판사도 앉아 있었건만 이 같은 위법을 보고도 아무 말도 안 했다. 군법회의니까 판결의 공정성을 기대할 수는 없었더라도 소송절차의 위법성만이라도 따져나가자는 결심을 한 변호인석에서 법대로 수갑을 풀고 신문해달라는 쪽지를 법무사에 전달했다. 재판장도 수긍 안 할 수 없었는지 신문 도중에 피고인들의 수갑을 풀게 했다. 김지하 씨는 직업을 말할 때에 시인이란 말에 의도적으로 엑센트를 두는 것 같았다. 장황하고 긴 공소장을 읽어가던 검찰은 초반에 이미 힘이 달린 듯 목소리가 축 처지더니 이마에 흘러내리는 땀을 계속 씻어올리다가 목이 탄다며 겸연쩍어 웃고는 물을 청했다. 그러자 심판부에서도 역시 물을 가져오라고 재촉하는 것이 아닌가. 6월의 더위치고는 한여름을 방불케 하는 날씨에 자연의 일기와 상황의 열기가 엉키고 범벅이 되어 이날부터 공판정에서는 단상 단하의 치열한 공판논쟁이 계속되었던 것이다. 젊고 용감한 피고인들은 묻는 말에 대답하는 수동적 입장에만 멈추지 않고 오히려 정부와 권력자를 규탄, 논고하는 자세로 과격한 역습을 감행했다. 그 때문에 공판에서는 발언제지, 경고, 휴정, 퇴정명령, 항의소동이 빈번했으며, 심지어는 학생들이 애국가 봉창을 하는 엄숙한 해프닝이 벌어지기도 했다. 피고인들은 정부를 전복하거나 국가를 변란시킬 목적이 없었다고 한결같이 주장하고, 더구나 그런 목적을 가진 단체를 구성한 바가 없음을 강조했다. 그들은 이 나라에 팽배해 있는 부정과 불법을 규탄하고, 사회정의와 민주정부의 확립을 촉구하고자 광범한 학생 데모를 기도했으며, 유신체제하의 비리를 바로잡는 것이 구국의 길임을 확신한다는 요지로 공소사실을 부인했다. 변호인들은 긴급조치 제1호와 제4호는 유신헌법에도 위반되는 무효의 조치라는 점을 강조하고, 민청학련이란 실제로 구성된 단체가 아니라 유인물에 편의상 붙인 호칭이었으며, 학생들은 오로지 애국적인 정열로 부정과 전제를 바로잡으려 했을 뿐이라는 점을 몇 번이고 강조했다. 한여름의 염천이 국민의 답답한 심정만큼이나 달아오르던 7월 13일, 사상 유례없는 전격적인 스피드 재판이 끝나고 군재에서의 1심 판결이 선고되었다. 사형 7명, 무기징역 7명, 징역 20년 12명, 징역 15년 6명이라는 가히 천문학적 형량이었다. 당초의 구형과 대비해 보면 32명 중 29명에 대하여 '정찰제 판결'이 떨어졌으며, 사형과 무기징역을 면한 18명의 형기만을 합해도 340년의 징역이 떨어진 셈이다."[50]

대통령긴급조치 4호의 대상이 된 민청학련사건 재판은 여러 가지 면에서 화제를 모았다. 적대적인 법정에서 이들 피고인들은 기가 죽기는커녕 오히려 검찰관과 재판관들을 당황케 할 정도로 당당했다. 검찰이나 재판관들의 질문에 대해 정치권력을 규탄하고 공격하여 오히려 공세적인 자세를 취했다.[51] 이것 때문에 단상 단하의 치열한 공방전이 연출되기도 했다.[52] 5공화국의 법정소란의 원조였다. 변호인들 역시 이들을 옹호하고 지원하는 데 최선을 다했다. 재판장의 재판진행 절차가 위법이라고 판단한 변호사들은 증거라도 많이 남겨놓으려고 법정에서 자주 이의를 제기하거나 구체적으로 서명하여 문서로 제출하기도 했다.[53] 이 과정에서 마침내 강신옥 변호사가 변

---

50) 한승헌, 앞의 글, 29~30쪽.

51) 이철은 "우리는 반정부이기는 하지만 반국가는 아니다. 더구나 반국가단체를 결성한 일은 없다. 국가와 민족을 위해 죽는 것은 억울하지 않으나 빨갱이라는 누명은 씌우지 말아 달라"고 호소했고, 유인태는 "기소장에 국가변란, 정부전복, 노동정권 수립이라는 말이 나오는데 웃기는 소리이다. 당국에 경각심을 주기 위해 데모를 계획한 일은 있으나 정부가 학생데모로 전복되리라는 것은 생각조차 안 했다. 이 점은 당국이 더 잘 알 것이 아닌가"라고 반박했다. 윤보선 전 대통령은 "내 나이 77세. 나의 죄를 감해 달라는 것보다는 나와 직접적인 관련은 없지만 학생들에 관해 부탁하고 싶다. 학생들에게 공산당이란 죄목은 사실이 아니다.…… 민주주의를 하려고 한 일이 죄가 되느냐?…… 나를 사형장에 끌고 간다고 해도 민주주의를 위해서라면 서슴지 않겠다"라고 다짐했다(이상우, 앞의 글, 66~67쪽).

52) 김이조, 앞의 책, 332쪽.

53) 이석태 외, 앞의 책, 82쪽.

론을 하다가 구속되기에 이른다.

② 김지하의 반공법 위반사건

1975년 5월 19일 권종근 재판장의 주재로 김지하에 대한 반공법 위반사건에 대한 1회 공판이 열렸다. 김지하의 옥중 메모 가운데 '장일담', '말뚝이' 등이 문제된 것이었다. 이돈명·이세중·조준희·홍성우·황인철 변호사 등이 변론을 맡았다. 재판장이 과거 인혁당 사건을 군법회의에서 맡았던 판사이므로 인혁당 문제가 공소사실의 하나로 되어 있는 이 사건에서 공정한 재판을 기대할 수 없다는 이유로 재판부 기피신청을 냈다. 당시 법정 분위기는 하도 살벌해서 김지하가 사형당하지 않을까 하는 우려까지 많았으며, 변호인단은 일단 시간을 벌기 위해 김지하 본인의 이름으로 공판이 시작되자마자 재판부 기피신청을 냈다고 한다. 홍성우 변호사의 회고담을 들어보자.

그때 솔직히 변호사인 내 이름으로 기피신청을 내는 것이 두려웠어요.…… 다음날 법정에 들어가려는데 다른 분이 아직 안 와서 혼자 들어가게 되었어요. 그 두려움이란 그 전에도 그 이후에도 겪어보지 못할 정도로 컸어요. 김지하는 그 뒤에 어느 글에선가 그 법정의 모양을 "법정에 칼이 서 있더라"라고 표현했었지요. 그때 기피 신청으로 항고·재항고를 거치면서 재판이 무기 연기되었고, 그 사이에 월남 패망으로 경직되었던 사회분위기도 많이 누그러졌습니다.[54]

'옥중 메모'의 성격을 규명하기 위해 문정현 신부와 함세웅 신부를 증인으로 신청하고 또한 각계의 감정 의견서를 받았다. 작가이자 조선일보 주필 선우휘는 그 소견서에서 "공산주의자가 아니라는 김지하의 주장이 받아들여지지 않을 경우, 문학인 일반은 문학에 몰이

---

54) 이석태 외, 앞의 책, 98쪽.

해한 사법 당국에 의해 문학이 부당한 법의 제재를 받았다고 생각하며, 문학인의 진실성이 경시 또는 부정되었다고 보고 역시 법을 불신하게 될지도 모른다”고 지적했다.[55] 1976년 12월 31일 징역 7년의 유죄판결이 선고되었다. 김지하는 1980년 12월 11일 형집행정지로 석방되었고, 1989년 재판시효 만료로 면소판결되었다.

③ 민주구국선언사건

1976년 3월 1일 명동성당에서는 700여 명의 가톨릭 신자들과 수십 명의 개신교 신자들이 참석한 가운데 민주구국선언서가 낭독되었다. 이 선언서는 긴급조치의 철폐와 민주인사들의 석방, 집회 · 언론 · 출판의 자유 보장을 정면으로 요구했다. 긴급조치 9호가 금하는 행위였음이 분명했다. 검찰은 ‘3 · 1절 기념미사 행사를 이용한 일부 재야인사들의 정부전복 선동사건’이라고 규정짓고 11명을 구속하고 9명을 불구속 수사한다고 밝혔다.[56]

이 사건은 “긴급조치 9호 위반사건의 하이라이트”라고 불린다.[57] 그만큼 많은 피고인과 화려한 경력의 명망가 피고인들이 피고인석을 메우고 있었다. 그것은 이미 긴급조치 9호와 그 내용이 전국민들의 반발과 저항을 불러 오고 있었음을 의미했다. 이 사건에서 서남동, 김대중, 함세웅 등 11명의 구속 피고인, 윤보선, 정일형, 함석헌 등 9명의 불구속 피고인이 법정에 섰다. 초호화 캐스팅 멤버였다. 전직 대통령과 전 대통령후보, 전 외무장관, 종교지도자 등이 총망라되어 있었던 것이다. 여기에 변호사들도 27명이나 되었다.[58] 당시의

---

55) 이석태 외, 앞의 책, 97쪽.
56) 자세한 것은 한국기독교교회협의회 인권위원회, 앞의 책, 1987b, 690쪽.
57) 김이조, 앞의 책, 332쪽.
58) 변호사 명단은 다음과 같다. 박세경, 김춘봉, 김기열, 이기홍, 이돈명, 나석호, 이돈희, 조준희, 홍성우, 황인철, 이세중, 윤철하, 김인기, 한병채, 이택돈, 김기옥, 김명윤, 용남진, 허규, 노병준, 최광율, 하경철, 유현석, 유택형, 주도윤, 김선태,

‘인권변호사’가 총출동한 것이다. 이 사건의 변론을 위해 광주에서는 홍남순·이기홍 변호사, 부산에서는 김광일·이흥록 변호사가 상경해서 변론에 가담하기도 했다. 피고인들의 위상만큼이나 재판은 처음부터 논쟁과 파란을 거듭했다.

"재판장은 피고인 인정신문에 들어갔다. 먼저 김대중은 재판부의 인정신문에 응했다. 이어서 재판부는 문익환의 본적을 확인하면서 인정신문을 계속하려 하였다. 이때 문익환은 "저는 가족들도 보이지 않는 이 비공개재판에 응할 수 없습니다"라고 말하며 재판을 거부했다.…… 변호인단을 대표하여 이돈명 변호사가 재판의 공개성 여부에 이의를 제기했다. 그는 방청권이 어떤 기준에 의해 발부된 것인지, 동 법정에 들어와 있는 사람들이 모두 방청권을 발부받고 들어온 것인지 따졌다.…… 이돈명 변호사는 서는 것까지 계산한다면 300명 이상이 입장할 수 있다고 주장하면서 재판은 수사기관이 아닌 다른 여러 국민들에게 공개되어야 함에도 불구하고 가족들조차 방청을 제한시킨 상태에서 수사기관에 종사하는 사람들에게 방청석을 할애한다는 것은 온당치 못하다고 항의하고, 특히 방청권을 피고인별로 변호사에게 제대로 전달하지 않은 점, 방청권에 방청인의 성명·주민등록번호·현주소·피고인과의 관계 등을 기록케 함으로써 사후에라도 방청한 사람에게 불이익을 초래할 수 있는 소지를 남긴 점, 법정 주변 분위기가 필요 이상으로 삼엄하여 재판의 자율성을 의심케 하고 있는 점 등을 지적하며 이의를 제기했다.[59]

그후에도 변호인단은 범죄사실이 특정되어 있지 않다는 이유로 공소기각을 요구하기도 하고, 공판조서가 작성되어 있지 않다는 이유로 공판연기를 주장하는 등 논란이 잇따랐다. 그러나 재판부는 그

홍남순.
59) 한국기독교교회협의회 인권위원회, 앞의 책, 1987b, 698쪽.

해 8월 28일 선고공판까지 15차례의 공판을 주 1회꼴로 급속도로 진행했다. 결국 변호인단이 총사퇴한 가운데 검찰의 구형과 선고가 이어졌다. 항소심의 선고 역시 양형만 일부 조정한 채 유죄였다. 이 사건에 대해 변호인들은 상고까지 제기했으나 대법원은 다음과 같은 이유로 상고를 기각하고 말았다.

> "제1점에 관하여…… 이 사건에서 문제가 되어 있는 민주구국선언문, 강론 및 설교 내용들은 모두 국가의 안전과 공공질서 수호와 밀접한 관계가 있을 뿐더러 또한 한 걸음 더 나아가 국가의 안전보장이나 공공의 질서수호에 중대한 위협을 주거나, 줄 우려가 있는 사실이라고 말할 수 있다.…… (그 내용이) 정치, 경제, 외교, 사법제도, 인권문제 등에 관한 우리의 현실을 왜곡한 것이라고 본 원심의 판단은 정당하다.[60]

결국 대법원은 긴급조치 9호의 합헌 · 합법성, 당시 인권탄압조치의 정당성을 인정해 준 것이다.[61] '유신사법'의 당연한 귀결이었다.

④ 양성우의 노예수첩사건

양성우 시인이 1977년 6월 13일 수사기관으로 연행되어 해외 출판물에 의한 국가모독 및 긴급조치 9호 위반 혐의로 그 달 27일 구속되었다. 문제가 된 〈노예수첩〉이라는 시에 대한 공소장의 일부를 보자.

1) 프롤로그에 "시인들아 / 이땅에 읊을 것이 무엇 있느냐 / 너희들이 즐거워 소리지르며 / 사람도 골목도 마당 끝까지 / 음침한 그늘과 한숨소리뿐 / 밤마다 아침마다 짓밟히면서 / 너희들이 읊을 것이 / 무엇 있느냐 /

---

60) 1977년 3월 22일자 사건 77도 44 대통령긴급조치 제9호 판결문 참조.
61) 이때의 대법원 판사는 민복기 대법원장을 비롯하여 이영섭, 주재황, 김영세, 민문기, 양병호, 한환진, 임항준, 안병수, 김윤행, 이일규, 강안희, 라길조, 김용철, 유태흥, 정태원 등이었다.

칼든 자의 잔인한 노략질 끝에 / 혈관까지 영혼까지 짓밟히면서……"라
고 하여 대한민국은 독재국가로서 기본적 자유를 박탈당하여 최소한
의 기본권도 누리지 못한 채 억압당하고 있는 양 묘사하였고,

2) 1단락에 "나는 보았다 / 누더기 속에서, 가마니 속에서 / 나는 보았다 /
사랑하는 이웃들이 죽어가는 것을 / 죽어가며 한마디 말도 못하고 / 죽
어서 열번이나 다시 죽어서 / 칼든 자의 그늘 밑에서 쓰러지는 것을 /
저주하라 저주하라 / 산천초목아 / 목놓아 가슴치며 울부짖어라……"라
고 하여 정부가 집권자로서 폭력적인 권력을 휘둘러 인권을 마구 탄압
하고, 특히 민주회복을 부르짖는 학생, 민주인사들을 함부로 투옥, 구
금하면서 자기네들끼리 자기만족에 도취하고 있는 양 묘사하고,

3) 2단락에 "곳간도 부엌도 밥그릇까지 / 모조리 털어갔다 밤을 새워서 /
사라져라 사라져라 / 총잡이들아 / 우리들이 마셔야 할 한방울의 물 / 먼
지낀 흙탕물도 가로막고 서서 / 도둑들은 칼을 갈며 발을 구르고 / 긴 밤
을 휘어잡고 흔들고 있다 / 날마다 숨어앉아 만드는 법률 / 천만개의 법
률로 배를 채우고……"라고 하여 정부가 모든 수단방법을 다 동원하여
국민들을 빈털터리가 될 정도로 수탈하고 있고, 긴급조치를 장기간 발
동하여 인권을 유린하고 있으며, 헌법에 설치된 국가기관인 국회는 행
정부의 시녀로 전락하여 공정한 심의나 절차를 거치지 않은 채 마구잡
이로 무수한 법률을 만들고 있는 양 묘사하고……

이 사건에 대해 담당변호인인 홍성우 변호사는 〈노예수첩〉에 대
한 검찰의 주장을 하나하나 반박하면서, 문학작품이 지닌 속성과 표
현내용에 대한 수용의 문제를 낱낱이 따지고 들었다. 홍성우 변호사
가 이처럼 구구할 만큼 작가의 의도와 작품의 관계를 설명한 것은,
양성우가 법정에서 밝힌 정치 · 사회체제 및 권력을 보는 그의 비판
적 입장이 작품에 대한 선입견으로 작용할 것을 우려해서였다. 피고
인 본인도 항소이유서에서 "재판부는 문학적 표현 자체를 증거에 의
하여 판단한 것이 아니라 그 표현 밖의 피고인의 사상과 견해를 유추

하여 그것을 유죄로 인정한 것은 잘못"이라고 주장했다.[62] 그럼에도 그는 징역 3년을 선고받았다.

⑤ 리영희 · 백낙청 교수 반공법 구속사건

1977년 11월 23일 한양대학교 신문학과 해직교수 리영희 교수와 역시 서울대학교 해직교수이자 '창작과비평' 사 대표인 백낙청 교수가 연행되었다. 문제가 된 책은 리 교수가 '창작과비평' 사에서 번역 · 편집하여 발간한 중공 문제 논문집인 『8억인과의 대화』와 한길사에서 발간한 『우상과 이성』 두 평론집이었다. 대학생들 사이에 인기를 끌면서 '의식화의 원흉'이 된 이 책들에 대해 당국이 보복행위를 한 것이다. 이 재판에는 이돈명 · 홍성우 · 황인철 · 조준희 · 박두환 · 정춘용 · 김강영 변호사 등이 변론에 나섰다. 1978년 2월 24일 제4회 공판의 반대신문의 일부이다.[63]

변호사 : 『8억인과의 대화』는 한양대학 중국문제연구소에서 연구한 것 중에서 발표한 것인가?

리영희 : 그렇다.

변호사 : 그 책을 출판하게 된 동기는?

리영희 : 제일 중요한 동기는 다음과 같다. 즉 우리 사회에서는 너무도 중국에 관한 지식이 빈약하고 편견과 선입견이 많으며, 사실과는 다른 비과학적, 허구, 오류 등에 의해 인식됨으로 말미암아 중국에 관한 교수와 대학생들의 지식 수준이 아주 한심할 정도로 무지에 가깝다. 여기에 한심한 생각이 들어 계몽하고 객관적 진실을 보다 과학적으로 저술해야겠다는 학자적 양심 때문에 출판하게 되었다.……

변호사 : 미국학자 슈람의 『모택동』을 역자인 육사교관 김동식 교수가 보

---

62) 한국기독교교회협의회 인권위원회, 앞의 책, 1987d, 1634~1644쪽.
63) 한국기독교교회협의회 인권위원회, 앞의 책, 1987d, 1652~1654쪽.

안사의 검열을 받아 책을 내 논 것을 아는가?

리영희 : 안다. 역자가 본인에게 서평을 써달라 했었다. 슈람의 『모택동』은 내가 번역한 『8억인과의 대화』의 내용이 모두 들어 있다. 오히려 더 많고 깊은 내용들이 담겨 있다. 이것을 보안사에서는 정식으로 허가를 내 주고 출판·판매되고 있다.

변호사 : 지난번에 사실을 사실대로 말해도 반공법에 위반된다고 검찰이 주장했는데 이 책을 낼 때 사실을 사실대로 이야기해도 반공법에 저촉되리라고 생각했나?

리영희 : 연구과정에서 생각해 볼 때 사실을 사실대로 말하면 법으로 보호받을 것이지 법에 의해 처벌되리라고는 생각하지 못했다.

변호사 : 공소장에 의하면 이 책의 논문 중에서 중공에 유익한 것이라고 생각되는 점은 삭제해야 했고, 잘못 평가될 염려가 있는 부분에 대해서는 번역자의 견해를 주로 달아야 할 것임에도 불구하고 그러지 않았기 때문에 유죄가 된다고 했는데, 어떻게 생각하는가?

리영희 : 학자의 가장 비열한 행동은 남의 글을 도용하는 것이다. 그러나 그보다도 더 비열한 짓은 남의 글을 마음대로 삭제하는 행위다. 국가권력이 임명한 법의 대행자가 남의 글을 삭제하라고 한 것은 도저히 이해할 수 없는 일이다. 다음, 번역자의 견해를 넣어야 했을 것이라고 했는데, 내가 번역한 글의 저자들은 세계적으로 권위를 가진 학자들이다. 그래서 나는 그 사람들의 권위를 따를 수가 없으며 그들의 글을 평가할 수도 없다.……

변호사들의 변론은 매섭고 날카로웠다.[64]

우리의 현실은 당연히 있어야 할 일이 안 되고 있어서는 안 될 일이 강요되는 현실이다.…… 피고 리영희 교수는 이런 역사적 현실에서 우리가

---

64) 한국기독교교회협의회 인권위원회, 앞의 책, 1987d, 1658~1660쪽.

외면할 수 없이 필연적 관계를 가져야 하는 중공을 보다 객관적으로 정직
하게 잘 알자는 입장에서 『8억인과의 대화』를 번역한 것이다. 이 글은 반
공법에 의해 처벌되어야 할 글이 아니라 오히려 우리나라 민주주의 발전
에 큰 보탬이 되는 것으로 판단된다.……

　검찰은 피고인이 공산주의자가 아니라도 처벌할 수 있다고 했지만, 반
공법 1조에 의하면 공산주의자를 처벌하기 위한 것이지 필요없이 국민의
자유를 제한하기 위한 것은 아님이 명백하다. 찬양·고무·동조의 판단
기준은 반국가단체를 이롭게 할 목적이 있는가 없는가에 따라야 한다. 그
렇지 않으면 위정자의 비위를 거스릴 때 처벌을 당하는 결과가 될 것이
다.……

　리 교수는 중공의 활동을 찬양·고무한 것이 아니다. 논리학에서 삼단
논법 중 '분류의 오류' 가 있다. 즉 물로 불을 끄는데 물이 산소와 수소로
되어 있으므로 산소와 수소가 불을 끈다는 논리이다.…… 검찰은 자기들
이 필요한 부분만 잘라내어 인용하여 중공의 활동을 찬양·고무했다고
주장한다.

　현재 우리나라에 중공 및 공산계의 책들이 많이 발간되고 있는데, 리
영희 교수의 책만이 반공법으로 다스려진다는 것은 이해가 안간다.……
76. 1. 8 주은래 사망시에는 주은래의 인간과 그 능력을 찬양하는 기사의
일색이었다. 즉 주은래는 유능한 실용주의자, 유머와 매력을 갖춘 신사,
겸손하고 온화한 인격, 항일투사 등 갖가지 미사여구를 총동원한 것이다.
그렇지만 이런 기사를 쓴 기자들이 반공법에 구속·기소되었다는 소식은
없다. 검찰 말대로 사실을 사실 그대로 기록해도 죄가 된다 하니 아주 똑
떨어지게 유죄의 기소장을 쓸 수 있을 것이다.……

그러나 결국 이 변론과 노력에도 불구하고 1978년 5월 19일 마침
내 리영희 교수에게 징역 3년, 백낙청 교수에게 징역 1년이 선고되
었다. 리 교수의 상고이유서는 당시 판결을 이렇게 희롱하고 있다.

검사의 기소장은 길이가 14매, 자수로는 8,286자의 장문입니다. 제1심 공판은 증인(2인)의 증언까지를 합쳐 11회인가 그 이상 걸렸습니다. 피고인의 진술과 증인의 증언·변론·제출자료 등 재판기록은 상당한 분량에 달합니다. 그런데 웃지 못할 일은 제1심 판결문의 이유 부분의 길이가 어쩌면 그렇게도 정확히 14매, 자수로는 8,286자입니다. 십수 회의 공판에서 7명의 변호인과 2명의 피고인이 변호하고 6개월간의 법정 투쟁에서 피고인측이 자신에게 유리한 단 한 가지의 사실도 제시하지 못했다는 말입니까. 국내 언론기관은 재갈이 물려 있어 한마디도 보도하지 못했지만 외국 보도기관의 기사를 보아도 사실을 알 수 있습니다. 법정 안에 있는 무생물을 묘사하라 해도 검사와 판사의 글짓기는 길이·표현·자수가 꼭 같을 수가 없을 것입니다. 그런데 판결이유는 검사의 기소장과 글자 하나 틀림없이 일치합니다. 진실로 경이적인 솜씨가 아닐 수 없습니다. 진실은 단순합니다. 8,286자의 그 복잡하고 많은 내용의 기소장을 한 자의 고침도 없이 제록스, 복사한 것입니다.

⑥ 오원춘사건

'4인방 변호사'를 대구까지 총출동하게 한 것이 바로 오원춘사건이다. 이 사건은 가톨릭농민회 청기분회장 오원춘이란 젊은 농민이 1979년 5월 5일부터 2주간 정보기관원들에게 납치되어 울릉도에 감금되어 있었다고 신부에게 폭로했다가 허위사실 유포죄로 구속된 사건이다. 가톨릭은 오원춘의 고백과 그의 양심선언을 근거로 전국 각지에서 기도회·농성·시위를 벌였고, 박정권은 오원춘은 물론이고 정호경 신부를 비롯하여 가톨릭농민회장 등 5명을 구속하고 수많은 사람들을 연행하는 등 강경 대응했다.

1979년 8월에서 10·26에 이르는 기간만큼 매일매일이 사건과 긴장으로 채워진 역사도 드물 것이다. 그중에서도 기독교와 정부의 관계가 이처럼 정면대결의 양상을 띤 적도 흔하지 않았다. 개신교와 박정권의 관계는 봄부터 크리스찬 아카데미 사건을 둘러싸고 그 긴장

김병로 변호사.

1953년 환도 직후 이승만 대통령과 나란히 선 김병로 대법원장의 모습.

이인 변호사.

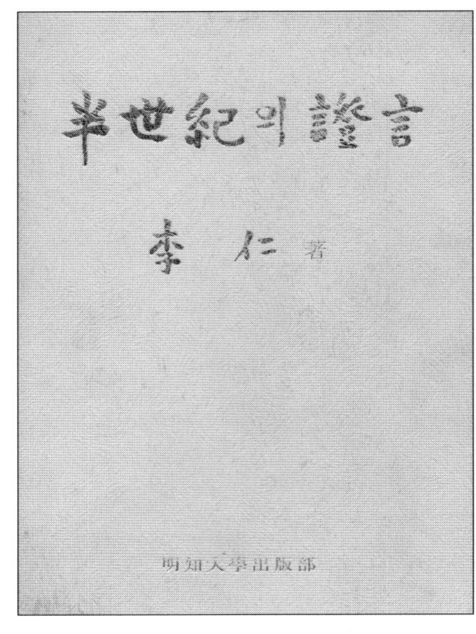

이인 변호사의 회고록.
일제하의 변론을 알려주는 몇 안
되는 책 중의 하나이다.

허헌 변호사.

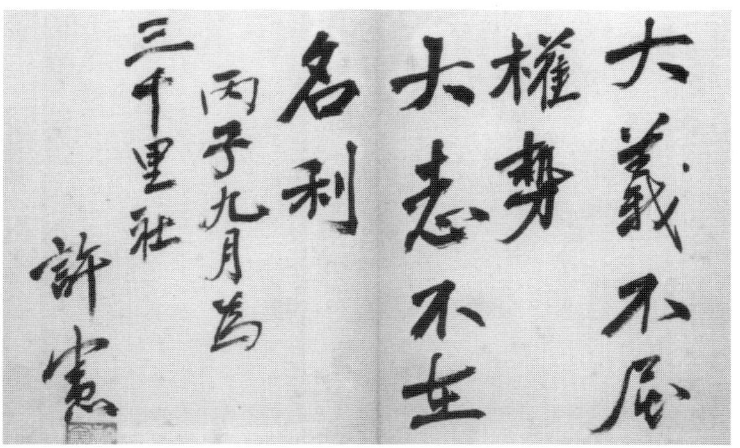

허헌 변호사의 친필.
"대의는 권세에 굴복하지 않고 큰 뜻은 명예와 이익에 두지 않는다"는 뜻이다.

일제하에서 독립운동을 변론한 '3인 변호사'
(앞줄 오른쪽이 김병로, 뒷줄 오른쪽이 허헌, 뒷줄 왼쪽이 이인 변호사).

'언론압박탄핵민중대회'에서 나란히 함께 선 김병로(앞줄 맨 오른쪽), 허헌(그 옆),
이인 변호사(앞줄 맨 왼쪽).

1936년 11월 조선변호사회 회장 취임기념사진(가운데가 이인 변호사).

조선어학회사건으로 옥고를 치른 '10 · 1회' 회원들
(앞줄 왼쪽에서 네 번째가 이인 변호사).

법정에서 변론하는
정구영 변호사.

이병린 변호사.

'민주회복국민회의'의 대표위원을 사임하라는 박정희정권의 요구를 거부하여
서울구치소에 구속되었다가 석방된 이병린 변호사가 기자회견을 하고 있다.

이돈명 변호사의
파안대소하는 모습.

1987년 범인은닉사건으로 구속기소된 이돈명 변호사가
활짝 웃으며 법정에 들어서고 있다.

홍남순 변호사.

민주수호국민협의회 시절 광주에 내려온 함석헌 선생(앞줄 왼쪽에서 첫번째) 및 천관우 선생(앞줄 왼쪽에서 두번째)과 함께한 홍남순 변호사(뒷줄 가운데).

1975년 '어떤 조사'
사건으로 법정에 선
한승헌 변호사.

1974년 대통령 긴급조치 사건을 다룬 비상군법회의 광경.
옆모습으로 보이는 이가 한승헌 변호사.

조준희 변호사
(현 사법개혁위원회 위원장).

1990년 5월 민변 정기총회에서
(맨 앞줄 왼쪽에서부터 황인철 변호사, 조준희 변호사, 맨 오른쪽 박인제 변호사).

황인철 변호사.

1986년 국제변호사 회의가 열린 캐나다에서.

홍성우 변호사.

고 조영래 변호사 1주기 추도 및 유고집 출판기념 모임에서
추도사를 하고 있는 홍성우 변호사.

5·18특별법제정을 촉구하고 광주학살 진상규명을 요구하는 '민변'의 가두시위에서
(앞줄 왼쪽부터 이돈명 변호사, 고영구 전 민변회장[현 국정원장], 박재승 현 대한변협 회장).

안기부법, 노동관계법 날치기 통과에 항의하는 농성장에서
(오른쪽부터 고영구, 최영도, 한승헌, 박인제 변호사).

조영래 변호사.

1987년 방콕에서 열린 동남아 지역 민간 인권단체 회의에 참석한
황인철(왼쪽), 조영래 변호사.

1989년 국가보안법 위반사건으로 구속중인 리영희 교수에 대한
접견 거부에 항의하는 홍성우, 한승헌, 황인철 변호사(왼쪽부터).

한 세미나 모임에서 자리를 함께한 변호사들
(왼쪽부터 최영도, 이돈명, 홍성우 변호사).

어느 비오는 날 경주 불국사에서 나란히 찍은 고 황인철 변호사 부부(오른쪽)와
홍성우 변호사 부부(왼쪽).

민변 총회에 참석한 회원들과 함께한 고영구 변호사(앞줄 오른쪽에서부터 두번째)와
조준희 변호사(앞줄 오른쪽에서부터 네번째)

김지하 시인이 출옥한 후 변호인들이 함께 사진을 찍었다
(왼쪽부터 황인철 변호사, 김지하 시인, 홍성우 변호사).

조영래 변호사가 저자로 명시된
『전태일 평전』.

조영래 변호사가 변론한 사건들의
진실과 조영래 변호사의
변론 내용을 정리한 책.

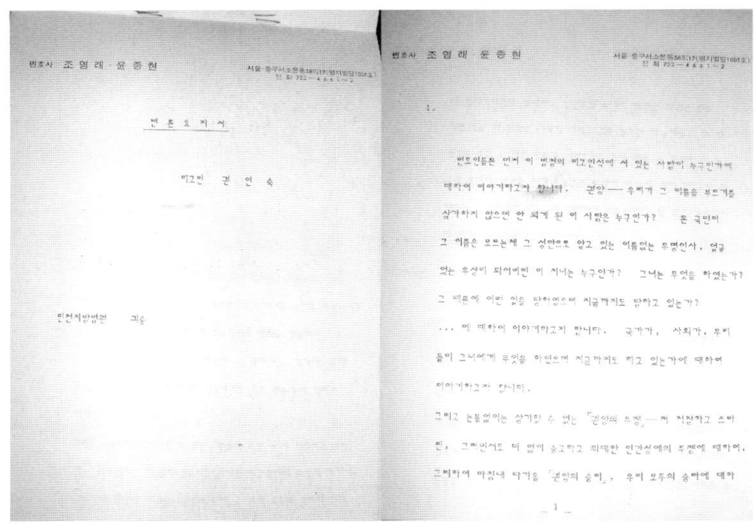

권인숙양 사건을 변론한 조영래, 윤종현 변호사의 변론요지서.

'민주사회를 위한 변호사모임'
사무실 정문.

'민변'이 간행하는
『민주사회를 위한 변론』.

'민주사회를 위한 변호사모임' 사무실에 마련되어 있는 '국가보안법 자료실'.

'국가보안법 자료실'에 수집되어 있는 국가보안법 관련 피해 사건의 사건기록들.
얼마나 많은 사람들이 피해를 입었는지 잘 보여주고 있다.

국가보안법의 문제점을 밝힌 여러 책들.

박원순 변호사가 저술한 『국가보안법연구』 3권.

의 도를 더해가다가 8월 초 재판에서 피고인들이 고문을 폭로하고, 이어서 YH사건으로 도시산업선교가 정부의 집중포화를 받으면서 돌이킬 수 없는 상태에까지 이르렀다.

이 사건에는 유현석, 이돈명, 조준희, 홍성우, 황인철, 이건호 등 6명의 변호사가 활약했다. 특히 인권변호사로 알려지지 않았던 이건호 변호사가 참여하여 특별한 역할을 담당했다.

8월 23일 3개 텔레비전 방송망의 보도특집 방영 직후 이건호 변호사는 대구교도소를 찾아가 벼락 면회를 신청했다. 긴급조치 사건을 맡았던 이름이 알려진 변호사가 가면 감시가 심할 것 같아 이돈명·유현석 변호사와 공동사무실을 내고 있는 이건호 변호사가 오 피고의 변호인으로 선임계를 낸 것이다. 이전까지 이 변호사는 긴급조치 사건을 맡은 적이 없었다. 이 변호사는 오 피고에게 안동교구 두봉 주교의 신임장을 내밀었다. 거기에는 "이 변호사는 내가 믿는 변호사이니 진실을 얘기하라"고 씌어 있었다. 그것을 읽은 오 피고가 이 변호사에게 납치된 것이 틀림없다고 말했다. 왜 그러면 텔레비전 앞에서 그렇게 말했느냐고 추궁하자 오 피고는 "완전한 인간이 못 되어서입니다"라고 대답했다. 이 변호사는 "그러면 법정에서 진실을 말하도록 하라"고 다짐했다. 그때 보안과장이 달려 왔다. 이 변호사는 개가를 부르며 돌아왔다. 재판날이 기다려졌다.[65]

당시 변호사들이 가톨릭 교회와 더불어 얼마나 치밀하게 전략을 짰는지를 알 수 있는 대목이다. 그뿐만 아니라 '4인방 변호사'들 외에도 이렇게 협력하고 지원하는 변호사들이 있었음을 알 수 있다.

그러나 재판은 우습게 돌아가고 있었다. '진기'하게도 오원춘 피고인은 검사의 직접신문에서 공소사실을 모두 시인해 버렸던 것이

---

65) 서중석, 앞의 글, 1984년(윤일웅, 『재야세력들』, 평범서당, 1985, 170쪽에서 재인용).

다. "변호인과 피고인은 한편이고, 피고인과 검찰측이 상반되는 주장을 하게 마련인데, 오원춘은 검찰측의 공소사실을 시인했고, 변호사는 그것을 반박했다. 이처럼 피고인이 공소사실에 협조하는 마당에, 변호인들은 피고인의 혐의를 벗기겠다고 안간힘을 썼다. 그렇다고 피고인은 변호인들을 거부하지도 않았다."[66] 재판은 점점 열기를 더해 갔고 변호인들의 법정공방도 더 치열해졌다.

공판이 진행중인 법정은 발들여 놓을 틈도 없이 장내를 꽉 메운 사람들의 열기로 한증막 속에 들어가 있는 듯했다.…… 1회 공판에 이어 검찰측과 변호인단 사이에 불꽃 튀는 공방전이 전개되어 방청객들을 아슬아슬하게 했다.…… (3회공판) 당시 변호인단은 서울행 오후 6시 19분 새마을호 열차표를 사놓고 있었다.…… 이때 홍성우 변호사는 구속기간도 많이 남았는데 왜 이렇게 재판을 강행하느냐고 변론기일의 별도 지정을 요구했으나 묵살되었다. 다시 황인철 변호사가 항의했으나 역시 묵살, 그러자 이건호 변호사가 일어나 양쪽 다 엄밀한 증거 없이 다만 피고인의 엇갈린 자백만 있을 뿐인데, 증거도 필요로 하고 변호인단이 낼 증거도 아직 덜 제출되어 있으며 변론준비도 안 되어 있다고 말하면서 별도의 변론기일을 요청했다. 하지만 이 변호사의 요청도 허사였다. 재판장은 미진한 것이 있으면 별도의 서면으로 제출하라며 검사의 논고를 명했다. 이에 이돈명 변호사가 자리에서 일어나 우리는 변론을 아무렇게나 할 수 없습니다. 우리는 퇴장할 수밖에 없습니다 하며 퇴장하고 말았다. 8시 45분이었다.[67]

결국 재판은 이렇게 파국을 맞고 말았다. 이 재판이 진행되는 동안 가톨릭과 유신정권은 오원춘사건을 가운데 놓고 '진실과 거짓'의

---

66) 윤일웅, 앞의 책, 141쪽.
67) 윤일웅, 앞의 책, 171쪽 이하.

치열한 싸움을 벌였다.[68] 오원춘은 그해 10월 15일 징역 2년을 선고
받았지만 항소를 포기했고,[69] 복역중 1979년 12월 8일 긴급조치 9호
해제와 더불어 석방되었다.[70] 그러나 그 유죄판결은 아직도 벗겨지
지 않은 채 진실은 미궁 속에 있다.[71]

⑦ 크리스챤 아카데미 사건

1979년 3월 9일 크리스챤 아카데미 여성사회 간사 한명숙이 기관
원에게 검은 승용차에 실려 연행되면서 시작된 이른바 '아카데미 간
사들 불법지하용공써클' 사건은 그로부터 한 달 동안 25여 명이 잇
따라 불법연행되어 중앙정보부 지하실에서 고문조사를 받고, 그 가
운데 7명(이우재 · 황한식 · 장상환 · 김세균 · 신인령 · 한명숙 · 정창
렬)이 반공법위반으로 기소된 사건이다. 재판이 시작되자마자 이세
중 · 이돈명 · 황인철 · 홍성우 · 조준희 · 정춘용 변호사 등이 변론에
나서 고문에 의한 조작사실을 따지고 나섰다.[72]

---

68) 이 진실게임의 핵심은 오원춘 피고인의 울릉도행이 애정행각이냐 아니면 기관에
　　의한 납치냐 여부였다. 그러나 오원춘이 작성한 '양심선언'(5일 동안 강제납치되
　　었으며 "어떠한 일이 있어도 사실이며 만약 번복된다면 이는 외부적 압력이나 위
　　협에 의한 강제적 결과"라고 쓴 문건), 특히 '제2의 양심선언'이라고 알려진 '쪽
　　지'("나는 모든 증거인들에게 그들은 폭력과 위협으로 조작" 등의 오원춘의 필체
　　로 씌어진 문건) 등의 존재로 오원춘은 강제납치된 것이 아닌가 하는 강력한 추측
　　을 낳았다(윤일웅, 앞의 책, 163쪽 이하).
69) 피고인이 항소를 포기한 후 변호인들이 그해 10월 18일 항소를 제기했지만 "변
　　호인에게 고유의 상소권을 인정한 것이 아니고 피고인의 상소권을 대리하여 행사
　　케 한 것에 불과하므로 피고인의 상소권이 소멸한 후에는 그 변호인은 상소할 수
　　없다"는 이유로 이 항소는 기각되었다.
70) 자세한 것은 한국기독교교회협의회 인권위원회, 앞의 책, 1987d, 1748~1749쪽.
71) 오원춘 자신조차 그 진실에 대해서는 밝히지 않았기 때문에 진실은 "베일에 쌓여
　　있다"고 할 수밖에 없다(윤일웅, 앞의 책, 142쪽).
72) 자세한 것은 기독교교회협의회 인권위원회, 앞의 책, 1987d, 1525쪽 이하 참조.

황인철 변호사: 책 말이 나오면서 맞기 시작했는가?

한명숙: 그게 불분명하다. 책이 나온 후인지 전인지……

변호사: 구치소에서 접견할 때만 해도 그 얘기만 나오면 악몽 같다며 말을 못하곤 했는데……

한명숙: 그 기억을 다시 살리고 싶지 않다.…… 말하고 싶지 않지만 간단히 얘기하겠다. (울음 섞인 목소리로 띄엄띄엄) 거기서 "공산당이면 죽인다. 너 공산당이지? 네 남편하고 어떻게 접선했느냐.…… 배후를 대라…… 어디를 어떻게 맞았는지 기억조차 안난다. 나중에 일어나 보니 뼈 마디마디는 부어 있고…… 온 몸에 피가 맺히고 멍이 들어…… 걷지를 못했다. 나중에 지하실로 옮길 때 수사관이 부축해 옮겼다.…… 나는 자살하고 싶었다. 그리고 거기서 나는 완전히 항복했다.

변호사: 그만 이야기해도 좋다. 분위기는 대강 알겠다.

홍성우 변호사: 현대사상연구를 본 일이 없다고 하니까 맞기 시작했다는 것인가?

황한식: 어느때 어떻게 맞았는지 명확하게 기억은 못하겠다.…… 처음에는 앉혀 놓고 주먹으로 때리고 발길질을 했는데. 나중에는 일으켜 세워 가지고 주먹질, 발길질 할 것 없이 아주 무자비하게 때렸다.…… 발가벗겨 놓고 한 시간 두 시간 맞다 보니 살고 싶은 마음이 없어 혀를 깨물어 보았으나 용기가 없어 죽지 못했다.

이처럼 고문을 폭로했음에도 불구하고 재판부는 이우재에게 징역 7년, 한명숙 징역 4년, 장상환·신인령 각 징역 3년 6월, 황한식·김세균 각 징역 2년을 선고하고 말았다. 크리스챤 아카데미는 "한국사회의 여러 부문에서 일어나고 있는 양극화 현상을 해소하고, 자유·평등을 통한 인간화 사회의 실현을 목표로 설립된 단체로서, 유신체제하인 1974년부터는 교인·노동자·농민·여성·학생을 대상으로 한 5개 사회분야에서 중간집단 육성을 위한 각종 교육과 모임 활동을 벌여 왔다."[73] 유신체제하에서는 이런 정도의 사회운동조차도 용납되기 어려웠던 것이다.

⑧ 남민전사건

1979년 10월 당국은 '남조선민족해방전선(남민전)' 사건의 수사결과를 발표해 관련자 74명을 검거했다고 밝혔다. 또한 당국은 "1964년 인혁당사건에 관련되어 2년형을 치렀고, 1974년 민청학련사건을 배후조종했던 이재문을 총책으로 한 이 반국가단체는 1976년 2월부터 지하조직을 결성하여 그동안 점조직 형태로 교사, 학생, 지식인 등을 포섭하여 민주화를 빙자한 학원과 사회 혼란 선동, 도시 게릴라 방법 등으로 불법 사제 무기류를 사용한 강도까지 저질렀다고 발표했다.

이 사건의 피고인 수가 많아 '인권변호사 4인방'을 포함하여 수십 명의 변호인이 선임되었다. 당시 피고인들의 조직활동 관련 문서들이 모두 압수되어 진상을 밝히는 데도 어려움을 겪었을 정도였다. 특히 피고인의 수도 많고 다양한 성향의 가족들 때문에 통일적인 변론, 효과적인 구명운동을 벌이지 못했다. 결국 1980년 5월 22일 사형 4명, 무기 4명, 징역 15년 5명, 징역 10년 4명 등 중형이 선고되었다. 사형이 확정된 이재문은 옥사했고, 신향식은 형이 집행되었다.

⑨ 동아투위 10 · 24 민권일지사건

〈1차 민권일지 사건〉 안종필 · 장윤환 · 안성열 · 박종만 · 김종철 등 해직언론 10명이 한꺼번에 구속되었다. '자유언론'을 외치다가 언론사에서 쫓겨나 길거리에서 '자유언론'을 다시 외치다 결국 감옥까지

---

73) 이상우, 『권력의 몰락―유신권력에 저항한 반체제 민권운동사』, 동아일보사, 1987, 78쪽.

가게 된 것이다. 피고인들의 재판부기피신청까지 몰고 올 정도로 일사천리로 진행된 이 사건에서 '4인방 변호사'를 포함하여 22명의 변호사가 변론에 참여했다. 다음은 일부 변호사의 변론내용이다.[74]

이돈명 변호사: 언론은 생존과 직결되는 것이다. 지금 이 나라에서는 이것이 안 되고 있다. 자유언론은 기자와 편집자에게 주고 간섭 말아야 한다. 연탄품귀를 보도하면 시중에 가수요가 일고, 가수요가 심하면 경제혼란이 오고, 그렇게 되면 이북에서 노려볼 것이 아니냐는 논리이다. 이런 논리라면 아예 정부에서 신문을 다 만들어서 민족안보, 국가안보를 책임져라.

홍성우 변호사: ……장윤환 피고인 등이 "긴급조치 해제를 주장하던 학생들과 시민들이 차다찬 감방 속으로 던져지고 있다"고 한 대목이 헌법폐지를 주장한 것으로 기소되어 유죄판결을 받았다. 이것을 기소한 것을 보면 문장해석의 상식을 의심하게 된다. 이 문장의 주체는 시민, 학생이다. 철폐와 해제를 주장한 것은 학생, 시민이며, 피고인들은 그런 사실이 있었다는 것을 쓰고, 읽고, 배포한 것이다. 이 표현에서 피고인들의 주관이 개입된 부분은 감옥을 '차다찬'이라고 한 것과 투옥을 '던져졌다'고 한 것밖에 없다. 이렇게 전하는 것도 유신헌법의 폐지, 긴급조치 9호의 해제를 주장하는 것과 똑같은지 밝혀주기 바란다.

〈2차 민권일지 사건〉 윤활식, 성유보, 이기중 등 3명의 해직언론인에 대한 2차 구속이 이루어졌다. 재판의 시작부터 "진실을 말한 것이 어떻게 사실왜곡이 되느냐"며 공소장의 중심내용인 사실왜곡 부분이 범죄사실로 특정되어 있지 않다고 쌍방간에 논란이 일어났으나, 결국은 피고인측의 증거신청 등 중요 소송절차가 재판부에 의해 묵살된 채 서울형사지법 합의 14부에 의해 전원 유죄가 선고되었다.

---

74) 한국기독교교회협의회 인권위원회, 앞의 책, 1987d, 1738~1739쪽.

다음은 변론 내용의 일부이다.[75]

> 이돈명 변호사: ……검찰은 동아투위가 언론을 다루는 단체가 아니라 정치를 하는 단체라고 주장했다. 피고인들이 "요즘 정치가 잘못 돼 가고 있다. 정치가 그렇게 되어서는 안 된다"고 말했다는데, 언론에 종사하는 사람이 정치이야기 안 하고 무엇을 말하나? 말을 옮기는 것을 직업으로 가진 사람에게 말을 못하게 하고, 말을 한다고 해서 쫓겨나고, 쫓겨났으면서도 말을 하려고 하는데 그것도 못하게 잡아 넣은 것이 이 사건이다. 이 사람들이 이처럼 말을 하려고 하는 것은 월급을 올려받기 위해서, 훈장을 받기 위해서, 개인의 영달을 위해서도 아니다. 집권자의 말을 국민이 듣도록 원한다면 국민의 말도 집권자가 듣도록 해야 할 것이다.
>
> 황인철 변호사: 아까 검찰이 "동아투위는 기업 내부의 일인데도 정권적 차원에서 행동하는 것이니 처벌해야 한다"고 했는데, 동아투위의 일을 기업 내부의 일이라고 믿는 사람은 아무도 없다. 특히 74년 10월 24일의 「자유언론실천선언」을 보면 기업 내부의 일이 아니라는 것을 금방 알 수 있다. 71년부터 정부의 언론간섭으로 인한 무기력을 규탄하는 학생데모가 있었다. 이 자유언론실천선언 이후 75년 3월 이들이 쫓겨날 때까지 우리나라에는 반짝하는 자유언론의 시대가 있었다. 동아투위사건은 71년부터 면면히 이어져 온 뿌리가 있는 것이다.

⑩ 부마민중항쟁과 김재규사건

1979년 운명의 시간이 다가오고 있었다. YH사건으로 불쌍한 여공들이 무자비하게 진압되었고, 신민당 김영삼 총재에 대한 직무집행정지 가처분이 받아들여지면서 일촉즉발의 분위기가 달아올랐다. 그해 10월 드디어 부산과 마산에서 대규모 시위와 소요사태가 벌어

---

75) 한국기독교교회협의회 인권위원회, 앞의 책, 1987d, 1741쪽.

졌다. 정부가 비상계엄령을 선포했으나 이미 그 효과를 보기 어려웠다. 학생에서 일반 시민으로 확대된 시위는 4·19 전야를 방불케 했다. 궁정동에서 울린 한방의 총소리, 김재규가 박정희를 향하여 쏜 총으로 그 오랜 질곡의 시대는 조종을 고했다.

1979년 11월 26일 김재규는 대통령 비서실장 김계원 및 부하 박선호 등과 함께 내란목적 살인죄 등으로 기소되었다. '인권변호사 4인방'과 강신옥 등 21명의 변호인이 변론에 나섰다. 변호인단이 결성된 경위를 강신옥은 이렇게 말한다.[76]

5·16쿠데타로 군사독재를 시작했던 박정희 대통령도 결국 10·26으로 김재규에 의해 살해되자, 유신만이 살 길이라고 외치던 정치지도자들도 유신은 잘못되었다는 국민적 합의에 자연스럽게 이르게 되고, 이제 이 땅에 민주 회복이 될 것이라는 희망에 부풀어 있을 때에 황인철 변호사는 김수환 추기경을 통해 김재규를 변론해 달라는 부탁을 받고, 김재규의 구명운동을 위해 변호인단을 조직하고 그 변호인단을 사실상 주도하면서 숨은 노력을 기울였습니다. 우리들 변호인들은 그때 김재규를 변론하면서 김재규가 비록 정보부장이라는 권력의 핵심에 있었던 사람이었지만 적어도 박정희를 살해한 것은 권력을 잡기 위한 살인행위가 아니라 민주 회복을 위한 의사로 보았고 그의 구명운동에 앞장섰던 것이었습니다.

그러나 재판 중 권력을 탐내던 전두환이 장악한 군사법원은 변호인들의 변론을 의미없는 것으로 만들고 있었다. 재판이 개정되자마자 매일 아침부터 밤늦게까지 9차례 걸친 공판 진행을 강행하여 12월 18일 변론을 종결한 후 12월 20일 김재규 등에 대하여 모두 유죄판결을 선고했다. 1980년 5월 20일 대법원이 김재규의 사형을 확정하고 그는 형장의 이슬로 사라졌다. 이미 재판은 일사천리로 진행된

요식행위나 다름없었다.

⑪ 전국민주학생연맹사건

1981년 6월경 당국은 이태복 등이 자신이 출판한 이적표현물 『노동의 철학』을 연구서적으로 삼아 탐독함으로써 공산계열의 활동에 동조하고, 나아가 국가 변란을 목적으로 한 반국가단체인 '민주노동연맹'을 조직했다고 발표했다. 그러나 사실 이들은 노동의 인간화를 위해 노동문제의 현안을 논의하고, 노동운동을 통한 노동자들의 사회경제적 지위를 향상시키고자 하는 뜻밖에는 없었다.

'4인방 변호사'가 이 사건을 수임함으로써 전두환정권하의 인권변론에 다시 뛰어드는 계기가 되었다. 이태복을 이돈명이 맡고 나머지 피고인들은 세 명의 변호사가 분담해 변론했다. 피고인들은 공소사실을 모두 부인했고, 고문에 의해 조작된 사건이라고 주장했다. 다음은 이 사건에 대한 이돈명 변호사와 홍성우 변호사의 회고이다.[77]

5공화국이 들어서면서 노동운동 쪽에 관심을 가진 학생운동권을 일망타진하기 시작했죠. 그 대표적인 경우가 학림사건입니다. 부산에서는 부림사건이 되는데요. 당시 서울은 이태복 씨가, 부산은 이호철 씨가 구속되었는데, 공소장 내용을 보면 이 사람들이 학교 학생과 노동자들을 혁명세력으로 묶어서 정부를 전복시키려고 했다는 것입니다. 그 근거로 책이 있었는데 합의 과정에서 담당판사가 도저히 사형에 합의 못하겠다고 해서 결국 무기징역으로 판결이 났던 우여곡절이 많은 사건입니다. 더구나 이태복 씨는 그 당시에 출판사를 경영하면서 『노동운동의 길잡이』 등을 펴냈는데, 이런 책들을 모두 용공으로 몰았던 것입니다.

---

77) 이석태 외, 앞의 책, 172쪽.

그때 참 황당한 것이 반공 감정인이라고 법정마다 내세운 홍지영이란 사람이 있었어요. 자기 자신의 이름이 5개라고 하던 사람인데 『도시산업 선교회는 무엇을 노리나』라는 책을 썼던 사람이에요. 그 사람이 뭐 하던 사람인가 하면 나카노학교라고 일본 육군 스파이 양성학교가 있는데 거기를 나온 일본 첩자예요.…… 아무튼 그 사람을 법정에서는 반공 전문가라면서 감정인으로 내세우던 시절이었어요. 결국 이태복 씨는 무기징역을 받아 몇 년 있다 나오긴 했지만 머리가 다 희어서 나왔어요.

그러나 사법부는 이미 진실과 정의를 등진 지 오래였다. 1심에서 이태복이 무기징역, 다른 구속자들도 중형을 선고받았다. 항소, 상고 모두 기각되었다. 1심에서 이태복을 변론한 이돈명 변호사는 너무 낙담한 나머지 황인철 변호사에게 넘겨 2심에서는 황 변호사가 이태복을 담당했지만 결과는 마찬가지였다. 이태복은 8년 세월을 감옥에서 지내다가 1988년 10월 특별사면되어 석방되었다. 출소한 뒤 황인철 변호사가 그의 대부가 되었고, 김대중 정부하에서 보건복지부 장관까지 지냈으니 인간사 새옹지마가 아니겠는가.

⑫ 부산 미문화원 방화사건

1982년 3월 18일 부산 미문화원에 방화사건이 발생, 도서관에 있던 동아대생 1명이 사망하고, 3명이 중경상을 입었다. 이 사건의 범인으로 김현장, 고신대생 문부식, 김은숙 등이, 그리고 원주교구 교육원장 최기식 신부가 범인은닉죄로 구속, 기소되었다. 광주항쟁에서의 미국의 책임과 전두환 대통령을 미국으로 초청한 데 대한 불만이 폭발된 것이었다. 이러한 국민의 반미감정은 1980년 12월 광주 미문화원 방화사건으로도 나타난 바 있었다.

천주교측을 통해 사건수임을 받아 이들을 변론하기 위해 '4인방'(조준희 변호사는 제외)이 나섰다. 부산에서는 김광일, 이흥록, 노무현, 이순백, 정차두, 유봉묵, 조성래 변호사 등이 합류했다. 재판과정에서 방화사실 등 사실관계에서는 대체로 시인했으나 범행의 동기, 최기식 신부의 종교적 양심과 실정법의 관계 등에 대해서는 치열한 논쟁이 벌어졌다. 변호인들은 최종변론에서 "방화 때 살포된 유인물에 '북침준비 완료' '88올림픽 반대' 등 북한의 주장과 일치된 구호가 있다는 것만으로 용공으로 단정해서는 안 된다", "최기식 신부와 관련해서는 신부가 피신해 온 사람을 보호하는 것은 교회법과 신부로서의 양심에 비추어 정당하므로 죄가 될 수 없다"고 강조했다. 배후조종자로 기소된 김현장 피고인에 대한 황인철 변호사의 변론요지는 다음과 같다.[78]

변호인들이 증거로 제출한 광주대교구 김성룡 신부의 '분노보다 슬픔이'와 천주교 광주대교구 사제단의 '광주사태에 대한 진상'이라는 역사적인 문서에 의하면 광주사태야말로 죽어도 잊지 못할 비극이요 참혹한 악몽 바로 그것이었다고 하지 않을 수 없다. 이러한 민족적 비극에 대하여 그 책임 소재를 분명하게 가려내는 노력은 고사하고, 계엄당국의 일방적인 발표만으로 진상이 묻혀버리게 된 상황 아래에서 비극의 실상과 원인을 밝히고 널리 알리는 일은 역사 속에 사는 한 인간의 책무요 도리라고 해야 할 것이다. 그러한 의미에서 김 피고인이 '전두환 살육작전'이라는 유인물을 제작, 반포한 행위는 계엄포고의 여하에 관계없는, 또한 계엄포고를 뛰어넘는 초법규적인 자연법적 정당행위라고 해야 할 것이다.

1982년 8월 10일 1심 선고에서 김현장·문부식 피고인은 사형, 김은숙·이미옥 피고인은 무기징역을 선고받았다. 항소심에서도 사형은 변함이 없었다. 이 사건으로 1980년 잠시 움추렸던 '4인방 인권변호사'들의 활동은 재개되었고, 부도덕한 전두환정권하에서 일어난 수많은 인권침해의 변론에 쉴 틈도 없이 헌신하게 된다.

---

78) 이석태 외, 앞의 책, 189쪽.

⑬ 송씨 일가 사건

　　1982년 봄 충북 거점 간첩단 사건이라는 이름하에 송기준 · 송지섭 ·
송기복 등 송씨 일가 10명이 구속되었다. 이들은 1982년 3월 7일 새벽,
공안기관의 수사관들에게 연행되어 적법한 구속영장이 발부되기까지 무
려 약 110일간 외부와 격리된 채 지내야만 했다. 이들은 6 · 25 당시 월북
한 송창섭 씨의 가족 또는 일가친척들로서 공안기관은 이들이 1958년경
부터 송창섭과 연락하면서 고정간첩으로 활동한 사실을 자백하라고 추궁
하였다.…… 연행된 송씨 일가족들은 비인간적인 고문을 견디다 못해 한
사람씩 백기를 들었고 차례차례 간첩으로 만들어졌다. 송기준 씨는 항소
이유서에서 "사람이 자기가 죽는 구덩이인 줄을 엄연히 알면서도 매와
고문에 못이겨 삽질을 하는 심정을 어떻게 설명할 수 있겠습니까?……"
라고 당시 상황을 설명하고 있다.[79]

　　결국 검찰은 피고인들이 1957년 5월경 남파되었던 송창섭을 만난
후 정기적으로 북한과 연락을 취하면서 고정간첩 임무를 수행했다
고 하여 국가보안법 위반 혐의로 기소했다. 1심에서는 전원 유죄, 최
고 무기징역형이 선고되었고, 2심에서는 형량이 조금 감면되는 데
불과했다. 이때 변호인은 홍성우 · 박상기 · 박종연 · 김성기 변호사
였다. 상고심에서는 새로운 변호사들이 선임되었다. 그 과정을 보면
다음과 같다.

　　움직이기조차 힘겨웠던 나는 한겨울의 찬 기운이 가시지 않은 하얀 담
벽에 기대선 채 눈부시게 밝은 햇살이 펼쳐진, 파란 4월의 아침 하늘을
물끄러미 바라보고 있었다. 그때 "아줌마가 율리아 씨예요?"라는 소리가
들렸다.…… 나는 반사적으로 벽을 짚고 몸을 세웠다. 이곳에서 누가 나

---

79) 이석태 외, 앞의 책, 195~196쪽.

를 알아보는 사람이 있을까?…… 저 여자들은 데모하다가 집시법 위반으로 잡혀온 여학생들 같은데.…… "아줌마 가족을 만나고 싶어하는 변호사가 있어요."…… "황인철 변호사예요! 가족들보고 꼭 찾아보라고 하세요." 순간 내 고막이 억센 쇠붙이에 두들겨 맞은 종처럼 찡 하고 울렸다. 황인철?…… 어떤 변호사길래, 어떤 생각을 갖고 있기에 문둥병 환자 같다는 골치 아픈 간첩단 사건의 피의자 가족을 만나고 싶어한단 말인가.[80]

구원은 이렇게 다가왔다. 상고심은 '4인방 변호사'와 박승서·박종연·문영길 변호사가 담당하게 되었다. 결국 대법원은 검찰수사의 불법성을 인정하고 피고인들에 대한 원심판결을 파기하는 판결을 내렸다. 그러나 환송심에서 다시 유죄, 상고심에서 다시 파기환송, 재환송심에서 또다시 유죄, 기어코 대법원에서 유죄가 되는 엎치락뒤치락하는 논쟁이 거듭되었다. 이 사건은 "우리나라 사건 수사에 있어서 가장 인권유린이 심했고 재판 과정이나 결과 또한 형사소송법의 이상과 동떨어진 오판의 전형"이라고 당시 변호사들은 지적하고 있다.[81]

⑭ 오송회사건

군산 제일고등학교 현직 교사들인 이광웅·박정석 등 5명은 평소 우리 사회와 자유민주주의 체제에 불만을 품고 사회주의를 동경해온 자들인바, 이들은 1982년 4월 19일 4·19위령제를 빙자하고 학교 뒷산에 모여 소위 '오송회'라는 용공 지하단체를 조직했다. 이들은 체제 전복과 사회 혼란을 야기시킬 목적으로 조직 확대를 꾀하여 동료 교사와 제자 등 주변 인물 다수를 포섭했으며, 좌경 의식화 학습의 일환으로 불온서적을 소지,

---

80) 이석태 외, 앞의 책, 199쪽.
81) 이석태 외, 앞의 책, 206쪽.

탐독하고 북괴 방송을 정기적으로 청취하는 등 암약을 해 오다가 수사진
에 적발되었다.[82]

　이 사건은 국가 권력기관이 조작해낸 한 편의 소설과 같은 허구였을
뿐만 아니라 그로 인하여 피해 당사자들이 감수한 고통의 멍에는 보통 사
람들의 상상을 초월하는 것이었다. 그래서 아직도 이 사건은 공권력에 의
한 전형적인 용공 조작사건으로 세인들의 입에 오르내리고 있으며, 폭압
적인 독재 치하에서 엄청난 희생과 고통을 치러야 했던 암울한 지난 시대
를 상징하고 있는 것이다. 오송회사건으로 인하여 현직 교사와 방송인 등
연루자 가운데 9명이 국가보안법 위반의 탈을 쓰고 길게는 5년에서 1년
까지 감옥살이를 해야 했으며 그들 모두가 영장 없는 불법연행, 전기 고
문과 물고문 등 혹독한 고문, 물증 없는 자백 강요, 변호인의 조력 기회
박탈 등의 전형적인 인권유린을 받아야만 했다.[83]

　언제나 그렇듯이 이 엄청난 진실의 격차를 사법부는 메워주지 못
했다. 이돈명, 황인철 변호사 등이 변론에 나섰으나 결국 무죄를 받
아내지는 못했다. 오히려 항소심에서 이른바 '올려치기'를 당하여
형량이 인상되면서 모두 법정구속이 되고 말았다. 대법원에서도 유
죄는 그대로 유지되었다. 고문의 후유증으로 주범격인 이광웅 교사
는 결국 유명을 달리하고 말았다. 누가 하늘이 무너져도 정의는 세우
라고 했던가. 하늘이 무너지고 정의도 무너지는 순간이었다.

---

82) 당국의 수사발표(이석태 외, 앞의 책, 208쪽).
83) 이석태 외, 앞의 책, 209쪽.

3) 4인방 변호사, 그 시련과 면모

(1) 4인방 변호사의 그후: 시대적 역할

① 10 · 26 후의 사실상 휴업강제

10 · 26 이후 이 땅에 다가온 '서울의 봄'은 잔인하게 짓밟혔다. 정치적 야욕을 불살랐던 일부 군인들에 의해 '서울의 봄'은 잔인한 '광주의 학살'로 마감되었다. 모든 국민이 기대했던 민주주의 꽃망울은 피지도 못한 채 짓밟히고 말았다.

이와 함께 '4인방' 인권변호사들에게도 수난이 닥쳐왔다. 특히 이돈명 · 홍성우 변호사는 휴업을 강요당해 1980년 7월 서울지방변호사회에 휴업신고서를 우송했으나, 법무부까지 가지 않고 서울지방변호사회에 그대로 계류되는 바람에 수리되지는 않았다. 그러나 1년여의 칩거생활을 강요당했다. 이때의 상황을 조금 더 자세히 살펴보자.[84]

황인철과 홍성우 등 이른바 70년대 인권변론을 선도하여 당국에 '찍혀' 있던 인권변호사들은 무사할 수 없었다. 우선 재야정치인 김대중과 특별한 친교가 있었던 이돈명 변호사와 강경한 변론 태도로 평소 주목을 받고 있었던 홍성우 변호사가 남산에 있는 중앙정보부로 끌려가 휴업을 강요당했다. 두 사람은 처음에는 한사코 거부했으나 당시는 신군부가 집권과정에서 이미 '피를 본' 뒤여서 사람 죽이는 것을 대수롭지 않게 생각하여 두 사람은 끝까지 거부하는 경우 무슨 봉변을 당할지 알 수 없어 어쩔 수 없이 휴업계를 쓰고 나왔다. 중앙정보부는 이 휴업계를 당시 발족된 서울통합변호사회에 우송하였고, 거기서 법무부에 보내 최종적으로 휴업처리토록 했다. 그러나 서울통합변호사회 회장을 맡고 있던 문인구

변호사가 끝까지 이 휴업계를 법무부로 보내지 않는 바람에 두 사람은 중앙정보부의 눈치를 보면서 변호사 업무를 계속해 나갈 수 있었다. 다만 시국사건만은 정보부에서 이 일을 잊을 만한 기간으로 생각한 상당 기간 맡지 않았다.

그러나 이러한 수난은 두 변호사에게만 가해졌던 것은 아니다. 5·17 이후 구속자가 크게 늘어나 남은 조준희·황인철 두 변호사에게 더 큰 짐이 되었다. 황인철 역시 중앙정보부에 불려가 조사를 받았으나 휴업 강요는 받지 않았다.

당시 김대중 씨 변론과 관련하여 재미있는 일화가 있다. 처음 조준희·황인철 두 변호사가 김대중 씨를 변론할 가능성이 높자 이들을 중앙정보부에 끌고 가 그 변론을 맡게 되면 좋지 않은 일이 생길 거라고 협박했다. 결국 각서를 써 주고 나왔는데, 재판이 시작되어 외국의 관심과 주목이 부담되었는지 당국은 오히려 이들에게 변론해 달라고 요청하기에 이르렀다. 그러나 이번에는 두 변호사가 변론을 거부했다.[85]

이들이 활동을 재개한 것은 1981년 9월의 이태복이 중심이 된 전국민주학생연맹사건, 그리고 1982년 3월의 부산 미문화원 방화사건 때였다. 이후 1980년대 중반 새로운 세대의 변호사 집단을 만날 때까지 이들의 고투는 계속되었다.

② 정법회의 창립과 민변의 얼굴로: 조준희·황인철·홍성우

전두환정권 후반기가 되면서 인권침해사건은 극에 달했고, 이들 '4인방 변호사' 역시 역사의 전선에 나서지 않을 수 없었다. 마침 이른바 2세대 인권변호사들과의 만남은 이들에게 큰 격려와 지원이 되었다. 무거운 짐을 함께 나누어 질 수 있었기 때문이다.

---

85) 자세한 과정은 이석태 외, 앞의 책, 164~165쪽.

　1986년경에는 정법회가 구성되어 인권변론의 조직적 틀이 갖추어졌다. 이로써 '4인방 변호사'에게 집중되었던 사건 선임의 부담은 한결 나아졌다. 그 대신 이들이 이 새로운 조직의 중심에 서지 않을 수 없었다. 이어 1998년 정법회는 민변으로 확대, 개편되었고 법률가 단체로서 더 공고해졌다. '4인방 변호사'는 이 새로운 조직의 얼굴마담이 되지 않을 수 없었다. '조준희→황인철→홍성우'로 민변의 대표간사가 바뀌었다. 시대가 바뀌면서 민변의 역할도 바뀌었지만 이들 '4인방 변호사'들은 인권변론의 정신적 지주로서 후배 변호사들의 존경과 신뢰에는 변함이 없었다.

③ 1987년 대선과 후보단일화 운동

　고난에 찬 민주화운동과 인권변론, 그 열매로 6·29선언이 오고 국민의 직접선거에 의한 대통령 선출의 기회가 왔다. 그러나 민주화운동을 이끌었던 두 정치인 김대중·김영삼 씨는 적전(敵前) 분열하고 말았다. 그것은 비극이었다. 이 와중에서 대부분의 인권변호사들은 이른바 대통령후보 '단일화 운동'을 벌였다. 단일화국민협의회가 조직되었고, 조준희 변호사는 공동대표, 홍성우 변호사는 실행위원장이 되었다. 이 운동은 조영래 변호사가 실질적으로 이끌었고, 유현석·고영구·박성민·박원순 등이 참여했다.

　그러나 이들의 요구와 활동에도 불구하고 양 김은 분열되어 후보단일화에 실패했고, 그 이득은 노태우에게로 돌아갔다. 37%의 득표로 어부지리를 얻은 것이다. 조준희·홍성우·황인철·조영래 모두가 엄청난 실패와 충격을 맛보았다. 결국 그 충격은 젊은 황인철의 죽음으로 이어졌다. 당시 그는 그 좌절감에서 벗어나고자 방콕으로 떠났다. 그러나 그해 12월 18일 방콕에서 쓴 일기장에는 이렇게 씌어져 있었다.

　대통령선거―분노와 슬픔 그리고 부끄러움만 남겨 놓았구나.

(2) 4인방 변호사의 개인적 면모

'4인방 변호사'들은 각자 개성을 갖고 있으면서도 서로 동지적 우의와 사명감을 가지고 함께 그 험한 시대를 헤쳐갔다. 이들 변호사들의 면모에 대해서는 여러 가지 평들이 있다. 우선 홍성우·황인철·조준희 변호사에 대해서 이상수 변호사는 개인적 특징을 이렇게 평했다.

"홍성우 변호사가 선이 굵고 스케일이 커 앞장서 치고 나가는 형이라고 한다면, 황인철 변호사는 부드럽고도 섬세한 면모를 지니고 있어 뒷마무리를 짓는 형이라고 할 수 있겠고, 조준희 변호사는 이들의 중간적 성격을 지녔다고 할 수 있겠다. 비유가 적절한지는 모르겠으나 이들은 인권변호사 삼총사로서 망치와 면도칼과 송곳처럼 기능적으로 결합하여 우리 인권운동사에 불멸의 공적을 남겼다."[86]

이 세 사람의 '트로이카'[87]에다 좀더 연배가 높고, 좌중을 유쾌하게 이끌어 가는 이돈명 변호사가 결합되면서 이들은 양심수에게는 그토록 희망이 되고, 권력기관에는 악명이 높은 '인권변호사 4인방'이 된 것이다.

① 이돈명 변호사

이돈명 변호사가 처음부터 '인권변호사'로 활동한 것은 아니었다. 그는 일제하에서 금융조합에 근무하기도 했으나, 오랫동안 판사로 일했다. 그러나 이 변호사가 인권변론에 나설 자질은 처음부터 있었던 것으로 보인다. 특히 변호사가 된 뒤 변협 일을 하면서 그는 변협의 태도에 불만을 떨쳐버릴 수가 없었다. 그는 유신 당시 대한변협의

---

86) 이상수, 『나는 충무경찰서 유치장 초대가수였습니다』, 청동거울, 2002, 74쪽.
87) 이상수, 앞의 책, 73쪽.

재무이사를 맡으면서 변협의 문제점을 직접 경험했다. 자신이 유신반대 성명을 내자고 했는데, 그 다음날 보니 변협 명의로 유신지지 성명이 나왔다는 것이다. 그는 당시를 이렇게 회고했다.

"알고 보니 중앙정보부에서 혁명정부라고 협박하면서 미리 작성한 문안에 도장을 찍게 했다는 거예요. 어떻게 법률가 단체가 명백한 쿠데타를 지지할 수 있겠어요?"[88]

이돈명 변호사를 흔히 인권변호사들 사이에서는 사령탑 또는 대장이라고 불렀다. 그 가운데 연배가 제일 높고 가장 활달하여 그 중심이 되었기 때문이다. 그러나 이 변호사는 어떤 점에서는 인권변론을 즐겼다고 할 수 있다. 어느 잡지와의 인터뷰에서 그는 이런 점을 애써 감추지 않았다.[89]

문: 현재의 근황은?

답: 그럭저럭 하다 보니 인권관련 사건에 뛰어든 지 10여 년이 지났다. 과거에는 이런 문제에 관심 있는 사람이 몇 안 돼 외로웠으나 이젠 선배 짐을 덜어주는 후배들이 생겨 보람이 생긴다. 젊은 변호사들에게 우리의 그늘이 비친 것 같다. 살맛 난다.

문: 지금까지 수많은 학생·노사·양심범 사건을 맡아 일하면서 무언가 피고인들을 위해 보탬이 된 적이 많다고 보시는지.

답: 오히려 개악이 아니었나 생각된다. 사실 입만 아프고 발만 부르트게 뛰어다녔지 무죄판결 하나 제대로 받지 못했다. 그러나 '과정'이 중요한 게 아닌가. 논매고 밭매는 게 변호사 일이고 최종 수확은 판사에게 맡길 일이다. 하지만 되돌아보니 맨날 빈 낫자루나 호미만 들고 다녔

---

88) 앞의 《사법연수》 제5호, 6쪽.
89) 김창수, 앞의 글, 451쪽.

던 것 같다. 좀더 훗날을 기다려야 할지.

문: 지금까지 사건들을 겪으며 느낀 점은.

답: 자기에게 가해지는 어려움을 무릅쓰고 자기를 내던지는 고결한 생각을 가진 사람과 법정에서 접촉할 기회가 많았다고 본다. 말이 변호사이고 피고인이지, 때로는 피고인이 인생의 스승으로, 거울로 비쳐질 때가 많았다.[90] 또 인권문제가 관련된 사건을 수임하다 보면 변론에 앞서 책을 많이 읽고 공부를 해야 할 필요가 있다. 그 때문인지 이젠 나도 제법 유식해졌구나 하는 생각이 들 때도 있다.

문: 최근의 부천서 사건에선 종전과 다르게 변호인단이 기자회견을 하는 등 적극적이고도 능동적인 자세를 보이고 있는데.

답: 사법적 질서만을 통해서는 희망이 없다고 판단했다. 검찰발표에 이어 '공안당국의 분석'이란 정체불명의 보도문이 나왔는데 우리도 사실을 사실대로 세상에 알려야 하지 않는가. 권양사건의 실체를 고발하지 않고 침묵하는 것은 변호인의 의무를 저버리는 것이나 다름없다.

그러나 이돈명 변호사는 전두환정권 후반 마침내 구속까지 당하면서 시련의 정점에 선다.

"1986년 5월 3일 신민당의 개헌 현판식을 계기로 모든 민주화운동세력이 참여한 이른바 인천사태가 발생했다. 그로 인해 수배를 받고 있던 이부영이 국가보안법 위반사건으로 수배중 고영구 변호사 집에 숨어 있

---

90) 그는 언제나 이렇게 겸허했다. 《신동아》 '최일남이 만난 사람' 인터뷰에서 그는 이렇게 말했다. "아이들이 도그마에 빠질 수도 있는 것을 염려하는 한편으로 우리가 그것을 나무랄 수만은 없다고 봅니다. 자칫 여기서 세대의 단절이 이루어질지도 모른다고 나는 봅니다. 할아버지가 아버지에게, 아버지가 자식에게 좋은 전통을 물려주어야 하는 데 말입니다.…… 나는 명색이 변론이랍시고 법정에 섭니다만, 그런다고 형량이 줄어드는 것도 아니고 다만 너희들 편에 서는 기성세대도 있다는 것을 보여줌으로써 자위를 얻자는 것뿐입니다. 그런 내가 무어 대단한 일 했다고 내 얘기를 들으려 왔는지, 허허……"(《신동아》, 1985년 11월호).

었다. 그런데 불행하게도 고 변호사 부인이 신경성 위통증을 계속 앓게
되자…… 김정남 씨는 이 변호사는 나이도 많고 천주교정의평화위원회
위원장까지 맡고 있어 함부로 구속시킬 수 없을 것이라고 생각하고 이 변
호사 집에 숨어 있었다고 하면 어떻겠는가를 이 변호사와 협의하여 이 변
호사의 쾌락을 받은 후 얼마간 있다가 이부영이 체포 구금되어 위 사실
을 진술함으로써 이 사건이 터지게 된 것이다.…… 기록상 이 변호사 집
2층에 기숙하던 대학생이 이부영을 본 일도 없다고 한 진술 등이 있고,
이부영의 진술이 이 변호사의 집 구조도 모르고 있어 더 사실을 밝혀야
함에도 불구하고 담당판사도 그저 이부영이 이 변호사의 집에 숨어 있었
다고 허위진술로 일관했고, 이 변호사는 1986년 12월 24일 재판에서 이
부영을 숨겨주었다는 공소사실을 부인하지 않은 채 허위자백으로 유죄로
인정한……."[91]

결국 이 사건으로 이돈명 변호사는 1986년 10월 29일자로 국가보
안법상의 편의제공 혐의로 구속되었고, 같은 해 11월 7일 기소되었
다. 박승서 · 한승헌 · 함정호 · 조준희 · 이범렬 등 원로 변호사를 포
함하여 무려 292명의 대규모 변호인단이 구성되어 이돈명 변호사를
변론했다. 법정 안에서뿐만 아니라 법정 밖에서도 변협이나 가톨릭
에서 이 변호사의 구속을 비판하는 목소리가 높았다. 김수환 추기경
도 직접 이 변호사를 면회했다. 이 변호사는 최후진술에서 이런 말을
했다.

"며칠 전 황인철 변호사님이 면회왔을 때 '내가 암만 생각해 봐도 한
일이 아무것도 없는데 왜 이렇게 갇혀 있는지 모르겠다' 고 말하니까 황
변호사님 말씀이 '아니, 원래 다 그런 거 아닙니까. 누군 뭐 일해서 갇혔
습니까' 하시던데 지금 생각해 보니 사실이 그런 것 같아요. 김대중 선생

이 1980년에 정치권 사람들과 왔다갔다하다가 느닷없이 잡혀들어가서 국가보안법위반이라고 사형선고를 받고 대법원까지 가서 형이 확정되었습니다. 아무 한 일이 없는데 붙들려가서 사형선고를 받았어요. 그렇게 따지면 저도 이렇게 들어와서 여기 서 있는 것 자체가 사건화된 것 같습니다.…… 누누이 간청하건대 제가 한 일이 없이 부당하게 처벌을 받는 사람으로서는 마지막이 되게 해 주시기를 법원에 간절히 바랍니다."[92]

당시는 이 말의 의미를 아무도 몰랐다. 그 당시는 물론 한참 후까지 실제 이부영을 숨겨준 것이 이돈명 변호사가 아니라 고영구 변호사라는 사실을 몰랐던 것이다. 그는 진실로 아무것도 하지 않았던 것이다. 그리고 그 시대 어느 누구도 별로 한 일도 없이 감옥을 가고 있었다.

그러나 이돈명 변호사는 1987년의 6월항쟁과 민주화 이후 광주의 조선대학교 총장으로 초빙된다. 그는 비리와 파행으로 얼룩진 조선대학을 정상화시키는 역할을 훌륭하게 수행했다. 그 과정에서 1989년 총장실에서 면담 중 전 공대교수 오병인이 던진 재떨이에 맞아 코뼈가 부러져 입원수술을 받는가 하면, 형사사건에도 걸려 갖은 고통을 겪었다. 학교운영과 관련하여 "시위중인 학생들에게 식비를 지급했다"는 이유로 업무상 배임 혐의로 기소되었으나 무죄를 선고받았다. 학교가 정상화된 뒤 그는 서울로 돌아와 다시 변호사 사무실을 열었고, 오늘날까지 사회 원로로 다양한 활동을 계속하고 있다.

1998년 10월에는 정부의 훈장까지 받았다. 즉 세계인권선언 50주년 기념식에서 국민훈장 모란장을 받은 것이다. "꿈도 꾸지 않았던 정부가 주는 상에 세상의 변화를 실감한다"면서 그는 법률신문 기고를 통해 "변호사로서 성공과 실패의 판단기준은 돈을 벌어 큰 집을

---

92) 이돈명, 「'한 일이 없는 이 사람'의 참뜻」, 한승헌선생화갑기념문집간행위원회 편, 『분단시대의 피고들—한승헌 변호사 변호사건 실록』, 범우사, 1996, 444쪽.

사고 자가용을 굴리는 것이 아니라 국민의 기본권을 옹호하고 사회 정의를 실현하는 사회적 책임을 얼마나 실천했느냐로 따져야 한다"고 주장하기도 했다.[93]

그는 진정으로 행복한 사람이었다. 비록 이부영 씨를 숨겨준 혐의로 구속까지 되었지만, 많은 국민들과 법조인들은 변함없이 그를 존경하고 있다. 당시 그의 구속사건 변론요지서는 이렇게 시작하고 있다.

1986년의 한 해가 저무는 오늘, 우리 변호인단은 가장 존경받는 원로 법조인 중의 한 분인 이돈명 변호사가 구속되어 피고인으로서 징역형을 구형받은 이 자리에서 실로 어깨를 내리누르는 듯한 고통과 슬픔을 절감합니다. 이 변호사께서는 구치소에 수감되면서 "이 민족이 모두 당하는 수난인데 나만이 예외일 수 없다"고 했습니다. 이 변호사의 변호인단으로 우리 사법사상 최대의 변호사가 동참한 것은, 이 시대의 아픔에 동참하고 있는 이 변호사의 아픔을 조금씩이라도 나누어 지고 싶은 심정에서 비롯된 것입니다.…… 서울고등법원 판사를 마지막으로 한 10여 년 간의 법관직과 20여 년 간의 변호사 활동을 통해 인권의 옹호와 사회정의의 실현에 헌신해 온 이돈명 변호사를 가리켜 당대의 지도적인 인권변호사라 일컬음에 우리 사회는 일치된 의견을 갖습니다. 이 나라의 행동하는 양심의 한 구심체인 한국 천주교 정의평화위원회 회장으로서 이돈명 변호사는 이 시대의 존경받는 재야지도자 중의 한 분이심을 천하가 알고 있습니다.…… 그러한 이돈명 변호사가 지금 '범인'의 은닉비호자로서, 국가보안법위반의 국사범으로서 기소되어 수감 중에 있으며, 우리들은 그분, 존경받는 원로 법조인을 변론하고자 여기 서 있는 것입니다.

---

93) 《대한매일》, 1998년 12월 11일자.

② 황인철 변호사

인권변호사 대부분이 그러하듯 황인철 변호사 역시 젊은 시절과 법관시절에 이미 꼿꼿한 그의 성품을 어찌할 수 없었다. 마침 재판장으로서 황 변호사를 배석판사로 한 재판부를 구성하고 있던 유현석 변호사는 당시의 꼬장꼬장한 젊은 황인철을 이렇게 기억하고 있다.

이때 우리 부에 배속된 사건은 시위 현장에서 돌을 잔뜩 주워다가 증거물이라고 제출했으나 피고인은 돌 던진 사실을 부인하고 맞은 경찰관도 피고인이 돌을 던졌는지 누구의 돌에 맞았는지 모른다고 하니 특수공무방해치상죄는 무죄일 수밖에 없고, 남는 것은 집시법 위반뿐이므로 단독판사들이 가지고 있는 사건과 다를 게 없었다.…… 이때 황 판사는 그 집시법 위반 부문도 무죄라고 주장했다. "도시 위정자라는 사람들이 나라를 또다시 일본에 팔아 먹으려고 하는데, 대학생들이 이것을 앉아서 보고만 있으란 말인가? 나도 시위를 해봤지만 애국심이 있었을망정 죄의식이라곤 전혀 없었다. 죄의식이 없는 곳에 범죄가 성립할 수 있는가? 무엇이 민주적 기본질서이기에 그것에 위반된단 말인가?" 그러나 나는 재판장의 위세로 "아니야! 경찰서장에게 시위신고서 한 장 써내면 되는데 무엇이 그리 어려운가, 그것을 않고…… 유죄다. 그러나 벌금 1만 원에 선고유예다. 그후 서울형사지방법원에서는 집시법위반에 대해서는 벌금 만 원에 선고유예가 유행했다. 이때 황 판사의 태도는 참으로 진지했다. 한일회담 반대 데모를 한 그 많은 학생들이 진정 모두 죄인이란 말인가?[94]

1974년 동아일보 해직기자 변론으로부터 시작된 황 변호사의 인권변호사로서의 이력은 참으로 화려하면서도 시련에 찬 것이었다. 그러나 그 고난의 시대에도 그는 언제나 따뜻함과 웃음을 잃지 않고 있었다. 어렵고 황망한 시기였던 만큼 그의 자상함과 따뜻함은 더욱

---

94) 이석태 외, 앞의 책, 51쪽.

빛을 발했다. 사건 당사자들의 회고담을 들어보자.

소송 당사자인 우리들조차 '기록이나 남기기 위해'라고 자위하곤 했던 그 지루한 법정 공방을 황 변호사는 짜증스런 낯빛 한번 비치는 법 없이 묵묵히 수행했다. 때로는 그의 성실성에 당사자인 우리가 무색해지곤 했다. 그는 단지 우리들 해직기자들을 위해 무료변론을 한 것이 아니라 우리들의 고난을 자신의 고난으로 받아들이고 그 고난에 동참하고자 한 것이 아니었던가 한다. 그는 의로운 사람이었고, 그의 함자 가운데 인(仁)자가 참으로 어울리는 온유하고 인내심 많은 사람이었다.[95] (당시 동아일보 기자였던 정영일 변호사의 증언)

아 그날, 처음 바라본 그분의 눈빛은 절망감으로 내 속에 갇혀 있던 나를 다시 벌떡 일어서게 했다. 맑고 뜨거운 눈으로 나를 바라보고 있었다. 그것은 세상의 그 무엇으로도 식힐 수 없는 연민의 숯불 같았다. 말없이 나를 바라보고 있던 황 변호사님은 "견딜 수 있겠는가"라고 떨리는 음성으로 말문을 여셨다. 애타는 마음이 담긴 따스한 음성은 흘러가는 물처럼 그렇게 암담하고 메말랐던 내 가슴을 적셔 주었다. 황 변호사님은 나를 보는 순간, 나의 정신적, 육체적 상태를 한눈에 간파하신 것이었다. 그래서 '몸이 괜찮은가'라고 묻지 않고 '견딜 만한가'라고 물었던 것이다. 그만큼 섬세한 영혼을 가진 분이었다.[96]

황 변호사는 가톨릭 신자로서 생활태도가 공명정대했다. 그러면서도 그는 정에 넘친 사람이었다. 홍성우 변호사는 "언제나 부드럽고 너그러우면서도 내면은 바위처럼 단단하고 그 속에 불같은 열정을 감추고 있던 사람, 명석한 머리와 투철한 통찰력으로 항상 모든

---

95) 이석태 외, 앞의 책, 78쪽.
96) 민청학련사건의 이철 씨가 변호인 접견실에서 황 변호사를 처음 접견한 때의 회고 (이석태 외, 앞의 책, 81쪽).

일을 중심에 서서 꾸려 나갔지만 그러면서도 능력이나 재주를 자랑하지 않고 사람을 편하게 해 주던 사람, 불의 앞에 맞설 때는 조금도 흐트러짐 없이 당당하고 의연하면서도 돌아서면 자식을 대하는 어버이처럼 모든 수난받는 사람들을 사랑으로 감싸고 돌보아 주던 사람, 황인철"이라고 평가했다.[97] 그가 보여준 몇 가지 일화가 있다.

이날 서울행 기차간에서 평소에 술을 안 마시던 황인철 변호사가 술을 먹자고 청하더니 "오원춘이가 나는 할 수 없었다고 말할 수 있는 여건에까지 몰고 갔는데 결국 저렇게 나오니 우리는 여태까지 헛일을 한 것 아닙니까?" 하고 기차바닥에 주저앉으며 울었다. 그렇지 않아도 비감한 심정에 사로잡혀 있었던 다른 변호사들도 따라 울었다.[98]

그 열정으로 말미암아 그는 '4인방 인권변호사' 가운데에서도 살벌한 유신정권 아래에서 민청학련사건 변론에 나서도록 다른 변호사들을 설득한 사람이 되었다. '4인방'은 황인철로부터 시작된 것이었다. 홍성우 변호사는 이렇게 회고하고 있다.

인철 형, 지금도 그 목소리까지 생생하게 기억합니다. 긴급조치 1호 · 4호가 기승을 부리던 1974년 늦은 봄의 어느 날이었을 거예요. 대학동창 친구들의 모임이었던 자리에서 형은 무더기로 군사법정에 끌려간 민청학련 사건 어린 학생들의 수난을 안타까워하며 우리가 그 사건을 맡아야 하지 않겠느냐며 그 진지한 눈빛으로 나를 꼬였어요. 나는 그 꼬임에 넘어갔고, 이것이 우리가 근 20년 동안을 여기 이돈명, 조준희 선배들과 함께 세상에서 인권변호사라는 고달픈 이름으로 불려가며 이리저리 양심범들의 법정으로 뛰어다니던 고생길의 시작이었어요.[99]

---

97) 홍성우 변호사의 추도사(《법정신문》, 1993년 2월 1일자).
98) 윤일웅, 앞의 책, 1985, 177쪽.
99) 앞의 홍성우 변호사의 추도사.

황 변호사는 변호사로서 변론활동에만 국한하지 않고 사회 민주화를 위한 광범위한 활동에 참여했다. 독실한 천주교 신자인 황 변호사는 1980년대 인권과 민주화에 관심을 기울인 천주교단 안에서 정의평화위원회 위원, 천정련 대표 등을 맡았다. 또한 1987년에는 당시 도시재개발로 주거를 잃은 빈민들이 대규모로 발생하자, 이에 깊은 관심을 갖고 법률적 지원을 아끼지 않았다. 그는 이돈명 변호사와 함께 천주교에서 신망받는 인물이 되었고, 이러한 관계는 가톨릭으로 하여금 인권문제에 더 깊은 관심을 갖도록 하는 데, 그리고 인권문제를 해결하기 위한 천주교의 지원을 얻어내는 데 커다란 역할을 했다.[100]

사회는 점점 더 황인철 변호사의 역할을 요구하고 있었다. 1988년에는 민주화운동의 한 결실이었던 《한겨레신문》의 창간에 참여해 이사를 맡았으며, 1990년에서부터 1992년까지 민변의 대표간사를 맡았다. 이 기간에 조준희 변호사에 이어 민변을 좀더 강한 반석 위에 올려놓았다. 그는 '박종철추모사업회' 대표, '노동인권회관' 이사를 맡기도 했다.

그는 1970년대 《문학과지성》의 창간 동인으로 운영에 참여하면서 문인들과 깊은 교류를 하는 등 문학에 남다른 애정을 갖고 문단의 발전에도 한몫을 담당했다. '문학과지성'의 대표 김병익의 절친한 친구였던 황인철 변호사는 이 잡지의 어려운 상황을 타개하는 데 물질적 지원도 아끼지 않았던 것으로 알려져 있다. 그것은 동시에 황인철 자신으로서도 험악한 정치적 재판의 현장에서 한 켠 뒤로 물러서서 재충전할 수 있는 기회이기도 했다.

이렇게 해서 황인철의 삼십대는 지나갔다.…… 일일이 예거할 수 없을

---

100) 예컨대, 부천서 성고문사건 때 권양의 변호인단은 황인철·이돈명 변호사의 주선에 따라 김수환 추기경을 만나 그 지지를 얻어냄으로써 국민들의 인식을 바꾸는 데 크게 기여했다.

정도로 많은 시국사건들이 그의 젊은 날을 법정과 교도소로 달려가게 했다. 민주화운동에 헌신한 학생·시민·노동자·농민 들의 피와 땀이 민주주의 제단에 바쳐진 것처럼 그의 젊음도 인권변론 활동에 쏟아부어졌다. 이 일로 그는 조금도 쉴 틈이 없었던가, 변호사 사무실과 법정으로의 오고감이 그의 삶의 전부였던가, 그렇지는 않았다.……《문학과지성》은 그가 격렬하게 부딪쳤던 인권운동의 일선에서 물러나, 잠깐 숨을 고르며 다시 앞으로 나갈 차비를 갖추는 쉼터요, 고뇌를 같이 나누는, 적어도 권력에 영합하지 않고, 거짓말할 줄 모르는 순수한 영혼들이 모이는 곳이었다. 그는 거기에서 거칠어진 마음이 잦아들기를 기다렸고, 그 작은 소망은 충분히 보답을 받았다.[101]

그의 사회적 공헌과 헌신은 이에 그치지 않았다.

평소 가난하고 소외된 계층과 민주화에 앞장선 젊은이들의 인권보호에 앞장섰던 그가 장애아들의 '인권'에도 남모르는 사랑을 실천해 왔던 사실이 뒤늦게 밝혀졌다. 황씨는 10년 전부터 자신의 소유인 서울 서대문구 대현동 소재 건평 80평짜리 5층 건물 일부를 학교시설로 내놓아 지금껏 자폐아들을 위해 초·중등반 과정인 '대현교실'을 운영토록 했으며, 자신이 받은 소송사례금을 털어 경기도 파주군 탄현면 덕훈리 땅 120평에 생활관을 지어 이들의 영구적인 보금자리를 만들어 주기도 했다. 이 같은 사실은 10억 원대가 넘는 자신의 사재를 털어 마련한 것. 그럼에도 "뜻있는 독지가들의 도움"이라며 입을 다물어 왔다.[102]

1990년 초 직장암으로 수술을 받은 황인철 변호사는 투병생활을 지속해 오다가 결국 운명하고 말았다. 수많은 헌사들이 그의 죽음 앞

---

101) 이석태 외, 앞의 책, 141쪽.
102) 《조선일보》, 1993년 1월 21일자.

에 바쳐졌는데, 그것을 다 인용해도 지면이 아깝지 않을 것이다.

　　20일 53세의 나이로 생을 마감한 황인철 변호사는 유신시대 이후 권력의 폭압과 횡포에 맞서 민주주의와 인권을 옹호해온 인권변호사의 상징으로 평가받고 있다. '인권변호'라는 개념조차 없던 불모의 시대인 박정희 유신정권 아래서 민청학련사건의 변호를 맡으면서 인권변호사의 길로 들어서…… 관계하지 않은 중요 시국사건이 없을 정도였다.…… 민변 소속 변호사들은 "오늘날 민변이 우리 사회에서 인권옹호의 버팀목이 되고 있다면 그것은 전적으로 황인철 변호사의 공로"라면서 "그는 벌써 타계하기엔 너무 아까운 법조계의 큰 별"이라고 입을 모았다.[103]

　　오랜 세월 우리 법조인들에게 "무죄다"라고 감히 말할 수 있는 것은 '용기'였다. 눈에 보이지 않는 총칼이 턱 밑을 위협하던 시절, 자신 때문에 고통받을 가족과 친지들이 눈에 밟혀 눈물 흘리며 무죄를 유죄라 무릎 꿇던 이들에게 그 한 마디는 천금의 무게로 다가왔을 것이다. 황인철은 군부독재기인 70, 80년대의 수많은 법정에서 권력이 무고하게 잡아넣은 희생양들을 '무죄'라고 당당하게 말한 변호사였다. 질 걸 뻔히 알고 있는 재판에서라도 당당하게 '무죄다'라고 외쳤던 그의 정의에 대한 믿음은 유죄선고 뒤 통곡처럼 내지르던 그의 울음만큼이나 아름다운 것이었다.…… 한창 일할 나이인 53살에 세상을 떠난 그를 거꾸러뜨린 것은 암이었지만 그 암은 거대권력을 상대로 외롭게 싸웠던 그의 정신적 고통이 쌓인 피로의 다른 이름이었던 셈이다.…… 9남매의 가난한 집안의 장남으로 태어나 어린 동생들을 공부시키기 위해 촉망받던 판사직을 버리고 일찍이 변호사로 나섰던 그의 삶은, 그 자신의 말처럼 "재판이라는 이름 아래 너무나 자주 배반을 경험하며" 살아온 긴조(緊急措置), 집시(集示), 국보(國保) 시대를 뛰어넘으려는 몸부림이었다.…… 문학평론가 김주연

---

103) 《한겨레》, 1993년 1월 21일자.

씨는 이렇게 돌아본다. "이 아름다운 법조인과의 만남을 무한히 자랑스럽게 생각한다."[104]

그가 1993년 1월 53세라는 장년의 한창 나이에 유명을 달리한 직접적인 원인은 의학적으로는 직장암이겠지만, 그 실제의 뿌리는 20여 년 가까이 군사정권과 싸우는 과정에서 그의 내부에 알게 모르게 조금씩 침전되어간 고뇌와 신고에 찬 삶의 역정에서 비롯되었을 것이다. 그의 열정과 노력에 힘입어 우리 사회의 민주화는 한 발자국 한 발자국 진전되어 갔지만, 그 대가로 그의 삶의 에너지는 서서히 고갈되어 갔던 것이다. 그는 전두환정권 말기의 야수 같은 권력에 의해 목숨을 잃은 박종철 군의 추모사업회 회장을 역임하면서 죽음을 얼마 앞둔 시점에 이르기까지 고문의 근절과 방지를 주창해 왔다. 그의 사후 1994년 12월 우리나라가 마침내 고문방지협약에 가입한 사실을 그가 뒤늦게나마 천상에서라도 알게 되었다면 무척 기뻐했으리라.[105]

그는 아마도 탄압하는 상대방들로부터도 존경받을 수 있었던 거의 유일한 인권변호사였을 것이다. 나는 1984년 『오웰과 1984년』이라는 책을 편역, 간행하면서 그 보잘 것 없는 책을 그에게 헌정했는데 그 헌사에 인용한 구절은 오웰이 한 편집자에게 쓴 다음의 구절이었다. "나는 재판도 없이 투옥되어 있는, 혹은 신문지상에서 이름을 부당하게 훼손당하고 있는 사람들에게 정의를 찾아주기 위해 자신이 미력하나마 힘을 다하지 않으면 안 된다고 여기고 있습니다." 책을 받으면서 그 구절을 그는 생각해 두듯이 한참 동안 들여다보고 있었지만, 그는 오웰의 권고 이상이었다. 그는 변호사였지만, 그 이상의 억압과 고난의 시대에 맞서는 의로운 양심이 되었고 훼손당한 인간의 권리를 위해 싸워 오면서도 그 때문에 그의

---

104) 《한겨레21》, 1998년 6월 11일자, 69쪽.
105) 이석태의 머리말(이석태 외, 앞의 책, vi).

품성이 훼손당하지 않기 위해 노력해 온 고결한 정신이었다.[106]

③ 조준희 변호사

조준희 변호사만큼 꼿꼿하게 지조를 지키며 '선비'로서 살아가는 사람도 드물 것이다. 후배들의 강력하고 집요한 압력과 권유에도 불구하고 그는 변협회장 선거에도 출마하지 않을 정도였다. 그러나 주변에서는 그로 하여금 법조계에서 주요 역할을 맡게 하려는 노력을 계속했다. 참여연대에서는 그를 대법원장으로 추천하기도 했다.

"참여연대 대법원장후보추천위원회측이 조 변호사를 차기 대법원장 최적임자로 꼽은 이유도 조 변호사가 판사로 재직 중 여러 소신 있는 판결기록을 남기고 있는 점, 70년대 이후 인권변호사로 민주적 소신을 확고히 보여준 점, 민변을 창립해 민주주의와 인권의 확장을 위해 노력해온 점, 당직변호사제·무료법률상담·법률구조제의 제도화와 정착에 힘써 국민의 법률서비스 확대에 기여한 점, 정치적 지위를 탐하거나 정치적 영향에 흔들리지 않고 바람직한 법조인으로서 길을 걸어온 점, 온화하고 겸손한 인품, 재산형성에서 어떤 가시적 흠도 찾을 수 없는 점 등 7가지이다. 참여연대는 조 변호사가 법원의 간부직을 역임하지 않았고 법원을 떠난 지 오래됐다는 것이 사법부의 승복을 얻어내는 데 걸림돌이 될 수 있다는 지적에 대해 대법관으로서의 경력이 대법원장의 필요조건인가에 대해서는 선정에 참가한 그 누구도 동의하지 않았다고 밝혔다. 또 인권사건에 깊이 관여해 검찰과 원만한 관계를 이끌어내기 어려울 수 있다는 지적에 대해서도 사법부 개혁을 강하게 추진해야 한다는 차기 대법원장의 상황적 특수성을 고려한다면 법원이나 검찰조직 내에서 두루 원만한 관계를 유지해온 인사들과 비교해 오히려 장점이 될 수 있다."[107]

---

106) 김병익의 회고(이석태 외, 앞의 책, 155~156쪽).
107) 《주간한국》, 1999년 9월 6일자.

그는 '유신체제' 시대가 끝난 뒤 정법회와 민변 초대 회장을 지내며 권위주의 정권하에서 '인권변호사'들의 수장이 되어 이 단체를 이끌었다. 성품이 원만한 그가 이 조직의 초대 회장이 된 것은 당연한 일이기도 했다. 그러나 변협회장에 출마해 달라는 후배들의 간곡한 요청에도 불구하고 끝까지 고사해 한편으로 원망을 사기도 했다. 강직한 그는 이러한 세속적인 명예조차 탐하지 않았던 것이다. 그후 민주화운동관련자명예회복및보상에관한법률에 의해 설치된 위원회의 위원장이 되었다. 이념적 갈등이 잔존하고 있는 사회에서 과거 민주화운동 관련자에게 명예를 회복시켜 주는 일에 그만한 적격자가 없었다.

④ 홍성우 변호사

홍성우 변호사는 황인철 변호사와 함께 '4인방 인권변호사'의 간사 역할을 하면서 수많은 인권사건을 변론하고 이끌었다. 그럼에도 그가 다른 인권변호사들에 관해 언급한 글이나 말은 많아도 정작 홍 변호사에 대해 씌어진 글이나 책은 거의 없다. 특히 가장 연배가 높은 이돈명 변호사나 먼저 유명을 달리한 황인철·조영래 변호사에 대한 추모와 회고의 글들이 많은 것에 비해 홍 변호사에 대해서는 제대로 정리된 글이 없는 것이다. 일찍 돌아간 사람들에 대한 회고와 덕담을 하면서도 정작 자신에 대해서는 제대로 회고하거나 누군가가 회고한 것이 별로 없다.

'4인방 변호사' 가운데에서도 홍 변호사와 황 변호사 두 사람의 관계는 '실과 바늘' 그 자체였다. 그렇게 친하면서도 두 사람의 성격은 상당히 달랐다.

황 변호사와 가장 오랜 지기라 할 수 있는 홍성우 변호사는 바늘 가는 데 실 가는 것처럼, 그 이름이 꼭 붙어 다닌다. 가나다 순서로 성씨 역시 비슷해서 같이 붙어 다닌다. 그만큼 친하고, 서로가 서로를 이해하고 평가한다. 그러나 법정 안팎에서의 매너는 현저한 차이가 있다. 우선 홍 변호사는 명쾌하고 좋고 나쁜 것을 분명히 한다. 싫은 것은 싫고 좋은 것은 좋은 것이다. 황 변호사는 좋은 것에는 명쾌하지만 싫은 것에 대해서는 그렇지가 않았던 것 같다.…… 법정에서의 변론 패턴도 다르다. 홍 변호사는 큰 소리로 질타할 것은 질타하고, 비판할 것은 비판했다. 변론 도중에 스스로 격앙되기도 한다. 자신들은 그래도 양심적이려고 애쓰고 있는데 그렇게 아픈 데를 꼭 찔러야 하나 하는 것이, 그 당시 홍 변호사를 보는 법관들의 감정이 아니었을까 생각되는 것도 이 때문이다. 반면에 황 변호사는 아주 작은 소리로 나직나직하게 반대 심문을 하고 또 변론을 한다.……[108]

독재정권이 물러간 다음에도 그는 각종 토론회와 세미나 등에 불려다니며 여전히 인권변호사로서의 역할을 요구당했다. 특히 조준희·황인철 변호사에 이어 민변의 대표간사가 되어 인권변론의 전환기에 민변의 위상을 잡는 데 노력했다.

---

108) 이석태 외, 앞의 책, 94쪽.

3. 강신옥 · 이세중 · 박세경 · 태윤기 · 이태영 변호사

1) 강신옥 변호사

강신옥 변호사는 그의 이름과 영원히 떼려고 해도 뗄 수 없는 민청학련사건 이외에도 이미 몇 가지 사건의 변론으로 유명해져 있었다. 1964년 판사를 그만두고 미국에 유학을 다녀와 1967년 통혁당사건에서 신영복 피고인을 변론하여 2심까지 사형선고를 받았음에도 공소사실에 동일성이 있어야 한다는 요지의 상고이유서를 제출하여 대법원에서 원심파기로 마침내 신 피고인을 무기로 감형시키는 데 큰 역할을 했다. 1973년에는 서울대 문리대의 손학규 · 신금호에 대한 반공법 위반사건을 변론하여 극히 이례적으로 무죄를 받기도 했다.[109]

긴급조치 1 · 4호 위반의 민청학련사건을 변론하던 중 1974년 7월 15일, 그는 법정에서 행한 변론 내용이 문제가 되어 연행, 구속되었다. 강 변호사는 홍성우 변호사와 함께 연행되었다가 3일 만에 일단 풀려났으나 강 변호사만 다시 연행되어 구속된 것이다. 죄명은 긴급조치위반과 법정모독죄였다. 당시 강 변호사에 앞서 했던 홍성우 변호사의 변론요지는 다음과 같다.

홍성우 변호사: 데모 주동학생들이 횡적인 연결을 가졌다고 해서 반국가단체 구성과 내란이란 누명을 씌우고 우국학생들에게 사형까지 구형하는 것이 말이 되는가. 더구나 학생조직을 인혁당과 연결시킨 것은 조작이 아닌가.

그 당시 학생들이 7명이나 사형구형을 받은 상태에서 모든 변호인

---

109) 이석태 외, 앞의 책, 87쪽.

들은 흥분하지 않을 수 없었다. 그러나 강 변호사의 변론은 좀더 나아가 있었다.[110]

① 이 사건을 맡게 된 뒤, 법은 정치나 권력의 시녀라고 단정하게 되었다. 검찰이 애국학생들을 내란죄, 긴급조치위반 등으로 몰아쳐 사형에서 무기징역을 구형하는 것은 사법살인 행위이다.

② 과거 나치스 독일의 한 장교가 상부의 부도덕한 지시를 양심에 따라 거부하고 중형을 받았다. 그런데 훗날 나치스가 멸망하고 난 뒤 볼 때 그 장교는 죄인이 아니라 의인이었다.…… 이 법정의 피고인들도 유신체제라는 악한 제도를 양심에 따라 거부했을 뿐이다.…… 유신헌법은 비민주적인 악법이다.…… 나 자신도 직업상 변호인석에 있으나 그렇지 않다면 차라리 피고인들과 뜻을 같이하여 피고인석에 앉아 있겠다.

③ 악법은 지키지 않아도 좋으며 악법과 정당하지 않은 법에 대해서는 저항할 수 있다.

④ 악법을 적용하여 다루는 것은 훗날 역사적으로 심판을 받을 것이다.

그의 소원대로 그는 "피고인과 뜻을 같이하여 피고인석에 앉게" 되었다. 이때의 상황을 홍성우 변호사는 이렇게 회고하고 있다.[111]

그때 황(인철) 변호사는 저보다 내용은 더 강경했는데 황 변호사 특유의 조용조용한 목소리와 태도 때문에 부드럽게 잘 넘어갔고, 그보다 내용이 약한데도 자세가 강경해서인지 저는 여러 차례 제지를 받았어요. 강신옥 변호사가 나서서 "차라리 학생들 있는 저 자리에 가고 싶다. 이것은 사법살인이다"라면서, 러시아의 차다예프라는 사람이 암흑 통치기에 '어둠을 가르는 한 방의 총소리' 같은 선언문을 발표했다는 예를 인용하자

---

110) 김이조, 앞의 책, 336~337쪽.
111) 이석태 외, 앞의 책, 88쪽.

법정분위기는 살벌해졌어요. 잠시 법정을 휴정했는데, 정보부원들이 법정에 우르르 몰려와 저와 강 변호사를 옆 퀀셋 막사로 끌고 가서 조사를 했어요. 그때 김병곤은 최후진술에서 "사형 구형을 받아 영광입니다"라고 외쳤는데, 그때 그 감동을 김지하가 동아일보에 글로 발표했지요. 그날 변론이 밤 9시 넘어 끝나 집에 돌아오자 정보부원들이 남산으로 끌고 가더군요. 가보니 강 변호사는 먼저 끌려와서 얻어맞았다면서 상처를 보여주었어요. 그때 청와댄가에서 때리지는 말라는 연락이 왔다나 해서 저는 매를 맞지는 않았어요. 그때 저는 반공법 위반혐의로, 강 변호사는 긴급조치 위반으로 2박 3일 조사받고 일단 풀려났다가 강 변호사는 다시 구속되어 6개월가량 징역을 살았어요.

강 변호사가 구속 기소되자 99명의 변호사들이 변호인단을 구성해서 변론에 나섰다. 1974년 8월 29일 강신옥 변호사에 대한 첫 공판이 열리자 고재호 변호사가 공소기각 신청을 냈다. 당시의 군법회의법에는 변호인의 면책특권을 규정해 놓고 있었는데,[112] 강 변호사의 변론을 문제삼는 것이 그 규정에 위반된다는 취지의 주장이었다. 물론 군사법정은 이를 받아들이지 않았다. 재판은 일사천리로 진행되었다. 그 다음 날인 30일 2차공판에서 검사가 징역 15년 자격정지 15년을 구형했다. 이번에는 이병린 변호사가 나서 무죄변론을 했다. 이어서 박승서, 이재성, 조준희 변호사가 차례로 나서 변론을 폈다. 그러나 9월 20일 선고공판에서 강 변호사는 결국 징역 10년에 자격정지 10년을 선고받았다.[113]

비상고등군법회의에 항소했으나 역시 기각되고 말았다. 그해 10

---

112) 당시의 군법회의법 제28조는 "변호인은 재판에 관한 직무상의 행위로 인하여 어떠한 처분도 받지 아니한다"는 조항을 두고 있었다.

113) 강신옥 변호사 사건에 대한 공소장, 보통군법회의 판결문, 항고이유서, 고등군법회의 판결문, 상고이유서 등은 《대한변호사협회지》, 1982년 11~12월호, 50쪽 이하에 수록되어 있다.

월에는 변호사 125명의 선임계와 함께 대법원에 상고했다. 고재호, 이병린, 박승서 등의 원로 재야법조인들이 쓴 100여 페이지의 상고이유서와 강 변호사 자신이 옥중에서 쓴 장문의 상고이유서는 보기 드문 명문으로 남아 있다. 특히 강 변호사는 자신의 상고이유서에서 2심판결에 대한 불복사유만이 아니라 대통령긴급조치의 위헌성, 변호사의 사명과 윤리, 법률상의 저항권이론 등 법철학적 이론을 광범위하게 설명·제시·주장하고 있었다.[114]

그후 재판은 장기화되었고 1975년 2월 15일 대통령특별조치로 석방되었다. 한편 변호사자격은 1979년에 회복되었다. 전두환정권하의 사법부는 긴급조치가 새 헌법의 제정공포로 실효되었기 때문에 처벌할 수 없다는 취지의 파기환송판결을 했고, 노태우정권하의 고등법원은 법정모욕죄 부분에 대해서도 적법한 변호권의 행사에 해당한다고 하여 종국적으로는 무죄가 확정되었다. 당시 판결의 일부 요지를 보면 다음과 같다.

"변호인의 조력을 받을 권리는 국민의 기본권이며 피고인의 헌법상 이익을 보호하기 위한 변호인의 자유로운 변론활동은 보장되어야 한다. 그러나 어느 누구도 법정에서 남에게 모욕적인 언동을 하거나 소란행위를 할 권리가 없음은 지극히 당연하다. 정치범이나 확신범의 변론을 맡을 경우에는 법질서 전체의 경지에서 허용되는 한도에서 범죄의 성립 여부 또는 양형에 영향을 줄 수 있는 한도에서 변론해야 한다. '법이 정치의 시녀, 권력의 시녀'라고 한 표현은 나치독재정권의 시녀였던 법실증주의

---

114) 그는 변호인으로서의 무력감과 허탈감을 상고이유서에서 이렇게 표현했다. "당시 변론 직전의 본인의 심정은 지금까지 법을 정의의 학문으로 믿고 배우고 연구해온 것을 크게 후회하게 되었고, 법의 목적에 대해 큰 회의를 품었을 뿐만 아니라 본인이 변호인으로서 이런 사건에서 얼마나 무력한 것인가를 뼈저리게 통감하였고, 이 사건의 변호인이 되었던 것 자체를 어리석게 생각했습니다"(이석태 외, 앞의 책, 86쪽).

사상에 반대하느냐 하는 현대의 신자연법 이론에서 주장되는 표현이므로 자연법이론에 서서 변호인이 변론할 자유가 있는 것은 물론이다. '사법살인행위'라거나 '역사적으로 후일 문제가 될 것'이란 표현도 오판의 위험을 환기시키고 정당한 판결을 구하는 호소로서 재판을 위협하거나 방해할 목적의 법정모욕행위라고 볼 수 없다. 악법에 대해서 저항·투쟁할 수 있는가 하는 점은 반드시 지켜야 한다는 법치주의 입장에서 '악법도 법'이란 명제가 발생하겠지만 현대에 이르러 입법자가 어떤 악법이든지 만들어낼 수 있다는 법실증주의 약점이 드러나고 있는 점과 저항권 이론도 반드시 폭력이나 힘의 행사라고만 볼 수 없는 점 등으로 미루어 변호사가 변론을 통해 그런 주장을 했다고 반드시 재판 방해의 목적이 있었다고 단정할 수 없는 것은 당연하다. 자유민주사회에서는 변호사는 형사피고인 방어권의 보호자로서 충분하고도 자유로운 공격·방어권이 보장되어야 한다. 변호권의 보장이 없는 형식적인 형사변호는 사법권독립의 근본을 파괴하는 것이라 아니할 수 없다. 공정한 재판을 구하는 변호인의 변론행위는 명백하게 재판을 위협, 방해하기 위한 목적이 증명되지 않는 이상 법정모욕죄를 구성하기 어렵다 할 것이다."[115]

오늘날 보면 이 당연한 사실을 확인 받는 데 무려 14년이 걸린 것이다. 더구나 1·2심에서 중형을 선고받았으니 지난 세월이 얼마나 독재치하였는지를 증명해 준다. 이 무죄판결의 의미에 대해 《조선일보》와 《동아일보》는 이렇게 설명하고 있다.

"악법도 법이니 지켜야 한다고 흔히 말한다. 그러나 악법에 맹종하는 재판이 결코 정당한 재판이 될 수 없다. 악법에 따라 더욱 법이 정치의 시녀가 되고 재판부가 사법살인을 해야 한다면 그런 사회는 암흑의 세계가 되며 존재 자체가 위태로워진다. 누군가가 반드시 악법과 싸워야 할 당위

---

115) 1988년 3월 4일자 서울고등법원 형사1부 판결(《조선일보》, 1988년 3월 5일자).

성이 거기에 있다. 그러나 악법 아래에서 악법과 싸운다는 것은 쉬운 일이 아니다. 그 쉽지 않은 일을 14년 전 강신옥 변호사가 감행했었다.…… 해야 하는 것이 죄가 되는 일이 다시는 생기지 말아야 한다.”[116]

“한마디로 말한다면 강신옥 변호사의 구속기소는 애당초 있을 수 없는 일이었다. 당연히 없어야 할 일이었던 것이다. 그럼에도 불구하고 그 비정상적인 조치의 정상화에 그토록 긴 세월이 걸려야만 했던 이유는 무엇인가. 거기에 권위주의 시대의 환부는 도사린다. 두말할 나위도 없이 그것은 독립되지 못한 사법부의 현주소에서 연유된다. 설령 구속기소가 부당하게 이루어질 수 있었다고 할지라도 군재가 아닌 우리의 법원은 일찍이 그에게 무죄를 선고했어야 마땅하다. 그 당연한 사리에 눈감은 채 14년 동안이나 위아래 심급(審及)의 법원에서 사건을 돌리면서 선고를 미루어 왔다는 사실은 뼈저린 반성의 자료가 되지 않으면 안 된다.…… 우리는 더 이상 정상을 배반하는 비정상의 길을 답습하지 말아야 한다.”[117]

법정에서의 변론이 문제되어 변호사가 구속된 것은 “일제시대에도 없는 일”이었다.[118] 앞의 군법회의법 28조에 대한 해석상의 논란은 있으나 변호사의 법정 변론에 대해서는 법률상 면책특권이 정식으로 인정되고 있는 것은 별론(別論)으로 치더라도 고도의 언론자유와 사실상의 면책이 관행상으로 인정되는 것이 여러 나라 법조계의 관행이라고 할 수 있다. 한국의 현대사에서 적지 않은 변호사들의 구속사건이 있고, 그 가운데 정치적 탄압의 일환으로 벌어진 구속사건도 있으나 법정변론을 직접 문제삼아 구속된 사례는 강신옥 변호사가 유일하다. 그만큼 유신정권은 폭압적이며 무지막지한 만행을 마

---

116) 《조선일보》, 1988년 3월 5일자.
117) 《동아일보》, 1988년 3월 5일자.
118) 이병린 변호사의 말(심당이병린변호사문집간행위원회 편, 『심당이병린변호사문집』, 두레, 1991, 79쪽).

다하지 않았던 것이다.

2) 이세중 변호사

이세중 변호사 역시 '유신체제' 시대에 가장 활발한 인권변론을 벌인 변호사 중의 한 사람이었다. 그 당시 있었던 대부분의 중요한 사건에서 우리는 그의 이름을 발견할 수 있다. 특히 1974년 4월 독일 BFW(서독교회 원조기금)의 원조자금을 횡령했다는 혐의로 김관석, 박형규, 권호경, 조승혁 목사 등을 기소한 이른바 수도권특수지역선교위원회 선교자금 사건에서는 해박한 형사법 지식을 동원하여 명쾌한 변론을 보여 주었다.[119]

> ……BFW에 요청해서 받은 돈을 '수도권'이 간수하기가 불편하므로 NCC 김관석 총무에게 위임해서 지출했다. 다시 말하면 양자간에 위임관계가 이루어져 그 위임된 취지에 따라 돈을 사용했으므로 이에는 아무런 불법이 없다.……
>
> 검사는 '수도권' 자체가 피해자라고 주장하나 "내가 나의 돈을 횡령했다"는 말은 성립되지 않는다. '수도권'은 자체적으로 총회를 기하여 모든 재정사용에 대해 검토, 정리한다. 누구나 그들의 자금지출에 대해서는 이의가 없었다. 그런데 검사는 피해자의 의사를 물어보지도 않고 기소했다.

유신체재시대에 활발한 인권변론을 펼치던 이세중 변호사는 전두환정권으로 가면서 인권사건과 조금 소원해졌다. 이 변호사는 나중에 서울지방변호사회장을 거쳐 대한변협 회장으로 당선되었다. 그는 변호사회의 회장으로 재직하던 당시 인권변호사들의 활동을 지원하고 군사독재 시기로부터 민주주의로 가는 과도적 기간에 실질

---

119) 한국기독교교회협의회 인권위원회, 앞의 책, 1987b, 619쪽.

적 민주화와 민주주의의 정착을 위해 진력했다. 1988년 9월 9일 그가 수장으로 있던 서울지방변호사회는 다음과 같은 결의문을 채택했다.[120]

1. 우리는 민주주의 사회에 있어서 변호사의 사명과 역할의 중요성을 재인식하고, 우리의 사명완수를 위해 헌신할 것을 다짐한다.
2. 우리는 인간의 존엄성과 인권이 존중되는 진정한 자유민주주의체제만이 우리 민족의 살길임을 강조하고, 모든 국민 계층이 인간다운 삶을 유지할 수 있는 사회환경 조성에 힘쓴다.
3. 우리는 민주주의 원칙에 위배되는 법률의 개정과 비민주적 제도의 개선을 위해 진력할 것을 다짐하며, 국회와 정부는 비민주 악법을 조속히 정비할 것을 촉구한다.
4. 법원은 사법권의 독립이 민주주의의 초석임을 인식하고 과거의 안일한 자세에서 탈피하여 새로운 각오와 결연한 자세로 사법의 본령을 지켜줄 것을 간절히 요망한다.
5. 검찰은 검찰권의 행사가 정치적 영향에 따라 좌우되었던 구시대를 반성함과 아울러 정치권력으로부터의 독립과 검찰권의 적정한 행사를 위한 제도개선방안을 조속히 마련할 것을 촉구한다.

3) 박세경 변호사

박세경 변호사가 남긴 변론사건 역시 정확히 자료로 남아 있지 않다. 당시의 이런저런 기록 속에 그의 변론의 자취가 조금씩 남아 있을 뿐이다.

---

120) 서울지방변호사회, 《법조춘추》, 1989, 164쪽.

(1) 수도권특수지역선교위원회 선교자금사건

횡령죄가 성립되려면 불법영득의 의사가 있어야 하며, 배임이 성립되려면 피해자가 있어야 한다. 대법원 판례에 보면 고아원에 보낸 의류를 팔았을 경우에도 무죄라고 판결한 것을 볼 수 있다. 즉 옷을 보낸 사람의 목적은 그 옷을 고아들에게 입히고자 했을지라도 고아원 사정으로 볼 때 의복보다도 음식이 더 긴급할 때에는 고아원장이 그 옷을 팔 수도 있다는 것이다. 본건의 경우를 보면 프로젝트 계획서를 내서 돈을 받아 그 돈을 정당한 의결을 거쳐 관리하고 지출했으므로 불법영득의 의사가 개입될 이유가 없다. 그런고로 횡령죄가 성립되지 않는다. 또 배임의 부분도 수도권이 사전에 이미 구속자를 위해서 쓰기로 결의했으므로 누구도 피해자가 아니다. 그러므로 횡령과 배임은 모두 성립하지 않는다(1975. 8. 30 결심공판).

(2) 3 · 1민주구국선언사건

검사가 공소장 낭독을 마치자 박세경 변호사가 방청권에 방청인의 주소 · 성명을 기입하게 하는 등으로 자유로운 방청이 사실상 실제적으로 제약되고 있는 점, 공소장 부본이 피고인과 변호인에게 즉각 전달되지 않은 점, 피고인들에 대한 변호인의 접견이 사실상 금지되고 있는 점 등을 들어 재판의 공정성에 이의를 제기했다(1976년 5월 4일 서울형사지방법원 제7부 1심 1차 공판).[121]

이 사건에서 박세경 변호사는 27명의 변호인단의 대표로서 활동했다. 변호인단 회의를 거쳐 그는 전체 기소 내용 전반을 언급하거나 담당했고 나머지 변호사들은 각 부분을 맡았던 것이다. 특히 1심에

---

121) 한국기독교교회협의회 인권위원회, 앞의 책, 1987b, 702쪽.

서는 하지 못했던 변론을 항소심에서는 하게 되었는데, 박 변호사는 전체 변호인을 대표하여 그 재판이 열린 서소문의 형사 대법정이 바로 57년 전인 1919년 3·1운동 당시 일제가 3·1운동 관련자들을 재판하기 위해 만든 법정이라고 서두를 시작하여 다음과 같은 어느 일본 변호사의 변론을 인용했다.[122]

"독립선언의 정신적·결론적인 뜻이 무엇이냐? 다름아닌 인류의 자연적 본능의 발휘, 그뿐입니다. 무릇 어느 시대와 어느 나라를 불문하고 그 국민으로 그 나라를 사랑하지 아니한 사람은 없을 것이요. 또 그 나라를 사랑하는 사람으로서 자치를 바라고 민족의 독립을 원치 아니할 자 어찌 있으리오? 본건은 실로 이 자연적 인류의 본능이 시키는 바에 따라서 일상 평소에 포회했던 욕구의 일단을 표현했음에 불과한지라. 그러므로 이를 수행함에 있어서는 추호도 사리사욕을 품지 않고 오직 한 뜻, 조선 민족 및 동양의 평화를 위주로 했으며 이것으로 인해 조선 민족의 행복을 꾀하고 동양의 평화를 확립하는 소위로 믿었던 것입니다……". 박 변호사는 이 변론에도 잘 나타나 있는 바와 같이 그때나 지금이나 의사표현의 자유, 즉 의견발표는 인류의 본능에 속하는 것이고, 이것은 누구도 침해당하지 않을 권리, 즉 지금은 '세계인권선언'의 첫머리에 있는 양여할 수 없는 권리라는 점을 강조하면서 이번의 민주구국선언은 민주주의를 희구하는 우리 사회지도자들의 간절한 염원을 대외적으로 표시한 것일 뿐이라고 역설했다.

(3) 기장청년연합회사건

죄형법정주의가 원칙이다. 국회를 통과하지 않은 긴급조치가 이런 형을 내릴 수 있는가?…… 긴급조치 사건은 고뇌의 사건이다. 이들을 자꾸

---

122) 이석태 외, 앞의 책, 108~109쪽.

만 징역 보낸다고 없어질 수 있을까…… 이런 행위는 민주주의에서는 정당한 행위이다. 이들의 행위는 타협이나 협상의 대상이 아니다. 누구도 침해하거나 양도할 수 없는 정당행위로서 당연히 무죄가 되어야 한다(1978. 1. 23).[123]

(4) 1차 민권일지 사건

1심에서 진실된 사실이 무엇인지 밝혀지지도 않았는데 죄를 때리고 항소까지 했다. 검찰이 문제라고 기소만 하면 무조건 유죄가 되어선 안 된다. 본건도 그렇다. 공산독재국가인 중공에서도 언론자유가 거론되고 있다. 동아일보가 인용보도한 중공 인민일보의 사설을 보면 "말하는 것은 죄가 아니다"고 했으며, 상해의 문예보는 "자유를 쟁취하려고 하는 것은 동서고금의 진리"라고 외치고 있다. 긴급조치 때문에 국가 위신이 엉망이 되고 있다는 점을 생각해서 현명한 판결을 기대한다(1979. 7. 13 서울형사지방법원).[124]

(5) YWCA 위장결혼사건

첫째로, 1979. 10. 27 04:00를 기하여 선포된 비상계엄은 계엄법 제4조 비상계엄선포 요건을 갖추지 못했다는 것이다.…… 단지 대통령이 사망했다는 한 가지 사유만으로, 평온하게 밤을 지냈고 통금시간이 지나자 난데없이 비상계엄이 선포되었던 점 역시 공지의 사실이므로, 비상계엄선포의 요건을 전혀 갖추지 못한 계엄선포는 당연히 무효이며, 이에 대한 사법심사가 가능한 것은 물론이라는 논리였다. 둘째로, 1979. 10. 27 대통령 권한대행에 의한 계엄선포가 적법하고 유효한 것이라 할지라도 같

---

123) 한국기독교교회협의회 인권위원회, 앞의 책, 1987d, 1374쪽.
124) 한국기독교교회협의회 인권위원회, 앞의 책, 1987d, 1739쪽.

은 날짜의 계엄사령관 계엄포고 제1호는 대통령권한대행의 승인 없이 발해진 것이므로 그 효력이 없다는 것이다. 전국을 계엄지역으로 하는 경우 대통령의 지휘감독을 받게 되어 있는데 당시 계엄선포는 '전국 일원'이라고만 되어 있어 전국계엄이 틀림없음에도 대통령 승인이 없었기 때문에 무효라는 것이다(YWCA 위장결혼사건—통대선출민주화촉구대회 사건의 변호인 항소이유서 요지).[125]

4) 태윤기 변호사

태윤기 변호사는 이미 이승만정권하에서도 정치사건을 변론해 왔다. 그 가운데 유명한 이승만 대통령 암살음모사건을 소개한다.

이승만 대통령이 1952년 6월 25일 임시수도 부산에서 6 · 25기념식에 참석했을 때 유시태, 김시현 두 노인의 저격을 받은 적이 있다. 이어서 1955년 10월 3일 개천절 식전에서 김재호 등 9명이 수류탄 공격을 계획한 적이 있는데, 이 대통령의 불참으로 불발에 그치고 말았다. 그 대신 관련자들은 검거되어 내란목적살인죄로 육군본부 중앙고등군법회의에 회부되었다. 이른바 이승만 대통령 2차 암살음모 사건이다.

태윤기 변호사는 피고인들 중 유성연 · 민영수의 변론을 맡았다. 이 사건은 태 변호사 외에도 정구영 · 엄상섭 변호사도 함께했다. 이들은 재정서를 제출하여 민간인은 군법회의가 아닌 민간법정에 회부되어야 한다고 주장했다.

"본건은 국가보안법위반 또는 형법 제99조 일반이적죄, 동법 제100조, 동 미수죄, 또는 동법 제119조 폭발물 사용, 동 미수 등에는 해당되지만, 국방경비법 제32조 소정의 이적죄 조항에는 문의할 수 없으며, 둘째 이유

---

125) 한국기독교교회협의회 인권위원회, 앞의 책, 1987d, 1779~1780쪽.

로서, 국방경비법 제3조 제1항 단서에 군법 피적용자로서 동법 해당의 범죄를 범했을 때에도 비군법 피적용자와 공범인 경우에는 민간재판소에서 재판할 수 있다고 규정한 즉 본건의 경우에 현역 군인이 포함되어 있기는 하지만 일반법원에서 재판해야 한다는 것이 명백할 뿐더러 헌법이 보장하는 국민의 기본권의 법리로 보아도 단심제 군법회의에서 민간인을 재판한다는 것은 타당하지 않다."[126]

나중에 이들은 민간법정으로 옮겨지고 징역 15년을 선고받는다. 군인 신분의 피고인들이 사형을 선고받고 처형된 것에 비해 이들은 유기징역형을 선고받고 4·19 후 석방된 것을 생각한다면 태윤기 변호사의 변론은 사람의 생명을 살린 것이다.

5) 이태영 변호사

"집에 차린 변호사 사무실의 문을 열자마자 마치 4천 년 역사 이래 첫 여자 변호사가 탄생하기를 기다렸다는 듯이 여인들이 몰려들었다. 하나같이 돈없고 법을 몰라 억울한 일을 당하는 여인들이었다. 딱한 사연을 나누다 보면 함께 울어버리는 일이 비일비재한 하루하루는 사건 의뢰자가 아닌 희생과 봉사를 요구하는 사람들로 줄을 이은 가운데 현실적으로 가능한 도움이란 법률적인 해결책의 제시나 진정서 등의 대서, 무료변론 정도였다. 이것은 수많은 그들을 위한 근본적인 해결책이 되지 못했다. 그래서 가난하고 힘없는 여성들을 위한 법률구조기관을 세워야겠다는 구상을 하게 되었고 오늘까지 내가 이끌어오고 있는 가정법률상담소를 개설하게 된 것이다."[127]

---

126) 김이조, 앞의 책, 237쪽.
127) 이태영, 「1보다 나은 62」, 《대한변호사협회지》, 1980년 8월호, 80쪽.

여성인권이라는 새로운 인권의 영역에서 개척자로서 길을 걸어온 이태영 변호사의 회고이다. 남성 변호사들이 관심을 가져오지 않았던 여성인권에 대해서 관심을 쏟았던 것은 우리나라 최초의 여성 변호사로서 당연한 일이기도 했다. 그러나 이 변호사는 단지 여성인권에 국한되지 않고 정치권력의 비판과 민주화운동에 나서게 된다.

"그런데 상담소 일과는 별도로 내가 사사로이 참여해 오던 인권회복·민주화운동의 일환으로 소위 명동사건—민주구국선언에 서명했다 해서 77년 봄 징역 3년, 자격정지 3년을 선고받고 형집행정지로 옥살이는 면했지만 나는 모든 공직과 공민권을 박탈당했을 뿐 아니라 변호사법에 따라 변호사 자격까지 상실되었다. 청천의 벽력이었다."[128]

이태영 변호사는 여성인권의 대모로서 혁혁한 공로를 남겼지만 이같이 이 땅의 민주화와 인권회복에도 '사사로이' 그렇지만 깊이 참여해 왔다. 1980년대 전두환정권 후반에 있었던 부천서 성고문사건의 변호인단에도 참여하여 변론을 하기도 했다.

4. 인권변론의 '후방전선'

1) 양심적인 후방 변호사들

물론 '인권 전선'의 최전방에 섰던 '4인방'의 인권변호사 외에도 이들의 활동에 부분적으로 동참하거나 지원한 일부 변호사 그룹들이 있었다. 때로는 '4인방' 변호사들과 공동으로 사건을 맡거나 별도로 인권사건들을 변론하기도 했다. 이들은 비록 '4인방' 변호사들

---

128) 이태영, 앞의 글, 81쪽.

처럼 전면적으로 인권사건만을 주로 다루지는 않았으나 당시의 시대 상황으로는 여전히 용기와 정열이 필요한 일을 해냈던 것이다. 자신이 유신법정에 서게 되었던 강신옥, 많은 사건을 변론했던 이세중 변호사뿐만 아니라 박승서,[129] 하경철, 이돈희, 최영도, 이해진, 고영구, 유현석, 임광규,[130] 박세경, 이건호 변호사 등을 이러한 후방의 지원세력으로 손꼽을 수 있다. 이 가운데 고영구, 유현석, 이돈희, 최영도 변호사 등은 4인방 변호사들의 지원요청에 언제나 흔쾌히 응했던 것으로 이들은 기억하고 있다. 홍성우, 최영도 변호사 등은 사법파동 당시 서울지방법원의 젊은 판사들로서 그 당시 이미 사법독립을 위해 집단적으로 사표를 내는 등 공동 행동까지 해 보았던 동지들로서 변호사를 개업한 뒤에도 이러한 동지의식이 인권변론으로 나타났다고 볼 수 있다. 몇 가지 사건들에서 볼 수 있는 당시 변호사들의 명단이다.

- 민주구국선언사건: 박세경, 유현석, 이돈명, 김명운, 김춘봉, 노병준, 유남진, 홍성우, 이택돈, 황인철, 하경철, 조준희, 이돈희, 홍남순, 유택형, 이기홍, 윤철하, 김기옥, 이세중, 김기렬, 최광률, 허규, 김인기, 나석호, 주도윤, 김선태.[131]
- 김대중 내란음모사건: 박영호, 허경만, 김동정, 고재혁, 이세중, 김수룡, 강대헌, 신호양, 권종근, 김숙현, 최승민, 김항석.

---

129) 박승서 변호사도 남산부활절사건, 한승헌 변호사의 '어떤 조사' 사건 등을 변론했으며, 온건한 입장을 유지하면서도 가끔 중요한 인권사건에 가담함으로써 힘이 되어주곤 했다고 평가받는다(한승헌 변호사와의 인터뷰, 1994년 9월 7일자).

130) 임광규 변호사는 초기에 왕성한 변론활동을 했다. 1973년의 태광산업 노조사건, 민청학련사건의 1차 기소자인 윤한봉 외 3인의 전남대 학생, 지학순 주교사건 등을 맡았다. 특히 지학순 주교의 양심선언을 접견 중에 빼돌려 공표하는 바람에 임 변호사에 대한 징계절차가 개시되는 등 곤욕을 치렀다(자세한 것은 서중석, 앞의 글, 1984, 159~160쪽 참조).

131) 민주구국선언 대법원 판결문 참조.

또한 초기에 인권변론 또는 사회민주화 운동에 부분적으로 참여하다가 탈락된 변호사들도 몇몇 눈에 띤다. 예컨대, 1971년 4월 19일 결성된 민주수호국민협의회에 참가한 변호사에는 이병린 외에도 이병용,[132] 신순언, 이인[133] 등이 있었다. 그러나 이들은 구체적인 인권사건을 지속적으로 맡거나 계속적인 관심을 보이지는 않아 인권변호사의 대열에서 떨어져 나갔다.

한편 인권변론에 별반 관심이 없는 변호사들도 이들 인권변호사의 고통과 수난에는 함께 동참하기도 했다. 즉 인권변호사들의 구속에 변호인으로 선임계를 제출함으로써 이들의 의로움에 경의를 표했던 것이다. 예컨대, 1975년에 한승헌 변호사가 구속되자 처음 구성된 16명의 변호인단이 52명으로 늘고 다시 129명으로 늘어났다.[134] 이 수는 이돈명 변호사 구속사건에서는 훨씬 더 늘어났고, 이들의 상당수는 중요한 인권사건에 대한 성명 등에 참여하기도 했다.

2) 지방의 인권변호사

지역에서 이 같은 인권변론을 담당한 변호사도 제법 있다. 광주의 홍남순 · 이기홍 · 김수 변호사를 비롯하여 부산의 김광일, 이흥록 변호사 등이 그들이다. 지방에서 인권변론을 담당한다는 것은 더욱 어려운 일이다. 우선 인권변론에 나서는 변호사들이 수적으로 적을 뿐만 아니라 이들을 지지 · 지원할 수 있는 언론기관 · 지식인그룹들

---

132) '민수협'에는 가담했으나 '국민회의'에는 불참했다. 전두환정권과 노태우정권에 걸쳐 민정당의 국회의원으로 활동했던 것은 다 아는 사실이다.

133) 신순언, 이인 변호사는 사실상 변론을 맡거나 한 사실은 없는 것으로 알려져 있다.

134) 강신옥 변호사의 구속 때에는 1심에서 93명, 상고심에서 125명의 변호인단이 구성되었으며, 이돈명 변호사가 1986년 10월 30일 구속되었을 때에는 당시로서는 최대인 283명의 변호인단이 꾸려졌다(《동아일보》, 1986년 12월 2일자).

이 희소하거나 대부분 중앙에 자리잡고 있었기 때문이다. 그러므로
지역에서 인권변론에 나섰던 이들의 용기와 헌신은 더욱 높은 평가
를 받아 마땅하다.

(1) 광주의 이기홍 변호사

이기홍 변호사의 약력을 잠깐 살펴보면 그가 지역사회에서 얼마
나 힘든 인권변호사의 길을 걸어왔는지 잘 알 수 있다.[135]

① 1967년 5월~1977년 1월 신민당 전남도당 인권옹호위원장.
② 1976년 12월 11일 광주 YWCA에서 개최된 인권기도회에서 인권선언
　　문 낭독.
③ 1976년 5월 4일 명동성당 민주구국선언문발표사건에서 변호인단으로
　　참여.
④ 1976년 7월 1일 대통령긴급조치위반으로 광주지법에 기소된 윤한봉
　　변론.
⑤ 1976년 8월 26일 광주 남동성당에서 개최된 구속자를 위한 기도회에
　　참석.
⑥ 1976년 9월 20일 긴급조치위반으로 구속 기소된 김원식을 변론.
⑦ 1976년 10월 28일 광주지방법원에서 목사들의 긴급조치 제9호 위반
　　사건인 광주 양림교회 사건을 변론.
⑧ 1976년 11월 10일 전주지방법원에서 전북대학생 긴급조치 위반사건
　　변론.
⑨ 1976년 12월 10일 국제사면위원회 광주지부장, 한국본부 이사에 피
　　선.

---

135) 이기홍 변호사에 대한 광주내란음모사건의 공소장 중 모두사실(冒頭事實)로 기
　　재된 것을 정리한 것이다.

그러나 여기에서 기재된 목록 외에도 이기홍 변호사가 변론한 사건은 더 있는 것으로 파악된다. 그 대표적인 것이 강희남 목사 반공법위반 사건이다. 전북 김제군 소재 기독교장로회 난산교회에서 시무하던 강 목사는 1977년 5월 5일 연행되어 자신의 설교 내용을 문제삼은 검찰에 의해 구속되었다. 그의 구속영장에 나타난 공소사실의 요지를 보자.[136]

피고인 강희남은…… 종교의식을 빙자하여 박정희는 장기집권과 인권탄압을 위해 유신헌법을 만들고, 군국주의적 독재정치로 선량한 백성을 괴롭히는 드라큐라와 같고, 현정부는 종교말살을 시도하고 있다는 등의 반정부적 비방을 반복하다가…… (가) 1975년 7월 7일 전주시 소재 신흥교회에서…… 월남의 공산지도자 호지명도 공(公)만을 위해 사심없이 싸운 사람이기 때문에 오늘날 그 국민들로부터 존경을 받고 있다는 취지의 말을 함으로써 월남 및 월맹공산당의 구성원인 호지명의 활동을 찬양·고무하는 한편…… (라) 1977년 5월 5일 위 가톨릭 센터에서…… (현정부가 만든) 이 사태는 버스 운전사가 술에 취해 버스를 진구렁텅이에 몰아넣은 것이나 다름없다는 취지의 말을 하여 마치 현정부가…… 자유민주주의를 포기하여 독재체제를 취하고 있는 것처럼 사실을 왜곡 전파하고…….

이기홍·김기옥 두 변호사는 이러한 공소사실에 대하여 공소사실이 모두 사실이라고, 온 국민이 느끼고 있는 것이 아니냐고 반문하면서 사실을 왜곡 전파한 것이 아니라고 주장했다.[137] 결국 이는 유신체제가 독재체제 아니냐는 것이었다.

---

136) 한국기독교교회협의회 인권위원회, 『1970년대 민주화운동(III)』, 1987c, 1062~1063쪽.
137) 자세한 변론내용은 한국기독교교회협의회 인권위원회, 앞의 책, 1987c, 1062쪽 이하 참조.

이기홍 변호사는 1977년 4월 21일 발생한 이른바 '무등산 타잔'
(박흥숙 피고인) 사건[138]의 항소심 무료변론을 맡았다. 그의 노력에도
불구하고 항소는 기각되고 사형의 원심이 그대로 선고되었다. 이기
홍 변호사는 결국 1980년 홍남순 변호사와 더불어 광주항쟁 당시 내
란음모사건에 관련되어 구속되는 고통을 겪는다.

(2) 광주의 홍남순 변호사

굳게 잠궈진 철문이 싫어서
항상 대문을 열어놓는
여기는, 광주시 궁동 15번지
한국의 민주주의가 숨쉬는 곳이다

벌나비 모여드는 푸른 꽃밭
취영(翠英)[139]은 투사라기보다는
인자한 할아버지
그 앞에 앉으면
장다리꽃 피어 있는

---

138) 광주 무당골을 철거하던 중 구청직원 5명이 사망한 사건을 두고 주범 박흥숙을
"일정한 직업도 없이 산속에서 무술에만 열중하여 거의 나는 듯 산타기의 명수가
되었으며, 태권도·유도 실력이 비공인 3~4단쯤 되는 것으로 보인다면서 그를
무등산 타잔으로 칭하면서 한국판 이소룡이 되기를 꿈꾸는 허황된 영웅주의의 수
유자"인 것처럼 언론들은 보도했다. 그러나 김현장은 이 신문보도와는 달리 그곳
이 무당골도 아니며 박흥숙이 결코 이상한 성격의 소유자가 아니라 어려운 환경
속에서 자활을 위해 노력한 청년으로 잔인한 철거에 대항해 우발적으로 철거반원
들을 살해한 것이라는 르포기사를 월간 《대화》에 실음으로써 크게 우리 사회의 화
제가 되었다(자세한 것은 한국기독교교회협의회 인권위원회, 앞의 책, 1987c,
1012쪽 이하 참조).
139) 홍남순 변호사의 호.

고향의 언덕 같은
평안함을 느낀다

그러나, 불의 앞에 선
성난 사자후
법정과 재야에서 이 땅을 지켜온
성성한 백발과
깊은 주름은
그대로 살아 있는 한 권의 역사다
깊은 밤 불이 꺼지지 않은
두어 평 응접실에 도사리고 앉아
카랑하니 기침소리 돋우는
그는 광주의 의인,
무등과 마주하여
늙어도 늙어가지 않는
한 그루 정정한 소나무다[140]

5·18 광주항쟁 당시 옥고를 치르기도 했던 광주의 홍 변호사는 3·1민주구국선언을 비롯하여 박석무씨 반공법위반사건, 양성우 씨의 '겨울공화국' 필화사건, 고영근 목사 사건 등을 변론함으로써 광주인권운동의 대부로 신뢰를 받기에 이르렀다. 홍남순 변호사가 변론한 사건의 목록은 다음과 같다.[141]

1965년: 유옥우 의원 국가원수 모독죄 사건, 전남대 학생회장 정동년의
　　　　집시법위반사건, 전희철·이선휴 등의 이른바 계란세례사건.

---

140) 문병란, 「취영송(翠英頌)」, 취영고희기념논총간행위원회 편, 『취영홍남순선생 고희기념논총』, 형성사, 1983, 29~30쪽.
141) 취영고희기념논총간행위원회 편, 앞의 책, 54쪽 이하.

1972년: 이동명·백남운 등의 제적처분취소청구소송.

1973년: 박석무·김남주 등 11명의 국가보안법·반공법·집시법사건.

1975년: 김운기의 집시법위반사건.

1976년: 명동 3·1민주구국선언사건, 임기준·윤기석·강신석 등의 긴급조치 9호위반사건, 김영종의 긴급조치 9호위반사건.

1977년: 최인규·손인범 등의 긴급조치 9호위반사건, 강쟁 목사의 긴급조치 9호 및 반공법위반사건, 고영근 목사의 긴급조치 9호위반사건, 시인 양성우의 '겨울공화국' 사건, 안철·이철우 등의 긴급조치 9호위반사건, 조봉훈의 긴급조치 9호위반사건.

1978년: 김원식·김광훈·김창우·김용길·임성헌·박만철 등의 긴급조치 9호위반사건, 송기숙 교수 등의 '우리의 교육지표' 사건, 진철의 긴급조치 위반추가사건, 노준현 등의 긴급조치 9호위반사건, 박형중·김용출 등의 긴급조치 9호위반사건, 강세현·김병문 등의 긴급조치 위반사건, 고영근 목사 긴급조치 9호위반사건, 성내운 교수 긴급조치 9호위반사건, 최덕길 긴급조치 9호위반사건, 손주항 대통령선거법위반사건.

1979년: 김창주·정기영 등 긴급조치 2호위반사건, 배계문·최상일 병역법위반사건, 윤한봉 등 긴급조치위반사건, 백윤석 긴급조치 9호위반사건, 정진동 목사 집시법위반사건, 김재규 내란사건, 고희숙 등의 방화사건, 서경원의 공무집행방해사건, 동아자유언론수호투위사건, 기타 최순영·인명진·문동환 등에 대한 긴급조치사건.

1980년: 윤기석·강신석 목사 및 명노근 교수의 포고령위반사건, 크리스챤 아카데미 사건.

홍 변호사는 사실 광주지방에서만 활동한 것이 아니다. 그의 활동반경은 물론, 그의 영향력과 상징성 역시 전국적이었다. 단지 지방에서만 살았을 뿐 그는 이미 전국적 인물이었다. 다음은 이병린 변호사의 홍 변호사에 대한 회고이다.

"내가 그분을 처음 만난 것은 71년 봄에 민주수호국민협의회를 결성했을 때였다. 그때 서울에서는 김재준 목사, 함석헌 선생, 지학순 주교, 이태영 여사, 천관우 선생과 내가 최고위원으로 선임되었고, 홍남순 동지는 전남지부 대표위원을 맡으셨다.…… 그분은 70년대의 유신체제 아래서 과연 사심 없이 민주화운동에 전념했고, 변호사로서도 경향의 법정을 분주하게 좇아 다니면서 이른바 정치범을 변론하기에 여념이 없었다. 홍 변호사는 긴급조치 관계 사건만도 31건이나 맡으셨다고 하니 율사로서의 정열을 이로써 족히 알 수 있다."[142]

결국 홍남순 변호사는 이기홍 변호사와 함께 고초를 당하게 된다. 즉 1980년 5월 18일부터 27일 사이에 광주시내 대학생 및 재야인사와 일반 시민의 민주항쟁시위와 관련하여 당시 전남북 계엄분소는 광주지방에서 인권변론의 기둥 역할을 해 왔던 홍남순을 정부전복의 폭도들을 지휘한 내란 중요업무 종사로, 이기홍 변호사(당시 광주변호사회 회장)를 홍남순 등의 활동을 방조했다는 혐의로 체포했다.

홍남순 변호사는 흔히 대인(大人)으로 통한다. 변호사가 가지기 쉬운 소심함과 치밀함보다 그는 판단과 행동의 통이 커서 대인의 풍모를 보여주었다. "법조문으로 변론을 하기보다는 인간의 깊은 곳에서 우러나오는 양심과 정의로 변론"했으며 "말로 변론한 것이 아니라 몸으로 당신을 드러내 변론"했다.[143] 그와 함께 5 · 18 이후 감옥생활을 함께 한 송기숙 교수의 회고이다.

"소박하실 때는 그 소박함을 측량할 길이 없고 분노를 터뜨리면 그 노기를 헤아릴 수가 없는, 그 소박함과 분노의 거리, 이런 거리를 반경으로

---

142) 이병린, 「홍남순 동지의 고희에 즈음하여」, 취영고희기념논총간행위원회 편, 앞의 책, 21쪽.
143) 이돈명, 「무등산처럼 의연하게」, 취영고희기념논총간행위원회 편, 앞의 책, 26쪽.

한 광활함이 홍남순 변호사의 인간적인 폭, 아니 넓이일 것이다. 무등산의 밑바닥이 어디서 어디까지인지 가늠할 수가 없듯이 범상한 눈으로는 그 광활함을 측량할 길이 없다. 대인이란 어린아이의 심성을 잃지 않은 사람(大人者不失其赤子之心者也)이라고 한 것은 맹자의 말이거니와, 범인의 눈으로는 도무지 어이없고 엉뚱하기만 한 그 어린애 같은 일들은 바로 대인의 인간적인 탄력이자 그대로 인간됨의 바탕일 것이다."[144]

3) 인혁당사건과 김종길 · 함정호 변호사

이밖에도 1974년의 2차 인혁당사건[145]에서 김종길 변호사와 함정호 변호사도 용기 있는 변론을 보여주었다. 정부 발표에 따르면 "인민혁명당은 1961년 북괴의 지령에 의해 남파된 간첩과 그 동조세력이 대한민국을 전복하고 공산정권을 수립할 것을 목적으로 조직했다가 1964년 7월, 도예종 일당이 체포됨으로써 지하에 잠복한 것"이며 "70년대 초 개헌청원서명운동, 학원사태, 3~4월 위기설 등으로 사회가 혼란해진 틈을 타 4 · 19와 같은 결정적 시기를 조성, 전국적인 민중봉기를 일으켜 정부를 전복할 목적으로 도예종 등이 재건한 반국가단체"라는 것이었다.[146] 민청학련의 배후조종세력으로 연루된 인혁당 관련자들은 "조직적인 동정을 받지 못한 채 물 위에 뜬 기름처럼 소외되었다. 그들은 종교적인 배경도 없었고 국제적인 연대도 없었다". 이런 까닭에 "그들은 결국 1천여 명이 넘는 민청학련 관련자 가운데 유일하게 처형당한 그룹이 되었다."[147] 그 살벌한 상황에

---

144) 송기숙, 「대인 홍남순」, 취영고희기념논총간행위원회 편, 앞의 책, 52~53쪽.
145) 당시까지만 해도 변호사들이 간첩사건이나 국가보안법, 반공법사건을 꺼려했다. 홍성우 변호사도 "그때 나는 혁신계 소리만 들어도 떨릴 때였어요. 정말 그래서 민청학련 조직을 가능하면 인혁당과 떼어 놓으려고 애를 썼어요"(이돈명 · 조준희 · 홍성우 · 김형태, 앞의 글, 685쪽).
146) 이상우, 앞의 글, 83쪽.

서 이들 두 변호사는 다음과 같은 변론을 남겼다.[148]

김종길 : 고문과 억압적인 상태에서 어쩔 수 없이 수사관의 요구대로 진술한 피의자 진술조서, 자술서 등을 유죄의 유일한 증거로 함은 채증법칙에 위배될 뿐만 아니라 심리 또한 미진하여 파기되어야 한다. 특히 김한덕, 전창일이 공산주의자라면 변호사직을 내 놓아도 좋다.

함정호 : 증인채택도 기각시키고 증거물도 압수해 버린 이런 재판정에서 내가 무슨 말을 할 것인가. 변호사로서 이런 자리에 서게 된 것이 피고인 보기에도 부끄러울 뿐이다.

김종길 변호사는 나중에 이 사건을 이렇게 회고하고 있다.

40년 가까운 변호사 생활에서 가장 기억에 남고, 그만큼 가슴 쓰린 사건이 인혁당사건이었다. 우연이겠으나 나는 1·2차 인혁당사건 변론을 모두 맡았다. 1차 때는 양춘우 피고인의 변호인이었다. 그래서 이 두 개의 사건이 어느 정도 허구였고, 따라서 부당하게 재판이 이루어졌다는 사실을 나는 잘 알고 있다.[149]

이 사건에 관심을 가졌던 국제사면위원회는 사건 관련자들이 당했던 불이익과 불법적 공권력에 대해 이렇게 정리하고 있다.[150]

△공판이 있기 2~3일 전까지도 변호인측이 진술서의 사본을 접할 수 없

---

147) 이상우, 앞의 글, 83쪽.
148) 한국기독교교회협의회 인권위원회, 앞의 책, 1987c, 457~458쪽.
149) 김재명, 「유신독재의 제물 인혁당사건」, 천주교인권위원회 편, 앞의 책, 193쪽.
150) 「국제사면위원회 보고서 : 75년 3월 27일~4월 9일」, 42쪽(김재명, 앞의 글, 183~184쪽).

었다. 뿐만 아니라 변호인측은 검찰측이 가지고 있는 진술서의 사본을
볼 수 있을 뿐, 그 자신의 사본을 갖지 못했다.

△검찰측이 증거를 대기 위해 채택한 증인들에 대한 변호인측의 반대신
문이 허용되지 않았다.

△재판은 통제된 상태에서 진행되었다. 피고인의 가족 중 한 사람만이 방
청을 허용받았다.

△변호인측 증인은 한 사람도 채택되지 않았다. 민청학련 관련학생 피고
인들이 자신들과 23명의 이른바 인혁당 관련자들 사이에 관계가 있다
는 혐의사실을 반박하기 위해 여정남을 불러달라고 했을 때 그들의 증
인신청은 기각되었다.

△관계당국은 공식적인 재판기록의 공개를 완강하게 거절했다.

△피고인들이 수감되어 있는 동안 가족면회가 계속 불허되었다. 변호인
들의 면회도 불법적으로 제한당했다.

변호사들의 변론과 노력에도 불구하고 1975년 4월 8일 대법원에
서 도예종·하재완 등 8명은 사형선고를 받았다. 그리고 바로 그 다
음날 새벽, 형이 집행되고 말았다. 유신체재시대, 아니 권위주의 정
부 시절에 있었던 가장 끔찍한 사법 암흑의 순간이었다.[151]

김종길 변호사는 박정희와 대구사범 동기동창으로 일본 중앙대를
거쳐 일제하에서 고등문관시험 행정과에 합격, 해방 후 해군 법무관
을 지냈고, 1952년부터 변호사 업무에 종사해 왔다. 1979년 '박정희
유신독재체제하의 마지막 공안사건'이라고 불리는 '남민전사건'의
주범 이재문의 변론을 맡았다. 그러나 그는 1980년대에 들어와서는
형사사건을 맡지 않았다. "남북 분단의 비극적 현실에서 형사사건,
특히 국가보안법 관련 사건의 변론이 어떤 한계를 지니고 있음을 뼈

---

151) 스위스 제네바에 본부를 둔 국제법학자협회는 1975년 4월 9일을 '사법 사상 암
흑의 날'로 선포했다고 한다(맹찬영·이충원, 「인혁당 사건의 재조명」, 천주교인
권위원회 편, 앞의 책, 194쪽).

저리게 느꼈기 때문"이라고 한다.[152] 법과 변론에 대한 허무와 신뢰를 잃어버렸기 때문일까?

함정호 변호사는 1974년 당시 민청학련사건과 인혁당사건을 변론한 것 외에도 전두환정권 당시 보도지침사건도 맡았다. 특히 보도지침철을 재야 언론인들에게 넘겨준 김주언 당시 한국일보 기자의 변호인으로 국민의 알권리를 주장하여 무죄를 받았다. 1989년에는 서울지방변호사회장, 1997년에는 대한변호사협회장을 맡아 변협의 위상을 높이고 인권신장에 노력했다.

---

152) 김재명, 앞의 글, 193쪽.

전두환정권 후반의 인권변호사들[*]
정법회와 청년변호사회의 시종(始終)

1. "변호사인 나의 일은?"

　학살의 원흉이 지금 / 옥좌에 앉아 있다 / 학살에 치를 떨며 들고 일어선 시민들은 지금 / 죽어 잿더미로 쌓여 있거나 / 감옥에서 피를 흘리고 있다 / ……당신은 묻겠는가 이게 사실이냐고 // 검사라는 이름의 작자들은 / 권력의 담을 지켜주는 셰퍼드가 되어 으르렁대고 있다 / 학살에 반대하여 들고 일어선 시민들을 향해 / 판사라는 이름의 작자들은 / 학살의 만행을 정당화시키는 꼭두각시가 되어 / 유죄판결을 내리고 있다 / 불의에 항거하여 정의의 주먹을 치켜 든 시민을 향해 // 당신은 묻겠는가 이게 사실이냐고……(김남주의 〈학살 3〉, 『5월 광주항쟁시선집─누가 그대 큰 이름 지우랴』, 1987, 인동).

＊ 이 글을 쓰기 위해서 여러 가지 당시 자료를 참고했다. 그러나 남아 있는 자료들이 별로 없었기 때문에 당시 정법회원들의 기억에 많이 의존했다. 특히 고영구, 조준희, 홍성우 세 변호사는 한 자리에 모여 정법회에 관한 기억을 되살리려 노력했고, 최영도 변호사는 6·10시위 당시에 관한 기억을 메모해 전해주었다. 그러나 그런 분들의 도움과 필자의 기억에 의존하는 부분이 많아 사실과 다른 부분이 적지 않으리라고 생각한다.

수천의 시민을 학살하여 / 양키의 이익을 지켜주고 / 그 대가로 세자책봉의 영광을 누리는 것이 / 장군인 너의 일이라면······ 이 자의 권력을 지켜주는 폭력기구가 되고 / 감시하고, 체포하고, 연행하고, 감금하고, / 조사하고, 구타하고, 고문하고, 치사하는 것이 검찰관인 너희들의 일이라면······ 이 자가 만든 국회에서 / 이 자가 만든 법정에서 / 이 자가 만든 감옥에서 / 이 자의 모든 짓이 / 타당하고, 온당하고, 지당하고, 정당하다고 / 부당하지 않다고 / 대변해주고, 합법화해주고, 감싸주는 것이 / 의원인 너희들의, 판관인 너희들의, 간수인 너희들의 일이라면 // 시인인 나의 일은? (김남주의 〈시인의 일〉, 『나의 칼 나의 피』, 1987, 인동).

전두환정권의 정치적 상황, 그것을 김남주 시인처럼 정확히 표현한 사람은 없다. 1980년 민주화의 봄을 짓밟고 광주학살의 원죄를 안은 학살자 전두환의 집권, 그에 저항하는 국민과의 '더러운 전쟁'[1]이 하루도 쉴 날이 없었던 시대, 학살자의 압제와 국민의 저항이 최루탄과 투석으로 격렬히 맞섰던 시대, 그것이 바로 전두환정권 시대의 현실이었다. 그런 시대, "변호사인 나의 일은?"이라는 질문에 정법회가 있었다.

정법회가 활동했던 1980년대 후반, 더 정확히 말하면 1986년부터 1988년까지의 2년간은 그러한 권력의 억압과 국민의 저항이 가장 첨예하게 드러난 시기였다. 우리 민족의 현대사에서 가장 암울한 시기 중의 하나였다. 군사독재정권의 마지막 발호가 극성기에 이르러 민중의 신음소리가 가장 높았고, 인권의 억압이 최고조에 달했던 것이다. 어떤 날에는 대학생이 한꺼번에 1천6백 명이 구속되기도 했다. 이 인권의 대량실종시대가 군사독재정권에 희생된 '착한 사마리아'들의 보호와 변론을 요구하고 있었다. 이 부름에 응답한 변호사들의

---

1) "더러운 전쟁(dirty war)"이라는 말은 원래 아르헨티나에서 군사정부에 대항하는 시민들을 납치·고문·실종 등의 방법으로 억압했던 대규모 인권유린정책을 말한다.

모임이 있었으니 이것이 바로 정법회였다.

　정법회(正法會). 이렇게 쓰인 화환[2]을 보고 어떤 이는 불교단체일 거라고 했다. 그만큼 이 단체의 이름이 대중 앞에 알려진 적은 별로 없다. 공개적인 단체가 아니었기 때문이다. 그러나 정법회 자체는 세상에 알려지지 않았지만 그 단체가 했던 일은 당시의 우리 사회를 분명 떠들썩하게 만들었고, 그 단체에 가입했던 사람들은 듣고 보면 모두 알 만한 이들이었다. 군사독재정권 아래에서 그래도 유일하게 열려 있던 가느다란 비판의 문, 그것이 법정이었다. 정권이 부여하는 특권을 버리고 억압받는 국민의 편에 선 변호사들에게 거는 국민의 기대와 신뢰는 어려운 독재시기에 더욱 두터웠다.[3] 민주주의의 수호와 발전에 법관과 변호사 등 법률가의 존재와 그 독립·활성화는 필수적이라는 사실은 이미 국제적으로 보편적인 규범으로 되고 있다.[4]

---

2) 정법회는 원칙적으로 비공개단체였지만 이병린 변호사 장례식 등에 그 이름으로 조화·화환을 보내곤 했다.

3) 안경환 교수는 독재정부하의 법률가의 위상과 억압사회에서의 운신의 폭을 다음과 같이 말하고 있다. "권위주의 정부 아래서도 법률가는 다른 직업인에 비해 막대한 영향력을 갖는다. 법률가는 단순한 개인이 아니다. 법조라는 집단은 막대한 힘을 가지고 있다. 총칼을 갖지 않은, 불과 몇천 명에 불과하지만 이들은 국가제도의 운영에 결정적인 영향력을 행사한다. 법조인은 개인적으로나 조직적으로나 일반 국민이 국가의 다른 집단에 비해 엄청나게 큰 힘을 보유한다. 이러한 힘의 원천은 속성적으로 제도권에 근접해 있기에 갖는 일종의 '위치에너지'이지만 보다 근본적으로 본다면 법률가에 대한 국민의 신뢰에 기초하고 있다. 소박한 국민의 정의감과 상식이 법률가에 대한 박해를 막아주기 때문이다"(안경환, 「억압된 사회에서의 법률가의 역할」, 《문학과 지성》, 1993년 여름호, 712쪽).

4) '사법부의 독립과 개업변호사의 보호에 관한 유엔 특별보고관'이었던 루이스 조이넷(Mr. Louis Joinet)은 "이제 법조인과 사법부가 간섭과 압력으로부터 자유를 향유하는 사회에서 근본적 권리와 자유가 가장 잘 보장될 수 있다는 사실은 보편적으로 인정되고 있다. 정의는 모든 사람이 능력 있고 독립적이며 공평한 재판부에 의해 세계인권선언, 시민적 및 정치적 권리에 관한 국제인권규약, 다른 유엔규정에서 선포된 원칙에 근거하여 공정하고 공개적인 재판을 받을 권리가 있음을

정법회는 바로 그러한 요구를 수용한 변호사들의 모임이었다.

정법회는 1960년대 이후 홀로 광야에서 정의의 소리를 외치고 법치의 깃발을 높이 들었던 인권변론의 비조인 이병린 변호사와 그의 뒤를 이어받아 1970년대의 엄혹한 유신독재에 대항하여 저항한 한승헌 변호사, 1970년대 민청학련사건 이후 1980년대 중반까지 시국사건을 도맡아온 이른바 '4인방 변호사'(이돈명, 조준희, 황인철, 홍성우), 그리고 이들을 지지하며 함께 수시로 변론과 성명 등에 참여한 많은 변호사들의 정신과 활동을 이어받았다.[5] 실제로 정법회 안에는 '4인방 변호사'를 포함하여 다수의 원로 변호사가 그대로 들어와 있었고, 이들이 시니어 그룹을 형성하여 정법회의 근간을 이루었다. 동시에 정법회는 1970년대 후반과 1980년대 초반 이후 연수원을 수료한 젊은 변호사들이 주니어그룹으로 참여하고 있었다. 이들이야말로 정법회의 한 기둥을 이루었고 활력을 뒷받침했다.

정법회는 1980년대 중후반에 배출된 소장 변호사들에 의해 추종된 청년변호사회(청변)와의 통합을 통해 그 역사적 소임을 다하고 사라졌다. 이 시기에 나타나는 청변은 공식적으로 창립되거나 외부활동을 하지 못한 채 정법회와 더불어 민변으로 흡수되었지만, 올바른 변호사 활동과 그 중심으로서의 변호사 단체에 대한 자기고민의 과정은 훌륭한 자산이 되고 자양분이 되어 민변의 활력으로 그대로 이어진다.[6]

요구한다"고 그 보고서에서 쓰고 있다(U.N document E/CN.4/Sub.2/1990/14). 이러한 법관과 변호사의 독립의 중요성 때문에 국제법률가위원회(ICJ)는 법관 및 변호사 독립 센터(Centre for the Independence of Judges and Lawyers)까지 운영하고 있는 실정이다.

5) 이런 의미에서 정법회는 그 이전 인권변론의 정통을 이어받는 '적자'라고 할 수 있었다(홍성우·손학규·장기표·양건, 「창조적 인권변호활동과 민주화운동—고 조영래 변호사 추모좌담」, 법과사회이론연구회 편, 《법과 사회》, 1991년 통권 제4호, 93쪽.

6) 청년변호사회에 대해서는 아직 제대로 세상에 밝혀진 것이 없다.

정법회는 인권변론과 사회정의의 실현을 위한 실천적 변호사들이 임의로 모인 최초의 조직이었다. 시절이 하도 수상하여 그 간판과 이름조차 세상에 널리 드러내지는 못했지만 정법회는 그 시대가 요구한 과제를 충실히 수행해 내기 위해 안간힘을 다했다. 정법회 소속의 변호사들이 수행한 변론은 그 어두운 시대를 밝게 비추는 한 줄기 빛이었으며, 고단한 시대를 아프게 살았던 많은 사람들의 가슴을 시원하게 해 준 한 줄기 바람이었다. 청변 역시 인권이 유린되는 시대를 체험한 젊은 법조인들의 불타는 정의감이 만들어낸 시대적 소산이었다. 정법회와 청변은 역사의 무대 뒤로 사라졌다. 그러나 그 뜻을 이어받은 민변은 더욱 큰 거목이 되어 권력의 희생자와 정의에 목말라하는 수많은 사람들의 쉼터가 되고 있다.

2. 정법회의 결성과 운영

1) 정법회 결성의 계기

정법회라는 한 송이의 '국화꽃'를 피우기 위해서는 기나긴 세월과 노력의 집적이 필요했다. 군사독재정권이 시작된 1960년대 이후 이병린·한승헌 변호사, 그리고 이른바 '4인방 변호사' 등의 외롭고도 끈질긴 인권변론의 맥에 잇닿아 그 결실을 맺은 것이었다. 그 가운데 정법회 창립의 직접적인 계기가 된 것은 두 차례에 걸친 신·구세대의 접합 노력이었다.

첫 번째는 이른바 망원동 수재사건 변론이었다. 망원동 수재사건이 벌어지자[7] 그것이 단순한 천재지변이 아니라 서울시와 시공사인

---

7) 1984년 9월 2일 당시의 집중폭우로 말미암아 서울시가 관리하는 마포구 망원동 유수지의 수문상자가 붕괴하여 망원동 일대가 물에 잠기는 수해가 발생했고, 이로 인한 피해가구는 17,900가구, 총 피해주민은 8만여 명에 달했다.

현대건설의 설계 및 시공상의 잘못으로 이루어진 인재라는 점을 전제로 하여 손해배상청구소송을 벌이게 되었다. 이 사건은 사상 초유의 최대 집단소송으로서 정식으로 민사소송에 참여한 가구만도 2,300여 가구에 이르렀고, 1984년 10월 15일 제기된 1차 소송 이후 1991년 2차 집단소송이 마무리될 때까지 5년여에서 7년여가 소요되었다. 이 소송의 의미는 다음과 같이 정리할 수 있다.[8]

① 이 사건은 무책임한 행정에 대한 시민권리의식의 승리라는 점에서 그 의의를 찾을 수 있다. 당초에 망원동 주민들은 거대한 공권력과의 싸움에 주저하는 빛이 역력했지만 그후 위 한정자 사건의 1심 승소판결로 인하여 승소 가능성을 확인하고 대거 소송에 참여하여 결국 일정 한도의 보상을 받게 되었는데, 이는 보상으로 인한 경제적 이익도 중요하지만 주민들이 스스로 권리의식에 눈을 뜨게 되었다는 점에서 더욱 중요한 의미를 부여할 수 있을 것이다.

② 망원동 수재사건은 우리 민사소송에 있어서 집단소송제도를 도입하는 계기가 되었다고 할 수 있다. 이 사건에서는 종래 우리 민사소송법상 집단소송제도가 채택되어 있지 않은 탓으로 원고를 전체에 공통으로 적용할 수 있는 수해발생의 원인에 대해 이를 각 사건별로 입증하는 번거로움을 겪지 않으면 안 되었는데, 이 사건을 계기로 정부에서는 집단민사소송제도에 대한 대책을 수립하여 아마도 조만간 마련될 것으로 보인다.

③ 그동안 시국형 사건의 변론이라는 비교적 좁은 영역에 머물러 왔던 우리 사회의 인권변호활동이 이 사건을 계기로 대규모 집단민원의 성격을 갖는 민사소송 분야로 확장될 수 있는 가능성을 보여주었다.

이 변론을 맡은 사람들이 박승서·이세중·김동정·홍성우 등 1

---

8) 법과사회이론연구회 편,《법과사회》, 1991년 통권 제4호, 109쪽.

세대 변호사들과 조영래, 이상수, 서예교, 박성민, 박원순 변호사 등 2세대 변호사들이었다. 1차소송을 준비하는 과정에서 이들은 여러 차례 준비모임을 가졌고, 그 과정에서 상호간의 대화와 이해의 계기가 마련되었다. 실제로는 그 가교역할을 한 것이 조영래 변호사였고, 그에 의해 이 사건이 채집·기획·수행되었다. 집단적이고 공익적인 이 사건의 변론을 위해 수차례 만나면서 1·2세대 인권변호사들은 교감을 넓혀갔다.

두 번째 계기는 좀더 예민한 노동사건, 대우어패럴사건의 변론이었다. 구로공단 지역의 여러 사업장과 학생들이 연대한 이 사건은 구로동맹파업사건 또는 노학연대사건이라고도 불렀다. 하나의 큰 사건임에도 불구하고 공안당국은 재판에서의 파란을 우려하여 여러 개의 사건으로 나누어 기소했고,[9] 이 사건에서 1·2세대 인권변호사들은 더 긴밀히 결합했다. 1세대 변호사 1명과 2세대 변호사 몇 명이 각각 한 팀이 되어 한 건의 변론을 맡는 식으로 조직되어 변론의 준비는 2세대 변호사가, 법정에서의 변론투쟁은 1세대 변호사가 주도하는 방식이었다.[10] 이를 통해 자연스럽게 공동변론의 모델과 양식을 개발했고 2세대 변호사가 1세대 변호사로부터 경험을 전수받게 되었다. 이리하여 대우어패럴사건 1차 사건은 홍성우·이상수 변호사, 2차 사건은 이돈명·조영래·이상수 변호사, 부흥사사건은 홍성우·서예교, 이상수 변호사, 대우어패럴농성 합류 서울대생사건은 조준희·박원순·김상철 변호사, 6·26공단지역시위사건은 조준희·박원순 변호사, 구로공단시위사건은 황인철·박원순 변호사, 선일섬유사건은 김동현 변호사, 가리봉전자·롬코리아 사건은 이상

9) 이 사건 이후 많은 공안·시국사건에서 하나의 사건을 분리하여 기소하는 것이 보편화되었다. 방어하는 피고인들에게나 접견 등 변론의 준비과정에서 겪는 변호인들의 불편도 이만저만이 아니었다.
10) 1세대, 2세대라는 말은 언론에서 붙인 말이고 정법회 회원들끼리는 시니어, 주니어라는 말을 많이 쓴 것으로 기억한다. 이 글에서는 두 가지 용어를 다 혼용한다.

수 변호사가 각각 맡았다.[11]

이 경험을 축적하면서 1·2세대의 결합이 자연스럽게 이루어졌으며, 2세대 변호사들간의 신뢰와 우의도 돈독해졌다. 특히 시국사건을 주로 맡으면서 자연히 존재할 수밖에 없는 긴장된 분위기는 이들의 친목을 더욱 다져주었다. 특히 2세대 인권변호사들은 자주 회동하면서 시국에 대한 소견을 자주 피력하게 되었고, 공동의 대응 필요성에 대한 인식을 공유해 나갔다. 이렇게 하여 정식 모임을 창립하기로 결의했고,[12] 이것이 1세대 변호사들을 설득[13]함으로써 정법회를 창립하게 된 것이다. 물론 정법회라는 인권변호사들의 모임이 탄생하게 된 배경에는 당시의 조직적 변론의 필요성이라는 더 큰 이유가 자리잡고 있었다. 즉 수없이 생겨나는 인권침해사건이 특정 변호사들에게 몰려 과부하가 되어 균등한 사건배분, 복잡한 사건의 효율적 변론, 사건발발시에 신속하고 체계적인 대응의 필요성이 지극히 높아졌던 것이다.

2) 정법회의 결성과 그 멤버들

인권사건 변호사들이 본격적으로 그들의 조직 결성에 동의한 것은 1986년 초부터였다. 그동안 아무런 조직 없이도 변론을 수행해왔던 시니어 그룹은 이런 조직을 창립하는 데 비교적 소극적이었다. 그동안 변론활동 그 자체만으로도 적지 않은 물리적 타격을 받아왔

---

11) 자세한 것은 김창수, 「민권변호사들」, 《월간조선》, 1985년 9월호, 446쪽.

12) 필자는 북한산 등반길에 이러한 논의가 집중적으로 이루어졌으며, 특히 이상수·김상철 변호사가 모임 결성에 적극적이었던 것으로 기억한다.

13) 1세대 변호사들은 대체로 아무런 조직 없이 뜻 맞는 사람들끼리 자연스럽게 모여 개별적 연락하에 인권사건들을 변론하는 데 익숙해져 있었으므로 처음에는 조직을 만드는 데 소극적이었으나, 점차 2세대 변호사들의 적극적인 제안과 설득에 따라 공개하지 않는 것을 조건으로 동의한 것으로 기억한다.

고, 여전히 군사독재의 삼엄한 감시망 안에서 단체의 창립은 그만큼 탄압의 대상이 될 수 있다는 생각 때문이었다. 그러나 주니어 변호사들의 일치된 목소리에 이들도 동의하여 1986년 5월 19일 정법회가 정식으로 발족되었다. 정법회의 정식명칭은 정의실천법조인회였다.

창립 당시 임원은 대표간사로 조준희, 총무간사로 홍성우 · 이상수, 연구간사로 고영구 · 김상철, 인권간사로 황인철 · 조영래 변호사 등이 선출되었다. 간사도 시니어 한 사람, 주니어 한 사람씩 짝을 이루어 선출했다. 발족의 정신이 이어진 것이다. 창립 당시의 회원은 다음과 같았다.

강신옥 · 고영구 · 김동현[14] · 김상철[15] · 박성민 · 박용일[16] · 박원순 · 서예교 · 안영도 · 유영혁 · 유현석 · 이돈명 · 이돈희 · 이상수 · 조영래 · 조준희 · 최영도 · 하경철 · 하죽봉 · 한승헌 · 홍성우 · 황인철 · 박연철 · 박인제 · 박찬주 · 최병모 · 김충진 · 이해진.[17]

여기서 강신옥, 고영구, 유현석, 이돈명, 이돈희, 이해진, 조준희, 최영도, 하경철, 한승헌, 홍성우, 황인철 변호사 등은 모두 시니어 그룹으로서 과거 1970년대 이후 인권변론의 중심 또는 주변에 위치

---

14) 교사 출신으로 시인이기도 했던 김동현 변호사는 6 · 29 이후 김상철 변호사가 이끄는 정의당 창당에 가담했고, 이어 민주당과 국민당 후보로 국회의원에 입후보했다가 실패하는 등 정치의 길을 걸으면서 점차 인권변론으로부터 멀어졌다.

15) 김상철 변호사는 6 · 29 이후 정의당을 창당하여 그 대표를 맡았으나 총선에서 부진하여 정치생활을 청산했다. 그 이후 민변 창립에는 관여하지 않았을 뿐만 아니라 민주화운동세력을 비판하면서 우익적 활동을 하여 동료였던 인권변호사들의 눈총을 사기도 했다. 그는 김영삼정부 초기 서울시장을 맡았다가 지금은 한미우호협회를 창립하여 그 회장으로 있다.

16) 박용일 변호사는 김상철 · 이상수 변호사와 함께 국민운동본부에 상임집행위원으로 참가하는 등 가장 열렬히 민주화운동과 인권변론에 참여했으나, 6 · 29 이후 정치적 행보를 거듭하여 여러 당의 후보로 출마했으나 당선되지는 못했다.

17) 이분들이 창립멤버인지 아니면 직후 가입한 분들인지는 확인하지 못했다.

하여 나름의 활동과 역할을 해 오던 사람들이었다. 이에 비하여 김동현, 김상철, 박성민, 박용일, 박원순, 서예교, 안영도, 유영혁, 이상수, 조영래, 하죽봉, 박연철, 박인제, 박찬주, 최병모, 김충진 변호사 등은 바로 주니어 그룹으로서 1980년대 이후 인권변론 진영에 가담한 사람들이었다.

이 회원들의 활동의 적극성에는 큰 차이가 있었다. 시니어 그룹에서는 고영구, 이돈명, 조준희, 홍성우, 황인철 변호사 등이 가장 왕성하게 인권변론에 참여했고, 주니어 그룹에서는 조영래, 김상철, 이상수, 박원순 변호사 등이 공동변호인단으로 많이 참여했다. 한승헌 변호사는 당시 변호사 업무가 정지되어 있었고,[18] 강신옥 변호사[19]는 김영삼 씨가 이끄는 민주당과의 관련 때문에 인권변론에는 적극적으로 나서지 못하는 편이었다. 이상수 변호사가 1기 총무로서, 하죽봉 변호사가 2기 총무로서 궂은 일을 많이 한 편이었다. 다른 회원들역시 나름대로 배당받은 사건을 열심히 처리하고 있었다. 이상수 변호사는 당시 노동문제에 남다른 관심을 가지고 '한국노동법률상담소'를 개설해, 해고무효청구소송, 산재소송 등 노동자의 권익을 옹호하는 일에 앞장서고 있는 정법회의 기둥 가운데 하나였다.[20] 이상수 변호사의 변론에 얽힌 이야기 한 토막을 보자.

대우어패럴의 김준용 노조위원장 등 노조 간부 3명의 전격 구속에 항의하여 동조 농성을 벌인 효성물산 여성노동자 5명에 대한 결심공판에서 그가 편 최후변론은 피고인들과 방청객들을 울린 명변론으로 기억되고

---

18) 한승헌 변호사에 대한 업무정지는 나중에 풀려 보도지침사건 등에서 합류할 수 있었다.

19) 강신옥 변호사는 김영삼 씨가 이끄는 민족연구소의 소장으로 활동하는 등 김영삼 씨의 측근으로 있다가 전국구의원으로 지명되는 등 정치인으로서 활약하였으나, 5·18 희생자에 대한 보상문제 등을 두고 민변회원들과 갈등을 겪으면서 제명 논의가 이루어지기도 하였다. 결국 회원에서 사퇴하였다.

20) 김창수, 앞의 글, 452쪽.

있다. 톨스토이의 소설 '부활'을 인용하면서 변론을 끝맺은 그는 신께 기도하며 사랑하는 네플류도프 백작을 기다리던 카튜사가 연인을 만난 순간 그에게 버림을 받자 다시는 신을 믿지 않겠노라고 맹세하는 대목을 들면서 "정의의 존재를 믿어왔고 죄 지음 없이 살아왔던 이들에게 실형을 내린다면 피고인들은 정의를 믿지도 기다리지도 않을 것"이라고 주장하고 "부디 재판부는 또다시 다섯 사람의 카튜사를 만들지 말아주기를 바란다"고 당부하고 있다. 그러나 결국 재판부는 이 변호사의 주장과 당부를 외면하는 네플류도프 백작의 길을 택해 다섯 사람의 피고인은 물론 이 변호사까지 카튜사로 만들고 말았다.[21]

한편 2기 총무를 맡았던 하죽봉 변호사는 군법무관 출신으로서, 정법회에 가담하여 정법회의 외연을 넓히고 회원들을 꼼꼼히 챙기며 정법회 활동을 뒷받침하는 데 크게 기여했다.

여기서 특기해야 할 것은 조영래 변호사의 활약이었다. 조 변호사는 정법회의 울타리를 뛰어넘어 이 시기에 가장 정열적인 활동을 벌였다. 그는 시니어와 주니어의 신망을 동시에 받았고,[22] 중요한 시국 사건 변론에 대부분 참여했다. 망원동 수재사건과 구로동맹파업사건 변론을 주도했으며 김근태씨 고문사건, 권인숙양 사건, '말' 지사건 등에서 그의 활약은 압도적이었다. 김근태·권인숙·박종철군 사건 등에서 조 변호사는 고문폭로와 사건변론, 그와 관련된 언론활동 등을 통하여 전두환정권 정치권력의 부도덕성을 집중적으로 드

---

21) 이희용, 「민변의 변호사들과 그 소망」, 《세계와 나》, 1990년 12월호, 187쪽.
22) 홍성우 변호사는 조영래 변호사를 다음과 같이 평가하고 있다. "조영래 변호사는 소극적이고 방어적인 1세대 인권변호사 그룹의 전통을 계승하면서 인권변호사 활동영역을 확대해나간 운동가 출신 인권변호사의 적자라고 할 수 있습니다. 말하자면 1세대 인권변호사 이후의 그룹에서 조영래가 단연 뚜렷한 중심자였고, 선봉이었고, 지도자였습니다. 그래서 인맥으로 따지면 조 변호사와 세대를 같이하는 몇몇 변호사들의 허리가 되어 있다고 볼 수 있습니다"(홍성우·손학규·장기표·양건, 앞의 글, 93쪽).

러냈고, 이러한 활동으로 전두환정권의 기틀이 붕괴됨으로써 대중적인 6월항쟁의 성공조건을 만들었다. 망원동 수재사건과 같은 집단소송, 진폐증사건 등과 같은 환경소송, 여성조기정년제소송[23] 등을 보면 이미 당시 조 변호사가 공익소송에 관한 이해와 실천을 벌이고 있었다는 것을 알 수 있다.[24] 그의 요절은 변호사 단체로서나 한국의 민주주의 발전에 없어서는 안 될 큰 별이 하나 사라지는 아픔이었고 상실이었다.

정법회 회원은 조금씩 늘어나 1988년 5월 해소 당시의 회원은 다음과 같다.

강신옥·고영구·김동현·김상철·김충진·박용일·박원순·박인제·박찬주·서예교·박성민·박연철·홍성우·한승헌·안영도·유영혁·하죽봉·유현석·이돈명·이돈희·이상수·이해진·조영래·조준희·최병모·최영도·하경철·황인철·백승헌·임재연·이원영·이양원·이기문(이상 33명).

---

23) 이 사건은 기업의 미혼여성 결혼퇴직 관행이 손해배상 산정에서 여성들에게 불리하게 반영되는 것을 저지하고 나아가 여성계에서 여성에 대한 조기정년제 철폐운동을 활성화하는 데 결정적 계기가 되었다. 조 변호사는 통상 준비서면과 달리 장문의 의견서를 통해 판결의 사회지도적 가치를 강조하면서 결혼퇴직제가 위법하고 공서양속에 반한다는 점과 주도의 가사노동의 가치를 일률적으로 도시일용 노동자의 노임으로 평가하는 것은 주부들의 자존심과 긍지를 짓밟는 처사임을 주장하여 승소했다. 자세한 것은 조영래 변호사를 추모하는 모임, 『조영래 변호사 변론선집』, 까치, 1992, 186쪽 이하 참조.

24) 1970년대 이후 미국에서 소비자문제, 인종차별문제, 여성문제, 장애인문제 등 공익 이슈를 다루는 변호사들이 대거 나타나기 시작했는데, 이것이 이른바 공익법운동(public intererst law movemnet)이라고 한다. 조영래 변호사는 일찍이 이러한 흐름을 이해하고 있었고, 그의 생애 마지막 미국 체류시절에 소비자운동·공익소송의 대명사라고 할 만한 랄프 네이더를 만났다고 한다. 자신의 법률사무소에 시민공익상담소를 연 것도 이러한 사고의 일환이었다고 볼 수 있다(자세한 것은 홍성우·손학규·장기표·양건, 앞의 글, 95쪽).

3) 정법회의 운영

1986년 5월 19일 창립모임이 열렸던 장소는 영동에 있는 반도유 스호스텔이었다. 이때 채택된 규약이 지금도 남아 있다. 참고로 그 내용을 소개하면 다음과 같다.

제1조(명칭) 본회는 "정의실천법조인회"(약칭 : 정법회)라고 칭한다.

제2조(목적) 본회는 기본적 인권의 옹호와 사회정의의 실천을 위한 법률 구조 및 조사연구활동을 공동으로 수행함으로써 민주적 기본질서의 확립에 기여함을 목적으로 한다.[25]

제3조(회원) 본회의 회원은 본회 목적에 찬동하는 변호사로 하되, 간사회의 가입승인을 거친다.

제4조(사업) 본회는 그 목적 달성을 위하여 다음의 사업을 한다.

　　　　1. 인권과 사회정의에 관련된 사건의 법률구조조사 및 연구활동.

　　　　2. 관련 사회단체와의 공동사업 및 사업지원.

　　　　3. 회원의 권익과 친목도모.

　　　　4. 기타 목적 달성을 위하여 필요한 사업.

제5조(총회) (1) 정기총회는 매년 1회 개최하고 임시총회는 간사회의 결의 또는 회원 3분의 1 이상의 소집요청에 의하여 개최한다.

　　　　　　(2) 총회는 다음 사항을 의결한다.

　　　　　　임원의 선출/규약의 개정/기본사업계획의 승인/예·결산의 승인/기타 중요한 사항.

제6조(간사회) 간사회는 임원으로 구성하며, 본회의 사업을 집행하고 총회 위임사항을 의결한다.

---

25) 이 조항은 변호사법 제1조의 "변호사는 기본적 인권을 옹호하고 사회정의를 실현함을 사명으로 한다"는 것과 다를 것이 없다.

제7조(부) 본회의 사업수행을 위하여 아래의 부를 둔다.

    (1) 총무부 : 일반업무와 재무를 담당한다.

    (2) 인권부 : 법률구조사업을 담당한다.

    (3) 연구부 : 조사연구사업을 담당한다.

제8조(임원) (1) 본회에 대표간사 1인과 각 부 간사 2인씩을 둔다.

    (2) 대표간사는 본회를 대표하고 총회와 간사회의 의장이 된다. 대표간사 유고시에는 선임 총무간사가 그 직무를 대행한다.

제9조(재정) (1) 본회의 재정은 입회비, 월회비, 찬조금 및 사업수익금으로 충당한다.

    (2) 입회 및 월회비 액수는 간사회에서 정한다.

정례 월례회 모임은 매월 마지막 목요일이었는데, 장소는 주로 음식점에서나 호텔이었다. 1987년 6월~1988년 5월까지 1년 동안 월례회는 정기 7회, 임시 3회가 열렸다. 월례회에는 식사 후 안건처리와 더불어 회원 1사람의 발표가 있었다. 월례회가 열리지 않은 달은 특별 세미나 등이 열렸다. 자료가 남아 있는 1987년도 월례회의 내용은 다음과 같다.

1987. 5. 23~24 제3차 세미나 및 제2차 정기총회 대전 유성온천 신원장
    발표자 1. 이돈명 : 행형의 실태와 문제점
    2. 이돈희 : 현행 행형법의 문제점
1987. 8. 22 19:00 8월 월례회 영동 유스호스텔 5층 회의장
    조준희 · 홍성우 · 조영래 회원의 필리핀 순방보고
1987. 12. 21 18:30 12월 월례회 겸 송년모임 힐튼호텔 지하1층 연회실
    새해 구상 교환
1988. 3. 31 19:00 3월 신춘 월례회 영동 유스호스텔
    회원가입문제토론

1988. 4. 15 08:00 임시총회 겸 조찬모임 서소문 대건빌딩 1층 보양죽집

1987년 5월 23일 정기총회가 열려 임원개선이 있었는데 그 내용은 다음과 같다.

대표간사 : 조준희.
총무간사 : 이해진, 하죽봉.
연구간사 : 이돈희, 박용일.
인권간사 : 최영도, 최병모.

이를 보면 시니어와 주니어의 배합원칙을 그대로 지키고 있다는 것을 알 수 있다. 이 당시 인권사건의 배당은 인권간사와 이돈명 변호사가 주관하고, 사건배당에 이의 없이 수락하고 처리결과를 통보하도록 했다. 인권간사 외에 이돈명 변호사가 배당주관자로 참가하고 있는 것은 당시 천주교 정의평화위원회 위원장으로서 사건접수 창구 역할을 하던 종교계와의 친분과 연락 때문인 것으로 짐작된다. 1987년 5월 23일 정기총회에서 김구일, 김승묵, 이양원, 이기문 변호사 등이 신규회원으로 추천되었다.

주요한 회무의 결정과 집행은 간사회에서 이루어졌는데, 주로 총무이던 이상수 변호사와 하죽봉 변호사 사무실에서 자주 열렸다. 1987년 6일부터 1988년 5년까지 간사회는 정기 8회, 임시 5회 합쳐서 13번 열렸으니 매달 한 번씩 모인 셈이다. 그 1년 동안 열린 회무의 특기사항으로 지적된 것은 다음과 같다.

1. 이상수 회원 구속 및 보석.
2. 신회원가입 (백승헌 · 이기문 · 이양원 · 이원영 · 임재연).
3. 국회진출 (강신옥 · 이상수).[26]
4. 발전적 확대개편 기대.

매월 세 번째 일요일에는 등산을 하면서 친목을 다졌는데, 이돈명 변호사가 등산모임을 주관했다. 월회비는 3만 원이었고 입회비는 20만 원이었다. 정법회 활동을 듣게 된 캐나다의 한인교회, 강봉제 변호사[27] 등이 적지 않은 돈을 활동비로 써달라며 기부하기도 했다. 1987년 6월~1988년 5년까지의 1년여 동안 다음과 같은 회비지출 현황을 보면 당시 재정상황과 활동내역을 살펴볼 수 있다.

세미나 개최비	557,190원 (수안보)
	636,388원 (이천 설봉)
총회 등 회식비	250,470원 (2차 준비위원회)
	281,324원 (창립총회)
	27,000원 (용인자연농원)
	19,000원 (등산 주대)
	127,000원 (민추 연석회의)
	99,700원 (임시총회)
	85,000원 (등산 후 회식비)
	255,000원 (월례회 회식비)
	420,000원 (송추 환영회)[28]

---

26) 강신옥 회원은 민주당, 이상수 의원은 평민당 소속이었다.

27) 강봉제 변호사는 정법회 회원은 아니었지만 정법회 활동을 지지하는 후원자의 한 사람이었다. 1986년경 강 변호사는 원로 법조인들이 "법관들의 맹성을 촉구함"이라는 공동성명을 내자고 하면서 초안을 보내온 적이 있을 정도로 열혈의기의 법조인이었다. 그 내용의 일부만을 소개한다. "고희를 넘은 우리들은 법조일선에서 물러나 초연히 자적하고자 하나 법치주의를 교수(絞首)한 유신정권에 이어 역시 계엄하의 투표로 출발한 현정권은 정통성의 결여와 도덕성마저 실추하여 실정의 누적으로 민심은 위험수위의 위기에 도달했다. 조국의 운명이 영원할진대 행정권의 타락에 대하여 우리 사법부가 사법의 본연의 자세로 행정권의 무궤도한 불법을 정치환경의 영향으로 제어까지는 못할지라도 행정권의 장단에 발맞추어 같이 춤을 추는 작금의 사법의 형상을 보게 된 것은 법조계에 생애를 바친 우리들에게는 천추의 한이 아닐 수 없다.……"

경상조 부의금   4,238,000원

인지대 및 변론요지서 작성비[29]

        25,000원 (권양 인지대)[30]

        137,700원 (재정신청 복사비)

        207,000원 (이돈명 회원 변론요지서 복사비)

        100,100원 (작성비)[31]

        200,000원 (권양 변론요지서 작성비)[32]

        300,000원 (김근태 민사 인지대)

바둑대회비용   255,000원

4) 정법회 결성의 의미

정법회는 한국인권변론사에서 중요한 의미를 갖는다. 더 나아가 당시 정법회의 조직과 활동을 보지 않고는 인권사, 정치사의 중요한 대목을 놓칠 수밖에 없다. 모든 정치 · 사회 · 문화적인 문제들이 전두환정권의 독아(毒牙)에 물리면서 사법부로 몰려들었고, 법정은 바로 정치사회적 논쟁의 한가운데 서게 되었다. 따라서 이러한 인권변

---

28) 정법회 회원들은 매년 여름 북한산 송추계곡에서 보신탕 모임을 갖곤 했는데, 이 때는 감옥에서 나온 이돈명 변호사님을 모시고 한 회식이 아니었던가 싶다.

29) 이것을 보면 당시 민변은 공익적 사건의 변론에 대해서는 정법회가 직접 인지대 등 경비를 부담했음을 알 수 있다.

30) 권인숙양 사건의 민사 손해배상소송의 위자료청구액을 당초 5천만 원으로 하였다가 나중에 확장했다.

31) 당시 변론요지서 작성을 특정 회원이 맡았는바, 소송물가액을 산정할 수 없는 경우에는 소송물가액을 1천만 1백 원으로 본다는 민사소송법의 규정과 같이 그 변론요지서 작성의 노고를 도저히 금전으로 평가할 수 없다는 취지에 따라 10만 1백 원을 수고비로 지급했다. 이것은 이돈명 변호사 변론요지서를 작성한 김상철 변호사에게 지급한 것이다.

32) 권인숙양의 변론요지서의 경우에는 1차 초안을 박원순 변호사가, 2차 마무리를 조영래 변호사가 각각 했기 때문에 10만 원씩 수고비로 지급했다.

론의 중심적 기능을 행사한 정법회 결성은 여러 가지 의미를 부여하
게 된다.

첫째, 인권변론을 주로 담당하는 변호사들이 최초로 조직적인 대
오를 형성했다는 점이다. 과거에도 인권변호사들이 있었고 이들이
인권변론의 수요를 담당해 왔으나 어떤 조직적 틀 위에서 활동했던
것은 아니었다. 이제 몇몇 인권변호사들의 개인적 헌신 위에 가능했
던 인권변론의 흐름이 체계적인 변론을 위한 조직으로서 정법회가
탄생된 것이다.

둘째, 이제 인권변호사들의 모체에 해당하는 정법회가 탄생함으
로써 인권변론의 수요에 대한 조직적 대응이 가능해졌다. 즉 변론배
당, 공동대응, 연대활동 등이 가능해진 것이다. 특히 정법회가 조직
되고 활동하던 시기는 전두환정권 후반기로서 인권수요가 폭발적으
로 증대되던 시기였다. 조직적 대응이 없이는 그 수요를 감당해낼 도
리가 없었다. 정법회는 바로 이러한 인권수요에 부응하는 채널이 되
었다.

셋째, 앞에서 본 바와 같이 정법회의 탄생은 단순히 인권변호사들
의 조직적 실체가 생겼다는 점에 그치지 않고 지금까지의 소극적이
고 방어적인 변론에서 더욱 적극적이고 공격적인 변론으로 나아가
는 계기[33]를 마련했다는 점에서 의의가 크다. 이것은 단순히 변론의
요청이 와서 그것에 대응하는 정도가 아니라 더 적극적으로 중요한
인권사건을 찾아 나서거나 사건을 만들어 인권변호사의 개입여지를
만들어 나가거나 또는 사건의 변론에 그치지 않고 그 사건의 실체를
파헤치고 대중에게 알리는 총체적인 노력이 기울여진 것을 의미한
다. 예컨대 정법회 멤버들이 주로 간여한 권인숙양 사건의 경우, 변
호사들이 직접 고발장을 낸다거나, 사실조사에 나서거나, 더 나아가
기자회견을 여는 등 종래 생각할 수 없었던 변론양식이 개발되었던

---

33) 홍성우 · 손학규 · 장기표 · 양건, 앞의 글, 93쪽.

것이다.

넷째, 인권변론의 1세대들의 경험이 조직적으로 2세대들에게 전수되고 친목이 도모됨으로써 인권변론의 질적인 도약과 수적인 확대가 이루어졌다는 점이다. 산발적인 만남이 아니라 정법회라는 하나의 조직 안에서 공식적인 만남이 이루어지고 사건변론의 신·구세대의 배치가 가능해져 체계적인 변론이 이루어질 수 있었다. 실제로 수많은 사건에서 신·구세대의 공동변론은 효과적인 변론을 가능하게 했다. 1세대의 경륜과 2세대의 선진적 사고가 효과적으로 결합됨으로써 변론서의 작성 등을 통한 인권변론의 신경지를 열기도 했다.

다섯째, 정법회는 더 체계적이고 강고한 변호사 조직의 교두보가 되어 대한변협과 서울변협이 변화하는 계기를 만들었다. 임의단체인 정법회가 전체 변호사의 의무가입에 따라 만들어져 있던 대한변협과 서울변협의 인권부서를 사실상 차지함으로써 이 조직들의 위상변화를 초래하게 한 것이었다. 이것은 정법회 활동의 외연이 확장된 것이면서 동시에 변협의 위상 격상과 강화에 커다란 도움이 되었다.

여섯째, 정법회는 1988년 5월 창립된 민변(민주사회를 위한 변호사모임)으로 확대 발전하면서 해소되었다. 민변의 모태가 된 정법회는 그 시대적 사명을 다하고 해소되었지만, 그 과정에서 인권변호사들의 대중적 기반을 마련했다. 이로써 더 진보적이고 진취적인 20~30대의 신진 변호사(뒤에서 자세히 설명하는 청년변호사회 준비그룹)들이 결합함으로써 정법회는 민변이라는 더 광범위하고 공식적인 조직으로 변화·발전하게 되었다.

3. 정법회 활동

정법회의 활동은 그 발족취지에서 드러나는 바와 같이 변론활동이 주된 것이었다. 군사독재의 단말마적 억압과 횡포가 득세하는 가운데 수많은 인권침해의 희생자들이 나타날 수밖에 없었다. 이들이 대부분 정법회의 문을 두드렸고, 정법회 소속 변호사들은 기꺼이 이 사건들을 맡았다. 조직적이고 체계적인 변론활동을 위해 나름대로 의식을 키우고 변론의 기술을 높이는 세미나 모임이 가끔 열렸다.

이러한 변론과 연구활동 외에도 당시 군사독재정권의 타도야말로 가장 직접적인 인권문제의 해결이라는 문제의식 때문에 다른 민주단체와의 연대, 6월항쟁의 사령탑이라고 할 국민운동본부에의 파견, 그리고 6월항쟁 과정에서는 직접적인 농성·시위활동까지 벌였다. 그뿐만 아니라 서울지방변호사회와 대한변호사협회라는 변호사들의 공식적인 조직의 인권활동을 사실상 정법회 회원들이 벌이면서 변협의 유용성을 백분 활용하기도 했다.

1) 변론활동

(1) 변론활동의 전개와 과정

정법회가 활동하던 시기는 인권사건이 하루가 멀다 하고 터지고 인권변호사의 수요가 봇물 터지듯 증가했다. 정법회가 처음부터 내놓고 활동하기는 어려웠기 때문에 정법회의 존재는 일반 국민들에게는 알려지지 않았다. 따라서 권력의 보복이 어려운 종교적 배경을 가진 인권단체가 인권침해사건을 일단 접수한 뒤 정법회로 사건을 보내주면, 인권간사가 이를 개별 회원 변호사에게 배당하는 방식으로 변론을 책임졌다. 사건접수는 압도적으로 한국교회협의회(KNCC)가 많았고, 이어서 가톨릭 정의평화위원회의 활동이 활발해지면서 여기서도 적지 않은 사건을 접수해 정법회로 보냈다.[34]

이러한 이유 때문에 종교단체와 정법회는 밀접하게 연관되고 친밀해지지 않을 수 없었다. 매년 말이면 KNCC 권호경 총무와 그 인권위원회 위원장, 사무국장 김동완 목사, 그리고 김수환 추기경이 별도로 정법회 회원을 각각 초대하여 저녁을 대접하기도 했다. 특히 김수환 추기경은 정법회 회원들을 명동성당 옆 수녀회 건물 지하로 초대하여 저녁을 함께하면서 격려하곤 했다.[35] 그 당시 이 단체들은 정법회에 사건변론을 의뢰하면서 건당 30만 원 가량을 지급했는데, 다른 일반 사건에 비하면 선임료 액수가 적었지만 가난한 정법회 회원으로서는 그것도 모아 두었다가 일시에 수백만 원씩 받아 사무실 운영에 보태기도 했다.[36] 정법회의 존재가 알려지면서부터는 직접 정법회를 찾아오는 당사자도 적지 않았다.

사건을 배당하면서 간단한 사건은 개별 변호사에게, 좀 복잡하거나 피고인이 여럿인 경우에는 2~3명에게 배당하기도 했다. 정치적인 의미가 큰 사건은 변호인단을 구성하여 조직적으로 변론을 하기

---

34) 전체 접수 사건 및 변론 건수는 파악되지 않고 있다. 그러나 당시의 거의 모든 시국사건은 정법회 회원들이 변론했다고 해도 과언이 아니다. 다른 변호사들은 그런 사건을 기피했기 때문에 정법회 회원이 변론을 맡을 수밖에 없었고, 피의자·피고인 입장에서도 자신들을 이해해 줄 수 있는 변호인들을 선임하려 했던 것이다. 그러나 때로는 인권변호사들이 맡으면 정치투쟁의 장이 되어 피고인에게 불리할 것이라는 생각 때문에 그 부모들은 일반 변호사에게 거액을 주고 맡겨 선처를 받고자 하는 경우도 있었다.

35) 이 식당은 지하 2~3층에 자리하고 있었는데 너무 아늑하고 조용하여 마치 카타콤베에 온 것 같은 느낌을 주었다. 수녀들이 준비해주는 뷔페식 음식과 직접 담근 약주는 정법회 회원들의 구미를 당기게 했다. 그 음식들은 어느 호텔의 뷔페 식당 못지않게 깔끔하고 맛이 있었다. 한번은 박성민 변호사가 약주에 취해 "추기경님 2차 갑시다"고 하여 좌중을 한바탕 웃긴 적도 있다.

36) KNCC 인권위나 가톨릭 정의평화위원회는 직접 국내에서 모금하거나 외국 종교단체에서 기부된 돈을 기금으로 하여 지급되는 것으로 알려졌다. 그러나 외국에서의 모금이 6·29 이후에는 많이 끊겨 그후 탄생한 민변은 자체적으로 사건 접수를 하게 되었다.

도 했다. 이러한 사건들은 피해자들이 변론요청을 해 오기에 앞서 적극적으로 변론을 자청하여 나선 경우였다. 그 예로는 권인숙양 사건, 김근태씨 고문사건, 서노련사건, 미문화원 점거농성사건, '말' 지 사건 등이 있었다.

(2) 구체적 공동변론 사건

① 김근태씨 고문사건

민주화운동청년연합의 초대 의장이었던 김근태 씨가 1985년 9월 치안본부 남영동대공분실에서 혹독한 고문을 당한 사건이 일어났다. 이 사건이 일어나자마자 변호인들은 고문 사실에 대한 폭로와 증거를 확보하려 했고, 이를 은폐하려는 당국과 치열한 논전과 싸움을 벌였다. 증거보전신청과 그 기일지정신청 등이 그 과정에서 동원되었다. 물론 이것은 기각되었지만 형사본안변론이 시작되면서 역시 고문의 증거에 대한 논쟁과 고문으로 인해 획득한 증거에 대한 증거 능력문제 등으로 공방이 계속되었다.[37]

결국 김근태 피고인은 유죄판결을 받았으나, 고문자들은 6·29 후 바뀐 정치정세하에서 김창국 변호사가 특별검사로 지명되어서야 유죄판결을 받을 수 있었다. 이 사건은 물론 정법회가 정식으로 탄생되기 전의 일이었지만 대부분 정법회의 회원이 될 사람들이 변론을 담당했다. 이돈명·조준희·홍성우·황인철·김상철 변호사가 바로 그들이었고, 민추협 소속의 목요상, 장기욱, 신기욱 세 변호사도 이들과 공동전선을 폈다.[38]

---

37) 이 사건의 전말은 여러 책자에 실려 있다. 예컨대, 김근태, 『남영동—김근태 고문 및 옥중기록』, 중원문화, 1987 참조.

38) 변론서는 전자의 사람들 이름으로만 준비·제출되었고, 증거보전신청 등은 모두의 이름으로 제출되었다. 정법회 회원들과 민추협 소속의 정치인 변호사들이 중요한 시국사건에 공동 변호인이 되는 경우가 여러 번 있었다. 그러나 대체로 실제

② 미문화원 점거농성사건

이 사건은 원래 민추협 소속의 박찬종 변호사 등이 1심에서 수행한 소송을 인권변호사들이 항소심에서부터 맡기 시작한 것이다. 이 사건의 항소심 변론에 나선 변호인단은 이돈명·조준희·홍성우·황인철·김상철·박원순 등 6명으로 구성되어 있었다. 광주항쟁의 진압과 학살과정에 대한 미국의 책임을 묻기 위하여 미국문화원을 점거하고 농성을 벌인 함운경 외 18명의 학생들이 특수공무방해치상 등의 혐의로 기소된 이 사건은 당시 가장 첨예한 정치적 사건 중의 하나였다. 1심의 심리과정에서 박찬종 변호사 등은 그러한 정치적 사건으로서의 성격을 백퍼센트 활용했고,[39] 1심의 이재훈 재판장의 특이한 언동[40]과 맞아떨어지면서 재판은 파란을 거듭했다.[41] 항소심에서는 좀더 차분한 진술과 주장으로 이어졌다. 재판과정에서 피고인들은 충분히 자신의 행동의 동기와 정당성을 피력했으며, 변호인들 역시 사건의 의미를 부각하고 제대로 해석하기 위해 진력했다. 이 사건의 항소이유서와 변론서[42]는 바로 그러한 학생들의 진지한 행위동기와 정당성에 대한 역사적 문건으로 남아 있다.

변론준비와 수행은 정법회 소속 변호사들이 대부분 맡았다.

39) 박찬종 변호사는 이 사건으로 스타덤에 올랐고, 유신체제 이후 공화당에 몸담고 있었던 사실을 지우면서 재야인사, 인권변호사로서의 면모를 갖게 되었다.

40) 이재훈 부장판사 역시 훈계문의 작성 등 재판진행의 전과정에서 돌출적 행동을 보여 언론의 관심의 표적이 되었다.

41) 당시 1심재판기록을 본 변호인들의 견해는 한마디로 재판기록이 '누더기' 나 다름없었다는 것이었다.

42) 이 사건의 항소이유서를 사실상 집필한 것은 김정남(김영삼정부의 초대 교육문화 수석비서관) 씨이고 변론서 초고를 집필한 것은 필자이다. 변론서는 민주사회를 위한 변호사모임, 『변론자료집』(미출판), 1991. 5. 25에 수록되어 있다. 김정남 씨는 이밖에도 다수의 법률적 문건을 작성한 실제 인물로 알려져 있다.

③ 권인숙양 사건

당초 권인숙 양의 성고문 사실은 기독교단체에 의해 이상수 변호
사에게 전해지고, 너무도 큰 충격을 받은 이 변호사가 정법회의 원로
변호사들에게 알려옴으로써 법적 대응이 시작되었다. 먼저 이돈
명·홍성우·조준희·황인철·조영래·이상수·김상철·박원순
등 9명의 변호인들이 수차례 회의를 거듭하면서 진상조사작업에 착
수하게 된다. 조를 짜서 권인숙 양 본인을 만나 그 자세한 경위를 청
취하고 진실을 확인하고,[43] 권인숙 양과 함께 인천교도소에서 지냈
거나 그녀 때문에 조사를 받았던 노동운동가, 부천경찰서 유치장에
서 같이 있었던 다방마담 등 일반 형사범들에 대한 면접, 진술청취를
통해 진실의 근거들을 찾아나갔다. 이에 따라 1986년 7월 5일 문제
의 고문경찰관 문귀동을 비롯한 부천경찰서 간부들을 고발하기에
이른다. 이후 검찰의 기소유예결정과 이에 대한 재정신청, 기각, 항
고, 재항고 등의 숨박꼭질 같은 법적 다툼이 벌어진다.[44]

성고문이라고 하는 호기심과 끔찍함 때문에 이 문제는 당시 정치
사회적으로 최고의 관심사가 되었고, 그만큼 전두환정권의 도덕성
에 치명적인 상처를 남긴다. 은폐를 능사로 삼던 군사정권은 손바닥
으로 가릴 일을 가래로도 막을 수 없게 된 것이다. 그 과정에서 정법
회 회원들이었던 9명의 변호인단은 종래 보기 드물었던 지모를 다하
여 진상조사,[45] 고발,[46] 기자회견,[47] 재정신청을 위한 대규모 대리인

---

43) 특히 그 당시 고영구 변호사 등이 권인숙 양이 조사받을 당시 유치장에 함께 있
   었던 다방 마담이 출소한 후 그 마담을 찾아가 마치 기관에서 나온 것처럼 하여 진
   실을 캐물었다고 한다. 필자는 당시 권인숙 양과 함께 노동운동을 했던 사람과 인
   천교도소에서 권인숙 양을 처음 여사(女舍)에서 만나 함께 이야기를 나누었던 사
   람들에 대한 면담 및 조사를 했던 기억이 난다.
44) 이 모든 경과와 자료에 대해서는 한국기독교교회협의회 인권위원회, 『우리들의
   딸 권양』, 1987 참조
45) 권양과의 접견록을 각자 작성하여 그 자체를 하나의 증거로 만들기도 하였고, 검
   찰이 감히 상상하기 어려운 사람들과의 접견 등 진상조사활동을 벌였다.

단 구성,[48] 김수환 추기경 동원,[49] 형사기록 복사를 위한 민사소송 제기[50] 등 다양한 전술로 진실을 드러내고 이를 국민들에게 알리는 데 노고를 다했다. 조영래 변호사가 쓴 변론요지서 등은 불후의 명문으로 남아 있다. 결국 권양은 석방되고 문귀동을 구속하는 데 성공함으로써 그 노고는 빛을 보았다.

④ '말'지(보도지침)사건

1986년 9월경 민주언론운동협의회 기관지인 《말》지 특집호에는 1985년 10월부터 1986년 8월 사이에 문화공보부 홍보정책실에서 신문보도내용을 통제하기 위하여 각 언론사에 시달한 이른바 '보도지침' 내용이 폭로되었다. 당국은 1986년 12월에 김태홍, 신홍범, 김주언 등 3명의 언론인을 외교상의 기밀누설 등의 혐의로 구속했다. 이 사건 역시 정법회 소속의 10명의 공동변호인이 맡아 변론했다.[51]

---

46) 그동안 인권변론으로 이름이 있던 변호사들이 연명하여 고발함으로써 그 고발내용이 진실이라는 강력한 효과를 냈다.
47) 검찰의 수사결과 발표 이후 이루어진 검찰발표에 관한 우리의 견해는 변호인단이 지금껏 최초로 기자들과 직접 공식적인 회견을 통하여 진실을 알린 시도였다.
48) 9명의 고발인 변호인들의 재정신청 외에도 권양의 재정신청 대리인은 166명으로 늘어났다. 이 숫자 역시 여론의 향배를 결정하는 데 중요한 역할을 했다.
49) 정부와 검찰, 언론은 계속 권양사건을 은폐·축소하는 데 앞장서고 있었고, 국민들은 어느 것이 진실인지에 대한 혼란을 느끼고 있었으므로 진실의 무게를 높이기 위해 변호인단은 김수환 추기경을 접견하고 권양에게 보내는 엽서를 쓰게 하여 이를 공개했던 것이다. 당시 변호인단은 천주교 신자로서 신망을 가지고 있던 이돈명 변호사와 황인철 변호사의 주선으로 명동성당으로 추기경을 찾아가 저녁 만찬을 하면서 그 사건에 관한 전모를 이야기했고, 이를 들은 추기경이 변호인들의 요청에 따라 즉석에서 권양을 위로하고 격려하는 글을 썼다. 그리고 이를 변호인들이 갖고 나와 언론에 공개한 다음 권양에게 송부했던 것이다.
50) 당초 민사소송은 금전적 배상에 대한 요구라기보다는 당시 재정신청 재판부의 기록 열람·등사 거부 등 형사기록을 볼 수 없었던 상태에서 형사기록을 입수하기 위한 목적에서 제기되었다.
51) 이때의 공동변호인은 고영구·김상철·박원순·신기하·조영래·조준희·함정

피고인에 대한 신문은 각자 분담하여 준비·수행했고 변론요지서
는 한승헌 변호사가 집필했다. 재판과정에서 공소장의 석명요구, 4
대 일간지 정치·경제·사회·문화부장 전체에 대한 증인요구 등
논전이 거듭되었다.[52] 그러나 이 사건에 대한 변론자료는 민주언론
운동협의회 사람들이 준비했고, 이 사건은 한국의 언론실상을 알려
주는 센세이셔널한 것이어서 외국 언론의 주목을 받기도 했다.[53]

⑤ 이돈명 변호사 구속사건

정법회의 최고 원로이자 인권변론의 사령탑이라고 불렸던 이돈명
변호사의 구속은 실로 엄청난 충격이었다. 현직 변호사, 그것도 법
조계와 종교계에서 원로로 대접받던 이돈명 변호사의 구속은 단순
히 법조계뿐만 아니라 사회 전체에도 영향을 주었다. 막가는 전두환
정권의 말로를 단축하는 조치이기도 했다. 당시 이돈명 변호사가 구
속된 직후 정법회에서는 그가 심심하지 않게 계속 변호사 접견실에
나와 있을 수 있도록 조직적인 접견계획을 짰다. 오전에 2팀, 오후에
2팀이 가서 접견을 계속함으로써 하루 종일 정법회 회원을 포함하여
변호사들과 함께 지내도록 하자는 것이었다.

그의 위상에 비추어 변호인단 구성에는 정법회 회원뿐만 아니라
비회원이었던 박승서, 함정호, 이범렬 변호사 등 원로변호사들도 참
여함으로써, 이 사건은 전체 법조계의 관심사가 되었다. 특히 양식

호·한승헌·홍성우·황인철 변호사였다. 이 가운데 민추협의 신기하 변호사, 한
국일보 고문 함정호 변호사 두 사람을 빼면 나머지는 모두 정법회 소속 변호사였
다.

52) 이 사건의 모든 쟁점과 절차에 관해서는 민주언론운동협의회, 『보도지침』, 두레,
1988 참조. 이때 조영래 변호사가 제기한 석명요구는 그동안 시국사건에서 별로
써먹어 보지 못한 무기로서 검사를 당황하게 만들었다.

53) 필자 기억으로는 당시 서울형사지법 대법정에는 기일마다 입추의 여지가 없는
방청객들이 몰렸고, 외신기자들이 다 못 들어와 문 밖에서 사다리를 놓고 사진을
촬영할 정도였다.

있는 수많은 변호사들이 인권변호사들과 우호적인 관계를 만들고, 이들을 지원하는 세력이 되는 계기가 되었다. 그후 이돈명 변호사는 항소심에서 집행유예로 석방되었고, 사법부에 기대할 것이 없다는 이유로 상고를 포기했다. 나중에 알려진 실상은 당시 제기된 공소사실과 확정된 판결사실과는 다른 것이었다. 실제 이부영 씨를 숨겨준 것은 이돈명 변호사가 아니라 고영구 변호사였는데, 그것은 이돈명 변호사가 이부영 씨를 숨겨주었다고 주장하면 당시 이 변호사의 위상으로 보아 구속하지 못하리라는 판단 때문이었다. 그런데 이미 이성을 상실한 검찰은 이 변호사를 구속했고, 이것 역시 국민의 저항을 더욱 강화함으로써 자기 묘혈을 파는 행위가 되었다.[54]

⑥ 이상수 · 노무현 변호사 구속사건

6월 노동자대투쟁사건 중 대우조선사건과 관련하여 노무현 · 이상수 회원이 구속되는 사건이 발생했다. 이들은 1987년 8월 6 · 29 이후 노동자대투쟁 과정에서 발생한 거제도 옥포 대우조선의 파업사건 때 최류탄에 맞아 사망한 이석규 씨의 장례식에 참여했다가 형법상의 장식방해 등의 혐의로 구속된 것이다. 당시 김정렬 국무총리는 "대우조선분규에 외부세력이 개입, 정치적으로 이용하려는 것은 용납할 수 없는 처사이며, 전통적 장례절차를 무시하여 영령을 욕되게 하는 짓"으로 규정하면서 반인륜적 범죄로 몰아가려 했다.[55] 이 변호사가 구속됨에 따라 정법회 회원들 역시 그가 구속되어 있던 충무경찰서까지 가서 접견하고, 재판부 면담하러 가느라고 그 무더운 여름을 빨리 보낼 수 있었다.[56] 결국 이 변호사는 보석으로 풀려났다.

---

54) 자세한 것은 이돈명 · 홍성우 · 조준희 · 김형태, 「인권변론 한 시대: 좌담, 인권운동과 법의 정신」, 《문학과지성》, 1993년 여름호, 707쪽 참조.

55) 김장환 외, 『80년대 한국노동사』, 조국, 1989, 330쪽.

56) 필자도 그 당시 두 번 간 기억이 나는데, 이 변호사가 대용감옥인 충무경찰서 유치장에 있었기 때문에 '곱징역'을 살고 있었다. 당시 담당판사는 윤병각 판사로

한편 같은 해 9월 노무현 변호사가 부산에서 가두 집회를 주도한 것이 집시법위반이라고 하여 몇 차례 영장신청 끝에 구속되었다. 정법회 차원에서는 말할 것도 없고, 변협 인권위원들도 부산지검과 지법을 방문하여 진상조사와 더불어 석방을 요구했다.[57] 노 변호사는 정법회의 수안보 정기총회를 비롯하여 각종 모임에 먼 부산에서 참여하러 오는 등 열의가 높았는데, 정법회 회원으로서는 세 번째 영어의 몸이 되고 말았다.

2) 대한변협 인권활동

(1) 정법회원 중심의 대한변협 인권위

정법회 회원들은 그 당시 재야 법조인의 총본산이라 할 수 있는 대한변호사협회의 인권위원회를 사실상 장악하여 활동하기도 했다. 정법회는 아직 외부에 공식적으로 드러내 활동할 수 없거나, 그렇게 하는 것이 부적절한 시대상황이라고 판단하여 공식적인 변호사 단체로서 공신력이 있는 대한변협을 활용하는 것이 바람직하다고 판단했던 것이다.[58]

처음부터 변협 인권위원들이 정법회 회원들이었던 것은 아니다. 먼저 1985년 당시의 대한변협인권위원회 위원들의 명단을 보면 다음과 같다.

기억한다.

57) 그 당시 대한변협 인권위원이자 정법회 회원이었던 하경철 변호사가 직접 부산으로 가서 담당 법관을 만나는 등 진상을 조사한 다음 변협 인권위에 보고한 것으로 기억한다.

58) 정법회는 처음부터 변협과의 관계를 적극적으로 설정하려 했다. 정법회는 변협과 불편한 관계를 유도할 이유가 없었지만 변협의 견제와 동시에 변협의 권위를 적극적으로 활용하자는 생각이었다.

위원장: 류택형

부위원장: 강신옥

위원: 강철선 · 강현태 · 권종근 · 김인섭 · 김창욱 · 김철 · 김춘봉 ·
　　　변정수 · 소종팔 · 조승형 · 하경철 · 홍성우

그러나 1986년도에는 인권위원 상당수가 교체된다. 이때의 위원
은 강철선 · 고영구 · 권종근 · 김춘봉 · 변정수 · 임경규 · 장수길 ·
조승형 · 주재우 · 주진학 · 최영도 · 최종백 · 하경철 · 홍성우 · 황인
철 · 김상철 · 박성민 · 서예교 · 박용일 · 이상수 · 박원순 변호사였
다. 당초 15명이었던 위원이 25명으로 늘어났다. 1987년 들어서는
다시 30명으로 늘어나고, 그것도 3분과로 나누어 각자의 역할을 담
당하게 되었다. 그만큼 변협 인권위의 활동이 증폭되었다는 사실을
의미했다.

위원장: 유현석

부위원장: 조준희

제 1분과(계몽) 간사: 황인철
　　　　　　위원: 강기원 · 박재승 · 윤희경 · 전충환 · 최병륜 ·
　　　　　　하죽봉

제 2분과(조사 · 구조) 간사: 강철선
　　　　　　위원: 고영구 · 김진석 · 김춘봉 · 박성민 · 변정
　　　　　　　　　수 · 이상수 · 인정헌 · 최영도 · 하경철 · 서
　　　　　　　　　석구 · 성문용 · 유성균 · 이덕수 · 정차두

제 3분과(간행물) 간사: 조영래
　　　　　　위원: 박원순 · 서예교 · 정태류 · 최종백 · 홍성우

정법회의 결성과 더불어 김상철 · 박성민 · 박원순 · 서예교 · 이상
수 등이 추가로 인권위원으로 충원되었고, 그 이후 정법회 회원들이

사실상 변협 인권위의 활동을 담보하게 된다. 대한변협의 선명성은 1985년 2월 김은호 협회장의 등장에 따라 고취되기 시작했다. 김 회장의 당선 이후 유태흥 대법원장에 대한 사퇴권고, 직선제 개헌안 마련, 김근태·권인숙 사건 진상조사 등 인권수호의 보루로서 위치를 회복해 나갔던 것이다.[59] 변협이 지금까지 독재정권의 강압통치에 침묵하던 자세에서 국민의 편으로 돌아와 인권의 기치를 높이 들고 저항의 한 근거지가 된 것을 의미했다. 이것은 김은호 협회장의 인권과 인권위 활동에 대한 강력한 지지와 정치적 배짱에 기인한 바가 컸다. 이러한 김은호 회장의 의지가 없었다면 아마도 정법회 소속의 인권변호사들이 구태여 변협의 울타리를 찾지 않았을 것이고, 변협의 빛나는 인권신장의 업적도 생기지 않았을 것이다. 이러한 강력한 인권의지는 후임인 문인구 협회장에게도 승계되어 1987년에서 1989년에 이르는 권력교체기에 변협의 법률가 단체로서 위상을 강화하게 된다.[60]

---

59) 류청하, 「박승서회장 사퇴권고, 변협의 108인 성명」, 《월간 옵저버》, 1990년 9월호, 286쪽.

60) 1987년 2월 제34대 대한변협 협회장으로 취임한 문인구 변호사는 회원들에게 보낸 서한에서 다음과 같이 결의를 보였다. "술렁이는 역사의 물결 앞에서 저는 새삼스럽게도 변호사는 기본적 인권을 옹호하고 사회정의를 실현함을 사명으로 한다는 변호사법 제1조의 참뜻을 재음미해 보게 됩니다. 그것은 대한변호사협회, 아니 이 땅의 모든 법률가들이 짊어진 사명이기 때문입니다. 기본적 인권의 옹호와 사회정의의 실현은 두말할 것도 없이 자유민주주의의 대본이며 우리가 가꿔야 할 삶의 기반입니다. 그 두 가지 사명을 우리의 당면과제와 결부시켜 보다 구체화한다면 전자는 고문의 근절로 집약될 수 있을 것이며, 후자는 정치·경제·사법 등 사회체제 전반의 민주화로 간추려질 수 있을 것입니다.…… 우리가 당장 바로잡아야 할 고문이라는 초미의 문제는 우리의 전력투구를 요구하고 있습니다"(1987년 3월 23일자 문인구협회장의 인사 서한).

(2) 대한변협 인권위원회의 활동

① 진상조사 및 고발활동

대한변협 인권위원회의 활동은 주로 진상조사활동에 집중되었다. 구체적 사건의 변론은 주로 정법회의 회원들이 맡았고, 이들이 위원으로 참가하고 있는 대한변협 인권위는 그 사건의 고문이나 가혹행위 주장에 대한 진상을 조사하여 발표함으로써 변협의 권위를 가지고 뒷받침해 주는 역할을 담당했다. 그 결과에 따라 책임자와 관련자를 고발하기도 했다. 결국 정법회의 회원들이 '북치고 장구치는 격'이었다. 변협 인권위가 활동한 예를 들면 다음과 같다.

〈민정당사 농성학생 인권침해사건(1985. 4)〉 변협 인권위는 1984년 11월경 민정당사 농성사건으로 구속된 학생들에 대한 고문 주장에 대해 진상조사를 하기로 결의했다. 그 학생들의 변론을 맡고 있던 조승형 민추협 인권위원장이 변협에 진상조사를 요청했고, 변협 인권위는 1995년 4월경 그 요청을 받아들여 김춘봉, 변정수, 강철선, 조영래 변호사에게 조사를 하도록 했다. 이들의 조사 결과 260여 명의 학생들을 연행하는 과정에서 "구두발 또는 주먹으로 학생들의 전신을 무차별 폭행하여 졸도하거나 출혈상 또는 타박상 등을 입게 하였고, 경찰은 적법한 구속영장 없이 6일간 불법구속"했음이 밝혀졌다. 이에 따라 동대문경찰서장 외 서울 시내 17개 경찰서장 등을 고문혐의로, 변협회장의 이름으로 고발했다.[61]

---

61) 서중석, 「인권투쟁의 보루, 대한변협」, 《신동아》, 1987년 3월호, 452~453쪽에 따르면, 그 당시 대한변협의 의사결정은 상임이사회의 결의를 통하도록 되어 있었는데, 상임이사회에서 대한변협 회장 이름으로 고발하는 것은 점잖지 못하다는 이유로 고발 대신 시정촉구공문을 보내는 것으로 변경되었다고 지적하고 있다. 그러나 민정당사 농성학생들의 인권침해 사건에 대한 고발장이 1985년도 인권보고서에 실려 있는 것으로 보아 일단 고발은 이루어진 것으로 보인다(대한변호사

이 사건은 변협 인권위가 진상조사를 벌인 최초의 주요 시국사건으로서 사회적 주목을 받는 등 성과를 거두었지만 반면 상임이사회의 반대 등 내부적 좌절을 겪기도 했다. 인권위의 구성인자와는 달리 변협의 상임이사회는 여전히 인권의식에 맹목하고 보수적인 생각으로 가득찬 사람들이 대부분이었기 때문에 변협 인권위원들의 활동과정에서 적지 않은 장애가 되었다. 나중에 이들은 대한변협 회장의 이름으로 공문을 내보내기 위해서는 반드시 상임이사회의 의결을 거쳐야 한다는 규약의 개정논의를 하기도 했고, 결국 인권위원회 이름으로 직접 내보내자는 타협안이 나오기도 했다.

〈김근태씨 고문사건〉 앞에서 본 것처럼 김근태씨 고문사건은 이미 정법회 회원들이 중심이 되어 변론을 벌이고 있었지만,[62] 변협 인권위에서 독자적인 조사활동에 들어갔다.[63] 강철선, 변정수 두 인권위원이 중심이 되어 진상조사 작업에 들어갔으나 처음에는 접견조차 하지 못했다.[64] 그후 공판심리가 개시된 후인 1985년 12월 24일 김근

협회, 『1995년도 인권보고서』, 49쪽 이하 참조).

62) 이 사건의 변호인단은 정법회 회원인 이돈명, 조준희, 홍성우, 황인철 변호사와 민추협 변호사인 목요상, 장기욱, 신기하 변호사 등으로 구성되어 있었다.

63) 변협 인권위원들의 조사보고서(1차)에 따르면 "변호사 용남진이 1985년 10월 29일 대한변호사협회에 제출한 고문사건에 대한 실태조사 및 방지대책강구에 관한 건의서에 의하여 대한변호사협회 인권위원회는 본인들에 대하여 첨부된 '고문 및 용공조작저지 공동대책위원회'와 '신한민주당' 및 '민주화추진협의회' 등 3개 단체의 1985년 10월 19일자 공동성명서에 고문사례로 기재된 피구속자 김근태 및 허인회에 대한 실태조사를 명했으므로 본인들은 위 실태조사 결과를 다음과 같이 보고"한다고 되어 있다(대한변호사협회, 『1985년도 인권보고서』, 59쪽).

64) 그 당시 1차 조사보고서는 "그동안 18회에 걸친 사선 변호인들의 접견을 허용하지 아니하고 본 조사위원들의 접견 또한 허용하지 아니한 처사는 고문여부는 제쳐놓더라도 그 자체가 묵과할 수 없는 중대한 인권침해이며, 신체고문에 대해서도 매우 짙은 의심을 갖게 하는 것"이라고 단정하고 있다(대한변호사협회, 『1985년도 인권보고서』, 60쪽).

태 씨를 만날 수 있었던 조사위원들은 고문사실을 확인하게 되었고 이에 따라 고발을 결정했다. 다만 종래 변협회장의 명의로 고발하는 것이 관례였는데 그것은 상임이사회를 통과해야 하고 실제 좌절된 전례에 비추어 1985년 12월 30일 인권위원인 류택형·강신옥·변정수·강철선·조승형·홍성우·조영래·김상철 변호사의 연명으로 제출되었다. 그후 이 사건은 무혐의로 처리되었으나 고발 변호사들은 "검사가 피의자들을 피해자와 대질조사마저도 하지 않은 채 무혐의불기소 결정을 한 것은 스스로 법질서를 유린한 부당한 조치"라고 항변하면서 재정신청을 하기도 했다.[65]

〈서울노동운동연합(서노련)사건〉 김문수·최한배·김진태 등 서노련 소속 노동운동가들이 보안사에 연행되어 고문을 당했다는 진정서에 따라 변협 인권위는 역시 변정수, 조승형, 강철선 등 3인을 조사위원으로 하여 진상조사에 나섰다. 이들은 1·2차 조사보고서를 통해 군 수사기관이 민간인을 연행해 간 점, 구속영장 없이 10일간이나 불법 구금한 점, 전기고문·고추가루고문·물고문 등 가혹행위를 한 점을 확인하고 책임자 처벌을 위한 고발을 권고했다.[66] 이에 따라 대한변협 인권위원회는 류택형 위원장과 강신옥 부위원장 명의로 보안사 수사책임자와 관련자들의 처벌을 요구하는 고발장을 1986년 6월 18일 제기했다.

〈부천서 성고문사건〉 위장취업과정에서 주민등록을 변조했다는 혐의로 조사를 받던 여성노동운동가 권인숙 양에 대한 부천서의 조사 담당 형사의 성고문혐의가 제기되자 1986년 7월 7일 변협 인권위에서도 즉각 조사위원회를 구성하여 진상조사에 들어갔다. 조사위원

---

65) 서중석, 앞의 글, 455쪽.
66) 대한변호사협회, 『1986년도 인권보고서』, 125~133쪽 참조.

인 김춘봉, 변정수, 하경철, 강철선 변호사 등은 "피해자(권인숙)를 접견하고 피해자에게 피해자의 사선 변호인 9명이 작성한 고발장을 제시해 읽게 하고 그 고발내용이 사실이냐고 물었던바 모두 사실이라고 대답"했다고 보고하면서 피해자가 주장하는 내용은 추호도 의심할 여지 없는 진실이라고 결론지었다.[67] 이에 근거해 대한변협 김은호 회장은 고문경관의 즉각적인 구속기소를 촉구했다. 이러한 촉구가 받아들여지지 않자 1986년 8월 25일에는 대한변협 인권위원회에서 재정신청대리인단을 구성하기로 하는 결의를 하기도 했다.[68]

〈박종철군 사건 특별조사단 구성〉 1987년 5월은 이제 전두환정권이 막바지를 향해 줄달음치던 시기였다. 그 시기에 터진 사건이 바로 박종철군 고문치사사건과 그 은폐조작사건이었다. 권력 당국은 악수에 악수를 거듭했다. 변협 인권위원회는 그에 관한 특별조사단을 구성해 박군 고문사건의 진상과 범행은폐책동의 전모를 규명하기로 했다. 이때 당시 유현석 인권위원장이 조사단장이 되고, 조준희·황인철·홍성우·강철선·하경철·조영래 변호사 등이 위원이 되었다.[69] 거의 정법회 회원으로 채워졌다. 당시 법무당국은 경찰간부의 관련사실이 누설될 것이 두려워 구속된 고문경찰관 조한경·강진규에 대한 조사단의 접근을 막는 등 조사업무를 방해했다. 특별조사단의 이러한 조사활동 자체가 당국에 대한 큰 압력이 되던 시기였다.

② 성명·의견제출 활동

전체 변호사들로 구성된 대한변협이 그 권위를 가지고 내는 성명이나 권고 또는 건의는 그 자체로서 일정한 영향력을 갖게 마련이었

---

67) 대한변호사협회, 『1986년도 인권보고서』, 151쪽.
68) 대한변호사협회, 『1986년도 인권보고서』, 165쪽.
69) 자세한 것은 문인귀, 『대결과 희망의 시대: 고뇌의 나날 1987. 2~1989. 2 그 기록』, 삼지원, 1990, 50~51쪽 참조.

다. 변협 인권위원회는 이러한 점을 활용하여 주요 사건과 계기 때마다 성명을 내거나 의견을 제시했다. 그 사례를 보면 다음과 같다.[70]

1. 학원안정법 제정에 관한 건의문(1985년 8월 15일자)
2. 공판정에서의 피고인 신체구속사례에 관한 공문(1985년 12월 6일자)
3. 사법권독립에 관한 건의(1985년 9월 10일자)
4. 교도소내 인권침해사례 시정건의(1986년 3월 5일자)
5. 변호사의 접견고통권 침해사례 시정건의(1986년 9월 1일자)
6. 국제인권규약 가입동의안에 대한 의견(1986년 9월 25일자)
7. 인신구속은 신중을 기하라(1986년 11월 3일자)
8. 평화적 집회 및 시위 보장에 관한 담화문(1986년 12월 1일자)
9. 정신보건법안에 반대한다(1986년 11월)
10. 사회보호관계 법률에 대한 개정의견(1986년 11월)

③ 출판활동

변협 인권위의 출판활동이란 다름아닌 인권보고서 발간작업이었다. 이 시기의 인권문제란 가장 민감하고 정치적인 이슈였다.[71] 그것을 보고서 형태로 발간한다는 것은 바로 극도로 예민한 정치적 뇌관을 건드리는 일이나 다름없었다. 심지어 대한변협이라고 하는 합법적이고 권위 있는 기관이라고 하여 다를 바가 없었다.[72]

이러한 정치사회적 여건하에서 탄생한 『1985년 인권보고서』는 비밀스런 절차 속에 준비되었다. 인권보고서 출판을 위한 소위원회[73]

---

70) 1985년도 및 1986년도 인권고보서의 수록내용을 정리한 것이다.
71) 당시 대한변협 인권위원회가 열릴 때는 법무부 직원이나 기관원이 변협 사무국에 체류하면서 정보를 입수하곤 하는 것이 눈에 띄기도 했다.
72) 그럼에도 불구하고 대한변협의 공식적인 입장에 의해 발간됨을 강조하기 위하여 변협의 공식적 기관인 이사회의 결의에 의해 인권보고서 발간 결정이 이루어졌음을 류택형 인권위원장의 해제와 편집후기에서 명기하고 있다.

가 꾸려져 보고서 작성작업에 착수했으나 그 내용은 위원장에게조차 자세히 보고되지 않은 채 마련되었다. 정치권이나 법무당국은 이 인권보고서에 몹시 신경을 썼고 인권위원들에게 직·간접적인 압력으로 작용했다. 그러나 이 모두가 당시 정치적 난관을 뚫고 구속을 각오한 채 발간을 강행한 최초 보고서 작성팀의 헌신이 기초가 되었다.[74] 인쇄도 비밀리에 이루어졌음은 물론이고 당국의 압수를 우려해 제3의 장소에서 보관되었다가 회원들에게 송부되었다.

이렇게 하여 탄생한 『1985년 인권보고서』는 당해년도의 인권상황에 대하여 다음과 같이 결론짓고 그 개선을 촉구하고 있다.

"지금까지도 수없이 저질러지고 있는 연금 또는 연행이라는 기묘한 이름의 영장 없는 불법구금이라든가 수사과정에서의 참혹한 고문, 수감자들에 대한 폭행과 가혹행위, 언론·출판·집회·결사의 자유에 대한 과도한 제약, 노동 3권에 대한 현저한 침해 등 모든 인권유린사태는 한마디로 인권문제의 중요성에 대한 정부당국의 인식이 아직껏 후진적 상태에 머물러 있음을 반영하는 것이고 우리로 하여금 정부당국이 인권상황의 개선이라는 절박한 시대적 요청에 대하여 과연 얼마나 진지한 관심을 가지고 있는지를 의심치 않을 수 없게 한다."[75]

이 보고서는 1985년 인권상황을 신체의 자유와 안전, 표현의 자유, 경제적·사회적 권리로 분류하여 자세히 서술하고, 이어 변협의 인권관계 활동자료를 수록했고, 제3장에서 1985년 한 해 발표된 인권관계 주요문헌을 소개하고 있다. 그뿐만 아니라 사건의 내용과 주

---

73) 1985년도 인권보고서 작성소위원회는 변정수 변호사를 위원장으로 하여 강철선, 조승형, 조영래 등 세 변호사로 구성되었다.
74) 1995년도 및 1996년도 인권보고서의 실질적 집필은 유시춘 씨가 담당했던 것으로 알려져 있다.
75) 대한변호사협회, 『1985년 인권보고서』, 103~104쪽.

인공, 담당 수사관과 검사, 법관의 이름을 실명으로 처리했다. 이것은 "인권사항에 대한 역사적인 기록을 남기고," "인권침해 관계자들을 견제하고 이들의 반성을 촉구하자는 뜻이 포함"된 것이었다.[76]

막상 인권보고서가 최초로 발간되자 당국은 변협을 건드리지 못했다. 그뿐만 아니라 《법률신문》은 1986년도 10대 뉴스로 이 인권보고서의 작성을 꼽을 정도로 높이 평가했다. 집행부는 그 이후 공식적으로 인권보고서의 작성을 지원했고, 자료수집을 위한 비용을 따로이 책정했다. 그 비용으로 수집책임자를 두기로 했는데, 변협 내의 직원으로 두기는 껄끄러워 하여 정법회에 상근을 시켰는데 이것이 바로 정법회 상근자가 되었다. 이것이 관행이 되어 인권보고서는 정법회와 그 법통을 이어받은 민변이 실질적으로 작성했다.

여러 난관에도 불구하고 『1986년도 인권보고서』도 선을 보였다.[77] 그 인권보고서 편집후기는 그해의 인권상황에 대하여 다음과 같이 절망을 토해내고 있다.

> "85년 인권보고서의 후기를 쓰면서 우리는 86년 인권보고서에서는 인권상황이 획기적으로 개선되었다는 보고를 할 수 있게 되기를 희망했었다. 그러나 지금 이 86년 인권보고서의 후기를 쓰고 있는 우리의 심정은 실로 참담하다. 온 나라를 경악과 슬픔과 분노로 들끓게 한 박종철 군의 참혹한 죽음 앞에서 우리의 인권보고서는 할 말을 잃었다. 우리는 아무것도 말할 것이 없다. 다만 치떨리는 분노로 이렇게 외칠 뿐이다. '박종철을 살려내라'."[78]

인권보고서는 그 이후 한 해도 빠짐없이 발간되었고 변협의 가장

---

76) 서중석, 앞의 글, 456쪽.
77) 1986년도 인권보고서 작성의 소위원회는 변정수, 황인철, 이상수, 조영래 변호사였다. 변정수 변호사를 제외하고는 모두 정법회 회원이었다.
78) 대한변호사협회, 『1986년도 인권보고서』, 313쪽.

중요한 업적의 하나가 되었다. 분량도 많아졌고 분야도 다양해졌다. 최초 보고서는 정치적 인권을 주로 다루었으나 차츰 사회·경제적 인권의 분량 역시 크게 늘어났다. 변협 인권보고서는 변협이라고 하는 변호사 단체의 권위뿐만아니라 그 질과 분량에서도 우리나라 인권상황의 집대성으로 평가받고 있다. 가장 어려운 시대에 탄생한 인권보고서가 긴 생명력을 갖고 이 나라 인권상황을 개선하는 데 큰 디딤돌이 되고 있다.

3) 민주단체 연대활동

(1) 민주 제단체와의 교류와 국민운동본부 가입

정법회는 자연히 당시의 법률적 수요, 특히 변론요청에 응하지 않을 수 없었다. 동시에 민주화를 위해 활동하던 당시 여러 단체들과의 교류와 협력이 이루어지지 않을 수 없었다. 그러나 이러한 교류와 협력은 조직적인 것이라기보다는 개별 회원들의 개인적 차원이나 일시적 차원에 머물렀다.

그러나 전두환정권 말기였던 1987년 6월항쟁을 이끄는 구심체이자 사령탑이었던 민주헌법쟁취국민운동본부(국본)에 가입하는 문제는 정권의 몰락과 새로운 민주정부가 임박해 있던 당시 상황에서 제기될 수밖에 없는 문제였다. 1987년 5월 하순 정법회 총회에서 이돈명 변호사가 국본 가입 문제를 제기했고, 이에 관해 논의한 결과 지나치게 정치적 사안에 대하여 조심해야 한다는 견해가 없지는 않았지만 적극 참여하여 민주정부 수립에 참여해야 한다는 입장이 대세였다. 이와 관련해서 김상철 변호사는 다음과 같이 회고한다.

"나는 국민운동본부가 야당과 재야 및 운동권만으로 출범한다면 국민들의 지지를 얻기가 어렵고, 교수와 변호사 등 지식층과 중산층들이 여기에 가담해야 비로소 힘이 붙을 것일 만큼 신분도 보장되고 경제적으로 여

유가 있는 변호사로부터 대거 참여해야 할 필요가 있다고 역설했다. 그리고 투쟁일선에 나서는 재야와 운동권은 계속 희생되고 그들이 구속되면 변호사들이 나서서 변론하고 하는 이 도식은 더 이상 옳지 않고, 이제는 우리 변호사들도 희생을 각오하고 나서야 한다고 주장했다. 결국 각 개인의 입장에 맡기되 가급적 참여키로 결론이 났다. 그리하여 주변에 관심을 가질 만한 변호사에게 적극적으로 권유하기도 하고 변호사 사무실에 회람도 돌리는 등의 방법으로 국민운동본부에 참여할 변호사들을 규합한 결과 74명의 변호사들이 참여키로 했다."[79]

정법회 조직 자체가 참여한다기보다는 정법회 회원들이 적극적으로 참여하자는 결의가 이루어졌던 것이다. 그리하여 1987년 6월 5일 74명의 변호사가 이 국본에 참여하게 되었다.[80] 주로 정법회 회원들이었다. 변호사들의 국본 참여는 이 국본이 국민적 정당성을 갖는 데 결정적으로 중요한 역할을 했다. 이들은 '국민운동본부에 참여하면서'라는 성명서를 통해 다음과 같이 그 입장을 밝혔다.

"지금 이 나라는 국민주권이 무시된 가운데 불의와 부정이 횡행하고 있으며, 인간존엄과 양심에 대한 냉소가 자행되고 있어 시급한 개혁이 요구되고 있다.…… 기본권과 사회정의 실현의 직분과 사회적 지위에 상응

---

79) 김상철, 『7일간의 서울시장』, 고시계, 1993, 308쪽.
80) 이때 참여한 변호사의 명단은 다음과 같다.
　김은호, 한승헌, 고영구, 박용일, 김상철, 이상수, 변정수, 조준희, 최영도, 홍성우, 조승형, 황산성, 문재인, 김기옥, 김수, 이기문, 김제형, 강봉제, 유현석, 강철선, 방예원, 강신옥, 황인철, 김동현, 김충진, 박성민, 박연철, 유영혁, 이돈희, 조영래, 최병모, 하경철, 정광진, 하죽봉, 이태영, 김진석, 이경우, 한기찬, 김응조, 조경근, 신기남, 안명기, 김광일, 노무현, 박윤성, 이흥록, 조성래, 태윤기, 용남진, 홍영기, 이원형, 조주형, 이기홍, 정기호, 김은집, 김길준, 신형조, 김윤일, 오수원, 강창원, 허붕회, 김용채, 박재승, 최종태, 유택형, 김태환, 최종백, 장석화, 강길봉, 김준태, 박원순, 전충환, 장건상, 이관형.

하는 책임을 다하려는 충정에서 국민적 요구인 민주화와 개헌을 위해 민주헌법쟁취국민운동본부에 참여키로 하였다.…… 이 국민운동을 통해 화해의 정신으로 일대 개혁을 단호히 벌여나가면서 모든 사람들이 각자의 자리에서 사회적 책임과 개인적 양심을 부끄럼 없이 행동화하기를 열망한다.”

그 가운데 이돈명 변호사는 천주교 정평위가 국본에 참여하면서 그 회장 자격으로 상임공동대표로, 법조계에서 김은호 변호사는 고문으로, 한승헌 변호사가 역시 상임공동대표로, 고영구 변호사가 공동대표로 참여했다. 이상수·김상철·박용일 변호사가 국본 상임집행위원으로 참여하여 활약했다.[81] 그 중에 이상수 변호사는 국본 인권위원장으로 취임했다.

(2) 시위·농성 등 반독재직접행동

국본 참가 후에는 국본이 벌이는 여러 민주화투쟁에 직접 참여하기도 했다. 정법회 회원들이 참가한 시위는 두 차례였다. 첫 번째는 국본이 전국민적인 항의의 날로 지정된 6·10 국본 집행부가 있던 성공회성당으로 들어가기 위해 벌인 시위였다. 당시 정법회원이 중심이 된 20여 명의 변호사들이 세종문화회관 뒤 변호사회관에 모여 16시경 도보로 성공회 성당으로 진입하고자 했으나 전투경찰의 저지로 실패했다. 당시의 상황을 회고한 글을 보자.

“당시 전투경찰대가 성당을 철통같이 에워싸고 저지, 저지선을 뚫으려고 했으나 전경들이 완강하게 저지하여 진입에 실패, 현장에서 다시 변호사회관에 가서 철야농성키로 결의하고 회관으로 돌아가던 중, 광화문 네

---

81) 당시의 살벌한 정치 정세 때문에 상임집행위원이 된 3인의 변호사들은 구속될 것도 각오했다고 한다(김상철, 앞의 책, 309쪽 참조).

거리 국제극장 앞에서 전투경찰대와 조우, 전경이 무차별로 발 밑에 던지는 수십 발의 최류탄(사과탄)을 맞고 눈물을 흘리며 흩어져 다시 회관으로 집합. 약 30명의 변호사가 회관에서 밤샘농성하다."[82]

당시 서울지방변호사회장이던 이세중 변호사에게 이 사실을 통고하고 승낙을 받은 채 농성이 이어졌다.[83] 그 이튿날 이들 중 일부는 국본 대표들이 연행 구금되어 있던 서울시경 장안동분실로 가서 접견하려 했으나 철문을 굳게 닫고 열어 주지 않아 2시간여 항의하다가 되돌아 왔다고 한다.[84]

한편 두 번째 시위는 완전한 군사독재타도, 조속한 직선제개헌 등을 주장하며 이루어졌다. 1987년 8월 26일 15시경 역시 정법회 회원이 대다수인 30여 명의 변호사가 당주동 변호사회관에 집결하여, 전임 변협회장 김은호 변호사와 황산성 변호사가 큰 플래카드의 양쪽을 잡고, 이들이 앞장선 상태에서 교보문고 앞에서 화신 쪽으로 행진하면서 시작되었다. 이때는 6·10 때와는 달리 학생들과 마찬가지로 변호사들도 코 밑에 치약을 바르고 약국에서 마스크까지 사서 쓰는 등 상당한 준비까지 했다. 그러나 100미터도 미처 행진하지 못한 상태에서 역시 전투경찰의 저지를 받았다. 역시 최영도 변호사의 회고를 들어보자.

"소속 성명 미상의 경감이 지휘하는 전투경찰대와 조우, 경감의 자진 해산 종용에 평화적 시위이니 길을 비키라고 대응하다가 전경이 수십 발

---

82) 최영도 변호사의 당시 증언.

83) 이세중 변호사는 당시 정법회 회원은 아니었으나 1970년대 이후 이른바 '4인방 변호사'와 더불어 여러 인권사건을 변론한 사실이 있어 정법회에 호의적이었다. 당시 농성시에도 변호사회관의 관리주체로서 농성을 승인해 주었을 뿐만 아니라 음료수 등을 사 가지고 와 격려하기까지 했다.

84) 역시 최영도 변호사의 증언이다.

의 사과탄을 시위대의 발 아래 터뜨려 대오가 흩어지고 고영구 변호사 등
4~5명의 정갱이에 사과탄 파편이 박혀 피가 흐르는 등 부상을 입고 교보
문고 앞으로 대피하여 그곳을 지키던 다른 전투경찰대 경감에게 평화적
시위대에 왜 최루탄을 쏘냐고 항의하다가 또 사과탄을 터뜨리자 광화문
지하도로 피신했으나 전경들이 지하도 속으로 10여 발의 사과탄을 던져
지하도가 최루가스로 꽉차 지하도 바닥을 기어서 반대편 현대빌딩 쪽 출
구로 나와 다시 변호사회관에 들어가 밤샘농성을 하였다."[85]

이러한 집회·시위·농성은 변호사 역사에서 최초의 일이었다.
특히 군사독재정권에 대항하여 요원의 불길처럼 전국에 번졌던 민
주화투쟁에 변호사들이 집단적으로 참여했다는 것은 변호사의 체면
과 양심을 지킨 사건으로 기억될 만하다.

(3) 1987년 대선에서의 비판적 지지와 후보단일화운동

이른바 6·29선언으로 직접선거가 가능해지고, 김대중 씨의 복권
이 이루어져 민주화의 열매를 딸 수 있으리라고 기대했던 국민들에
게 양김의 분열과 동시 출마는 참으로 원통한 일이었다. 이러한 비극
적 분열에 즈음하여 정법회 회원들은 다른 운동진영의 분열과 마찬
가지로 서로 입장 차이가 상당히 컸다. 이돈명 변호사 등은 이른바
비판적 지지파로서 김대중 씨를 지지하는 입장이었고, 고영구·조
준희·홍성우·황인철·조영래 변호사 등은 이른바 단일화 입장에
서 있었다. 특히 후자의 그룹은 명동성당 뒤, 성바오르 수녀원에서
양김을 조찬회에 초청해 설득을 했지만 실패했다고 한다.

---

85) 필자의 기억에 따르면 이때 경찰과의 육체적 충돌은 없었으나 전경들이 던진 최
루탄 때문에 양복이 최루탄의 하얀 분말로 뒤범벅이 되기도 했고 호흡이 곤란해
질 정도의 독성 최루탄의 맛을 보아야 했다. 필자는 그때는 좀더 젊었는지 광화문
지하도를 기어갈 정도는 아니었지만 지하도를 뛰어 건너면서 지하도를 가득 메운
최루가스로 숨을 쉴 수가 없을 정도였던 것으로 기억한다.

정법회 회원은 대체로 단일화의 입장에 있었다. 비판적 지지는 김대중 씨 지지였고, 단일화운동은 김영삼 씨를 지지하는 것으로 이해되었지만 반드시 그런 것만은 아니었다. 특히 조영래 변호사는 단일화운동에 적극적으로 나서 이 운동을 주도했다.[86] 홍성우 변호사는 조 변호사와의 단일화운동을 이렇게 회고했다.

"87년 대선 때 후보단일화 쟁취를 위한 기구를 만들어 민주화운동에 참여해 온 여러 선배 명망가들이 전부 규합해서 단식투쟁까지 하면서 단일화운동을 했는데 그때 저하고 조 변호사가 열심히 했어요.…… 그때 저나 조 변호사의 판단은 단일화가 안 되면 민주화가 안 된다였어요. 사실 조 변호사와 같이 파란 많은 역정을 살아온 사람으로서야 6·29 이후에 헌법을 개정해서 대통령 직선제를 쟁취한 마당에 그 대선의 의미를 얼마나 학수고대했겠어요. 그런데 두 김씨가 갈라서서 출마를 한다고 하니 그야말로 하늘이 무너지는 것 같은 심정이었지요. 어떤 일이 있어도 단일화해야 하고 단일화 없이는 절대로 야당이 정권교체를 이룰 수 없다는 게 많은 사람들의 생각이었지요. 그래서 조 변호사 역시 이 단일화운동에 그야말로 자기 온몸을 던지다시피 하며 몰입했습니다.…… 그런 정치적 의미가 있는 운동을 조 변호사와 같이 해본 것은 그때가 처음이예요."[87]

그러나 이러한 의견 차이와 다른 행보에도 불구하고 합리적이고 인권옹호라는 대동적인 입장에서 대선이 끝난 후 이들은 별다른 감정의 골 없이 새롭게 결합할 수 있었다. 그리고 나중에 민변의 창립으로 합쳐졌다.

---

86) 필자도 조영래 변호사의 요청에 따라 문건 기초작업에 참여했고, 충정로 선교연수원에서의 단식농성모임에 참석하기도 했다. 언젠가 단일화촉구 마라톤 대회에 필자의 차량을 대여해 주었고, 이 마라톤 행렬이 연세대 운동장에서 열린 단일화촉구집회로 들어오도록 일정이 잡혀져 있있던 것으로 기억한다.
87) 홍성우 변호사의 회고(홍성우·손학규·장기표·양건, 앞의 글, 100쪽).

4) 연구활동과 친목활동

정법회는 효과적인 인권변론을 위한 세미나와 정치정세의 파악을 위한 강연회 등을 열었다. 홍성우 변호사가 그동안의 오랜 인권변론의 경험을 정리하여 발표한 것은 젊은 정법회 회원들에게 실질적인 도움이 되었다. 수안보에서 열린 1차 정기총회에서는 서울대 교수이자 문학평론가인 백낙청 교수와 운동권 학생으로 이름을 날렸던 유시민 씨를 초청해 당시의 사회운동에 관한 세미나를 가졌다.[88] 그밖에도 월례회 때는 대부분 회원들이 주제를 정하여 발제를 하고 토론을 하곤 했다.

앞에서 본 것처럼 정법회는 매주 산행을 하거나, 월례회나 세미나 등의 모임, 매년 복더위 때 북한산 계곡에서의 보신탕모임, 바둑경기 등을 통하여 친목을 다졌다. 바둑대회에서 고영구 변호사가 우승했는데, 그때 상품은 구속중인 이돈명 변호사가 영치금 가운데 내놓은 10만 원으로 마련한 바둑판이었다. 1970년대 이후 인권변론에 매진하느라고 큰 돈을 모으지 못한 이돈명 변호사가 구속되자, 남은 가족들의 생활을 지원하기 위해 위로금이라는 이름으로 매월 50만 원씩 지급했다. 이것은 그후 구속된 이상수 회원에게도 그대로 적용되었다.

정법회 회원끼리의 친목은 대단한 것이었는데 매월 열린 월례회[89]에는 거의 전원이 출석하는 날이 많을 정도로 모임의 열기가 높았다.[90] 정법회의 존속기간 동안 단 한 명도 탈퇴한 적이 없었으며, 또

---

88) 그 당시만 해도 유시민 씨의 초청은 극히 이례적인 것이어서 약간의 긴장감이 있었고, 그때의 발제문과 토론의 내용은 녹음되어 비밀스럽게 보관되기도 하였다.

89) 월례회는 매주 목요일 저녁에 모여 식사를 하고 연구발표, 기타 프로그램을 가지곤 하였다.

90) 1987년 6월~1988년 5월 회무보고에서는 그동안 정기회가 7회, 임시회가 3회 열렸는데 평균 출석율이 65%선이었다고 하고 있어 후반부로 갈수록 열의가 조금 떨

한 신입회원도 그리 많지 않았다. 군사독재정권의 강력함만큼이나 그에 저항하는 변호사들의 유대 역시 강고했던 것이다.

이러한 가운데 1986년 8월 23일 열린 고 이병린 변호사 장례식에 정법회 회원들이 집단적으로 참석하고 운구를 한 사실은 인권변론의 적통을 정법회가 잇고 있음을 보여준 상징적 사건이었다.[91] 당시 대한변호사협회장으로 치러진 장례식에서 정법회 소속 소장 변호사들이 변호사회관 광장에서의 영결식, 용인 공원묘지에의 안장에 이르기까지 운구에 참여했다. 그 이후에도 매년 묘소에서의 추모식에 참석함으로써 정법회 변호사들은 인권변호사의 비조에 대한 추념과 그 정신 계승을 다짐하곤 했다.

4. 청년변호사회: 부화되지 못한 용, 민변의 호수로

1) 청년변호사회 창립으로의 길

(1) 청변의 태동과 그 시대

"우리가 살고 있는 현 한국사회는 세 가지 역사적 과제를 안고 있다. 첫째, 외세의 간섭이나 억압에 대해 주체적으로 대처할 수 있는 자주화의 실현, 둘째, 권위주의적 정치풍토를 불식하고 기본적 인권 및 기층민중의 생존권이 보장되는 민주화의 실현, 셋째, 민족의 비극인 분단을 극복하고 민족통일을 달성하는 것이 그것이다. 이러한 역사적 과제는 가장 억압받

어진 점을 알 수 있다.

91) 이병린 변호사의 재야정신은 반드시 정법회나 인권변호사들만의 추앙대상이 아니다. 1995년 제38대 대한변협회장으로 선출된 김선 변호사는 그해 2월 27일 제1차 상임이사회를 마치고 곧바로 이병린 변호사의 묘소를 참배해 그 인권옹호의 정신 계승의 의지를 다졌다.

고 소외당했던 노동자, 농민, 빈민 등 기층민중을 중심으로 하여 모든 부문 활동이 자기 중심을 갖고 총체적으로 결합될 때 비로소 진정하게 실현될 수 있을 것이다. 이에 우리 젊은 변호사 일동은 법조부문에 요구되는 임무를 수행할 조직으로서의 '청변(靑辯)'을 결성하기 위해 본 준비위원회를 발기한다."

종래의 변호사들이 보면 기절할 정도의 문장으로 이어지고 있다. 세상에는 미처 알려지지도 않은 '청년변호사회'(약칭 청변)의 발기문 초안이다. 이 발기문의 서두는 이와 같이 청변을 전체 민중민주운동의 한 부문운동으로 확실히 자기규정을 하면서 자주화·민주화·민족통일의 목표를 향해 나아가는 변호사 단체로 설정하고 있다.[92]

이러한 움직임은 과거 보수적인 변호사 업계의 특성상 상상하기 어려운 것이었다. 인권변론에 헌신한 변호사들도 대체로 양심의 발로와 정의감 때문에 독재정권의 희생자들의 변론에 나섰던 것뿐이지 변론활동 자체를 하나의 운동으로서, 그리고 그것도 민족민주운동의 부문운동으로 인식하는 경우는 없었다.

청변의 주체가 된 세대가 대체로 78학번에서 82학번에 이르는 변호사들로서 나이가 젊고 학창시절을 유신말기와 광주항쟁 등을 경험하면서 한국 사회의 모순을 체계적으로 인식하고 탐구해온 세대에 속한다는 점을 이해한다면 이와 같은 발기문이 이상할 것도 없다. 그 어려운 시대는 이들로 하여금 더욱 근본적인 고민을 하게 만들었다. 또한 6월항쟁은 새로운 시대에 대한 갈망을 더욱 불어넣었고, 그러한 흐름이 법조계에서도 예외가 될 수 없다는 점을 이들은 인지하고 있었다. 정법회와는 달리 이들은 이러한 시대적 인식과 더불어 국민대중의 요구에 대한 부응을 명백히 하고 다른 단체와의 연대, 통일

---

92) 물론 이러한 주장은 1980년 전후 학번의 변호사들이 주장한 것이었고, 1970년대 후반 학번들은 일반 인권의 증진, 대중민주주의에 기여하는 정도, 인권신장을 위한 변호사 단체로서의 성격을 주장했다.

적 활동조직으로서의 위상을 분명히 했다.

"청변의 활동은 법률을 매개로 하여 이루어질 것이다. 우리는 우리의 지위가 변호사라는 사실을 자각하고 법률을 통해 사회발전에 참여하고자 한다. 다만 우리는 실정법적 원리 또는 역사적 정당성의 관점에서 실정법의 효력에 대하여 재검토할 것이며, 위헌적 법률에 대해서는 그 개정을 촉구하기도 하고 구체적인 사건에서 그 무효를 주장하기도 할 것이다.…… 청변은 국민대중의 문제를 국민대중의 입장에서 해결하고자 노력할 것이다. 일반적으로 변호사는 기득권을 향유하는 계층으로 인식되어 왔고 국민대중의 요구에 부응하지 못한 면이 없지 않았다. 이에 우리는 안일한 자세와 구각을 탈피하고 국민대중과 동열에 서서 활동하고자 한다. 청변은 사회 각 부문과 연대하여 활동할 것이다.…… 청변은 일시적인 문제해결을 위한 일회적 단체가 아니고 지속적으로 활동하는 조직이며 단순한 개인의 집합체가 아니고 통일적으로 활동하는 조직이고자 한다."

(2) 청변의 내부논의 과정

청변의 내부모임이 시작된 것은 1987년 대선이 노태우와 기득권의 승리로 귀결되고 난 직후인 1988년 2월부터였다. 2월 5일 첫 모임 이래 일주일에 한 번씩 모여 청변의 위상·조직·활동 등에 관해 토론했고, 당시의 시국정세·민중민주운동론·외국 변호사 운동 사례 등에 관해 정열적인 논의를 거듭했다.[93]

청변의 초기 제안자들은 이양원·이석태·조용환·백승헌·유남영·김형태 변호사 등이었고, 이들은 대체로 78학번이거나 연수원 14기였다. 그 이후 기존 정법회 멤버였던 박원순·임재연·이원영·박인제 변호사 등이 논의에 참가했고, 후반기에 박용석·임희

---

93) 이때 모임장소는 서소문 대한빌딩 705호에 소재한 백승헌 변호사 사무실이었다.

택 · 손광운 변호사 등이 참여하기 시작했다. 신기남 변호사 등은 초기에 참여하다가 오히려 후반에는 모습을 잘 드러내지 않았다.

청변의 모임에서 논의하고 토론한 것은 주로 앞으로 탄생할 청변의 위상과 활동에 관한 것이었다. 청변이 갖는 시대적 과제를 명확히 인식하고 앞으로의 활동을 위한 회원의 보편적 의식 공유의 확보가 바로 이 세미나의 목적이었다.[94] 이러한 목적에 따라 이 세미나의 주제와 내용, 그리고 그 절차는 엄격히 준비되었다. 세미나의 내용은 크게 변혁운동의 이해를 위한 부분과 법 · 법률가의 기능파악을 위한 부분으로 나뉜다. 전자에는 변혁운동 개관, 현재의 노동문제 및 노동운동, 현재의 농민 · 빈민문제 및 농민 · 빈민운동, 현재의 분단문제 및 반외세통일운동 등으로, 후자는 법의 이데올로기적 기능, 특권계급으로서의 법률가의 기능, 한국법조의 형성 과정 및 그 기능, 사회 제부문에서 요청되는 법률가의 가능 등으로 세분했다. 그리고 총정리의 의미로 변혁운동에서의 인텔리운동─법조부문운동의 활동영역, 한국법조운동의 개관─그 한계 및 가능성에 대한 논의로 마무리한다는 것이었다.

이러한 계획에 따라 회원들이 각자 하나씩 주제를 정하여 발제를 하고 토론을 벌이면서 청변 위상에 관해 하나하나씩 합의를 해 나갔던 것이다. 매주 1회 세미나를 원칙으로 하면서, "매회 2인씩 1~2개

---

94) 그 당시 청변 내부의 세미나의 목적에 관해 다음과 같이 설명하고 있다. "청변이 조직구성원을 고유한 대상으로 하는 내부 세미나를 수행하는 궁극적인 목적은 '청변활동의 효과적 수행' 에 있다고 할 것이다. 즉 청변은 내부 세미나를 통해 한국사회 변혁운동 전반에 대한 이해를 얻고 한국사회에서의 법과 법률가의 기능을 파악할 수 있으며 이러한 이해와 파악을 전제로 하여, 첫째, 한국사회의 변혁운동에 있어서 법조부문이 담당해야 할 고유한 활동영역을 설정하고, 둘째, 타부문의 제반활동에 대한 지지 · 지원 · 제휴 · 연대의 방식 및 한계를 명확히 하고, 셋째, 청변의 조직구성원간에 인식의 통일성을 확보할 수 있는 바 그리함으로써 청변은 그 활동을 효과적으로 수행할 수 있는 것이다"(1988년 3월 2일자 '청변 내부 세미나에 관하여' 라는 제목의 유인물에서).

를 취해 발제하되 발표 전에 반드시 발표논문의 초고를 구성원 전원에게 배포하는 한편 발제자와는 별도로 1인의 사회자를 미리 정해 발제자와 같은 정도의 사전준비를 하게 하여 사회자로 하여금 쟁점을 미리 정리, 토론에 부의하도록 함으로써 생산적인 세미나를 실현"하도록 했다. 이때 이루어진 발제의 주제들은 다음과 같은 것들이다.

- 일본에서의 임의 법조단체의 활동
- 농민문제 및 농민운동
- 한국법조의 형성과정과 그 기능
- 민중운동과 법조운동
- 법과 이데올로기
- 사회 제부문에서 요구되는 법률가적 기능

특히 일본에서의 임의 법조단체들에 관해 소개한 조용환 변호사는 자유법조단, 자유인권협회, 총평변호단, 경영법조회의, 일본민주법률가협회, 민주법률협회, 청년법률가협회, 일본부인법률가협회, 동대투쟁변호단 등의 결성·조직 및 활동, 활동의 방침과 특징 등을 소개했다. 특히 청년법률가협회에 대해서는 다음과 같이 결론을 내리고 있다.

"판사지회, 사법연수생지회가 독자적인 활동을 수행하고 있는 점이 특색인 동시에 보수파의 반발을 가장 강하게 받는 원인이 됨. 정법회 소속 판사들에 대한 법원에서의 추방운동 및 사법연수생에 대한 임관거부사건이 수차 있었음. 자유법조단 및 총평변호단과 연대하여 활동을 수행했고 정법회에 소속된 판사들의 진보적인 법해석과 판결이 성과를 거두었음. 그러나 사법반동의 강화로 법원 내에서 반발이 강해지자 소속 판사들의 입장을 고려하여 활동이 약화된다는 비판이 제기되었음."[95]

　단순한 위상에 대한 논의는 점차 구체적인 사건에 대한 변론의 공동준비와 대응으로 나아간다. 참여인원도 점차 늘어났다. 참고로 그해 5월 13일 청변 14차 모임의 회의록을 소개한다.

- 참석인원: 손광운, 이홍식, 임희택, 김형태, 김선수, 유남영, 이원영, 조용환, 윤종현, 이경우, 백승헌
- 논의된 주제
    1) 세미나: 한국법조형성사, 발제 윤종현
    2) 변협 인권위 보고(5. 11): 김근태사건, 악법개폐문제, 서준식 건(백승헌 담당)
    3) 양원태: 담당한 4인 모임(손광운 추가)이 5. 17 19:30 예정
    4) 서산 소작쟁의 변론건: 서울의 1인과 서산 이장환이 공동으로 하기로 함(손광운, 백승헌) ― 엔.씨.씨에서 위임
    5) 현대엔진사건: 조영래 변호사가 3인 정도 선임해 줄 것을 요청. 공소장 옴(이석태, 김선수, 김갑배)
    6) 도화동 철거민 변론건: 황인철, 이석태, 백승헌 공동변론 결정, 선임계 제출
    7) 빈민문제연구: 유남영 2주내에 레포트 내기로 함.
        5. 27 발제 "도시재개발과 전세입주자의 문제"
    8) 박종철군사건이 5월 말이나 6월 초 시작될 것 같은바, ① 피고주소 확인 ② 증거정리 ③ 법률상 근거 호가보등 준비가 필요한바 다음 모임까지 분담사항 등 결정하기로 함(조용환)

---

95) 조용환, 「일본에서의 임의법조단체의 활동」, 미발행 원고, 3쪽.

2) 청변과 정법회의 통합

(1) 청변의 정법회와의 통합 결정

세월이 가면서 청변은 기존의 정법회와의 관계를 놓고 커다란 고민에 빠진다. 원래 청변은 정법회에 대한 비판적 시각을 지니고, 그 극복을 위해 창립하려 했던 것이다. 정법회가 수행해온 역사적 역할과 정법회 소속 변호사들의 활동에 대한 대중적 신뢰와 명망은 인정한다. 그러나 동시에 정법회가 친목적 조직에 그치고[96] 구체적 사건 변론에만 매몰되어 있으며,[97] 대중적이고 공개적인 조직으로 발전되지 못하며 나아가 민족민주운동의 대의에 복무하고 부문운동으로 자신을 세우고 통일적이고 조직적인 법률운동을 수행해 내지 못했다는 비판을 하고 있었던 것이다.[98]

청변은 스스로 내규와 발기문 초안까지 작성하고 구체적인 활동을 준비하는 단계에 와 있었다. 그러나 청변의 준비과정에서 정법회와는 완전히 별도의 조직을 꾸려야 하는지에 대한 논란이 제기되었다. 청변 구성원의 상당수가 정법회 회원이었고, 나머지 다수는 아직 변론경험이 일천하여 독자적인 조직이 될 경우 보수적인 법조계

---

96) 그 당시 청변 논의에 참가한 변호사들은 정법회가 느슨한 친목중심의 조직이라고 보았다.

97) 사실 정법회로서는 비공개 단체로서 외부 홍보나 여론형성 활동을 하지 않고 있었으며, 비민주적 제도나 법률의 조사·연구·개폐운동 등에는 역할을 하지 못하고 있었다.

98) 청변을 독자적으로 꾸려야 한다는 주장은 다음과 같은 근거에서 이루어졌다. 첫째, 6·29 이후 합법적 공간에서 변호사운동을 하는 것이 가능하다. 둘째, 민중민주운동의 발전을 위하여 각 분야의 자기 중심체제를 구축할 필요성이 있는데 법조계라고 예외가 아니다. 셋째, 그동안 고립·분산된 협조체제에서 타부문과의 제휴·연대의 필요성이 높아졌다. 넷째, 기존의 변협과 정법회로는 안 되며 적대적인 관계로서가 아니라 앞서 끌어갈 필요성이 있다. 다섯째, 종래 인권변호사들조차 고립분산적 활동이 몸에 베어 있고, 실천방식에 통일이 어려우며, 법조와 밀착관계가 있어 개혁이 어렵다(필자의 메모 가운데서).

에서 완전히 이단적 조직으로 고립될 가능성이 많다는 의견이 대두되었다.

그뿐만 아니라 정법회 내부에서도 조직강화특위를 만들어 청변과의 통합작업에 들어갔고, 이에 따라 정법회 간사들과 청변 일부 회원들이 회동을 갖기도 했다. 청변은 4 · 1 모임에서 다음과 같은 세 가지 안을 놓고 토론을 거친 후 표결에 붙여 제3안을 채택했다.

제1안 : 청변 독립조직 회원 개인 자격으로 정법회 가입.
제2안 : 정법회에 청년분과위원회 등 설치하여 청변기능 수행.
제3안 : 독립조직이나 분과위원회를 별도로 설치하지 않고 정법회 내부의
　　　　통상적인 간사제도 등을 통하여 청변 본래 구도 관철.

이렇게 표결이 이루어질 때 대단히 팽팽한 양상이었고,[99] 그 다음 모임에서 이 표결을 유효하게 인정해야 할지 다시 논의되기도 했다. 부의된 안건의 중대성에 비추어 사전에 충분한 검토가 미비했고, 정법회와의 통합 후 청변의 향후 조직 존폐, 편성 등에 관한 논의 간과, 결의의 절차와 방식상의 흠이 제기되었다. 그러나 당시 청변은 회원체계나 의사결정구조가 완전히 잡혀 있는 상태가 아니었다. 또한 사전에 모든 구성원에게 고지되었다고 하더라도 모두가 동일한 문제의식을 가지고 있었다고 보기도 어려웠다. 정법회에서 이미 통합논의가 진행 중인데 그 논의를 백지화하는 것이 모양이 안 좋고, 청변의 고립 소지가 높을 뿐만 아니라 정법회의 발전적 해체 통합이 되는 것이라면 청변의 일방적 흡수라고 보기 어려우며, 더 나아가 장기적 전망에서 청변의 입장이 정법회를 통해 구현된다고 볼 수 있다[100]는

---

99) 대단히 근소한 차이로 통합안이 의결되었다.
100) 실제로 민변이 탄생한 후에도 청변은 이른바 금요모임을 만들어 매주 금요일 세미나를 지속적으로 열어 동일성을 확인하면서 민변의 역동성과 활력을 담보했다. 금요세미나에는 선배 변호사들이 초청되어 선후배간의 교류를 도모했으며,

이유 등으로 원래의 결의에 대한 이의제기는 하지 않기로 결정되었다.[101]

(2) 청변의 시대적 의미

청변은 결국 대외적으로 보면 고고(孤高)한 소리 한번 지르지 못하고 사산(死産)한 결과가 되고 말았다. 내부적으로 많은 논의를 거치고 좀더 젊고 진보적인 변호사들을 모아내기는 했지만, 대외적 활동을 벌이거나 간판을 내걸지 못한 채 정법회와 통합되는 운명을 걷게 된 것이다.

당시 전두환정권의 군사독재가 종식되고 새로운 민주주의의 기운이 움트고 있기는 했지만 여전히 권위주의 정부가 지속되고 있었고, 그러한 조건하에서 청변이 독자적으로 창립되었다면 아마도 탄압과 수난의 연속이었을 것임이 틀림없다. 자신의 변론활동을 온전히 수행하는 것보다는 외부적 공격에 일일이 대응하는 데 연연했을 가능성이 높았다.

청변은 스스로 이러한 점을 고려하여 청변의 정신을 그대로 지키면서 정법회와 통합하여 새로운 제3의 변호사 조직을 탄생시키기로 했던 것이다. 이제 전두환정권 후반기의 극심한 인권탄압기에 나타나 그 시대적 소명을 다한 정법회는 전혀 새롭고 진취적인 세대의 수혈을 받아 한국변호사의 역사에서 커다른 전환의 틀을 짜게 된다. 이렇게 해서 탄생한 것이 바로 민변(민주사회를 위한 변호사모임)이다. 이러한 점에서 청변의 통합결정은 사산이 아니라 새 생명을 불어넣은 결단이었다.

한번은 『남부군』의 저자인 이태 씨를 모시고 지리산 등지를 답사하는 등 지속적으로 우의를 다졌다.

101) 이러한 통합 과정에서 여러 가지 이론과 논쟁이 있었으나 통합 결정 이후에는 대체로 그 결론에 동조했고 별다른 반발은 없었다. 청변 논의에 참여한 대부분의 변호사들은 따라서 민변 창립에 참여하게 된다.

5. 그 시대에 정법회와 청변이 있었다

1987년 대선은 많은 사람에게 좌절을 안겼다. 특히 민주화운동을 해 오면서 새로운 세상을 꿈꾸어 왔던 사람들에게 남은 것이라고는 허탈뿐이었다. 그것은 지루한 투쟁과 고단한 분투가 지속된다는 것을 의미했다. 대선 과정에서 상당한 입장의 차이를 보였던 정법회 변호사들에게도 이제 노태우정권하에서의 새로운 인권변론을 준비하지 않으면 안 되었다. 그 가운데 들려오는 청변의 소식은 희망과 우려가 교차하는 것이었다. 일군의 진보적인 청년변호사들의 출현은 백만원군을 얻은 느낌이었고, 동시에 독자적인 변호사 단체의 창설 움직임은 기존 보수적 변호사업계에서 부닥치게 될 충돌과 고립에 대한 우려를 자아내게 만들었다. 이런 점에서 정법회는 청변과 함께 새로운 변호사 조직의 창설을 위해 발전적 해체를 의결하는 데 별다른 어려움이 없었다.

몇 차례의 논의 과정과 청변의 통합 결정에 따라 드디어 민변이 출범했다. 1988년 5월 28일의 일이었다. 베어즈타운에서 열린 창립총회에서 민주사회를 위한 변호사모임(민변)[102]이 정식으로 탄생한 것이다. 대부분의 정법회 회원과 청변의 회원이 민변의 회원으로 흡수되었다.[103] 51명의 창립회원으로 시작된 민변은 그후 계속 확대되

---

102) 그 당시 이 통합 변호사 모임의 명칭을 공모했는데 조영래 변호사가 낸 '민주사회를 위한 변호사모임'이라는 명칭이 당첨되어 10만 원을 상금으로 탔다.

103) 청변의 회원 가운데 초기 논의에 참여했던 일부 변호사들이 탈락했는가 하면 정법회의 멤버들 가운데 적지 않은 중진 변호사들도 민변의 탄생 이후 민변이 확실히 운동적 성격을 강화하면서 점차 무관심해진 것은 사실이다. 예컨대, 민변이 역점을 두고 집단적으로 변론을 조직한 문익환 목사 방북사건, 박노해사건 등에 관해 이론이 적지 않았고, 이러한 논쟁은 정치적 신념의 문제로 이어져 회원간의 시각차를 드러내게 되었던 것이다. 그러나 이러한 작은 차이와 탈락에도 불구하고 인권변호사들의 대세는 민변을 중심축으로 활동하게 된 것은 부인할 수 없는 사실이다.

어 현재에는 250여 명에 이르고 부산경남지부 등을 비롯해 지역조직
까지 갖는 거대 변호사 조직으로 발전해 왔다. 특히 인권변호사들의
총본산으로서 사회적 신뢰와 국민의 기대를 한 몸에 받는 단체가 되
었다. 이러한 민변의 창립과 발전에는 어려운 시대에 변호사의 본분
을 다하고자 노력한 정법회의 정신과 새시대의 진운을 이끌려 했던
청변의 의지가 그 밑거름이 되었다. 각자의 시대에는 각자의 소임이
있듯이, 지난 전두환정권 후반기에는 정법회와 청변이 있었다.[104] 그
리고 이제 새로운 시대에, 새로운 인권변론이, 새로운 인권변호사
단체가 준비하고 있었다. 민변이었다.

---

104) 조준희 변호사는 인권변론사를 시기적으로 다음과 같이 네 가지로 정리하고 있
　　다. 1972년 10월유신 때까지 활약했던 이병린 변호사의 시대, 그 이후 1985년까지
　　이른바 '4인방 변호사'가 활동하던 시대, 1986년 정법회가 만들어져 활동하던 시
　　대, 그리고 민변의 시대이다(이돈명 · 홍성우 · 조준희 · 김형태, 앞의 글, 681∼
　　682쪽 참조).

'인권변호사의 전설',* 조영래 변호사

1. 보석처럼 빛났던 이름, 조영래

"조영래, 보석처럼 빛났던 이름, 명쾌한 판단력과 명확한 논리, 두둑한 배짱과 서슴없는 실천, 섬세하고 따뜻한 사랑으로 감싸진 사람, 시대의 어둠과 민족의 고난 속에서 한 가닥 혈로를 뚫어가던 그 기개와 지혜, 그 속에 선배와 후배를 끌어넣어 정의에 눈뜨게 하고 세상 사는 맛을 나게 만들던 사람, 그러므로 조영래는 항상 모든 사람들의 대장이었으며 사령탑이었고, 우리들의 자문역이었으며 우리들의 기댈 언덕이었습니다. 조영래가 가는 곳만 따라다니면 그곳에 진실이 있었고, 정의가 있었고, 승리가 있었습니다. 조영래가 가는 곳에는 허위의 가면도 불의의 권세도 추

---

* 이본영, 「되살아나는 인권변호사의 전설」, 《한겨레》, 2000년 12월 31일자. 조영래 변호사의 10주기를 맞아 쓴 이 기사에서 이본영 기자는 "전두환 · 노태우정권 시절 추악한 권력에 맞서며 소외된 이들을 위해서도 몸을 던졌던 조 변호사는 학창 시절 이래의 인권운동과 8년 동안의 짧은 변호사 생활을 거치며 민주화운동의 역사에 큰 족적을 남겼다. 한창 왕성하게 활동하다 43살의 아까운 나이에 세상을 등진 안타까움에 선후배 법조인과 지인들의 그를 향한 추모의 정이 끊이지 않고 있다"고 썼다.

풍낙엽처럼 스러져 갔습니다. 조영래가 있음으로써 80년대 그 어둠의 세상도 신바람나고 즐거울 수 있었습니다. 그런데 이제 조영래 없는 법정을 무슨 용기로 드나들며, 조영래 없는 세상을 무슨 재미로 살며, 조영래 없는 미래를 무슨 희망으로 꿈꿀 수 있습니까?"[1]

정말 그랬다. 조영래는 많은 지식인과 국민들 사이에 가장 명망 있고 신뢰받는 소장 변호사 중의 한 사람이었다. 법조인을 넘어 지식인들과 일반 국민들로부터 광범한 지지를 얻고 있었던 것이다. 그것은 무엇보다 그가 당시 권위주의 시대에 보여주었던 민주주의와 정의에 대한 확고한 신념과, 그것을 실천하기 위해 보여주었던 용기와 실천으로부터 얻어진 것이었다. 그뿐만 아니라 그의 강력한 신념과 불퇴전의 용기에도 불구하고 그만이 가졌던 폭넓고 원만한 인간관계에 사람들은 매료되었다. 실제로 조영래에 대한 사람들의 기대는 그가 단순히 법조인의 역할을 넘어 이미 정치적 지도자의 역할에 대한 갈망으로 변해 있었다.

"언젠가 때가 오면 홀연 떨치고 일어나 부정 불의에 기생하는 썩은 세력들, 질척거리는 혼탁한 세상 멋지게 물갈이 한번 해 보자고 깃발 들 날만 기다리고 있었는데 그렇게 허망하게 우리 곁을 떠나다니 그 빈자리를 누가 메울 수 있을까."[2]

"조 변호사는 학생운동가로서, 반독재투쟁가로서, 인권변호사로서, 문필가로서 다양한 면모가 있지만, 잠재적인 정치가로서의 그에 대한 기대

---

1) 홍성우 변호사의 조사(弔辭) 중 일부. 그 당시는 늘 그랬듯이 어떤 문건의 작성자와 명의자가 다르기 일쑤였다. 이 조사의 초안은 필자가 썼고 홍 변호사가 가필·수정한 것으로 기억한다.
2) 홍성우, 「어둠 밝혀준 시대의 양심―조영래 변호사 1주기에 부쳐」, 《동아일보》, 1991년 12월 12일자.

가 상당히 광범하게 있었던 것이 사실입니다. 조 변호사는 일개 변호사가
아니라 정치지도자로서 언젠가 깃발을 들리라 기대했던 거죠.”[3]

이런 생각을 가졌던 것은 단지 홍성우 변호사와 손학규 교수만이
아니었다. 조영래를 알고 있던 많은 사람들 사이에 조영래가 단순히
인권변호사로서가 아니라 이나라 정치·사회의 지도자로서 큰 역할
을 해 주기를 기대하는 사람들이 늘어나고 있었다. 더 구체적으로 말
하면 많은 사람들은 그가 언젠가 대통령이 되어 우리 사회를 완전히
바꾸어주기를 기대하고 있었던 것이다. 그러나 호사다마라고 했던
가. 그는 결국 요절함으로써 그 모든 기대를 저버리고 저세상으로 표
표히 떠나고 말았다.

2. 조영래의 삶과 생각

1) 남다른 학생시절

조영래는 1947년 3월 26일 대구에서 출생하여 가난한 어린시절을
보냈다. ‘방천가의 빈민가’에 옮겨 살았던 것이다. 그후 가족이 서울
로 이사왔으나 달동네에 살면서 가난하기는 마찬가지였다. 그러나
그 가난은 소년 조영래의 올바른 성장과 성숙에 큰 장애물이 되지 않
았다. 그의 학력과 성적, 그의 학생활동은 가난으로부터 유래될 수
있는 어떤 어둡고 부족한 면을 보여주지 않았던 것이다.
명석했던 그는 경기중학교와 경기고등학교를 다녔다.[4] 공부도 잘

---

3) 손학규 발언, 홍성우·손학규·장기표·양건, 「창조적 인권변호 활동과 민주화운
동―고 조영래 변호사 추모좌담」, 법과사회이론연구회 편, 《법과사회》, 1991년 통
권 제4호, 101쪽.
4) 이때에도 그는 가정교사 생활을 하면서 학교를 졸업할 수 있었다고 한다(《한겨

할 뿐만 아니라 사회의식이 높았던 그는 이미 고등학교 3학년 때 한일회담반대 시위를 주도하여 정학처분까지 받았다. 이 시위를 기억하는 가까운 사람들의 말을 들어보자.

"조영래 변호사는 고등학교 때부터 아주 탁월한 지도력을 발휘했는데, 고등학교 3학년 때 학생회 학술부장이었던 그는 한일회담반대 시위를 조직해서 학생들을 이끌고 국회의사당 앞을 지나 시청 앞을 돌아나오는, 그 당시로서는 최초의 대규모적인 그리고 아주 분명한 문제를 제기하는 학생시위를 주도했었습니다."[5]

"조영래 변호사에 대해 강한 기억으로 남아 있는 것은 조 변호사가 고등학교 3학년 때, 그리고 저는 고등학교 2학년 때 한일회담반대 데모를 할 땐데, 당시 플래카드의 문구가 '이것이 민족적 민주주의더냐?' 라는 것이었습니다. 5·16 이후 김종필 씨가 초기에 내건 이야기 중의 하나가 민족적 민족주의였지요. 그와 관련해서 여러 가지 이야기가 있는 줄로 알지만, 그런 말을 하던 사람들이 한일회담을 굴욕적인 자세로 추진한다니까 그것을 비판하면서 딱 집어낸 문구가 바로 그것이었습니다. 그 플래카드가 앞세워진 사진이 당시 한일회담반대 데모에 관한 기념적인 기록사진 중의 하나로 남아 있는 것으로 알고 있습니다."[6]

그런 가운데도 1965년 3월 서울대학교 법대에 수석입학하여 수재임을 입증했다. 대학에 입학해서도 다른 학생들과는 달리 사법시험과는 먼 학창시절을 보냈다. 독서에 탐닉하면서 동시에 반정부데모에 열심이었다. 한일회담 반대, 삼성재벌 밀수규탄, 6·7부정선거 항의, 3선개헌 반대, 교련 반대, 공명선거 쟁취 등 학생운동을 주도

레》, 1990년 12월 13일자).

5) 손학규 발언, 홍성우·손학규·장기표·양건, 앞의 글, 86쪽.

6) 양건 발언, 홍성우·손학규·장기표·양건, 앞의 글, 87쪽.

했다.[7] 그가 대학 재학 중에는 자연히 서울법대가 학생운동의 본거지가 되었다.[8] 그렇게 그는 언제나 그가 속한 그룹의 리더가 되어 있었다.

2) 전태일 분신사건과 조영래

졸업 직후 사법시험을 준비하던 중인 1970년 11월 전태일 분신사건이 발생했다. 그는 공부를 중단하고 현장으로 달려갔다. 당시 용구암이라는 암자에서 사법시험을 준비하던 조영래는 사건이 나자마자 장기표·서경석 등 학생운동권 친구들과 더불어 가족들에 대한 지원, 노동문제의 대사회적 제기와 확대 등에 나서게 된다. 서울법대에서 장례식을 치르려는 계획은 경찰의 원천봉쇄로 실패하고 말았지만 학생들의 격렬한 시위는 막을 수 없었다. 장기표는 이것에 대해 다음과 같이 증언하고 평가한다.

"사건이 나자마자 조 변호사는 시험 준비 중에도 불구하고 나와 사건을 부각시켜 노동자들의 참상을 폭로하고 또 경제성장논리의 허구성을 폭로했습니다. 그전부터 사회과학계에서도 노동문제에 대해서 관심을 가지고 있던 차에 이 사건이 터진 것이라, 당시 그런 명칭은 없었지만 이른바 노학연대가 시작된 것이지요. 나는 주로 직접 전태일 가족들을 만나

---

7) 시위 주도 때문에 다른 친구들이 징계처분을 받았음에 비해 조영래는 수석입학생이라는 이유로 그 대상에서 제외되었다고 한다. 특별한 우대였다(정보람, 「그의 20대―조영래」, 《북소리》(www.booksori.or.kr/politics/s014107.html).

8) 조영래와 고교·대학 동기로서 서울대 문리대를 다녔던 손학규는 "65년도 한일회담비준반대시위 때만 해도 조 변호사는 1학년에 불과했지만 입학하자마자 법대 학생운동의 중심이 되어 있었고" "그 전까지 특히 6·3사태 때에는 완전히 문리대가 독무대였는데,…… 조영래 변호사가 법과대학에 들어가면서 학생운동의 무게중심이 법대로 옮겨져 가는 것이 체감될 정도였다"고 한다(손학규 발언, 홍성우·손학규·장기표·양건, 앞의 글, 87쪽).

함께 일을 풀어가기 위해 힘썼고, 조 변호사는 외부로 사건을 확산하는 일을 주로 맡았는데, 특히 서경석 씨 등과 같이 이 사건을 종교계 등 각계와 언론에 알리는 데 결정적인 역할을 했죠."[9]

전태일의 죽음은 조영래에게 깊은 충격과 영향을 주었다. 나중에 그는 민청학련사건으로 수배되어 피신생활을 하면서 3년간 각고의 노력을 기울여 『전태일 평전―어느 청년노동자의 삶과 죽음』을 집필했다. 다음의 글은 조영래와 전태일의 만남, 대학로와 청계천의 만남을 문학적으로 묘사하고 있다.

"종로 5가에서 다시 북쪽으로 길을 잡고 올라가노라면 지금은 비록 대학로라는 허명의 폐허가 되었지만, 30년 전의 아련한 함성소리를 들을 수 있는 또 하나의 장소를 만난다. 그곳에서도 역시 사람이 하나 태어났다. 전태일을 '전태일'로 빚어낸 법학도, 바로 조영래 그 사람이다. 전태일이 소신(燒身)으로 자신의 생을 공양하자, 종로 5가 그 길을 건너 청계천 평화시장으로 일로매진한 조영래의 길찾기는 가히 하나의 세계에서 다른 세계로의 발걸음이었고, 자신의 몸으로 종로 5가에 청계천과 대학로를 잇는 교량을 개통한 것이라 본다면 이 역시 억측일 것인가. 그 교량을 건너 숱한 젊은이들이 길을 찾아 떠난 일이 지난 30년 한 세대의 사업이었다고 본다면 그 역시 억측일 것인가."[10]

3) 사법연수원과 서울대 내란음모사건

그는 대학 4학년 때 고시공부를 시작했다. "사람들의 자유로운 발언조차 보장하지 않는 세상을 한두 번의 시위나 몇 장의 유인물을 가

---

9) 장기표 발언, 홍성우·손학규·장기표·양건, 앞의 글, 92쪽.
10) 유중하, 「시에게 길을 묻다 ― 신동엽의 종로5가」, 《국민일보》, 1999년 4월 13일자.

지고 변화시킬 수 없다는 생각이 들었기 때문이다. 여느 학생처럼 토론하고 집회에 참석하기도 했던 그는 근본적인 변화를 위해서는 준비가 필요하다고 생각했다."[11] 물론 이 시기 친구들은 우려의 눈으로 바라보았다. 마치 운동의 대오에서 탈락한 변절자로 보였던 것이다.

명석한 머리를 가진 그는 공부를 시작한 지 1년여 만인 1971년 2월 사법시험에 합격한다. 그러나 사법연수원 재학 중 그는 서울대생 내란음모사건에 연루되어 구속된다. 이신범, 장기표, 심재권 등 서울대 출신의 네 사람이 현정권을 타도하고 새 정부를 세우려 했다는 혐의였다. 그러나 실제 상황은 다음과 같다.

1971년 5월 초순의 어느날, 서울 서대문구 갈현동 조영래의 집 문간방에서는 조영래 · 장기표 · 김근태 · 심재권 · 이신범 등이 모여 친구인 서경석의 군대 환송회를 하고 있었다.…… 술이 몇 순배 돌고 거나해진 그들은 대통령선거의 패배로 인한 울분을 털어놓고 있었다. "이봐, 외국잡지에서 학생들 데모하는 것을 봤는데 화염병을 사용하더라구"라고 이신범이 입을 열자 술에 취한 누군가가 농담조로 운을 뗐다. "그래 우리도 혁명 한번 하지 뭐. 끄윽. 네가 중앙정보부장 해라. 나는 서울신문사 사장이나 할 테니. 끄윽."[12]

이렇게 술자리에서 나누었던 대화가 바로 5개월 뒤 다음과 같은 공소장으로 나타났다.

조영래의 집으로 자리를 옮겨 동 조영래와 함께 약 2시간에 걸쳐 폭력에 의하여 현정부를 타도 전복할 것을 재차 합의하고…… 대형 자동차 1대를 능히 파괴할 수 있는 화염병 1백여 개를 제조 · 준비한 다음…… 경

---

11) 정보람, 앞의 글.
12) 안철홍, 「고통과 낭만이 공존했던 순수의 시대—70, 80년대 재야운동 비사」, 《월간 말》, 1996년 4월호, 162쪽.

찰이 발포토록 유도하여…… 시위 학생 중 사상자가 발생하면 시위학생을 완전히 폭도화시켜 중앙청을 향해 진출케 하면서 경찰관서를 비롯한 중요 관공서를 파괴 강점하고…… 혁명위원회를 구성하고 동 위원장에 김대중을 추대하여…… 입법·사법·행정 등 3권을 통괄하여 과도적으로 집권하면서…… 거사계획을 실행하기 위해 피고인 조영래는 동 혁명위원회의 구성 및 인선을, 동 이신범은 화염병 제조를, 동 장기표는 학생 시위의 명분 안출 및 각 대학 연락을, 동 심재권은 서울대학교를 제외한 타 대학생들의 시위 유발을, 공소 외 김근태는 서울대학생들의 시위 유발을 각각 분담키로 합의하고…….

이것이 바로 서울대생 내란음모사건의 전말이었다. 모두가 조작이었다.[13] 김근태를 제외한 나머지 네 명은 실형을 선고받았다.[14] 이 사건은 유죄로 귀결되었지만 그 과정에서 무죄를 주장한 판사도 있었다.[15] 실제로 공소장 내용이 얼마나 황당한지는 그 자체만 읽어 보아도 알 수 있다.

조영래는 1년 6개월의 징역형을 선고받고 복역 후 만기출소했으나 곧바로 민청학련사건의 배후로 지목되어 또다시 피신생활로 들

---

13) 당시 어떤 변호사는 공소장에 씌어진 9단계의 작전이라는 것을 보고 어이가 없어 '환상의 아홉 고개'라며 쓴웃음을 지었으며 대부분의 사람들은 마치 무협지 같은 이야기라며 고개를 절레절레 흔들었다고 한다(박상률, 『인권변호사 조영래』, 사계절, 2001, 126쪽).

14) 당시 민주수호국민협의회의 공동대표를 맡고 있던 이병린 변호사는 이 사건의 변론에 나서 "문제는 아카데미즘과 밀리터리즘의 대결이라고 보아야 할 것입니다. 아카데미즘에 가담할 것이냐, 밀리터리즘에 가담할 것이냐, 변호인의 견해를 미리 말씀드린다면 무반성한 밀리터리즘적 풍토를 재검토해야 할 때가 왔다고 생각합니다"라고 변론함으로써 군사정권의 미움을 샀다고 한다(안철홍, 앞의 글, 162쪽).

15) 고등법원의 K모 판사는 "미행과 친한 친구들의 지속적 협박에도 불구하고 공소사실 자체로서도 죄가 될 것이 없다는 소수의견을 낸 사실"도 있다(이시윤, 「박정권시대의 법조계 회상」, 《국민일보》, 1999년 12월 12일자).

어간다. 6년에 가까운 긴 세월이었다. 1980년 3월 이른바 '서울의 봄' 때 수배가 해제되어 부인 이옥경 씨와 이화여대 강당에서 뒤늦은 결혼식을 올린다. 그리고 사법연수원에 재학한 그는 1982년 2월 사법연수원을 수료하고 변호사를 개업한다.

4) 기나긴 수배: 동면 중의 활동

그는 서울대생 내란음모사건으로 선고된 형량을 만기복역하고 출소한 뒤에도 사실상 자유를 누리지 못했다. 앞서 말한 대로 곧바로 '잠수함을 타야 하는' 상황이었기 때문이다. 그는 민청학련의 이른바 자금책이라는 중요한 직책을 맡았다. 이성을 잃은 정권은 민청학련의 금지를 주된 내용으로 하는 긴급조치 4호를 발표했고, 이 사건의 관련자들을 모두 구속·기소했다. 조영래는 곧바로 피신하는 데 성공했지만 그후로 너무나 기나긴 수배생활을 해야만 했다.

수배 중에 그는 정식 결혼은 하지 않은 상태로 이미 결혼을 약속한 이옥경과 홍은동 어느 허름한 양철지붕 집 옥상에서 동거생활에 들어간다. 전태일사건을 계기로 만난 이들의 사랑[16]은 조영래의 구속기간 중에 더욱 무르익었고, 결혼식을 준비하던 중에 조영래가 수배되면서 수포로 돌아갔던 것이다. 이 동거기간 중에 장남 일평이가 태어났다.

그는 수배 중에도 "도망 다니면서도 끊임없이 자기가 해야 할 일을 찾아서 했으며" "어떤 사람들을 움직여서 무엇을 만들어야 할지

---

16) "(노동자들이 처한 상황이 얼마나 절박했으면 하나뿐인 목숨까지 바쳐 세상을 일깨우려 했을까?) 이런 고민을 하고 있을 즈음, 조영래는 이화여대 4학년생인 이옥경이 전태일에 관해서 쓴 글이 동아일보에 실린 것을 보았습니다. 머릿속이 온통 전태일에 관한 생각으로 꽉 차 있던 조영래는 그 글을 보자 눈이 번쩍 뜨였습니다.…… 이렇게 생각한 조영래는 여기저기 수소문 끝에 그 글을 쓴 이옥경을 만날 수 있었습니다"(박상률, 앞의 책, 122~123쪽).

부단히 생각하고 이 사람, 저 사람, 알 만한 사람들을 동원"하곤 했다.[17] 이 기간 중에 조영래가 썼던 두 가지 명문이 있다. 바로 『전태일 평전』과 「양심선언」이다.

(1) 『전태일 평전』 집필

우리가 이야기하려는 사람은 누구인가?

전태일(全泰壹).

평화시장에서 일하던, 재단사라는 이름의 청년노동자.

1948년 8월 26일 대구에서 태어나 1970년 11월 13일 서울 평화시장 앞 길거리에서 스물둘의 젊음으로 몸을 불살라 죽었다.

그의 죽음을 사람들은 '인간선언'이라고 부른다.

인간선언. 가난과 질병과 무교육의 굴레 속에 묶인 버림받은 목숨들에게도, 저임금으로 혹사당하고 있는 노동자들에게도, 먼지구덩이 속에서 햇빛 한 번 못 보고 하루 열여섯 시간을 노동해야 하는 어린 여공들에게도, '인간으로서의 최소한의 요구'가 있다는 것을 밝히기 위하여 그는 죽었다.

그는 말했다.

인간의 생명은 고귀한 것이라고. 부자의 생명처럼 약자의 생명도 고귀한 것이라고.

그는 고발했다.

이 사회의 밑바닥에는, 인간이면서도, 짐승이 아닌 인간이면서도 "그저 빨리 고통을 느끼지 않고 죽기를 기다리는, 그리고 죽어가고 있는 생명체들"이 있다고. 이들은 "모든 생활에서 인간적인 요소를 말살당하고 오직 고삐에 매인 금수처럼 주린 창자를 채우기 위해 끌려다니고 있다"고.

---

17) 손학규 발언, 홍성우 · 손학규 · 장기표 · 양건, 앞의 글, 97쪽.

그리하여 그는 맹세했다.

"인간을 물질화하는 세대…… 한 인간이 인간으로서의 모든 것을 박탈당하고 박탈하고 있는 이 무시무시한 세대에서, 나는 절대로 어떠한 불의와도 타협하지 않을 것이며, 동시에 어떠한 불의도 묵과하지 않고 시정하려고 노력할 것이라고……."

그는 싸웠고, 그는 죽어갔다.

이렇게 비장하게 시작하는 『전태일 평전』.[18] 오래도록 그 저자마저 알려지지 않았던 책. 암흑의 시대에 있을 법한 일이었다. 결국 그 저자가 바로 조영래였다는 사실이 알려진 것은 한참 후의 일이었다. 그러나 자신의 이름을 저자로 단 책이 발간되었을 때에는 이미 그는 이 세상 사람이 아니었다. 그러므로 이 책에는 저자인 조영래의 서문도 발문도 없다. 발문을 대신 쓴 장기표는 이 책의 성격을 이렇게 규정짓고 있다.[19]

"내 죽음을 헛되이 말라"고 한 전태일의 유지를 세상에 전파하는 데 가히 결정적인 역할을 한 사람은 역시 이 시대의 성전이라 할 전태일 평전을 집필한 조영래이다. 흔히 바울이 없었다면 예수가 없었을 것이라고 말하는데, 전태일의 경우 조영래가 있었기에 전태일의 뜻이 보다 더 힘있게 펼쳐질 수 있었다. 전태일 평전은 조영래가 민청학련사건 이후 수배 상태에서 3년여에 걸쳐 그야말로 혼신의 힘을 다해 집필한 '전태일 복음서'이다. 그런 의미에서 이 책은 전태일의 사랑과 투쟁만을 담고 있는 것이 아니라, 저자인 조영래의 사랑과 지혜와 투쟁을 아울러 담고 있다고 보아도 조금도 틀리지 않을 것이다.

---

18) 조영래, 『전태일 평전』, 돌베개, 2002, 19쪽.
19) 조영래, 앞의 책, 311쪽.

　　조영래의 사랑과 열정과 삶의 모든 것이 녹아 있는 『전태일 평전』. 이 책은 그야말로 전태일의 평전이자 조영래의 삶의 역정이기도 했다.[20] 이 책을 집필하면서 조영래가 생각하고 꿈꾸었던 것은 무엇이었을까.

　　"그의 20대 후반은 도피 생활이었다. 아무 것도 할 수 없었던 시기, 그러나 무엇인가를 해야 했던 조영래는 자신을 불살랐던 한 청년을 생각했다. 1970년, 고시공부를 하고 있던 절에서 노동자 전태일의 분신 소식을 들었다. 시험을 앞두고 있던 그는 장례를 거드는 일 말고는 할 수 있는 일이 없었다. 법조인이 되려고 현실을 등졌던 자신을 부끄럽게 만든 노동자가 전태일이었다. 대학 공부까지 마친, 그리고 사람들이 죽어갈 때 고시공부를 했던 조영래에게는 일종의 부채감이 있었다. 자신의 위치에서 할 수 있는 일을 생각한 그는 "인간을 위해서……"라는 소박하지만 어려운 결심을 한다. 그리고 70년대 한국에서 가장 소외 받는 사람들, 노동자에게 시선을 돌린다. 그의, 아니 우리 사회 지식인의 부채감을 조금이라도 떨칠 수 있다면 무슨 일이라도 하고 싶었다. 수배 기간은 공개적인 활동을 하기는 힘들지만, 조심만 하면 차분히 무언가를 할 수 있는 시간이었다. 전태일의 삶을 추적하기로 했다. 엄청난 충격이었던 한 노동자의 죽음이 쉽게 잊혀지고 있는 현실이 안타까웠던 그는 전태일의 전기를 쓰기로 했다. 전태일의 어머니를 만나 인간 전태일에 대한 이야기를 들었다. 그리고 전태일의 삶을 이해하기 위해 평화시장을 찾았다. 자신의 버스비로 나이 어린 여성 노동자들에게 간식을 사 주고 자신은 걸어서 집에 오곤 했던 사람, 노동법의 존재를 알고 뛸 듯이 기뻐했다던 사람을 만날 수 있었다. 그의 마음은 무척이나 우울해졌다. 책에서만 읽었던 노동자들의 삶과 노동을 추적하는 과정은 그의 부채감을 더했다. 무엇보다 그의 마음

---

20) 장기표는 조영래의 요절이 바로 이 책의 저술에 자신의 모든 열정을 쏟았기 때문이라고 한다(장기표, 「가장 인간적인 사람들의 가장 비범한 삶」, 조영래, 앞의 책, 311쪽).

을 아프게 한 건, 온통 한자로 쓰여진 노동법을 읽을 수 없다는 전태일의 말이었다. "나에게 대학생 친구 한 명만 있다면……." 조영래는 전태일의 친구가 되기로 결심했다. 자신 역시 전태일의 죽음을 방관한 한 명의 대학생이었지만, 지금이라도 그를 살려야 한다는 결심을 굳혔다. 쉽지 않은 일이었다. 한 인간을 충분히 이해했을 때 쓸 수 있는 글이 전기문인 까닭에 그는 전태일이라는 젊은 노동자의 삶을 이해하기 위해 할 수 있는 모든 걸 했다. 스스로 전태일이 되어 허리를 펼 수도 없을 정도로 낮은 2층 작업대에 앉아보기도 하고, 열 살이 조금 넘은 여성 노동자들과 이야기를 했다. 그리고 전태일을 죽음으로 몰고 갔던 노동 현실의 여전한 현장을 봤다. 전태일을 살리면서 조영래 자신도 새롭게 태어나고 있었다. 그는 사람들의 삶을 이해하는 방법을 배우고 있었고, 낮은 곳에 위치한 사람들의 나아질 길 없는 생활을 목격했다. 그리고 세상이 바뀌어야 한다는 생각을 갖게 된다. 지금 자신이 하는 일이 세상을 바꾸기 위한 첫걸음이 되길 바랐다. 감추어진, 감추어지도록 강요당하는 진실을 세상 밖으로 꺼내는 일은 변호사 조영래의 미래를 만들고 있었고, 세상을 바꾸는 책을 만들고 있었다."[21]

1979년 10월, 그 강고하던 유신체제는 무너졌고, 조영래도 수배가 풀리고 복권되었다. 20대에 쓰기 시작한 전태일의 전기도 그의 나이 서른이 넘어 완성되었지만 책을 세상에 내놓을 수 없었다. '전태일'이라는 이름은 유신체제가 끝난 후에도 '노동자'라는 말과 함께 금기시 되었다. 전태일의 전기는 일본에서 먼저 출판되었다.[22] 우리나라에서는 1983년에 『어느 청년 노동자의 삶과 죽음』이라는 제목으로 나올 수 있었다. 그러나 전태일의 이름을 제목으로 할 수도, 책의

---

21) 정보람, 앞의 글.

22) 국내 출판이 불가능해지자 일본으로 원고가 보내졌는데 이 과정에서 이창복, 손학규 등이 관여했다고 한다(육성철, 「전태일 분신 30년 인생을 바꾼 사람들」, 《신동아》, 2000년 11월호).

저자인 조영래의 이름을 밝힐 수도 없었다. 이 책은 출간되자마자 판매 금지되었지만 1980년대 내내 베스트셀러의 반열에 올랐다.[23] 이 책은 금기시된 한 인물에 대한 전기로서의 호기심뿐만 아니라 전기로서는 보기 드문 수작(秀作)이었다.[24] 이 책은 수많은 젊은이들의 삶과 의식에 큰 영향을 미쳤으며,[25] 사회변화의 큰 원동력이 되었다.[26] 1990년이 되어서야 비로소 조영래가 저자의 자리를 되찾은 개정본이 출판되었다.[27] 그러나 그 며칠 전 조영래는 이 세상을 떠났다.

그러나 1995년 조영래와 그가 기리려 했던 '아름다운 청년 전태일'이 함께 부활했다. 바로 조영래의 책이 영화로 만들어진 것이다.[28]

---

23) 서울대 앞 사회과학 서점 '그날이 오면'이 지난 1987년부터 1997년까지 11년간 가장 많이 팔린 책의 순위를 집계한 자료에 따르면 1위는 『전태일 평전』(조영래)이었다(《경향신문》, 1998년 2월 19일자).

24) 대부분의 위인전이 아이들에게 비정한 현실을 배우게 하고 위인은 태몽부터 예사롭지 않다고 써 열패감을 심어주기만 한다. 이에 비해 조영래의 전태일평전은 그와 같은 위인전의 고질적인 문제를 극복한 수작으로 평가된다(이영미, 「위인전의 함정」, 《국민일보》, 2000년 1월 10일자).

25) 한 시인은 이렇게 쓰고 있다. "고백하건대, 어떤 책을 읽고 눈물 흘려본 기억이 있다면 내겐 이 책이 유일하다. 그것은 좋은 책이라든지 감동적인 책이라든지 범주를 넘어선, 날것 그대로의 아픔과 분노가 촉발시킨 눈물이며 그때의 눈물은 카타르시스의 둥근 포용성이 아니라 날카로운 예각으로 나의 내부를 찢으며 온다. 어린 나이 스물에 이 책은 그렇게 와서 내 바깥의 '나들'을 깨닫게 하고 인간에 대한 예의와 '인간적인'이라는 말이 빚는 빛과 그늘의 웅덩이를 들여다보게 했다"(김선우, 「책의 발견—어느 청년 노동자의 삶과 죽음 '전태일 평전'」, 《한겨레》, 2000년 11월 6일자).

26) 이 책은 "전두환 군사정권을 무너뜨리고 민주화를 앞당기게 한 넥타이부대 저항정신의 원천이 되었다"고 한다(조성환, 「전태일과 민주화운동」, 《경향신문》, 2001년 1월 23일자).

27) 조영래의 병세가 악화되어 회복이 불가능해졌을 무렵 민종덕이 조 변호사에게 책의 저자임을 밝혀야 되지 않느냐고 묻자 조영래는 평전에서 저지른 두 가지 잘못을 스스로 지적했다고 한다. 하나는 지식인 중심으로 씌어진 것이고, 또 하나는 죽음을 미화한 부분이라고 했다(육성철, 앞의 글).

28) 이 영화는 1995년의 시점에서 1975년 긴급조치로 수배중인 지식인 영수(문성근

　"95년 겨울 종로의 한 극장에서 영화 〈아름다운 청년 전태일〉을 보았다. 그리고 몇 해 전인 92년에는 돌베개에서 나온 책『전태일 평전』을 읽었다. 그 3년 동안 얼마만한 변화가 있었는지는 잘 모르겠지만, 분명 그 전과 비교해서 달라진 것이 있는 듯했다. 지난 80년대는 구석진 지하에서 숨죽여서 읽혀졌을 이 책의 주인공 전태일이 90년대 초에는 기성 서점에서 구입하여 지하철이나 버스에서 당당히 읽을 수 있게 된 것이다. 이제는 영화로서 정말 편안하게 빛을 발하게 될 수 있게 된 것이다. 고 조영래 씨가 골방에서 숨죽이며 대학노트에 빽빽히 써 내려갔던 전태일의 생애가 이제는 박광수 감독에 의해 제도권 영화사에서 제작되어 국민 앞에 다가서고 있는 것이다." [29)]

(2) 「양심선언」[30)] 작성

　"정의와 진리를 사랑하는 모든 이들에게 이 글을 보낸다. 참으로 어처구니없는 모략이 지금 나에게 들씌워지고 있다." 이렇게 시작되는 김지하의 글은 외신을 타고 전세계로 퍼져나갔다. "이 글은 유신독재에 항거하는 지식인들에게는 더없는 피로회복제로, 박정희정권

분)를 통해 1970년의 전태일(홍경인 분)을 바라보는 독특한 구성을 채택하고 있다. 영화제작을 전태일기념사업회가 주관했고, 제작비 공개모금운동을 벌여 1년 3개월 만에 7,564명으로부터 3억 원을 모금했다. 영화가 상영되어 60만 명의 관객들이 이 영화를 관람했다고 한다(《한국일보》, 1999년 8월 24일자).

29) 아름다운 청년 전태일(http://my.netian.com/~roffhop/pro/chun.htm).

30) 1975년 당시 민주회복국민회의에서는 양심선언운동을 제의했다. 중앙정보부 등 기관에서 이른바 각서를 쓰라는 요구를 받은 민주인사가 그것을 거부하느라고 고통을 당하거나, 본의 아니게 써 주고서 가책을 느끼는 일들이 많은데 그럴 필요가 없다는 것이었다. 요구에 맞추어 낙서하는 기분으로 써 주어버리라는 것이다. 그러자면 미리 "……이상 기록한 것이 나의 소신이자 진실이며, 이와 다른 어떤 말이 나오더라도 나의 본심과는 관계없이 협박에서 나온 것임을 알아주기 바란다"는 식으로 양심선언을 해 놓자는 것이었다. 이것은 구조적이며 컴퓨터화한 정치적 폭력 속에서 양심을 지켜나가는 하나의 지혜이기도 했다(한승헌, 「긴급조치와 긴급인권」, 천주교인권위원회 편, 『사법살인』, 학민사, 2001, 36쪽).

에게는 지울 수 없는 악성 바이러스로 두고두고 명성을 떨쳤다. '양심선언'이라는 또 하나의 용어가 역사의 전면에 나서는 순간이었다. 그 시대 최고 명문장의 하나로 꼽힌 이 「양심선언」은 그러나 주인공인 김지하에 의해 다시 한번 양심선언의 대상이 된다. 김지하는 15년의 세월이 흐른 1991년 2월, 역사에 남는 이 글이 사실은 자신의 벗인 조영래 변호사가 쓴 것이라고 양심선언한 것이다."[31] 김지하는 이렇게 고백했다.

"전국민과 전세계가 다 아는 그 「양심선언」은 명백히 내가 쓴 것이 아니다. 고 조영래 변호사가 쓴 것이다. 감옥 안에서 어떻게 그 긴 문장을 쓸 수 있었겠는가. 나를 살리기 위한 벗들의 뜨거운 우정이었지만, 그 뒤 적절한 시기가 되었는데도 사실대로 밝히지 않고 내가 쓴 것으로 계속 주장해온 나의 위선은 명성을 도적질한 명백한 기만이다. 양심선언으로 양심을 도적질한 것 아닌가. 사람들이 명문장이라고 칭찬할 때는 우쭐하기까지 했으니 참으로 한심하다."[32]

이 「양심선언」이 작성된 과정을 자세히 알기 위해서는 당시의 시대적 배경을 정확히 알 필요가 있다. 당시 김지하의 변론을 맡았던 홍성우 변호사의 진술을 들어보자.

"김지하가 '민주항쟁사건'으로 구속이 되었다가 한 달 만에 재구속이 되었는데 74년의 동아일보의 글하고, 장일담이라는 작품하고, 말뚝이라는 작품이 문제가 됐어요. 그 작품을 구상한 메모를 압수해서 거기에 나오는 이야기 줄거리가 용공적이다 하여 반공법으로 구속했는데, 처음에

---

31) 《국민일보》, 1995년 1월 19일자.
32) 김지하의 특별기고, 《동아일보》, 1991년 2월 17일자. 이 부분은 1991년 설날 아침 원주의 한 여관방에서 여인낙태, 경력 도둑질 등을 고백하면서 고백운동을 벌이자고 쓴 글의 일부이다.

는 단순히 반공법으로 구속해서 단독판사한테 배정이 되었어요. 그런데 한 달 정도 있다가 적용법조문을 추가했습니다. 그거야말로 아주 모골이 송연하던 일인데 반공법상의 재범 가중항을 적용해서 합의부로 돌렸는데 그 재범 가중항에는 사형까지 할 수 있게 되어 있었습니다. 그때가 언제인고 하니 월남 패망 직후입니다. 상이군경들이 머리띠 두르고 여의도에 모여서 서울을 사수하자면서 아주 급격하게 우경적인 분위기로 몰고 갈 때라고요. 그런 기세 속에 김지하씨건을 합의부로 돌렸으니, 아이고 이제 김지하 죽일려나 보다 하고 주변에서는 생각했죠. 하여간 그때는 나도 법정에 들어가는 게 무시무시하고 살벌했습니다."[33]

김지하는 당시 반유신체제의 상징적이고 대표적인 인물이었다. 그가 빨갱이로 몰려 사형이라도 당한다면 반유신운동세력 전체가 용공으로 몰릴 상황이었다. 민주화운동의 고사를 우려한 조영래는 그 상황의 반전을 시도한다.[34] 바로 「양심선언」이 그것이다.

결국 「양심선언」은 조영래의 정확한 정세판단과 그것을 기초로 해서 상황을 유리하게 바꾸어가는 실천과 행동을 보여준 대표적인 사례이다. 그는 "뭘 해야지 김지하 씨도 살리고, 운동권의 명분도 살리고 운동도 지속시킬 수 있나, 이것이 안 되면 운동권이 죽는다, 이러한 명확한 판단을 하고 그 판단에 기초한 것을 처리하는 능력"[35]을 갖추었던 것이다.

이 「양심선언」은 조영래가 일방적으로 작성한 것은 아니고 김지하와 상호 수정작업을 거듭하면서 완성된 것으로 알려져 있다. "김지하 씨가 처음부터 끝까지 고치고 이것은 양보 못하겠다면서 고집도 부렸고, 조영래는 조영래대로 이것은 이렇게 해야 한다고 설득하고 이러한 과정을 거친 것"[36]이었다. 완전한 대필이라고 보기는 어렵다

---

33) 홍성우 발언, 홍성우 · 손학규 · 장기표 · 양건, 앞의 글, 97쪽.
34) 손학규 발언, 홍성우 · 손학규 · 장기표 · 양건, 앞의 글, 97쪽.
35) 손학규 발언, 홍성우 · 손학규 · 장기표 · 양건, 앞의 글, 98쪽.

는 것이다. 이 '양심선언' 사건은 아무튼 조영래의 상황판단력과 그 실천력, 그리고 문장력을 보여주는 사건이 아닐 수 없다.

5) 인권변호사로서

(1) 조영래의 황금기, 인권과 공익을 위한 변론

이 시기야말로 조영래의 짧은 일생 가운데에서도 황금기였다.[37] 젊은 조영래는 군사독재의 한가운데에서 민주화의 선봉으로서, 지식인의 양심으로서, 인권변론의 기수로서 동분서주하고 있었다. 이 모든 활동은 그가 변호사라는 신분을 이용한 행동이었고 전술이었다. 변호사라는 직책은 조영래를 통하여 빛을 얻었고, 조영래는 변호사라는 직업을 통해 그의 사상과 지략을 펼쳐내고 있었다. 조영래의 모든 고난과 경험은 바로 이 시기를 위해 준비되었던 것이다.

조영래는 그 이전에 이미 학생운동과 재야운동을 경험했다. 그러면서 그는 변호사로서의 활동이 민주화와 반독재투쟁에 중요하다고 생각했던 것 같다. 홍성우 변호사는 이 점에 대해 다음과 같이 회고하고 있다.[38]

"그때는 이른바 '서울의 봄'이라고 백화제방의 시기로 민주화운동을 하고 있던 사람들뿐만 아니라 모든 사람들이 민주화를 외쳤던 시기였습니다. 조영래처럼 한 5, 6년 도피생활을 했던 사람들이 가장 감격스러워

---

36) 손학규 발언, 홍성우 · 손학규 · 장기표 · 양건, 앞의 글, 98쪽.
37) 조영래 변호사의 일생을 "시간적으로 보면 맨 처음에 학생운동가로서의 면모, 학교를 졸업한 후에는 반독재투쟁가라고 할 수 있는 면모, 변호사가 되고 나서는 인권변호사로서, 그리고 돌아가기 몇 년 전에는 왕성한 문필가로서의 활동"으로 나누어 볼 수 있다. 그러나 이 가운데에서 인권변호사로서의 기간이 가장 중요한 시기라고 할 수 있다.(양건 발언, 홍성우 · 손학규 · 장기표 · 양건, 앞의 글, 83쪽).
38) 홍성우 발언, 홍성우 · 손학규 · 장기표 · 양건, 앞의 글, 84쪽.

할 때였지요. 그런데 제 생각으로는 그때 조 변호사가 가장 먼저 해야 할 것은 과거에 사법시험에 합격했으니까 이제 변호사 자격을 갖추는 것이었습니다. 조 변호사도 제가 이야기 하기 전에 이미 그 생각을 한 것 같습니다. 저는 그 이유를 직접 듣지는 않았지만 지하투쟁 내지 재야투쟁의 한계를 본인 스스로도 절감하고 있었던 게 아닌가 생각합니다. 스스로 자신이 민주화투쟁에 기여할 수 있는 길은 재야운동의 선봉이 되는 것보다 변호사로서 적법한 변호사 활동을 통한 참여이며, 그것이 자기에게 부여된 적절한 운동공간이라고 생각한 것 같습니다.[39]

조영래는 처음부터 공익변론을 사회개혁과 인권확장의 수단으로 인식하고 있었음이 틀림없다. 그는 미국의 대표적 시민운동가이자 소비자운동의 기수였던 랄프 네이더(Ralph Nader) 변호사와 미국의 공익법운동에 대해 잘 알고 있었다. 조영래는 주변에 자주 랄프 네이더 변호사에 대해 언급했고, 실제로 미국 체류 중 랄프 네이더를 만나기도 했다. 그는 이미 소비자문제[40] 등에도 관심을 가지고 있었다.

---

39) 그러나 이 시기의 인권변론과 민주화운동은 불가분의 관계에 있었다. "이 나라에서의 인권의 문제라고 하는 것은 어떤 개인의 권리 다툼에서 비롯되는 것이 아니고 폭력을 능사로 아는 권력에 의해서 침해받는 인권의 문제를 제기하는 것이기 때문"이다. 더구나 "우리나라에서 자행되는 폭력은 대체로 법의 이름을 빌린 폭력"으로서 "법률적인 폭력은 굉장한 폭력인데 합법이라는 이름으로 오히려 정당화되고 있으며 여기에 대한 공격을 효과적으로 하는 데 변론활동이 필요하다는 사실에 착안해서 조 변호사가 변호사 활동을 했던 것"이다. 따라서 "우리나라에서의 변론이라고 하면 그냥 누가 유죄를 받을 것을 무죄로 해 주고, 5년 받을 징역을 2년으로 하는 차원이 아니고 권력에 의해서 합법이라는 이름으로 자행되는 폭력을 폭로, 규탄하고 그것을 통해서 국민적 분노를 촉발시키는 데 큰 의미"가 있으며 "설사 자기가 직접 투쟁 시위를 하는 것은 아니라고 하더라도 그런 의미가 있음을 조 변호사의 변론활동에서 확인해 둘 필요가 있다"(장기표 발언, 장기표, 홍성우·손학규·장기표·양건, 앞의 글, 88쪽).
40) 손학규 발언, 홍성우·손학규·장기표·양건, 앞의 글, 95쪽. 양건 교수는 "조 변호사가 피신생활을 할 때 제가 우연히 광화문에서 만나 이야기를 나눈 적이 있

군사독재라고 하는 주적(主敵) 외에도 한 사회의 다양한 이슈를 다루고 해결해야 한다는 문제의식을 가지고 있었던 것이다. 그가 다양한 공익변론의 불모지에서 다양한 사건을 통하여 인권과 공익변론의 실험을 계속한 것도 이 때문이다. 조영래가 처음 변호사를 개업하면서 그의 사무실 이름을 '시민공익합동법률사무소' 라고 붙인 것도 이미 공익지향적인 그의 변론활동의 방향을 짐작케 해 주고도 남음이 있다.

이렇게 하여 그는 사법연수원에 들어가 2년간의 과정을 수료한다. 이 시기 역시 5 · 18광주항쟁의 역사적 격랑이 소용돌이쳤지만 그는 조용히 지냈다. "일부에서 오해할 정도로 그는 신중하게 지냈던 것"[41]이다. 그러나 그것은 더 큰 역할과 소명을 수행하기 위한 준비기간이었음이 밝혀졌다. 바로 1980년대 전두환 군부독재와 처절한 싸움에 나서게 되는 것이다. 사법연수원을 수료한 1982년 가을 그는 후배 변호사 몇 명과 더불어 '시민공익합동법률사무소' 를 개설하고 본격적인 활동에 들어간다.

그가 변호사로서 활동한 기간은 겨우 7년에 지나지 않는다. 서울대생 내란음모사건 때문에 오랫동안 사법연수원에 복귀하지 못했기 때문이다. 그가 사법연수원을 수료하고 변호사자격을 취득한 것은 1982년으로서 동료들에 비하면 한참 늦은 셈이었다. 그러나 이 짧은 7년 동안에 그가 이룬 것은 너무나 큰 것이었다. "가난하고 억압받는 사람들"에게로 다가가 이들을 돕는가 하면 폭압적인 정치권력에 대해서는 감연히 도전했다. 이때의 그를 회고하는 사람들은 마치 "시대의 획을 긋는 사건들에 임해서는 신들린 사람이라도 된 듯 기어이

는데 그때 소비자문제가 중요하다면서 저한테 역설을 하는 거에요. 그래서 저는 그때 영향을 받아가지고 소비자문제에 관한 되지도 않는 논문을 몇 개 쓴 적도 있습니다"라고 증언하고 있다(양건 발언, 홍성우 · 손학규 · 장기표 · 양건, 앞의 글, 95쪽).
41) 홍성우 발언, 홍성우 · 손학규 · 장기표 · 양건, 앞의 글, 84쪽.

뿌리를 뽑고야 말았고", "법정변론은 징그러울 정도로 철저했다"고
한다.[42]

(2) 노장 변호사의 가교, 그리고 인권변론의 야전사령관으로서

"이돈명 선배나 이른바 인권변호사 1세대라고 하는 몇몇 분들이 조 변
호사보다 몇 해 앞서 시국사건을 중심으로 한 인권변론을 해 왔는데 그
분들은 학생운동 출신은 아닙니다. 서울문리대를 중심으로 4 · 19로 학생
운동이 무르익어가기 이전에 대학생활을 마쳐 운동의 경험이 없이 평범
한 법조인으로의 길을 가다가 정치적인 상황에 의해서 인권에 눈이 띄어
지고 인권사건에 자연스럽게 참여하게 된 변호사 그룹이라고 말할 수 있
습니다. 저는 세대로는 1세대에서 거의 막내에 해당되는 셈이지요. 지금
은 그 1세대 그룹과 맥을 이어가면서 학생운동 출신의 인권변호사 그룹
이 나오고, 그런가 하면 학생운동 출신은 아니면서도 변호사 자체를 운동
으로 하겠다는 젊은 세대들까지 나오게 되는데요. 결국 조영래 변호사는
소극적이고 방어적이었던 1세대 인권변호사 그룹의 전통을 계승하면서
인권변호사 활동영역을 확대해 나간 운동가 출신 인권변호사의 적자라고
할 수 있습니다. 말하자면 1세대 인권변호사 이후의 그룹에서 단연 조영
래가 뚜렷한 중심자였고, 선봉이었고, 지도적인 존재였습니다."

이렇게 조영래 변호사가 신구, 노장의 가교 역할을 하게 된 것은
무엇보다 그가 연배로서나 법조 서열로 보나 중간에 해당하기 때문
이었다. 그는 '4인방 변호사' 보다는 후배로서 이들의 생각과 실천을
누구보다 잘 이해하고 있었으며, 동시에 후배 세대들에게는 존경과
학생운동의 경험을 인정받고 있었다. 또한 조영래는 이러한 두 세대

---

42) 박성민, 「억압받는 이들 위한 변론 귀에 쟁쟁—고 조영래 변호사 1주기를 기리
며」, 《한겨레》, 1991년 12월 12일자.

를 통합할 수 있는 탁월한 능력과 넓은 포용력을 함께 갖추고 있는 유일한 인물이었다. 바로 이러한 그의 자질과 재능이 망원동 수재사건과 구로동맹파업사건을 계기로 이 두 세대를 하나로 묶어내 마침내 인권변론의 조직을 탄생시키는 데 기여했던 것이다.

그후 이 세상을 뜰 때까지 자연히 조영래는 인권변호사의 실질적인 야전사령관의 역할을 맡게 되었다. 그의 탁월한 지성, 명쾌한 판단력, 그리고 유연하고 포용력 있는 인간관계는 인권변론의 중심으로 그를 이끌었다. 권인숙양 사건을 비롯하여 대부분의 중요 사건에서 그는 언제나 실질적 리더였다. 많은 사건과 변론의 주요한 전략이 그의 머리에서 나왔다. 그 이전 법률과 인권변론이 단지 양심수의 변론에 머물렀던 것과는 달리 조영래 이후에는 법률과 변론이 사회변화의 한 무기로서 유용하게 활용할 수 있는 시대가 된 것이다. 이렇게 탁월한 감각과 인품으로 원로와 중견, 그리고 후배 변호사들이 자연스럽게 그의 지도력 아래 들어오게 된 것이다.

(3) 변협 인권활동의 중심에 서서

군사정권 아래에서 대한변호사협회는 전국 모든 변호사가 의무적으로 소속되어 있는 최고의 재야 법조단체였다. 법조단체라는 점에서 그 권위를 무시할 수 없었고, 임의단체와는 달리 그 영향력이 클 수밖에 없었다. 임의적 단체를 만든다면 금방 탄압의 대상이 되고 파괴의 목표가 될 수밖에 없었다. 이런 점에서 전두환정권하에서 인권변호사들이 기존의 대한변협 인권위원회의 우산을 활용하려는 생각은 탁월한 것이었다.

변협 인권위원회의 업무와 관련하여 조영래를 비롯한 인권변호사들의 활용은 다음 세 가지 측면에서 진행되었다. 인권보고서 작성, 인권사건들에 대한 진상조사, 인권침해에 대한 고발·직접적 법률구조 등 직접적인 행동이 바로 그것이다. 인권보고서 작성·간행이나 인권사건 진상조사는 그것이 변협의 이름으로 발표되는 것이어서 그만큼 높은 신뢰와 영향력을 지닐 수밖에 없었다. 고발·법률구조 같은 강한 행동 역시 변협의 기관에서 이루어진 것이기 때문에 검찰에서 정신적 압력을 받지 않을 수 없었다.

조영래가 변협 인권위원회 간사로서 활약한 것 중 첫 번째가 바로 인권보고서의 간행이었다. 우리 역사상 최초로 간행된 인권보고서는 바로 가장 지독한 독재권력에 대한 고발장이었다. 그러므로 그것은 가장 은밀하게 진행될 수밖에 없는 '비밀작전'이나 다름없었다. 이 모든 과정은 조영래가 수행했다. 당시 인권위원이었던 변정수의 회고를 잠깐 들어보자.

"나는 85년도 86년도의 2회에 걸친 인권보고서 작성 때 인권보고서작성 소위원회 위원장으로 일했다. 그 당시는 전두환정권 치하의 탄압이 워낙 심했던 때여서 변협활동을 감시하기 위해 법무부 법무과장(김진세 검사)이 변협에 상주하다시피 했기 때문에 인권보고서는 비밀리에 제작하여 인쇄소로부터 바로 신문로 피어선빌딩에 있던 나의 사무실로 운반해서 전국의 변호사, 부장급 이상 판·검사, 각 대학 도서관으로 발송했다. 편집은 조영래 변호사가 도맡아 수고해 주었다. 약 3,000권을 내 사무실에 가져오니 방 하나가 가득 찼다. 변협에서 봉투를 가져다가 인쇄된 회원이름을 붙이고 한 권씩 넣는 작업을 하여 중앙우체국까지 운반하여 발송했는데 중간에서 어떻게 증발했는지 모르나 회원들 중에는 왜 자기에게는 보내지 않았느냐고 묻는 분이 더러 있었으며, 이것이 도착하지 않은 것으로 볼 때 발송과정에서 고의적인 어떤 사고가 있지 않았나 짐작된다."[43]

이 인권보고서의 후기에서 조영래는 이렇게 썼다.

---

43) 변정수, 「법조여정(法曹旅情)」, 미발행 원고, 107쪽.

"이 보고서의 주된 의도는 인권문제의 중요성에 대한 사회 각계의 관심을 환기시키고 인권상황의 개선을 위한 심기일전의 노력을 촉구하려는 데에 있다. 오늘의 시점에서 인권상황의 획기적 개선은 이미 우리 민족사의 진운을 판가름하는 최대의 당면과제가 되어 있다는 엄연한 사실을 누구도 외면해서는 안 된다. 이 점과 관련하여 우리는 특히 정부당국의 맹성을 촉구하고자 한다. 지금까지도 수없이 저질러지고 있는 '연금' 또는 '연행'이라는 기묘한 이름의 영장 없는 불법구금이라든가 수사과정에서의 참혹한 고문, 수감자들에 대한 폭행과 가혹행위, 언론·출판·집회·결사의 자유에 대한 과도한 제약, 노동3권에 대한 현저한 침해 등, 모든 인권유린사태는 한마디로 인권문제의 중요성에 대한 정부당국의 인식이 아직 후진적 상태에 머물러 있음을 반영하는 것이고, 우리로 하여금 정부당국이 인권상황의 개선이라는 절박한 시대적 요청에 대하여 과연 얼마나 진지한 관심을 가지고 있는지를 의심치 않을 수 없다.……"

당시 전두환정권은 무자비한 고문을 자행해 놓고도 스스로 그것을 은폐하기에 급급했다. 하기야 스스로 고문을 자인하는 정권은 없다. 고문을 당했다는 피해자측의 주장과 고문사실을 부인하는 정부당국 사이에 팽팽한 긴장과 대립이 고조된다. 이때 대한변협이 진상조사결과를 발표하면, 국민들은 변협의 결론을 믿게 된다.

당시 변협 인권위원회가 진상조사를 결정한 사건은 김근태·허인회 씨의 고문경관 고발사건이 대표적이다. 김근태 씨의 원래 사건은 이미 조영래를 비롯한 여러 인권변호사들이 맡고 있었기 때문에 본안사건의 변호인이 아닌 변정수·강철선 두 변호사가 이 고문의 진상조사를 맡았다.

그러나 진상조사에 그치지는 않았다. 조사 결과 위법사실이 드러나면 관련기관에 통보해서 시정을 요구하는가 하면, 고발과 고소 등의 직접적인 행동으로 나아가기도 했다. 살벌한 군사독재정권하에서 변협이 아니면 할 수 없는 일이었다. 변협이라는 울타리를 이용하고자 하는 조영래의 전략이기도 했다. 그러나 인권변호사들의 수와 그 활동반경이 늘어나면서 인권변호사들의 자체조직을 설립하는 것도 가능한 상황에 이르렀다. 이때 창설된 것이 바로 정법회였다.

6) 문필가로서

"고 조영래 변호사, 우리는 전두환정권의 압제가 서슬 퍼렇던 80년대 중반 권인숙씨 부천서 성고문사건의 항소이유서로 시대의 침묵을 통탄했던 그 '아름다운 영혼'을 한겨레논단에서 만날 수 있었다.…… 그는 지금 이 세상에 없다. 그러나 그의 글은 여전히 살아 숨쉬며 '변하지 않은 세상'을 흔들어 깨운다. 그는 '누가 반성해야 하는가'(88년 6월 9일치)에서…… '반성하는 양심수의 석방' 정책을 질타했다.…… '알 수 없어라, 백지투표와 김종필 총재'(88년 7월 7일치)도 여전히 울림이 강하다.…… 여소야대 정국에서 노태우정권을 펀드는 김종필 총재의 행태에 대한 빈정거림이 담긴 이 고백은 작금의 지지부진한 개혁과 관련해 '영원한 2인자'에 대해 시사하는 바가 크다."[44]

조영래는 법률가로서는 드물게 명문장가였다. '처분대상일 수 없는 인간'[45]이라는 칼럼은 인간을 하나의 '처분대상'으로 간주하던 당시 권위주의 정권의 야만성을 폭로하면서 동시에 그러한 야만적 정권과 행태를 용인했던 우리 자신에게도 화살을 돌리고 있다.

"……징역 7년의 형기를 다 복역하고도 사회안전법이라는 '거대한 괴물' 때문에 자그만치 10년을 더 갇혀 있어야만 했던 서준식 씨. 10년 동안 인간이 아닌 하나의 '처분대상'에 지나지 않았던 그 서준식 씨가 드디

---

44) 이제훈, 「한겨레를 빛낸 필진들」, 《한겨레》, 1998년 5월 15일자.
45) 《한겨레》, 1988년 5월 26일자.

어 석방되었다. 그러나 수감될 당시 20대 초반의 앳된 대학생이었던 서씨는 이제 40대의 초로에 접어들었고, 그 사이에 이들의 석방소식을 하루하루 애타게 기다리던 그의 노모는 세상을 떠났다. 법률의 이름으로 한 인간의 삶이 이토록 처절하게 파괴당하고 있을 때 우리는 어디에 있었던가?"

물론 그는 여러 책과 변론서를 통해 이미 특출한 글들을 남겼다. 특히 《한겨레》의 논설위원으로서 독재와 권위주의를 질타하는 논설과 칼럼을 써 많은 사람들에게 영향을 주었다. 그는 《한겨레》를 빛낸 필진으로 꼽히고 있다. 그의 만년에는 《동아일보》 객원편집위원으로서 《동아일보》에도 기고하곤 했다. 그의 문필활동과 사회활동이 점점 확대되던 그 순간에 병마가 찾아옴으로써 더 이상 그의 힘찬 글들을 보기 어렵게 된 것은 우리 모두의 큰 손실이었다.

7) 대통령후보 단일화운동

"격렬한 민주주의 투쟁 끝에 6월항쟁이 시작되었습니다. 이윽고 6·29선언이 있은 뒤, 이한열 군을 추도하는 1백만 인파의 시위는 참으로 눈부신 장관이었습니다. 당신은 신촌에서부터 장례행렬을 따라 시청 앞까지 걸었다지요. 그러나 당신은 알고 있었지요. 저들이 결코 쉽게 무너지지 않는다는 것을. 그래서 당신은 감연히 붓을 들어 경고했지요. 국민들이 이루어 놓은 것이니 함부로 군침을 흘리지 말라, 양김 그 어느 누구도."[46]

민주화운동의 승리가 6월항쟁으로 귀결되고 정권교체가 눈앞에 보이자 김영삼, 김대중 두 야당지도자들은 서로 대통령후보를 고집했다. 양보가 불가능해진 마당에 조영래는 이 두 사람의 후보단일화운동에 나선다. 그는 이미 양김이 분열하고서는 두 사람 모두 패배하

---

46) 박성민, 앞의 글.

리라는 사실과 그 반사이익으로 군부 출신이면서 권위주의를 그대로 승계하고 있던 노태우 후보가 승리할 수밖에 없음을, 그리고 더 나아가 민주화운동 세력의 도덕적 우위를 상실하리라는 것을 누구보다 잘 알고 있었다. 역사의 결과는 바로 그의 인식이 옳았음을 증명했다.

8) 절망, 그리고 요절

이미 그는 인권변호사로서, 그리고 문필가로서 전국적 명성을 얻었다. 더 나아가 이 시대의 과제를 해결할 수 있는 지도자로서 기대를 모았다. 그러나 1990년 9월 초순 폐암 3기라는 청천벽력 같은 진단을 받는다. 그는 지나친 흡연[47]과 밤 새워 글을 쓰면서 쌓인 과로, 그리고 당시 양김 분열과 민주권력 창출의 실패에 따른 사회적 스트레스 등이 겹쳐 쓰러진 것이다. 불요불굴의 행동과 실천을 지속하던 그도 이 시기에는 조금은 좌절한 것으로 많은 사람들은 해석한다.

"대선과 전두환정권 말기, 노태우정권에 들어서서 조 변호사가 조금 좌절하지 않았는가 싶어요. 86년 이후 민주화운동이 상당히 고조화되어 열기를 띠면서 재야세력이 양적으로 팽창하고 그리고 운동의 수준이 이념적으로 상당히 높아졌다고 할까요, 상당히 급진화 경향을 띠게 되었다고 할까요, 그러면서 이념적인 내부갈등이 조금씩 나타나기 시작했지요. 그때부터 제가 느끼기에 조 변호사는 그전에 매사에 아주 낙관적이고 자신에 차 있고 무엇이든지 적극적으로 만들려는 분위기에서 상당히 바뀌어져 상당히 피곤하고 그리고 운동에 대해서 그렇게 자신을 보이지 않고

---

47) 황호택 기자는 평소 애연가였던 조영래를 이렇게 증언하고 있다. "조영래 변호사는 체인스모커였다. 생전에 사무실에 가보면 마치 불씨를 꺼뜨리지 않으려는 사람처럼 줄담배를 태웠다"(황호택, 「조영래 변호사 10주기」, 《동아일보》, 2000년 12월 4일자).

있는 모습이었습니다. 물론 그렇다고 해서 사회민주화에 관심이 없었다
는 것은 아니지만 대선 실패 이후에 좌절감이 누구보다 심했던 사람이 조
영래 변호사였던 것 같습니다. 그때 이미 민주화운동이 생산적으로 진행
되지 못하고 논쟁만 무성하고 그 안에서 내부적인 분파·분열의 기미가
보이면서 민주화운동 전열에서 어떤 흠이 보이는 것을 안타깝게 보고 있
었습니다."[48]

그는 이 시기에 자신이 몸담고 주도해 온 운동 자체에 커다란 회
의를 느끼고 있었다고 많은 사람들이 증언하고 있다. "80년 이전에
는 분명하게 이른바 운동권세력이 역사발전의 주인이 되고 당연히
정치권력의 주체가 되어야 한다고 생각했는데, 80년대에 접어들면
서 이 운동권의 목표나 이 목표를 달성하기 위한 전략에 대해서는 일
정 정도의 회의"[49]가 있었다고 한다. 사회적 변화에 대해 누구보다
예민한 조영래는 운동권의 한계조차 누구보다 예민하게 받아들였을
것이다. 그러나 이것은 조영래가 변하거나 우경화되었다고 보기는
어렵다. "상황은 자꾸 변하는데 운동권이 똑같은 투쟁방식을 가지고
있다면 그것이 변한 것"이다.[50] 오히려 가장 엄혹한 독재시절을 용감
하게 뚫어 오던 그가 막상 민주화가 어느 정도 성과를 내고 있던 시
대에 자기 분열과 모순을 드러내던 운동에 대해 실망하고 있었음을
의미하고 있다.

발병한 지 3개월 만인 1990년 12월 12일 그는 결국 눈을 감았다.
43세의 나이, 그야말로 한참 일해야 할 나이에, 그가 필요로 하는 시
대를 두고 그는 우리 곁을 떠났다.[51] 탁월한 지혜, 명석한 머리, 명쾌

---

48) 손학규 발언, 홍성우·손학규·장기표·양건, 앞의 글, 101쪽.
49) 장기표 발언, 홍성우·손학규·장기표·양건, 앞의 글, 102쪽.
50) 홍성우 발언, 홍성우·손학규·장기표·양건, 앞의 글, 104쪽.
51) 조영래는 그가 전기를 쓴 전태일, 중앙정보부에서 의문사한 서울법대 교수 최종
   길, 치안본부 대공분실에서 고문사한 박종철, 재야의 거목 문익환 목사 등이 함께

한 판단력, 소박한 인상과 생활철학,[52] 넓은 포용력을 지닌 그의 죽음을 사람들은 그 시대의 최대의 재앙으로 받아들였다.[53]

3. 조영래의 주요 변론사건: 호랑이는 죽어 가죽을 남기고 명변호사는 명변론을 남긴다

변호사라는 직업을 단지 돈벌고 개인적 변론을 해주는 것으로 생각한 것이 아니라 처음부터 공익과 인권의 보호를 위한 공공적 역할을 다해야 하는 것으로 생각했던 조영래에게는 모든 불합리하고 불의한 현실이 바로 소송과 고발, 변론의 대상이었다. 따라서 조영래가 맡았던 사건 역시 공익과 인권에 관련된 것이 대부분이었고 그 성격 역시 다양하기 짝이 없었다. 조영래 변호사의 변론 리스트에는 부천서 성고문사건 같은 전형적 시국사건뿐만 아니라 노동사건, 언론사건, 철거민사건, 환경사건, 여성차별사건 등도 포함되어 있다. 더구나 그러한 사건들이 구체적 민사 또는 형사사건이 되어 최초로 법정에 나타나게 된 것은 조영래의 '선각자적인 안목'[54]에서 비롯되고 있다. 그의 탁월한 인식과 식견이 다양한 사건들에 대한 변론을 가능

묻혀 있는 남양주 모란공원 묘역에 묻혔다(자세한 것은 《주간조선》, 1999년 12월 9일자).

52) 그는 "더부룩한 머리, 느슨하게 풀어헤친 와이셔츠 칼라와 바바리 코트 차림의 표표한 모습"(홍성우, 「어둠 밝혀준 시대의 양심-조영래 변호사 1주기에 부쳐」, 《동아일보》, 1991년 12월 12일자)에서 알 수 있듯이 언제나 검소하고 소탈하고 순박했다.

53) 작가 유시춘은 "민주화운동의 일선에 있던 90년 말 김병곤 씨와 조영래 변호사의 잇단 허망한 죽음을 보면서 '역사의 신은 있는지' 한없이 괴로워했고 그 괴로움 끝에 두 사람에게 바치는 헌사이자 놓칠 수 없는 희망의 모습을 전하기 위해 소설 『찬란한 이별』을 집필했다고 했다"(《국민일보》, 1992년 1월 15일자).

54) 윤종현 정리, 「고 조영래 변호사 주요 변론 사건」, 법과사회이론연구회 편, 《법과사회》, 1991년 통권 제4호, 115쪽.

하게 했고, 그로 인해 더한층 국민의 권리와 공익이 향상된 것이다. 그만큼 공익과 인권의 변론이 확장되었다. 겨우 7년여에 걸친 자신의 변호사 활동 기간 중에 조영래는 어떤 변호사도 생각해 내고 해낼 수 없는 빛나는 인권변론의 금자탑을 쌓았다.

1) 집단소송의 효시: 망원동 수재사건[55]

① 이 사건은 무책임한 행정에 대한 시민권리의식의 승리라는 점에서 그 의의를 찾을 수 있을 것 같다. 당초에 망원동 주민들은 거대한 공권력과의 싸움에 주저하는 빛이 역력했지만, 그후 한정자사건의 1심 승소판결로 인하여 승소가능성을 확인하고 대거 소송에 참여하여 결국 일정한도의 보상을 받게 되었는바, 이는 보상으로 인한 경제적 이익도 중요하지만 주민들이 스스로 권리의식에 눈을 뜨게 되었다는 점에서 더욱 중요한 의미를 부여할 수 있을 것이다.

② 망원동 수재사건은 우리 민사소송에 있어서 집단소송제도를 도입하는 한 계기가 되었다고 할 수 있다. 이 사건은 종래 우리 민사소송법상 집단소송제도가 채택되어 있지 않은 탓으로 원고들 전체에 공통으로 적용될 수 있는 수해발생의 원인에 대하여 이를 각 사건별로 일일이 입증하는 번거로움을 겪지 않으면 안되었는바, 이 사건을 계기로 정부에서는 집단소송제도에 대한 대책을 수립하여 아마도 조만간 법안이 마련될 것으로 보인다.

③ 그동안 시국형사사건의 변론이라는 비교적 좁은 영역에 머물러왔던 우리 사회의 인권변호활동이 이 사건을 계기로 대규모 집단민원의 성격을 갖는 민사소송 분야로 확장될 수 있는 가능성을 보여주었다.[56]

---

55) 망원동 수재사건은 흔히 공익소송의 효시로 불리기도 한다(황승흠, 「공익소송의 어제와 오늘」, 『조영래 변호사 8주기 추모 심포지엄 자료집』, 7쪽).
56) 윤종현, 앞의 글, 109쪽.

망원동 수재사건은 변론사에서 여러 가지 특별한 의미가 있다. 먼저, 앞에서 정리하고 있는 것처럼 최대의 집단소송이었다. 정식으로 민사소송을 제기한 가구만도 2,300여 가구에 이르렀다. 미국에서와 같이 집단소송제도가 없는 상태에서 이것은 기술적으로 엄청나게 어려운 소송이었다. 이 사건이 얼마나 많은 원고와 복잡한 서류작업, 전문적인 식견이 소요되는지 다음 설명에서 잘 알 수 있다.

① 대표적 사건인 위 한정자사건[57]은 1심에서 2년 10개월, 2심에서 2년 6개월, 3심에서 6개월 등 대략 5년 10개월 정도의 기간이 소요되었다. 이것은 이 사건에 대한 사실관계 및 법률적 쟁점을 정리하기가 그리 쉽지 않았음을 반증하는 것이다. 위 사건에서는 도합 4번의 감정절차를 거쳤고 수없는 공방이 되풀이 되었으며, 특히 1심 소송 당시 서울시 감정인에 대한 증인신문에는 무려 5시간 이상이 소요되었다. 후에 조 변호사는 이 사건을 회고하면서 "재판기일이 돌아올 때마다 상당한 중압감을 느꼈다"고 실토하기도 했다.

② 망원동사건은 당사자가 워낙 많은 탓으로 이를 관리하는 것이 여간 어렵지 않았다. 특히 한정자사건에 대한 1심 판결 선고 이후 1주일 만에 5천여 가구의 국가배상신청 서류를 접수하고 이를 정리할 때에는 연인원 수백 명을 동원하여 철야작업을 하기도 했다. 또한 당사자 숫자가 엄청나 한번 연락하는 것조차 대단한 작업이었고, 그밖에 주소이전, 사망, 미성년의 성년 등 신상변동상황을 일일이 확인하는 것도 큰 일이었다.[58]

다음으로 중요한 것은 민이 관을 상대로 제기한 일종의 민원으로

---

57) 1984년 10월 15일 한정자 씨를 비롯한 망원동 주민 20가구, 80여 명이 서울시와 (주)현대건설을 상대로 소송을 제기했다. 위 소송은 5가구씩 4건으로 나누어 진행되었는데, 조영래는 그중 대표적인 사건으로 한정자사건(서울민사지법 84가합 5010호)을 담당하여 이를 승소로 이끌었다.
58) 윤종현, 앞의 글, 108쪽.

서의 집단소송이라는 점이다. 그것은 한편으로 그동안 천재지변쯤
으로나 생각해 왔던 수해사건을 "사후대책을 강구하지 않은 무책임
한 행정"이 낳은 대규모 인재로 전환시킨 것이었다. 이것은 행정기
관의 행정행위나 행정서비스도 소송의 대상이 될 수 있음을 보여준
사례였다.[59] 그럼으로써 관과 민의 관계에 대해서 재고하고 국민의
권리를 그만큼 확대하는 효과를 거두었다.[60] 그뿐만 아니라 이 사건
으로 인해서 법률의 유용성에 대한 국민들의 인식을 보편화시키는
데에도 큰 역할을 했다.[61]

2) 주요 노동사건의 변론

(1) 대우어패럴사건

이 사건은 서울사대 출신인 박경희를 비롯한 12명의 (주)대우어패
럴 근로자들이 노동쟁의 과정에서 재물손괴·업무방해 등의 혐의로
구속·기소된 사건이다. 이들은 1985년 7월 12일 구속되어 같은 달

---

59) 이 사건 소송 수행에 참여한 필자에게도 당시 수재 피해 주민들은 과연 관을 상
대로 한 이 소송에서 이길 수 있을지 걱정을 하곤 했다.

60) 홍성우는 이 사건이 조영래가 아니면 해낼 수 없는 사건이라며 다음과 같이 평가
하고 있다. "망원동 수재사건과 같은 엄청난 민원상황이 발생했을 때 우리가 처음
생각하는 것은 탁월한 지도자가 나타나서 수재민을 이끌고 시청 앞에 가서 데모
라도 하고 구호라도 외치고 해서 무슨 보상금이라도 받아내는 방법일 것인데, 조
변호사는 그게 아니었습니다. 변호사 자격증으로 민주화운동에 기여하려는 조 변
호사의 의지가 가장 전형적으로 나타난 것이라고나 할까요. 이 사건은 5천 명이
각각 몇백만 원을 청구하는 것인데 너무 손이 많이 가는 일이라 누구도 선뜻 엄두
를 못냈습니다. 그런데 이걸 적법한 쟁송의 방법으로 해결할 것을 착안한 것이 조
변호사였어요. 기존의 틀에 꽉 막혀 있는 보수적인 법조계의 선배들도 이 문제만
큼은 얼마나 엄청나고 멋들어진 일이냐는 거지요. 이 사건은 결국 몇 년 걸려서 마
무리가 되었습니다"(홍성우·손학규·장기표·양건, 앞의 글, 94쪽).

61) Jae Won Kim, "The Ideal and the Reality of the Korean Legal Profession",
Asian-Pacific Law & Policy Journal 45, 2001(http://www.hawaii.edu/aplpj/2/2b.html).

18일 기소되었으며 같은 해 12월 14일 1심 판결이 선고되었다.

"종래 시국형사사건의 변론활동이 주로 반정부시위를 주도한 학생들을 중심으로 이루어졌다고 한다면 이 사건을 기점으로 노동형사사건이 시국형사사건의 또 하나의 중요한 부분으로 등장하게 되었다"[62]는 점을 주목할 필요가 있다. 이 시기 노동3권을 제약당한 노동자들의 생존권은 이미 중요한 인권의 하나로 등장하고 있었다. 열악한 노동자들의 노동현실에 주목한 대학생들은 노동현장으로 들어갔다. 대학생의 신분을 속이고 취업하여 이른바 위장취업자로 불리기도 했다. 이런 상황에서 생겨나는 노동쟁의와 파업은 흔히 형사적으로 구속·기소되기 일쑤였고, 이것은 당연히 사회적 반향을 불러오게 마련이었다. 조영래는 바로 이런 점을 주목하여 대우어패럴사건의 변론에 나섰고, 이를 사회적 이슈로 제기하는 데 성공했다.

이 사건의 변론에서 또 하나 주목할 것은 1세대 인권변호사와 2세대 인권변호사들을 접목하는 실험이 이루어졌다는 사실이다. 노·장 변호사들이 여러 사건으로 쪼개져 분리해서 심리된 각각의 사건에서 분배·결합함으로써 상호 팀워크를 다질 수 있었던 것이다. 이런 실험과 경험을 통해 정법회의 조직이 탄생하게 된다.

(2) 이경숙 조기정년제 철폐사건

1. 1985. 4. 18 서울민사지방법원은 미혼여성 회사원인 원고 이경숙이 제기한 교통사고 손해배상청구사건에서 위 원고가 우리나라 평균 결혼연령인 26세까지만 회사에 근무하는 것을 전제로 하여 동 원고의 일일실수입을 산정해야 한다고 판시했다. 이러한 판결내용이 도하 각 신문에 보도되자 여성계에서는 위 판결은 결혼퇴직제를 정당화하고 아울러 여성의 조기정년제를 도입한 것이라고 일제히 반발하고 나섰다.

---

62) 윤종현, 앞의 글, 112~113쪽.

2. 조 변호사는 위 사건을 항소심에서 수임하여 민사소송에서는 이례적이라고 할 수 있는 장문의 의견서를 재판부에 제출하는 한편 변론진행 과정에서 결혼퇴직제와 조기정년제에 관한 각종 연구자료, 공청회 자료 등을 현출시키고 아울러 전문가인 대학교수를 감정증인으로 환문하는 등으로 결국 항소심인 서울고등법원에서 직장여성의 경우에도 남자와 마찬가지로 55세가 끝날 때까지 근무하는 것을 전제로 하여 일일 실수익을 산정해야 한다는 결론을 유도하는 데 성공했다.[63]

(3) 박길래사건: 상봉동 진폐증사건

1. 이 사건은 중랑구 상봉동에 위치한 (주)강원산업의 삼표연탄 망우공장 부근에서 약 8년간 거주한 박길래 아주머니가 위 공장에서 배출되는 석탄 분진으로 인하여 진폐증에 걸리게 되어 1988년 1월경 위 회사를 상대로 손해배상을 청구한 사건이다.

2. 위 사건은 대기오염으로 인해 신체적 피해를 입은 사례로서 그 피해 당사자가 탄광이나 연탄공장 등 분진이 많이 발생하는 작업장에서 근무하는 근로자가 아닌 일반 주민이고 더구나 대도시 한가운데에서 발생했다는 점에서 공해의 심각성을 피부로 느끼게 한 사건이다.

3. 조 변호사는 평소 환경문제에 남다른 관심을 보이면서 그 중요성을 강조해 왔고 일찍이 온산에서 공해병이 발생했을 당시에는 직접 현지답사를 하기도 했는데, 이 사건 역시 특별한 관심을 보여 1989년 1월경 1심인 서울민사지방법원에서 (주)강원산업[64]의 책임을 인정하는 승소판결을 받았다.[65]

이 사건은 '환경운동을 대중화시킨 기폭제' 가 되었다. 환경문제가

---

63) 윤종현, 앞의 글, 113쪽.
64) 삼표연탄이 바로 강원산업이 만들어내는 연탄이었다.
65) 윤종현, 앞의 글, 114쪽.

멀리 있는 것이 아니라 바로 우리의 생활 주변에 있음을 보여주면서 환경문제에 대한 대중적 경각심을 촉발시켰던 것이다. 이 사건으로 박길래 씨는 환경운동가가 되어 무거운 몸을 이끌고 환경강연에 나섰고, 사람들은 그녀를 '검은 민들레'라고 불렀다. 결국 2000년 4월 29일 세상을 떠났다.[66]

3) 주요 인권변론 사건

(1) 부천서 성고문사건

"1986년에 '부천경찰서 성(性)고문사건'이 있었다. 위장취업 때문에 공문서 위조죄로 경찰서에 잡혀온 여대생을 경찰이 폭행을 했고, 그 여성은 전두환정권의 부도덕성을 폭로했다. 아직 20대였던 그 여성은 수치스러움에도 폭행을 용감하게 밝혔지만, 언론은 그녀의 행동을 "성까지 혁명의 도구로 이용한다"고 매도하며 폭행 사실을 은폐했다. 조영래는 그녀를 면회했고, 사건의 진실을 밝히기 위해 고문자를 고발했다. 그리고 그녀의 변호인이 된 그는, 돌이킬 수 없는 지경에 다다른 정권에 대한 분노를 억누르지 못하고 눈물로 변호를 했다. 재판을 통해 사건의 진실이 드러났고, 사람들은 정권의 폭력성을 실감하게 되었다."[67]

부천서 성고문사건은 조영래가 맡은 인권사건 가운데 가장 혼신의 힘을 기울인 사건이다. 그는 이 사건이야말로 전두환정권의 부도덕성을 만천하에 폭로하고 그 정권의 도덕성에 치명타를 가할 수 있다고 판단하고 이 사건의 변론에 온 힘을 쏟았다. 그가 얼마나 이 사건에 열정을 쏟았는지는 당시 피해자인 권인숙 씨가 다음과 같이 회

---

66) 《중앙일보》, 2000년 5월 3일자.
67) 정보람, 앞의 글.

고하는 것을 보아도 알 수 있다.

"문귀동의 재판, 국가 상대의 손해배상소송 등 꼬리를 물고 몇 년이나 이어졌던 제 사건과 관련된 재판들, 저는 오히려 귀찮아하고 사건기일을 잊기도 하는 나태한 모습을 보였지만, 조 변호사님은 한 번도 그 재판들에 소홀하신 적이 없으셨고 온통 힘을 기울이시곤 했습니다. 그럴 때마다 저는 부끄러워하며 다시 제 몫의 싸움을 감당해 가는 힘을 찾곤 했습니다. 진실로 제 사건이 조금이라도 이 땅의 민주화를 위해 한 일이 있다면 그것은 모두 변호사님 차지입니다."[68]

실제로 공동 변호인으로 참가한 필자가 보기에도 그가 이 사건에 모든 것을 걸고 있다는 느낌을 지울 수 없었다. 사실 이 사건은 조영래가 처음부터 선임하거나 접촉한 것은 아니었다. NCC를 통해 이상수 변호사에게 연락이 와서 그가 면회한 다음 다른 정법회 변호사들에게 알렸고, 이를 전해 들은 조영래 변호사가 사태의 심각성을 깨닫고 면회를 가는 등 이 사건에 전념하면서 이 사건의 주심변호사가 된 것이다.[69]

---

68) 권인숙, 「조영래 변호사님께 바칩니다」, 《월간 말》, 1991년 1월호, 199쪽.

69) 이 과정을 홍성우 변호사는 이렇게 기억하고 있다. "권양사건에 대해서는, 인천에 있는 권모라는 학생 출신 위장취업자가 성고문을 당했다는 가족들의 호소가 돌고 있다는 사실이 변호사 몇 명이 있는 자리에서 알려지게 되었습니다. 그 변호사들은 주로 지금의 '민주사회를 위한 변호사모임'의 전신인 '정법회'에 속한 변호사인 동시에 '대한변호사협회' 인권위원들이었습니다. 그 사건을 접하게 되면서 이상수 변호사가 제일 먼저 권인숙 양을 면회했는데, 상당히 흥분해 돌아와 가지고 절박한 이야기를 하는 거예요. 내용을 전해 들으며 이것은 보통 문제가 아니구나, 대단한 사건이 터졌다 싶었습니다.…… 그래서 이상수 변호사의 초벌진술 내용을 듣고 다음날로 저와 조 변호사가 함께 갔습니다. 인천에 가서 권인숙 양을 만나 두 시간 가량 이야기를 들었어요.…… 그 이후 문귀동을 고발하고 권인숙 양을 법정에서 변론하고 또 기피신청을 하고 재정신청을 하고 민사신청을 했습니다. 이런 절차의 실무작업을 조 변호사가 도맡아 했지요"(홍성우 발언, 홍성우 ·

1심 변론요지서의 초안을 필자가[70] 잡아 주었더니 그는 거의 다시 쓰다시피 재작성했는데, 1심 변론의 변호인 변론이 시작된 당일 마지막 시간까지 변론서 작성에 매달리고 있었다. 이 1심 변론요지서는 이 시대 최고의 명문 중의 하나가 되었다.[71] 이 변론서는 이렇게 시작한다.

변호인들은 먼저 이 법정의 피고인석에 서 있는 사람이 누구인가에 대해 이야기하고자 합니다. 권양…… 우리가 그 이름을 부르기를 삼가지 않으면 안 되게 된 이 사람은 누구인가? 온 국민이 그 이름은 모르는 채 그 성만으로 알고 있는 이름 없는 유명 인사, 얼굴 없는 우상이 되어 버린 이 처녀는 누구인가, 그녀는 무엇을 했는가, 그 때문에 어떤 일을 당했으며 지금까지도 당하고 있는가에 대하여 이야기하려고 합니다. 국가가, 사회가, 우리들이 그녀에게 무엇을 했으며 지금까지도 하고 있는가에 대하여 이야기하고자 합니다. 그리고 눈물 없이는 상기할 수 없는 '권양의 투쟁'…… 저 처참하고 쓰라린, 그러면서도 더없이 숭고하고 위대한 인간성에의 투쟁에 대하여, 그리하여 마침내 다가올 '권양의 승리', 우리 모두의 승리에 대하여 이야기하고자 합니다.……[72]

그러나 그는 이 사건의 정치적 의미에만 주목하고 있었던 것은 아니다. 이 처참한 사건에 대해 그는 마음과 가슴으로 슬퍼하고 있었

손학규 · 장기표 · 양건, 앞의 글, 85쪽).

70) 이 초안은 나중에 필자가 다시 고쳐 2심 변론요지서로 제출되었다.

71) 심지어 이 글은 나중에 검사들조차 애독하는 글이 되었다. 12 · 12와 5 · 18사건을 담당한 검사들은 '역사적인 논고문'을 쓰기 위해 수많은 법률문장을 섭렵했는데 그 가운데 가장 인상 깊었던 글이 바로 이 변론서로서 "우리는…… 으로 시작해서 간결하게 이어가는 글에서 생명력을 느낄 수 있었다"는 것이다(《한겨레》, 1996년 7월 28일자).

72) 변론요지서(한국기독교교회협의회 인권위원회, 『우리들의 딸 권양』, 1987, 226쪽 이하에 실려 있다).

다. 권인숙 씨의 이어지는 진술을 들어보자.

> "맨 처음 홍성우 변호사님과 함께 오셔서 성고문에 관한 고발장을 만
> 드시겠다고 하셨을 때도 저는 조 변호사님을 몰랐습니다. 자주 접견을 오
> 셔서 상세하게 세상 이야기를 들려주시거나 스크랩해 오신 제 사건 기사
> 나 칼럼 등을 보여주실 때도 저는 그 자상함의 의미를 잘 몰랐습니다. 그
> 러나 제 재판 1심 변론을 하실 때였어요. 조 변호사님은 변론을 하시면서
> 계속 눈물을 흘리셨습니다. 그리고 변론을 마치신 후에도 내리 우시고 계
> 셨습니다. 그때서야 저는 처음으로 조 변호사님이 제가 당한 성고문을 얼
> 마나 깊게 아파하고 계셨는지, 그리고 더럽혀질 대로 더럽혀진 이 사회를
> 얼마나 크게 분노하고, 통탄하고 계셨는지를 알 수 있었고, 그 따뜻한 마
> 음을 느낄 수 있었습니다."[73]

하나의 문제를 놓고 입체적으로 접근하고 처리하려는 조영래의
전략은 이 사건에서도 그대로 드러났다. 조영래는 이 사건을 단순히
법률적 문제로만 보지 않았고, 따라서 해결방법을 법정에서만 찾으
려 하지 않았다. 그는 변호사의 일반적 변론 방식으로는 생소하게도
고문 경관을 직접 변호인들의 이름으로 고발하는가 하면, 검찰의 불
기소 발표에 대해 기자회견을 열어 의견을 발표하기도 했다.[74] 권양

---

73) 권인숙, 앞의 글.

74) 홍성우 변호사는 이 점에 대하여 다음과 같이 회고하고 있다. "사실 저는 변호사
생활 16년 동안 고발은 처음 해봅니다. 저뿐만 아니라 아홉 분 모두 그래요. 고
소·고발은 어느 누구나 다 할 수 있지만 변호인이 고발인이 되는 경우는 없었어
요.…… 또 한 가지. 저희는 변호사로서 활동하면서도 원칙적으로 법정을 벗어나
지 않습니다.…… 법정 밖으로 뛰어나간 것도 이번이 처음입니다.…… 그러니까
법정에서의 변론활동에서 한 걸음 더 나아가 '변호인단의 견해'라는 정치적 문서
를 법정 밖에서 기자회견으로 발표한 유일한 사건이라 할 수 있습니다. 그것은 결
국 인간 본연의 공분, 이것이 큰 이유가 되고, 또한 이 사건이 그대로 법정문제로
서 법정에만 가둬 둘 사건이 아니라는 정치적 의도도 있었습니다. 어떤 식으로라

과의 면담록을 계속 작성해 두어 이를 공개하기도 했고, 변호인들이 직접 증인들을 만나 증거를 확보해 두기도 했다. 가장 인상적이었던 것은 언론 기사조차도 이 사건에 대해 진실을 제대로 보도하지 못하고, 국민들 사이에서도 어느 주장이 진실인지 왈가왈부하고 있는 상황에서 우리 사회에 가장 영향력이 있다고 판단되는 김수환 추기경을 찾아가 그를 권양과 변호인, 그리고 진실의 편으로 끌어들인 것이었다. 마침내 김수환 추기경은 1986년 7월 21일 오후 7시 명동성당에서 '여성과 가난한 이들의 생존권과 인권회복을 위한 미사'를 집전하면서 강론을 통해 성고문사건에 대해 확실히 변호인단의 편을 들었다.[75)]

　　저는 이번 사건은 불행히도 그 희생자인 권양의 고소와 변호인단의 고발장에 기재된 내용이 사실이었다는 것을 믿어 의심치 않습니다. 그 이유는 변호인단의 고발장과 그후에 신문에 발표된 검찰의 조사발표, 그리고 다시 이에 대한 변호인단의 견해와 결의문을 읽고, 또 직접 저를 찾아온 변호인단의 더 자세한 설명을 들은 후, 이번 사건은 불행히도 사실 그대로였다는 것을 믿지 않을 수 없게 되었습니다. 그리고 변호인단도 이미 지적했듯이, 자존심 있는 처녀가 당하지도 아니한 강제추행을 당했다고 주장하는 것은 상상하기 힘든, 특히 권양이 현재 처해 있는 상황에서는 도저히 있을 수 없는 일입니다. 권양은 지금 자유로운 몸도 아니요, 영어(囹圄)의 몸입니다. 비록 자유로운 몸이라 할지라도 남의 일을 들어서 말한다면 모르되, 자신의 신상에 미친, 처녀의 몸으로는 치명적인 손상을 끼치는 내용의 것을 아무리 정부의 공권력을 불신케 하는 목적에서라 할지라도 세상에 드러내 말한다고 상상할 수 없습니다.

도 알려서 사회에 확산을 시키고, 이러한 만행을 저지르는 정치집단에 최대한의 타격을 줘야 한다고 이 꽁생원들인 변호사도 생각한 겁니다"(한국기독교교회협의회 인권위원회, 앞의 책, 86쪽).
75) 한국기독교교회협의회 인권위원회, 앞의 책, 269쪽.

이로써 진실의 게임은 끝났다. 필자도 참여한 그날 저녁의 김수환 추기경과의 면담에서 김 추기경은 진실을 자세히 듣고 곧바로 권양에게 엽서편지를 써 주었고, 그 다음날 변호인단이 이 편지를 바로 부치면서 그 내용이 언론에 공개되기도 했던 것으로 기억한다. 아무튼 이 모든 사건의 전개와 변호인단의 대응은 거의 조영래의 머리에서 나왔다. 그리고 그 전략이 모두 들어맞아 진실은 승리할 수 있었다.

(2) 국제그룹 등 재산환수사건

조영래는 사기업(私企業)이나 개인이 부당하게 권력에 의해 빼앗긴 재산의 환수에 관해서도 남다른 관심을 가졌다. 이러한 사건들은 따지고 보면 시국관련 민사사건이라고 할 만했다. 그 대표적인 사건이 국제그룹해체사건이었다. 이 사건을 맡은 경위를 보자.

> "양정모 국제그룹 회장이 조 변호사와 만나게 된 것은 88년. 국제그룹을 해체당한 뒤, 3년여 동안 부당하게 빼앗긴 기업을 되찾기 위해 백방으로 뛰어다녔으나 번번이 거절당한 양씨는 권인숙양 성고문사건, 망원동 수재민 국가상대손해배상사건 등을 맡으면서 대표적인 인권변호사로 명성을 날리던 조 변호사를 무작정 찾아갔다. 조 변호사는 흔쾌히 이 사건을 맡았고 혼자 호텔방을 얻어 며칠 밤을 세우며 변론서 작성에 몰두했다고 관계자들은 전한다."[76]

그러나 이 사건의 변론 중 조영래는 이 세상을 뜨고 말았다. 그후 황인철 변호사가 이어받아 그 사건을 변론했다. 그리고 마침내 1993년 7월 29일 헌법재판소는 국제그룹 해체가 부당한 공권력에 의해 자행되었음을 인정했다. 아무도 이길 승산이 없다고 수임을 거부하

---

76) 《국민일보》, 1993년 7월 31일자.

던 사건을 조영래가 맡아 승리로 이끌었던 것이다. 그의 손은 미다스의 손이나 다름없었다.

조영래 변호사가 세상을 뜨기 6개월 전인 1990년 6월 마지막으로 수임했던 목공분조합사건 역시 그중의 하나였다. 이 사건은 "신군부의 고문으로 인천시 주안동 토지와 건물을 빼앗겼다"며 목공분조합 조합원 27명이 국가를 상대로 낸 소송이었다. 이 소송은 1998년 1월 19일 서울고법에서 원고 승소 판결이 남으로써 9년 만에 원고의 승리로 돌아갔다. 이로써 소송당사자들은 19년 만에 신군부에 빼앗겼던 2백억 원대의 부동산을 되찾게 되었다. 조영래는 장모 씨 등 조합 임원 4명이 1980년 7월 계엄사령부 합동수사본부에 끌려가 고문당한 사실과 합수부가 이를 미끼로 나머지 조합원들로부터 재산포기 각서를 받아낸 것을 밝혀내고 강압에 의한 재산헌납으로 무효라는 취지의 소장을 제출했던 것이다.[77]

4. 조영래의 전설

1) 조영래 신화

조영래는 그 자체가 하나의 전설이 되었다. 그의 장례식을 스케치한 한 신문의 기사가 이를 말해주고 있다.

"고인의 삶은 항상 무엇엔가에 몰입해 있었습니다. 전태일에 빠져들고, 권인숙에 남다른 관심을 기울이고, 망원동 수재민에게 몰두하고……."고 조영래 변호사가 살다 간 43년의 삶을 이렇게 요약한 친우의 표정은 허탈감과 아쉬움과 함께 까닭모를 분노와 슬픔에 젖어 있는 것 같

---

77) 《국민일보》, 1998년 1월 19일자.

앉다.…… 빈소에는 망원동 수재민, 근로자에서부터 법조인, 국회의원, 대학교수, 재야인사, 무인, 공안검사, 언론인에 이르기까지 각계 각층 인사들이 찾아와 고인을 추모하며 일어설 줄 모르고 있었다. 시인 김지하 씨는 13일 빈소를 찾아와 바친 조시 속에서 "사람 사랑하는 넉넉하고 따스한 마음씨와 눈빛"으로 고인을 기렸다. 권인숙 씨는 빈소 한 귀퉁이에서 "평생 고인을 기억하겠다"며 소리 없이 눈물을 흘렸고, 노구의 문익환 목사는 "의로운 사람이 왜 이리 빨리 가누"하며 애통해 했다. 한양대 리영희 교수는 빈소를 나서며 "유신정권 그 암담했던 시절 많은 민주투사들은 박정권을 증오하고 배척했지만, 조 변호사는 독재정권마저도 포용하면서 정의와 민주주의를 갈구했다"며…… 침통한 표정으로 말했다. 새벽까지 빈소를 지키고 있던 고인의 한 후배는 "고인이 골몰한 것은 '우리 사회는 어떤 체제로 뒤바뀌어야 한다' 라는 운동이념이 아니라 '인간다운 삶을 제약하는 구체적인 현실을 어떻게 개선해 나갈 것인가' 하는 휴머니즘의 문제였다"고 회상하기도 했다.…… 고인의 마지막 길을 따르는 수많은 '산 자' 의 오열 속에 이승에서 "하늘이 무너져도 정의는 세워라"고 외치던 고인은 '죽어서 산 자' 로 부활하고 있는 것 같았다."[78]

"조 변호사는 제가 만난 인물 중에서 어느 때나 정확한 상황판단을 하고 사리를 정확하게 분별하고 균형된 사고를 할 수 있는 흔치 않는 사람 중의 하나였다고 생각해요."[79]

우리 시대를 살았던 사람들 가운데 이렇게 후하게 평가받는 사람은 아마도 없었을 것이다. 모든 사람들이 그의 죽음을 아쉬워하고, 그의 미완의 인생을 슬퍼하며, 그의 공적과 인격을 찬탄하고 있었다. 그는 차라리 우리 시대의 한 전설이었다.

---

78) 《동아일보》, 1990년 12월 14일자.
79) 홍성우 발언, 홍성우 · 손학규 · 장기표 · 양건, 앞의 글, 103쪽.

2) 지적 탁월성, 명쾌한 판단력

조영래와 함께 일해 본 사람은 누구나 그의 지적 탁월성과 명쾌한 판단력에 압도당한다. 그는 복잡한 사안과 상황을 간단명료하게 정리해내고, 언제나 올바른 결론을 유도해냈다. 그의 상황에 대한 판단력은 틀린 적이 없었다. 오죽하면 다음과 같은 평가가 있을까?

조영래 변호사는 깊이 알수록 대단한 사람이었다. 사회문제를 폭넓고 깊게 파악하는 웅숭깊은 눈이나 사회운동에 대한 빼어난 식견은 늘 나를 압도했다. 실무를 하면서 더욱 놀란 것은 그의 법률지식이 상상을 뛰어넘을 만큼 높다는 점이다.…… 나는 점점 더 그분을 존경하게 되었고, 어느덧 나의 사사로운 어려움까지 털어놓는 가까운 사이가 되었다. 그러면서 나는 "어떡하든 저 양반을 좇아가야겠다. 그러면 틀림없이 바른 길로 갈 수 있다"는 생각을 했다. 세례자 요한이 예수에게 "신들메라도 매어주면 영광"이라고 말했다든가. 내가 꼭 그 짝이었다. 조영래 변호사의 구두끈이라도 매어주며 따라다닌다면 최소한 잘못 사는 일은 없을 것 같았다.…… (함께 일하자는) 조영래 변호사의 제안은 강력한 지남철처럼 나를 잡아당겼다.[80]

필자 역시 그와 함께 일을 하면서 여러 번 그의 명쾌한 판단력에 큰 감동을 받았다. 부천서 성고문사건이 전두환정권의 근저를 흔들 것이라는 그의 예언, 양김의 분열은 결코 대선에서 성공하지 못하고, 설사 집권여당이 불법선거를 저지르더라도 항변조차 하기 어려우리라는 그의 단언이 모두 정확히 들어맞았다. 1987년 선거 당시 패배한 김영삼 후보는 선거부정을 주장했으나 아무도 귀기울이지 않았다. 이미 권력욕에 눈멀어 분열한 그들의 도덕적 파탄에 국민들

---

80) 천정배, 『꽁지머리를 묶은 인권변호사』, 한마당, 1996, 145쪽.

은 관심을 기울이지 않은 것이다. 조영래는 어떤 중요한 역사적 계기나 중요한 사건에서 정확한 현실 분석을 기초로 아무도 생각하지 못한 기발한 방법으로 돌파하곤 했다. 부천서 성고문사건에서도 그러했다. 통상 법정변론에 머물러 있던 변호사들에게 김수환 추기경 면담을 통한 여론 반전, 변호인단의 직접 고발, 검찰수사 결과발표에 대한 변호인단의 기자회견 등은 모두가 조영래의 머릿속에서 나온 아이디어였다. 사람들의 그에 대한 존경과 기대는 이렇게 생겨났다.

3) 집요함, 철저함, 집중력

그는 고등학교 시절 한일회담반대 데모를 주동한다거나, 수업료를 내지 못하여 정학을 받는 와중에서도 서울대학교를 수석 입학했다. 또한 대학시절 학생운동을 계속하다가 단시간 내에 사법시험에 합격하는 등 그는 천재와 같은 행태를 보인다. 그러나 그 뒤에 조영래가 얼마나 한 가지 일에 깊이 몰입하는지 사람들은 잘 몰랐다. 그의 강한 집중력 탓이었다.

"그러나 영래에겐 남다른 무기가 있었습니다. 그 무기는 무서우리만치 강한 집중력이었습니다. 영래는 한번 공부에 빠지면 하늘에서 천둥이 쳐도 모를 만큼 책 속에만 빠지는 무서운 집중력을 갖고 있었습니다. 공부할 때에는 직접 몸을 건드리거나 꼬집어야 고개를 돌리지, 이름 정도를 불러서는 전혀 듣지 못한 듯 꼼짝도 하지 않았습니다."[81]

그의 이러한 성격은 성인이 되어서도 그대로 유지되었다. 사건을 대하는 철저함, 바로 그것이다. 이 철저함에 대한 또 다른 증언을 들어보자.

---

81) 박상률, 앞의 책, 99쪽.

"제가 조 변호사와 같이 다니면서 느낀 것은 우선 조영래라는 사람이 사건을 처리하는 데 우리로서는 도저히 흉내낼 수 없는 철저함을 가지고 있다는 점입니다. 한마디로 집요함이라고 표현해야 되리만치. 예를 들어 저와 같이 접견을 하는데, 저는 한 시간쯤 되어서 대강 이야기가 다 된 것 같아 오늘은 이만 해야겠다고 생각하는데, 조 변호사는 그때부터가 시작이에요. 말하자면 이 잡듯이 물고 늘어지는 아주 무서운 집요함이 있더라구요. 그런 철저함, 집요함으로 일을 아주 완벽하게 마무리짓는 것은 다른 변호사는 흉내내기 어려운 무서운 장점이다 싶었습니다."[82]

4) 포용력: 그의 인간관계

조영래의 주변엔 언제나 많은 사람들이 있었다. 그는 사람들에게 호감을 주는 특별한 재능이 있었다. 그것은 의도적인 처세술이나 언변 때문이 아니라 바로 그의 소탈하고 겸허한 태도 때문이었다. 그는 무슨 일을 하든 자기 자신을 내세우는 법이 없었고 공을 따지는 때가 없었다.[83]

조영래의 장례식에 나타난 사람들은 단지 운동권 사람들만이 아니었다. 그의 죽음을 슬퍼하는 추도사와 추도기사 역시 시내 주요 일간지의 온 지면을 장식했다. 그 가운데에는 보수적인 인사조차 그의 죽음을 안타까워하면서 그가 만년에 운동권을 비판하고 있었음을 지적하고 있었다. 서로 다른 색깔의 사람들이 모두 조영래를 자기편으로 인식하면서 호의를 표시하고 있었던 것이다. 다음은 보수적 필자라고 할 남시욱 씨가 조영래가 사망한 직후 쓴 글이다.

"그가 이렇게 정세를 올바로 판단했던 것은 그의 건전하고 편협되지

---

82) 홍성우 발언, 홍성우 · 손학규 · 장기표 · 양건, 앞의 글, 85쪽.
83) 박상률, 앞의 책, 147쪽.

않은 성실한 자세 때문이었다. 그는 용기가 있으면서도 부정일변도의 외
곬이 아니었다. 그의 훤한 얼굴이 말해 주듯이 그는 기본적으로 밝고 긍
정적인 성격에 균형잡힌 판단력을 지닌 사람이었다.…… 그의 성실성은
잔재주나 가식이 없는 그의 솔직하고 힘찬 많은 글에도 나타나 있다. 오
늘의 혼란한 시대에 그의 역할은 너무도 귀중했었다. 그를 43세의 나이에
잃은 우리는 너무도 큰 손실을 보았다. 사이비들이 득실거리고 판을 치는
세상에 그와 같은 '진국'을 잃은 슬픔은 너무도 크다."[84]

5. 사람들의 그리움

　박태현 변호사가 법조인의 길을 걷게 된 데는 남다른 동기가 있습니
다. 대학 시절 조영래 변호사가 쓴 『전태일 평전』을 읽고 감동을 받았습
니다. 진실은 영원히 감옥에 가둘 수 없다는 것을 몸소 실천했던 조영래
변호사처럼 살고 싶다는 마음이었습니다. 조영래 변호사는 굴절된 현대
사에서 소외된 사람들과 함께 호흡했습니다. 박 변호사는 우리 사회에서
그늘진 곳 중의 하나로 환경분야를 생각하고 있습니다. 삶의 질과 무관하
게 전개되는 개발정책 앞에서 환경문제는 뒷전으로 밀리고 있기 때문입
니다. 그래서 사법연수원 시절 환경법학회에서 활동을 했고, 환경운동연
합에서 자원활동을 했습니다. 법의 논리만으로 환경분야에서 일하는 데
는 한계가 있다고 판단했던 것입니다.[85]

　이렇게 조영래는 죽어도 죽은 것이 아니었다. 위대한 인간은 생전
보다는 사후에 더욱 긴 그림자를 남기는 법이다. 그는 많은 사람들에
게 끊임없이 영향을 주고 있었다. 새내기 법조인들이 조영래가 걸어

---

84) 남시욱, 「인권변호사 조영래」, 《동아일보》, 1990년 12월 5일자.
85) www.lawdasan.co.kr/law010103_7.html.

왔던 인권변호사의 길을 닮으려 했고,[86] 젊은이들이 현대사의 존경할 만한 인물로 조영래를 꼽고 있었다.[87] 그는 모든 이들에게 희망이었고, 사표였으며, 기둥이었던 것이다. 그의 업적을 기리는 추모사업회인 '조영래변호사를추모하는모임'이 만들어졌고, 이들이 모금운동을 펼쳐 1억여 원을 모아 장학사업을 벌이기도 했다.[88]

그러나 이 모든 것도 아쉬움을 달랠 수는 없었다.[89] 이 험난한 시대에 그의 지혜와 용기를 사람들은 아쉬워하고 있었다. "의논드리고 싶은 일이 생길 때마다, 터무니없이 탄압받을 때마다, 저는 조 변호사님이 안 계심을 실감하면서 점점 더 크게 절망할 것 같습니다"[90]라고 생각하는 사람들이 적지 않았다. 이렇게 "조 변호사의 삶은 짧았지만 그가 남겨 놓고 간 빈 자리가 더없이 커 보인다."[91]

강산도 변한다는 10년이 지나도 그에 대한 추모와 안타까움은 식지 않았다. 그의 10주기를 기념하면서 '70, 80년대 한국민주화운동의 성과와 의의'라는 제목의 추모토론회가 열렸다. 이 자리에서 "토론 참가자들은 재야의 도움으로 반독재를 외치던 양김씨가 잇달아 대통령이 되었지만 오히려 나라는 총체적인 파탄에 빠졌고, 1970~

---

86) 한양대학교 법과대학의 양건 교수는 이 점에 관하여 이렇게 말한다. "학생들을 가르치면서 우리나라에서 바람직한 법률가의 모습에 대한 이야기를 하는 가운데 상당히 많은 학생들이 조 변호사를 떠올리고, 앞으로 어떤 법률가가 될 것인가의 문제에서도 그를 하나의 모델로 생각하고 있음을 보게 됩니다"(양건 발언, 홍성우·손학규·장기표·양건, 앞의 글, 83쪽).

87) 사법시험의 수석합격자들이 조영래 변호사를 가장 존경한다는 말은 흔히 들을 수 있었다(《대한매일》, 1996년 12월 21일자). 제23회 수석합격자 황승화 씨도 인권변호사로서 이름을 남긴 조영래 변호사를 가장 존경한다고 했다.

88) 《한겨레》, 1993년 12월 19일자.

89) 어린이들을 위한 책으로 조영래 변호사를 집필한 박상률은 "취재를 하며 만난 사람들은 열이면 열 모두 그의 따스함과 향기로움을 잊지 못했다"고 쓰고 있다(박상률, 앞의 책, 글쓴이의 말 가운데서).

90) 권인숙, 앞의 글.

91) 황호택, 앞의 글.

1980년대 민주화를 위해 싸워온 진보진영마저 무기력해져 고인에게 미안한 마음이 든다"고 말하는가 하면, "조 변호사를 진정으로 기리는 길은 그가 없어 아쉽다고 말하기보다 그의 열정을 이어받아 우리가 할 일을 하는 것"이라고 말하기도 했다.[92] 그러나 "이제는 슬픔을 거두고 그의 삶을 올바로 조명하자"는 '그 정당한 추도사'에 대한 반론도 있다. "조영래, 그는 눈을 감아버렸으나, 그가 고발한 부정의 현실은 버젓이 눈을 뜨고 살아 있는 탓이다. 한마디로 아직도 우리는 '조영래의 시대'를 마감하지 못했다. 그의 삶은 여전히 풀리지 않은 '동시대의 문제'로 말미암아 살아 있는 것이다."[93]

그는 애석하게도 우리 곁을 너무 일찍 떠나버리고 말았지만 "우리가 아름다운 세상을 이루려고 하는 꿈을 버리지 않는 한 그는 결코 우리 곁을 떠난 것이 아닌 것"[94]이다. 아무튼 이런 긴 논쟁을 뒤로하고 그는 여전히 저세상 사람이다. 긴 그림자를 뒤로한.

---

92) 「고 조영래 변호사—세월 지나 더 커지는 인권거목의 빈자리」, 《시사저널》, 2000년 12월 28일자, 29쪽.
93) 김중배, 「새날은 밝아오는가?」, 《한겨레》, 1992년 12월 18일자.
94) 박상률, 앞의 책, 글쓴이의 말.

우리들의 깃발, 민변

1. 물, 공기와 같은 민변

"70년대 유신정권 때와 전두환정권 때 각종 시국사건 법정에서 변론을 통해 민주화운동을 해 온 인권변호사들이 새 변호사단체를 결성키로 하고 28일 창립총회를 갖는다. 현재의 대한변협과 각 지방변호사회가 변호사법에 따라 구성 및 가입이 강제되는 단체인 데 비해 새로 발족될 이 변호사단체는 4·19 직후의 '자유법조단'과 60년대의 '정법회' 이후 20여 년 만에 처음으로 결성되는 공개적 임의단체이다. 새 변호사단체 구성을 추진하고 있는 변호사들은 지난 86년 5월 대우어패럴사건의 변론을 계기로 생긴 비공개 단체인 정법회 소속 변호사 30여 명과 소장 변호사 20여 명 등 50여 명."[1]

민변은 이렇게 탄생했다. 그렇기 때문에 1988년 5월 28일은 한국 인권변론사에서 중요한 날이다. 민변은 과거 인권변론의 정통을 이어받아 우리 사회를 인권유린과 인권침해로부터 자유로운 곳으로

---

1) 《동아일보》, 1988년 5월 26일자.

만들기 위해 만들어진 임의적 법률가 단체이다. 그 이전에도 일제시대 때 형사변호공동연구회, 전두환정권 때 정법회 등 인권변호사들이 모여 조직적인 변론을 위해 만든 법률가 단체가 있었다. 그러나 민변은 그 모든 것보다 훨씬 조직적이고 체계적이며, 본격적으로 지속적인 인권변론을 펼쳐나갈 수 있는 인권변호사들의 단체였다. 민변의 성격은 다음과 같다.

① 법률가 단체

민변은 뭐니뭐니 해도 법률가 단체로서, 법률가들이 모인 집단이다. 그 가운데 변호사들이 대부분이다. 처음에는 인권변호사들로만 출발했지만 나중에는 판사와 법학교수 등에게도 개방되었다. 이것이 변호사협회나 다른 변호사 단체와는 다른 점이다. 그러나 이에 참여하고 있는 판사와 교수는 극소수이고, 큰 역할을 수행하지도 못한다. 민변은 여전히 변호사들이 주도하는 그런 의미에서 변호사 단체라고 할 수 있다.

② 임의적 단체

대한변호사협회는 법률에 의해 규정된 단체이다. 이에 비해 민변은 아무런 법률적 근거 없이 자발적으로 조직된 단체이다. 따라서 가입과 탈퇴가 자유롭다. 그렇지만 대한변호사협회와 그 지역조직으로서 각 지방변호사회를 제외하고 민변은 회원이 가장 많고 가장 큰 영향력을 행사하는 변호사 단체라고 할 수 있다. 그러나 대한변협과도 갈등적 · 대립적 관계가 아니라 보완적 관계를 지향했다.[2] 변협 집행부가 친인권 · 친개혁적일 때는 당연히 보완관계를 이루지만 그렇지 못할 때는 반드시 그렇다고 볼 수 없다.[3] 국민의 기본적 인권을 옹호하기 위한 노력을 변협이 방기할 때

---

2) 《일요신문》, 1988년 6월 5일자.
3) 1990년 9월 당시 대한변협 박승서 회장이 박종철군 사건의 관련자 강민창 치안본부장의 변호를 맡아 2심 무죄판결을 받도록 한 것과 관련하여 민변 회원들을 중심으로 108인의 변호사들이 사퇴권고 성명을 낸 것이 우선 그 한 예이다(이 사건의

민변이 협력관계를 유지할 수는 없기 때문이다.

③ 인권과 민주주의, 사회개혁을 위한 단체

민변은 구성원과 정치적 신념,[4] 이념적 스펙트럼[5]이 다양하지만 그 성격은 분명하다. 국민의 기본적 자유와 권리를 지키고 민주주의를 향상시키며 사회적 개혁을 위해 일한다는 것이다. 좀더 분명히 말한다면 국가권력의 남용을 방지하고, 거기서 희생되는 피해자인 양심수들을 변론하며 민주주의적 제도와 관행의 수립을 위해 일한다. 과거 민변 구성원의 활동과 민변의 전신이라고 할 수 있는 단체의 역사적 유래를 보아도 알 수 있는 일이다.

자세한 경과는 류청하, 「박승서 회장 사퇴권고 변협의 108인 성명」, 《신동아》, 1990년 10월호, 284쪽 이하 참조). 그 다음 사례는 정재헌 회장 지도하의 대한변협이 2001년 대한변협의 변호사대회에서 현정부의 개혁이 실질적 법치주의에 어긋난다는 결의문을 채택한 것에 대해 개혁 자체가 법치주의를 후퇴시킨 것이라고 주장한 것은 납득할 수 없다면서 변협의 직책을 맡고 있던 민변 회원들을 철수시킨 것(2001년 7월 24일자 민변의 성명 참조)이다.

4) 1987년 대통령선거 당시 다른 사회단체가 그러했듯이 민변의 전신인 정법회 멤버들 사이에도 김대중 후보의 비판적 지지와 후보단일화 노선을 둘러싸고 의견의 차이가 있었다. 이것 때문에 법조계 일각에서는 더 이상 정법회가 통일적이고 조직적인 활동을 전개하기가 힘들어지지 않느냐는 비판론이 일기도 했다(《일요신문》, 1988년 6월 5일자).

5) 어떤 민변의 신입회원은 다음과 같이 회원들의 생각의 다양성을 관찰하고 있다. "민변은 민주사회를 갈망하는 변호사들의 모임입니다. 그런데 민주사회라는 것이 무엇을 의미하는지 애매모호합니다. 애매모호함에는 장단점이 있을 수 있습니다. 그러나 사실 민변 회원 중에는 이미 민주사회는 거의 이루어진 것이라고 생각하는 분들도 있을 것입니다. 이런 분들은 민변활동이 이제는 별다른 의미가 없다고 생각하실 수도 있을 것입니다. 반대로 진정한 민주사회가 되기에는 아직도 멀었다고 생각하는 분들도 있을 것입니다. 사실 각각의 회원의 마음속을 들여다본다 한들 과연 민변이 무엇을 지향하는지를 정확히 알 수는 없을 것입니다"(김석연, 「신입회원이 바라본 민변」, 《이달의 민변》, 1996년 10, 11월호, 229쪽).

민변은 물이나 공기 같은 존재이다. 우리 사회에 아주 두드러지지는 않지만 언제나 필수불가결한 존재였다. 가난하고 억눌린 사람들, 억울한 일을 당하고도 하소연할 데를 찾지 못했던 사람들에게 민변은 물이나 공기와도 같았다. 민변은 아무도 대변하지 않는 사법적 정의를 묵묵히 실현해 내고, 시기시기마다 필요한 일을 수행해냈고 의로운 목소리를 내고 있었다.[6] 민변이 없었다면 아마도 지금 우리 사회는 인권이 훨씬 더 쉽게 유린되고 사법정의가 결핍된 곳이 되었을 것이다.

2. 민변의 탄생과 발전

1) 탄생과 그 의미: 젊은 엘리트 변호사들과 법률운동

민변은 정치적 암흑과 인권의 대규모 유린이 일상화되었던 전두환정권하에서 인권변론을 수행했던 변호사들의 집단인 정법회를 그 전신으로 여긴다. 그 과도기에 청년변호사회가 잠깐 논의되었던 것은 이미 앞에서 서술한 바 있다. 보수적인 법조계에서 청년변호사회의 논의는 놀랄 만한 일이었다. 이 논의에 참여했던 20~30대의 젊은 변호사들이 모두 정법회의 기존 인권변호사들과 함께 민변을 창립하는 데 참여했다. 이로써 민변은 신구·노장의 변호사들이 함께하는 변호사 단체가 되었다. 이러한 민변 창립의 의미는 다음과 같이 평가할 수 있을 것이다.

첫째, 인권변론을 담당하던 변호사들이 민변이라는 조직을 갖게

---

6) 민변은 그때 그때의 이슈나 과제를 해결하기 위해 나름대로 노력해 왔다. 예컨대, 1997년 3월 현재 상설위원회 외에도 통합전자주민카드 대책특별위원회, 한보사건 대책위원회, 일본문제 대책위원회 등을 만들어 활동했다.

됨으로써 더 체계적이고 공개적이며 지속적인 변론을 펼칠 수 있게 되었다는 사실이다. 과거에도 정법회라는 조직이 있었지만 그 이름과 실체를 공개할 수 없을 정도로 제한적이고 비밀스러웠다. 그러나 민변은 좀더 공개된 변호사들의 단체로서 자유로운 활동을 벌일 수 있었다. 또한 정법회는 변론의 배당업무와 회원간의 친목을 다지는 정도의 제한적 업무밖에 수행하지 않았지만, 민변은 변론의 수행뿐만 아니라 법률과 제도의 개폐, 연구와 조사 등 다양한 사회의 법률수요를 감당할 체제를 갖추었다.

둘째, 과거 정법회도 노·장층이 결합되어 있었지만, 민변에는 사법연수원 13기 이후의 30대 변호사들이 대거 합류함으로써 조직에 활력을 불어넣을 수 있었다. 이들은 대체로 1980년대에 학생운동의 본류 또는 주변에서 운동의 경험을 쌓았고, 거기에다 법률적 지식을 갖춤으로써 사회를 체계적으로 이해하는 능력을 가졌다. 또한 사회변화에 대한 전략적인 사고를 할 수 있었다.

특히 이들 젊은 변호사들은 처음부터 법률을 사회변화의 수단으로 인식하고, 이 사회의 변혁을 위해 법률가가 되기로 결심하고 투신한 사람들이었다. 법조인을 돈과 명예를 얻을 수 있는 직업으로쯤 인식했던 기존의 변호사들과는 처음부터 다른 가치와 꿈을 가진 젊은 이들이었다.[7] 바야흐로 법률운동이 시작되고 있었다. 다음의 글은

---

7) 이 진보적인 젊은 법조인들의 흐름은 사회가 보수화되고 학생운동의 맥이 점점 끊겨가는 지금 이 시점에도 지속되고 있다. 고려대학교 법대의 참틀, 서울대학교 법대의 공익법학회 LIFE, 성균관대학교 법대의 Minorite, 연세대학교 법대의 현실과 법을 위한 모임 등과 같은 학회가 바로 이러한 흐름을 대변하고 있다. 이들은 "법률운동론을 실천적으로 담보하기 위해 서울지역 법과대학 법률운동 모임 연합체(서법련)의 건설"을 준비하기도 하고, 법을 통한 사회개혁을 고민하고 있기도 하다. 이러한 법대생들의 움직임이야말로 잠재적으로 민변의 후배그룹을 재생산해내는 구조이기도 하다(자세한 것은 고려대학교 법과대학 법률운동학회 참틀, 《참틀》, 2000, 54쪽 이하 참조).

이들의 가치와 꿈, 전략을 설명하기에는 부족하지만 일반인의 입장에서 어떻게 받아들이고 있는지 충분히 짐작할 만하다.

제27회 사법고시 합격생들이 2년 동안의 사법연수원 생활을 마치고 법조 인생을 시작하는 88년 2월, 장래가 확실히 보장되는 수석합격자가 판·검사 자리를 마다하고 곧장 재야법조인인 변호사 생활을 택하여 법조계에 작은 파문을 일으켰다. 그것도 보수가 좋은 유명 변호사 사무실이 아니라 인권변호사로 잘 알려진 조영래 변호사 사무실로 들어감으로써 주위 사람들을 더욱 놀라게 했다. 이 파문의 주인공은 현재 남대문 법률합동사무소에서 일하고 있는 김선수 변호사. 그는 "검찰은 법무부 산하의 상명하복 기관이고, 법원은 정치적으로 독립되어 있지 못할 뿐더러 부장판사 제도 등이 소신판결을 저해한다고 생각하여 사회정의 실현을 위해 자유롭게 활동할 수 있는 변호사에 매력을 느꼈다"고 그 선택의 동기를 밝히고 있다.…… 이밖에도 86년 24세의 나이로 변호사 업무를 시작함으로써 최연소 개업변호사의 기록을 세운 바 있는 백승헌 변호사, 지난 9월 사무실을 법원 근처인 서울 서초동에서 노동현장이 밀집되어 있는 부천으로 옮겨 시선을 끈 이양원 변호사 등도 김선수 변호사와 함께 노동운동 관계사건 등 각종 시국사건을 떠맡으면서 법조계에 신선한 바람을 일으키고 있는 뉴 리더로 꼽힌다.[8]

한편 임기가 2년인 민변의 집행부는 지금까지 8기째 이어져 내려오고 있다.

제1기(1988. 6〜1990. 5) : 대표간사 조준희, 운영위원회 홍성우·박인제
제2기(1990. 6〜1992. 5) : 대표간사 황인철, 총무분과 김창국·윤종현,
상임간사 천정배

---

8) 이희용, 「민변의 변호사들과 그 소망」, 《세계와 나》, 1990년 12월호, 182쪽.

제3기(1992. 6~1994. 5): 대표간사 홍성우, 총무간사 김창국 · 박연철

제4기(1994. 6~1996. 5): 회장 고영구, 사무국장 이석태

제5기(1996. 6~1998. 5): 회장 최영도, 사무국장 백승헌

제6기(1998. 6~2000. 5): 회장 최영도, 사무총장 윤종현

제7기(2000. 6~2002. 5): 회장 송두환, 사무총장 윤기현

제8기(2002. 6~현재): 회장 최병모, 사무총장 김선수, 상임변호사 김
인회

2) 노태우정권하의 민변: 조준희 대표간사 체제하의 민변

(1) 인권문제 있는 곳에 민변이 있다[9]

준군사정권 또는 유사독재정권이나 다름없었던 노태우정권하에
서도 인권침해사건은 흘러넘쳤다. 공개적이고 전문적인 인권변론단
체인 민변에 이러한 인권사건이 몰려드는 것은 너무나 당연한 일이
었다. 과거 기독교교회협의회[10]나 천주교 정의평화위원회의 창구를
통해 들어오던 변론사건이 이제 민변이라는 공식적 창구를 통해 직
접 의뢰가 들어왔던 것이다.[11]

이 당시 민변의 주요 업무는 정법회와 마찬가지로 역시 인권사건
의 법정 변론에 초점이 맞추어져 있었다. 그만큼 인권사건이 많았기
때문이다. 기본적으로 변론비는 저렴하게 책정되어 있었지만 실상
그마저 내지 못하는 경우도 적지 않았다.

---

9) 이희용, 앞의 글, 182쪽.

10) 기독교교회협의회 인권위원회는 1974년 4월 11일 정식 발족되었다. 기독교교회
협의회는 "점증하는 인권침해에 주목하고 인권신장을 위해 교회 내에 인권문제를
지속적으로 다룰 수 있는 상설기구가 필요하다"는 인식하에 인권위원회를 창립하
기로 한 것이었다. 이 가운데 변호사들을 선임하거나 소개해 주는 법률구조사업
이 중요사업으로 채택되었다(자세한 것은 한국기독교교회협의회 인권위원회,
『1970년대 민주화운동(II)』, 1987, 469쪽 이하 참조).

11) 《민주일보》, 1990년 3월 28일자.

민변에 의뢰하면 당연히 무료변론을 받을 수 있는 것처럼 생각하는 가족들도 있습니다. 심지어는 고급 승용차를 타고 온 가족들이 복사비조차 내지 않고 아무렇지도 않은 듯 나가는 걸 보면 화가 날 때도 있습니다. 또 시국사건이나 공안사건의 경우 사건기록만 해도 일반 형사사건의 몇 갑절이 됩니다. 그만큼 복잡하다는 이야기입니다. 그래서 공판도 두세 차례로 끝나지 않습니다. 길게는 10여 차례까지 가는 경우도 있지요. 또 사건 관련 피고인이 많을 때는 접견 한 번 하는 데도 짧게는 반나절, 길 때는 하루 종일이 걸립니다.[12]

당시 민변 창립 직후인 1998년 7월부터 1990년 11월까지 총 수임 건수는 208건(개인 수임사건 제외)이었는데, 그중 민사가 18건, 형사가 190건이었다. 의뢰자 수는 698명에 이르렀다. 이 기간 동안 회원 1인당 8.5건을 배당한 셈이었다. 개인별 사건 배당 건수를 살펴보면 다음과 같다.[13]

고영구	9	김갑배	10	김동현	12	김선수	13	김원일	6
김응조	10	김주원	13	김진국	3	김창국	4	김충진	8
김칠준	2	김한주	8	김형태	11	박성민	18	박승옥	11
박연철	10	박용일	8	박원순	12	박인제	20	박주현	4
박찬주	4	백승헌	12	서예교	5	손광운	7	안영도	19
안상운	13	유남영	6	유선호	4	유현석	2	윤기원	2
윤종현	14	이경우	10	이덕우	2	이상중	7	이석태	14
이승계	1	이양원	10	이오영	8	이원영	6	이홍식	3
임재연	8	정광진	3	정미화	13	정성철	2	조영래	10
조용환	9	조준희	7	천정배	9	최명규	8	최병모	14
최영도	2	하경철	4	하죽봉	4	한승헌	7	홍성우	15
황인철	17								

이 표를 보면 노장, 소장의 구별 없이 변론을 배당받고 있음을 알수 있다. 민변의 중심에서 열심히 활동하는 사람들은 대체로 사건을많이 배당받는다. 민변의 배당원칙은 무차별 배당이다. 이렇게 사건이 넘쳐나는 것은 사실 행복한 고민이었다. 1992년을 고비로 시국사건의 변론은 현저하게 떨어졌기 때문이었다. 이 당시 인권사건의 폭주와 그로 말미암은 상황을 당시 대표간사였던 조준희 변호사는 이렇게 설명하고 있다.[14]

노태우정권에 들어와서도 인권상황은 개선이 되지 않고 오히려 양심수, 시국사범의 발생이 과거보다 더 폭주함으로써 한정된 회원을 가지고는 변론활동에 매달리기에도 벅찼다. 게다가 이처럼 인권상황이 실질적으로 개선이 되지 않았음에도 불구하고 외관상으로 뭔가 민주화되는 듯한인식이 일반화된 데다가 경제적 침체까지 겹쳐 인권운동을 생존권확보운동으로 한 차원 높여 전개해 나가는 데는 어려움이 따를 수밖에 없었다.

(2) 사회민주화를 위한 다양한 노력

당시 민변 회칙 제11조는 민변의 활동과 관련하여 인권침해사건에 대한 변론 활동 이외에 법률 · 법제도에 대한 연구와 조사, 민변의목적과 관련된 사항의 실태조사 및 보고, 연구발표회, 강연회, 기타필요한 계몽활동, 인권침해에 대한 보고회 개최, 기관지 발간 등의활동을 규정하고 있었다.

민변은 민주화와 관련하여 제반 정치 · 사회 문제에 대하여 법률전문가 단체로서의 견해를 성명으로 발표해 왔다. 1988년 7월 1일새 대법원장 선임에 대하여 "군사정권에 협력해 온 인물을 선임하는

---

12) 《민주일보》, 1990년 3월 28일자.

13) 민변수입사건 분류 · 통계(민변 내부자료),

14) 《민주일보》, 1990년 3월 28일자.

것은 국민의 뜻과 이 시대의 요구에 정면으로 배반하는 행위"라고
주장하여 파문을 일으켰다. 그밖에도 1988년 10월 12일 육군보통군
법회의의 중앙일보 오홍근 부장 테러사건 판결에 대한 비판, 국가보
안법 철폐를 주장하는 성명 등이 계속 이어졌다.[15] 서울 사당동 재개
발지역의 폭력적 강제철거 사건, 영광 원전 피해 등에 대한 진상조사
작업도 이루어졌다.[16]

민변 회원들은 대한변협의 인권위원회를 사실상 움직이고 있었
다. 인권위원회의 위원장 유현석 변호사를 비롯하여 부위원장 조준
희, 1분과 간사 박원순, 2분과 간사 김창국, 4분과 간사 박성민 등 전
체 20명의 회원 중에 13명이 민변 회원들이었다. 1987~1988년도 인
권보고서, 1989년도 인권보고서가 주로 이들에 의해 집필·출간되
었다. 1989년도 인권보고서 가운데 13개의 분야별 주제 중 12개가
민변회원들이 집필한 것이었다.[17] 이는 민변 없이는 변협의 인권옹
호 활동도 존립하기 어려웠던 현실을 반영하고 있다.

---

15) 민변 창립 한 해 동안 발표된 성명은 다음과 같다.

  1988. 6. 16   법관 성명지지 성명 발표

  1988. 7. 1   정기승 씨 대법원장 지명에 대한 성명

  1988. 7. 4   이일규 씨 대법원장 지명에 대한 성명

  1988. 7. 27   파업기관사 구속에 대한 성명

  1988. 8. 13   양심수 가족(이덕자 씨) 구속에 대한 성명

  1988. 10. 8   최종길 교수 고문살인에 관한 성명

  1988. 10. 11   중앙경제 오부장 사건에 대한 군사법원 판결 성명

  1988. 11. 16   전두환 씨 처리문제에 대한 성명

  1989. 4. 15   민주화를 거역하는 최근 정세에 대한 우리의 견해

16) 역시 그 1년 사이에 벌인 민변의 진상조사 작업은 다음과 같다.

  1988. 11. 11   사당동 폭력적 강제철거 현장조사

  1988. 12. 7   세창물산 위장폐업 진상 조사

  1989. 2. 15   여의도 농민시위 사건과 관련하여 영등포경찰서 조사 방문

  1989. 5. 16   이철규 군 의문사 관련

17) 《민주일보》, 1990년 3월 28일자.

(3) 『반민주악법개폐이유서』 발간

민변의 활동 가운데 악법을 제도적으로 철폐하는 일은 가장 중요한 것이었다. 개별적 변론도 중요한 일이지만 이들 인권침해사건의 원천적 근간이라 할 악법을 개폐하는 것이야말로 그에 앞서는 일이 아닐 수 없었다.[18]

『반민주악법개폐이유서』는 국가보안법을 비롯하여 과거 군사독재 정권하에서 수많은 인권침해와 권력남용을 일으켰던 악법들을 분석하여 그 위헌성과 불합리성을 조목조목 정리한 것이었다. 군사독재의 인권탄압과 민생억압의 도구로 사용된 다양한 법률들을 적시하고 그 개폐의 방향을 정리한 것은 그 자체로서 주요한 민주화운동이었다. 이 책은 법대 교수들에 의해 중요한 교재로서 활용되기도 했다.

3) 문민정부하의 민변

(1) 홍성우 대표간사 체제와 민변

① 홍성우 대표간사 체제와 민변의 변화

문민정부라고는 하지만 여전히 군사독재의 허울과 잔재를 털어내기에는 문제가 많았고, 민변 역시 아직도 그 허울과 잔재와 싸우느라고 여념이 없었다. 1992년 6월부터 1993년 5월까지의 한 해 주요 사업의 대부분은 시국사범 변론과 다양한 현안 대응에 중점을 두었다.

이 시기인 1992년에는 정신보건 현실과 정신보건법에 관하여 토론회가 개최되었고(10. 10), 공정한 검찰권 행사를 위한 토론회(11.

---

18) 민변의 대표간사였던 조준희 변호사는 어느 인터뷰에서 "진정한 의미의 새시대는 구시대의 잘못된 제도와 관행을 폐지하고 바로잡아 정의로운 법을 만들어 낼 때에만 가능하다"면서 "민변은 변론도 중요하지만 이 같은 제도개선에 보다 사업 역점을 두고 활동해 나갈 것"을 다짐하였다(《민주일보》, 1990년 3월 28일자).

16)가 열렸다. 1993년에는 2월에 인권운동의 전반적 평가와 전망이라는 세미나, 5월 10일에 한국행형제도의 문제점과 개선방안 토론회, 8월 10일에 건전한 집시문화정착 어떻게 가능한가, 11월 3일에 산업재해와 원진문제 해결을 위한 공청회, 11월 24에는 국가보안법. 안기부법 개정안에 대한 공동세미나를 개최했다. 그리고 1994년 2월 21일에 인권측면에서 본 김영삼 정부 1년 토론회, 4월 11일에 고문 후유증 사례 발표회 및 토론회, 5월 15일에 양심선언자 보호특별법 제정을 위한 공청회가 열렸다.

1993년 6월 비엔나에서 열린 세계인권대회를 포함하여 민변의 국제회의 참가가 부쩍 늘어난 시기였다. 한·일 변호사 교류가 본격화되었으며, 사회개발 정상회담을 비롯하여 인권이 관련된 회의라면 대체로 참석하고 있었다.

② 유엔인권이사회 보고서와 반박보고서를 둘러싼 논쟁

국제인권규약(B규약)에 가입한 우리나라는 가입시 제출하는 최초 보고서와 더불어 매5년마다 정기보고서를 유엔인권이사회에 제출할 조약상의 의무가 있다. 민간단체들은 이 정부의 보고서에 대해 반박 보고서를 낼 수 있으며, 인권이사회는 이러한 자료들을 참고하여 심리와 권고를 하게 된다. 그런데 1992년 약 1년에 걸쳐 민변과 한국기독교교회협의회가 준비하여 유엔에 제출한 반박보고서를 가지고 법무부가 시비를 걸고 넘어졌다.[19)]

■ 위 반박보고서는 대한변협 등 공식기구가 아닌 임의단체인 민변 소속 변호사 몇 명이 각자의 주관에 따라 집필한 것에 지나지 않으므로, 이러한 보고서에 대하여 정부차원에서 반론을 제기할 가치는 별로 없음.

---

19) 법무부, 『1992년도 국정감사 법제사법위원회 요구자료(I)』, 1992. 10, 355~358쪽.

그러나 객관성·합리성이 결여된 논리전개와 편향된 정보의 자의적 인용으로 우리의 인권상황을 악의적으로 왜곡 기술하고, 그 내용을 언론에 홍보함으로써 국민을 오도할 소지가 없지 않으므로 정부로서는 그 진상을 명백히 할 필요를 느끼는 것임.

■ 위 반박보고서의 허구성을 몇 가지 예시함.

― 우리나라의 안보상황과 정부의 법집행에 대하여 일방적·편향적 시각을 견지하는 일부 재야운동권의 진부한 논리를 그대로 수용.

(예시: 한국전쟁 후 40여 년이 지난 지금 공산주의의 위협이 완전히 없어졌다.)

■ 결국 상기 단체들은 우리 사회의 극히 일부분을 구성하는 재야운동권의 허구적 주장에만 의존하여 단편적·독단적 논리로 보고서를 작성하였음에도 마치 위 보고서가 우리 국민 대다수의 의사인 것으로 과대 포장하여 유엔에 제출함으로써…….

그러나 법무부가 문제를 제기한 부분은 대체로 사실이 아니었다. 예를 들어 "공산주의 위협이 완전히 없어졌다"고 표현한 부분은 전혀 없으며, 굳이 관련된 표현을 찾는다면 "한국에서 인권상황에 가장 중대한 영향을 미치는 것은 분단"이라거나 "최근 국제정세의 변화에 따라 남북관계도 눈에 띄게 호전되고 있다"는 내용, "한국이 북한을 반국가단체로 규정하는 것은 유엔헌장과 남북합의서의 정신에 반하지 않는가 하는 의문이 있다"는 내용 따위이다.[20]

무엇보다도 민간단체의 자율적인 반박보고서에 화들짝 놀라 대응하는 법무부의 자세가 마치 뭔가 스스로 켕기는 것이 있었음을 증명해 주는 것이 아닐 수 없었다. 원래 자유민주국가일수록 반박보고서가 여러 민간단체에서, 그것도 내용이 두텁게 제출된다. 예컨대, 북한은 반박보고서를 낼 민간단체가 없다. 그렇게 예민하게 반응할 필

---

20) 1992년 6월 2일자 민변의 논평.

요조차 없다. 대한변협만이 낼 자격이 있는 것이 아니다. 구체적으로 내용을 따져보는 공개토론회를 갖자는 민변의 요구에 대해 법무부는 끝까지 응하지 않았다.

(2) 민변 창립 6주년과 고영구 회장 체제의 등장

① 회장 및 사무국장 체제

민변은 창립 6주년을 맞으면서 홍성우 변호사 중심의 간사체제를 폐지하고 회장제를 도입하여 고영구 변호사를 회장으로 선임했다. 이때 부회장에 이돈희, 박성민 변호사를 선임했다. 동시에 정책수립 및 집행기능을 강화하기 위해 사무국장제를 신설하고, 이에 이석태 변호사, 사무차장에 박찬운 변호사를 선임했다. 이밖에도 기획, 변론, 출판, 대외협력, 회원, 홍보 등 6개 상임위원회를 신설하여 이기욱, 유선영, 박성호, 이덕우, 윤기원, 박인제 변호사를 각각 위원장으로 뽑았다.

"민변 조직개편의 특징은 사시 23회(1981년) 이후의 신세대 변호사들이 대거 집행부에 포진, 연령층이 낮아졌다는 점이다. 사시 선발인원이 종래 120명에서 23회부터 300명으로 늘어남에 따라 판검사를 거치지 않은 변호사가 많아 법조계에서는 졸업정원 제세대로 불린다. 이들이 사법연수원과 군법무관을 거쳐 개업한 시기는 1980년대 중반 이후로 6월항쟁 등 사회민주화의 열풍이 불던 때다."[21]

② '생활변론'으로의 전환

그러나 민변의 이러한 변화는 단지 세대교체에만 머문 것은 아니다. 창립 6돌 이후 민변은 이른바 '생활변론'으로의 전환을 꾀한다. 그동안 민변이 수행해오던 시국사건이란 대체로 국가가 저지른 인

---

21) 《세계일보》, 1994년 6월 2일자.

권침해로서 법정에서의 피고인에 대한 변론행위였다. 그러나 이러한 범주의 시국사건은 민주화가 진척됨에 따라 점차 줄어들어 민변으로서는 방향전환을 시도하지 않을 수 없었다.

이리하여 1994년 창립 6주년과 더불어 민변은 "대규모 조직개편과 동시에 생활·복지·변론 등으로 활동폭을 넓히기로 결정"했고, "날로 늘어가고 있는 환경, 교통, 소비자문제 등 시민들의 생활에 직결되는 변론활동에 적극 나서기로 했다". 이러한 민변의 방향전환은 "문민정부 출범 이후 불어닥친 정치·사회적 변화로 시국사건이 줄어듦에 따라 새로운 활동영역을 개발하고 회원들의 다양한 전문성을 반영해야 할 필요성 때문이었다. 민변은 또한 남북통일, 환경문제, 지적 재산권 등 전문성과 국제적 안목이 요구되는 분야에도 역량을 집중키로 했다."[22]

③ 5·18광주항쟁의 해결과 전·노 구속을 위한 노력

1994년부터 1996년까지 2년간 민변의 회장으로 일했던 고영구 변호사가 그 2년을 이렇게 회고한다.[23]

지난 2년 임기 동안 기억에 남는 일들로는 한국인권단체협의회 주체로 국가보안법 폐지를 위한 국제심포지엄을 열어 국가보안법의 실상을 국제 인권단체들에게 알린 것과 전두환·노태우 두 전직 대통령에 대한 단죄를 위한 행동에 나섬으로써 이들의 기소와 재판에 이르게까지 한 점이다. 전·노의 재판과 관련해서는 앞으로도 이의 귀추를 예의 주시하면서 역사가 올바로 설 수 있도록 해 나가야 할 것이다. 그러나 지난 2년 동안 만족할 만한 성과를 얻었다고 할 수 없고, 상설특위의 활동을 일정 정도 활성화시킨 것이 부족하나마 성과라고 할 수 있다.

---

22) 《세계일보》, 1994년 6월 2일자.
23) 민변, 「제9차 정기총회회의록」, 1쪽.

실제로 민변은 5·18관련 대책위원회를 내부에 설치하고 다양한
활동을 벌였다. 이 위원회가 벌인 사업은 다음과 같다.[24]

1. 5·18관련 대책위원회 구성 및 공동사업 참여
   위원장: 박인제·박연철
   위원: 안영도·박연철·조용환·안상운·차지훈·김도형
2. 5·18 진상규명과 책임자 처벌을 요구하는 가두시위와 서명운동 전개[25]
   가두행진에 민변회원 80여 명을 비롯하여 변호사 100여 명 참가
3. 5·18 진상규명과 책임자 처벌 특별법 제정을 위한 시민사회단체 연석
   회의 참가
4. 5·18 학살자처벌특별법제정범국민비상대책위원회 참가
   공동상임대표: 고영구 회장, 집행위원: 박연철
5. 5·18 국회위증죄 고발사건 불기소 관련 항고 등 후속 대책 준비를 위
   해 세종합동법률사무소 소속 회원들에게 일임
6. 준비중인 사업
   ① 헌법소원·재정신청
   ② 김대중 내란음모사건 등 재심신청
   ③ 손해배상 등 민사소송
   ④ 특별법안 검토작업

---

24) 민주사회를 위한 변호사모임, 《소식지》, 1995년 11월호, 10~11쪽.
25) 1995년 10월 16일 민변은 "5·16 진상규명과 책임자 처벌을 요구하는 가두시위
   와 서명에 나서는 우리의 입장"이라는 선언문을 발표했다. 그 내용의 일부이다.
   　"법정을 무대로 법논리로써 우리 사회의 법치와 민주주의를 위해 싸워왔던 우리
   변호사들이 오늘 이렇게 거리에까지 나서게 된 것은 이 시점에서 5·18 문제가 가
   지고 있는 역사적 중요성에 대한 각성과 함께 정부 당국에 의한 문제해결이 극히
   불투명해진 현실적 상황인식 때문이다. 80년 광주학살은 한국전쟁 이후 이 땅에
   서 일어난 가장 비극적이고 불법 불의한 사건으로서 이에 대한 올바른 진상규명
   과 단죄 없이는 법치주의도 민주주의도, 온전히 정착될 수 없고 진정한 평화와 정
   의도 있을 수 없다고 우리는 확신한다.……"

─특별검사의 임명 등에 관한 법률
　─광주민주화운동 진상규명 등에 관한 법률
　─헌법파괴적범죄 등의 공소시효에 관한 법률
　─재심관련특별법
⑤ 검찰 고발 문제: 검찰권 남용, 직무유기 등에 관한 법률적 검토
⑥ 내란죄 이외의 형사책임 문제: 집단학살, 고문, 사체유기 등 비인도
　　　적 범죄 검토
⑦ 5·18관련 쟁점 정리 출판물 추진 작업

민변은 법률가 단체로서 그리고 지식인 단체로서 일반 국민에게
도덕성과 설득력을 지니고 있다. 민변이 전·노 구속과 5·18사건에
대한 확실한 처리를 강력히 주장하면서 전체적인 사태 진전에 적지
않은 영향력을 행사했다. 특히 민변 회원들의 항의 시위는 결코 이
문제가 그냥 넘어갈 수 있는 것이 아니라는 점을 분명히 함으로써 여
론의 형성과 더불어 정치권에 커다란 압력으로 작용했다.

④ 국가보안법 개폐를 향한 민변의 노력

민변이 처음부터 개별적 변론뿐만 아니라 인권침해의 원인이 되
고 있는 악법과 제도의 개폐에도 큰 관심을 보여온 것은 주지의 사실
이다. 그 가운데에서도 민변이 가장 큰 역량을 경주해 온 것은 국가
보안법 개폐를 위한 노력이다.

우리 민변의 역사는 국가보안법에 대한 비판의 역사라 해도 지나치지
아니합니다. 제 개인적으로는 민변의 성과와 한계 역시 국가보안법 사업
의 성과와 한계가 매우 비슷하다고 생각합니다. 성과 측면에서 본다면 민
변 창립 이후 일어난 국가보안법 관련사건은 민변 회원들이 거의 모두를
담당해 왔고, 국가보안법 문제는 민변의 가장 전문적인 영역으로 취급되
었고, 사회적으로도 민변의 가장 큰 기여는 국가보안법 등으로 구속된 양

심수 변론이었던 것입니다. 이러한 양심수 변론을 통해 변호사로서 사회의 민주화에 조금이나마 보탬이 되었다는 자부심을 민변 회원들은 가질 수 있었다고 생각합니다. 그러나 국가보안법의 벽은 아직 넘지 못한 벽입니다. 형식적으로 민주화가 상당히 진척되었다는 현재에 이르기까지 국가보안법은 거의 변하지 아니한 채 남아 있습니다.[26]

민변이 발간한 『악법개폐이유서』의 첫 번째 항목이 바로 국가보안법이다. 민변은 이의 개폐를 위해 토론회를 열고, 청원을 하며, 위헌제청신청[27]을 하는 등 끊임없이 국가보안법에 도전했다. 또한 민변은 국가보안법연구위원회를 만들어 『김대중정부 1년간의 국가보안법 운용사례에 대한 보고서』, 『국가보안법 100문 100답』 등의 책자를 발간했다. 더 나아가 유엔인권이사회에 반박보고서를 내거나 국제회의 개최 및 참가 등을 통한 국제적 압력을 동원하는 등 다양한 활동을 벌여 왔다.

특히 민변이 주도하여 1995년 11월 22일부터 24일까지 서울에서 개최한 '분단 50주년 기념 인권 국제심포지엄—탈냉전 신국가질서와 인권, 국가안보와 인간안보'라는 제목의 행사는 커다란 의미를 지니고 있었다.[28] 그동안 국가보안법의 존재로 말미암아 무수한 고초를 겪었던 한국이 자신의 경험을 공유하면서 아시아의 다른 나라와 세계 여러 나라의 국가안보체제를 인간안보체제로 바꾸는 제안

---

26) 백승헌, 「50년 국가보안법 역사를 이제 끝내는 데 우리의 역량을 모읍시다」, 《민주사회를 위한 변론》, 2000년 7, 8월호, 26쪽.
27) 예컨대, 서준식 씨의 〈레드헌트〉 상영과 관련하여 국가보안법이 적용된 것에 대하여 민변 소속 김진국 변호사는 1998년 1월 12일 국가보안법 제7조 제5항, 제1항 등이 헌법 제12조 제1항의 죄형법정주의와 제37조 제2항의 기본권의 본질적 내용의 침해금지규정과 합치되지 아니한다는 이유로 위헌법률제청신청을 냈다(《민주사회를 위한 변론》, 1998년 12월호, 81쪽 이하 참조).
28) 이 심포지엄의 자세한 목적과 경과에 대해서는 민주사회를 위한 변호사모임, 《소식지》, 1995년 11월호, 84쪽 이하 참조.

과 노력을 가시적으로 보여준 사건이기 때문이다.

　⑤ 한총련 변론지침서

　　이 변론쟁점에 대한 검토는 다수 변호사가 많은 숫자의 학생들을 변호하게 되는 결과 변호활동을 개별적으로 준비하여 진행하기보다는 사건 전체를 염두에 두고 통일적이고 조직적으로 변호를 하는 것이 업무의 효율성과 변론의 효과라는 점에서 바람직하다고 판단되어 사무국에서 준비한 것인바…….[29]

　　무더기로 쏟아져 들어오는 변론 요청에 따라 배당을 받은 민변 회원 개개인은 각자가 그 사건의 변론을 준비하지 않으면 안 된다. 이 경우 다른 사건의 변론사례나 매뉴얼이 있다면 큰 참고가 되게 마련이다.[30] 이런 경험에 비추어 『한총련 변론지침서』가 준비된 것으로 보인다. 이 지침서는 한총련·범민련·범청학련의 연혁·조직, 통일대축전의 경과, 한총련의 통일에 관한 주장, 다른 국가의 경우, 국가보안법위반을 비롯한 각종 법률위반에 대하여, 언론보도, 정부 대처방식에 대한 비판을 차례로 싣고, 더 나아가 단순가담자에 대한 신문, 보석청구, 위헌심판제청신청서 등을 예시로 게재하고 있다. 이 지침서는 한총련사건에 대한 다음과 같은 점을 고려해야 한다고 주장하고 있다.[31]

---

29) 민주사회를 위한 변호사모임, 「한총련 변론지침서」, 1996년 10월 10일, 1쪽.
30) 민변은 그 이전인 1991년 5월 25일에도 중요 시국사건에 관한 변론요지서, 항소이유서 등을 모아 『변론자료집 I』을 간행한 바 있다. 여기에는 이돈명 변호사 구속사건 변론요지서, 민주화운동청년연합(김근태)사건 변론요지서, 홍성담씨 사건 상고이유서, 이재오씨 사건 항소이유서, 권인숙씨 변론요지서, 보도지침 폭로사건 변론요지서, 철도기관사 파업사건 변론요지서, 여의도 농민집회사건 변론요지서 등 30개 사건의 변론요지서·항소이유서·상고이유서 등이 실려 있다.
31) 민주사회를 위한 변호사모임, 「한총련 변론지침서」, 6~7쪽.

첫째, 학생들의 행위와 사고가 젊은이다운 열정과 사회의 발전에 대한 갈망에서 근거한 것임을 충분히 고려해야 한다.

둘째, 학생들은 과연 친북적인가, 사회주의적인가 하는 점이 단순히 몇 가지 주장에서 유사하다는 표면적인 비교를 넘어서 본질적인 측면에서 냉정하게 검토되어야 한다.

셋째, 우리 사회에서는 마치 금기처럼 되어 대부분의 사람이 공적인 자리에서는 이 점을 논의하는 것을 기피하지만, 사회주의적인 경향 혹은 친북적인 경향이 하나도 남김없이 그토록 선험적으로 나쁘다고 단죄될 성질의 것인지에 대해서도 엄밀하게 검토되어야 하며…….

넷째, 학생들의 주장은 그 어떤 주장과 유사하다는 식으로 평가될 것이 아니라 그 주장 자체의 논리적 타당성과 역사적 정당성에 따라 독립적으로 평가되어야 한다.

다섯째, 학생들의 주장이라 해도 각 학생들간에 다양한 견해차가 존재하므로 극히 일부의 견해나 행위를 전체의 것으로 매도하는 형식은 곤란하므로 개개의 학생에 대한 구체적인 판단이 있어야 한다.

여섯째, 설사 학생들의 주장이 충분히 숙고된 것이 아닐 뿐더러 경청할 가치조차 없다 하더라도 그것을 공권력으로 규제하고 법적으로 단죄하는 것이 과연 자유민주주의가 당연히 내포하는 사상과 표현의 자유의 측면에서 온당한지 여부가 검토되어야 한다.

(3) 최영도 회장 체제하의 민변

① 창립 8주년과 상근 사무국장 제도의 도입

1996년 6월 1일 열린 민변의 제9차 정기총회에서 다음과 같은 조직개편 및 임기 2년의 새로운 집행부가 구성되었다.

회장단	회장	최영도
	부회장	안영도, 송두환

	감사	박연철, 한정화
상임위원회	회원위원회	류중원
	홍보출판위원회	차병직
	기획위원회	윤종현
	대외협력위원회	박수근
	국제연대위원회	조용환
상설특별위원회	사회복지위원회	박주현
	언론위원회	안상운
	경제정의위원회	이용철
	사법위원회	문병호
	노동위원회	이원재
	환경위원회	오종한
사무국	사무국장	백승헌
	사무차장	윤기원, 양영태, 조광희
	정보통신위원회	이원재

이 조직개편의 특징은 첫째, 상근 사무국장을 두어 좀더 원활한 회무를 수행하며 포괄적으로 업무를 책임질 수 있게 하고, 둘째, 동시에 사무차장과 실무간사를 각 사업별로 배치하여 그 업무를 분야별로 지속적으로 수행토록 했고, 긴급하게 처리해야 하는 사안이 발생하는 경우를 대비해 사무차장별 당직제를 두어 운영하기로 한 것이다. 사무국장이 상근함으로써 민변의 활성화가 기대되었다.

② 민변 10주년과 끝나지 않은 과제

1998년 5월 드디어 민변이 창립 10주년을 맞았다. 51명의 회원으로 출발하여 10년 만에 240여 명의 회원을 가진 큰 법률가 단체가 되었다. 강산도 변한다는 10년을 맞아 민변은 스스로 뿌듯한 감회와 더불어 여전히 남아 있는 과제에 대한 결의를 다짐했다.

　　우리 민변 회원들은 지나온 세월 정치범들의 변론을 거의 도맡다시피 하여 법정에서는 정연한 논리로 무죄투쟁을 해 왔고, 반민주적 법령과 제도를 조사·연구하고 발표하여 악법 개폐와 나쁜 제도의 개선을 위한 노력도 게을리 하지 않았습니다. 또한 5·18민주화운동에 관한 특별법 제정을 촉구할 때는 가두시위투쟁도 했고, 날치기로 통과된 노동관계법과 국가안전기획부법의 무효화투쟁을 할 때에는 철야농성도 서슴지 않았습니다.…… 민변은 이렇게 정신없이 10년을 달려 왔습니다. 우리는 10년 전 민변을 창립할 때에 군사정권을 무너트리면 인권상황은 크게 개선되어 우리가 할 일이 많이 줄어들 것이라고 생각했습니다. 그러나 그 뒤 문민정부를 거쳐 지금은 국민의 정부 아래 살고 있지만 아직도 수많은 정치적 양심수들은 사면·복권되지 아니한 채 크나큰 고통을 받고 있고, 대표적 악법인 국가보안법의 독소조항은 아직도 시퍼렇게 살아서 맹위를 떨치고 있으며, 아직도 전향서를 쓰지 않으면 감형·석방·사면 대상에서 무조건 제외되고, 아직도 수사단계에서 가혹행위 시비가 그치지 않고, 노동자들은 IMF체제 아래에서 생존권마저 위협받는 등 열악한 인권상황을 면하지 못하고 있습니다.[32]

　　많은 인권변호사들은 군사독재정권, 권위주의정권의 종말이 오면 인권문제가 온전히 해결될 것으로 기대했다. "우리가 할 일이 없어질 정도로 전반적인 인권상황이 크게 개선되는 일"[33]을 소망했다. 그러나 그것은 너무나 낭만적이고 소박한 생각이었다. 정권은 끊임없이 교체되어도 여전히 인권문제는 본질적으로 개선되지 않았고, 새로운 인권의 과제는 민변 앞에 쌓이기만 했다. 인간의 존엄성을 지키기 위한 민변의 역할은 하나의 숙명이 되어 버렸다.

---

32) 최영도, 「인권옹호와 사회정의 실현을 위한 10년―창립 10주년 기념사」, 《민주사회를 위한 변론》, 1998년 5월호, 4쪽.
33) 김창수, 「민권변호사들」, 《월간조선》, 1985년 9월호, 453쪽.

③ 민변 노동위원회의 경우

민변의 산하에도 1998년 현재 이미 5개 상임위원회, 7개 상설특별위원회, 그리고 임시특별위원회로서 미국법위원회, 정보통신위원회, 교육문화위원회 등이 설치되어 방대한 기구로 성장했다. 그중에서도 노동위원회는 가장 활발하고 왕성한 활동을 보이고 있는 기구로서 회원 중 39명이 참여하고 있다. 이들은 별도의 회비까지 내서 노동위원회의 활동을 뒷받침하고 있다. 노동위원회의 성과를 좀더 살펴보자.[34]

민변 노동위원회는 지난 1997년 하반기부터 보다 체계적이고 효율적인 사업을 추진하기 위해 위원회에 연구사업부, 자료조사부, 대외협력부를 두고 노동부와 중앙노동위원회, 법원 등에 대한 지속적인 감시활동과 연구성과에 대한 출판활동은 물론 정기적으로 연구발표회나 세미나 등을 개최함으로써 사업을 강화해 오고 있다. 매주 수요일 오찬과 함께 주례모임을 갖고 그때그때의 현안들을 논의하여 결정·처리하고 있으며 한 달에 한 번씩은 주례모임을 저녁모임으로 가짐으로써 수도권 위성지역이나 지방에 있는 회원들도 참석할 수 있도록 하고 있다. 두 달에 한 번씩은 노동위원회 전체모임을 갖고 주요 현안에 대한 주제토론회나 연구발표회, 세미나, 초청강연회 등을 개최함으로써 회원들의 연구활동 분위기 조성 및 실력 향상을 꾀하고 있다.…… 최근의 성과로는 1996년에 대법원에서 선고한 노동판례에 대한 체계적인 분석을 통해 노동판결의 경향과 담당 재판부별, 주심대법관별, 소송유형별 분석 및 주요 판례에 대한 평석을 실은 『1996년 노동판례 비평』을 발간함으로써 사법감시활동의 새 장을 열기도 했다. 또 1997년 3월 13일 노동관계법이 새로이 제정됨에 따라 바뀐 법조항에 대한 해설서인 『새 노동법 해설』을 발간했다. 그리고 이에 대한 완성본이라 할 수 있는 『변호사가 풀어주는 노동법』 시리즈를 기획

---

34) 민주사회를 위한 변호사모임, 「제11차 정기총회 자료집」, 1998. 5. 29, 38~39쪽.

해서 그 첫 번째로 근로기준법을 발간했고…….

4) 국민의 정부하의 민변[35]

(1) 변협회장의 배출

민변과 변협이 상호 보완적으로 인권옹호활동을 벌여온 것은 앞에서 본 바와 같다. 주로 민변 소속 변호사들이 인권위원회를 구성하여 인권사건에 개입하거나 인권보고서를 발간하는 등의 활동을 벌여온 것이다. 그러나 점점 민변 회원들이 늘어나고 시니어 회원 가운데 변협에서 중요한 역할을 수행하면서 변협회장에도 출마하게 되었다.

김창국 변호사는 민변에서 열심히 활동하면서도 민변의 대표는 맡지 않았다. 오히려 서울지방변호사회 등 변호사회의 활동에도 열심히 가담하여 일반 변호사들로부터도 신뢰와 덕망을 쌓아 마침내 대한변협 회장에 당선될 수 있었다. 그를 다음과 같이 평가하기도 한다.

"진보적 법조인으로선 드물게 제도권과 재야를 두루 오가며 활동한 것도 특징. 김 위원장은 93년부터 2년간 서울지방변호사회 회장으로 일하

---

35) 자신이 양심수였던 김대중 후보가 대통령에 당선됨으로써 김 대통령이 임기 중에 인권에 대한 확실한 개혁을 할 것으로 기대를 모았던 것이 사실이었다. 당시 민변 회장이었던 최영도 변호사는 "김대중 대통령 당선자가 당선 후, 처음 가진 기자회견에서 경제발전과 민주주의 병행을 국정지표로 삼겠다"는 말을 지적하고 "선거운동 당시 국가인권위원회를 설치하고 양심수를 포함하여 대사면을 단행하겠다고 공약하여 인권관계에 관해 침묵을 지켰던 다른 후보들에 비해 신선한 바람을 일으켰다"고 상기하면서 국가보안법 폐지, 양심수의 사면·복권, 사상전향 제도의 폐지 등을 주문했다(최영도, 「대통령 당선자에게 바란다」, 《민주사회를 위한 변론》, 1998년 1월호, 4~5쪽). 그러나 김 대통령은 국가인권위원회의 설치 외에는 그 요구에 답하지 못했다.

며 지금의 당직 변호사제를 시작했다. 99년부터는 2년간 대한변호사협회 회장으로 있으면서 변호사 공익활동을 의무화했다. 그는 새 정부 출범 후에도 역대 검찰이 항상 정부 여당 편인 것이 우리의 슬픈 현실이며 검찰은 스스로 명예를 회복할 수 있는 기회를 짐짓 외면해 왔다며 특검제 실시를 강력 주장해 결국 관철했다."[36]

그의 출마를 둘러싸고 "개혁이냐 보수냐"는 논쟁이 벌어지기도 했다. 당시 선거는 "진보와 보수 칼러가 뚜렷한 양 김씨"가 출마했기 때문이다. 상대는 민변과 성향이 대비를 이루는 헌변 부회장인 김동환 변호사.

"올해 초 발족한 헌변은 민변에 대응한다는 성격이 짙은 것이 사실. 헌변은 발족 직후부터 한국논단 소송과 최장집 고려대 교수 사상논쟁 등 이념성격이 짙은 사건에서 민변과 대조적인 입장을 취해 왔다. 후보등록 초기 변협회장 선거는 개인간의 대결일 뿐 민변과 헌변의 대리전이 될 수 없다며 뒷짐을 지는 듯하던 두 단체가 서서히 '자기 색깔'을 드러내는 양상도 흥미롭다. 민변측 사람들이 자원봉사라는 이름으로 각 변호사 사무실에 전화를 걸어 김창국 변호사의 지지를 호소하는 것이 그 좋은 예. 이에 뒤질새라 헌변측 인사들도 민변에 '변협의 헤게모니'를 넘겨줄 수는 없다며 결의를 다지고 있다."[37]

결국 승리는 김창국 변호사에게로 돌아갔다. 민변 출신의 변호사답게 김 변호사는 당직제와 변호사 공익활동 의무제를 도입했고, 이로써 변호사의 공익적 성격을 강화하고 변호사 전체의 이미지를 높이는 데 크게 기여했다. 그는 국민들의 인권의식 향상과 국가권력의

---

36) 《주간동아》, 2001년 8월 16일자.
37) 하태원, 「개혁이냐 보수냐 — 변협회장 선거전 치열」, 《NEWS+》, 168호.

인권존중에 크게 기여할 것으로 기대되는 국가인권위원회의 초대 위원장으로 취임했다.

(2) 공익소송위원회의 탄생과 송두환 회장 체제

민변 내 공익소송위원회가 탄생했다. 이에 대해 윤종현 당시 사무총장은 "민주화가 진전됨에 따라 인권변론 외에 사회 각 분야에서 공익소송에 대한 요구가 높아졌기 때문"이라고 설명했다. 또한 비교적 공익소송위원회의 뒤늦은 설치에 대해 윤기원 변호사도 "초기 민변도 공익소송의 필요성을 느꼈으나 부당한 공권력에 대한 저항과 시국사건 변론 등 절박한 사업이 많았기 때문에 변호사들의 시간과 인력을 공익소송에 투입할 여력이 없었고, 또 변호사 단체가 나서서 원고인 시민을 모으고 캠페인을 벌일 수 없다는 제약도 있었다"고 해명하고 있다.[38] 2000년 5월 민변의 신임 회장으로 취임한 송두환 변호사 역시 공익소송에 대해 특별히 강조하고 있었다.

"사회가 다양해지면서 시국사건이 변론의 전부인 시대도 바뀌고 있다. 공익소송위원회를 통해 인권문제를 법률적으로 뒷받침하는 한편 새로운 공익소송의 분야도 개척하겠다." 지난 27~28일 열린 민주사회를 위한 변호사모임 13차 정기총회에서 새 회장에 선임된 송두환 변호사는 민변의 새로운 도약을 위한 포부를 이렇게 밝혔다. '공익변론 활동의 강화'를 캐치프레이즈로 내건 송 회장은 "구체적으로 공익소송위원회를 만들어 시국·여성·노동·외국인노동자·탈북동포 문제 등 산적한 인권문제를 법률적으로 뒷받침하겠다"고 설명하고 "거시적 차원의 법률·인권문제에 대한 관심의 끈도 놓지 않겠다"고 덧붙였다.[39]

---

38) 신석호, 「뿌리내리는 공익소송 — 티끌 권리 모아 태산 이익 찾는다」, 《신동아》, 1999년 10월호.
39) 《한겨레》, 2000년 5월 30일자.

공익소송에 대한 집중은 이미 오래 전부터 민변 내부에서 논의 · 합의되고 있었다. 1998년 당시 다음과 같은 공익 및 기획소송이 진행중이었다.[40]

① 양지마을 고소장 접수 및 손해배상청구 소송
② 경찰청의 민간인 사찰에 대한 정보공개 청구(인권운동 사랑방 · 천주교인권위원회 · 민주노총 · 참여연대 등과 공동)
③ 경찰청 정보공개 청구 취소 행정심판 청구
④ 97년 양심수석방 관련 집회방해에 대한 국가상대 손해배상 신청
⑤ 한국논단 게재 원고에 대하여 한국논단 · 이도형 상대 손해배상청구 소송
⑥ 김도형 회원 접견거부에 대한 국가상대 손해배상 청구
⑦ 북한주민접촉신청거부처분취소소송 및 남북교류협력법 9조 3항 위헌제청심판신청
⑧ 한국논단 주최 대선토론회 관련 한국논단 · 이도형 상대 손해배상청구
⑨ 이라크인 메르샴의 난민지위신청기각처분에 대한 취소처분소송
⑩ 송두율 교수 명예훼손사건

2000년 6월 현재 진행중인 공익소송은 다음과 같다.[41]

① 교통단속 경찰관의 직권남용에 대한 국가배상소송
② 정보공개청구자료의 반입불허처분 취소청구소송
③ 99년 범민족대회 때 불법체포된 시민들의 손해배상청구소송
④ 재일한국인 임병택 씨의 여권발급 거부와 관련한 소송

---

40) 민주사회를 위한 변호사모임, 『제12차 정기총회 자료집』, 16쪽.
41) 《민주사회를 위한 변론》, 2000년 7, 8월호, 190~191쪽.

⑤ 미결구금일수 산입에 관한 규정의 헌법소원
⑥ 호주제 폐지 관련 소송

2000년 공익소송위원장이 된 임채균 변호사는 "공익소송 있는 곳에 민변 있다"는 슬로건 아래 다음과 같이 공익소송의 중요성에 대해 설명하고 회원들의 협조를 구하고 있다.[42]

> 과거 반민주적 독재권력에 항거하던 민주화투쟁에서는 시국사건 변론 그 자체가 공익소송으로서 역할을 수행한 것이었고, 그 대부분을 우리 민변 회원들이 담당해 왔다는 점에서 자부심을 느낄 수 있었습니다. 그러나 그러는 사이 문민정부와 국민의 정부가 출범하였고, 우리 사회는 다양한 사회집단들의 공익적 요구가 증대되고, 이를 소화해야 하는 공익소송의 시대가 되었습니다.…… 우리 공익소송위원회에서는 공익소송의 개념을 나름대로 다음과 같이 정의한 바 있습니다. "공익소송이라 함은 다중의 확산이익이 있는 소송으로서, 소송을 통해 약자 및 소수자의 권익보호, 시민권의 신장, 국가권력으로부터 침해된 시민의 권리구제 등을 통해 불합리한 사회제도를 개선하고, 잘못된 법을 개정하며 국가권력의 남용을 방지하여, 민주사회발전과 정의로운 사회를 만드는 데 도움이 되는 사건으로서 위원회가 소송을 수행하기로 결정한 사건의 소송을 말한다."…… 아울러 공익소송을 더욱 효율적으로 하기 위해서는 1인 1기 개념의 전문분야를 권장할 예정이고, 그것을 뒷받침할 수 있는 공익소송 관련 회원정보의 데이터베이스화도 구축할 예정입니다."

그러나 막상 공익소송이 계획처럼 제대로 기획·실천되지는 못한 것으로 자체평가되었다. 2000년 5월의 제13차 정기총회에서 이인호

---

42) 임채균, 「공익소송 있는 곳에 민변 있다」, 《민주사회를 위한 변론》, 2000년 7, 8월호, 8~9쪽.

사무차장은 집행부 및 사무국활동에 대한 자체평가에서 "공익소송 부분에서 자체적으로 기획된 사례가 총 10건 중 2분의 1에 불과하다"며 "주도적으로 사업을 구상하고 기획 집행하는 역량이 부족하다"는 진단을 내렸다.[43] 사회적 현안에 대해 좀더 신속하게 결정하고 그 공익소송이 단순히 법정 안에서뿐만 아니라 사회적으로도 파급효과가 날 수 있도록 사회적 캠페인을 벌여 나가기에는 민변이라는 조직의 한계가 뚜렷하다. 그래서 지속적으로 민변활동에 대한 정체성의 위기가 제기되었다.

(3) 정체성의 위기: 친목단체 또는 사회운동조직?

민변의 조직은 지속적으로 확대되었다. 2000년 5월 27일 현재 이미 회원은 331명으로 늘어났고, 전국에 서울을 비롯한 수도권 지역 외에도 부산·경남지부, 대전·충청지부, 광주·전남지부, 전주·전북지부 등으로 확대되었다.

그러나 이러한 외형적 성장만큼 내실이 강화되지는 못했다. 이러한 점에 대해 회원 내부에서 자성과 대안의 목소리들이 생겨났다. 2000년 5월 27일 제13차 정기총회의 내부토론에서 나온 이야기들을 들어보자.[44]

① 94년 총회에서 위원회 체계로 바뀌었지만 5년이 지난 지금 시점에도 침체되어 있고, 각 분야의 전문가 배출이 제대로 이루어지지 못하고 있다. 결론적으로 민변은 사회운동조직으로 규정할 것인가 아니면 회원들의 친목단체로 남을 것인가에 대한 선택을 해야 한다. 사회운동조직으로 남고자 한다면 전문운동가가 필요하며 전문간사중심체제의 조직으로 자리를 잡아야 한다.(김기중 회원)

---

43) 민주사회를 위한 변호사모임, 『제13차 정기총회자료집』, 2000. 5. 27, 14쪽.
44) 민주사회를 위한 변호사모임, 『제13차 정기총회자료집』, 15~16쪽.

② 민변의 활동은 시국사건에 대한 즉각적인 대응 이상으로 발전하지 못하고 있다. 위원회 활동은 민변의 중심이 되어야 한다고 본다.…… 위원회의 활성화를 위해 1회원 1위원회 가입강제 실시, 위원회의 다양한 형태에 대해 인정(예를 들어 여성위원회)해야 한다.(전해철 회원)

③ 회원들은 사무실 운영에 대한 부담, 정체성에 대한 공감대의 형성 부족 등으로 열심히 참여하지 못하고 있고 민변의 활동은 개인들의 결단에 의해서만 좌우되는 상태이므로 회원들의 참여를 끌어내기 위한 다양한 동기개발이 필요하다. 또한 상근변호사를 내기 위해서는 민변 회원끼리의 합동사무실 운영을 통한 변호사 파견을 생각해 볼 수 있다.(최일숙 회원)

④ 공익소송을 잘하기 위해서는 법률가로서는 전문가이지만 기타 분야에서 전문성이 떨어져 기획소송의 활동미비로 이어지고 있다. 국가보안법 연구위나 노동위는 민변회원이 전문성이 살려지는 측면이 있어 활성화되고 있다. 공익소송을 활성화하기 위해서는 실무간사의 지원만으로는 부족하며, 전문간사제를 도입할 필요가 있다.(이석태 회원)[45]

⑤ 노동위의 경우 위원회 활동이 노동사건과 관련하여 사건으로 이어질 수 있으므로 활성화될 수 있지만 사회복지의 경우 변호사 업무와 별개의 활동이므로 정신적, 시간적 한계 등으로 인해 현안에 전문적인 역량을 가지고 활동하기 힘든 점이 있다.(박주현 회원)

그러나 이러한 문제는 양심수 변론에만 그 역할의 대부분을 할애해 오던 민변이 양심수의 수가 줄고 최소한의 형식적 민주주의가 정착되어가면서 당면한 필연적 문제이기도 했다. 비슷한 문제의식이

---

45) 전문간사제 도입에 대해서는 "전문간사제에만 의존하는 형태는 문제가 있다. 그러면 결국 회원은 그저 회비회원으로만 가는 문제가 생긴다. 민변의 전문성 확보를 위해서 활동영역을 줄여야 한다. 이를테면 사회권보다는 자유권 영역에 중심을 두어야 전문성 확보가 용이하다"(박찬운 회원)는 견해도 있다(민주사회를 위한 변호사모임, 『제13차 정기총회자료집』, 16쪽).

이미 1995년에도 제기되었다.[46]

1. 회원 변호사들의 현실조건

민변 회원 변호사들은 하루의 대부분을 사무실 운영에 얽매일 수밖에 없고, 민변 일은 활동하는 회원들이 짬을 내어 파트타임으로 일할 수밖에 없는 형편임(회원 변호사들의 업무기속성＝민변 활동의 불안정성).

2. 변화된 상황에 적응할 수 있는 조직역량의 결여

(1) 장기적 전망·기획능력 및 실무능력 결여

—종래 시국사건변론의 경우 변호사들의 개인성이나 수동성이 문제되지 않았고, 변호사가 다른 전문 인력의 지원 없이도 법률지식을 가지고 성의만 있으면 잘 수행할 수 있었으므로 민변이 전망을 고민하거나 실무력을 절실히 요구하지 않았던 데 반해 새로운 상황이 요구하는 기획사업들은 장기적 전망과 기획력, 실무력, 연대사업력 등을 갖추지 않고서는 수행하는 것이 사실상 불가능한 것들임.

—그러나 현재 민변은 상근 변호사도 없고, 상근 간사의 경우 수도 적고 그 역할도 사무직원의 한계를 벗어나지 못하고 있는 바, 장기적 전망의 부재와 기획력 및 실무력의 빈곤을 벗어나지 못하고 있음.

(2) 법률 능력의 정체

—민변은 사업수행을 위한 법리 연구에 소홀한 것 같음. 새로운 상황이 요구하는 법률문제는 논쟁에서 반대법리를 극복하고 대중을 설득할 수 있는 정치한 이론을 요구하는 까닭에 일정한 세분화와 전문성이 요구됨에도 불구하고 현재 민변의 법률능력은 그에 못미치고 있는 듯함.

---

46) 양영태, 「민변의 활성화 방안에 관하여(내부 메모자료)」, 1995. 10. 27, 7〜9쪽. 이 글은 1995년 10월 27일자 월례토론회 발제문으로 준비되었으며, 민변 소식지 1995년 11월호, 26쪽 이하에 실려 있다.

⑶ 법률 이외의 전문성에 대한 보완 노력 결여

　—변호사들이 비법률 영역에 관해서 능력이 떨어지는 것은 당연한 것인지도 모르나, 새로운 상황이 요구하는 사업은 법률 이외의 전문성과의 결합을 요구함. 그러나 민변은 이러한 능력의 공백을 보완할 수 있는 노력을 하지 않고 있음.

3. 회원 확대에 따른 친목 및 의사소통의 부족, 재생산의 위기

회원간에 만날 장의 제한으로 인해 아직까지 서로 얼굴도 모르는 회원들이 많은 실정임. 선배 변호사들과 후배 변호사들 간의 상호 관심과 이해가 부족함.

초기 민변은 회원이 50여 명으로 자연스러운 정서적 유대가 가능했고 시국변론을 통해 실천적 통일성을 확보해 낼 수 있었으나 현재 민변은 회원이 180여 명이 되는 2차집단이 되고 활동마저 빈곤하여 회원간의 유대를 위한 의식적 노력 없이는 결속이 어려운 실정임. 그러나 아직도 민변은 개인역량 위주의 명망가 단체의 성격을 벗어나지 못하고 있어 단체 내의 조직활동이나 재생산의 관점이 결여되어 있음.

4. 회원의 외부 활동 증가와 그로 인한 민변의 독자적 활동 가능성 축소

정치활동이나 시민운동을 하는 회원들이 증가함에 따라 가뜩이나 활동하는 회원이 부족한 상황에서 민변의 독자적 활동가능성이 더욱 축소되고 있고 그렇다고 해서 배출된 회원과 민변 간의 교류를 통한 상호발전이 이루어지고 있는 것도 아님.

5. 전망과 긴장이 없는 조직, 기대와 열의가 없는 회원

결론적으로 현재 민변은 중 · 장기적 전망 없이 흘러가면서 조직 전체가 긴장감이 없으며, 회원들도 민변에 대한 기대와 열의가 없는 듯함.

이런 사정을 보면 5년이 지나도록 제대로 문제의 해결이 이루어지지 않은 것을 알 수 있다. 어디 그뿐인가. 2001년에도 이러한 정체성

의 문제는 이어지고 있다.[47]

　　수년 전 일본 변호사를 만날 때마다 듣던 이야기가 있었다. "한국의 변호사는 에너지가 있다", "민변의 변호사는 꿈이 있다", "민변의 변호사를 보면 자신의 과거가 생각나고 새로운 도전을 받는다" 등등. 그들의 이야기는 모두가 민변의 역동성 있는 활동에 찬사를 보낸 것이었다.…… 그런데 지금은 그런 것들이 보이지 않는 것이다. 왜인가?…… 그래서 나온 말이 정체성이라는 말이다. 그래 민변은 정체성의 위기이다. 민변은 이 시대에 무엇인지 회원들에게, 회원을 이끌고 있는 민변의 리더들에게 확실히 각인시키지 못하고 있다.…… 민변회원에게 물어보자. 민변이 무엇을 하는 단체냐고. 그럴 때 민변이 바로 이런 단체요 하며 자신있게 대답할 사람이 누구인가.

　　어쩌면 이러한 문제는 민변의 본질적 숙명과도 같은 것으로서 임의적 변호사 단체가 가진 내재적 한계인지도 모른다. 민변이 수십 명의 상근변호사를 고용한 전문가 단체가 아니라 자기 사무실을 가지고 있는 자발적 변호사들의 파트타임 공헌에 의존하는 단체로 남는 한 이러한 문제는 계속 남게 마련이다. 더구나 정도의 차이는 있지만 이러한 정체성의 위기는 과거 민주화운동 과정에서 중요한 역할을 했던 많은 재야단체들이나 심지어 시민사회단체들에게도 공통된 문제이다.

　　이러한 한계의 지적에도 불구하고 민변은 인권옹호와 인권변론의 본산으로서 중요한 역할을 다해 왔다.[48] 그것은 대체불가능한 역할

---

47) 박찬운, 「지금 민변이 해야 할 일」, 《민주사회를 위한 변론》, 2001년 5, 6월호, 8쪽.
48) 민변을 지켜본 한 기자는 이렇게 관찰하고 있다. "필자는 최근 여러 사람들에게서 민변이 예전 같지 않다는 푸념 섞인 이야기를 자주 듣는다. '과거의 민변은 이 나라의 민주화 과정에서 상징적인 존재였다. 그러나 세월이 흐른 지금 민변은 조

이었고 여전히 중요한 사업이다. 이렇게 본다면 민변의 역할에 대한 과도한 기대가 실망과 한계로 남을지도 모른다.

(4) 민변 소속 변호사들 중심의 로펌

신념이 비슷한 사람들끼리 로펌을 만들어 활동하는 사례들이 늘어나고 있다. 특별히 민변 소속 변호사들이 중심이 되어 로펌을 만들고 이끌어가는 경우가 많다. 민주화와 인권옹호라고 하는 사명감을 가진 민변회원들이 동질감을 가진 로펌을 만들어 상호 논의하고 협력하는 조직을 만들기 시작한 것이다. 이는 지속적 인권변론과 사회참여를 위한 효율적인 시스템이 아닐 수 없었다.

2000년 4월 "사회변혁 의식이 강한 386세대가 주축이 되어 벤처 전문 로펌을 지향하며 설립한" 지평도 그런 사례이다. 국내 10대 로펌으로 단시일에 성장한 지평의 구성원은 대부분 민변 소속 변호사들이며, 이들은 '공익활동에 관한 규정'을 만들어 각자 연간 50시간 이상 공익활동에 종사하도록 하여 민변을 비롯한 각종 사회단체에서 활동하고 있다.[49]

(5) 헌변과 민변

다소 진보적인 김대중정권의 등장과 더불어 그동안 사회 주류로 통용되어 왔던 보수세력이 이에 저항하면서 이념갈등이 곳곳에서 연출되었다. 과거 군사독재 시절에는 우리 사회의 기득권층을 유지

직의 방향성을 놓고 좌표 잃은 배처럼 표류하고 있다'……그러나 한 가지 분명한 것은 필자가 1년이 조금 넘은 법원기자로 지내는 동안 '우리 사회에 도움이 되었다'고 자부하고 있는 기사 뒤에는 항상 민변 변호사들이 있었다는 사실이다." 한편으로는 민변에 대한 우려와 더불어 여전히 그 역할에 대한 신뢰와 기대를 보내고 있는 것이다(신석호, 「한 막내기자의 눈에 비친 민변」, 민주사회를 위한 변호사모임, 《이달의 민변》, 1997년 6월호, 114쪽 이하).
49) 《주간동아》, 2000년 11월 1일자.

하고 있던 이들은 관·군·산업을 장악하고 더 나아가 이른바 관변
단체를 통해 사회적 영향력을 행사하다가 정부와 관계가 불편해지
면서 이에 대한 저항세력이 되었다.

　헌변(헌법을 생각하는 변호사모임)은 이러한 흐름 중의 한 갈래라
고 할 수 있다. 헌변은 1998년 4월 22일 정기승 전 대법관을 발기인
대표로 하여 서동권 전 안기부장 및 검찰총장, 김상철 전 서울시장,
오제도·용태영 변호사 등 주로 보수층을 대변해 온 변호사 87명으
로 창립되었다. 이들은 "현재의 혼란을 극복하기 위해서는 건강한
보수-우익의 목소리가 절실히 필요하다"고 주장했다.[50] 이러한 헌변
의 탄생과 활동은 자연스럽게 상대적으로 진보적 변호사가 집결되
어 있는 민변과 대비되었다.

　물론 민변의 이념적 성향은 반드시 좌파라거나 진보적이라고 보
기 어렵다. 개인적으로는 다양한 이념적 성향의 스펙트럼을 가지고
있을 뿐만 아니라 보수적 법조계에서 상대적으로 진보적이라는 것
이지 실제로는 중도에 가깝다는 것이다.[51] 물론 민변의 회원들이 점
차 확대되면서 학생시절 반독재투쟁을 벌였던 사람들이 대거 들어
와 민변의 색깔을 진보적인 것으로 만드는 데 기여했다. 민변 회원
가운데 과거 권위주의 정부와 투쟁하다가 구속되거나 처벌된 사람
들의 예를 들어보면 다음과 같다.

　　이인호—서울대 공법학과, 86년 파쇼헌법철폐투쟁위원회 부위원장
　　천낙붕—83년 가두시위 주도 및 85년 서노련사건으로 구속
　　안병용—민주화추진위원회 중앙위원, 국가보안법위반으로 구속
　　김석연—민정당 가락동 연수원 점거농성사건
　　문광명—89년 서울대총학생회장, 전대협 의장 권한대행

---

50) 《조선일보》, 1998년 4월 19일자.
51) 《중앙일보》, 1999년 11월 2일자.

국민의 기본적 인권을 옹호하는 것이 변호사의 제일가는 사명이다. 과거 대법관, 안기부장, 검찰총장 등 주요한 사법기관의 주요 직책을 경험한 이들이 "체제를 지키자"며 "자기 체제에 대한 충성을 강요"하면서[52] 개인적 인권을 소홀히 할 때 국민적 공감을 얻을 수 있을지 의문이다.

3. 민변의 시대적 역할의 변화

1) 변론과 그 외연의 확대: 형사피고인의 변론에서 법정 안팎의 법률지원으로

과거 권위주의 정권하에서 인권변호사의 역할은 공권력에 의해 탄압받고 핍박받아 수사중이거나 기소된 피의자 또는 피고인을 위하여 법정에서 변론하는 것이었다. 이들의 활동은 거의 법정 변론에 한정된 것이었다. 조영래 변호사의 경우 법정 바깥에서의 기자회견 조직, 진상조사단의 활동, 여론조성 등의 전략을 사용했으나 여전히 구체적 사건을 매개로 한 것은 사실이었다.

그러나 이러한 권위주의 정권에서 다양성이 보장되는 민주주의사회로 전환되면서 인권변호사들과 민변의 역할은 법정 안에서뿐만 아니라 법정 밖에서도 활동이 점점 많아졌다. 구체적으로 사건화 되기 이전의 사회적 쟁점에 대한 의견을 제시하는 경우도 적지 않을 뿐만 아니라 구체적 피고사건과 관계없는 현상이나 사건에 대해서도 성명서 발표, 토론회 조직, 법률 제·개정, 폐지안 제출, 심지어 단식농성이나 시위 등의 실천적 행동도 뒤따랐다. 이것은 분명 과거와

---

52) 장원준, 「인물연구—헌법을 생각하는 보수이론가 임경규 변호사」, 《월간조선》, 1999년 1월호 참조.

는 달라진 모습이었다. 이인호 당시 민변 사무차장은 이렇게 변화된 상황을 다음과 같이 설명하고 있다.

> "과거 권위주의 정권하에서 양심수를 변론하던 인권변호사들이 변호사 업무의 개별적 성격을 극복하고 조직적으로 사회민주화운동의 연장선상에서 변호사운동을 접목시키고자 88년 민변을 창립하였다. 그동안 우리 사회는 형식적 민주주의가 많이 진전되었고 폭압적인 정치권력은 사라졌다. 따라서 민주주의 쟁취, 정권타도투쟁이 사회운동의 중심이었던 시절에 비해 자유권적 기본권은 많이 신장되었다. 그 대신 환경, 노동, 사회복지, 경제정의, 언론, 시민의 정치참여 등 각 부문별 인권, 사회적 기본권의 영역이 중요한 화두가 되고 있다. 이에 따라 민변 활동의 중심도 과거의 양심수 변론과 정치적 자유·자유권적 기본권의 확보를 위한 활동에서 한 걸음 더 나아가 각 부문의 기본적 인권을 확보하기 위한 연구·조사·대안마련·법률안작성 등이 주요한 활동으로 떠오르게 되었다. 90년대 초반을 기점으로 하여 이러한 변화가 있었으며 앞으로도 그러한 변화는 더욱 진전될 것이다."[53]

이러한 상황은 통계자료로도 확인이 된다. 민변이 수임해 변론한 시국사건의 수는 1991년까지는 계속 증대하다가 1992년 이후 다음과 같이 해가 갈수록 줄어들었다.[54]

연도	변론수
1988년	21건
1989년	89건
1990년	105건

---

53) 이인호, 「지식인 지도가 바뀐다 —민변 소장파」, 《중앙일보》, 1999년 11월 2일자.
54) 《세계일보》, 1994년 6월 2일자.

1991년	156건
1992년	115건
1993년	69건

    1999년이 되면 민변의 법률구조사건은 총 26건에 48명으로 줄어든다. 참고로 그해 민변이 회원들에게 배당한 사건의 내역을 살펴보자.[55] 이 사건들의 면면을 보면 1999년 당시의 시대상황과 시국현황을 짐작할 수 있다.

1. 노항래(지하철노조 정책팀) : 지하철파업관련 언론중재신청
2. 장훈교(한양대) : 조국통일위원장, 국가보안법 등
3. 이창호(동아대) : 한총련 관련, 국가보안법 등
4. 김산(고려대) : 한총련 대의원, 국가보안법 등
5. 이인출(군인) : 동서대 관련 조직사건, 국가보안법 등
6. 구준서(동국대) : 총학생회장, 국가보안법 등
7. 김상우(한양대)외 13명 : 『반미구국 한양』 사건, 국가보안법 등
8. 김용희(해고노동자) : 업무방해, 공무상 표시무효 등
9. 김규철, 박세길, 이용규, 김지은(용정 문익환 목사 회고모임 대표단) : 국가보안법 등
10. 안윤모(서강대) : 국제사회주의자들, 국가보안법 등
11. 최도경(지하철 노조원) : 특수공무집행방해 등
12. 장유진(한양대, 군인) : 『반미구국 한양』 사건, 국가보안법
13. 임금채 · 권혁진(한양대, 군인) : 『반미구국 한양』 사건, 국가보안법
14. 박영웅(한양대) : 인문대 학생회장, 한총련 대의원, 국가보안법
15. 이승헌(경기대) : 경기대 부총학생회장, 한총련 대의원, 국가보안법
16. 김경환(《말》지 기자) : 민족민주혁명당 사건 관련, 국가보안법

---

55) 민주사회를 위한 변호사모임, 『재13차 정기총회 자료집』, 21~22쪽.

17. 김명희(덕성여대) : 한총련 대의원, 국가보안법 등

18. 박선아(경원대) : 대학교육협의회 점거사건

19. 송계호(농부) : 98. 8 출소자, 가석방 취소 재수감 취소소송

20. 김지희·이상현(한양대) : 단국대 학생회장, 한총련대의원, 국가보안
법

21. 주태환·김기호·안기현(이상 광운대) : 광운대 자주대오사건, 국가
보안법

22. 주경범(서울대) : 99. 12. 10 민중대회 참가, 집시, 공무집행방해

23. 곽상욱(순천향대) : 99. 12. 10 민중대회 참가, 집시, 폭력 등

24. 최원식·유병문 : 조계사 농성단, 국가보안법 등

25. 한충목 : 전국연합 집행위원장, 북경토론회 교사 혐의, 국가보안법 등

26. 박종진(전농) : 12. 10 민중대회 참가, 집시, 폭력 등

시국사건의 경감은 그만큼 사회변화와 밀접한 연관이 있다. 통일
운동을 벌이는 재야단체들과 민중생존권을 주장하는 노동·농민단
체들이 과거에 비해 활동력이 줄어든 것이 가장 큰 원인이다. 그러나
이러한 사건이 경감된다고 해서 이 영역에서의 인권변론의 중요성
이 삭감되는 것은 아니다. 오히려 사회적 소수자의 보호와 이들의 인
권보호가 중요해지기 때문이다.

2) 기획변론과 생활변론: 앉아 기다리는 변론에서 스스로 찾아 나서는 변론으로

민변의 주변을 둘러싼 환경의 가장 큰 변화는 앞에서 본 바와 같
이 과거와 같은 폭압적 정권하에서 저절로 생겨난 인권사건이 많이
없어졌다는 것이다. 즉 가만히 앉아 있어도 민변 사무실로 몰려들던
인권침해사건이 줄어들었다. 그 대신 과거와는 다른 눈으로 쳐다보
지 않으면 볼 수 없을 정도로 인권은 더 다양화되고 파편화되고 주변

화되었다. 물론 아직도 여전히 구조적 사회문제로서 인권문제가 사라진 것은 아니다. 오히려 뚜렷이 보이지 않고 구조화·내재화해 버렸기 때문에 그것을 찾아내 드러내고 이슈로서 부각시키지 않으면 안 되게 된 것이다. 또한 정치적 인권뿐만 아니라 경제적·사회적 인권으로 확대되고 있어 더 다양하고 전문적인 시각으로 보지 않으면 인권의 실체에 접근하기 어렵다.

그러다 보니 이제 단지 이미 기소되거나 수사중인 사건을 당사자의 요청이나 인권단체들의 주선에 의해 사후에 소극적으로 변론을 맡는 것에 그치지 않고, 점차 사건을 찾아 나서거나 심지어 사례를 찾아내야 하는 시대가 되어 버렸다. 따라서 이른바 기획변론이 필요한 때이다. 변화와 개혁이 요구되는 사안을 먼저 파악하고 그것을 해결하거나 고쳐내기 위해 사례를 찾고 만드는 것이다. 자연스럽게 변론행위가 과거보다 훨씬 적극적이고 창조적으로 바뀌었다.

기획소송은 이미 커다란 대세가 되었다. 많은 시민단체들이 사회변화와 개혁을 위한 수단으로 기획소송을 하나의 주요한 무기와 수단으로 채택한 지도 오래되었다.

"요즘 변호사업계에선 '기획소송'이란 새로운 방식의 소송이 주목받고 있다. 변호사가 소송거리를 발굴하고 기획해 의뢰인을 찾아나서는 방식의 소송이다. 전관예우 관행에 밀리고 브로커의 극성에 치인 젊은 변호사들이 모색하는 제3의 길이다. 잠자고 있는 개인의 권리를 일깨우는 동시에 변호사 수입의 새 터전도 개척할 수 있어 경우에 따라선 일석이조.…… 기획소송의 원줄기는 시민단체와 변호사들이 연계해 벌이는 공익소송, 고 조영래 변호사가 주도한 84년 망원동 수재사건 소송을 효시로 하는 공익소송은 현 정부 출범 이후 봇물처럼 쏟아지고 있다.……"[56]

---

56) 《동아일보》, 1999년 1월 13일자.

3) 새로운 전문 영역의 개발과 확장

(1) 난민법률지원위원회의 경우

난민법률지원위원회 위원장으로 활약하고 있는 박찬운 변호사는
이 위원회의 구성과 활동이 "그 구성원으로 민변 회원이 아닌 자원
활동가, 학자 등을 참여시킨 것"이고, 그것은 "필요에 따라서 바깥
영역에서 활동하는 민변의 우군들을 적극 활용한 경우"라고 말하고
있다.[57]

위원회의 조직방식과 외부인력의 활용도 그러하지만 이 업무활동
의 영역이 다른 단체가 하기 어려운 것을 채택했다는 데 의미가 크
다. 북한의 경제적 위기와 함께 탈북난민이 중국과 한반도 주변에 넘
쳐나고 동시에 미얀마를 비롯해 정치적 혼란을 여전히 겪고 있는 나
라들로부터 난민신청이 증대되고 있는 상황에서 이 위원회의 역할
은 독보적이라고 할 수 있다. 특히 민변이 가진 법률적 전문성과 국
제적 경험이 아니면 누구도 이 일을 해내기는 어렵다.

(2) 유엔인권이사회를 활용한 인권신장운동

한국정부는 국제인권 A규약 및 B규약을 비롯하여 ILO협약, 고문
금지협약, 반차별협약 등 대부분의 중요한 국제인권조약들을 비준
했다. 물론 유보조항을 두거나 미비준조약이 없는 것은 아니나 적어
도 중요한 조약들은 대체로 비준했다고 할 수 있다. 이러한 환경은
한국의 인권현실과 수준을 국제적 수준으로 한 단계 올려 놓을 수 있
는 절호의 기회를 만들고 있다.

무엇보다도 중요한 것은 이러한 조약들이 가지고 있는 심의절차
에 대한 개입을 통해 한국정부에 압력을 가할 수 있다는 사실이다.
정부는 정기적 보고서를 제출할 의무를 지며, 인권단체들은 이에 대

---

57) 박찬운, 앞의 글, 9쪽.

한 반박보고서를 제출할 수 있다. 이러한 보고서에 대한 심의는 대체로 공개되어 여기에 참관하고 의견을 제출함으로써 정부가 실질적으로 인권제도와 관행을 개선하는 데 커다란 압력을 행사할 수 있다.

그뿐만 아니라 이러한 규약들은 인권 피해자들에게 통보권을 제공하고 있는 경우가 있다. 특히 B규약은 시민적 및 정치적 인권에 관한 침해사실에 관해 유엔인권이사회에 통보할 수 있도록 규정하고 있다. 민변이 주도해 이미 성공한 케이스가 있다. 주식회사 금호노동조합 위원장 손종규 씨가 제3자 개입금지 조항과 관련하여 1992년 7월 인권이사회에 통보한 결과 3년 만인 1995년 7월 19일 대한민국이 제3자 개입으로 손종규를 처벌한 것은 표현의 자유를 보장한 B규약 제19조 제2항에 위반한 것이라고 판단하면서 제3자개입금지규정을 재검토하고 장래에 이러한 위반이 일어나지 않도록 보장하라는 내용의 최종견해를 채택했다.[58] 장시간의 소요와 번역의 문제 등 여러 가지 난점이 있으나 충분히 투자할 가치가 있는 운동방법이라고 할 수 있다.

4) 정치 진출 회원을 둘러싼 고민

"인권변호사들의 조직인 민변이 심규철 의원의 '처첩발언'[59]을 계기로 정치인 회원 '처리'에 본격적으로 나섰다. 윤기원 민변 사무총장은 8일 '이번 달 26～27일 열리는 정기총회에서 회칙 개정안을 논의에 부쳐 국회 등 정치권에 진출한 회원 변호사들의 거취 문제를 결정하겠다'고 밝혔다. 민변은 국회 등 정치권에 진출한 회원의 경우 자격을 일시 정지시

---

58) 자세한 것은 민주사회를 위한 변호사모임, 《소식지》, 1995년 11월호, 44쪽 이하 참조.

59) 《한겨레》의 언론관련 심층취재 기사였던 '심층해부—언론권력 시리즈'를 놓고 '처첩간의 싸움'이라고 표현했던 사건이다. 자세한 것은 《한겨레》, 2001년 3월 18일자 참조.

키거나, 아니면 아예 탈퇴시켰다가 정치활동이 끝난 뒤 다시 가입하게 하는 방안 등을 모색하고 있다. 민변이 이처럼 정치인 회원 정리작업에 나선 것은 언제든 비슷한 사건이 꼬리를 물 수 있다는 판단 때문이다. 지난해 7월에는 국회법 날치기 통과와 관련해 천정배 민주당 의원의 문제가 논란거리로 불거지기도 했다. 민변 소속의 현역 의원은 6명이었으나 지난달 민주당 송영길 의원이 '의정활동 때문에 민변활동에 충실하기가 힘들다' 며 자진 사퇴한 데 이어 최근 심 의원이 탈퇴해 4명(민주당 3명, 한나라당 1명)이 남아 있다."[60]

이러한 현상은 이미 오래 전부터 예견되어 왔던 일이다. 민변의 회원이 3백여 명이 넘어서면서 회원의 성향과 생각이 다양해지고, 그 가운데에는 정치 쪽으로 진출할 의도를 가진 사람도 생겨났다. 정치인 또는 정치 지망생들이 민변 이름을 팔며 입신을 꾀한다는 비판도 있었다. 그러나 민변의 회원이 계속 늘어나고 동시에 인권변호사들에 대한 국민적 호감과 정치권에서의 수요가 있는 한 이러한 현상을 완전히 막기가 쉽지는 않을 것 같다.

5) 몇 가지 논쟁

(1) 민변 한계론과 민변 강화론: 1995년

변화된 상황이 요구하는 새로운 운동을 왜 꼭 민변 중심으로 수행해야 하는가? 외부 시민운동단체 등으로 나아가 연구자, 사회활동가들과 결합하여 일을 하는 것이 더 낫지 않은가라는 견해도 적지 않은 것 같음.(민변 한계론)

그러나 이 점과 관련해서는 다음과 같은 점을 충분히 고려할 필요가

---

60) 《한겨레》, 2001년 5월 8일자.

있다고 보임.

현실적으로 아직까지는 우리 시민사회의 저발전, 시민운동의 인적 · 물적 역량의 한계 및 기형성(시민 없는 시민운동)에 비하여, 민변은 상대적으로 인적 · 물적 역량이 풍부하고, 법률전문성과 변호사라는 사회적 영향력 등 강점이 있음.

따라서 변호사들이 외부단체로 나가 활동하고 민변을 '사법개혁을 위한 단체', '유능한 변호사를 공급하는 풀', '시국변론을 해 주는 변호사들의 모임' 또는 '비슷한 경향의 변호사들의 친목단체' 정도로 간주한다는 것은 역량 낭비이고 얻는 것에 비해 잃는 것이 너무도 크다고 할 것임.

변호사 몇몇이 어떤 단체에서 제기되는 모든 법률적 문제를 책임지고, 그에 기초하여 여러 단체들이 그만그만한 여러 사업들을 경쟁적으로 벌여 나갈 때, 그 법률전문성은 민변에서 변호사들이 함께 연구 · 논의하여 이루어내는 것보다 질이 떨어질 수밖에 없고, 그 사업들의 실질적 성과는 기대 이하일 것임. 그러므로 변호사들이 여러 외부단체에 흩어져 개인적으로 법률적 활동을 중심으로 사업을 할 경우, 법률전문가 역량을 분산시키는 결과만 낳을 것임.

결론적으로 민변과 다른 사회단체들이 지속적으로 접촉하여 사업을 공동기획한 다음, 법리공방 · 소송 등 법률문제는 민변이 책임지고, 서명 · 캠페인 · 시위 등 대중사업은 다른 사회단체가 책임지는 식의 '전문화물연대' 방식이 바람직하다고 생각됨.(민변 강화론)[61]

이 논의는 개별 시민사회단체들의 분화와 성장에 따라 민변 소속의 변호사들이 그 단체들의 활동에 참여함으로써 민변의 역할이 위축되면서 이루어졌다. 민변 소속의 변호사들이 과연 민변 내에 그대로 남아 민변을 강화하고 다른 단체와는 유기적으로 결합하여 업무를 분담하는 것이 좋은가? 아니면 변호사들이 각자 다른 단체에 합

---

61) 양영태, 앞의 글, 1995. 10. 27, 3~4쪽.

류하여 그 단체의 법률업무를 지원하는 것이 좋은가?

이 문제는 간단하게 답하기는 어렵다. 그러나 시민사회단체들의 분화·전문화·성장의 추세는 필연적이고, 그 과정에서 필요로 하는 변호사 수요를 도외시한 채 민변 안에만 묶어 놓기는 이미 불가능한 일이다.[62] 민변과 시민사회단체 간의 업무분담은 별개의 조직 사이에 있는 문제로서 법률문제는 민변이, 대중사업은 그 사회단체가 책임지는 엄격한 분립과 철저한 협력이 쉽지 않은 일이다.

따라서 민변의 역할에 대해서는 미국의 전국변호사조합(National Lawyers' Guild, NLG)을 참고할 필요가 있다. NLG는 그 자체가 미국의 사법제도와 사법관행의 개혁을 위해 다양한 노력을 할 뿐만 아니라 수많은 사회단체에서 일하고 있는 법률가와 법대 학생들을 위해 교육과 연수·정보제공 등의 서비스를 제공하고 있다. 따라서 앞으로 늘어나는 변호사의 수, 증대되는 사회단체에서의 변호사 수요 등을 고려하면 민변은 적극적으로 다른 시민사회단체에 변호사 인력을 배출·파견하고, 이들을 위해 공익소송과 공익법률의 훈련, 정보제공, 공동연구 등을 통해 지원하고 협력하는 것이 시대적 추세와 요구에 맞지 않을까 한다.[63]

(2) 담배소송은 공익소송인가?

공익소송이 민변의 변화에 새로운 화두로서 등장했다. 공익소송위원회가 생겨났는가 하면, 다양한 공익소송이 기획·제기되고 있

---

61) 양영태, 앞의 글, 1995. 10. 27, 3~4쪽.

62) 민변은 고유영역을 확보하는 동시에 "다른 시민단체 혹은 인권단체의 기지적 역할을 해야 한다"는 견해도 바로 이러한 입장에 서 있다. "전국의 개혁 지향적 변호사들이 민변에 우선 대부분 가입하고, 이 물적 토대를 다른 단체의 활동에 과감히 제공한다는 것"이다(박찬운, 앞의 글, 9쪽).

63) 필자는 이것을 민변모체론이라고 한다. 즉 민변 회원으로서 민변 내에만 머물지 말고 다양한 시민사회단체로 나가 일을 하고, 그 대신 민변으로부터 공익법무에 대한 훈련과 지원을 받는 것이다.

다.[64] 그 가운데 하나가 이른바 담배소송이다. 이 소송을 주도한 배금자 변호사[65]는 이 소송의 의미에 대하여 다음과 같이 설명하고 있다.

한국에서 담배소송은 국민의 건강에 무감각한 정부의 정책을 경고하면서, 간접흡연으로 다른 사람들에게 막대한 해를 입히고서도 그것이 잘못인 줄 조차 인식하지 못하는 도덕적으로 무감각하게 된 많은 대중들의 잘못된 인식을 바로잡는 운동을 병행해야 한다. 의사, 교수, 법률가 등 각종 전문가들은 노블레스 오블리제식의 책임감으로 적극 동참해야 한다.…… 담배소송은 담배로 인한 현재 및 미래의 피해자를 구제하고, 잘못된 사회제도와 문화를 바꾸는 역할을 하며, 더불어 사는 사람들의 공동체의식을 높여주는 계기로 만들어야 한다는 투철한 사명감으로 추진해야 하는 명실상부한 공익소송이 되어야 할 것이다.[66]

그러나 이에 대한 반론이 없는 것이 아니다. 김인희 변호사는 담배소송까지 공익소송에 넣을 수 있는지에 대한 의문을 제기한다.[67]

공익소송은 사회를 움직이고 있는 힘을 가지고 있고 변호사들이 사회에 봉사할 수 있는 중요하고도 중요한 길이다.…… (그런데) 흡연자가 담배회사로부터 배상을 받는 권리가 사회적으로 아주 중요한 권리인가? 지금 이 문제를 해결하지 않으면 우리 사회가 보다 자유롭고 민주적이고 인

---

64) 이 소송의 소장은 《민주사회를 위한 변론》, 2000년 7, 8월호, 127쪽 이하에 실려 있다.
65) 배 변호사 외에도 안영도, 임채균, 이석태, 윤종현, 이경우, 강신우, 박찬운, 이백수, 최재천, 전현희, 임영화, 이찬진, 남상철, 이유정, 김진, 이상희 변호사 등 17명의 공익소송위원회 소속 변호사들이 이 무료변론에 참여했다.
66) 배금자, 「미국담배소송의 이론과 한국의 적용가능성─담배소송, 그 법적·의학적 논리─세미나 발제문 I」, 《민주사회를 위한 변론》, 1999년 10, 11월호, 87쪽.
67) 김인희, 「담배소송이 민변의 공익소송인가?」, 《민주사회를 위한 변론》, 2000년 11, 12월호, 15~16쪽.

간적인 사회로 되지 못하는가? 흡연자가 소수자·약자·피해자인가? 이
들의 이익이 과연 확산이익을 가지고 있는가? 나아가 과연 운동단체임을
스스로 표명하고 사회문제의 해결을 위해 적극적으로 활동하는 민변이
자신을 대표하는 공익소송으로서 담배소송을 말하는 것이 과연 적절한
것인가? 담배소송과 민주화는 무슨 관계가 있는가? 담배소송과 인권은?
담배소송에서 사회운동이 차지하는 역할은? 이런 문제에 대하여 민변의
수준에 맞는 답변을 하지 못하는 한 민변은 담배소송을 자신의 공익소송
으로 규정하는 것을 삼가야 한다.

이 글은 '공익소송이 민변의 유일한 대안'으로 이해하는 견해에
대해 경종을 울리고 있다. 공익소송은 민변의 여러 활동방식 중의 하
나일 뿐이며 단순한 집단소송의 수준을 넘어 사회변혁이라는 운동
성을 가질 것을 요구한다. 담배소송도 하나의 집단소송이며 공익소
송이라는 점을 부인하기는 어렵겠지만 공익소송의 본질이나 강조점
이 어디에 있어야 하는가를 제기한 논쟁이라 하겠다.

6) 사회적 연대: 민변의 국내외적 연대활동

민변은 법률가 단체로서 법정에서의 인권변론이나 법률과 제도의
민주적 개혁을 위해 노력하는 단체이지만 동시에 사회의 민주화와
개혁에도 공헌하고 있다. 이 목표를 같이하는 다른 시민사회단체와
의 연대 또한 무시할 수 없는 활동영역이다. 처음부터 이러한 연대활
동이 중요하다고 인식한 민변은 다양한 사회단체들과 연대활동을
펴 왔다. 창립 이후 1993년까지의 인권과 관련된 주요 연대사업을
살펴보면 다음과 같다.

1989. 3 현대중공업 노조탄압 분쇄를 위한 국민회의 참가
1990. 4 KBS사태 해결을 위한 시민대책기구 참가

1991. 6 한국기독교교회협의회 언론대책특별위·환경대책위 위원 파견
1992. 1 공명선거실천시민운동협의회 참가
1992. 4 정신대문제대책소위원회 참여
1992. 9 정신보건법 저지와 정신보건 현실을 위한 공동대책위원회 활동
1993. 3 유엔세계인권대회를 위한 민간단체공동대책위원회 참가

　민변이 얼마나 사회적 연대에 노력을 기울여 왔는지는 일정한 한 시기만 놓고 보아도 알 수 있다. 예를 들어, 1999년 5월 현재 민변이 가입하고 있는 연대기구는 다음과 같다.[68]

① 언론개혁시민연대
② 민중생존권쟁취, 사회개혁, IMF 반대를 위한 범국민운동본부
③ 인권법제정과 올바른 국가인권기구설치를 위한 민간단체 공동추진위원회

2000년 5월 현재 민변이 가입하고 있는 연대기구는 다음과 같다.[69]

① 올바른 국가인권기구실현을 위한 민간단체 공동대책위원회
② 민주화운동계승 국민연대
③ 베트남 민간인학살 진실위원회
④ 불평등한 SOFA개정 국민운동
⑤ 민족화해협력위원회
⑥ 대인지뢰대책협의회
⑦ 한국인권단체협의회

　민변은 국제연대활동에도 적극적이었다. 특히 해외유학을 다녀오

---

68) 민주사회를 위한 변호사모임, 『제12차 정기총회 자료집』, 17쪽.
69) 민주사회를 위한 변호사모임, 『제12차 정기총회 자료집』, 22쪽.

는 회원들이 늘어나면서 국제활동의 필요성이 높아졌고, 국제인권 기구에 대한 견문과 전문지식도 함께 늘어나면서 국제활동 역시 잦아졌다. 거의 매년 유엔인권위원회에 참석하고 로비활동도 했다. 일본을 비롯한 국제적인 변호사 단체, 인권단체와의 교류도 빈번해졌다. 먼저 창립 이후 1993년까지의 주요 국제회의 참가 현황을 간단히 살펴보자.

1991. 12. 17 아시아·태평양 법률가회의(일본) 참가.
1991. 12. 17 제3회 고문관계 국제회의(칠레) 참가.
1992. 1. 13 유럽의회 한국인권과 국가보안법 청문회(프랑스) 회원 파견.
1992. 6.   UN환경개발회의(브라질) 회원 파견.
            독일노사관계 시찰 프로그램(독일) 회원 파견.
1992. 9. 26 한일 인권 현안에 대한 한일변호사 공동세미나 개최(경주)
1992. 12.   일본 변호사협회 전후보상 국제공청회 파견
1993. 3.   세계인권대회 아시아·태평양 지역회의 및 세계인권대회 참가

1999년의 예를 들어보면 민변은 유엔인권위원회에 반박보고서를 내는가 하면, 한반도에서 증폭하고 있는 난민문제에 관한 사업을 시작함으로써 새로운 이정표를 만들었다.[70]

① 1999년 10월 유엔자유권규약위원회 정기회기에서 시민적, 정치적 권리에 관한 국제규약에 따른 한국정부의 2차 보고서 심사 일정에 맞추어 민변은 2차 민간단체 반박보고서를 위원회에 제출했다. 민변 회원인 박찬운, 김선수, 한택근 위원은 회기가 열리고 있는 제네바에서 위

---

70) 민주사회를 위한 변호사모임, 『제12차 정기총회 자료집』, 26쪽.

원회 전문가들을 상대로 로비를 펼친 결과 위원회는 최종 견해에서 한
국정부에 국가보안법의 문제점을 제기하고 점차적 폐지를 권고했을
뿐만 아니라 구속적부심사 등 행형제도에 대한 개선도 촉구했다.

② 1999년 1월부터 일본에 있는 유엔난민고등판무관 일본–한국 담당 사
무소와 계약을 체결하여 한국 내에 난민신청을 원하는 입국자에 대한
법적 지원을 담당해 왔다. 1999년 한 해 동안에도 5건의 사건을 맡아
신청, 인터뷰, 법적 변론 등을 하였다.

민변의 국제활동에는 그만한 인적 자원이 뒷받침되어 있다. 1990
년대 초반 이후 실질적 민주화를 채우기 위해 서방 선진국이나 일본
등의 법률제도와 인권운동을 배우고 연구하기 위해 유학을 다녀오
는 민변 회원들이 크게 늘어났다. 이들은 인권 선진국들의 문물과 제
도, 의식과 환경을 연구함과 동시에 국제적 경험과 감각을 익히고 영
어를 배움으로써 국제회의에 참여하거나 주최하는 경우가 늘어나게
된 것이다.[71]

4. 민변의 미래

지난 10년의 민변은 무엇이었나요. 여전히 우리 사회의 깃발이라고 생
각합니다. 적어도 그 10년의 절반을 이름 없는 회원으로 남아 있는 저에

---

71) 박찬운 변호사는 자신의 미국연수에 대해 이렇게 회고하고 있다. "나의 국제인권
에 대한 소양은 따지고 보면 일본의 법률가로부터 온 것임을 솔직히 고백하지 않
을 수 없다.…… 나의 미국행은 이런 일본 편향적 국제인권 지식을 극복하기 위한
것이었다.…… 이제 더 이상 일본을 통하지 않고도 국제인권을 이해하고 국내에
소개할 수 있는 자신감이 붙었다. 아직 모자라기는 하지만 이제는 좁은 한국땅을
넘어 국제인권의 본고장 사람들과 직접 의사소통하며 인권을 이야기할 수 있게
되었다(박찬운, 「무언가 다른 변호사를 원한다면」, 《민주사회를 위한 변론》, 2000
년 7, 8월호, 13쪽).

게 있어서는 그렇습니다. 그것은 한 변호사로서 나태함과 불성실함에 젖고 싶거나 도덕적 기준의 하락이나 시민적 책무를 버리고 싶은 유혹에 빠질 때 더욱 휘날리는 깃발입니다.…… 이제 앞으로 두 해가 지날 즈음이면 다시 한 토막의 천 년이 지나간다고 합니다. 그 천 년의 100분지 1도 살지 못한 민변에게 나머지 100분지 99를 고민하라 요구한다면 지나친 주문일까요. 이제까지 있어 왔던 변함없는 정신적 연대, 그리고 우리의 직업적 고향 같은 모임으로 앞으로의 또 다른 10년이 채워지기를 열망하며…….[72]

민변의 과거는 커다란 업적과 명성으로 빛나고 있다. 과거는 대체로 그립고, 아쉽고, 소망스러운 법이다. 민변의 현재는 언제나 혼돈스럽고 불만으로 가득 차 있다. 그것은 의욕과 기대로 가득 차 있음을 반증한다. 분명하고 만족스러운 현실은 발전을 기약하기 어렵다. 민변의 미래는 기대와 변화의 욕구로 채워져 있다. 민변의 많은 구성원들은 민변의 장래가 과거와 현재보다는 더 나아지기를 기대한다. 우리 사회의 변화와 발전을 위해, 민주주의와 인권의 온전한 성취를 위해 이들은 민변의 활성화를 다짐하고 있다.

민변은 단지 민변 회원들에게만 '깃발'로 남아 있지는 않다. 민변은 많은 법학도에게 아직도 "가슴 설레는 단어"이며,[73] 많은 시민들에게 의지하고 기댈 수 있는 몇 안 되는 기둥이다.[74] 아직 효율적으로 인권수요와 법률요구를 처리할 수 있는 구조와 기능을 갖고 있지

---

72) 안봉진, 「고향, 그리고 민변」, 민주사회를 위한 변호사모임, 《민주사회를 위한 변론》, 1998년 5월호, 12쪽.

73) 홍승욱, 「자유」, 민주사회를 위한 변호사모임, 《민주사회를 위한 변론》, 1998년 5월호, 25쪽.

74) "……거의 매일 발생하고 있는 수많은 공안 관련 구속자들에게 있어 민변은 그야말로 든든한 빽이자, 불식간에 연행되어 암담한 나락에 빠져 있을 때 나타나는 민변 변호사들은 구속자들에게 슈퍼맨이다.……그(민주주의가 확립되는) 아름다운 세상으로 가는 길에 많은 이들은 민변에게 무한한 기대와 애정을 갖고 있다. 따라

못하더라도 민변은 여전히 고난을 겪고 있는 양심수들의 의지처이며, 사회정의와 사법정의를 지키는 든든한 버팀목이다. 변함없이 이 역할을 수행하는 것으로 민변의 미래는 이미 아름답고 밝고 희망찬 것이다.

<hr>

서 그 아름다운 세상에 아름다운 민변으로, 우리 운동의 영원한 빽으로, 더욱 깊은 뿌리와 가지가 되어주기를 진심으로 바란다"(고상만, 「민변은 우리 운동의 든든한 빽」, 《이달의 민변》, 1997년 5월호, 31쪽).

새 시대의 인권변론, 공익변호사[*]

1. 새로운 시대의 새로운 변론 물결

"저주 받으리라, 법률가여!
너희는 지식으로 들어가는 열쇠를 가지고
너희 자신도 들어가지 않고
들어가려는 사람들까지 막았다!"[1]

법률가에 대한 이 같은 저주는 어제오늘의 일이 아니다.[2] 오랜 인류의 역사 속에 존재해 온 법률가는 긍정적인 역할보다는 부정적인 역할로 비판의 대상이 되어 왔다. 선량한 시민들의 권익을 옹호하기보다는 자신의 전문적 법률지식으로 권세가들을 옹호하고 개인적으

---

[*] 이 글은 1999년 9월 4일 참여연대 5주년 기념 심포지엄 '21세기의 새물결, 공익 법운동'에서 발표한 「시민운동과 변호사의 역할—시민사회를 지키는 국민권익의 첨병, 공익변호사의 가능성 탐색」이라는 제목의 논문을 보완한 것이다.

1) 루가의 복음서, 11:52.

2) 변호사에 대한 적대적 표현은 셰익스피어의 작품에서이다. "The firtst thing we do, let's kill all the lawyers"(Henry VI Part II).

로 치부를 하는 데 더 큰 관심을 보여 왔기 때문이다.

"부족시대에는 마술사가 있었고 중세에는 승려가 있었다. 그리고 오늘날에는 법률가가 존재한다. 어느 시대에도 장사의 요령을 익혀 그 지식을 두고두고 소중하게 간직하는 영악한 무리가 있는 법이다. 그들은 그 전문적인 능력을 곡예적인 기술과 융합시켜 동포인 민중의 머리 위로 군림하는 인간들로 된다."[3]

이것은 법률지식이라는 전문영역을 폐쇄적으로 운영하면서 대중에 군림하는 부정적 법률가의 모습을 강조한 것이다. 법률지식과 법률적 논리로 훈련되고 무장한 법률가들이 그 지식과 논리를 사회 공공선에 사용하기보다는 개인적 이익을 확보하기 위해 사용하다 보니 일반 대중에게 부정적 인식을 불어넣은 것이라고 할 수 있다.

동서고금을 막론하고 변호사는 사회적 예우와 고수익은 보장 받았지만 사회적 평판이 그리 좋은 것은 아니었다. 특히 그 고수익이란 것은 억울한 일을 당하고 어려운 지경에 처한 당사자에게서 얻은 것이기 때문에 많은 불만을 사는 것이 현실이었다.[4] 우리나라에서도 변호사에 대한 일반 국민의 인식이 그리 호의적이라고 할 수 없다.[5] 고액의 수임료와 저질의 서비스, 전관예우,[6] 부자와 권력자에 대한

---

3) 프레드 로델 지음, 박홍규 옮김, 『저주받으리라 법률가여』, 도서출판 물레, 1986, 23쪽.

4) 참고로 일본에서 변호사가 당사자로부터 받는 불만은 다음과 같은 것이라고 한다. 무단화해, 화해내용, 상대방대리, 불친절, 사임, 횡령, 업무중지, 소송방기, 소송기술불만(霜島甲一, 「わか國 辯護士倫理問題の日常的側面」, 『辯護士倫理の比較法的研究』, 法政大學出版局, 1986, 7쪽 참조).

5) 호의적이기는커녕 적대적이라고까지 할 수 있다. 최근의 여러 여론조사가 그것을 입증하고 있다.

6) "전관예우란 금방 옷을 벗은 판·검사 출신 변호사에게 동료 판·검사들이 특혜를 베푸는 관행이다. 전관예우는 미국과 독일은 물론, 같은 동양권인 일본에서도

변호 등으로 사회적 약자로부터의 비판이 변호사에 대한 일반적 인식이 되었다.

그러나 변호사들이 무조건 개인의 명리나 탐하고 이기적 삶을 살았다고 말할 수 없다. 당사자에 대한 변론활동 자체가 사법구조가 예상하는 정의실현과 국민권익옹호의 수단이었다. 과거 서양에서 변호사라는 직업은 한편으로는 비판의 대상이었지만 또 한편에서는 가장 명예롭고 고상하며 학식 높은 직업으로 존경받았다. 이 땅에서도 과거 이른바 '인권변호사'[7]들이 불의에 저항하고 인권변론을 위해 진력함으로써 국민들로부터 큰 신뢰를 받았다. 이들은 독재권력의 탄압에 직면하기도 했지만 꿋꿋하게 지난 1970년대 이후 인권변론의 커다란 산맥을 쌓아 왔다.[8] 이들이야말로 불의와 혼탁이 판치는 세상의 한 줄기 빛이었다.

사회의 다른 분야와 마찬가지로 변호사들의 인권변론과 사회정의실현의 방향에도 많은 변화가 있었다. 대한변협과 각 지방변호사회의 인권변론과 법률구조 내용은 크게 확충되었고, 민변의 인권변론역시 환경변화와 함께 변화를 강제당했다. 인권변론의 전략과 내용, 방식도 사회발전의 양태와 더불어 달라질 수밖에 없었던 것이다. 독재정권 치하에서 양심적인 변호사들의 역할이란 그 권력의 희생자가 된 양심수들을 변론하고 사회불의를 고발함으로써 그 정권을 물

찾아보기 어려운 우리나라 고유의 관행이다. 한국에서는 어느 분야나 전직을 예우해주는 관습이 보편화되어 있기는 하나, 형평과 원칙이 생명인 판·검사들이 전관에게 노골적인 혜택을 베푸는 것은 큰 문제가 아닐 수 없다"(참여연대 사법감시센터, 『국민을 위한 사법개혁』, 박영률출판사, 1996, 149쪽).

7) 인권의 옹호는 모든 변호사의 사명이다. 그럼에도 불구하고 '인권변호사' 라는 명칭이 생겨난 것은 아이러니가 아닐 수 없다. 그 명칭이야말로 변호사들의 모습이 어떻게 국민들에게 보여졌는가를 말해준다.

8) 박원순, 「고난받는 사람들과 함께해 온 변호사들―한국인권변론사 시론」, 『'무죄다' 라는 말 한마디―황인철 변호사 추모문집』, 문학과지성사, 1995, 53쪽 이하 참조.

리치고 민주적 정권을 수립하는 일이었다. 적지 않은 변호사들이 그러한 시대적 역할에 충실했고, 그것이 1987년 6월항쟁의 촉발과 민주적 정부로의 이행에 일조했다. 이 과정에서 유린된 인권을 변론하고 무너진 민주주의를 복원하는 데 앞장선 변호사들의 모임인 정법회, 민주사회를 위한 변호사모임의 활동이 지대했다.[9]

그 이후 10년의 세월 동안 한국도 부족한 대로 법치주의와 절차적 민주주의가 발전했다. 이제 양심수를 변론하고 사회불의를 고발하는 것만으로 사회발전을 위한 변호사의 역할을 다할 수 없는 시대가되었다. 과거 정치적 활동으로 말미암아 구속된 양심수의 수 자체가줄어들었고, 사회불의의 내용 역시 단순히 정치적인 것뿐만 아니라경제적·사회적·문화적 형태로 분화되고 복잡다단한 것이어서 좀더 섬세한 접근이 필요하게 되었다. 비단 정치적 활동뿐만 아니라 일반 시민들의 인권은 여전히 변호사들의 도움을 기다리고 있을 뿐만아니라 인권의 개념 역시 국가로부터의 고문, 구속, 침해라는 좁은의미로부터 경제·사회·문화적 권리로 확대되고 있다.

더구나 변호사의 역할이 법정에서의 변론에 그칠 수 없게 되었다.입법과정에서의 시민적 개입과 관여, 사법절차에서의 시민 참여와통제, 행정권력 침해에 대한 구제활동, 더 나아가 우리 사회의 정의와 공정성을 확보하는 일이 이제 변호사 사무소라는 좁은 틀 안에서모두 소화시킬 수 없는 시대로 접어든 것이다. 이제 과거의 송무업무라는 영역과 남는 시간을 활용한 볼런티어 공익변론이라는 차원을넘어서서 전업적 공익변호사가 절실히 요청되는 때가 되었다.[10] 특

---

9) 자세한 것은 민주사회를 위한 변호사모임, 『민변백서—민변 10년의 발자취』, 1998 참조.

10) 특히 미국에서는 인권·시민·노동단체 등에 상근하는 변호사들의 수가 적지 않다. 전국변호사조합(National Lawyers Guild) 회원 1만 5천여 명이 대체로 이렇게 공익단체에 근무하는 변호사들이거나 이러한 공익적 활동에 관심을 가진 변호사들이다.

히 공공선을 확대하려는 각종의 시민단체들이 우후죽순처럼 생겨나 그 활동과정에서 변호사들의 일상적 지원을 소망하고 있다. 이 시대적 요구에 부응함으로써 변호사가 민주주의의 심화와 시민사회의 성숙에 견인차로서 기능해야 할 때가 왔다.

2. 변호사의 사회적 책임

1) 변호사 개인의 책임과 성격

(1) 법령상의 규정

〈변호사법〉
제1조(변호사의 사명)[11]
① 변호사는 기본적 인권을 옹호하고 사회정의를 실현함을 그 사명으로 한다.
② 변호사는 그 사명에 따라 성실히 직무를 수행하고 사회질서의 유지와 법률제도의 개선에 노력해야 한다.
제2조(변호사의 지위) 변호사는 공공성을 지닌 법률전문직으로서 독립하여 자유롭게 그 직무를 행한다.

이 조항은 변호사가 단순히 사적인 영업을 수행하는 존재가 아니라 기본적 인권을 옹호하고 사회정의를 실현하는 것이 기본 사명인 공공성을 지닌 직업이라는 점을 선언한 것이다. 비록 변호사는 국가기관이거나 공무원은 아니지만 커다란 의미에서는 국가의 기능을 수행하는 공적 존재라고 할 수 있다.[12] 변호사가 개인적으로 의뢰인

---

11) 이 조항은 일본의 변호사법 제1조와도 정확히 일치하고 있다.

으로부터 사건을 수임하여 성실하게 변론하는 것이 바로 이 임무를 수행하는 일차적 역할임에는 의문의 여지가 없지만 그렇다고 그러한 송무업무에 변호사의 역할이 국한되지 않는다는 것을 이 조항은 선언하고 있다. "기본적 인권을 옹호하고 사회정의를 실현하는 것"이라면 그 활동의 대상과 방식에 아무런 제한이 없는 것이다.

〈변호사 윤리강령〉[13]

1. 변호사는 기본적 인권의 옹호와 사회정의의 실현을 사명으로 한다.
2. 변호사는 성실·공정하게 직무를 수행하며 명예와 품위를 보전한다.
3. 변호사는 법의 생활화운동에 헌신함으로써 국가와 사회에 봉사한다.
4. 변호사는 용기와 예지와 창의를 바탕으로 법률문화향상에 공헌한다.
5. 변호사는 민주적 기본질서의 확립에 힘쓰며 부정과 불의를 배격한다.
6. 변호사는 우의와 신의를 존중하며, 상부상조·협동정신을 발휘한다.
7. 변호사는 국제 법조간의 친선을 도모함으로써 세계평화에 기여한다.

〈변호사 윤리규칙〉[14]

제1조 변호사는 자유를 사랑하며, 진리를 추구하고, 민주적 기본질서의 확립에 정진하여야 한다.

제2조 변호사는 명예를 존중하고 신의를 지키며, 인격을 연마하고 학문과 지식의 함양에 노력하여야 한다.

제3조 변호사는 권세에 아부하지 아니하고 재물을 탐하지 아니하며 항상 공명정대하여야 한다.

이 간단한 규칙 안에 정해진 '윤리'마저 변호사가 제대로 지키고

---

12) 福原忠男, 『增補 辯護士法』, 第一法規, 1990년, 40~42쪽.
13) 변호사윤리강령 전문이다. 1962년 6월 30일 제정되어 수차례 개정되었다
14) 변호사윤리규칙 제1장 일반적 윤리 부분. 1962년 6월 30일 제정되어 수차례 개정되었다.

있는지 스스로 반성하지 않을 수 없다. 이 규칙은 변호사가 단지 '상인'이 아니고 '선비'임을 규정하고 있는 것이다. 그러나 현실에서 변호사들이 "권세에 아부하지 아니하고" "재물을 탐하지 아니하고" 있는지는 의문이다. 변호사는 부귀의 상징으로 되어 있지 아니한가? 이 조항은 어쩌면 너무나 이상적인 것을 추구하도록 만들고 있는 것은 아닌지 모르겠다. 변호사도 사업자등록증을 내고 영업을 한다. 완전히 공직자로 만들지 않는 한 이러한 영리성을 포기하게 할 수도 없다. 결국은 공익성과 영리성의 절충과 타협 속에 변호사의 공익적 역할이 정해져야 한다.[15]

(2) 법조인의 인식 속의 변호사 윤리와 책임

법조인마다 각자 변호사의 윤리와 책임에 대한 생각을 갖고 있다. 그 인식은 각자가 다를 수밖에 없다. 그 가운데 다음 두 사람의 이야기를 들어보자.

〈이병린 변호사〉

"변호사는 어디까지나 생기발랄한 중립적 야인이어야 한다. 중립이란 정치적 의도가 없음을 말하고, 야인이란 대중과 더불어 살아가는 것을 의미한다.…… 반역아라고 하면 혁명을 전제로 한 정치적 용어 같이 들린다. 변호사는 사회개선을 기하되 점진적으로 문화적, 합법적 수단으로 노력한다는 점에서 반역아와 다르고, 생생한 야인으로 비판정신과 저항정신을 지니고 나아간다는 점에서 일맥상통하는 점이 있다.…… 변호사의 직업이란 억울한 사람의 편이 되는 것이다. 그렇기 때문에 항상 입법의 맹점, 사법의 불비, 행정의 독선을 대중의 위치에서 보고 느끼게 된다. 따라서 항상 대중과 같이 호흡하고 그 기질이 야인답게 되어 가는 것이다.…… 변호사는 사회정의를 실현하는 자이며, 자유와 진리를 사랑하는

---

15) 참여연대 사법감시센터, 앞의 책, 1996, 82쪽.

자이며, 사회개선을 위하여 노력하는 자이다. 이러한 구실을 다하려면 개인으로서의 직무나 기타 활동을 통하여 성실하게 노력해야 하며, 변호사회라는 단체를 통하여 국정과 세계평화를 위하여 그 거대한 사명을 다해야 할 것이다. 따라서 남보다 일층 높은 식견과 인격이 요청된다. 권세에 굴하지 않고 돈에 팔리지 아니하고 어디까지나 정의를 위해 불의에 대립하여 투쟁하는 기백과 용기가 있어야 한다.”[16]

〈김준수 변호사〉

“전문직의 여러 가지 특성 중 가장 본질적이고 기본적인 것은 그 직무가 공공에의 봉사를 위한 것이라는 점이다. 즉 변호사가 다루는 업무의 내용이 사법 전반에 걸쳐 있어 단순히 의뢰자의 생명, 신체, 자유, 명예, 재산의 옹호에 그치지 않고 재판의 공정·법률에의 진화에 이바지할 뿐만 아니라 사회의 민주화와 인권옹호에 기여·공헌하지 않으면 안 되는 것이다.…… 우리나라에 도입된 변호사제도는 앞에서도 언급한 바와 같이 순전히 일본 사람들의 정치적 목적 달성을 위하여 유입된 것이기 때문에 변호사직의 ‘프로페션’으로서의 특성이나 속성이 소개되지 않았고 변호사의 공공봉사의 정신이나 사명이 강조되지도 않았다.”[17]

2) 변호사 단체와 로펌의 윤리와 책임

변호사 단체로서의 변호사협회는 개별 변호사의 윤리와 책임의 연장선상에서 민주주의와 인권의 옹호, 사회진보에 대한 책임을 지고 있다. 하버드 법대 학장 로스코 파운드는 일찍이 변호사라는 용어는 집단과 연결된다고 말했다.[18] 변호사들의 모임인 변협은 개별 변

---

16) 이병린, 「변호사를 뜻하는 법학도에게」, 『법 속에서 인간 속에서』, 청구출판사, 1967, 58~60쪽.
17) 김준수, 「변호사의 사명과 그 지위」, 서울지방변호사회, 『변호사 핸드북』, 1984, 19~22쪽.

호사들이 할 수 없는 집단적 힘으로 사회에 공헌할 수 있다는 것이다.

대한변협을 포함하여 변호사 단체[19]가 나름대로 이 땅의 민주화와 법률문화 개선을 위해 파수견으로 상당한 역할을 해 온 점은 부정하기 어렵다. 그러나 변호사 단체가 변호사의 집단이익을 보호하기 위한 조직이기주의 모습을 보인 사실도 인정해야 한다.[20] 대한변협이 왜곡된 의식을 가진 변호사들에 끌려갈 것이 아니라 오히려 일탈하는 변호사들을 징계하고 변호사들이 일정한 윤리적 수준을 갖도록 견제하고 교육하는 역할에 더 적극적이어야 한다. 그럼으로써 변협 자신의 위상을 높일 수 있을 뿐만 아니라 변호사로서의 직업의 명예로운 전통도 되살릴 수 있을 것이다.

민변과 같은 임의적인 변호사 단체도 나름대로 큰 역할을 해 왔다. 특히 회원간의 동질적인 인식과 실천으로 강력한 목소리를 내면서 사회에 영향력을 행사해 온 것이다. 최근에는 이른바 '헌변'이 생겨나 민변과는 다른 보수적인 입장을 보이고 있다. 앞으로 여성변호사회라든가 환경변호사회 등과 같은 각각의 관심영역과 성향을 가진 개별 임의단체들이 생겨날 것이다.

공익 로펌의 존재도 고민할 만한 일이다. 빈곤층과 법률 소외계층에 대한 지원을 목적으로 한 공익 로펌의 출현도 기대가 된다. 최근에는 소액사건만 전담하겠다고 나선 변호사들도 있었다. 앞으로 이러한 변호사들이 늘어나고 이들의 뜻이 합쳐진다면 공익적인 로펌이 탄생할 것이다. 미국은 변호사의 도움을 받을 권리에 대한 일반 서민의 접근이 지극히 어려운 시기[21]에 이른바 '법률 클리닉(legal

---

18) Rosco Pound, *The Lawyer From Antiquity to Modern Times 5*, 1953.

19) 변호사법에 따르면 변호사는 자신이 개업하는 지역의 변호사회와 대한변호사협회에 의무적으로 가입하게 되어 있다.

20) 이러한 점 때문에 문민정부 당시 대통령 직속으로 설치된 사법개혁위원회는 변호사가입강제주의를 철폐하고 임의가입제로 바꾸기 위한 논의를 진행하고 있다.

clinic)'이 많이 생겨났다. 그러나 이러한 '법률 클리닉'도 그 뜻은 좋았지만 재정 적자로 많은 어려움을 겪었다.[22] 우리나라는 민변 소속 회원들을 중심으로 로펌들이 만들어져 비교적 활발한 법률구조활동을 벌이고 있다. 그러나 이러한 로펌이 기존의 다른 로펌과 본질적으로 다른 모습을 보이고 있는지는 분명하지 않다.

3) 외국의 변호사 윤리와 책임

변호사는 기본적으로 "당사자의 대변자일 뿐만 아니라 법률체제의 공무원[23]이며 법의 형평성에 대한 특별한 사회적 책임을 지닌 공적 시민"이다.[24] 미국변호사협회의 『변호사책임의 모범규칙』의 서문에 나오는 말이다. 이것은 변호사가 단순히 개별 사건의 당사자를 대변하는 데 그치지 않고 한 사회의 법률적 시스템의 한 구성요소로서의 공적 책임을 지고 있으며,[25] 더 나아가 법적 형평성을 달성하기

---

21) 1971년 *American Bar Association Journal*에 따르면 미국 전체 인구의 70% 가량이 돈 때문에 법률적 서비스를 받지 못하고 있었다고 한다. 또한 모든 성인 인구의 3분의 1이 변호사와 상담을 해본 적이 없다고 보도했다(Philip B. Heymann & Lance Liebman, *The Social Responsibilities of Lawyers*, Foundation Press, New York, 1988, p.51).

22) 1977년 한 조사에 따르면 미국 전체의 33개 '법률 클리닉' 가운데 11개가 파산했고, 5개가 재정손실 때문에 외부 기금에 의존하고 있으며, 14개가 그런대로 유지되고 3개는 번성하고 있다고 했다(Philip B. Heymann & Lance Liebman, Ibid., p.51).

23) 원문에는 "an officer of the legal system"이라고 되어 있다. 여기서 "officer"는 엄밀한 의미에서 공직자라기보다는 "공적 임무의 담당자"라는 뜻일 것이다.

24) Center for Professional Responsibility, American Bar Association, *Model Rules of Professional Conduct*, 1992 Edition, p.5.

25) 이러한 지위에서 변호사의 다음과 같은 책임이 우러나온다. "변호사의 행동은 법률의 일반적 요구에도 부합해야 한다. 법적 절차를 오직 합당한 목적으로만 활용해야 하고 남을 해치거나 위협할 목적으로 사용해서는 안 된다. 변호사는 법적 체제와 거기에 봉사하는 사람들을 존중해야 한다"(Center for Professional

위해 특별한 책임을 지고 있는 시민이기도 하다는 것이다.[26] 변호사 직업의 공공성을 잘 설명하고 있는 대목이다.

미국은 변호사협회가 직접 나서서 이와 같은 변호사 윤리와 책임에 관한 규정들을 발전시켜 왔다. 미국변호사협회가 정한 '직업상 책임에 관한 모범법전'과 '변호사 활동에 관한 모범규칙'은 각 주변호사협회에서 약간의 변용을 거쳐 채용되는 변호사 윤리규정의 가장 대표적인 규정이라 할 수 있다.[27] 후자의 제6조 제1항은 공익법무 활동을 법조인의 의무로 규정하고 있다. 유럽공동체 역시 그 지역 내 여러 국가들의 변호사 윤리의 모범이 되는 '유럽공동체에서의 변호사활동에 관한 법전'을 제정했다.[28]

미국의 법철학자 로스코 파운드는 변호사라는 직업(profession)은 다른 직업과 같이 수입을 낳지만 그것은 다른 상업이나 사업과 같이 이윤추구가 으뜸가는 목적이 아니라 단지 우연적이고 부수적인 결과에 지나지 않는다고 주장하면서 변호사 직업의 특성으로서 조직, 학식에 뒷받침된 기술의 연마, 공공에 대한 봉사의 정신을 들었다. 이러한 인식의 연장선상에서 미국의 뉴저지대법원장을 지냈던 반더

Responsibility, American Bar Association, Ibid., p.5).

26) 이 지위에서 나오는 변호사의 책임은 다음과 같다. "공적 시민으로서 변호사는 법률과 사법행정, 공정한 서비스의 개선을 위해 노력해야 한다. 지식 집단의 한 구성원으로서 변호사는 고객을 위한 사용을 넘어서 법률의 지식을 함양하고, 법률의 개혁을 위해 그 지식을 활용하고 법률적 교육을 강화하기 위해 노력해야 한다. 변호사는 사법행정의 모순을 염두에 두어야 하고 가난하고 필요한 사람들에게 적절한 법률적 지원, 그리고 이들을 대변하여 직업적 시간과 시민적 영향력을 바쳐야 한다"(Center for Professional Responsibility, American Bar Association, Ibid., p.5).

27) 이들에 관한 전문과 주석, 입법사 등을 함께 보려면 Stephen Gillers & Roy D. Simon Jr., *Regulation of Lawyers: Statutes and Standards*, 1993 Edition, Little, Brown and Company, Boston, 1992 참조.

28) 이러한 미국변호사협회와 유럽공동체의 모범법전들은 서울지방변호사회에 의해서 번역되어 있다(서울지방변호사회, 『미국변호사윤리강령』, 1994 참조).

빌트(Vanderbilt)는 법률가의 책임으로 다음과 같이 다섯 가지를 들었다.[29]

1. 현행법의 충분한 지식을 가지고 있을 뿐만 아니라 그 동향을 충분히 내다볼 수 있는 능력을 갖추고 있으며 의뢰자에게 현명한 조언을 줄 것.
2. 효과적으로 쓰고 또 말하는 능력과 인권을 주장·옹호하는 기술의 연마를 비롯하여 법정에 있어서의 변론에 숙달하고 있을 것.
3. 그 직업 법원 및 법을 개선하는 일에 응분의 책임을 질 것.
4. 여론의 형성에 지도적인 역할을 할 것.
5. 공무를 맡을 기회가 주어지면 그것을 응락할 것.

여기서 1·2항은 송무업무에 해당하지만 나머지 3·4항은 송무 외 업무에 해당한다. 특히 법의 개선업무와 여론형성 역할은 시민단체의 업무와 완전히 일치한다. 물론 이러한 업무는 언론인으로서, 국회의원으로서도 가능한 일이지만 시민단체에의 참여야말로 일상적으로 수행가능한 업무가 된다.

3. 근·현대사 속의 변호사 역할

1) 압제와 축재의 도구가 된 변호사

(1) 권력의 편이 된 변호사: 군사독재체제의 한 구성요소로서의 변호사제도

1895년 3월 '재판소구성법'이 공포되고 '법관양성소'가 설치되었으며, 1905년 11월 '대한제국변호사법'이 공포됨으로써 이 땅에도

---

29) 가재환, 『법조윤리(상)』, 사법연수원, 1985, 22~23쪽.

근대적인 재판제도가 도입되었다. 그러나 곧이어 일제에 병합됨으로써 독자적인 사법제도 발전의 가능성은 멀어지고 일제의 사법제도로 편입되었다. 일제하에서 변호사의 인가, 등록 또는 변호사회의 조직, 징계 등이 모두 일제 총독의 권한에 속해 있었기 때문에 변호사가 일제지배의 구조를 벗어나기란 불가능했다. 일부 변호사가 독립운동가를 변론하고 서민의 억울한 일을 해결하는 데 앞장선 사례가 없지 않지만 그것은 예외적이라고 할 수밖에 없었다.

해방 후 미군정의 실시와 더불어 구미의 인권옹호 의식이 잠시 불었으나,[30] 불행히도 독재정권이 지속되었고 사법부의 예속이 불가피했다. 변호사 역시 검사, 법관 등 현직을 거친 사람이 대부분이었고, 진정한 야인정신이나 인권정신을 가지고 활동하는 사람이 드물었다. 간혹 지사정신을 가지고 독재에 항거한 변호사들의 용감한 목소리가 있었고, 변호사회 역시 조직적인 저항을 벌인 사례가 없지 않았으나 이것 역시 희소한 경우였다. 1980년대 후반 들어 이른바 인권변호사의 흐름이 크게 확대되고 변호사회의 인권옹호, 사회민주화 활동이 두드러지기 시작했을 뿐이다.

이러다 보니 오늘날 우리가 아는 변호사의 공공적 성격이나 공익적 역할은 묻혀지고 단지 독재체제의 한 구성요소로 전락했던 것이다. 심지어 정부에 저항하다가 구속된 사람들의 변론조차 맡지 않으려는 분위기가 지배적이었다. 변호사가 지닌 최소한의 양식과 의무조차 방기한 행위였다. 그뿐만 아니라 변호사회 역시 자신의 집단 이익을 지키려 했을 뿐 반민주적 정치체제와 그 아래서 신음하는 서민들의 삶은 아랑곳하지 않았다. 무너진 민주주의를 일으키고 희생당하는 국민들의 기본권을 지키고자 하는 노력이 거의 보이지 않았다. 변호사와 그 집단이 시대적 요구에 아무런 대응을 보이지 않은 침묵

---

30) "……미군과 더불어 이 땅에 도도히 흘러 들어온 구미의 인권사상에 힘입어 인권침해를 바로잡으려 하였고, 불합리한 현실의 개혁을 요구하기도 하여 다소나마 변호사의 국가사회에의 봉사적 기능을 풍겨주었다"(김준수, 앞의 글, 22쪽).

과 절망의 시대였다.

(2) 영리 · 송무에만 몰두해온 변호사: 폐쇄적 송무주의 변호사관

불의한 국가권력에 대한 침묵을 대가로 변호사 집단은 그 특혜를 누릴 수 있었다. 변호사의 공적 임무에 대한 무관심은 말할 것도 없고, 심지어 자신의 업무상의 책임에 대해서도 거의 면책을 누렸다.[31] 변호사라는 직업의 희소성은 대부분의 개업변호사들을 부자로 만들었고, 이들은 판사, 검사와 더불어 국민들이 부러워하는 직업의 대명사가 되었다. 사법시험에 합격한 것만으로 좋은 신랑감이 되었으며, 변호사로서 개업 후 몇 년 안에 평생 먹을 것을 마련한다는 속설이 보편화되었다. '전관예우', '변호사 수임료'가 변호사 축재의 사다리가 되었다.[32]

변호사들은 이러한 특권과 고소득으로 인해 더 이상 다른 업무에 눈을 돌리지 않았다. 따라서 변호사의 법률적 지식이 필요한 사회의 각 분야에 진출하는 경우가 드물었다. 변호사의 직역을 스스로 제한한 이유는 변호사들 스스로 가지는 고정관념이나 의식구조 때문이다.[33] 즉 변호사들은 송무활동 이외의 부분들을 변호사의 일이 아니라고 생각하기 때문이다. 1961년부터 1994년까지 사법시험 출신자가 비법조계에 진출한 현황은 다음과 같다.[34]

진출기관	경찰	안기부	교수	기업체	감사원	법제처	공정거래위	합계
인원	23	7	12	6	5	3	2	58

---

31) 변호사의 업무상의 고의, 과실에 대한 소송 사례는 대단히 적다. 그것은 변호사를 상대로 하는 소송이 이길 가능성이 없다고 보는 일반인의 인식 때문이기도 하다(김천수, 「한국의 변호사 책임론」, 『변호사책임론』, 소화, 1996, 391쪽).

32) 변호사 업무의 고소득은 송무중심주의, 전문성 부족의 원인이 되었다. 일반 송무만으로 큰돈을 벌 수 있는데 구태여 다른 영역의 일을 찾을 이유도 없었고, 전문성을 갖출 노력을 할 이유도 없었다(참여연대 사법감시센터, 앞의 책, 85쪽).

33) 최대권, 『법사회학』, 서울대학교출판부, 1983, 266쪽.

　그러나 동시에 이러한 특권적 지위와 세속적 성공으로 말미암아 변호사직은 많은 사회악 양산의 진원지가 되기도 했고 점차 국민적 불신의 적이 되어 갔다.

　"몇 해 전에 일간신문지의 사회면 기사에는 으레 소송사건 부로커와 함께 소위 악덕변호사의 행적이 자주 실린 적이 있었다.…… 법원 주변의 부조리 일소를 표방하고 나선 후에는 항상 낙인 찍힌 변호사들의 이름이 사회면에 지적되어 '동네북'의 노릇을 했던 쓰라린 기억을 갖고 있다. 이래서 변호사에 대한 일반 국민의 신임과 신뢰는 땅에 떨어지고 그 지위는 형편없이 저하되고 말았다. 변호사를 산다는 말이 이제는 일반 국민의 관용어가 되다시피 했으니 대중의 눈으로 볼 때에 변호사란 다른 기능공과 마찬가지로 한낱 법원이나 검찰 사이의 통로에 밝은 사건주선 기술인으로 여겨지고 노임만 지급하면 마음대로 고용할 수 있는 존재로 전락하고 만 것이다."[35]

　변호사라는 직업에 대한 국민들의 존경은 진정으로 마음에서 우러나오는 것이라기보다는 '열심히 공부를 해서 어려운 시험에 합격한' 사실과 그 희소성에서 오는 부러움 정도일 것이다. 어느 변호사도 자신을 단지 사업가나 상인이라고 생각하지는 않는다.[36] 그러나 그러한 생각을 모든 국민의 보편적인 것으로 만들기 위해서는 변호사법에 정해진 바로 변호사 본연의 임무, 즉 공공적이고 봉사적인 삶으로 되돌아와야 한다.

---

34) 대법원 · 법무부 · 총무처(참여연대 사법감시센터, 앞의 책, 87쪽).

35) 김준수, 앞의 글, 27쪽.

36) 이해진, 「변호사의 법정외 법률실무」, 서울지방변호사회, 『변호사핸드북』, 1984, 197쪽.

2) 국민의 적이 된 법조인: 땅에 떨어진 국민 신뢰

"거액의 검은 돈과 결탁된 변호사의 파렴치한 비리가, 수도 서울 한복판에서 10여 년 간 공공연히 자행되며 선량한 국민들을 죽이고 있습니다. 하늘이 내려다보고 있음을 알지 못한 채, 수많은 무주택 국민들의 한 맺힌 내 집 마련 자금을 교활하게 편취하도록 교사시켜 온 중학 동창생의 피를 빨아먹다가, 사기범행의 가책 속에서 자살에 이르게 된 친구의 죽음 앞에서도 개전의 정은커녕 뻔뻔스럽게도 법정에 서서 피고인의 변호를 하고 있는 악덕변호사 ○○○에게 철퇴를 가하여 무너진 사법부의 신뢰와 사회질서 회복, 나아가 국가안위를 위하여 울분에 찬 ○○주택조합의 피해주민들의 절규에 귀기울여 주십시오."[37]

"나는 강원도에 사는 보잘것없는 촌부로서 소위 법치국가, 민주국가라는 이 나라에서 저 악명 높은 공산치하의 인민재판보다 더 혹독한 재판을 받고 엄청난 고통과 피해를 입었음에도 아직도 그러한 폭력적인 불법판결이 시정되지 않음에 국민의 한 사람으로서 그러한 사람들을 교육시켜 온 이 나라 법과대학 교수들에게 엄중한 항의를 하지 않을 수 없는 형편에 이르렀습니다.…… 길거리를 걷는 사람들에게 소위 법조인과 그들을 교육시킨 사람들에 대하여 어떠한 감정을 갖고 있는가를 물어보십시오. 민중의 힘이 모이면 쇠를 녹이고 그 비난이 쌓이면 산을 무너뜨린다고 했습니다."[38]

이 두 가지 예시는 오늘날 법률가에게 쏟아지고 있는 국민들의 원한 맺힌 하소연의 일부분에 불과하다. 사법절차에서 억울한 일을 당한 사람들은 오늘도 이 기관 저 기관을 방랑하며 눈물로 하소연을 하

---

37) 1998년 4월자 ○○주택조합 사고대책위원장 최병곤의 호소문.
38) 1995년 10월 13일자 강원도 고성군 현내면 초도1리 장홍근 농부가 전국의 대학 교수에게 보낸 서한 중 일부.

고 있다.

때로는 이들의 억울한 사연이 밝혀지는 때도 적지 않다. "억울한 동생, 형이 구했다—폭력혐의 구속되자 진범찾기 추적 7개월 무죄 밝혀내",[39] "검경 강압수사 국가 축낸다—피해자들 앞다퉈 손배소, 억울한 옥살이 국가 상대 승소 많아",[40] "어느 경관의 억울한 살인 누명 1년, 누가 내 인생 보상하나",[41] "윤화 가해자로 몰린 시민 3년 반 법정투쟁 진실 입증—경찰 사고현장 조작 혐의 씌워",[42] "까막눈 할머니가 검찰 이겼다—최기남 씨 법정투쟁 안팎",[43] "교통사고 피해 20대 여인 가해자로 몰려—추적 1년 만에 무죄",[44] "우리 딸 죽음 자살 아닌 타살—노부부 애끊는 10년 탄원",[45] "15년 억울한 옥살이, 자살로 절규",[46] "무고한 시민 삼청교육 보냈다—80년 불량배로 조작."[47]

이 끝없는 원죄(冤罪)사건의 행렬 속에 변호사들의 책임 또한 적지 않다. 이 사건들의 대부분은 적절한 변론을 받지 못하여 피해자 스스로 힘겨운 법정투쟁을 통하여 승리한 것들이다. 그나마 이 기사들은 진실이 밝혀진 사건들에 불과하다. 어둠에 묻혀버린 억울한 사연들에 비하면 빙산의 일각이다. 변호사들 역시 이들 피해자들 앞에 죄인이 될 수밖에 없다. 한편 변호사들에 대한 진정사건은 급증하고 있어 변호사들의 업무에 대한 국민들의 불만이 턱까지 차올라 있는 실정이다.[48]

---

39) 《중앙일보》, 1993년 11월 3일자.
40) 《동아일보》, 1993년 11월 9일자.
41) 《문화일보》, 1993년 12월 10일자.
42) 《동아일보》, 1994년 5월 22일자.
43) 《동아일보》, 1993년 12월 16일자.
44) 《문화일보》, 1994년 8월 18일자.
45) 《한겨레》, 1996년 6월 7일자.
46) 《한겨레》, 1997년 2월 6일자.
47) 《한국일보》, 1997년 6월 24일자.

3) 한 줄기 양심의 불빛: 인권변호사의 역할과 그 계승

변호사들이 희생과 도탄 속에 빠져 허우적거리는 국민들을 외면하고 자신의 특권에 탐닉하고 있을 때, 그래도 일군의 변호사들이 이들을 위해 나섰던 것은 그나마 변호사직의 명예를 지킨 일이었다. 일제시대에도 허헌, 김병로, 이인 등의 변호사들이 독립운동가를 변론하고 서민의 인권을 옹호한 사례가 있었다. 1970년대 초 유신의 어두운 그림자가 이 땅을 드리웠을 때 홀연히 나타나 군사정권의 계엄령을 반대하며 감옥행을 자초했던 당시 대한변협회장 이병린은 말 그대로 의인이었다.

1974년 유신체제와 긴급조치의 발동 이후 이병린의 활동에 고무된 이돈명·조준희·홍성우·황인철 등 이른바 4인방과 이들의 의로운 뜻에 동의하는 수십 명의 변호사들이 1970년대와 1980년대 초반까지 지속된 군사독재의 발톱에 상처난 희생자들의 변론에 앞장섰다. 1980년대 중반 후에는 더 젊은 50여 명의 변호사들이 이들과 합류하면서 정법회가 만들어지고, 이어 1990년대의 민변으로 확대되었다. 민주주의가 억압되고 국민의 기본권이 유린되던 절대 폭압의 시대에 변호사들이 자신의 안일을 물리치고 사회정의의 수호에 나섰던 것은 변호사들의 자랑스러운 신화와 전통이 되었다. 그러나 독재정권이 사라지고 형식적 민주주의가 복원되고 있는 지금 그런 인권변론의 물결은 어떻게 계승되어야 하는 것일까.

물론 종래의 인권변호사 역할은 여전하다. 하루아침에 인권이 완벽히 보장될 리 만무하기 때문이다. 인권이 여전히 유린되고 있으며 양심수가 아직도 양산되고 있다. 그뿐만 아니라 과거 소홀하게 다루었던 여러 절차적 인권 등도 인권단체들의 관심사로 떠오르고 있다.

---

48) 서울변호사회가 1994년에 펴낸 『진정서사례집』에 따르면 지난 1993년 진정건수는 모두 206건으로 1992년 78건에 비해 3배 가량 증가했다.

변호인접견권 침해, 부당한 불심검문 등이 바로 그러한 예이다. 좀 더 심층적이고 미세한 접근이 필요한 인권변론의 영역이다. 그러나 이러한 시민적·정치적 인권을 넘어서서 인권의 개념이 확장되고 있다. 사회·경제적 권리가 그 예이다. 삶의 질과 인간답게 살 수 있는 많은 종류의 권리와 보장이 요구되고 있다. 이러한 상황은 종래의 인권변론의 확장을 의미한다.

4. 변호사의 공익활동 법제화

1) 변호사의 공익활동 법제화의 배경

변호사 수나 역할이 증대함에 따라 변호사들의 비리가 늘어나고, 그것으로 인해 일반적인 변호사들의 이미지 역시 악화되어 왔다.

이러한 문제의식 아래 대한변협은 공익활동 등 관련회칙·규칙·규정개정 및 제정 특별소위원회를 설치하고,[49] 변호사의 공익활동을 법제화하는 일에 착수했다. 2000년 1월 24일 그 첫 회의를 개최한 이래 이 소위원회는 여러 차례 회의와 심의, 토론을 거쳐 변호사법의 근거규정과 공익활동 등의 규정안을 마련했다. 특히 이 과정에서 미국과 일본의 공익활동규정들을 입수하여 토론하는 등 외국의 입법 례를 크게 참고했다.

2) 변호사의 공익활동 법제화의 의미

첫째, 변호사법과 변호사 윤리강령이 정하는 추상적 규정이 구체

---

49) 이 소위원회의 위원장은 심일동 변호사, 부위원장은 유중원 변호사, 간사는 이백 수 변호사가 임명되어 활동했다.

적인 변호사의 의무로 자리잡게 된다. 아무리 법률과 강령이 '기본
적 인권의 옹호와 사회정의의 실현'을 규정하고 있더라도 그 사명과
의무를 구체화시켜 놓고 있지 않는다면 아무런 소용이 없다. 그런데
변호사 공익활동에 관한 규정은 공익활동의 범주, 시간, 확인, 대체
가능성 등을 구체적으로 규정함으로써 변호사들에게 구체적 의무로
서 부과되고 있는 것이다.

둘째, 한국의 민주주의가 점점 발전해 가면서 법치주의도 점차 자
리를 잡아가게 되었다. 그만큼 법률이 생활 속에서 국민의 권리를 지
켜주고 의무를 다하도록 만드는 역할을 실질적으로 수행하게 된 것
이다. 이것은 그만큼 변호사에 대한 국민의 수요를 증대시키는 것인
바 변호사의 공익활동 법제화는 그러한 국민의 요구와 사회발전의
기대를 충족시켜 준다. 그동안 많은 사회분야에서 높은 법률비용과
변호사의 희소성 때문에 법률서비스에 대한 접근이 불가능하거나
어려웠는데, 변호사의 공익활동 의무화로 인하여 훨씬 손쉽게 법률
서비스를 제공받을 수 있게 되었다.

3) 변호사의 공익활동에 관한 법제의 내용

변호사들의 공익활동을 의무화하기 위하여 먼저 근거규정으로서
대한변호사협회 회칙 중 일부 개정안이 마련되었다.

제9조의 2(공익활동 등 참가)
① 개인회원은 연간 일정시간 이상 공익활동에 종사하여야 한다.
② 개인회원은 법령에 의하여 공공기관, 대한변호사협회 또는 그 소속 지
   방변호사회가 지정한 업무를 처리해야 한다.
③ 이 회에 공익활동 등에 관한 세부사항을 심사하기 위해 공익활동심사
   위원회를 둔다.
④ 공익활동 등의 범위와 시행방법은 규정으로 정한다.

이 회칙에 따라 '공익활동등에관한규정(안)'이 마련되었다. 공익
활동의 개념규정이나 공익활동의 시행방안 등이 이 규정안에서
다음과 같이 정해졌다.

제2조(공익활동 등의 내용) 공익활동이라 함은 아래 각호에서 정하는 것
　을 말한다.
1. 이 회 및 소속 지방변호사회의 임원 또는 위원회의 위원으로서의 활
　동.
2. 이 회 및 소속 지방변호사회가 지정하는 법률상담변호사로서의 활
　동.
3. 국선변호인으로서의 활동.
4. 이 회 및 소속 지방변호사회가 지정하는 공익활동프로그램에서의
　활동.
5. 법령에 의해 관공서로부터의 위촉받은 사항에 관한 활동(다만 상당한
　보수를 받는 경우를 제외한다).
6. 이 회 또는 소속 지방변호사에의 공익활동 기부행위(단, 기부금 1만 원
　을 공익활동 1시간으로 본다).
7. 시민의 권리나 자유 또는 공익을 위하거나 경제적인 약자를 돕기 위해
　마련된 자선단체 · 종교단체 · 사회단체 · 교육기관 등 공익적 성격을 가
　진 단체에 대하여 무료 또는 상당히 저렴한 비용으로 법률서비스를 제
　공하는 활동 중 이 회 및 지방변호사회가 공익활동으로 인정하는 활동.

제3조(공익활동 등의 시행)
① 개인회원은 제2조의 공익활동 중 적어도 하나를 선택하여 매년 30
　시간 이상 행하여야 한다. 다만 법조경력이 1년 미만이거나 60세 이상
　인 회원과 질병 등으로 정상적인 변호사 업무를 할 수 없는 사람, 기타
　정당한 사유가 있는 회원은 제외한다.
② 협회장 및 소속 지방변호사회 회장은 공익활동 등에 참가하지 않는 개

인회원에 대하여 참가를 요청할 수 있다. 이 경우 개인회원은 전항 단
서의 제외사유에 해당하지 않는 한 이에 따라야 한다.

그동안 이미 변호사들이 수행해 왔던 국선변론, 법률상담 등 무료
법률서비스를 공익활동으로 인정해 주고 동시에 고령·질병·개업
년한 등으로 인한 예외사유를 규정하고 있다. 그러나 이러한 예외사
유가 지나치게 광범한 것이 아닌지 의문이 제기될 수 있다. 만60세
이상인 변호사가 826명에 이르고, 연수원 수료 후 1년 미만인 변호
사가 197명에 이르고 있기 때문이다.[50] 점차 시행해가면서 보완해야
할 점이다.

어쨌든 이들을 제외한 모든 변호사에게 매년 30시간의 공익변론
을 의무화함으로써 변호사집단이 사회에 제공할 수 있는 무료법률
서비스를 크게 증대시켰다. 더구나 공익단체에 제공하는 법률서비
스 역시 공익활동에 포함시킴으로써 소비자운동, 여성운동, 인권운
동, 환경운동 등 다양한 시민단체에서 요구되는 법률수요를 변호사
들이 무료로 제공하는 일들이 가능하게 되었다. 지금까지도 이미 적
지않은 변호사들이 그러한 공익단체에서 활동해 왔으나, 이제 공익
활동을 일반적으로 의무화함으로써 공익단체들의 활동이 크게 신장
할 수 있게 되었다.

이 공익활동등에관한규정안은 변호사의 공익활동을 유효하게 시
행하는 몇 가지 방안을 마련하고 있다. 첫째, 개별 변호사들을 고용
하고 있는 법인 및 개인 변호사는 고용된 변호사를 공익활동에 참여
하도록 협력할 의무를 부과하고 있다(규정안 제4조). 피용자 입장에
서 의무화된 시간만큼 할애해서 공익활동을 할 수 있기 위해서는 고
용자가 배려해주지 않으면 안 된다는 취지에서 규정된 것이다. 둘

50) 1999년 12월 31일 현재 개업변호사는 3,887명이다. 이에 비추어보면 만 60세 이
   상인 변호사는 21.25%에 이르고, 연수원 수료 후 개업 1년 미만인 변호사는 5.6%
   에 이른다.

째, 공익활동으로 인정받거나 공익활동의 예외사유를 심사하기 위해 필요한 공익활동심사위원회 설치조항이다(규정안 제6조). 인정사유와 예외사유를 엄격하게 심사하기 위한 것이다. 셋째, 공익활동을 이행하지 않은 변호사를 징계함으로써 그 의무를 강제하고 있다(규정안 제10조). 단지 부과된 공익활동을 이행하지 않으면 대한변협회장이 징계위원회에 징계개시결정을 할 수 있도록 한 것이다.

변호사 공익활동등에관한규정안에서 눈여겨보아야 할 것은 규정안 제2조 6호의 변호사들의 '공익활동 기부행위'이다. 즉 공익활동 의무를 지닌 변호사가 대한변협이나 각 지방회의 공익활동을 위하여 기부를 하면 1만 원당 1시간으로 계산하여 면제해 줄 수 있다는 것이다. 이렇게 되면 고소득의 변호사들은 직접 공익활동을 하는 대신에 기부금으로 대신할 가능성이 높다. 변호사의 공익활동을 의무화함으로써 우리 사회에서 요구하는 법률서비스를 무료로 제공하겠다는 당초의 취지가 몰각될 가능성이 있다.[51] 다만 그 기부금을 관리하기 위한 특별기금을 설치하도록 하고 있고(규정안 제9조), 그 기금이 공익활동에 쓰인다면 그러한 부작용을 최소화할 수 있을 것이다. 공익단체에 저렴한 월급을 받고 상근하는 변호사들[52]에게 그 기금으로 일정한 보조를 함으로써 장려하는 일이 된다면 그 기부금 대체제도의 의미를 살릴 수 있을 것이다.

---

51) 특히 변호사의 공익활동 1시간을 1만 원으로 산정함으로써 그러한 기부금 납부에 의한 공익활동 면제를 고무할 가능성이 높아졌다. 변호사들 입장에서 1시간을 공익활동에 종사하는 대신 그냥 1만 원을 납부함으로써 면제받으려 할 경향이 많은 것이다. 따라서 시행 후 이러한 경향이 높아진다면 그 금액을 더 인상함으로써 균형점을 찾아야 할 것이다.

52) 이미 참여연대, 환경연합, 민주노총 등에서 상근변호사로 활동하는 변호사들이 늘어나고 있지만 제대로 월급 받고 일하는 이는 없다.

5. 시민운동과 변호사의 역할

1) 시민사회와 변호사 역할 증대의 배경

(1) 법치주의 확대와 강화

한국 사회가 과거의 권위주의 시대의 터널을 빠져나왔다고 하여 민주주의가 완성되었다고 말할 수는 없다. 이제 겨우 민주주의의 문턱을 넘어선 것에 불과하다. 좀더 진전되고 심화된 민주주의를 향한 중간단계와 통로는 결국 법치주의로 갈 수밖에 없다. 특히 가부장적이고 중앙집권적인 전통과 경향이 많이 남아 있는 한국 사회에서는 법률이라는 보편적 수단보다는 인적 통치에 의존하는 경향이 많다.

그러나 1987년 6월항쟁 이후 사법권 독립의 확보와 다양한 의견의 분출, 특히 시민단체의 괄목할 만한 성장은 법치주의가 확산되는 데 크게 기여했다. 입법과정에서 공익단체들의 개입도 늘어났으며, 법 집행 과정에서 이해집단과 시민단체의 감시도 강화되었다. 법치주의가 부분적으로나마 작동됨으로써 동시에 사법부와 검찰의 권한이 강화되고 상대적으로 소신 있고 진보적인 판결이 나오기 시작했다. 그런 법조계의 변화와 사법부의 발전 속에서 활동하는 변호사의 역할도 커졌다.[53] 과거 정치적 고려가 개재될 수밖에 없었음직한 각종 공익소송들이 이제 자유롭게 제소되고 승소하는 경우가 많아졌다. 이른바 '인치'의 영역이 줄어들고 입법자와 권력자도 법의 구속을

---

53) 1960년대와 1970년대 미국의 사회변혁운동에 참여했던 많은 활동가들이 진보적 변화를 촉진시키는 데 필요한 법률기술을 사용하려는 의도하에 법대로 몰려들었다. 이들은 변호사가 된 후 연방정부가 창설한 법률봉사단(Legal Services Corporation)의 지원에 의해 주택, 복지 등과 같은 무료법률구조업무에 종사했다. 특히 1950년대 이후 1970년대에 이르기까지 사회변화에 개방적이고 적극적인 미국 대법원의 진보적 판결에 고무받았다고 한다(Randy Shaw, *The Activist's Handbook: A Primer for the 1990s and Beyond*, University of California Press, Berkeley, 1996, p.185).

받아야 하는 것이다. 그만큼 변호사들의 공익을 위한 활동공간이 늘
어난 셈이다.

물론 이러한 현상은 아직 초보적이거나 실험단계에 지나지 않는
경우가 많다. 그것은 입법과정과 법집행·법적용 과정에서 공익적
관점을 가지고 전문적으로 모니터하고 대안을 내놓을 수 있는 역량
이 부족하기 때문이다. 대부분의 시민단체들은 아직도 그러한 모니
터·대안제시기능을 행사할 수 있을 정도의 수준을 갖추고 있지 못
하다. 많은 학자와 변호사 등이 자원봉사자로 참여하여 공익단체들
의 그러한 기능을 보충하고 있으나 아직 역부족인 경우가 많다.

(2) 법의 흉기론과 무기론

이와 같이 법치주의가 확대되면서 과거 '무늬만 법치주의' 시대 때
만연했던 "법은 멀고 주먹은 가까운" 풍조가 점차 종말을 고하기 시
작했다. 군사독재정권은 그 자체가 하나의 폭력체제로서 그에 대한
폭력적 저항의 정당성을 부여했다. 이러한 상황에서 법은 국민의 권
익을 침해하고 강자의 논리를 대변하는 존재로 전락하게 마련이다.
법을 바라보는 국민의 인식도 부정적이고 소극적일 수밖에 없다.

그러나 법의 형평성과 공정성이 인식되기 시작하면 사정이 달라
진다. 법은 국민의 권리를 침해하기보다는 보호하는 수단으로 인식
되는 것이다. 법률이 흉기로 기능하던 시대에서 무기로 기능하는 시
대로 전환하게 된다.

물론 지금 이 단계가 '법의 흉기성'이 종식되었다고 말하기는 어
렵다. 여전히 권위주의하에서 탄생된 법률이 그대로이고, 재벌을 비
롯한 기득권층의 이익을 지켜주는 법률이 지금도 제정되고 있다. 그
뿐만 아니라 '만인이 법앞의 평등'이란 구호는 여전히 먼 곳에서 들
려오는 북소리일 뿐이다.[54] '유전무죄 무전유죄'라는 말이 상징하듯

---

54) 한국가족문화학회가 내놓은 1981년과 1997년의 '생활문화의식조사' 결과는 우

법 적용의 공정성과 형평성이 제대로 지켜진다고 보기 어렵다.[55]

그렇다고 하여 '법의 무기성'을 부인하기 어렵다. 공익을 지키고 진전시킬 수 있는 법안을 마련하여 이를 제정하기 위해 온갖 노력을 경주하고, 이미 제정된 법률의 철저한 적용을 위하여 그 성역이 되었던 존재들에게 법적용을 강제하려는 사회적 압력을 행사하는 일은 이미 시민단체의 중요한 활동패턴이 되었다.

(3) 시민운동과 변호사운동론

법치주의가 확산되어 가는 상황에서 변호사의 역할은 커진다. 마른 물에서 놀던 고기가 물을 만난 꼴이다. 독재정권하에서 법률은 장식품이고 사법장치는 허구이다. 이러한 시대에 변호사가 하는 역할이라는 것도 형식적이고 허구적일 수밖에 없다. 그러나 법치주의가 살아날 때는 변호사가 의지하는 법이 독자적인 생명력을 갖고 작동한다.

정치, 경제, 사회 모든 영역에서 정의를 실현하고 국민의 권익을 옹호함으로써 공동체의 발전에 기여하려는 시민운동은 이제 법률운동의 형식을 띠지 않을 수 없다. 공동선에 부합하는 법을 만들고 그 법이 이 세상 모든 사람에게 공평하게 적용되도록 감시하는 역할이 바로 시민운동이기 때문이다. 더구나 사회가 민주화되면서 일반 국민과 주민들이 자신이 당한 권익의 침해를 묵과하는 대신 적극적으

리의 법의식과 법현실이 어떤지를 생생하게 보여주고 있다. "법대로만 하다가는 손해본다고 생각하는가"라는 질문에 그렇다는 답이 1981년에 31.5%였던 것이 1997년에는 54.5%로 뛰었다. 질서도 지키는 쪽이 손해라는 응답이 33.3%에서 45.4%로 늘었다. 억울할 때 법에 호소하면 쉽게 해결된다는 응답이 42.8%에서 18.6%로 격감한 반면 돈이면 안 되는 게 없다는 응답이 51.9%에서 65.6%로 증가했다. 기막힌 결과이다(《한국일보》, 1997년 1월 18일자).

55) 한국형사정책연구원이 1997년 3월 실시한 조사에 따르면 서울시내 자가운전자 10명 가운데 1명은 음주운전을 하다 적발되었고 그 가운데 50%는 단속경찰관에게 뇌물을 주고 무마한 경험이 있다고 한다(《한국일보》, 1997년 3월 8일자).

로 주장하는 경향이 높아졌다.[56] 이들을 지원하고 대변하여 사회적 이슈로 부각하고 그 배경의 제도적 문제를 개혁하는 데에도 시민단체의 역할이 있다.

이러한 시민운동의 견인차는 역시 변호사이다. 변호사는 사회현상을 논리적으로 파악하고 이에 대해 법률적으로 해석해서 그를 시정하기 위해 고소·제소하거나 그 현상을 개혁하는 내용의 법안을 마련하여 이를 입법화하는 것이 전문이다. 시민운동에서 변호사의 참여가 필수적인 이유는 바로 이러한 변호사의 전문성 때문이다.

(4) 민변 변호사들의 로펌화

이와 더불어 그동안 사회운동에 대한 지원활동의 본산 역할을 해 오던 민변 소속의 변호사들이 수적으로도 늘어나면서 사회운동의 법률적 수요를 원활하게 충족시켜 주게 되었다. 특히 이들은 로펌으로 재조직되면서 마음이 맞고 사회적 의식이 서로 비슷한 변호사들이 조직적으로 사회운동을 지원할 수 있게 되었다. 다음 표는 1999년 현재 합동사무실별 민변 회원의 수(4명 이상)를 보여주고 있다.[57]

사무실 이름	민변회원 수
법무법인 시민	12명
법무법인 세종	11명
법무법인 태평양	10명
법무법인 한결	7명

---

56) 특히 과거 독재정권에 의해 쉽게 해결되었던 폐기물 매립지나 처리시설 등이 이제 지역주민들의 반대에 부닥쳐 심각한 집단분쟁이 야기되기도 하였다. 이러한 집단분쟁의 실태와 대안에 대해서는 홍준형, 「집단분쟁의 실태와 분쟁해결의 문제점」, 법과사회이론연구회, 『법치주의와 약자, 소수자, 피해자보호』, 1994, 25쪽 참조.
57) 민주사회를 위한 변호사모임, 『99년 신입회원 오리엔테이션』, 1999.3, 99쪽.

사무실 이름	민변회원 수
덕수합동	8명
서원합동	5명
법무법인 상록	5명
법무법인 자하연	5명
나라종합	4명
법무법인 안산	4명
우방종합법무법인	4명
법무법인 정일	4명
한미합동	4명

이들은 함께 모여 일하면서 사회운동에 대한 지원을 위하여 회원들이 일하는 것을 서로 용인하고 격려했다. 이로써 시민운동 단체들은 훨씬 원활하게 변호사들의 지원을 받게 되었다.

2) 시민운동에 대한 변호사들의 지원: 파트타임 자원봉사 시대

시민사회의 이러한 요구를 감당하기 위해 변호사가 나선 것은 시대적 당위이다. 과거 적지 않은 변호사가 시민·사회단체의 법률적 업무를 지원하기 위해 나섰다. 이들은 그러한 단체의 법률자문역이 되거나 상담역이 되었다. 그 단체에 몰려오는 민원이나 호소에 대해 자문이나 상담을 해주거나 그 단체의 구성원이 가진 법률적 애로를 해결하고, 그 단체의 핵심사안을 입법적으로 해결하는 데 대체법안을 작성하는 등의 일이 바로 변호사들의 몫이었다. 그러나 이러한 변호사들은 전부 자신의 변호사 사무실을 그대로 유지하면서 때때로 그 단체에 나와 상담에 임하거나 또는 그 단체들이 보내주는 사건들을 수임하여 도와주었다. 말하자면 파트타임으로 자원봉사활동을 한 셈이었다. 과거에 정도의 차이는 있지만 인권변론 역시 이러한 양태를 벗어나지는 않았다.

우리나라의 변호사 수가 적을 뿐만 아니라 그마저도 이러한 자원봉사에 나서는 변호사가 적어 사회가 요구하는 법률지원을 충족시켜주기 어려운 실정이다. 현재 참여연대에 116명, 녹색연합에 16명,[58] 환경운동연합에 17명, 경실련에 31명, YMCA[59]에 50여 명이 활동하고 있으나,[60] 적극적으로 활약하고 있는 변호사의 수는 지극히 미미하다. 각 단체에서 임원을 맡고 있거나 주요한 법률업무에 종사하고 있는 변호사들은 소수이고, 대부분은 불규칙적으로 법률상담에 응하거나 단순히 회비만 내는 수준이다.

우리나라 변호사들은 아직도 변호사가 자신의 사무실 내의 소송사건을 처리하는 것 외에 사회적 봉사를 해야 하는 것에 대해 충분한 인식이 없는 편이다. 영미 법조의 역사에서 사회적 공익을 위한 무료봉사활동(Pro Bono 활동)[61]이 확고한 전통으로 자리잡고 있는 것은 잘 알려진 사실이다.[62] Pro Bono 활동에 대해서 그것이 과연 법적 의무인지 여부에 관해 논쟁이 없는 것은 아니나 법적 강제여부를 떠나 오늘날 미국의 변호사들은 대부분 자연스럽게 봉사활동을 받아들이

---

58) '환경소송센터' 소속의 이 변호사들은 향후 녹색연합과 분리되어 독자적인 활동을 벌일 것으로 알려지고 있다.

59) YMCA에 활동중인 이 변호사들은 '시민권익변호사단'으로 불린다. YMCA 시민중계실이 1986년 4월 9일 서울 소재 변호사 24명을 주축으로 구성하였다. 여기서는 단순한 상담업무뿐만 아니라 1변호사가 1년에 한 건씩 소송을 무료로 수임하여 법률구조활동을 전개해 왔다(자세한 것은 서울기독교청년회, 『시민의 아픔을 함께―시민중계실 개설 9주년 결산자료』, 1987, 12쪽 참조).

60) 자세한 명단은 『참여연대 창립5주년 기념 심포지엄 자료집』, 73쪽 이하 참조.

61) 법률가의 무료봉사활동은 원래 라틴어 'pro bono publico'라는 말이 어원이며, 단순히 'pro bono'라고 한다. 가난한 사람들을 위해 법률서비스를 무료로 제공하는 것이 그 본질적 내용이지만 그밖에도 공공의 이익을 위한 모든 무료 활동이 pro bono의 범주에 속한다.

62) 자세한 것은 황희철, 「공익법무론 도입을 위한 시론」, 《사법연수》, 17호, 1995, 159쪽 이하 참조.

고 있다. 우리나라도 법과대학 교육과정에 Pro Bono 활동에 관한 교육과 실습을 하도록 규정하고,[63] 또한 이것을 변호사법 또는 윤리규정에 의무적으로 규정하는 것이 바람직하다.

3) 변호사의 시민·사회단체 풀타임 활동의 시대

하지만 시민단체들의 증대와 그 역할과 기능의 확대는 이제 파트타임 자원봉사로서는 도저히 감당하기 어려운 지경이 되었다. 그 단체들의 간사들이 이따금 방문하는 변호사에게 자문을 얻어 법률상담을 해내는 수준을 넘어선 것이다. 이들 단체에 폭주하는 법률구조 요청과 법률적 업무는 상근변호사를 요구하기 시작했다. 그러나 상근변호사를 요청하고 있는 시민·사회단체들이 그들 상근변호사에게 제대로 급여를 지급할 여건을 갖추고 있는 경우는 드물었다. 자연히 이들은 상근하면서도 사실상 보수가 없거나 최소한의 생활급여를 받을 수 없는 상태였다. 지사적인 의협심이나 의로운 선비의 자세로 살지 않으면 안 되는 고통이 따를 수밖에 없었다.

지금 한국 사회는 풀타임 전업변호사 시대를 맞고 있다. 법정을 오가며 일반적 송무에 매달리는 변호사로서가 아니라 시민단체에서 근무하면서 공익소송을 맡고 입법업무에 종사하는 변호사가 생겨나는 것이다. 그뿐만 아니라 이들은 단지 자원봉사자로서가 아니라 하나의 직장인으로 시민운동가가 된다. 최근 민주노총과 참여연대에서 근무하기 시작한 소장변호사들은 이러한 점에서 풀타임 전업변호사 시대를 열고 있다. 물론 지금은 이들이 희소한 경우에 해당하지만 향후 수년 이내에 풀타임 전업변호사의 봇물이 터질 것이다. 시대의 대세이고 조류이기 때문이다. 변호사가 이러한 전업적 시민활동

---

63) 사법연수원이 1995년 이후 사회봉사연수프로그램을 실시하고 있는 것은 다행이다. 연수원의 이 프로그램은 법무부, 서울시청과 구청, 법률구조공단, YMCA 등 다양한 기관에서 법률상담을 하는 것이다.

가로 나서고 이들에 의해 시민운동이 주도될 때 우리 사회는 온전한 법치주의로 한 걸음 내딛게 되고 그만큼 성숙한 민주주의로 다가가게 될 것이다.

4) 시민운동과 변호사의 역할

(1) 공익소송 수행과 사회진보

사회진보를 구체적으로 성취하는 방법은 다양하다. 학술적인 연구결과를 발표한다거나 집회 · 시위 등으로 대중의 여론을 환기시킨다거나 정부 · 의회 등에 로비를 함으로써 일정한 정책의 변화를 가져오는 것 등이 그 전형적인 예일 것이다. 그러나 많은 방법 가운데 가장 효과적인 것은 공익소송의 방식이다. 소송의 결과 이루어지는 판결은 구체적인 집행력을 갖는다. 그뿐만 아니라 그 판결은 하나의 선례가 됨으로써 동일한 사건의 다른 피해자들이나 유사한 다른 사건에서도 그대로 적용되어 그 판결의 광범한 파급효과를 거둘 수 있다. 판결의 보편성으로 말미암아 그 영향력이 사회 전반에 강하게 미치는 경우가 적지 않은 것이다.[64] 집단소송법이 제정되어 있다면 그 효과는 더욱 커질 수밖에 없다.

우리 사회에서 공익소송은 그동안 망원동 수재사건을 시발로 단속적으로 제기되어 왔다. 물론 공익소송의 개념을 어떻게 규정하느냐에 따라 그 시발점과 공익소송의 역사는 달라질 것이다. 아무튼 수많은 공익소송이 여러 소비자단체, 여성단체, 인권단체 등에 의해 이루어졌다. 공익소송이라는 개념이 도입되고 그 기획하에 이루어진 것은 아니지만 자신의 캠페인을 위한 수단으로 이러한 공익소송

---

64) 辻 公雄, 『住民訴訟の廣かりと行政改革, 裁判を変えよう』, 日本評論社, 東京, 1999, 56쪽. 서울대 우조교 사건의 판결로 말미암아 성희롱을 성폭력의 하나로 법제화하는 데 성공했다. 그뿐만 아니라 성희롱 금지가 기업이나 관공서, 학교에서의 규칙안에 포괄되는 일이 보편화되었다.

이 개별적이고도 산발적으로 제기되었다.

그러나 가장 본격적으로 공익소송의 이념을 본격적으로 도입하고 공익소송을 운동의 주요 수단으로 활용하기 시작한 것은 참여연대이다. 참여연대는 1994년 9월 창립 당시부터 곧바로 공익소송센터를 설치하고 각종 사안에 대해 시민고발,[65] 위자료청구 등을 조직적으로 수행해 왔다. 특히 공익소송의 영역을 사회복지, 공공서비스, 정보공개청구,[66] 조세개혁, 기업감시[67] 등으로 확대하여 사회변혁의 한 수단으로 자리잡게 만들었다. 이제 참여연대의 모든 사업영역이 공익소송과 긴밀히 연결됨으로써 공익소송센터 자체가 불필요하게 되었다.[68] 참여연대뿐만 아니라 여러 시민단체에서 변호사의 역할이 증대되고 있으며 기획된 공익소송이 이루어지고 있다. 이 모든 역할을 중심적으로 수행한 것은 물론 진보적인 청년 변호사층이다.

향후 공익소송이 활발해지고 그것을 수행하는 공익변호사의 역할이 증대되기 위해서는 집단소송법제의 도입, 원고적격, 소의 이익 확대, 징벌적 배상제도의 도입 등이 필요하다.[69] 이러한 제도적 변화와 함께 공익소송이 원활하게 제기되고 그 소송의 효과가 극대화될

---

65) 사회현안에 대해 공익을 대표하여 고발하고 그 정당한 응징을 구하는 행위는 사회운동의 핵심 수단의 하나이다. 참여연대는 그 창립 이후 사회의 부정과 비리에 대해 끊임없이 고발을 제기하여 주변으로부터 '고발연대'라는 호칭까지 얻게 되었다.

66) 정보공개사업단은 최은순 변호사를 단장으로 하여 이광수, 이상훈, 하승수 변호사 등이 실행위원으로 참여하고 있다. 이들의 자세한 활동에 대해서는 참여연대 정보공개사업단, 『정보공개청구운동백서―1998. 5~1999. 5』 참조.

67) 소액주주운동에 기초하여 제일은행의 한보철강 부당대출에 따른 대표소송의 승소, 삼성전자의 이재용에 대한 사모전환사채발행무효소송 등이 참여연대 경제민주화위원회가 제기한 대표적 공익소송이다.

68) 다만 공익소송법의 제정, 공익소송기술의 향상, 공익소송의 실태와 연구를 위해 '공익소송클리닉'이 참여연대 안에 만들어져야 한다.

69) 이찬진, 「시민운동과 공익법운동」, 『참여연대 창립5주년 기념 심포지엄, 21세기의 새물결, 공익법운동』, 1999년 9월 4일, 46쪽 이하 참조.

수 있는 것이다. 그뿐만 아니라 미국의 내부고발자보호제도, 연방예산부정주장법 등이 도입되면 승소한 내부고발자, 부정주장자에게 주는 인센티브와 더불어 공익변호사와 그가 소속된 시민단체들은 커다란 재정적 혜택을 받게 된다.

(2) 입법운동과 변호사

종래 변호사들이 입법운동에 관여하는 경우는 드물었다. 법률제정업무는 법무부나 법제처, 국회사무처 등에서 종사하는 법제관·입법조사관·검사 등의 영역으로 남아 있었다. 그러나 여러 사회단체들이 각자의 영역에서 캠페인을 준비하면서 스스로 법안을 기초하고 그 제정운동을 벌이는 것이 하나의 운동방식으로 자리잡으면서 변호사들의 힘을 빌리기 시작했다.[70] 특히 여성단체들이 이러한 시민입법운동에 능했다.[71] 그러나 많은 단체들은 국회에 계류되어 있는 법안에 대한 의견을 제시하거나 입법청원을 하면서 대체로 그 골자만 제시하는 것이 보통이었다. 그 가운데 참여연대는 변호사 파워를 활용하여 언제나 조문화된 법안을 제출했다.

특정 캠페인에 관련된 사안 외에도 우리나라 법제 가운데는 개선해야 할 내용이 헤아릴 수 없이 많다. 과거 권위주의 정권 시절 국회 기능이 제약당해 있을 때[72] 통과된 수많은 법률들이 국민의 권익을

---

70) 참여연대의 경우 변호사 등의 도움으로 부패방지법·국민기초생활보장법·증권거래법 등 수십 개 법률안을 작성하여 국회에 청원하여 그중 일부는 국회를 통과한 바 있다.
71) 성폭력특별법, 가정폭력방지법 등의 법안이 모두 변호사들의 도움으로 마련되어 제정캠페인의 기초가 되었다.
72) 5·16군사혁명 이후 설치된 국가재건최고회의, 1972년의 비상국무회의, 1981년의 국가보위입법회의 등은 정상적인 국회를 정지시킨 채 단시간에 수백 개의 법률을 아무런 여론 수렴절차 없이 제정하곤 했다. 이러한 극단적인 상황이 아니라고 하더라도 국회는 언제나 여야간의 정쟁으로 소란스러웠고 이 때문에 많은 법률들이 정상적인 심의절차 없이 무더기로 통과되곤 했다.

침해하고 있거나 비현실적[73]이어서 개폐의 대수술이 요구된다. 그뿐만 아니라 사회발전 과정에서 관료적인 발상으로 만들어진 수많은 규제적 법률들 역시 혁파대상이다. 변호사들의 활동영역과 시민운동감이 될 수밖에 없다.

입법운동이 반드시 법안의 제출과 비판에만 있지는 않다. 국회의원들의 법안 투표성향 조사, 국정조사 및 국정감사 모니터, 선거감시, 입법로비, 유권자의식계몽 등의 유권자운동 등이 모두 입법운동의 범주 안에 들어 있다. 이 역시 법률을 잘 아는 변호사들의 직·간접적인 지원이 불가피하다. 그뿐만 아니라 변호사라는 직업에 대한 일반 국민의 신뢰와 존경 때문에 변호사들이 입법운동에 나설 때 훨씬 쉽게 대중을 설득할 수 있게 된다.[74]

(3) 법률상담과 법률구조

한국은 억울한 사람들의 천국이다. 소송절차의 불비와 변호사수의 제약, 국민 일반의 법률적 무지와 사법관계자의 무성의·불친절 등으로 변호사 선임은 힘들고[75] 선임해도 만족도가 낮으며,[76] 억울한 사람들이 끝없이 양산되고 있다. 이들은 대법원의 확정판결, 검찰의

---

73) 이른바 '준법투쟁'이라는 말이 쓰이게 된 것은 전적으로 이러한 법률의 비현실성을 웅변해 준다. 한때 대법원은 적법절차를 어기면 준법절차도 불법이라고 판결했다(《한국일보》, 1996년 8월 2일자).

74) 1999년 9월 4일자 참여연대 5주년의 이 토론회에서 토론자로 나온 박주현 변호사는 자신이 탁아입법운동을 하면서 변호사의 유용성과 효율성을 바로 그러한 이유 때문에 크게 느꼈다고 말했다.

75) 1990년~1996년 사이의 평균 변호사 선임율은 본안사건을 기준으로 28.4%이다. 사건의 종류별로 보면 형사사건 36.2%, 행정사건 33.8%, 민사사건 26.9%, 가사사건 12.8% 등이다(한국소비자보호원 생활경제국 거래개선팀, 「변호사 법률서비스 실태와 개선방안」, 5쪽).

76) 한국소비자보호원의 조사에 따르면 선임 변호사에 대한 만족도가 40.6%에 그치고 31.5%는 그저 그렇다, 27.9%가 불만족이라고 답변했다(한국소비자보호원 생활경제국 거래개선팀, 앞의 자료, 21쪽).

항고절차, 헌법재판소의 불복절차를 다 끝내고도 여전히 승복하지 못한다. 마침내 이들은 언론기관, 청와대, 시민단체의 방문을 노크한다.

지금도 법률구조공단, 변호사협회의 법률구조는 물론이고, 각 시청이나 지역사회에서의 법률구조사업이 진행되고 있다. 법률구조법에 근거한 법률구조공단이 설치되어 많은 서민들의 법률구조의 센터가 된 것은 물론이다. 또한 공익법무관에 관한 법률에 따라 공익법무관이 이른바 '무변촌'에서 농어민과 영세민을 위한 법률구조의 확대에 지대한 공헌을 한 것도 사실이다. 그러나 이러한 진전에도 불구하고 아직 예산의 제한, 인력의 제약 등으로 말미암아 많은 국민들의 법률구조요청이 거부되거나 지연되고 있다. 더구나 민간단체들의 법률구조는 국가기관이 할 수 없는 고유한 영역과 기능을 가지고 있기 때문에 국가가 운영하는 법률구조기관 외에 민간영역의 법률구조업무는 여전히 그 필요성이 높다.[77]

또한 변호사의 문턱은 높기만 하고 공익로펌의 출현은 아직도 기대하기 어렵다. 최근 소액사건만 담당하겠다고 나선 로펌도 있지만 아직 신문의 가십거리를 넘지 못한다. 당직변호사 제도가 실시되어 서민들의 변호사 접근에 큰 전기를 이루고 이들의 권익옹호에 이바지한 바가 크지만,[78] 주로 형사사건에 국한된 이 제도만으로 법률구조문제가 해결되었다고 보기는 어렵다. 이와 같이 현재의 법률구조체계와 역량은 실제 우리 사회에서 요구되고 있는 구조업무를 감당하지 못하고 있는 것이 현실이다.

그러다 보니 아무런 법률구조 역량을 갖추지 못한 시민단체에까

---

77) 법률구조법은 민간기관이라 하더라도 법무부에 등록한 법률구조 법인에 대해서 보조금 등을 교부하도록 하고 있다.

78) 1994년 3월 현재 당직변호사로 등록된 변호사가 347명이고, 1993년 5월 1일 시행된 이래 1994년 3월 31일까지 10개월간 접견건수가 1,098건에 이르렀다(서울지방변호사회, 『당직변호사제도자료집』, 1994, 15쪽).

지 그러한 법률구조요청이 몰리고 있다. 특히 시민단체들이 사회정
의를 외치고 권력기관을 감시하고 소수자보호를 주장하다 보니 일
반 시민들은 시민단체를 신뢰하게 된다. 그뿐만 아니라 시민단체들
이 가진 사회적 영향력이 자신들의 문제를 해결해 줄 수 있다고 생각
해 각종 민원을 가지고 시민단체 앞에 줄을 서는 것이다.

　YMCA 시민중계실과 같이 비교적 오랜 역사와 전문적 상담역량을
쌓은 곳도 있지만 대부분의 시민단체는 그렇지 못하다. YMCA는 주
택임대차·할부금융 등의 몇 가지 사안에 집중함으로써 특히 성과
를 쌓았다. 소비자단체들도 각자의 영역에서 법률상담을 훌륭하게
수행하고 있다. 가정법률상담소·성폭력상담소 등은 여성인권에 관
해 전문적인 상담을 해 왔다. 민변은 고문·가혹행위와 같은 인권침
해와 관련된 법률구조사업을 활발하게 진행해 왔다. 참여연대는 작
은권리찾기본부를 만들어 일반 시민들의 일상생활 속에 벌어지는
온갖 불법·불편·부당한 일들을 찾아 이를 개선하려는 운동을 펼
쳐왔다. 그러나 당초에 하려는 기획업무보다는 밀려드는 법률상담
업무에 곤욕을 치르고 있다. 이들 단체를 돕는 변호사들이 적지 않으
나 정기적으로 나와 간사들이 1차 상담한 자료를 가지고 상담에 응
하는 경우가 대부분이다. 그러나 상근변호사들이 구조업무에 나선
다면 좀더 전문적이고 체계적인 구조가 가능해질 것이다.

(4) 기타 변호사의 영역

　변호사의 업무가 반드시 법률업무에 국한될 이유는 없다. 변호사
는 우리 사회의 각종 분쟁과 갈등을 조정·해결하고 특정 현안을 분
석하고 논리적으로 대변하는 일에 익숙하다. 많은 사회적 분쟁을 다
룸으로써 현실적 안목과 구체적 해결능력을 갖추고 있다. 이러한 능
력은 시민운동이 요구하는 사회현안에 대한 의견 정리, 재정적 문제
의 고민, 광범한 분야의 전문가들의 조직 등에 관한 역할을 수행하는
데 적절한 것이다.

서방국가들의 시민단체에는 변호사가 단순히 송무업무나 법률업무만을 하지는 않는다. 이들은 재정관리, 펀드 메니저, 행정업무, 시민교육, 로비스트는 말할 것도 없고, 조직 전체의 책임을 지는 사무총장의 역할을 맡고 있는 경우도 많다. 그만큼 변호사의 법률적 소양과 사회적 경험이 시민운동의 영역에서도 적절한 곳에 쓰인다는 말이다. 우리나라도 크게 다르지 않다.

5) 민변과 시민운동

민변과 일반 시민운동의 차이는 법률가 단체인지 여부에 있다. 민변은 법률가 단체로서 변호사들로 구성되어 있다. 한때 민변 내에 이른바 '민변 모체론'이 제기된 적이 있다. 민변 소속 변호사들이 다른 시민단체에서 활동할 것이 아니라 민변에 모여 각 위원회[79]에서 활동하는 것이 옳다는 것이었다. 그러나 이미 사회 각 분야에서 왕성한 활동을 벌이고 있는 시민단체들의 변호사 수요를 민변으로 일원화한다는 것은 현실적으로 불가능한 일이었다.

오히려 '민변 모체론'은 더 적극적으로 해석되어야 한다. 민변 소속의 많은 훌륭한 변호사들이 다른 시민단체에 나가 적극적으로 활동할 것을 권유하고, 그 대신 이들이 외부 시민단체들에서 겪은 각자의 경험을 민변 안에서 함께 공유하고 고민하여 그 전공영역에서의 변론방법을 어떻게 개선하고 공헌할 것인가를 고민해야 한다는 것이다. 특히 변호사 수의 증대와 더불어 민변 역시 과거의 변호사회와 같은 규모로 늘어날 것이다. 그 소속 변호사들을 독점적으로 보유하려 하기보다는 외부 시민단체에 공급하고 그 대신 이들에게 전공별

---

79) 민변은 기획·회원·사법·홍보출판·국제연대의 상임위원회와 교육문화·환경·사회복지·경제정의·노동·언론·동북아·통일 등 상설특별위원회를 두고 있다(민주사회를 위한 변호사모임, 『제12차 정기총회 자료집』, 1999. 5. 29, 10쪽 참조)

로 변론지식과 경험을 공유하고 훈련하는 모체로서 기능해야 한다.
마치 미국의 전국변호사조합(National Lawyers Guild)의 발상과 마
찬가지로.[80]

6) 공익변호사의 탄생과 여건의 성숙

다행히 그동안 사법시험 합격자수의 증가로 변호사로 진출하는
인력은 늘어나고 있고, 그 가운데 사회정의와 공익에 공헌하고자 하
는 마음으로 충만한 젊고 유능한 변호사들이 적지 않다. 이들은 기존
의 로펌에 취직하거나 개인 사무실을 개업하여 시민단체를 돕기도
하고, 스스로 공익적인 사안을 찾아 일하기도 한다. 그러나 시민단
체는 그 자체가 공익적인 활동을 하기에 적합한 체계를 갖추고 있어
변호사가 자신의 노력과 의지를 결합시켜 성과를 낼 수 있는 가장 적
절한 공간이 아닐 수 없다.

그러나 사법연수원 수료자들 가운데 시민단체 상근의 의지가 있
다고 하더라도 이들에게 기본적인 생활을 유지할 수 있는 조건을 만
들어주지 못한다는 것이 문제이다. 대부분의 시민단체들은 간사들
에게 생존급을 지급하지 못하고 있어 이들 공익변호사 희망자에게
최소한의 급여를 지급할 여건이 되지 못하는 것이다. 그러나 점차 시
민단체들의 재정여건도 개선되고 있음을 고려할 때 장차 시민단체
들의 변호사 고용의 조건을 만들지 말라는 법도 없다.

특히 이들 시민단체 근무 변호사들이 스스로 자신의 보수를 마련
할 가능성도 적지 않다. 공익소송 특히 대규모 집단소송의 경우 적은

---

80) 전국변호사조합은 Immigration Project, National Police Accountability Project
등 수많은 캠페인과 세미나 등을 열고 있다(www.nlg.org.참조). 그러나 이 많은
프로젝트와 캠페인, 세미나 등이 NLG 내부의 인사들로 이루어지는 것이 아니라
다른 단체에서 일하는 NLG 회원들에 의해 조직되고 수행된다는 점을 눈여겨보아
야 한다.

보수라고 할지라도 전체로서는 적지 않은 금액이 될 수 있다. 미국의 시민단체들은 소속 변호사들이 공익소송을 수행하고 그 승소 결과 받게 되는 금액의 일부는 말할 것도 없고, 더 나아가 변호사가 받는 소송비용도 엄청나 시민단체들의 재정의 주요 수입원이 되고 있다. 향후 시민단체의 원고적격이 확대되는 공익소송법, 집단소송법이 제정된다면 상근변호사의 확대는 요원의 불길 같이 될 것이다.

6. 낮은 곳으로 임하는 변호사들

지난 20세기는 우리 민족에게 시련과 고난의 시기였다. 오랜 독재 와 저항의 악순환이 지난 세기, 우리의 삶을 황폐하게 만들었다. 아 직 분단과 냉전의 어두운 그림자가 완전히 걷히지는 않았지만, 그래 도 독재의 시대는 저물어가고 이제 다양성과 관용의 분위기가 지배 하는 민주주의의 시대로 들어서고 있다. 좀더 진전되고 성숙된 민주 주의는 역시 시민 자치와 참여로 이루어지게 마련이다. 시민 자치와 참여를 조직적으로 유도하고 여론을 형성·전달하는 기능은 시민단 체의 몫이다. 그러므로 앞으로 민주주의적 발전은 시민단체의 발전 과 이를 기초로 하는 시민사회의 성숙에 달려 있다고 해도 과언이 아 니다.

새로운 시대는 언제나 '창조적 소수'가 선도하게 마련이다. 종래 변호사가 시민운동에 나선다는 것 자체가 자신의 고유한 영역을 버 리는 것으로 이해될 수밖에 없었다. 그러나 이제 시대는 변호사에게 송무업무라는 갇힌 틀과 변호사 사무실이라는 울타리를 벗어날 것 을 요구하고 있다. 확산되어가는 시민사회의 견인차로서 변호사가 시민운동의 일선에 나서야 하는 것이다. 전업적 활동가로서 상근변 호사들의 시민운동 참여는 시대의 대세에 부응하는 길이다. 그것은 또한 변호사라는 직업의 위상과 의미를 새로 아로새겨 넣는 작업이기도 하다. 그러기 위해서는 무엇보다 '황금알을 낳는 거위'로서 누리는 변호사직[81]의 특권과 결별하고 이 세상 낮은 자리에 임하고자 하는 결단을 내려야 한다. 우리가 법률을 공부하기 시작할 때 품었던 뜻, 우리가 법률을 접할 때 그것이 가르친 이상(理想), 사회가 지금 우리에게 요구하고 있는 과제를 외면할 수는 없지 않는가?

> "If a man has the soul of Sancho Panza, the world to him will be Sancho Panza's world; but if he has the soul of an idealist, he will make—I do not say find—his world ideal."[82]

---

81) 미국의 어느 변호사도 "기본적으로 변호사는 말로는 이상적이지만 황금알을 낳는 거위를 보호하는 데 열성이다"라고 비꼰 적이 있다(Robert V. Wills, *Lawyers Are Killing America*, Capra Press, Santa Barbara, 1990, p.8).

82) Oliver Wendell Holmes, "The Professsion of the Law; Conclusion of a Lecture Delivered to Undergraduates of Harvard University on February 17, 1886", *Collected Legal Papers*, Harcourt, Brace and Howe, New York, 1920, p.29.

참고문헌

1. 국문 자료

가재환, 1985, 『법조윤리(상)』, 사법연수원.

고등법원검사국사상부, 1930, 「경성시내 여학생 만세소요사건」.

고려대학교 법과대학 법률운동학회 참틀, 2000, 《참틀》.

고려대학교, 1991, 『고려대학교 교우회 80년사』.

______, 『고려대학교 70년지』.

고상만, 1997, 「민변은 우리 운동의 든든한 빽」, 《이달의 민변》, 1997년 5월호.

고은, 1994, 「山民謠」, 한승헌선생화갑기념문집간행위원회 편, 『한 변호사의 초상』, 범우사.

권대복 엮음, 1985, 『진보당─당의 활동과 사건관계 자료집』, 지양사.

권인숙, 1991, 「조영래 변호사님께 바칩니다」, 《월간 말》, 1991년 1월호.

그레고리 핸더슨, 박행웅·이종삼 옮김, 2000, 『소용돌이의 한국정치』, 한울.

김근태, 1987, 『남영동─김근태 고문 및 옥중기록』, 중원문화.

김명한, 1986, 「일제의 사상통제와 그 법체계」, 서울대학교 대학원 법학과 석사 학위논문.

김상철, 1993, 『7일간의 서울시장』, 고시계.

김상현, 1994, 「으악새 모임 이야기」, 한승헌선생화갑기념문집간행위원회 편, 『한 변호사의 초상』, 범우사.

김석연, 1996, 「신입회원이 바라본 민변」, 《이달의 민변》, 1996년 10·11월호.

김선우, 2001, 「책의 발견-어느 청년 노동자의 삶과 죽음 '전태일 평전'」, 《경향신문》, 2001년 1월 23일자.

김오성, 1946, 『지도자군상』, 대성출판사.

김윤식, 1986, 『이광수와 그의 시대 3』, 한길사.

김은호, 1986, 「이병린 전 협회장의 서거를 추도함」, 《대한변호사협회지》, 1986년 10월호.

김이조, 2001, 『한국의 법조인(Ⅰ)』, 고시연구사.

______, 1999, 『한국법조인 秘傳-법조를 움직인 대표적 인물 31일의 발자취』, 법률출판사.

김인회, 2000, 「담배소송이 민변의 공익소송인가?」, 《민주사회를 위한 변론》, 2000년 11 12월호.

김장환 외, 1989, 『80년대 한국노동사』, 조국.

김재명, 2001, 「유신독재의 제물 인혁당사건」, 천주교인권위원회 편, 『사법살인』, 학민사.

김정남, 1993, 「무죄라는 말 한 마디」, 《문학과 지성》, 1993년 여름호.

김준수, 1984, 「변호사의 사명과 그 지위」, 서울지방변호사회, 『변호사 핸드북』.

김중배, 1994, 「내릴 수 없는 재야정신의 깃발」, 한승헌선생화갑기념문집간행위원회 편, 『한 변호사의 초상』, 범우사.

______, 「새날은 밝아오는가?」, 《한겨레》, 1992년 12월 18일자.

김진배, 1988, 「경향신문 폐간」, 『현대 한국을 뒤흔든 60대 사건』, 《신동아》, 1988년 1월호 별책부록.

______, 1983, 『가인 김병로』, 가인기념회.

김창수, 1985, 「민권변호사들」, 《월간조선》, 1985년 9월호.

김천수, 1996, 「한국의 변호사 책임론」, 『변호사책임론』, 소화.

김학준, 1986, 『가인 김병로 평전: 민족주의적 법률가』, 민음사.

김효전, 2002, 「근대 한국의 법제와 법학−개별 변호사들의 활동(4)」, 《인권과
　　정의》.

남시욱, 1990, 「인권변호사 조영래」, 《동아일보》, 1990년 12월 5일자.

대한변호사협회, 『1995년도 인권보고서』.

＿＿＿＿, 『1986년도 인권보고서』.

＿＿＿＿, 『1985년도 인권보고서』.

＿＿＿＿, 1979, 『한국변호사사』.

＿＿＿＿, 2002, 《인권과 정의》, 2002년 8월호.

＿＿＿＿, 2002, 《인권과 정의》, 2002년 1월호.

류청하, 1990, 「박승서 회장 사퇴권고, 변협의 108인 성명」, 《신동아》, 1990년
　　10월호.

＿＿＿＿, 1990, 「박승서 회장 사퇴권고, 변협의 108인 성명」, 《월간 옵저버》,
　　1990년 9월호.

리영희선생 화갑가념문집편집위원회 편, 1989, 『리영희선생 화갑기념문집』, 두
　　레.

리처드 H. 미첼, 김윤식 옮김, 1982, 『일제의 사상통제』, 일지사.

문병란, 1983, 「취영송(翠英頌)」, 취영고희기념논총간행위원회 편, 『취영홍남
　　순선생 고희기념논총』, 형성사.

＿＿＿＿, 1982, 「내일의 꽃다발」, 범하화갑기념문집 편찬위원회 편, 『범하이돈
　　명선생 화갑기념문집』, 두레.

문인귀, 1990, 『대결과 희망의 시대: 고뇌의 나날 1987. 2~1989. 2 그 기록』,
　　삼지원.

문철, 2001, 「뚝심 돋보이는 튀는 3선」, 《주간동아》, 2001년 2월 22일자.

민주사회를 위한 변호사모임, 1999, 『99년 신입회원 오리엔테이션』.

＿＿＿＿, 1998, 『민변백서−민변 10년의 발자취』.

＿＿＿＿, 1991, 『변론자료집』(미출판).

＿＿＿＿, 『제12차 정기총회 자료집』.

______, 『제13차 정기총회 자료집』.

______, 《소식지》, 1995년 11월호.

______, 「제11차 정기총회 자료집」, 1998. 5. 29.

______, 「한총련 변론지침서」, 1996년 10월 10일.

______, 「제9차 정기총회회의록」.

민주언론운동협의회, 1988, 『보도지침』, 두레.

박상률, 2001, 『인권변호사 조영래』, 사계절.

박성민, 1991, 「억압받는 이들 위한 변론 귀에 쟁쟁 ─ 고 조영래 변호사 1주기를 기리며」, 《한겨레》, 1991년 12월 12일자.

박승준, 1986, 「'인권의 거목' 재야 44년, '직언'을 서슴지 않았다」, 《주간조선》, 1986년 9월 7일자.

박원순, 1995, 「고난받는 사람들과 함께해 온 변호사들 ─ 한국인권변론사 시론」, 『'무죄다'라는 말 한마디 ─ 황인철 변호사 추모문집』, 문학과지성사.

박찬운, 2001, 「지금 민변이 해야 할 일」, 《민주사회를 위한 변론》, 2001년 5·6월호.

______, 2000, 「무언가 다른 변호사를 원한다면」, 《민주사회를 위한 변론》, 2000년 7·8월호.

박태균, 1995, 『조봉암 연구』, 창작과비평사.

배금자, 1999, 「미국담배소송의 이론과 한국의 적용가능성 ─ 담배소송, 그 법적 의학적 논리 ─ 세미나 발제문 I」, 《민주사회를 위한 변론》, 1999년 10·11월호.

백승헌, 2000, 「50년 국가보안법 역사를 이제 끝내는 데 우리의 역량을 모읍시다」, 《민주사회를 위한 변론》, 2000년 7·8월호.

범하화갑기념문집 편찬위원회 편, 1982, 『범하이돈명선생 화갑기념문집』, 두레.

법과사회이론연구회 편, 1991, 《법과 사회》, 통권 제4호.

법무부, 1992, 『1992년도 국정감사 법제사법위원회 요구자료(I)』.

법원행정처, 1995, 『법원사(法院史)』.

변정수, 「법조여정(法曹旅情)」(미발행 원고).

서울기독교청년회, 1987, 『시민의 아픔을 함께-시민중계실 개설 9주년 결산
　　자료』.

서울대학교 농과대학 60주년 기념 특집호, 《상록수》.

서울변호사회, 1994, 『진정사례집』.

서울지방변호사회, 1994, 『당직변호사제도자료집』.

＿＿＿, 1994, 『미국변호사윤리강령』.

＿＿＿, 1989, 『서울지방변호사회 80년사』.

＿＿＿, 1989, 《법조춘추》.

＿＿＿, 1984, 『변호사 핸드북』.

서중석, 2001, 「유신체제의 수호와 민청학련 사건」, 천주교인권위원회 편, 『사
　　법살인』, 학민사.

＿＿＿, 1987, 「인권투쟁의 보루, 대한변협」, 《신동아》, 1987년 3월호.

＿＿＿, 1984, 「70년대의 재야변호사 그룹」, 《신동아》, 1984년 6월호.

손세일, 1991, 「국제앰네스티 한국지부 이사장 이병린」, 심당이병린변호사문집
　　간행위원회 편, 『심당이병린변호사문집』, 두레.

송기숙, 1983, 「대인 홍남순」, 취영고희기념논총간행위원회 편, 『취영홍남순선
　　생 고희기념논총』, 형성사.

신석호, 1999, 「뿌리 내리는 공익소송-티끌 권리 모아 태산 이익 찾는다」, 《신
　　동아》, 1999년 10월호.

＿＿＿, 1999, 「인물초대석-세계인권선언 50주년기념 국민훈장 수상한 인권
　　변호사 이돈명」, 《신동아》, 1999년 1월호.

＿＿＿, 1997, 「한 막내기자의 눈에 비친 민변」, 민주사회를 위한 변호사모임,
　　《이달의 민변》, 1997년 6월호.

심당이병린변호사문집간행위원회 편, 1991, 『심당이병린변호사문집』, 두레.

심산사상연구회, 2002, 『김창숙 문존』, 성균관대학교 출판부.

심지연, 1994, 『허헌연구』, 역사비평사.

아름다운 청년 전태일(http://my.netian.com/~roffhop/pro/chun.htm).

안경환, 1993, 「억압된 사회에서의 법률가의 역할」, 《문학과지성》, 1993년 여름호.

안봉진, 1998, 「고향, 그리고 민변」, 민주사회를 위한 변호사모임, 《민주사회를 위한 변론》, 1998년 5월호.

안중근, 2000, 『안중근의사 자서전』, 범우사.

안철홍, 1996, 「고통과 낭만이 공존했던 순수의 시대-70, 80년대 재야운동 비사」, 《월간 말》, 1996년 4월호.

양영태, 1995, 「민변의 활성화 방안에 관하여(내부 메모자료)」, 1995. 10. 27.

유중하, 1999, 「시에게 길을 묻다-신동엽의 종로5가」, 《국민일보》, 1999년 4월 13일자.

육성철, 2000, 「전태일 분신 30년 인생을 바꾼 사람들」, 《신동아》, 2000년 11월호.

윤일웅, 1985, 『재야세력들』, 평범서당.

윤종현 정리, 1991, 「고 조영래 변호사 주요 변론 사건」, 법과사회이론연구회 편, 《법과사회》, 1991년 통권 제4호.

이경남, 1992, 「결단의 한국인, 64년 변협회장 이병린」, 《중앙일보》, 1992년 5월 7일자.

이기웅, 2000, 『안중근전쟁은 끝나지 않았다』, 열화당.

이돈명, 1996, 「'한 일이 없는 이 사람'의 참뜻」, 한승헌선생화갑기념문집간행위원회 편, 『분단시대의 피고들-한승헌 변호사 변호사건 실록』, 범우사.

_____, 1991, 「이병린-그의 인간과 삶」, 심당이병린변호사문집간행위원회 편, 『심당이병린변호사문집』, 두레.

_____, 1989, 「이성으로 우상을 부순 지식인의 표상」, 리영희선생 화갑기념문집편집위원회 편, 『리영희선생 화갑기념문집』, 두레.

_____, 1988, 「사법파동」, 『현대 한국을 뒤흔든 60대사건』, 《신동아》, 1988년 1월호 별책부록.

_____, 1986, 「이병린 그의 인간과 삶」, 《신동아》, 1986년 10월호.

_____, 1983, 「무등산처럼 의연하게」, 취영고희기념논총간행위원회 편, 『취

영홍남순선생 고희기념논총」, 형성사.

이돈명 · 조준희 · 홍성우 · 김형태, 1993, 「인권변론 한 시대: 좌담, 인권운동과 법의 정신」, 《문학과 지성》, 1993년 여름호.

이병린, 1999, 「나의 자화상」, 김이조, 『한국법조인 비전(秘傳)』, 법률출판사.

______ , 1991, 「노장으로부터 소장에게」, 심당이병린변호사문집간행위원회 편, 『심당이병린변호사문집』, 두레.

______ , 1983, 「홍남순 동지의 고희에 즈음하여」, 취영고희기념논총간행위원회 편, 『취영홍남순선생 고희기념논총』, 형성사.

______ , 1980, 「목소리 − 겨레 앞에 미리 쓰는 나의 유언장」, 《월간조선》, 1980년 7월호.

______ , 1976, 『법 속에서 인간 속에서』, 문장각.

이병헌, 1959, 『3 · 1운동비사』, 시사시보사 출판국.

이본영, 2000, 「되살아나는 인권변호사의 전설」, 《한겨레》, 2000년 12월 31일자.

이상수, 2002, 『나는 충무경찰서 유치장 초대가수였습니다』, 청동거울.

이상수 후원회, 「이상수와 서울 이야기」(www.sslee.or.kr/zine2225/sub3.htm).

이상우, 2001, 「긴급조치 − 그 발동과 도전」, 천주교인권위원회 편, 『사법살인』, 학민사.

______ , 1987a, 『권력의 몰락 − 유신권력에 저항한 반체제 민권운동사』, 동아일보사.

______ , 1987b, 『박정권 18년, 그 권력의 내막』, 동아일보사.

이석태 외, 1988, 『 '무죄다' 라고 말할 수 있는 용기』, 문학과지성사.

이수형, 2001, 「변협과 역대정권과의 관계 − 권력의 횡포에 항거 앞장」, 《동아일보》, 2001년 7월 26일자.

이시윤, 1999, 「박정권시대의 법조계 회상」, 《국민일보》, 1999년 12월 12일자.

이영근, 1991, 「법에 사는 사람 − 이병린」, 심당이병린변호사문집간행위원회 편, 『심당이병린변호사문집』, 두레.

______ , 「이인」, 이영근 외, 『법에 사는 사람들』, 삼민사.

이영미, 2000, 「위인전의 함정」, 《국민일보》, 2000년 1월 10일자.

이영석, 1987, 『정구영 회고록－실패한 도전』, 중앙일보사.

______, 1983, 『죽산 조봉암－그의 슬픈 삶과 죽음의 이야기』, 원음출판사.

이인, 1974, 『반세기의 증언』, 명지대학 출판부.

______, 1970, 『애산여적 제3집』, 영학사.

______, 1961, 『애산여적 제1집』, 세문사.

이인호, 1999, 「지식인 지도가 바뀐다－민변 소장파」, 《중앙일보》, 1999년 11월 2일자.

이제훈, 1998, 「한겨레를 빛낸 필진들」, 《한겨레》, 1998년 5월 15일자.

이찬진, 1999, 「시민운동과 공익법운동」, 『참여연대 창립5주년 기념 심포지엄, 21세기의 새물결, 공익법운동』, 1999년 9월 4일.

이태영, 1980, 「1보다 나은 62」, 《대한변호사협회지》, 1980년 8월호.

이토 히루부미의 통감부 파견 사법관리에 대한 유시, 남기정 옮김, 1978, 『일제의 한국사법부 침략실화』, 육법사.

이해진, 1984, 「변호사의 법정외 법률실무」, 서울지방변호사회, 『변호사핸드북』.

이호재, 1994, 『한국인의 국제정치관』, 법문사.

이희용, 1990, 「민변의 변호사들과 그 소망」, 《세계와 나》, 1990년 12월호.

임종국, 1989, 『일제하의 사상탄압』, 평화출판사.

임채균, 2000, 「공익소송 있는 곳에 민변 있다」, 《민주사회를 위한 변론》, 2000년 7·8월호.

임헌영, 1999, 「변혁으로서의 문학과 역사－한승헌의 어떤 조사」, 《대한매일》, 1999년 6월 30일자.

장세윤, 1993, 「일제하 고문시험 출신자와 해방후 권력 엘리트」, 《역사비평》, 1993년 겨울호.

장원준, 1999, 「인물연구－헌법을 생각하는 보수이론가 임경규 변호사」, 《월간조선》, 1999년 1월호.

정달영, 1999, 「더 큰 정치 보고 싶다」, 《한국일보》, 1999년 8월 5일자.

정보람, 「그의 20대-조영래」, 《북소리》 (www.booksori.or.kr/politics/s014107.html).

조연현, 2000, 『한국 현대정치의 악몽-국가폭력』, 책세상.

조영래, 2002, 『전태일 평전』, 돌베개.

조영래 변호사를 추모하는 모임, 1992, 『조영래 변호사 변론선집』, 까치.

조용환, 「일본에서의 임의법조단체의 활동」, 미발행 원고.

참여연대, 『참여연대 창립5주년 기념 심포지엄 자료집』.

참여연대 사법감시센터, 1996, 『국민을 위한 사법개혁』, 박영률출판사.

참여연대 정보공개사업단, 『정보공개청구운동백서-1998. 5~1999. 5』.

천정배, 1996, 『꽁지머리를 묶은 인권변호사』, 한마당.

천주교인권위원회 편, 2001, 『사법살인』, 학민사.

최대권, 1983, 『법사회학』, 서울대학교출판부.

최영도, 1998, 「인권옹호와 사회정의 실현을 위한 10년-창립 10주년 기념사」,
    《민주사회를 위한 변론》, 1998년 5월호.

______, 1998, 「대통령 당선자에게 바란다」, 《민주사회를 위한 변론》, 1998년
    1월호.

최일남, 1982, 「민권에 일생 건 변호인」, 《신동아》, 1982년 12월호(심당이병린
    변호사문집간행위원회 편, 『심당이병린변호사문집』, 두레, 1991).

최종고, 1994, 「한승헌의 삶과 생각-정의와 양심을 지켜온 의인」, 한승헌선생
    화갑기념문집간행위원회 편, 『한 변호사의 초상』, 범우사.

______, 1989, 『한국법사상사』, 서울대학교 출판부.

______, 1985, 『위대한 법사상가들 Ⅱ』, 학연사.

______, 1986, 「한국의 법률가상-심당 이병린(상)」, 《사법행정》, 1986년 11월호.

______, 1985, 「한국의 법률가상-양대경」, 《사법행정》, 1985년 4월호.

______, 1984, 「한국의 법률가상-홍재기」, 《사법행정》, 1984년 6월호.

취영고희기념논총간행위원회 편, 1983, 『취영홍남순선생 고희기념논총』, 형성
    사.

편집위원회, 1989, 「이돈명 변호사님을 모시고」, 사법연수생 자치회, 《사법연
    수》 제5호, 1989년 여름호.

평화민주당 인권위원회, 1990, 『인권백서 1988~1989』.

프레드 로델 지음, 박홍규 옮김, 1986, 『저주받으리라 법률가여』, 도서출판 물레.

하태원, 「개혁이냐 보수냐-변협회장 선거전 치열」, 《NEWS+》, 168호.

한국군사혁명재판사편찬위원회, 1962, 『한국혁명재판사 제1집』.

한국기독교교회협의회 인권위원회, 1987a, 『1970년대 민주화운동(Ⅰ)』.

______, 1987b, 『1970년대 민주화운동(Ⅱ)』.

______, 1987c, 『1970년대 민주화운동(Ⅲ)』.

______, 1987d, 『1970년대 민주화운동(Ⅳ)』.

______, 1987e, 『1970년대 민주화운동(Ⅴ)』.

______, 1987f, 『우리들의 딸 권양』.

한국소비자보호원 생활경제국 거래개선팀, 「변호사 법률서비스 실태와 개선방안」.

한상범, 2001, 『우리사회의 일제 잔재를 본다』, 푸른세상.

______, 1994, 『한국의 법문화와 일본제국주의의 전재』, 교육과학사.

한승주, 1987, 「박정희정권 시기의 정치적 평가」, 『한국사회의 제문제 1』, 민음사.

한승헌, 2001, 「긴급조치와 긴급인권」, 천주교인권위원회 편, 『사법살인』, 학민사.

______, 1997, 『정치재판의 현장』, 일요신문사.

______, 1991, 「'보도지침' 사건 변론문」, 『그날을 기다리는 마음』, 범우사.

______, 1990, 『갈망의 노래』, 범우사.

______, 1978, 『울밑에 선 봉선화야』, 범우사.

______, 1972, 『법과 인간의 항변』, 한얼문고.

한승헌선생화갑기념문집간행위원회 편, 1996, 『분단시대의 피고들-한승헌 변호사 변호사건 실록』, 범우사.

______, 1994, 『한 변호사의 초상』, 범우사.

함석헌, 1991, 「통곡 이병린 변호사」, 심당이병린변호사문집간행위원회 편,

『심당이병린변호사문집』, 두레.

허근욱, 2001, 『민족변호사 허헌』, 지혜네.

허헌, 『교우록』.

홍병철 편, 1937, 『學海』, 학해사.

홍성우 변호사의 추도사, 《법정신문》, 1993년 2월 1일자.

홍성우, 1991, 「어둠 밝혀준 시대의 양심 – 조영래 변호사 1주기에 부쳐」, 《동아
    일보》, 1991년 12월 12일자.

______, 1974, 「한국법조열전① – 안병찬 변호사」, 《대한변호사협회보》, 1974
    년 5월호.

홍성우 · 손학규 · 장기표 · 양건, 1991, 「창조적 인권변호 활동과 민주화운동 –
    고 조영래 변호사 추모좌담」, 법과사회이론연구회 편, 《법과사회》, 1991년
    통권 제4호.

홍승욱, 1998, 「자유」, 민주사회를 위한 변호사모임, 《민주사회를 위한 변론》,
    1998년 5월호.

홍일원, 1992, 「돌아가신 분들의 명복을 빌면서 – 제1. 고 정구영 선생」, 《인권
    과 정의》, 1992년 6월호.

홍준형, 1994, 「집단분쟁의 실태와 분쟁해결의 문제점」, 법과사회이론연구회,
    『법치주의와 약자, 소수자, 피해자보호』.

황승흠, 「공익소송의 어제와 오늘」, 『조영래 변호사 8주기 추모 심포지엄 자료
    집』.

황호택, 2000, 「조영래 변호사 10주기」, 《동아일보》, 2000년 12월 4일자.

______, 1984, 「격랑시대의 법조계 원조」, 이영근 외, 『법에 사는 사람들』, 삼
    민사.

황희철, 1995, 「공익법무론 도입을 위한 시론」, 《사법연수》, 17호.

Japan Chronicle 특파원, 윤경로 옮김, 2001, 『105인사건 공판 참관기』, 한국기
    독역사연구소.

김대중 내란음모사건의 공소장.

민주구국선언 대법원 판결문.

1964년 6월 22일자 대한변호사협회 명의의 피구속자 이병린에 대한 특별항고
　　이유서.

1977년 3월 22일자 사건77도44 대통령긴급조치 제9호 판결문.

1987년 3월 23일자 문인구협회장의 인사 서한.

1988년 3월 2일자 유인물 '청변 내부 세미나에 관하여'.

1988년 3월 4일자 서울고등법원 형사1부(《조선일보》, 1988년 3월 5일자).

1990. 11. 19 선고 90헌가48호사건 판결문.

1992년 6월 2일자 민변 논평.

1995년 10월 13일자 강원도 고성군 현내면 초도1리 장홍근 농부가 전국의 대
　　학교수에게 보낸 서한.

1998년 4월자 OO주택조합 사고대책위원장 최병곤의 호소문.

2001년 7월 24일자 민변 성명.

「국제사면위원회 보고서: 75년 3월 27일~4월 9일」.

《경향신문》, 1964년 1월 15일자, 1998년 2월 19일자.

《국민일보》, 1992년 1월 15일자, 1993년 7월 31일자, 1995년 1월 19일자, 1998
　　년 1월 19일자.

《대한매일》, 1996년 12월 21일자, 1998년 12월 11일자, 1999년 12월 11일자.

《대한매일신보》, 1910년 1월 19일자, 1910년 2월 20일자, 1910년 2월 9일자.

《대한변호사협회지》, 1982년 11~12월호.

《대한일보》, 1965년 8월 16일자.

《대화》, 1977년 3월호.

《東光》, 4권 11호, 1932. 11.

《동아일보》, 1926년 5월 30일자, 1928년 12월 22일자, 1966년 10월 8일자,
　　1966년 9월 28일자, 1975년 5월 23일자, 1985년 4월 4일자, 1986년 12월 2
　　일자, 1988년 3월 5일자, 1988년 5월 26일자, 1990년 12월 14일자, 1991년
　　2월 17일자, 1993년 11월 9일자, 1993년 12월 16일자, 1994년 5월 22일자,
　　1999년 1월 13일자, 1999년 1월 9일자.

《문화일보》, 1993년 12월 10일자, 1994년 8월 18일자.

《민주사회를 위한 변론》, 1998년 12월호, 2000년 7·8월호.

《민주일보》, 1990년 3월 28일자.

《세계와 나》, 1990년 12월호.

《세계일보》, 1994년 6월 2일자.

《시사저널》, 2000년 12월 28일자.

《신동아》, 1985년 11월호.

《월간조선》, 1985년 9월호.

《인물계》, 1986년 9월호.

《일요신문》, 1988년 6월 5일자.

《조선일보》, 1923년 5월 14일자, 1927년 10월 14일자, 1928년 12월 23일자, 1928년 1월 9일자, 1993년 1월 21일자, 1998년 4월 19일자.

《주간동아》, 2000년 11월 1일자, 2001년 8월 16일자.

《주간조선》, 1999년 12월 9일자.

《주간한국》, 1999년 11월 11일자, 1999년 9월 6일자.

《중앙일보》, 1993년 11월 3일자, 1999년 11월 2일자.

《중앙일보》, 2000년 5월 3일자.

《한겨레》, 1988년 5월 26일자, 1990년 11월 20일자, 1990년 12월 13일자, 1991년 8월 9일자, 1992년 12월 16일자, 1992년 9월 10일자, 1993년 12월 19일자, 1993년 1월 21일자, 1996년 6월 7일자, 1996년 7월 28일자, 1997년 2월 6일자, 2000년 5월 30일자, 2001년 3월 18일자, 2001년 5월 8일자.

《한겨레21》, 1998년 6월 11일자.

《한국일보》, 1996년 4월 26일자, 1996년 8월 2일자, 1997년 1월 18일자, 1997년 3월 8일자, 1997년 6월 24일자, 1999년 8월 24일자.

《해방일보》, 1946년 4월 21일자.

http://my.netian.com/~junha77/data/c86.htm.

2. 영문 자료

Amnesty International, 1988, "Phillipines: The Killing and Intimidation of Human Rights Lawyers", *CIJL Bulletin*, N° 22, October.

Arthur Kinoy, 1983, *Rights on Trial — The Odyssey of a People's Lawyer*, Harvard University Press, Harvard University Press.

Carl Sandburg, 1981, "Calming the Hearse Horse: A Philosophical Research Program for Legal Ethics", *Maryland Law Review*, Vol.40.

Center for Professional Responsibility, American Bar Association, 1992, *Model Rules of Professional Conduct*, 1992 Edition.

Centre for the Independence of Judges and Lawyers, 1990, "The Independence of Judges and Lawyers: A Compilation of International Standards", *CIJL Bulletin*, N° 25-26, April-October.

International Commission of Jurists, *Persecution of Defense Lawyers in South Korea: Report of a Mission to South Korea in May 1979* by Adrian W. Dewind and John Woodhouse.

Jae Won Kim, 2001, "The Ideal and the Reality of the Korean Legal Profession", *Asian-Pacific Law & Policy Journal* 45(http://www. hawaii. edu/aplpj/2/2b.html).

Martin Garbus, 1987, *Traitors & Heroes — A Lawyer's Memoir*, Atheneum, New York.

Michael Krinsky, 1998, "FBI Harassment of the National Lawyers Guild", *CIJL Bulletin*, N° 21, April.

Nadine Strossen, 1993, "Pro Bono Legal Work: for the not only the public, but also the lawyer and the legal profession", *Michigan Law Review*, Vol.91, August.

National Lawyers Guild v. Attorney General, 77 Civ.999, U.S.D.C., S.D.N.Y.

Oliver Wendell Holmes, 1920, "The Professsion of the Law: Conclusion of a Lecture Delivered to Undergraduates of Harvard University on February 17, 1886", *Collected Legal Papers*, Harcourt, Brace and Howe, New York.

Philip B. Heymann & Lance Liebman, 1988, *The Social Responsibilities of Lawyers*, Foundation Press, New York.

Randy Shaw, 1996, *The Activist's Handbook: A Primer for the 1990s and Beyond*, University of California Press, Berkeley.

Robert V. Wills, 1990, *Lawyers Are Killing America*, Capra Press, Santa Barbara.

Rosco Pound, 1953, *The Lawyer From Antiquity to Modern Times 5.*

Stephen Gillers & Roy D. Simon Jr., 1992, *Regulation of Lawyers: Statutes and Standards*, 1993 Edition, Little, Brown and Company, Boston.

The International Commission of Jurists—New Zealand Section and Australian Section, 1985, *Human Rights Advocacy in the Phillipines*, August, Geneva.

U.N document E/CN.4/Sub.2/1990/14.

William H. McIlhany II, 1976, *The ACLU on Trial*, Arlington House Publishers, New York.

www.amnesty.or.kr/journal/2001/010304_10.html.

www.lawdasan.co.kr/law010103_7.html.

3. 기타

金一勉, 1968, 「在日朝鮮人と 自由法曹(上)」, 《コリア評論》, 第93.

福原忠男, 1990, 「增補 辯護士法」, 第一法規.

森正, 1985, 「治安維持法と辯護士」, 日本評論社.

_____, 1985, 『治安維持法裁判と辯護士』, 日本評論社.

霜島甲一, 1986, 「わか國 辯護士倫理問題の 日常的側面」, 『辯護士倫理の比較法的研究』, 法政大學出版局.

辻 公雄, 1999, 『住民訴訟の廣かりと行政改革, 裁判を　えよう』, 日本評論社, 東京.

川勝勝則, 『韓國の人權彈壓法體制と　人權擁護のために　戰った　辯護士たち』, 自由と正義.

찾아보기

【ㄱ】

가리봉전자·롬코리아 사건 355
가토(加藤) 72
가톨릭 정의평화위원회 368
간도공산당사건 120
간도폭동사건 93, 122
강대헌 336
강신옥 30, 35, 42, 53, 182, 263, 296, 279, 322~327, 336, 357, 358, 360, 381
강신옥 변호사 구속사건 42
강원대 성조기 방화사건 269
강철선 377, 379~382, 428
강희남 목사 반공법위반사건 339
거액금융부정배후 보도사건 215
거제도 옥포 대우조선 파업사건 375

건국대사건 269
경북 중대 음모사건('나체공판' 사건) 94
경성시내여학생 만세소요사건 72
경성전기대쟁의사건(경전파업사건) 93, 102
경향신문 폐간사건 151
고대 '검은 10월단' 사건 179, 213, 217
고려대 신문방송연구소 사건 215
고려혁명단사건 63, 93, 99, 103
고영구 30, 215, 305, 308, 310, 336, 357, 358, 360, 375, 377, 388, 390, 459, 466, 467
고영근 목사 사건 235, 341, 342
고재혁 336
고재호 324, 325
고준환 214

고태관 54

공익변론 508

공익변호사 31, 505, 508, 542

공익소송 31, 479, 497~499, 535, 537

공익소송위원회 478, 480, 497

광주 양림교회사건 338

광주학생운동 83, 87, 93, 127, 174

광주희생자 추모식사건 215

구로공단시위사건 355

국제그룹해체사건 444

국제인권규약(B규약) 33, 464

국회공무원 집단면직사건 216

권승렬 70

권인숙 359, 372, 381, 382, 439, 442

권인숙양 사건 359, 366, 370, 372, 426

권종근 240, 336, 377

권중희 215

권호경 214, 226

그레고리 핸더슨 39, 141

근우회사건 72, 93

기독교교회협의회 인권위원회 272

기독교사회문제연구원사건 215

'기독교와 민족통일' 강연 사건 216

기장청년연합회사건 331

기획변론 491, 492

기획소송 31, 479, 492

긴급조치 1호 성직자 구속사건 214

긴급조치 4호 연대교수 구속사건 215

김강영 285

김광일 53, 272, 282, 298, 337

김구일 363

김근태 216, 359, 370, 411, 412

김근태 · 허인회 고문경관 고발사건 428

김근태씨 고문사건 37, 359, 370, 380

김기렬 336

김기옥 272, 336, 339

김낙중간첩사건 45, 216

김남주 350

김대중 215, 231, 281, 282, 304, 305, 390, 391, 412, 430

김대중 내란음모사건 239~241, 336

김대중씨 대통령선거법 위반사건 211, 215, 231, 236

김도형 54

김동균 54

김동길 182, 215, 231, 277

김동길 · 김찬국 교수 사건 230

김동완 215

김동완·권호경 구속사건 228

김동정 336, 354

김동현 30, 355, 357, 358, 360

김명운 336

김문수 381

김병로 27, 39, 60~62, 64, 68~70, 76~91, 93, 99, 106, 107, 124, 174, 522

김병오 216

김상옥 의사 사건 80

김상철 30, 355, 357, 358, 360, 370, 372, 377, 381, 386, 388

김상현 222, 224

김상훈 263

김석연 487

김선수 458, 459, 502

김선태 336

김선태 의원 구속사건 147

김성기 300

김수 337

김수룡 336

김수환 179, 296, 369, 373, 443

김숙현 336

김승목 363

김영삼 305, 358, 391, 430

김옥두 한화갑 특수공무집행방해사건 268

김용무 70, 85, 86

김은호 155, 382, 388, 389

김인기 336

김인회 459

김인희 498

김재규 내란사건 268, 295, 342

김제형 268

김종길 344~346

김종태 220

김주언 40, 215, 347, 373

김주열군 사건 140

김준곤 53

김준수 512

김준희 교수 반공법위반사건 212, 213, 217

김지하 180, 182, 214, 220, 221, 237, 266, 277, 278, 420, 421

김지하 반공법위반사건 267, 269, 280

김진경 233

김진태 381

김진홍·김경락·이해학·이규상 목사 사건 228

김찬국 182, 215, 277

김창국 54, 370, 458, 459, 462, 476, 477

김창숙 66, 67

김춘봉 142, 143, 145, 147, 148, 268, 336, 377, 379, 382

김충진 30, 357, 360
김태영 70, 71, 82
김태홍 40, 215, 373
김항석 336
김형태 53, 54, 395
김희로 217

(ㄴ)

나석호 272, 336
남북작가회담 추진사건 216
남산 부활절예배 사건 213, 214,
  226
남정현의 '분지' 사건 212, 214,
  217
남조선민족해방전선(남민전)사건
  293, 346
노무현 44, 45, 54, 298, 375
노병준 336

(ㄷ)

단천 농민학살사건 85
경성방송국 단파도청사건 128
담배소송 498, 499
대동단사건 71, 73, 80,

대우어패럴사건(구로동맹파업사건)
  269, 355, 359, 426, 436, 437
대우조선사건 375
대전신간회사건 93
대한변호사협회 인권위원회(변협
  인권위) 376, 379~383, 426,
  428, 462
대한변호사협회(변협) 476, 477
덕성여대 메이퀸 변사사건 216
동백림사건 172, 213, 214, 219
동아방송 보도필화사건 214
동아일보 광고탄압사건 263
동아자유언론수호투위사건 342
동아투위 10·24 민권일지사건
  293
동일방직 원풍모방 노동사건 269

(ㄹ)

랄프 네이더 423
류중원 472
류택형 381
리영희 36, 216, 285~287,
리영희·백낙청 반공법위반사건
  267~269, 285

〔ㅁ〕

마틴 가버스 47
박영호 336
만보산사건 93
망원동 수재사건 38, 353, 354,
  359, 360, 426, 434, 492, 535
목공분조합사건 445
목요기도회 설교사건 215
목요상 370
무등산 타잔(박흥숙 피고인) 사건
  340
문광명 487
문규현 216
문병호 54, 472
문시환사건 94
문영길 301
문익환 216, 282
문익환 목사 방북사건 216, 402
문인간첩단사건 211, 213, 236
문정현 280
미국 전국변호사조합(NLG) 497,
  542
미국시민자유연맹(ACLU) 48, 49
민권변호사 16, 19
민복기 64
민주사회를 위한 변호사모임(민변)
  30, 31, 304, 305, 320, 352, 367,

  391, 401, 402, 453~504, 508,
  522, 531, 541
민정당 가락동 연수원 점거농성사건
  487
민정당사 농성학생 인권침해사건
  379
민주수호국민협의회(민수협) 161,
  173~175, 184, 337, 343, 412
민주헌법쟁취국민운동본부(국본)
  52, 386~388
민주회복국민회의(국민회의)
  176~178, 273
'민중교육' 지 사건 215, 233
민중대회사건 127
민청학련사건 37, 42, 176, 181,
  182, 211, 215, 221, 229, 230,
  264, 265, 267, 269, 276, 279,
  293, 317, 322, 347, 352, 410, 412

〔ㅂ〕

박길래사건(상봉동 진폐증사건)
  360, 438
박노해사건 402
박두진 221
박두환 285
박범진 268

박상기 300

박석무씨 반공법위반사건 341

박성민 30, 305, 354, 357, 358, 360, 377, 462, 466,

박성준 214

박성호 466

박세경 179, 266, 270, 272, 329~332, 336

박수근 472

박순경 216

박승서 301, 309, 324, 325, 336, 354, 374

박연철 357, 360, 459, 473

박용석 395

박용일 30, 52, 357, 358, 360, 363, 377, 388

박원순 30, 305, 354, 355, 357, 358, 360, 371, 372, 377, 395

박인경 214

박인제 30, 357, 360, 395, 458, 466

박종연 300, 301

박종철 359

박종철 손해배상사건 269

박종철군 고문치사사건 37, 382

박주현 472

박찬운 493, 502

박찬종 45, 371

박찬주 357, 360

박태현 450

박헌영 82, 119

박현채 반공법위반사건 268

박형규 214, 226, 277

반유신 야당의원 구속사건 212~214, 224

반제동맹사건 105, 106

배금자 498

백기범 268

백기완 227, 256, 259

백낙청 285, 287, 392

백승헌 53, 360, 395, 458, 459, 472

백윤화 판사 사건 94

변영만 67

변정수 377, 379~382, 427, 428

보도지침사건('말' 지사건) 37, 40, 215, 235, 347, 359, 373

보합단사건 80

부림사건 44, 297

부마민중항쟁 295

부산 미문화원 방화사건 269, 298, 304

부천서 성고문규탄대회 사건 215

부천서 성고문사건 37, 51, 269, 315, 381, 429, 439, 447

부흥사사건 355

북경 국제변호사대회(1920년) 59, 60

105인사건 65, 72, 73, 115

〔ㅅ〕

사법살인 40, 147, 257, 260

삼민투위사건 269

삼성재벌 밀수사건 109

상춘원사건 105

생활변론 466, 491

서경석 409

서승·서준식 형제 국가보안법위반사건(서승형제 사건) 212~214, 223

서예교 30, 354, 355, 357, 358, 360, 377

서울 미문화원사건 269

서울노동운동연합(서노련)사건 370, 381, 487

서울대 김병곤사건 274

서울대 내란음모사건 410~413, 424

서울대 방화미수사건 268

서울대 유인물사건 274

서울문리대 반공법위반사건 322

서울민중대회사건 93

선우휘 221, 280

선일섬유사건 355

성고문 규탄 집회사건 234

세계인권선언 33

손광운 396

손학규 322, 407

송기숙·박형규 등 긴급조치 9호위반사건 268

송기원 215, 233

송두환 459, 472, 478

송씨 일가 사건 300

송학선사건 97

수도권특수지역선교위원회 선교자금사건 270, 328, 330

수양동우회사건 86, 93

수원농학생사건(수원고농사건) 63, 93, 104

신금호 322

신기남 396

신기욱 370

신순언 337

신영복 322

신의주 민족투쟁사건 92

'신천지·신생활' 필화사건 71, 72, 118

신호양 336

신홍범 40, 215, 373

심규철 53, 494

심재권 412

3 · 15부정선거 166

3 · 1민주구국선언사건 37, 258, 265, 267~269, 330, 336, 338, 341, 342

3 · 1운동사건 115, 116, 128

3인 변호사 27~29, 61, 67~71, 119

10 · 2서울문리대 반유신데모사건 211, 236

아서 키노이 47

안동미사 인권강연사건 216

안두희 응징사건 215

안병용 487

안병찬 25, 60, 61, 67, 131~138

안상운 472

안영도 30, 357, 358, 360, 472

안중근 의사 변론 25, 133

안창호사건 85, 93

야마자키(山崎今朝) 75

양성우 노예수첩사건 283

양성우씨 '겨울공화국' 필화사건 341, 342

「양심선언」 414, 419, 420, 421

양영태 472

'어떤 조사' 사건 43, 45, 236, 247, 269

언론탄압규탄대회사건 107

여운형사건 84

오대영 215

오세훈 53

오송회사건 269, 301, 302

오원춘사건 267~269, 290

'오적' 사건 180, 213, 214, 220

오종한 472

요세 디오크노 51

'우리의 교육지표' 사건 270, 342

울릉도 간첩단사건 215

원산노동대쟁의사건(원산파업사건) 93, 102

월간 '다리' 지 사건 212~214, 222

유남영 395

유남진 336

유봉묵 298

유선영 466

유시민 392

유시춘 216

유영혁 357, 358, 360

유옥우 의원 국가원수 모독죄 사건 341

유원호 216

유택형 336

유현석 30, 272, 289, 305, 312, 336, 357, 360, 382, 462
윤기원 466, 472, 494
윤기현 459
윤보선 277, 281
윤용 215
윤이상 219
윤재철 215, 233
윤종현 458, 459, 472, 478
윤철하 336
윤태영 72
윤형두 214, 223
의열단사건 62, 74, 76, 92~94
이건호 289, 336
이경숙 조기정년제 철폐사건 360, 437
이기문 360, 363
이기욱 466
이기홍 272, 282, 336~340, 343
이덕우 466
이돈명 29, 30, 36, 44, 45, 53, 187, 215, 264, 266~272, 274, 294, 295, 297, 280, 282, 285, 289, 291, 302, 303, 306~311, 314, 315, 336, 352, 357, 358, 360, 363, 364, 370~372, 375, 386, 388, 390, 392, 425, 522
이돈명 변호사 구속사건 44, 337, 374
이돈희 30, 53, 54, 272, 336, 357, 360, 363, 466
이동수 의사 사건 97
이득현사건 217
이면우 58, 67
이범렬 309, 374
이병린 28~30, 39, 155~208, 212, 221, 232, 236, 258, 265, 272, 273, 324, 325, 337, 342, 352, 353, 393, 412, 511, 522
이병린 변호사 구속사건 215, 232
이병용 337
이부영 44, 308~311, 375
이부영 은닉 위장사건 215
이상수 40, 44, 45, 51, 53, 207, 357, 358, 360, 363, 372, 375, 377, 388, 392, 440, 354, 355
이상수 · 노무현 변호사 구속사건 44, 375
이상호 216
이석규 사망사건 41
이석태 395, 459, 466
이성희 215
이세준 179
이세중 270, 272, 280, 291, 328, 329, 336, 336, 354, 388
이소선 법정모욕사건 268

이순백 298

이승만 대통령 암살음모사건 333

이승우 70~72

이승환 216

이신범 412

이양원 360, 363, 395, 458

이영근 215

이완용 암살미수사건 93, 97

이용철 472

이원달 215

이원영 53, 360, 395

이원재 472

이응로 214, 219

이인 27, 42, 60~63, 68, 69, 72, 83~85, 91~109, 122, 337, 522

이인호 487

이일재 268

이재성 324

이재오 216

이종구 268

이창휘 71

이철용 국민투표법위반혐의사건 269

이태복 297 298, 304

이태영 179, 334, 335

이택돈 336

이해진 336, 357, 360

이해학 214

이호철 297

이흥록 272, 282, 298, 337

인권변호사 15~25, 27, 29, 30, 32, 34, 38~41, 47, 49, 51~56, 67, 72, 141, 142, 148, 151, 180, 206~208, 211, 212, 253, 262, 265, 266, 271, 273, 282, 289, 305, 306, 307, 314, 317, 320, 337, 338, 355, 356, 366, 371, 375, 378, 403, 422, 425, 431, 426, 437, 454, 474, 488, 494, 507, 522

인권변호사 4인방(4인방 변호사) 29, 30, 208, 212, 253, 258, 263, 269, 272, 273, 276, 289, 293, 294, 296~301, 303, 305, 306, 314, 335, 352, 353, 425

인천 부천지역 민주노동자회(인노회) 사건 41

인혁당사건 40, 179, 180, 221, 230, 257, 259, 280, 293, 344, 345, 347

임경규 377

임광규 43, 178, 273, 336

임광규 변호사 징계사건 43

임수경·문규현 사건 269

임수경양 방북사건 216

임재연 360, 395

임정호 216

임중빈 214, 222, 223

임채균 480

임헌영 215

임희택 395

6 · 10만세사건 93, 98

6 · 29선언 305

6 · 3사태 160, 167, 168

6월항쟁 31, 52, 360, 368, 394,
450, 466

｜ㅈ｜

자유법조단 70, 71, 72, 74, 75

장기욱 370

장기표 409, 412, 415

장기표사건 267

장면 부통령 저격사건 147

장수길 377

장영달 215

장준하 227, 256, 259

장준하 · 백기완 사건 227

적포단사건 93

전국민주학생연맹사건 297, 304

전북대 총학생회사건 215

전정호 216

전태일 410, 414~419

전태일 분신사건 409, 413

『전태일 평전』 414, 415, 416, 419,
450

정구영 149~153

정도상 215

정법회 30, 31, 208, 266, 304, 305,
320, 351~353, 356, 357, 359,
360, 361, 364~369, 372, 374,
376, 378, 385~387, 391~394,
397, 399, 400, 402, 429, 440,
454, 456, 508, 522

정상복 215

정의부사건 83, 101

정이꾸라이사건 105

정차두 298

정춘용 285, 291

정태기 268

제1차 조선공산당사건 71, 73, 78,
119, 121

제2차 의열단사건 80, 81, 93

제등총통암살미수사건 93

조광희 54, 472

조봉암 142~146, 166

조선어학회사건 107

조선인변호사회 59

조선자유언론수호투쟁위원회 267

조성래 298

조승혁 215

조승형 377, 379, 381

조연하 224

조영래 30, 38, 207, 208, 305, 320, 354, 355, 357~360, 372, 379, 381, 382, 390, 391, 488, 492, 405~452

조영래변호사를추모하는모임 451

조용환 395, 397, 472

조윤형 224

조준희 29, 30, 40, 53, 207, 264, 266, 268, 270, 272, 280, 285, 289, 291, 304~306, 309, 314, 315, 319~321, 324, 336, 352, 355, 357, 358, 360, 363, 370, 371, 390, 458, 459, 461, 462, 522

조지 오글(오명걸) 179

주동윤 336

주재우 377

주진학 377

중앙중학학생사건 93

지익표 272

지학순 43, 277, 343

지학순 주교 사건 269

진달래 걸개그림 사건 216

진보당사건 142, 143, 166

【ㅊ】

차병직 472

창원 소작쟁의사건 94

천낙붕 487

천정배 53, 458

천주교 정의평화위원회 44, 265, 363, 388, 459

청계피복노조사건 269, 270

청년변호사회(청변) 352, 353, 393~396, 398~403, 456

최광률 336

최병모 53, 357, 360, 363, 459

최승민 336

최영도 30, 336, 357, 360, 363, 377, 388, 459, 472

최종백 377

최창조 72

최한배 381

춘천 가톨릭농민회 간부 구속사건 276

【ㅋ】

크리스챤 아카데미 사건 267~270, 291, 342

〔ㅌ〕

태윤기 333, 334
통영민중대회사건 93, 99
통의부사건 101
통일혁명당사건(통혁당사건) 214,
　220, 322

〔ㅍ〕

판사와 변호사의 독립을 위한 센터
　(CIJL) 47
'패설모매' 사건 112

〔ㅎ〕

하경철 30, 266, 272, 336, 357,
　360, 377, 382
하나이 다쿠조(花井卓藏) 74, 75
'하미전' 사건 112, 113
하죽봉 357, 363, 358, 359, 360,
　363
학림사건 269, 297
학생독서회사건 106
한겨레신문 방북취재기획사건 216
한국교회협의회(KNCC) 368, 369

'한국근현대민족해방운동사' 사건
　216
한국기독교교회협의회 464
한국노동법률상담소 358
한복 변호사 구속사건 153
한상억 83
한승헌 30, 40, 43, 45, 178, 179,
　183, 209~252, 265, 273, 277,
　309, 337, 352, 353, 357, 360, 388
'한양' 사건 215, 229
한용운 127
한정화 472
한총련사건 471
한택근 502
함석헌 157, 175, 179, 281, 343
함세웅 280, 281
함정호 309, 344, 345, 347, 374
허경만 336
허규 336
허병섭 목사 저작권법 위반사건('노
　동과 노래' 사건) 215, 233
허헌 27, 39, 58, 59, 61, 62, 64,
　67, 69, 81, 82, 84, 86, 87, 89,
　93, 106, 107, 109~131, 174, 522
헌변(헌법을 생각하는 변호사 모임)
　486, 487, 513
형사변호공동연구회 70, 81, 454
형평사사건 93, 103

홍남순 272, 282, 336, 337, 340~344

홍성우 29, 30, 40, 178, 182, 186, 190, 207, 263, 264, 266, 270, 272~274, 280, 284, 285, 289, 290, 292, 294, 297, 300, 303, 306, 313, 314, 320~323, 336, 352, 354, 355, 357, 370~372, 360, 377, 381, 390~392, 407, 422, 442, 458, 459, 463, 466, 522

황산성 389

황석영씨 방북사건 216

황인철 29, 30, 178, 207, 212, 263, 264, 266, 268, 269, 270, 272~274, 280, 285, 289, 291, 292, 295, 296, 299, 302~306, 309, 312~318, 320~323, 336, 352, 355, 357, 370~372, 360, 377, 382, 390, 458, 522

후루야(古屋) 72

후세 다츠지(布施 辰治) 72, 74, 75

〔기타〕

FLAG(Free Legal Assitance Group) 50, 51

ML당사건 93, 104, 105

NH회사건 179

YH사건 268, 269, 289, 295

YMCA 위장결혼사건 332

지은이 **박원순**

박원순 변호사는 1975년 서울대학교 학생 시절 이른바 김상진 열사 사건으로 제적된 후 독학으로 1980년 사법시험에 합격한다. 그후 잠깐 동안의 검사생활을 거쳐 1983년 변호사를 시작한 이후 이돈명, 황인철, 홍성우, 조준희, 조영래 변호사 등의 선배그룹과 함께 인권변호사로서 1980~90년대를 치열하게 보낸다. 1991년 이후 2년 동안 영국과 미국에서 유학생활을 보낸 후 1993년 귀국하여 참여연대 사무처장으로 시민운동에 투신한다. 2002년 이후 '아름다운재단'과 '아름다운가게'의 새로운 운동영역에 몰두하고 있다.

지은 책으로는 『성공한 사람들의 아름다운 습관, 나눔』, 『내 목은 매우 짧으니 조심해서 자르게』, 『박원순 변호사의 일본시민사회 기행』, 『한국의 시민운동, 프로크루스테스의 침대』, 『NGO, 시민의 힘이 세상을 바꾼다』, 『국가보안법 연구』(전3권) 등이 있다.

역사가 이들을 무죄로 하리라

한국인권변론사 — 가시밭길을 선택한 변호사들

1판 1쇄 발행 2003년 12월 3일
1판 3쇄 발행 2011년 7월 4일

지은이 박원순
펴낸이 조추자
펴낸곳 도서출판 두레
등록 1978년 8월 17일 제1-101호
주소 서울시 마포구 공덕1동 105-225
전화 02)702-2119(영업), 02)703-8781(편집)
팩스 02)715-9420
이메일 dourei@chol.com

ⓒ 박원순, 2003
ISBN 89-7443-061-4 03330

* 가격은 뒷표지에 적혀 있습니다.
* 잘못 만들어진 책은 바꾸어 드립니다.